3rd Edition

An Introduction to Commercial Law

신상법입문

박영사

제3판 머리말

2020년에 초판을 발간한 이후, 독자 여러분의 관심과 성원에 힘입어 이번에 제3판을 내게 되었다. 그동안 본서를 읽어 주신 독자들께 깊이 감사드린다.

이번 제3판은 제2판 이후의 법령 개정 사항을 충실히 반영하였다. 특히 2025년 상법 회사편을 중심으로 이루어진 중요한 개정 내용을 빠짐없이 소개하고, 그 의미와 쟁점을 설명하는 데에 중점을 두었다. 아울러 제3판은 다음과 같은 방향에서 제2판을 기초로 전면적인 개정을 시도하였다.

상법은 적용 범위가 넓고 내용 또한 전문적이어서, 입문자에게는 접근이 쉽지 않은 과목이다. 이러한 점을 고려하여 제3판은 상법을 처음 접하는 독자도 이해할 수 있도록 서술 전반을 입문자 친화적인 방향으로 다듬었다. 상법 조문을 단순히 나열하는 데에 그치지 않고, 각 조문의 취지와 배경, 그리고 정책적 의미에 대한 설명을 대폭 보강하였다. 이를 통해 상법을 처음 배우는 독자가 단순한 지식 습득을 넘어, 상법 특유의 법적 사고방식을 익히는 데 도움이 되기를 기대한다.

또한 다수의 사례를 추가하여, 입문자가 상법 조문을 구체적 사안에 적용해 보는 연습을 할 수 있도록 하였다. 반면, 입문 단계에서 반드시 다루지 않아도 되는 세부적인 논점이나 지나치게 기술적인 부분은 과감히 생략하였다. 다만 경우에 따라서는 입문서의 범위를 다소 넘어서는 내용도 일부 포함되어 있는데, 이는 입문자가 법적 사고력을 기르는 과정에서 일정한 부담과 도전이 필요하다고 판단하였기 때문이다. 상법을 진지하게 공부하려는 독자라면, 이러한 학습 과정이 쉽지는 않더라도 충분한 성과로 이어질 수 있을 것이라 믿는다.

집필에 있어서는 입문서로서 독해의 흐름을 고려하여 다음과 같은 방식을 취하였다. 통설을 중심으로 서술하되, 특별한 경우가 아니라면 이를 굳이 ‘통설' 또는 '다수설'로 명시하지 않았다. 다만 학설 대립을 분명히 할 필요가 있는 경우에는 그 취지를 밝히는 방식으로 정리하였다. 법조문의 표기 방식도 단순화하여 원칙적으로 "조"까지만 표시하고, "항"이나 "호"는 생략하였다. 판례는 대법원 판결을 기준으로 소개하되, 판결번호는 기재하지 않았다.

이 책이 상법을 배우려는 독자에게 첫걸음을 내딛는 데 도움이 되는 안내서가 되기를 바란다. 아울러 상법이라는 법 영역을 통해 법학적 사고력, 이른바 legal mind를 기르는 데에도 작은 디딤돌이 되기를 기대한다.

제3판을 흔쾌히 출간해 주신 박영사 안종만 회장님, 기획과 편집을 통해 항상 큰 도움을 주신 조성호 이사님과 김선민 이사님께 깊이 감사드린다.

2026년 2월 관악에서

한기정

머 리 말

몇 해 전부터 서울대 학부에 개설된 상법(기업법) 강의를 맡게 되면서 이를 위한 교재가 필요하다는 생각을 하고 있었다. 법학을 전공하지 않은 학부생을 대상으로 교재 없이 방대한 상법을 강의하는 것은 돛단배로 망망대해를 횡단하는 것과 같은 느낌마저 준다. 본서는 법학의 입문자가 상법을 쉽게 터득할 수 있도록 상법의 기초적이고 핵심적인 요체를 가급적 간략하고 명쾌하게 기술한 입문서이다.

상법은 총칙, 상행위, 회사, 보험, 해상, 항공운송, 어음·수표를 대상으로 하는 법이다. 본서는 이 중에서 전문분야인 해상과 항공운송을 제외한 상법 전체에 대해 기술한다. 방대한 상법을 입문자를 위한 한권의 책으로 엮어낸다는 것이 쉽지만은 않은 일이다. 상법의 모든 것을 상세히 설명해서는 입문자가 감당하기 어렵고, 그렇다고 너무 기초적인 것만 다루면 피상적이라 실제적인 배움을 얻기 어렵다. 이에 따라 본서는 상법의 주요 쟁점을 빠뜨리지 않고 다루되 기본 개념 및 원리를 중심으로 핵심적 내용을 간결하고 명료하게 기술하는 데에 중점을 두고 있다. 이를 통해서 입문자가 상법이라는 거대한 숲을 바라볼 수 있고 곁들여서 나무도 볼 수 있게 배려하고 있다. 이러한 이유에서 상법을 입문하려는 경우는 물론이고 변호사시험, 공인회계사시험 등 상법과 관련된 각종 시험에 대비해서 상법의 요체를 간이·신속하게 이해하거나 암기하고자 하는 경우에도 본서가 동반자 역할을 할 수 있다.

본서의 서설에서는 민법의 기초에 대해 기술한다. 이는 민법에 대한 공부가 되어 있지 않은 독자를 위한 것이다. 상법은 민법을 응용하거나 변형하는 등 민법과 밀접한 관계에 있기 때문에 상법 공부를 위해서는 민법의 이해가 필수적이다. 서설은 상법 공부에 필요한 범위에서 민법의 기초를 다룬다. 민법이 익숙하지 않은 독자는 상법 공부를 하기 전에 반드시 서설을 읽어 볼 것을 권한다. 그런데 서설은 방대한 민법을 짧게 압축한 것이기 때문에 초학

자에게는 꽤 버거울 수 있다. 서설의 내용을 개략적으로 읽어 대체적인 감만 잡은 뒤에 빠르게 상법 부분으로 진도를 나아가고 필요한 경우 수시로 되돌아와서 해당 부분을 다시 확인해 보는 방법이 효과적일 것이다. 민법에 대한 공부가 어느 정도 되어 있는 독자는 서설을 건너뛰고 곧바로 상법 부분을 공부하면 된다.

본서를 출간을 위해 여러분들의 도움을 받았다. 원고를 읽고 오류를 지적해 주신 최문희 교수님(강원대 법전원), 천경훈 교수님(서울대 법전원)께 감사를 드린다. 독자의 눈높이에서 원고를 읽고 교정을 도와준 서울대 법전원 학생들(김채린, 신진식, 전종민, 김민수)에게 고마움을 전한다. 교정을 도와준 딸에게도 고마움을 전한다. 본서를 출간해 주신 박영사 안종만 회장님, 그리고 기획을 맡아주신 조성호 이사님, 편집을 맡아주신 김선민 이사님에게 감사를 드린다.

2020년 새해를 맞아 연구실에서

한기정

차　례

제 3 편　상행위법

제 4 편 보 험 법

제6편 회 사 법

법령 약어

민 … 민법
상 … 상법
상령 … 상법 시행령
어 … 어음법
수 … 수표법

공정거래법 … 독점규제 및 공정거래에 관한 법률
금융소비자법 … 금융소비자 보호에 관한 법률
민소 … 민사소송법
약관규제법／약관 … 약관의 규제에 관한 법률
외부감사법／외감 … 주식회사 등의 외부감사에 관한 법률
외감령 … 주식회사 등의 외부감사에 관한 법률 시행령
자본시장법／자본 … 자본시장과 금융투자에 관한 법률
자본령 … 자본시장과 금융투자에 관한 법률 시행령
전자증권법／전증 … 주식·사채 등의 전자등록에 관한 법률

제1편 서　　설

제1절 의 의

본서는 상법의 입문서로서, 상법 전반의 주요 내용을 이론과 실무의 균형 속에서 체계적으로 다루고자 한다. 구성은 다음과 같다.

서설(제1편), 상법총칙(제2편), 상행위법(제3편), 보험법(제4편), 어음법·수표법(제5편), 회사법(제6편)

이는 현행 상법 중 해상편과 항공운송편을 제외하고, 대신 서설과 어음·수표법을 보완적으로 포함한 체계이다. 즉, 기업 활동의 일반법으로서의 상법의 기본 틀을 유지하면서도, 현대 상거래의 실무상 핵심인 지급수단(어음·수표), 위험관리수단(보험), 그리고 회사 관련 제도를 함께 이해할 수 있도록 구성하였다.

서설에는 법의 기초, 그리고 특히 민법이 포함되어 있다. 상법을 공부할 때 서설은 단순한 서문이 아니라, 법체계 전반을 연결하는 "지도(map)"의 역할을 한다. 상법은 결코 고립된 법이 아니라 민법을 기초로 하여 상사관계의 특수성을 반영한 법이기 때문이다. 민법이 개인 간의 일반적 거래관계를 규율하는 법이라면, 상법은 그중에서도 기업이나 상인 사이의 대량적·반복적 거래를 효율적으로 처리하기 위한 특별법이다.

즉, 민법이 민사거래의 기본 법률이라면, 상법은 그 기본 원리를 전제로 하여 기업 거래의 현실에 맞게 조정하고 구체화한 특별법, 다시 말해 실무지향적 응용법이라 할 수 있다. 따라서 상법을 제대로 이해하려면 민법의 기본원리, 특히 법률행위, 채권의 효력, 법정채권, 계약의 유형 등을 선행적으로 숙지할 필요가 있다. 이는 상법 제1조가 명확히 규정한다. 상법 제1조는 “상사에 관하여 본법에 규정이 없으면 상관습법에 의하고 상관습법이 없으면 민법의 규정에 의한다.”라고 규정하여, 민법이 상법의 보충법으로 작용함을 분명히 하고 있다.

제2절 법의 기초

Ⅰ. 법의 종류

법을 이해하는 첫걸음은 사회 전체의 법체계를 하나의 지도처럼 조망하는 일이다. 법은 단순한 조문과 규정의 집합이 아니라, 사회질서의 틀을 유지하고 이해관계를 조정하기 위한 "사회적 약속"이기 때문이다. 이 약속이 적용되는 주체·범위·내용에 따라, 법은 여러 갈래로 나뉜다.

1. 공법과 사법

법은 누구의 관계를 규율하느냐에 따라 공법과 사법으로 구분된다. 공법은 국가 또는 지방자치단체가 주체로 등장하는 법이다. 즉, 국가와 개인 간 또는 국가기관 상호 간의 관계를 규율한다. 헌법, 행정법, 형법, 소송법 등이 이에 속한다. 예컨대 시민이 세금을 납부하지 않아 과태료가 부과되는 경우, 그 법적 근거는 행정법에 있다. 이는 국가가 권력주체로서 명령하고, 개인이 이에 종속되는 관계이다.

반면, 사법은 개인과 개인 사이의 사적 관계를 규율한다. 계약, 거래, 재산, 채무 등 대부분의 일상생활이 여기에 포함된다. 대표적인 사법이 바로 민법이며, 상법은 그 중 상거래에 관한 특별법적 지위를 갖는다.

공법과 사법의 구별기준에 관하여는 이익설, 주체설 등 다양한 학설이 있으나, 현대 법체계에서는 양자의 경계가 절대적이지 않고 엄격히 분리되기보다 상호보완적 관계로 작용한다는 점이 일반적이다. 실제로 회사법은 사법에 속하지만, 조직규제나 공시의무 등 공익적 요소를 내포한다.

2. 일반법과 특별법

법은 적용범위의 넓고 좁음에 따라 일반법과 특별법으로 구별된다. 일반법은 사람 · 지역 · 사안의 구분 없이 폭넓게 적용되는 기본법이다. 민법이 그 전형이다. 특별법은 특정한 사람이나 사안에 한정하여 적용되는 법으로, 일반법의 원칙을 수정하거나 보완한다.

상법은 민법에 대한 특별법이다. 따라서 상법이 적용되는 영역에서는 상법이 우선하고, 상법에 규정이 없는 경우 민법이 보충적으로 적용된다(상 1조). 이때 중요한 법원칙이 바로 “특별법 우선의 원칙”이다. 예컨대 민법이 사적 거래의 일반원칙을 정한다면, 상법은 상인의 대량 · 반복 거래를 전제로 신속성과 안전성을 강화한 특칙을 둔다.

결국 법체계는 일반법이 기본 틀을 제공하고, 특별법이 이를 구체화하는 구조를 통해 법적 통일성과 현실 적합성을 동시에 확보한다.

3. 강행법과 임의법

이번에는 당사자의 의사에 따라 법의 적용을 변경할 수 있는지 여부에 따른 구별이다. 강행법은 당사자의 의사와 무관하게 반드시 지켜야 하는 규정이다. 이는 공공질서 · 사회윤리 · 거래안전을 확보하기 위한 강제규범으로, 사적 자치의 한계를 설정한다. 예를 들어 회사의 회계공시의무, 금융소비자보호 관련 조항 등은 모두 강행법의 영역이다.

반대로 임의법은 당사자가 달리 정할 수 있는 규정이다. 즉, 법이 일단 기준을 제시하되, “당사자 간 다른 약정이 있으면 그러하지 아니하다”와 같은 문구가 있으면 합의가 우선한다(상 94조).

문언에 명시가 없는 경우, 법의 목적과 성격을 살펴 공익적 · 규범적 성격이 강하면 강행법, 사적 자치와 자유로운 거래를 중시하면 임의법으로 해석한다. 이 구별은 법의 해석과 효력 판단에서 실질적 의미를 가진다.

4. 상법의 위치와 특징

일반적으로 공법은 강행규정이 많고, 사법은 임의규정이 많다. 그러나 상법 내부에서도 그 성격은 균일하지 않다. 회사편은 조직규제 · 공시제도 등 사회경제적 질서를 다루므로 강행법적 성격이 강하다. 반면 상행위편은 거래의 신속성과 자율성을 중시하므로 임의법적 성격이 강하다.

따라서 상법은 공익과 자율, 두 가치를 조화시키는 법이다. 기업활동의 자유를 보장하면서도 거래의 신뢰와 안전을 확보하려는 "자율 속의 규율, 규율 속의 자율"이라는 성격이 상법의 본질이라 할 수 있다.

Ⅱ. 법의 해석

법의 해석이란 법조문의 의미와 내용을 구체적 사건에 맞게 확정하는 과정이다. 법은 일반적 · 추상적 형태로 규정되므로, 실제 적용에서는 의미가 불분명하거나 다툼이 발생할 수 있다. 결국 법 해석은 단순히 문장을 읽는 작업이 아니라, 입법자의 의도와 법의 목적을 현실 속에서 되살리는 행위라 할 수 있다.

법 해석은 문리적 해석에만 그치지 않고, 입법취지 · 법체계 · 사회적 가치질서 등을 종합적으로 고려하여 가장 합리적이고 타당한 결론을 도출해야 한다. 즉, 형식적 문언해석과 실질적 목적해석의 조화가 법 해석의 이상이다.

1. 문리해석

문리해석은 법조문의 문언 자체의 의미, 즉 단어와 문장의 통상적 의미를 기준으로 해석하는 가장 기본적 방법이다. 이는 법적 안정성과 예측가능성을 확보하기 위한 출발점이다. 예를 들어 상법 제57조 제1항이 "수인이 그 1인 또는 전원에게 상행위가 되는 행위로 인하여 채무를 부담한 때에는 연대하여 변제할 책임이 있다"고 규정한 경우, "연대하여"라는 문언의 의미를 그대로 따라 모든 채무자가 동일하게 변제의무를 진다고 보는 것이 문리해석의 결과이다.

다만 문언의 의미가 불명확하거나, 문자 그대로 적용하면 사회통념상 불합리한 결과가 되는 경우에는 다른 해석 방법이 보충적으로 작용해야 한다.

2. 축소해석 · 확장해석

문언이 입법취지보다 지나치게 좁거나 넓게 표현된 경우, 그 범위를 가감하여 합리적 의미를 부여하는 해석이다. 즉, 문언보다 좁게 해석하면 축소해석, 넓게 해석하면 확장해석이라 한다.

예를 들어, 상법 제11조 제3항은 "지배인의 대리권에 대한 제한은 선의의 제3자에게 대항하지 못한다"고 규정한다. 여기서 "선의의 제3자"는 단순히 알지 못한 자가 아니라 중대한 부주의가 없는 선의의 자로 축소해서 해석된다(판례). 이는 거래안전의 보호라는 입법취지를 고려한 결과이며, 사회통념상 보호가치 있는 상대방만을 포섭하려는 것이다.

3. 반대해석

법이 한쪽 경우만 규정하고 있을 때, 그 반대의 경우에는 그 규정의 반대 의미를 적용하는 해석이다. 예를 들어 상법 제11조 제3항이 "지배인의 대리권에 대한 제한은 선의의 제3자에게 대항하지 못한다"고 규정한다면, 반대로 악의의 제3자에게는 대항할 수 있다는 결론이 도출된다.

이는 입법이 명시하지 않은 부분("법이 침묵한 부분")을 상식과 체계에 따라 보충하는 해석으로, 문언에 없는 의미를 새로 창조하는 것이 아니라 입법의 논리적 전제를 되살리는 과정이다.

4. 유추해석

법조문이 규율하지 않은 사안이지만, 그와 유사한 사실관계가 명문으로 규정된 경우, 그 규정을 유사한 사안에 적용하는 것을 유추해석이라 한다. 예컨대 상법상 익명조합(상 78조)의 내부관계에 관한 명문 규정이 없을 때, 판례는 민법의 조합규정(민 703조)을 유추적용한다.

두 제도가 모두 "공동출자와 이익분배"를 핵심 구조로 하므로, 입법취지가 유사하다는 점에서 같은 법리를 적용하는 것이 합리적이기 때문이다. 이와 같이 유추해석은 입법취지와 제도의 구조가 유사할 때 허용된다.

5. 물론해석

법조문이 일정한 사항을 규정하고 있다면, 그보다 더 중대한 사안에는 당연히 같은 취지가 적용된다는 해석이다. 예를 들어 상법 제92조의3은 "계약 종료 후"의 비밀준수의무를 규정하고 있다. 그렇다면 계약이 존속 중인 동안에는 당연히 비밀준수의무가 존재한다고 보아야 한다.

이는 입법자가 명문으로 규정하지 않았더라도, 그보다 엄격한 사정에는 동일한 법의 이념이 적용된다고 보는 것이다. 이는 명문의 공백을 채우는 것이 아니라, 오히려 입법취지의 논리적 확장에 해당한다.

Ⅲ. 주요 용어

법을 공부하다 보면 자주 접하지만, 막상 정의하려면 모호한 개념들이 있다. 이 용어들은 조문 해석과 판례 이해의 출발점이므로, 각각의 취지와 기능을 사례 속에서 파악하는 것이 중요하다.

1. 추정 · 간주

추정과 간주는 모두 법이 사실관계를 일정한 방향으로 인정하여 입증 부담을 덜어주는 제도다.

그러나 간주는 법이 일정한 사실을 "확정된 사실"로 의제하는 것으로, 반증에 의한 번복이 허용되지 않는다. 법문에서는 "~한 것으로 본다" 또는 "~으로 간주한다"로 표현된다. 예를 들어 상법 제16조 제1항은 "물건을 판매하는 점포의 사용인은 그 판매에 관한 모든 권한이 있는 것으로 본다"고 규정한다. 이 경우 그 사용인이 그러한 권한을 부여받았는지 따질 필요 없이, 법이 그러한 권한이 있는 것으로 확정한다.

반면 추정은 일정한 사실로부터 다른 사실을 "합리적으로 짐작"하는 것으로, 반증으로 번복이 가능하다. 즉 추정은, 추정된 사실과 양립할 수 없는 구체적 사실을 증명함으로써 그 효력을 부인할 수 있다. 상법 제47조 제2항의 "상인의 행위는 영업을 위하여 하는 것으로 추정한다"는 조문이 대표적이다. 즉, 일단 상인의 행위는 영업 관련 행위로 보되, 그것이 사실이 아니라고 주장하는 사람이 이를 입증하면 뒤집을 수 있다.

결국, 간주는 법적 안정성을 위한 확정적 제도, 추정은 사실판단의 합리성을 위한 잠정적 제도라 할 수 있다.

2. 준용

준용은 입법자가 이미 존재하는 규정을 유사한 사안에 그대로 적용하도록 정한 경우를 말한다. 이는 중복규정을 피하고 법체계의 통일성을 유지하기 위한 입법기술이다. 예를 들어 상법 제91조의 대리상 유치권 규정은 제111조에 의해 위탁매매인의 유치권에도 준용된다.

한편 유추적용은 법에 명문 규정이 없는 경우, 해석을 통해 유사한 규정을 적용하는 것이다. 즉, 준용은 입법자가 미리 예정한 적용이고, 유추적용은 사후적 해석을 통한 적용이라는 점에서 구별된다.

3. 선의 · 악의

선의란 어떤 사실을 "알지 못하는 상태", 악의란 그것을 "알고 있는 상태"를 말한다. 이는 도덕적 개념이 아니라 인식의 문제다. 예를 들어 상법 제11조 제3항은 "지배인의 대리권에 대한 제한은 선의의 제3자에게 대항하지 못한다"에서의 선의란, 제3자가 대리권에 대한 제한의 존재를 인지하지 못한 경우를 뜻한다.

다만 어음법 제17조의 "해할 것을 알고"와 같이 타인에게 손해를 가할 의사까지 포함하는 경우에는 '해의'라 하며, 이는 넓은 의미의 악의에 포함된다.

따라서 선의와 악의는 도덕의 문제가 아니라, 거래 안전과 책임 귀속을 판단하는 법적 기준이다.

4. 당사자 · 제3자

어떤 법률관계의 직접적 주체를 당사자, 그 밖의 관련자를 제3자라고 한다. 예를 들어 상인이 지배인을 선임하고, 그 지배인이 물건을 매매한 경우를 보자. 지배인의 선임이라는 법률관계의 당사자는 상인과 지배인이고, 매매의 상대방은 당사자가 아니라 제3자다.

제3자는 법률관계의 직접 당사자는 아니지만, 그 결과로부터 법적 영향을 받는다. 따라서 법은 일정한 요건하에 제3자의 신뢰를 보호하기 위한 규정을 두고 있다(예: 상 11조).

5. 대항하지 못한다

"대항하지 못한다"는 특정 사실이나 권리를 상대방에게 주장할 수 없다는 의미다. 상법 제11조 제3항은 "지배인의 대리권에 대한 제한은 선의의 제3자에게 대항하지 못한다"고 규정한다. 즉, 상인이 지배인의 권한을 제한했더라도 제3자가 그 사실을 알지 못한 경우, 상인은 그 제한을 주장할 수 없고 지배인의 행위가 상인에게 효력을 미친다. 이는 거래의 안전을 보호하기 위한 규정으로, 법률상 사실이 존재하더라도 상대방에게 주장할 수 없게 하는 효과를 가진다.

한편, 악의의 제3자(대리권의 제한 사실을 알고 있는 제3자)에게는 반대로 "대항할 수 있다"는 점에서 반대해석이 적용된다.

6. 고의 · 중과실 · 과실

이들은 의무위반 행위에서 행위자의 심리상태를 구별하기 위한 개념이다.

- 고의 – 결과를 알면서도 행하는 것
- 중과실 – 현저한 부주의로 결과를 알지 못한 것
- 과실 – 통상 요구되는 주의를 다하지 못해 결과를 알지 못한 것

과실은 다시 추상적 과실과 구체적 과실로 구분된다. 추상적 과실은 평균인을 기준으로 요구되는 일반적 주의를 의미하며, 민법 제681조의 위임에서 수임인이 부담하는 선량한 관리자의 주의가 이에 해당한다. 반면 구체적 과실은 개별 행위자가 통상 행하는 범위의 주의를 의미하며, 민법 제695조의 무상임치에서 수치인이 자기 재산에 대하여 하는 것과 동일한 주의가 이에 해당한다. 민법은 원칙적으로 추상적 과실을 기준으로 과실의 존부를 판단한다. 이러한 구분은 손해배상책임의 성립 범위와 면책 여부를 판단하는 기준으로 기능한다.

7. 외관책임

외관책임이란 실제와 다른 외관이 존재할 때, 그 외관의 형성에 귀책사유가

있는 자가 그 외관을 신뢰한 선의의 제3자에게 책임을 지는 제도이다. 거래의 신뢰와 안전을 보호하기 위한 법리로, "진실과 다른 외관을 만든 자가 그 위험을 부담해야 한다"는 신의성실의 원칙에 근거한다.

대표적인 예가 표현대리(민 125조 이하)이다. 대리권이 없거나 범위를 넘었음에도, 본인이 그러한 외관을 만들거나 방치한 경우, 그 외관을 신뢰한 제3자를 보호하기 위해 본인이 책임을 진다.

이러한 외관책임의 법리는 상법에서도 동일하게 적용되며, 지배인(상 11조), 표현지배인(상 14조), 판매점포사용인(상 16조) 등의 규정에도 같은 취지가 반영되어 있다.

제 3 절 민법총칙

제 1 관 서 론

Ⅰ. 민법의 의의

민법은 개인의 일상생활 속에서 가장 폭넓게 작용하는 기본법이다. 우리가 물건을 사고(매매), 돈을 빌리고(소비대차), 재산을 상속받는 일 모두가 민법의 영역에 속한다. 즉, 민법은 인간의 생활 그 자체를 법적으로 구성하는 법이다.

1. 형식적 의미와 실질적 의미

먼저, 형식적 의미의 민법이란 "민법"이라는 명칭을 가진 법률 자체를 말한다. 현행 민법은 1958년에 제정되어 1960년부터 시행되었으며, 총칙 · 물권 · 채권 · 친족 · 상속의 다섯 편으로 구성되어 있다. 이 중 일부는 대통령령 등 하위 법령으로 보완된다.

반면, 실질적 의미의 민법은 명칭에 구애받지 않고 사적 생활관계를 규율하는 모든 법규를 포함한다. 예컨대 주택임대차보호법, 상가건물임대차보호법, 가등기담보법 등은 이름에 "민법"이 붙어 있지 않더라도, 사적 거래를 규율한다는 점에서 실질적 의미의 민법에 속한다.

결국 형식적 민법은 "민법이라는 법률 그 자체", 실질적 민법은 "민사생활을 규율하는 모든 법"으로 구별된다.

2. 민법의 성격

민법은 사적 생활관계를 규율하는 일반법이다. 즉, 사람 · 지역 · 사항의 제한 없이 적용되며, 다른 특별법이 없는 한 모든 민사관계의 기본 틀이 된다.

또한 공법과 달리 사법의 성격을 가지며, 국가가 개입하지 않는 한 개인의 자유로운 의사에 따라 법률관계를 형성할 수 있다. 이때 법이 전제하는 기본 이념은 "자유 속의 질서, 질서 속의 자유"이다. 민법은 자유로운 개인의 결단을 존중하되, 그 자유가 타인의 권리를 침해하거나 사회질서를 해치지 않도록 조화시킨다.

3. 민법의 기본원칙

민법을 움직이는 세 가지 큰 축이 있다. 바로 사적 자치의 원칙, 사유재산권 절대의 원칙, 과실책임의 원칙이다.

- **사적 자치의 원칙** – 개인이 스스로 계약을 체결하고 그 내용을 자유롭게 정할 수 있다는 원칙이다. 민법은 "당사자는 법률행위의 내용을 자유로이 정할 수 있다"(민 105조)고 명시하여 이를 제도적으로 보장한다.
- **사유재산권 절대의 원칙** – 개인의 재산은 국가나 타인으로부터 함부로 침해되지 않는다는 원칙이다. 근대 시민법의 핵심적 기둥이었던 이 원칙은, 재산이 개인의 자유를 실질적으로 보장하는 수단임을 전제로 한다.
- **과실책임의 원칙** – 고의나 과실이 없는 한 손해배상책임을 지지 않는다는 원칙이다. 즉, 책임은 귀책사유가 있는 경우에만 인정된다는 뜻이다. 이는 "잘못이 없는 사람에게 책임을 물을 수 없다"는 개인책임주의의 표현이다.

4. 현대적 수정

그러나 현대 사회에서는 단순한 개인 간 교환관계를 넘어, 대량생산과 정보 비대칭, 사회적 위험의 확산이라는 현실을 반영하여 민법의 기본원칙이 일정 부분 수정 · 보완되고 있다.

- **사적 자치의 한계** – 강행규정(민 103조 등)은 사적 자치를 제한한다. 예를 들어 사회질서에 반하는 계약은 무효이며, 이는 "자유는 있지만 남용할 수는 없

다"는 원칙을 보여준다.

• **재산권의 사회적 제약** – 헌법 제23조 제2항은 재산권의 행사는 "공공복리에 적합해야 한다"고 규정한다. 따라서 사유재산권도 더 이상 절대적이지 않다. 이는 환경보호, 도시계획, 공공복리 등 사회적 가치와 조화를 이루는 방향으로 재해석되고 있다.

• **과실책임의 보완** – 현대사회에서는 과실이 없어도 책임을 인정하는 제도, 즉 무과실책임이 도입되었다. 대표적인 예로 환경정책기본법, 원자력손해배상법이 있다. 이는 개인책임주의의 원칙을 유지하되, 피해자 보호를 강화하기 위한 현실적 조정이다.

Ⅱ. 민법의 법원

법의 세계에서 "무엇이 법인가"를 묻는다면, 그 답이 바로 법원이다. 민법의 법원이란 민사관계를 규율하는 법규범의 근거, 즉 법의 근본적 원천을 말한다.

민법은 이를 "민사에 관하여 법률에 규정이 없으면 관습법에 의하고, 관습법이 없으면 조리에 의한다"(민 1조)고 정한다. 따라서 적용 순서는 성문법 → 관습법 → 조리의 순서가 된다.

성문법은 국가가 문서의 형식으로 제정한 법이다. 그 대표가 바로 민법(1조~1118조)이다. 성문법은 명확성과 예측가능성을 갖추어, 법적 안정성을 보장한다. 그러나 사회의 변화 속도가 빠른 현대에는, 문자로 고정된 법만으로는 현실의 다양성을 모두 담기 어렵다. 그래서 법은 성문을 넘어, 그 뒤의 정신을 읽어내야 한다. 즉, 법의 적용 과정에서는 성문의 문언뿐 아니라, 그 배경과 취지를 함께 고려할 필요가 있다.

관습법은 사회에서 오랜 기간 반복되어 법적 확신이 형성된 관행이 법규범으로 승인된 것이다. 즉, 단순한 습관이 아니라 법으로 인정받은 사회적 규범이다. 예컨대 상거래에서 거래상 관행이 계속 반복되어 법적 확신이 생긴 경우, 특별한 법률 규정이 없어도 법원은 이를 관습법으로 인정할 수 있다.

한편, 조리란 사물의 본성, 사회 일반의 규범관념, 정의와 신의성실의 원칙 등을 의미한다. 조리는 법률과 관습법의 공백을 메워 법체계의 합리성과 정의를 유지하는 보충적 법원이다.

가령 법문이 "부득이한 사정이 있는 경우"라고만 규정하고, 구체적 판단 기준을 두지 않았다고 하자. 이때 법관은 재판을 거부할 수 없으며, 조리에 따라 합리적 판단을 내려야 한다. 이것이 바로 민법 제1조가 조리를 통해서 지향하는 법적 완결성과 정의의 실현이다.

결국 민법의 법원은 단순히 "문자로 된 법"에 머물지 않는다. 그 뒤에는 사회적 관습의 힘, 그리고 이성적 정의의 원리(조리)가 있다. 민법은 이 세 가지를 포괄함으로써, 시대와 사회가 달라져도 여전히 인간의 권리와 정의를 보장하는 "살아 있는 법"을 구성한다.

Ⅲ. 민법의 규율대상(권리관계)

1. 의의

민법이 다루는 세계는 거창하지 않다. 거기에는 거대한 국가권력이 아니라, 사람과 사람 사이의 사적인 권리와 의무의 관계가 있다. 이러한 관계를 우리는 법률관계 또는 간단히 권리관계라 부른다.

예컨대 A가 B에게 물건을 팔기로 계약하면, A는 물건인도의무를, B는 대금지급의무를 진다. 두 사람의 의사표시가 맞물려 법률적 구속력을 가진 관계가 형성되는 것이다. 반면, 친구에게 밥을 사주거나 이웃을 도와주는 행위는 단순한 생활관계로서, 법적 구속력이 없다. 이처럼 "호의는 도덕의 영역"에, "의무는 법의 영역"에 속한다.

민법이 규율하는 권리는 그 성질과 작용 방식에 따라 여러 갈래로 나뉜다. 이러한 구분은 권리 간의 충돌이나 보호범위를 조정하는 기초가 된다.

(1) 권리의 내용에 따른 구분

권리의 내용에 따라 재산권 · 인격권 · 지적재산권 · 상속권이 있다.

• **재산권** – 재산권은 경제적 가치를 가지는 권리로, 대표적으로 물권과 채권이 있다. 물권은 물건을 직접 지배할 수 있는 배타적 권리이고, 채권은 특정인에게 일정한 행위를 요구할 수 있는 권리이다.

• **인격권** – 생명, 신체, 명예 등 인격적 이익을 보호하는 권리이다. 인격권은 사람의 존엄과 직접 연결되므로, 침해가 있으면 위자료청구(민 751조)로 회복이 가능하다.

• **지적재산권** – 창작물이나 발명에 대해 배타적으로 지배·이용할 수 있는 권리이다. 특허권, 저작권, 상표권이 그 예다.

• **상속권** – 사람이 사망하면 그의 권리·의무가 상속인에게 포괄적으로 이전된다. 상속이 개시된 때에 상속인은 당연히 상속권을 취득한다(민 997조).

(2) 권리의 작용에 따른 구분

권리가 법률관계 속에서 어떻게 작용하는지를 기준으로 네 가지로 나눌 수 있다.

• **지배권** – 타인의 행위 없이 스스로 권리의 객체를 지배할 수 있는 권리이다. 대표적으로 소유권, 점유권 등 물권이 이에 해당한다.

• **청구권** – 상대방에게 일정한 급부를 요구할 수 있는 권리이다. 계약에 따른 채권이 그 전형이다.

• **형성권** – 일방적 의사표시만으로 법률관계를 발생·변경·소멸시키는 권리이다. 동의권(민 5조), 취소권(민 140조), 해제권(민 543조), 상계권(민 492조)이 그 예이다. 한 마디로, 형성권은 일정한 요건 하에서 “말 한마디로 법률관계를 변경할 수 있는 힘”이다.

• **항변권** – 타인의 청구권 행사를 저지할 수 있는 권리이다. 예컨대 보증인의 최고·검색의 항변권(민 437조)은, 보증인이 채권자에게 “먼저 주채무자에게 청구하라”는 취지로 주장할 수 있는 권리다.

(3) 권리의 상대범위에 따른 구분

• **절대권**(대세권) – 모든 사람에게 주장할 수 있는 권리이다. 물권, 인격권, 지적재산권이 여기에 속한다. 절대권은 사회 전체를 상대로 효력을 가지므로 강력하지만, 그만큼 엄격한 공시·공신 요건이 요구된다.

• **상대권**(대인권) – 특정한 사람에게만 주장할 수 있는 권리이다. 채권이 그 전형이다. 예컨대 A가 B에게 금전을 빌려주었다면, 그 채권은 B에게만 효력이 있다. 제3자에게는 효력이 미치지 않는다.

요컨대 권리의 성질을 구분하는 것은 단순한 분류작업이 아니라, 권리 간 충돌 시 누가 우위에 서는지를 결정하는 실질적 판단의 기준이다.

2. 권리의 충돌 및 중첩

권리관계가 복잡해질수록 권리들이 서로 부딪히거나 겹치는 경우가 생긴다. 민법은 이러한 충돌 상황에서 공평과 거래안전을 확보하기 위한 기준을 마련해 두었다.

(1) 권리의 충돌

권리의 충돌이란 하나의 객체에 여러 권리가 존재하여 효력 범위가 경합하거나 상충하는 경우를 말한다. 민법은 이를 다음과 같은 원칙들로 조정한다.

- **채권과 채권이 충돌하는 경우** – 채권은 배타성이 없기 때문에, 여러 채권자가 동일한 채무자에게 평등하게 변제받을 권리를 가진다. 이를 채권자평등의 원칙이라 한다. 예컨대 채무자 D에게 A, B, C 세 채권자가 있을 때, A가 먼저 재산을 압류했더라도, B와 C 역시 이중압류나 배당요구를 통해 평등하게 참여할 수 있다. 다만, 담보물권(저당권, 질권 등)이 설정된 채권은 예외적으로 우선변제권을 가진다.
- **채권과 물권이 충돌하는 경우** – 물권은 절대적 효력을 가지므로 채권보다 우선한다. 예를 들어 임차권은 본래 채권이지만, 부동산임차권을 등기하면 물권화되어 제3자에게도 대항할 수 있다(민 621조). 즉, 공시를 갖춘 권리는 대항력을 획득하여 다른 권리보다 우위에 선다. 권리의 공시는 곧 대항력의 확보이며, 이는 권리우선의 출발점이 된다.

(2) 권리의 중첩

권리의 중첩이란 하나의 사실이 복수의 법률요건에 해당하여 여러 권리가 동시에 발생하는 경우를 말한다. 그 유형은 두 가지로 구분된다.

- **권리의 경합** – 두 권리가 병존적으로 인정되는 경우이다. 예를 들어 채무자의 일정한 행위가 채무불이행(민 390조)과 불법행위(민 750조)의 요건이 동시에 충족되는 경우, 채권자는 두 가지 손해배상청구권을 모두 행사할 수 있다. 다만, 손해배상의 목적이 "손해의 전보"이므로, 두 청구를 모두 행사하더라도 손해액

을 초과하여 중복해서 배상받을 수는 없다.

- **법조경합** – 형식상 여러 법률요건이 충족되더라도 실질적으로는 하나의 권리만 인정되는 경우이다. 이는 권리의 경합과 달리, 중첩된 법률요건 중 하나의 법만 적용된다는 점에서 구별된다. 대표적으로 일반법과 특별법의 병존이 그러하다. 특별법이 존재하면 그 범위에서 일반법의 적용이 제한된다(특별법우선의 원칙).

예를 들어, 대리관계에서 현명주의를 정한 민법(민 115조)보다, 상사대리의 비현명주의를 규정한 상법(상 48조)이 우선 적용된다. 즉, 상거래에서는 거래의 신속과 안전을 중시하여, 민법에 갈음해 상법의 특칙이 적용된다.

3. 권리의 행사한계

권리는 그 존재만으로 언제든지, 어떤 방식으로든 행사할 수 있는 것은 아니다. 민법은 권리의 행사가 사회공동생활 속에서 이루어진다는 점을 전제로 하여, 외형상 정당해 보이더라도 그 내용이나 목적이 부당한 경우에는 이를 제한할 수 있는 일반원칙을 두고 있다. 이 기능을 수행하는 것이 신의성실의 원칙과 권리남용금지의 원칙이다.

두 원칙은 서로 밀접하게 연관되어 작용하면서, 형식적으로는 적법한 권리행사라 하더라도 그것이 실질적 정의와 형평에 반하는지를 다시 한 번 섬섬하는 기준으로 기능한다.

먼저 민법은 "모든 권리의 행사와 의무의 이행은 신의에 좇아 성실히 하여야 한다"(민 2조)고 규정한다. 이 조항은 단순한 윤리적 선언이 아니라, 민법 전반을 관통하는 기본원칙이자 지도규범이다. 그 핵심은 권리행사자가 자기의 이익만을 기준으로 삼을 것이 아니라, 자신의 언행이 상대방에게 어떠한 신뢰를 형성하였는지도 함께 고려해야 한다는 데에 있다.

이러한 이유로 신의성실의 원칙 또는 신의칙은 개별 조문이 없는 경우에도 적용될 수 있고, 이미 성립한 권리의 행사 자체를 제한하는 근거로 작용할 수도 있다.

신의칙은 판례와 실무에서 특히 다음과 같은 유형으로 구체화된다.

- **모순행위금지의 원칙**(금반언의 원칙) – 선행행위로 상대방에게 일정한 신

뢰를 형성시켜 놓고, 그와 모순되는 주장을 하여 상대방을 해하는 행위는 허용되지 않는다. 예컨대 계약이 유효하다고 믿게 한 뒤 상당한 기간이 경과한 후 돌연 그 무효를 주장하여 상대방에게 불이익을 주는 것은 신의칙에 반한다.

• **실효의 원칙** – 권리가 장기간 행사되지 않아, 객관적으로 보아 그 권리가 더 이상 행사되지 않을 것이라는 신뢰가 형성된 경우에는, 뒤늦은 권리행사가 신의칙에 의해 제한될 수 있다. 권리가 형식적으로 존속한다는 사정만으로 그 행사가 무제한적으로 허용되는 것은 아니다.

• **사정변경의 원칙** – 계약이나 법률관계의 기초가 된 사정이 당사자의 예견을 현저히 벗어나 중대하게 변경된 경우, 종전의 내용을 그대로 유지하는 것이 형평에 반할 수 있다. 이 경우 신의칙은 계약의 해제나 내용 조정의 근거로 기능한다. 전쟁, 대규모 재해, 경제질서의 급격한 붕괴 등이 그 예로 거론된다.

다음으로 권리남용금지의 원칙은 "권리는 남용하지 못한다"(민 2조)는 규정을 통해, 권리의 목적과 사회적 기능에 부합하는 행사만을 허용한다. 외형상 권리행사의 형식을 갖추고 있더라도, 그 목적이 부당하거나 결과가 현저히 불공정한 경우에는 법이 이를 보호하지 않는다는 점에 그 취지가 있다.

그 대표적인 사례가 법인격부인의 법리이다. 회사라는 독립된 법인격을 이용하여 실질적으로 개인의 책임을 회피하거나 채권자를 해하는 경우, 법원은 법인격이라는 외형을 부인하고 실질적인 책임주체에게 직접 책임을 귀속시킨다. 이는 법인격이라는 권리형태가 사회적 기능을 일탈하여 남용된 경우, 법이 그 형식을 더 이상 존중하지 않기 때문이다. 이에 관해서는 회사법 부분에서 자세히 설명한다.

결국 신의성실의 원칙과 권리남용금지의 원칙은, 법이 부여한 권리라 하더라도 정의 · 신뢰 · 형평에 반하는 방식으로 행사되는 경우에는 허용될 수 없다는 점을 서로 다른 측면에서 확인해 주는 일반원칙이다. 이들 규정은 민법이 권리행사의 형식적 적법성에만 머무르지 않고, 실질적 공정과 사회적 신뢰를 중시하는 법질서를 지향하고 있음을 분명히 보여준다.

4. 권리의 변동

권리는 발생 · 변경 · 소멸이라는 일련의 과정 속에서 존재하고, 이러한 움직임을 통틀어 권리의 변동이라 한다. 민법은 이를 법률요건-법률효과 구조로 파악한다. 즉, 법률요건인 일정한 사실 또는 행위가 존재하면 그에 상응하는 법률효과인 권리의 발생·변경·소멸이 법률상 당연히 성립된다.

(1) 법률요건

법률요건이란 법이 일정한 효과를 발생시키는 근거로 삼는 사실 또는 행위를 말한다. 유형을 나눠 보면 다음과 같다.

- **법률행위** – 당사자가 스스로의 의사에 따라 일정한 법률효과의 발생을 의도하는 행위이다. 매매계약에서 청약과 승낙이 합치하면 소유권이전의무와 대금지급의무가 발생하는 것이 전형적인 예이다.
- **준법률행위** – 의사표시는 존재하지만, 그 효과의 내용은 당사자가 아니라 법이 미리 정해 두는 경우를 말한다. 예를 들어 최고(민 15조), 사원총회 소집통지(민 71조), 이혼에서의 용서(민 841조) 등이 이에 해당한다. 이 경우 "알려준다"는 의사표시가 있긴 하지만, 의시표시는 효과 발생의 계기에 불과하고, 구체적인 법률효과는 민법이 정한다.
- **위법행위** – 법이 금지한 행위를 말하며, 채무불이행(민 390조)이나 불법행위(민 750조)가 대표적이다. 이러한 행위가 있으면 손해배상청구권과 같은 불이익적 법률효과가 발생하므로, 위법행위도 넓은 의미에서는 법률요건에 포함된다.
- **사건** – 인간의 의사와 무관하게 발생하지만 법률효과를 수반하는 사실을 말한다. 소멸시효의 완성(민 162조)이나 사망에 따른 상속의 개시(민 997조)가 그 예이다. 이 경우 누구의 의사표시도 없지만, 법은 해당 사실에 일정한 효과를 발생시킨다.

(2) 법률효과

이러한 법률요건이 충족되면 법은 일정한 법률효과를 발생시키는데, 그것이 곧 권리의 변동이다.

- **권리의 발생** – 새로운 권리가 성립하는 경우를 말한다. 원시취득은 타인의 권리에 의존하지 않고 최초로 권리를 취득하는 경우로, 점유취득시효에 의한 소유권 취득(민 245조 이하)이나 새로운 물건의 제조가 이에 해당한다. 이에 반해 승계취득은 이미 존재하던 권리를 타인으로부터 이전받는 경우로, 매매에 따

른 소유권 이전이 대표적이다. 승계취득은 다시 특정한 권리만 이전받는 특정승계(예: 토지 매수)와, 하나의 법률요건으로 여러 권리를 일괄 취득하는 포괄승계(예: 상속, 합병)로 나뉜다.

- **권리의 변경** – 권리 자체는 존속하지만, 그 주체나 내용, 범위가 달라지는 경우다. 채무인수로 채무자가 바뀌는 경우, 계약조건을 바꿔 이자율을 조정하는 경우가 이에 해당한다.
- **권리의 소멸** – 권리가 더는 존재하지 않게 되는 경우다. 물건이 멸실하여 소유권 자체가 소멸하는 절대적 소멸이 있고, 소유권 이전으로 인해서 종전의 권리가 소멸하는 경우는 상대적 소멸에 해당한다.

이와 같이 권리 변동의 기본 구조를 이해하면, 물권변동, 채권양도, 상속, 시효완성 등 개별 제도 역시 모두 법률요건과 법률효과의 결합이라는 동일한 틀 속에서 파악할 수 있다. 민법이 요건을 엄격하게 구분하고, 그 충족을 전제로 권리의 발생·변경·소멸을 인정하는 이유는 결국 법률관계의 예측가능성과 공평을 확보하기 위함이다.

제 2 관 법률행위

Ⅰ. 의의

1. 법률행위의 개념 및 종류

법률행위란 일정한 법률효과를 의욕하는 의사표시를 필수요소로 하는 법률요건이다. 다시 말해, 인간의 의사에 법이 의미를 부여하여 권리의 발생·변경·소멸이라는 법률효과를 일으키게 하는 장치가 바로 법률행위이다.

민법의 사적 자치의 원칙(민 105조)은 이 법률행위를 통해 비로소 구체적으로 실현된다. 개인이 자유로운 의사에 따라 계약을 체결하고, 재산관계를 형성하거나 변경할 수 있는 이유는, 법률행위가 의사표시를 매개로 하여 법적 효력을 인정하기 때문이다. 결국, 법률행위는 "의사표시를 통해 법적 세계를 창조하는 행위"라 할 수 있다.

법률행위는 구성요소·형식·효과의 내용에 따라 다음과 같이 구분된다.

(1) 구성요소에 따른 구분

• **단독행위** –하나의 의사표시로 성립하는 법률행위이다. 예를 들어 취소·해제·상계·유언 등이 있다. 단독행위는 한 사람의 의사표시만으로 법률효과가 생기므로 상대방의 승낙을 필요로 하지 않는다.

• **계약** – 복수의 의사표시가 대립적·교환적으로 합치되어 성립하는 법률행위이다. 매매, 임대차, 증여 등이 이에 해당한다. 계약은 청약과 승낙이라는 대립적 의사표시가 합치됨으로써 성립하고, 그 합치의 지점에서 법률효과가 발생한다.

• **합동행위** – 복수의 의사표시가 평행적·구심적으로 결합되어 하나의 의사로 통일되는 법률행위이다. 여기서 평행적이란 의사표시가 서로 대립하지 않는다는 뜻이고, 구심적이란 공동의 목적 아래 단일한 법률효과를 형성한다는 의미이다. 대표적으로 사단법인의 설립행위가 그러하다. 이는 공동의 목적을 위해 여러 사람이 하나의 단일의사를 형성하는 형태이다.

(2) 형식에 따른 구분

• **요식행위** – 법이 정한 일정한 형식을 갖추어야만 효력이 발생하는 행위이다. 어음행위, 수표행위, 혼인신고 등은 법정 형식이 요구된다. 형식은 때로 의사보다 중요하다. 왜냐하면 사회적 신뢰를 확보하고, 사후의 분쟁을 예방하는 기능을 하기 때문이다.

• **불요식행위** – 특별한 형식이 요구되지 않고 단순한 의사표시만으로 성립하는 행위이다. 대부분의 사적 거래(매매, 임대 등)가 이에 속한다. 이는 사적 자치의 정신(민 105조)을 가장 순수한 형태로 구현한다.

(3) 효과의 내용에 따른 구분

• **채권행위** – 채권을 발생시키는 법률행위이다. 예컨대 매매계약이나 용역계약 등이 있다.

• **물권행위** – 물권의 변동을 일으키는 법률행위이다. 소유권이전행위, 저당권설정행위가 대표적이다.

• **준물권행위** – 물권은 아니지만, 채권의 이전이나 소멸처럼 권리 자체를

바로 변동시키는 효과를 가지는 법률행위이다. 이러한 점에서 채권행위(채권을 발생시키는 행위)와 구별되고, 기능상 물권행위에 유사하여 준물권행위라 불린다. 채권양도와 채무면제가 이에 해당한다.

요컨대 법률행위는 의사표시를 중심으로 하여 법적 효과가 발생한다는 점에서, 인간의 자유로운 의사와 법적 안정성을 연결하는 민법의 핵심기제이다.

2. 법률행위의 요건

그렇다면, 모든 의사표시가 법적 효력을 가지는 것은 아니다. 법률행위가 법적으로 인정받기 위해서는 일정한 요건을 충족해야 한다. 민법은 이를 성립요건과 효력요건으로 나눈다.

(1) 성립요건

법률행위의 성립에는 무엇보다도 의사표시의 존재가 필요하다. 예컨대 매매계약은 청약과 승낙이라는 두 개의 의사표시가 합치되어야 비로소 성립한다. 이 요건이 결여되면 그 법률행위는 처음부터 성립하지 않아 존재하지 않는다. 요컨대 성립요건의 핵심은 "의사가 없으면 법률행위도 없다"는 점이다.

(2) 효력요건

성립한 법률행위가 유효하게 효력을 가지기 위해서는 다음의 실질적 요건을 충족해야 한다.

- **당사자 요건** – 법률행위의 당사자는 의사능력과 행위능력을 갖추어야 한다. 예컨대 미성년자가 법정대리인의 동의 없이 한 법률행위는 원칙적으로 취소할 수 있다(민 5조).
- **내용 요건** – 법률행위의 목적은 확정성, 가능성, 적법성, 사회적 타당성을 가져야 한다. 예를 들어 "달나라의 부동산을 매매한다"는 계약은 불능행위로서 가능성이 결여되어 무효이다.
- **의사표시 요건** – 의사표시는 진정하고 자유로워야 한다. 사기, 강박 등으로 의사가 왜곡된 경우 그 의사표시는 취소될 수 있다.

결국 성립요건과 효력요건이 모두 충족되어야 비로소 완전한 법률행위로 인정된다. 하나라도 부족하면 무효가 되거나, 또는 취소의 대상이 되어 취소되기 전까지는 유효하나 취소로써 소급하여 효력을 상실한다.

3. 법률행위의 해석

법률행위의 해석은 단순한 문장 해독이 아니다. 그 행위가 어떤 의사와 목적을 담고 있었는지, 나아가 그 의사가 법적으로 어떻게 평가되어야 하는지를 밝히는 과정이다.

현실의 계약이나 의사표시에서는 언제나 진의와 문언의 간극이 존재한다. 따라서 해석은 단순히 "무엇이라 적혀 있는가"가 아니라, "무엇을 의도했는가"와 "사회적으로 어떻게 이해되어야 하는가"의 문제이다. 따라서 법률행위의 해석은 문언에만 매이지 않고, 진정한 의사와 사회적 신뢰의 균형을 찾아가는 과정이라 할 수 있다.

(1) 자연적 해석

출빌점은 언제나 표의자의 진정한 의사(진의)이나. 예를 들어 계약서에 "A 노지"라고 적혀 있으나 실제로는 "B 토지"를 거래하려 한 경우, 표시보다 진의가 우선한다. 이것이 자연적 해석이다. 진정한 의사가 객관적으로 분명하게 확인되는 경우에 한하여 문언보다 의사를 우선한다.

(2) 규범적 해석

그러나 모든 경우에 진의를 알 수 있는 것은 아니다. 표시가 불명확하거나 상대방이 다르게 이해했을 가능성이 있는 경우, 합리적인 제3자가 그 표시를 어떻게 이해했을지를 기준으로 판단한다. 이것이 규범적 해석이며, 이는 거래의 신뢰와 예측가능성을 보호하기 위한 장치다.

예컨대 A가 매매목적물을 "사과"로 의도하고 있었으나 계약서에는 "배"로 기재되어 있고, B가 통상적인 주의를 다했음에도 그 오기를 알 수 없었다면, 법은 표시된 "배"를 매매목적물로 해석한다. 이 경우에도 A의 진의 자체가 부정되는 것은 아니지만, 거래의 신뢰와 상대방 보호를 위해 그 진의는 법적으로 보호되지 않는다. 즉, 이 경우 표시의 객관적 의미가 의사보다 우선한다.

(3) 보충적 해석

그렇다면, 표시된 의사 사이에 공백이 있을 때는 어떻게 할까? 예를 들어 세약서에 이행시기가 명시되지 않은 경우가 그렇다. 이때 법은 단순히 "기재가 없으니 무효"라고 하지 않는다. 다시 말하면 기재의 흠결만으로 곧바로 무효로 보지는 않는다. 대신에 "그들이 그때 그 사실을 알았다면 어떻게 약정했을까?"를 가정하여, 즉 당사자의 가정적 의사를 기준으로 해석한다. 이것이 보충적 해석이다.

예컨대 매매계약에서 이행시기가 정해지지 않았다면, 당사자의 거래 관행이나 사회통념에 비추어 합리적인 시점으로 보충된다. 이러한 해석 방식은 법이 단순히 문언을 해독하는 기술이 아니라, 공평과 신의성실의 원리(민 2조)를 구체화하는 과정임을 보여준다.

법률행위의 해석은 결국 자유로운 의사의 존중과 거래의 신뢰보호 사이의 조화를 목표로 한다. 법은 어느 한쪽을 절대시하지 않는다. 표의자의 진의가 확인되면 그것을 따르되, 진의가 불명확하면 신뢰를 보호하고, 공백이 있으면 당사자의 가정적 의사를 보충한다.

따라서 결국 법률행위의 해석은 "문언을 출발점으로 하되, 의사와 신뢰를 조화시키는 판단 과정"이며, 그 중심에는 신의성실의 원칙(민 2조)과 사적 자치의 원칙(민 105조)이 놓여 있다.

Ⅱ. 의사능력 · 행위능력

1. 의사능력

법률행위는 단순한 말이나 행동이 아니라, 법률상 효과를 일으키려는 의사표시를 전제로 한다. 그렇다면 그 의사가 효력을 가지려면 어떤 조건이 필요할까? 바로 의사능력, 즉 자신의 행위가 가져올 법률상 결과를 인식하고 판단할 수 있는 정신적 능력이다.

의사능력은 나이나 지위로 일률적으로 정해지는 것이 아니라, 행위 당시의 구체적 상황에 따라 판단된다. 따라서 17세의 청소년이라도 상황을 충분히 이해했다면 의사능력이 인정될 수 있고, 반대로 성인이라도 심신상실자나 만취자처럼 순간적으로 판단력이 마비된 경우에는 의사능력이 부정된다.

의사능력이 없으면 그 행위는 무효이다(판례). 이는 거래 상대방의 책임 문제라기보다, 판단능력이 결여된 사람을 법이 적극적으로 보호하기 위한 제도다. 다만, 의사무능력의 존재를 주장하는 자가 그 사실을 입증해야 한다. 이때 법원은 행위 당시의 정신상태, 행위의 경위, 이해력의 정도 등 모든 사정을 종합적으로 고려하여 판단한다.

결국 의사능력 제도는 단순히 불이익을 막는 장치가 아니라, "의사 없는 법률행위는 없다"는 민법의 출발점이자, 인간의 정신적 존엄을 전제로 한 기본 보호장치라 할 수 있다.

2. 행위능력

의사능력이 있다고 해서 모든 법률행위를 자유롭게 할 수 있는 것은 아니다. 스스로의 행위가 어떤 결과를 가져오는지 "이해할 능력"과, 그것을 "책임 있게 결정할 수 있는 사회적 성숙도"는 다르기 때문이다. 이 후자가 행위능력으로, 유효한 법률행위를 단독으로 할 수 있는 능력을 말한다.

민법은 의사능력은 있으나 아직 사회적 자립이 충분하지 않은 사람들을 보호하기 위해 제한능력자 제도를 둔다. 이들은 법의 관점에서 보호가 요구되는 주체들로, 그 보호의 정도에 따라 세 단계로 나뉜다.

(1) 미성년자

미성년자는 만 19세 미만의 자로, 원칙적으로 법정대리인의 동의 없이 한 법률행위는 취소할 수 있다(민 4조 · 5조). 그러나 모든 행위가 무조건 제한되는 것은 아니다. 민법은 현실적 자립과 거래의 유연성을 고려해 예외를 두었다.

- 권리만 얻거나 의무만 면하는 행위(민 5조),
- 처분을 허락받은 재산의 처분행위(민 6조),
- 허락받은 영업에 관한 행위(민 8조)는 동의 없이도 유효하다.

즉, 민법은 미성년자를 일방적으로 보호의 대상으로만 보지 않고, 자율성을 단계적으로 허용하고 있다. 이는 사회적 자립성과 거래의 신속성을 함께 고려한 절충의 산물이다.

(2) 피성년후견인

피성년후견인은 사무처리능력이 지속적으로 결여된 자로, 그가 한 법률행위는 성년후견인의 동의 여부와 관계없이 항상 취소할 수 있다(민 10조). 하지만 인간으로서의 기본생활까지 제한할 수는 없으므로, 일용품 구입 등 일상생활의 통상행위는 예외적으로 유효하다(민 10조). 즉, 민법은 후견제도를 통해 보호를 실현하면서도, 그 보호가 인간의 일상적 존엄과 자율성을 침해하지 않도록 세밀하게 조정한다.

(3) 피한정후견인

피한정후견인은 사무처리능력이 부족한 자로, 법원이 정한 범위 내에서 한정후견인의 동의가 필요하다. 동의 없이 한 행위는 취소할 수 있다(민 13조). 즉, 피성년후견인보다는 경미한 제한이 적용되며, 법원은 거래의 성질과 위험 정도에 따라 그 범위를 구체적으로 정한다. 이 제도는 "전면적 보호가 아니라, 필요한 부분의 보완적 보호"를 목표로 하며, 인간의 능력을 획일적으로 재단하지 않고 개별적 사정을 반영한다는 점에서 현대적이다.

(4) 거래상대방 보호

그렇다면, 이렇게 강력하게 보호되는 제한능력자 제도가 거래 상대방에게는 어떤 의미를 가질까? 만약 제한능력자가 체결한 계약이 사후에 취소된다면, 상대방은 전혀 예기치 못한 손해를 입을 수 있다. 따라서 민법은 보호의 균형을 위해 상대방에게도 일정한 방어권을 부여한다.

- **확답촉구권** – 상대방은 제한능력자의 법정대리인에게(혹은 나중에 능력자가 된 본인에게) 해당 법률행위를 추인할 것인지, 즉 취소하지 않고 유효한 것으로 인정할지에 대해 확답을 요구할 수 있다(민 15조). 정해진 기간 내에 답변이 없으면, 그 행위는 추인한 것으로 간주된다.
- **철회권 · 거절권** – 법정대리인의 추인이 있기 전까지, 상대방은 자신의 의사표시를 철회하거나 제한능력자의 단독행위를 거절할 수 있다(민 16조). 이는 불확실한 상태에서 상대방이 부담하는 거래위험을 완화한다.
- **속임수 규정** – 제한능력자가 능력자인 것처럼 가장하여 상대방을 속인 경우, 더 이상 그 법률행위를 취소할 수 없다(민 17조). 즉, 법은 보호의 이름으로 신의를 악용하는 행위는 용납하지 않는다.

예를 들어 17세 미성년자 A가 법정대리인 동의 없이 고가의 게임기기를 B

로부터 구입한 경우, 원칙적으로 A는 이 계약을 취소할 수 있고, A가 취소하면 B는 기기를 돌려받을 뿐 아니라 지급받은 대금도 반환해야 한다. 다만 B는 불확실한 상태에 오래 묶이지 않기 위해, A의 법정대리인에게 "이 계약을 그대로 유효한 것으로 인정하겠는지"에 대한 확답을 촉구할 수 있고, 기간 내에 답변이 없으면 그 계약을 인정하겠다는 의사, 즉 추인을 한 것으로 본다. 한편 A가 스스로 성년이라 속여 B를 기망하였다면, 더 이상 그 미성년을 이유로 계약을 취소할 수 없다.

이처럼 민법은 제한능력자를 보호하면서도, 거래 상대방의 정당한 신뢰가 과도하게 침해되지 않도록 균형을 도모한다. 행위능력 제도는 판단능력이 부족한 사람을 보호하는 동시에, 거래의 안정과 신뢰를 함께 확보하려는 장치이다. 즉, 민법은 자유와 책임, 보호와 신뢰라는 두 축을 조화시키는 방식으로 사적 자치의 질서를 형성하고 있다.

Ⅲ. 법률행위의 내용(목적)

의사표시를 포함하는 법률행위라고 해서 무조건 효력이 인정되는 것은 아니다. 법이 그것을 효력 있는 행위로 인정하려면, 그 내용이 일정한 기준을 충족해야 한다. 민법이 여기에 두는 네 개의 요건이 곧 ① 확정성, ② 가능성, ③ 적법성, ④ 사회적 타당성이다. 사적 자치를 존중하되, 그 자유를 무제한적으로 인정하지 않고 "질서 안의 자유"로 한정하는 민법의 정신이 이 요건들에 구현되어 있다.

1. 확정성

확정성은 "무엇을 하기로 한 것인지가 법률행위 당시 이미 분명하거나, 나중에 분명해질 수 있어야 한다"는 요구다. 내용이 불명확하면 당사자 간 법률관계가 불안정해지고, 분쟁의 소지가 커지기 때문이다.

따라서 "적당한 가격으로 판다"처럼 객관적 기준이 전혀 없는 표현은 확정성이 결여되어 무효가 될 수 있다. 반면 "그 시점의 시가로 판다"처럼 장래에 객관적 기준으로 특정될 수 있으면 충분하다. 결국 법률행위 당시 금액이 구체적으로 정해져 있지 않더라도, 장차 객관적 기준에 의해 일의적으로 특정될 수 있다면 확정성이 인정된다.

2. 가능성

가능성은 "약정한 급부가 현실적으로 이행될 수 있어야 한다"는 의미이다. 이미 소실된 건물을 매매하는 계약처럼 처음부터 이행할 수 없는 경우를 민법은 원시적 불능이라 하고, 이때 법률행위는 무효가 된다(민 535조).

여기에서 다음과 같은 중요한 구별이 도출된다.

- **처음부터 불가능했던 경우**(원시적 불능) – 성립 단계에서 이미 불능이므로 해당 법률행위는 무효
- **나중에 불가능하게 된 경우**(후발적 불능) – 성립 당시에는 가능했으나 이후 불능이므로 유효한 법률행위이지만 채무불이행 문제가 발생

즉, 성립 당시부터 이행이 불가능한 경우에는 법률행위 자체가 무효가 되며, 성립 후에 이행이 불가능해진 경우에는 채무불이행에 따른 책임 문제로 전환된다.

또한 법률행위 내용 중 일부만 원시적으로 불능인 경우에도, 그 부분을 제외하더라도 당사자라면 계약을 체결했을 것이라고 인정되면 유효 부분만을 살려 효력을 유지한다(민 137조). 전부를 무효로 돌리는 것은 당사자의 의사와 거래안정을 불필요하게 해칠 수 있기 때문이다.

3. 적법성

적법성이란 해당 법률행위가 강행법규에 위반되지 않아야 함을 의미한다. 강행규정은 당사자가 달리 정하더라도 이를 변경할 수 없는 규정이므로, 강행규정에 정면으로 반하는 법률행위는 무효가 된다. 예컨대 소멸시효를 배제하겠다는 당사자 간의 합의는 무효이다(민 184조).

또한 외형만을 변경하여 실질적인 규제를 회피하려는 탈법행위 역시 무효로 본다. 명목상으로는 "수수료의 형식"을 취하고 있으나, 실질적으로는 최고이자율(20%)을 초과하여 이자를 수취하는 약정이 이에 해당한다(이자제한법 4조). 민법이 형식보다 실질을 중시한다는 원칙은 바로 이러한 경우에서 확인된다.

반면 임의규정의 경우에는 당사자가 달리 정한 내용이 우선한다(민 105조). 따

라서 적법성에 관한 판단은 주로 해당 법률행위가 강행규정에 저촉되는지 여부를 검토하는 데에 초점이 맞추어진다.

4. 사회적 타당성

마지막으로 문제되는 기준이 사회질서에의 적합성이다. 민법 제103조는 "선량한 풍속 기타 사회질서에 반하는 법률행위는 무효"라고만 하고 규정할 뿐, 사회질서 위반의 구체적인 유형을 열거하고 있지는 않다. 이는 법률행위의 유효 여부를 일률적으로 정하기보다, 개별 사안에서 사회의 윤리 감정과 정의 관념에 따라 판단하겠다는 취지이다.

이에 따라 지위매매계약, 첩계약, 도박자금의 대여와 같은 법률행위는 판례에서 무효로 판단되어 왔다. 이들 법률행위는 그 내용 자체가 사회가 유지되기 위한 최소한의 질서에 반하기 때문이다.

여기에 한 걸음 더 나아가 규율되는 것이 불공정한 법률행위(민 104조)다. 이는 법률행위의 내용 자체가 음란하거나 반사회적인 경우는 아니지만, 일방 당사자가 "궁박·경솔·무경험" 상태에 있는 상대방을 이용해서 현저히 불균형한 조건으로 계약을 체결한 경우를 말한다. 예를 들어 이러한 상태에 있는 사람을 상대로 시가의 1/10로 부동산을 매수하는 계약이 이에 해당한다. 이때 민법은 "형식상 합의가 있었다"는 이유만으로 그 계약의 효력을 그대로 인정하지 않고, 이를 무효로 본다. 이는 사적 자치의 외양을 빌려 약자를 착취하는 것을 허용하지 않겠다는 태도를 반영한 것이다.

결국, 민법 제103조와 제104조는 사적 자치의 한계를 설정하고, 거래의 자유가 사회의 윤리적·경제적 정의와 조화되어야 한다는 원칙을 천명한다. 법률행위의 효력은 단순히 개인의 의사에서가 아니라, 그 의사가 사회 전체의 정의·질서·공공복리와 어떤 관계를 맺는지에 따라 좌우된다. 민법은 이렇게 자유와 질서, 개인의 의사와 사회의 가치를 동시에 아우르며, 사적 자치를 윤리적 책임과 조화를 이루는 원리로 위치시킨다.

Ⅳ. 의사표시의 흠

의사표시는 법률행위의 핵심을 이룬다. 따라서 의사표시에 하자가 있는 경우에는 법률행위의 효력 역시 영향을 받게 된다. 여기서 의사표시의 흠이란, ① 표의자의 의사와 표시가 일치하지 않거나, ② 의사 형성 과정이 부당하게 왜곡된 경우를 말한다.

전자는 진의 아닌 의사표시, 허위표시, 착오가 이에 해당하고, 후자는 사기와 강박이 대표적 유형이다. 이들 다섯 가지 유형은 각각 발생 원인과 법적 효과를 달리하지만, 모두 표의자의 진정한 의사를 보호함과 동시에 거래의 안전을 확보하려는 공통된 목적 아래 규율되고 있다. 민법은 개인의 진정한 의사를 존중하면서도, 외부적으로 형성된 거래에 대한 신뢰가 훼손되지 않도록 세밀한 균형을 도모한다.

1. 진의 아닌 의사표시

진의 아닌 의사표시는 표의자가 자신의 내심의 의사와 다른 표시를 하는 경우이다. 예컨대, A가 실제로는 매도 의사가 없으면서도 "이 토지를 매도하겠다" 라고 표시한 경우이다.

민법은 표시주의를 취하여, 원칙적으로는 표시된 내용에 따라 법률행위의 효력을 인정한다(민 107조). 이는 상대방이 표의자의 언동을 신뢰하여 행동한 이상, 그 신뢰를 보호하는 것이 공평하기 때문이다. 그러나 상대방이 그 표시가 진의가 아님을 알았거나 알 수 있었던 경우에는 그 신뢰를 보호할 가치가 없으므로, 해당 법률행위는 무효로 본다(민 107조). 즉, 신뢰의 보호는 선의의 상대방에게만 미친다. 또한 거래의 안전을 위해, 이러한 무효는 선의의 제3자에게 대항하지 못한다(민 107조). 제3자는 외관을 신뢰하여 거래에 참여한 자이므로, 그 신뢰를 사후적으로 부정할 수 없기 때문이다.

예를 들어, A가 실제로는 토지를 매도할 의사가 없으면서도 B에게 "이 토지를 1억 원에 매도하겠다"고 의사표시를 하였고, B도 이것이 진의가 아님을 알고 있었던 경우라면 A와 B 사이의 계약은 무효이다. 그런데 B가 이를 알지 못한 선의의 C에게 그 토지를 양도하였다면? A는 진의 아닌 의사표시의 무효를 C에게 주장할 수 없다. 즉, 선의의 제3자인 C의 신뢰가 우선적으로 보호된다.

이와 같이 진의 아닌 의사표시에 관한 규율은 표시주의를 기본으로 하면서도, 표의자의 진정한 의사 보호와 상대방 및 제3자의 신뢰 보호 사이의 한계를 섬세하게 조율한 제도라고 할 수 있다.

2. 허위표시

허위표시는 표의자와 상대방이 서로 통정하여 진의가 아닌 허위의 의사표시를 한 경우이다. 예를 들어, A가 채권자의 강제집행을 피하려고 B와 통모하여 허위로 매매계약서를 작성한 경우이다.

이때 양 당사자 모두 허위임을 알고 있으므로, 보호할 "선의의 상대방"이 존재하지 않는다. 따라서 통정허위표시에 해당하는 법률행위는 무효이다(민 108조). 그러나 제3자가 그 허위사실을 알지 못하고 선의로 거래한 경우, 법은 그 제3자를 보호한다(민 108조). 즉, 통정허위표시는 원칙적으로 무효이지만, 거래의 신뢰와 안전을 위해 선의의 제3자에게는 효력을 인정한다.

예를 들면 A는 채권자 D의 강제집행을 피하기 위해, 친구 B와 통모하여 자기 소유 건물을 B에게 매도한 것처럼 가장하여 계약서만 작성하였다. A와 B 사이의 법률행위는 통정허위표시로서 무효이다. 그런데 B가 이 건물을 아무런 사정을 모르는 선의의 C에게 진정한 매매인 것처럼 처분하였다면? A는 통정허위표시의 무효를 선의의 제3자인 C에게 주장할 수 없다. 즉, C의 외관신뢰가 우선적으로 보호된다.

이와 같이 진의 아닌 의사표시가 표의자의 일방적인 의사와 표시의 불일치를 문제 삼는 제도라면, 허위표시는 당사자 쌍방이 통정하여 형성한 허위의 외관을 규율하는 제도이다. 양자는 모두 거래 신뢰의 보호를 기준으로 하여 법률행위의 효력 범위를 조정한다는 점에서 공통점을 가진다.

3. 착오에 의한 의사표시

착오에 의한 의사표시는 표의자가 법률행위의 중요부분에 관해 사실을 잘못 인식한 경우이다. 즉, 표시와 의사가 일치하지 않지만, 표의자 자신은 그 불일치를 인식하지 못한 경우다. 예컨대 A가 B의 토지를 매수한다고 오인하여 실제로는 C의 토지에 관하여 매매계약을 체결한 경우가 이에 해당한다. 이러한 착오는 그것이 없었더라면 표의자뿐만 아니라 일반인 역시 의사표시를 하지 않았을 정도로 중요하여야 한다.

이 경우 법은 표의자에게 취소권을 인정한다(민 109조). 다만, 착오가 표의자의 중대한 과실로 인한 것이라면 취소할 수 없다(민 109조). 예컨대 계약서 내용을 제대로 읽지 않은 경우, 스스로 부주의의 책임을 져야 한다는 취지다. 그리고 취소의 효력은 선의의 제3자에게 대항하지 못한다(민 109조). 이는 제3자가 외관을 신뢰하여 거래에 참여한 이상, 그 신뢰를 보호할 필요가 있기 때문이다.

예를 들면 A는 도심의 유명 상권에 위치한 1층 상가를 매수하는 것으로 오인하여 B와 매매계약을 체결하였다. 그런데 실제 계약의 목적물은 같은 건물의 3층 창고였고, A는 이를 전혀 확인하지 않은 채 계약을 체결하였다. 이 착오가 없었더라면 누구라도 그 가격에 계약하지 않았을 정도로 해당 상가의 층수·위치는 법률행위의 중요부분에 관한 사항이다. 따라서 원칙적으로 A는 계약을 취소할 수 있다. 하지만 계약 당시 A는 현장을 직접 확인하지 않았고 계약서의 기재 내용조차 제대로 검토하지 않았다면? 이는 중대한 과실에 해당하므로 A는 취소할 수 없다. 한편 B가 이 사실(착오)을 알지 못한 선의의 C에게 매도하였다면, A의 취소는 선의의 제3자인 C에게 대항할 수 없다.

이와 같이 착오에 의한 의사표시는 표의자의 진정한 의사가 잘못된 인식에 기초하여 형성된 경우를 구제하되, 중대한 과실이 있는 경우에는 자기책임의 원칙을 관철하고, 나아가 선의의 제3자에 대해서는 거래의 안전을 우선적으로 보호하는 제도이다.

4. 사기·강박에 의한 의사표시

사기와 강박은 의사와 표시 자체는 일치하지만, 의사 형성의 자유가 침해된 경우이다(민 110조). 사기는 기망행위, 즉 고의적인 허위의 진술이나 중요한 사실의 은폐가 존재하여야 한다. 원칙적으로 적극적인 거짓말이어야 하지만, 특별한 사정이 있으면 침묵도 기망으로 인정된다. 예를 들어, 아파트 분양자가 인근에 쓰레기매립장이 들어설 예정임을 고의로 숨긴 경우, 판례는 이를 사기로 본다. 강박은 위법한 해악의 고지를 통해 공포심을 유발하여 표의자의 자유로운 의사결정을 방해하는 행위를 말한다. 즉, "응하지 않으면 해를 가하겠다"는 방식으로 자유의사를 억압하는 경우가 이에 해당한다.

이러한 사기 · 강박으로 의사표시가 이루어진 경우, 표의자는 취소할 수 있다(민 110조). 다만, 제3자가 사기나 강박을 한 경우에는 상대방이 그 사실을 알았거나 알 수 있었을 때만 취소할 수 있다(민 110조). 이는 상대방의 신뢰를 보호하기 위한 제한이다. 그리고 거래의 안전을 위해, 취소의 효력은 선의의 제3자에게 대항하지 못한다(민 110조). 즉, 제3자의 선의에 기초한 신뢰가 법적 우위에 선다.

예컨대 채권자 D는 A에게 "당장 이 건물을 B에게 넘기지 않으면 가족에게 해를 가하겠다"라고 위협하였다. 공포심에 빠진 A는 어쩔 수 없이 B에게 건물을 매도하였다. A가 강박을 받았다는 사실을 B가 알았거나 알 수 있었던 경우에는, A는 강박을 이유로 B와의 매매계약을 취소할 수 있다. 이는 A의 자유로운 의사결정이 침해되었기 때문이다. 그런데 B가 이 사실을 전혀 모르는 C에게 그 건물을 매도하였다면? A는 강박으로 인한 취소의 효력을 선의의 제3자인 C에게 주장할 수 없다.

이와 같이 사기 · 강박에 관한 민법의 규율은 의사 형성의 자유를 보호하면서도, 외관을 신뢰한 거래 상대방과 제3자의 신뢰를 침해하지 않도록 효력의 범위를 조정하는 제도라고 할 수 있다.

Ⅴ. 의사표시의 효력발생시기, 수령능력, 공시송달

의사표시의 효력 발생 시기와 관련한 민법은 도달주의를 기본으로 하되, 발신주의와 공시송달을 보완적으로 인정함으로써, 표의자의 보호와 상대방의 신뢰 사이의 균형을 유지한다. 민법은 단순히 기술적 송달 문제를 다루는 것이 아니라, 공평 · 신의성실 · 책임의 원리를 그 안에 녹여, 사적 자치의 실질적 조화를 구현하고 있는 것이다.

1. 의사표시의 효력발생시기

의사표시는 단순한 생각이나 내심의 결심으로 끝나지 않는다. 그것이 타인에게 전달되어야 비로소 법적 의미를 가진다. 그러나 문제는 언제부터 효력이 생기느냐이다. 민법은 이 시점을 “도달”로 본다. 즉, 상대방 있는 의사표시는 상대방에게 도달한 때 효력이 발생한다(민 111조).

여기서 도달이란 상대방이 사회통념상 통지 내용을 알 수 있는 상태에 놓인 경우를 뜻하며, 실제로 내용을 읽었는지는 중요하지 않다. 예를 들어, 계약 해제의 통지가 우편함에 투입되었다면, 상대방이 아직 봉투를 개봉하지 않았더라도 도달한 것으로 본다. 이것이 바로 도달주의이다.

그렇다면 상대방이 고의로 통지를 열람하지 않은 경우에는 어떻게 될 것인가? 도달주의의 핵심 취지는 표의자와 상대방 사이의 이해관계를 균형 있게 조정하는 데에 있다. 상대방은 통지의 내용을 인식할 수 있는 상태에 있었으므로, 그 이후 이를 열람하지 않은 데 따른 책임은 스스로 부담하여야 한다. 반대로 표의자는 의사표시를 발신하였다고 하더라도, 그것이 상대방에게 도달하지 않은 이상 효력이 발생하지 않는다. 즉, 단순한 발신만으로 법률효과까지 보장받을 수는 없다. 이러한 균형적 사고가 바로 민법이 지향하는 공평의 원리이다.

다만, 모든 경우에 도달주의만을 고집하지는 않는다. 민법은 특정 상황에서 발신주의(발송주의)를 예외적으로 인정한다. 이는 표의자가 의사표시를 발신한 때에 효력이 발생하는 제도이다. 예컨대 제한능력자와 거래한 상대방이 제한능력자의 법정대리인에게 1개월 이상의 기간을 정하여 추인 여부에 대한 확답을 촉구하였음에도, 그 기간 내에 확답이 발송되지 않은 경우에는 추인이 있는 것으로 본다(민 15조). 이 경우 효력 발생의 기준은 확답의 도달 여부가 아니라 발송 여부에 있다. 이러한 발신주의의 예외는 거래의 신속성과 표의자의 법적 지위의 조속한 확정을 도모하기 위한 장치이다. 그렇다면 왜 민법은 모든 경우에 발신주의를 채택하지 않을까? 거래의 신속도 중요하지만, 인식 가능성과 신뢰 보호 역시 중요하기 때문이다.

결국 도달주의는 당사자 간의 공평을 중시하는 원칙이고, 발신주의는 거래의 신속성을 중시하는 원칙이다. 민법은 이 두 원칙을 일률적으로 택하지 않고, 거래의 성질과 상황에 따라 이를 조화롭게 병용하고 있다.

2. 수령능력

의사표시는 상대방이 존재한다는 사실만으로는 충분하지 않다. 그 내용을 이해할 수 있는 수령능력, 즉 "받을 수 있는 정신적 능력"이 있어야 한다.

제한능력자는 의사표시를 할 능력뿐 아니라 받을 능력도 제한되므로, 의사표시가 도달할 당시 상대방이 제한능력자라면, 표의자는 그 의사표시로 상대방에게 대항할 수 없다(민 112조). 이는 상대방의 판단 능력 부족으로 인한 불이익을 막기 위한 보호 장치다.

그러나 상대방의 법정대리인이 그 의사표시의 도달 사실을 알게 된 경우에는 그때부터 효력이 발생한다(민 112조). 즉, 제한능력자 본인에게 직접 도달하지 않았더라도, 그 법정대리인이 도달 사실을 인식했다면 도달의 효력이 생긴다.

이 규정은 제한능력자 보호와 거래 상대방의 신뢰를 조화시키려는 민법의 태도를 잘 드러낸다. 제한능력자가 의사표시의 의미를 판단할 수 없는 경우에는 보호가 우선되지만, 그 법정대리인이 도달 사실을 인식한 때에는 더 이상 표의자에게 불리한 상태를 유지할 필요가 없기 때문이다. 민법은 이러한 경우 법정대리인의 인식을 기준으로 효력의 발생 시점을 정함으로써 공평을 실현하고 있다.

3. 공시송달

마지막으로, 표의자가 아무리 성실히 의사표시를 하려 해도, 상대방이 행방불명되었거나 주소를 은닉한다면 도달이 불가능한 상황이 발생한다. 그렇다고 의사표시의 효력이 영원히 발생하지 않는다면 거래질서가 마비될 것이다. 이때 민법은 공시송달이라는 보완 제도를 두고 있다.

공시송달이란 표의자가 과실 없이 상대방의 성명이나 주소를 알 수 없는 경우, 법원의 허가를 받아 공시절차를 거침으로써 "도달한 것과 같은 효과"를 인정하는 제도이다(민 113조). 민사소송법상 게시·공고 등의 방식으로 이루어지며, 실제 도달이 없더라도 법률상 도달이 있는 것으로 취급한다. 이는 상대방의 소재불명이라는 우연한 사정 때문에 거래가 무기한 정체되지 않도록 하기 위한 장치다.

예를 들어, A가 B와 체결한 임대차계약을 해지하려 하나, B가 무단으로 이사하여 더 이상 주소를 알 수 없는 경우에, A가 법원에 공시송달을 신청하여 허가를 받고 게시·공고를 거치면, 해지의 의사표시는 법률상 B에게 도달한 것으로 본다. 즉, B의 잠적이 A에게 불이익이 되지 않도록 한 것이다.

이처럼 공시송달 제도는 의사표시의 도달 원칙을 유지하면서도 현실적 한계를 보완하여, 표의자의 선의를 보호하고 거래안전을 확보하기 위한 장치다.

Ⅵ. 법률행위의 대리

대리제도는 본인을 대신하여 이루어진 행위의 효력을 본인에게 직접 귀속시키는 것을 전제로, 그 과정에서 발생할 수 있는 신뢰와 책임의 배분을 어떻게 조정할 것인지를 규율한다. 민법은 대리권을 중심으로 권한 없는 행위, 이익상충, 외관상 권한이 존재하는 경우 등의 문제를 체계적으로 정리함으로써, 본인·대리인·상대방 사이의 법적 신뢰관계를 균형 있게 조정하고, 거래질서의 안정이라는 사적 자치의 이념을 구현하고자 한다.

1. 대리의 의의

대리란 다른 사람(본인)을 위하여 대리인이 의사표시를 하거나 받음으로써 그 법률효과가 직접 본인에게 귀속되도록 하는 제도이다. 외형상 대리인이 행위를 하지만, 법은 이를 본인의 행위로 인정한다. 이 점이 대리가 단순한 의사전달이나 연락과는 가장 크게 구별되는 부분이다.

다만 대리인은 본인의 일부처럼 흡수되는 존재가 아니라, 본인과 분리된 독립된 인격체로서 신뢰관계에 기초해 권한을 행사한다. 따라서 법인의 이사가 행하는 대표행위는 법인의 기관으로서 이루어지는 기관행위로서, 민법상 대리와는 개념적으로 구별하여 이해할 필요가 있다.

대리가 성립하려면 통상 세 가지가 갖추어져야 한다.

첫째, 대리인이 있어야 하고, 이 대리인은 의사능력만 있으면 충분하고 행위능력까지는 요구되지 않는다(민 117조). 이는 대리행위의 법률효과가 대리인에게 귀속되는 것이 아니라 본인에게 직접 귀속되기 때문이다. 따라서 미성년자도 유효하게 대리행위를 할 수 있다.

둘째, 대리권이 있어야 한다. 대리권은 본인의 수권행위에 의하여 발생하는 임의대리권과, 친권자나 후견인과 같이 법률의 규정에 따라 당연히 부여되는 법정대리권으로 나뉜다.

셋째, 대리행위가 "본인을 위하여" 한 것임이 외부에 표시되어야 한다. 이를 현명주의라 하고, 민법은 대리인으로 표시하지 아니한 의사표시는 본인에 대하여 효력이 없다고 정한다(민 114조~115조). 다만 상대방이 대리행위임을 알았거나 알 수 있었던 경우에는 본인에게 효력이 미친다(민 115조).

예컨대 A가 B에게 자기 소유 토지를 매도할 대리권을 부여하고, B가 이를 행사하여 C와 매매계약을 체결하면서 "나는 A를 위해 이 토지를 매도합니다"라는 취지로 대리행위임을 표시한 경우, 그 법률효과는 본인인 A에게 직접 귀속된다. 이 경우 C는 매매대금을 A에게 지급하면 되고, B와 사이에는 매매계약상의 채권관계가 발생하지 않는다.

반면 B가 자신 명의의 거래인 것처럼 "내 토지를 매도하겠다"고 표시하며 계약을 체결한 경우에는, 외관상 B 자신의 법률행위로 보이므로 매매계약의 당사자는 B가 된다. 다만 C가 B가 A의 대리인이라는 사실을 알고 있었거나, 통상적인 주의를 기울였다면 이를 알 수 있었던 경우에는, 본인 표시가 없더라도 그 효력은 A에게 귀속된다. 이 경우는 현명의 결여를 문제 삼을 실익이 없기 때문이다.

이와 같이 대리는 대리인, 대리권, 그리고 현명한 대리행위라는 요건이 모두 충족될 때 성립하며, 그 법률효과는 처음부터 직접 본인에게 귀속된다(민 114조). 그렇다면 이러한 요건이 갖추어지지 않은 상태에서 누군가가 본인을 위하여 행위를 하였다고 주장하며 거래에 나선 경우에는 어떻게 될까? 이에 관한 문제가 바로 무권대리이다.

2. 자기계약 · 쌍방대리

대리는 본인을 대신하여 행하는 제도이므로, 대리인이 자신의 이익을 개입시키는 순간 이해상충의 위험이 발생한다. 이에 민법은 본인의 사전 허락이 없는 자기계약 또는 쌍방대리를 금지한다(민 124조). 이 경우에는 대리인이 본인의 이익만을 위해 행동할 위험이 커서, 대리제도의 전제인 "본인의 이익을 위한 행위"라는 구조가 흔들리게 된다.

자기계약이란 대리인이 한편으로는 본인을 대리하고, 다른 한편으로는 자기 자신이 상대방이 되어 계약을 체결하는 경우를 말한다. 예건대 대리인 A가 "본인

B 소유 토지를 내가 매수하겠다"고 하여 스스로 거래 상대방이 되는 상황이다.

쌍방대리는 동일한 계약에서 대리인이 양 당사자 모두를 대리하는 경우이다. 예를 들어, A와 B가 매매계약을 체결하는데 C가 A의 대리인이면서 동시에 B의 대리인으로 나서는 경우가 여기에 해당한다.

이러한 경우는 계약 조건을 미세하게만 조정해도 본인의 이익을 해칠 가능성이 높기 때문에, 본인이 사전에 허락하지 않는 한 원칙적으로 무효가 된다. 다만, 이미 확정된 채무를 단순 이행하는 것과 같이 실질적 충돌 위험이 없는 경우에는 예외적으로 허용된다(민 124조).

3. 무권대리와 표현대리

무권대리란 대리권이 없는 자가 본인을 위하여 한 대리행위를 말한다. 무권대리행위는 원칙적으로 본인에게 효력이 발생하지 않는다.

즉, 무권대리행위는 본인의 추인을 기다리는 잠정적인 무효 상태, 이른바 유동적 무효의 상태에 있다. 이후 본인이 그 행위를 유효한 것으로 추인하면, 마치 처음부터 유효한 대리행위였던 것처럼 본인에게 효력이 귀속된다(민 130조·133조). 다만, 거래안전 보호를 위해서, 추인으로 제3자의 권리를 해칠 수는 없다(민 133조).

본인이 추인하지 않는 경우에는 상대방을 보호할 필요가 생긴다. 상대방은 본인에게 추인 여부를 확답하라고 최고할 수 있고(민 131조), 추인 전에는 계약을 철회할 수도 있다(민 134조).

나아가 최종적으로 본인이 추인하지 않으면, 무권대리인은 상대방에게 이행 또는 손해배상의 책임을 진다(민 135조). 다만 상대방이 처음부터 대리권이 없음을 알았거나 알 수 있었던 경우, 또는 대리인이 제한능력자였던 경우에는 이러한 책임을 묻지 못한다(민 135조).

한편, 거래 현실에서는 대리권이 있는 것처럼 보이는 외관이 형성되는 경우도 적지 않다. 이 경우 상대방이 그 외관을 신뢰하여 거래했다면, 그 위험을 누구에게 귀속시킬 것인지가 문제된다. 이에 대한 해답이 바로 표현대리 제도이며, 이는 외관책임의 원리에 기초한다. 민법은 다음 세 유형의 표현대리를 규정한다.

- 본인이 대리권을 준 것처럼 표시한 경우(민 125조)
- 대리권은 있지만 그 범위를 넘은 행위를 한 경우로서 상대방에게 정당한

이유가 있는 경우(민 126조)

- 대리권이 소멸했는데도 그 사실을 모르는 상대방과 거래한 경우(민 129조)

이때 모두 공통되는 것은 상대방이 선의이고 과실이 없어야 한다는 점이다. 그렇다면, 외관을 만든 책임을 누가 부담해야 할까? 법은 이를 본인에게 귀속시킨다. 즉, 이런 요건이 갖춰지면, 비록 실제로는 대리권이 없었더라도 그 행위의 효과를 본인에게 귀속시킨다. 이는 거래의 신속성과 안전을 확보하기 위하여 외관 형성의 위험을 본인에게 부담시키는 규범적 판단이다.

판례는 표현대리가 성립하면 상대방은 본인에게 직접 책임을 물을 수 있으며, 별도로 무권대리인에게 중첩해서 책임을 추궁할 수는 없다고 본다. 본인이 책임을 부담하는 것만으로도 상대방의 신뢰는 충분히 보호된다는 것이다.

예컨대 B가 A로부터 자동차를 3천만 원 이상으로만 매도하라는 제한된 대리권을 부여받았는데, C가 이러한 제한을 알지 못하였고 통상적인 주의를 기울였더라도 이를 알 수 없었던 경우를 생각해 볼 수 있다. 이 경우 B가 C에게 해당 자동차를 2천8백만 원에 매도하였다면, 비록 대리권의 범위를 넘는 행위라 하더라도 표현대리가 성립하여 그 매매의 효력은 본인인 A에게 귀속된다(민 126조). 이때 매매계약은 A와 C 사이에 성립하며, C는 별도로 B에게 책임을 물을 수 없다.

Ⅶ. 법률행위의 무효 및 취소

법률행위가 효력을 가지려면 일정한 요건을 충족해야 한다. 그러나 이러한 요건이 결여되면, 그 법률행위는 무효가 되거나 취소될 수 있다. 두 제도의 차이는 효력의 중대성에 있다.

무효는 처음부터 효력이 발생하지 않는 절대적 결함이고, 취소는 일단 유효하게 성립하였으나, 사후에 취소권자의 의사표시에 의해 소급적으로 무효화되는 상대적 결함이다. 즉, 무효는 처음부터 효력이 없고, 취소는 취소되기 전까지는 유효하다는 점에서 구별된다.

1. 무효

법률행위가 무효이면, 그 행위는 처음부터 아무런 법적 효력도 없다. 그렇다면 왜 법은 이처럼 엄격하게 그 효력을 부정하는 것일까? 이는 해당 법률행위가 법질서의 기본적 가치와 양립하기 어렵다고 평가되기 때문이다.

대표적으로 강행법규 위반행위, 사회질서에 반하는 법률행위(민 103조), 불공정한 법률행위(민 104조), 통정허위표시(민 108조) 등이 무효이다. 예를 들어, 도박으로 부담한 채무를 이행하기 위한 차용계약은 민법 제103조 위반으로 무효이다. 이들 행위는 법질서의 근본 가치－공공질서와 선량한 풍속－에 위반되기 때문이다. 무효에는 몇 가지 유형이 있다.

- **절대적 무효와 상대적 무효** － 절대적 무효는 누구나 주장할 수 있으며, 법질서 전체의 보호를 위한 것이다. 반면, 상대적 무효는 특정한 자에게는 주장할 수 없는 무효를 말한다. 예컨대 통정허위표시는 원칙적으로 무효이지만, 선의의 제3자에게는 그 무효를 주장할 수 없다(민 108조). 이는 거래의 신뢰와 안전을 보호하기 위한 조정이다.
- **당연무효와 재판상 무효** － 당연무효는 별도의 재판상 확인 절차 없이 무효인 경우로, 강행법규 위반행위가 그 예이다. 반면, 회사설립의 무효처럼 법이 재판상 확인을 요구하는 경우(상 184조)가 재판상 무효이다.
- **확정적 무효와 유동적 무효** － 확정적 무효는 추인을 하더라도 유효로 될 수 없는 무효이고, 유동적 무효는 추인을 통해 소급적으로 유효로 전환될 수 있는 무효를 말한다. 앞서 본 것처럼 무권대리가 유동적 무효의 대표적인 예이다. 이 경우 본인이 사후에 추인하면 소급하여 유효로 되지만(민 133조), 추인이 없으면 무효로 확정된다.

한편, 법률행위의 일부가 무효인 경우에는 원칙적으로 전부가 무효가 된다(민 137조). 이는 법률행위가 하나의 통일된 의사에 기초하기 때문이다. 그러나 무효 부분이 없어도 당사자가 그 행위를 했을 것으로 인정되는 때에는, 나머지 부분은 유효하다(민 137조). 예컨대 부당이자 약정이 포함된 계약에서는 초과이자 부분만 무효로 하고, 나머지 약정은 유효로 본다(이자제한법 2조).

그렇다면 무효행위를 사후에 추인하여 유효로 만들 수 있을까? 원칙적으로는 불가능하다(민 139조). 무효는 처음부터 효력이 없으므로, 단순한 추인으로 결함을 치유할 수 없다. 다만, 앞서 본 유동적 무효처럼 추인에 의해 소급하여 유효로 전환되는 경우(무권대리 등)는 예외이다. 한편, 당사자가 무효를 알고서 추인한 경우에는 새로운 법률행위로 본다(민 139조). 그러나 강행법규나 사회질서에 위반된 행위는 추인하더라도 유효로 될 수 없으며, 새로운 법률행위로 볼 수도 없다. 이는 법질서의 근본가치를 보호하기 위한 최소한의 한계이다.

결국, 무효제도는 법질서의 기초에 반하는 행위는 처음부터 효력을 인정하지 않는다는 원칙을 구현하는 장치이다. 이는 사적 자치의 한계를 설정하고, 공공질서와 거래안전을 지키는 규범적 기초로 기능한다.

2. 취소

취소는 법률행위가 일단 유효하게 성립하였으나, 일정한 사유가 있을 때 취소권자의 의사표시로 그 효력을 소급적으로 소멸시키는 제도이다. 즉, 취소할 수 있는 법률행위는 "유효하지만 무효로 될 수 있는 상태"인 유동적 유효에 놓인 법률행위이다.

대표적인 예로 제한능력자의 법률행위, 착오·사기·강박에 의한 의사표시가 있다. 예컨대 17세 A가 법정대리인의 동의 없이 고가의 게임기기를 구입한 경우에 이는 일단 유효하지만 미성년자 또는 법정대리인이 취소하면 처음부터 무효인 것과 같은 효과가 생긴다. 이는 제한능력자 보호를 위한 제도이다.

취소권자는 제한능력자 본인, 착오·사기·강박에 의한 의사표시자, 그리고 그들의 대리인 또는 승계인이다(민 140조). 취소는 상대방에게 하는 의사표시로 하여야 하며(민 142조), 그 의사표시가 도달하면 즉시 효력이 발생한다.

취소된 법률행위는 처음부터 무효인 것으로 본다(민 141조). 따라서 계약의 효력은 소급하여 소멸하고, 각 당사자는 원상회복의무를 부담한다. 한편, 취소할 수 있는 법률행위라도 당사자가 사후에 이를 유효한 것으로 인정하면, 즉 추인하면, 그때부터 확정적으로 유효가 되고 더 이상 취소할 수 없다(민 143조). 위 사례에서, 미성년자 A의 법정대리인이 그 계약을 유효한 것으로 인정하면, 그 계약은 추인 시점부터 확정적으로 유효가 되며 취소권은 소멸한다.

만약 취소권이 기한제한 없이 허용된다면 거래는 안정될 수 있을까? 이러한 이유로 제척기간 제도가 마련되어 있다. 취소권자는 추인할 수 있는 날로부터 3년, 또는 법률행위를 한 날로부터 10년이 지나면 취소권을 행사할 수 없다(민 146조). 이는 제척기간으로, 두 기간 중 하나라도 만료하면 취소권은 당연히 소멸한다. 이 제도는 거래의 안정성을 확보하고, 법률관계가 장기간 동안 불확정한 상태로 남는 것을 방지하기 위한 것이다.

결국, 취소제도는 불완전한 자유의사에 기초한 행위를 사후적으로 시정하기 위한 장치로서, "불완전한 자유의사에 기초한 행위를 회복시키는 장치"로서, 사적 자치의 자유와 거래질서의 신뢰 사이의 균형을 유지한다. 무효가 "법질서의 근본가치 위반"을 배척하는 제도라면, 취소는 "의사형성의 하자를 치유"하는 제도라고 할 수 있다.

Ⅷ. 법률행위의 조건 및 기한

법률행위의 효력은 당사자의 의사에 따라 즉시 전면적으로 나타날 수도 있지만, 미래의 특정한 사실에 의존하도록 유보될 수도 있다. 이는 사적 자치의 발현이다. 당사자들은 미래에 어떤 상황이 올지 모르기 때문에, 효력의 발생이나 소멸을 조절할 수 있는 장치를 활용한다. 조건과 기한이 그 대표적인 예이다. 그렇다면 두 제도는 어떤 점에서 다를까? 핵심은 다음과 같은 질문으로 정리될 수 있다. 그 사실이 장래에 발생할지 여부가 확실한가, 아니면 불확실한가?

1. 조건

조건이란 발생 여부가 불확실한 장래의 사실을 말한다. 예를 들어 "취업하면 생활비 지급을 종료한다"라는 약정에서 취업은 장래에 될 수도 있고 안 될 수도 있으므로 조건에 해당한다. 조건부 법률행위는, 조건이 성취되기 전까지 유동적인 상태에 있다. 민법은 이를 다음 두 가지로 나눈다(민 147조).

- **정지조건** – 조건 성취 시 비로소 효력 발생한다.
- **해제조건** – 조건 성취 시 이미 발생한 효력이 소멸한다.

앞의 예에서 취업은 생활비 지급의 효력을 소멸시키는 요건이므로 해제조건이 된다.

또한 조건의 내용은 반드시 적법하고 사회질서에 반하지 않아야 한다. 만약 불법적인 내용의 조건(예: "횡령에 성공하면 대금을 준다")이 포함되었다면, 그 법률행위 전체가 무효가 된다(민 151조). 이는 조건 자체가 공서양속에 반할 경우, 그 조건뿐 아니라 법률행위의 기초가 함께 훼손되기 때문이다.

한편 조건이 성취되었을 때 그 효력이 언제부터 작용하는지는 원칙적으로 성취 시부터이다. 즉, 정지조건이 성취되면 그때부터 효력이 발생하고, 해제조건이 성취되면 그때부터 효력이 소멸한다(민 147조). 다만 당사자가 소급효를 명시하면 그 의사에 따르지만, 그 소급효로 선의의 제3자를 해칠 수는 없다(민 147조).

예컨대 A와 B가 "B가 자격시험에 합격하면 자동차 소유권을 준다"고 약정한 경우, 시험에 합격했다면 소유권은 B에게 귀속된다. 그러나 합격 이전에 선의의 제3자 C가 그 자동차를 적법하게 매수하였다면, A와 B가 소급효를 약정했다고 해도 C의 권리를 해칠 수 없다.

결국 조건제도는 법률행위의 효력을 불확실한 사실의 성취 여부에 따라 조절함으로써, 사적 자치의 자유를 보장하는 동시에 거래의 공평성과 안전을 함께 유지하는 장치라 할 수 있다.

2. 기한

기한이란 도래가 확실한 장래의 사실을 말한다. 예를 들어 "내년 3월까지만 생활비를 지급한다"라는 약정에서 "3월"은 반드시 도래할 사실이므로 기한에 해당한다. 기한이 붙은 법률행위는 언제 효력이 발생하거나 소멸하는가만 유보될 뿐, 법률행위 자체의 유효성에는 영향을 주지 않는다. 기한에는 두 가지가 있다(민 152조).

- 시기(始期) – 법률행위의 효력이 발생하는 시점
- 종기(終期) – 법률행위의 효력이 소멸하는 시점

예컨대 "3월 1일부터 효력이 생긴다"는 시기부 법률행위, "3월 1일까지 효력이 있다"는 종기부 법률행위이다.

또한 기한은 확정기한과 불확정기한으로 구분된다.

- 확정기한 – 도래 시점이 객관적으로 정해진 경우(예: 2026년 12월 31일)
- 불확정기한 – 그 시점이 정확히 정해져 있지 않지만 반드시 도래할 것

이 확실한 경우(예: 사망 시)

기한이 붙은 법률행위의 효력은 시기가 도래하면 발생하고, 종기가 도래하면 소멸한다(민 152조). 이때 기한의 존재로 인한 이익을 기한의 이익이라 하며, 이는 원칙적으로 채무자에게 있는 것으로 추정된다(민 153조). 즉, 채무자는 기한이 오기 전에는 채무이행을 강제받지 않으며, 그 기한 덕분에 준비할 시간적 여유를 가진다.

다만, 채무자는 스스로 그 기한의 이익을 포기할 수 있으나, 상대방의 이익을 해할 수는 없다(민 153조). 예컨대 무이자 소비대차에서는 채무자가 기한 전에 자유롭게 상환할 수 있지만, 이자가 있는 소비대차에서는 기한 전 상환 시에도 기한까지의 이자를 지급해야 한다.

결국 기한제도는 법률행위의 효력 발생이나 소멸의 시점을 확정된 장래의 사실에 연동시키는 제도이다. 조건이 불확실한 사실의 성취 여부에 따라 효력이 좌우되는 것과 달리, 기한은 반드시 도래할 시점을 전제로 하므로 거래관계의 예측가능성과 질서를 보다 강하게 보장한다.

제3관 기 간

기간이란 어떤 시점부터 다른 시점까지의 연속된 시간을 말한다. 이는 단일한 시점을 의미하는 기일과 구별된다. 예컨대 "4월 1일"은 기일이지만, "4월 1일부터 10일까지"는 기간이다.

기간의 계산은 법령, 재판상 처분, 법률행위에 다른 정함이 없는 한 민법의 규정에 따른다(민 155조). 다만 이는 임의규정이므로, 당사자 간에 달리 약정할 수 있다. 즉, 민법은 기간 계산의 기본 틀을 제시하되, 실제 거래나 계약에서는 유연한 조정이 가능하다.

Ⅰ. 기간의 계산

기간 계산의 방식은 그 단위－시 · 분 · 초, 일 · 주 · 월 · 년－에 따라 달라진다.

• **시·분·초 단위 계산** – 시·분·초 단위의 기간은 그 시각부터 바로 기산하며(민 156조), 만료점은 해당 시·분·초가 끝난 때이다. 예컨대 “오전 9시부터 3시간”이라면 정오(12시)가 만료 시점이다.

• **일·주·월·년 단위 계산** – 일·주·월·년 단위의 기간은 초일불산입의 원칙이 적용된다(민 157조). 즉, 기간 계산의 첫날은 제외하고 그 다음 날부터 계산을 시작한다. 다만, 기간이 0시(영시)부터 시작하는 경우에는 초일을 산입한다(민 157조). 예외적으로 연령 계산에서는 출생일을 산입한다(민 158조). 예컨대 2000년 3월 1일 출생자는 2020년 3월 1일 0시를 기점으로 만 20세가 된다.

• **만료점의 원칙** – 기간의 말일은 그 날의 종료 시점(24시)으로 본다(민 159조). 따라서 “4월 3일 14시부터 3일”이면, 4월 6일 24시가 만료점이 된다.

• **역에 의한 계산** – 주·월·년 단위의 기간은 달력(역)에 따라 계산한다(민 160조). 예를 들어 보면 다음과 같다.

“4월 1일부터 3개월” → 6월 30일 24시 만료

“4월 3일부터 3개월” → 7월 2일 24시 만료(주·월·년 단위는 처음부터 기산하지 않는 경우 전일 만료 원칙 적용)

“1월 31일부터 1개월” → 2월 말일 24시 만료(마지막 달에 해당일이 없는 경우는 그 달의 말일로 본다)

• **공휴일 등의 특칙** – 기간의 말일이 토요일 또는 공휴일인 경우, 그 다음 날로 기간이 만료한다(민 161조). 예를 들어 “금요일부터 1일”이면 토요일이 말일이 되지만, 실제 만료는 그 다음 영업일인 월요일로 본다. 이는 법정기한의 실효성을 보장하고, 실질적 권리행사의 기회를 보호하기 위한 장치다.

Ⅱ. 기간의 역산

기간은 때로 어느 시점으로부터 거꾸로 계산해야 하는 경우가 있다. 예를 들어 “회의일 1주일 전에 통지해야 한다”는 규정이 그렇다.

이 경우에도 민법상 기간 계산의 원칙이 유추적용된다. 예컨대 사단법인의 사원총회 소집통시는 1주일 선에 발송해야 하므로(민 71조), 회의일이 4월 3일이라면 3월 26일 24시까지 발송해야 기한 내 통지가 된다. 이처럼 기간의 역산은 권리행사와 절차 진행의 기한을 판단하는 데 중요한 기준이 된다.

제4관 소멸시효

Ⅰ. 의의

권리는 한 번 발생하면 반드시 영원히 존속하는 것은 아니다. 시간이 경과하여 권리자가 장기간 그 권리를 행사하지 않은 경우, 법은 더 이상 그 권리를 보호하지 않고 기존의 사실상태를 존중한다. 이처럼 일정한 사실상태가 오랫동안 유지되면, 그 상태 자체를 법적으로 인정하여 새로운 질서를 형성하는 제도가 시효이다.

시효에는 두 가지 형태가 있다. 취득시효는 일정 기간 점유를 계속함으로써 권리를 새로 취득하는 제도이고, 소멸시효는 권리를 행사하지 않음으로써 권리가 소멸되는 제도이다. 여기서는 후자인 소멸시효를 중심으로 살펴본다.

소멸시효란 권리자가 일정 기간 권리를 행사하지 않은 경우, 그 권리를 소멸시키는 제도를 말한다. 이 제도는 다음 두 가지 사회적 이유에서 정당화된다.

- **거래의 안정** – 일정한 시간이 지나면 사실관계가 고착되므로, 이를 번복하는 것은 사회·경제적으로 큰 혼란을 초래한다.
- **태만의 제재** – 스스로 권리를 행사하지 않은 자는 그 권리를 보호받을 필요성이 상대적으로 적다는 점에서 일정한 불이익을 감수해야 한다.

만약 수십 년 전에 성립한 채권에 대하여 언제든지 그 이행을 청구할 수 있다면, 법적 안정성과 거래질서는 심각하게 훼손될 수 있다. 예컨대, 20년 전에 빌려준 돈을 이제 와서 갚으라고 할 수 있다면, 사회는 얼마나 혼란스러워질까? 이러한 문제의식을 제도적으로 해결한 것이 바로 소멸시효이다.

한편, 소멸시효와 혼동하기 쉬운 제도로 제척기간이 있다. 제척기간은 일정한 권리(예: 취소권, 해제권 등)의 존속기간을 법이 미리 정해둔 것으로, 그 기간이 지나면 권리가 자동으로 소멸한다. 앞에서 본 것처럼 취소권은 추인할 수 있는 날로부터 3년, 또는 법률행위를 한 날로부터 10년이 지나면 행사할 수 없게 되는데(민 146조), 이러한 기간은 제척기간에 해당한다. 소멸시효가 "태만한 권리자에 대한 제재"라면, 제척기간은 "법률관계의 조속한 확정"을 위한 제도이다. 따라서 소멸시효는 중단·정지가 가능하지만, 제척기간은 그와 달리 기간이 일단 지나면 회복할 수 없다.

Ⅱ. 소멸시효의 요건

소멸시효는 재산권에만 적용된다(민 162조). 가족관계나 인격권처럼 본질적으로 계속 보호되어야 할 권리는 그 대상이 아니다. 심지어 재산권 중에서도 소유권은 영속적 권리이므로 소멸시효의 대상에서 제외된다(민 162조).

시효는 권리를 행사할 수 있음에도 불구하고 행사하지 않은 경우에만 진행된다. 즉, 권리행사가 "법률상 불가능"한 경우에는 시효가 진행되지 않는다. 예컨대 아직 채무의 이행기가 도래하지 않았거나, 조건이 성취되지 않은 때에는 시효가 시작되지 않는다. 반면, 권리자가 태만하여 또는 법률지식을 몰라서 권리를 행사하지 못한 경우는 법적 장애가 아니라 단순한 사실상 장애에 불과하므로, 시효의 진행에 영향을 주지 않는다(판례).

시효의 기산점은 "권리를 행사할 수 있는 때"이다(민 166조). 민사채권의 시효기간은 10년, 그 밖의 재산권은 20년이며(민 162조), 상사채권은 영업의 신속성을 고려하여 5년의 단기시효가 적용된다(상 64조). 한편, 불법행위로 인한 손해배상청구권은 손해 및 가해자를 안 날부터 3년, 불법행위 시부터 10년 내에 행사하지 않으면 소멸한다(민 766조). 이처럼 소멸시효의 기간은 권리의 유형과 성질에 따라 달리 정해진다.

또한 일상적·소액거래의 경우, 사회적 안정과 거래의 신속성이 요구되므로 보다 단기의 시효가 적용된다. 예컨대 음식점·숙박업소 등에서의 채권은 1년 이면 시효가 완성된다(민 164조). 음식점에서 식사한 뒤 1년이 지나도록 대금이 청구되지 않았다면? 그 채권은 소멸시효 완성으로 더 이상 대금을 청구할 수 없다.

이처럼 소멸시효 제도는 권리자가 장기간 권리를 행사하지 않은 경우 그 불이익을 권리자에게 귀속시킴으로써, 오래 유지된 사실적 상태를 존중하고 법률관계를 확정하기 위한 시간적 한계장치로 기능한다.

Ⅲ. 소멸시효의 중단 및 정지

소멸시효는 일정한 사유가 발생하면 진행이 멈추는데, 여기에는 시효의 중단과 시효의 정지가 있다. 먼저, 시효의 중단을 보면, 민법은 세 가지 사유를 규정하고 있다(민 168조).

- **청구** – 원칙상 재판상 청구를 의미한다. 다만 단순한 최고(채무이행 독촉)도 일시적 효력이 있다. 그러나 최고만으로는 충분하지 않으므로, 그 후 6개월 내에 재판상 청구 등 적극적 절차를 밟아야 한다(민 174조).
- **압류 · 가압류 · 가처분** – 권리자가 실질적으로 권리를 행사한 것으로 보아 시효가 중단된다.
- **승인** – 채무자가 "조금만 기다려 달라"고 말했는데도 시효가 계속 진행된다면 과연 공평할까? 민법은 채무자가 스스로 채무의 존재를 인정한 경우, 즉 승인한 경우에 시효가 중단된다고 본다.

시효가 중단되면 그 전에 경과한 기간은 사라지고, 사유가 종료한 때부터 새로운 시효기간이 진행한다(민 178조). 중단의 효력은 그 행위에 직접 관련된 당사자와 그 승계인 사이에서만 미친다(민 169조).

한편, 시효의 진행이 일시적으로 멈추는 경우가 시효의 정지이다. 정지는 시효의 진행을 잠시 멈추되, 이미 경과한 기간은 그대로 유지된다. 예컨대 천재지변, 전쟁 등으로 청구가 불가능한 경우, 그 사유가 끝난 뒤 1개월 동안은 시효가 완성되지 않는다(민 182조). 이처럼 중단은 시효를 처음부터 다시 진행시키는 제도이고, 정지는 시효의 진행을 일시적으로 정지시키는 제도이다.

예컨대 A가 B에게 돈을 빌려주고 5년이 지난 시점에 소송을 제기하였다면, 그때까지 경과한 5년은 모두 효력을 잃고, 소송이 끝난 때부터 시효기간이 새로이 진행한다. 반면 시효 진행 중에 전쟁이나 천재지변으로 소송을 제기할 수 없는 상태가 2개월간 지속되었다면, 그 2개월 동안은 시효의 진행만 멈출 뿐, 이미 경과한 기간은 그대로 유지된다.

Ⅳ. 소멸시효의 효력 등

시효가 완성되면 권리는 소급적으로 소멸한다(민 167조). 이는 이미 형성된 사실상태를 존중하여 거래의 안전을 확보하려는 취지이다.

또한 시효의 이익은 사전에 포기할 수 없다(민 184조). 이는 소멸시효가 단순히 개인 간 권리문제가 아니라, 사회 전체의 법적 안정성 확보를 위한 공익적 제도이기 때문이다. 만약 시효를 미리 포기할 수 있다면, 경제적 약자는 강자의 요구로 사실상 그 보호를 상실하게 된다. 예컨대 "앞으로 시효가 완성되어도 채무를 이행하겠다"는 사전포기는 무효이다. 그러나 시효가 이미 완성된 후에는 사후적 포기가 가능하다. 예컨대 채무자가 "비록 시효가 완성되었지만 변제하겠다"는 의사표시는 유효하다.

소멸시효는 법률행위로 배제·연장·가중할 수는 없으나, 그 기간을 단축하거나 경감하는 것은 허용된다(민 184조). 이는 법이 정한 최소한의 공익적 한계를 지키면서도, 사적 자치의 여지를 부분적으로 인정한 것이다.

결국 소멸시효는 "시간의 경과"를 통해 법적 질서를 안정시키는 제도로서, 권리자에게는 권리행사의 적시성을 요구하고, 사회에는 거래의 예측가능성을 부여한다.

제5관 권리의 주체

Ⅰ. 의의

권리는 그냥 공중에 떠 있는 것이 아니다. 즉 권리는 추상적으로 존재하는 것이 아니라, 이를 귀속받을 주체가 전제될 때 비로소 법적 의미를 가진다. 그렇다면 누가 권리를 가지며, 누가 의무를 부담하는가? 이를 정해주는 개념이 바로 권리능력이다. 권리와 의무의 주체가 될 수 있는 법적 자격을 권리능력이라 하며, 이러한 지위를 가진 자를 권리능력자라 한다.

민법은 권리능력자로서 자연인과 법인을 규정하고 있다. 자연인은 인간 그 자체이고, 법인은 인간이 만든 사회적 인격체이다. 법은 이 두 존재를 통해 사회생활에서 발생하는 권리와 의무의 귀속체계를 구성한다.

다만, 권리능력과 행위능력을 구분해야 한다. 권리능력은 단지 "권리를 가질 수 있는 지위"에 그치지만, 행위능력은 "스스로 법률행위를 하여 권리·의무를 발생시킬 수 있는 능력"을 의미한다. 따라서 미성년자나 피성년후견인 등 제한능력자는 권리능력은 있지만 행위능력이 제한된다. 그들은 법적으로 권리의 주체가 될 수 있으나, 스스로 완전한 법률행위를 할 수는 없다.

결국 권리의 주체란 법이 권리와 의무를 귀속시키는 인격체를 뜻한다. 법은 이러한 인격체의 권리능력을 인정함으로써, 개인의 자율성과 사회질서의 조화를 도모한다.

Ⅱ. 자연인

자연인은 인간 그 자체를 의미한다. 민법 제3조는 "사람은 생존한 동안 권리와 의무의 주체가 된다"고 규정한다. 즉, 출생에서 사망에 이르기까지 권리능력을 가진다는 뜻이다.

그럼 생명은 언제부터 시작되는가? 출생시기는 태아가 모체로부터 완전히 분리된 시점, 즉 전부노출의 순간으로 본다. 따라서 태아는 원칙적으로 권리능력이 없지만, 민법은 일정한 경우 태아를 이미 출생한 것으로 간주하여 보호한다. 예컨대 상속(민 1000조)이나 불법행위로 인한 손해배상(민 762조)의 경우, 태아는 이미 출생한 것으로 본다. 이는 생명 보호와 형평의 관념을 반영한 것으로, 법이 단순한 규범체계가 아니라 인간의 존엄을 구현하는 장치임을 보여준다.

자연인의 법률관계는 그가 생활의 중심을 어디에 두는가, 즉 주소를 기준으로 정해지는 경우가 많다. 주소란 생활의 근거가 되는 곳을 의미하며, 한 사람이 동시에 두 곳 이상의 주소를 가질 수도 있다(민 18조). 예를 들어, 서울에 가족이 살고 부산에 사업장이 있다면, 두 곳 모두 주소가 될 수 있다. 다만 주소를 알 수 없는 경우에는 일정 기간 거주하는 거소를 주소로 본다(민 19조). 거소란 생활의 중심이라 보긴 어렵지만 일정한 기간 계속 거주하는 장소를 말한다.

결국 자연인은 생명이 있는 한 누구나 권리능력을 가지며, 그 권리관계는 그의 사회적 생활기반(주소)을 중심으로 형성된다. 이처럼 개인의 인격을 법적으로 승인하고 보호하는 것이 민법의 출발점이자, 사적 법질서의 근간이다.

Ⅲ. 법인

1. 의의

법인은 자연인이 아님에도 불구하고 법이 독립된 권리의 주체로 인정한 존재이다. 즉, 일정한 사회적 목적을 위해 인간의 결합체나 재산의 집합에 법인격(권리능력)을 부여함으로써, 하나의 법적 인격체로서 활동할 수 있게 한 제도이다.

법인은 공법인(국가, 지방자치단체 등)과 사법인(학교, 회사, 재단 등)으로 나뉜다. 사법인은 다시 사람의 결합을 기초로 하는 사단법인과, 재산의 출연을 기초로 하는 재단법인으로 구분된다. 또한 영리법인과 비영리법인이 있으나, 민법상 법인은 비영리법인에 한정된다(민 32조). 민법은 영리를 목적으로 하지 않는 일반적인 민사관계를 규율하는 법이므로, 법인에 관해서도 비영리법인을 중심으로 규정하고 있다. 이와 달리, 영리성을 본질로 하는 법인, 특히 회사는 상법에서 그 조직과 활동을 중심적으로 규율한다.

한편, 법인격을 완전히 갖추지 못했지만 실질적으로 단체나 재단의 형식을 갖춘 경우도 있다. 이를 "법인이 아닌 사단 또는 재단"이라 하며, 설립등기를 마치지 않은 장학재단이나 설립 중의 회사가 대표적이다. 비록 이는 법인이 아니지만, 실체가 있는 단체이므로 일정한 범위 내에서 권리능력과 당사자능력이 인정된다. 예컨대 단체 명의로 부동산등기를 할 수 있고(부동산등기법 26조), 소송의 당사자가 될 수도 있다(민소 2조). 이는 엄격한 법 형식에만 매이지 않고, 사회적 실체를 고려하여 법적 효과를 인정하려는 접근이다.

2. 법인의 설립

법인은 단순한 결합체가 아니라, 일정한 절차를 거쳐야 비로소 사회가 인격체로 승인한다. 그 요건은 다음과 같다.

- **비영리성** – 민법상 법인은 영리를 목적으로 할 수 없으며, 학술·종교·자선 등 공익적 목적을 가져야 한다(민 32).

• **설립행위** – 사단법인은 목적·명칭 등 일정 사항을 기재한 정관을 작성해야 하고(민 40조), 재단법인은 설립자가 일정한 재산을 출연하여 정관을 작성해야 한다(민 43조).

• **주무관청의 허가** – 법인의 목적사업을 관장하는 행정기관의 허가가 필요하다(민 32조).

• **설립등기** – 주된 사무소 소재지에서 설립등기를 함으로써 비로소 법인은 성립한다(민 33조). 이러한 이유에서 설립등기는 창설적 효력이 인정된다.

이렇게 등기를 마친 시점부터 법인은 권리능력을 취득하며, 그 주된 사무소의 소재지가 곧 법인의 주소가 된다(민 36조). 이 등기는 공시제도이자 사회가 법인격을 공적으로 승인하는 절차이다.

3. 법인의 기관

법인은 스스로 의사를 형성하거나 행동할 수 없으므로, 기관의 행위를 통해 활동한다.

• **이사** – 이사는 법인의 필수기관으로, 법인의 업무를 집행하고 대표한다(민 57조·58조·59조). 이사는 선량한 관리자의 주의의무를 부담하며, 임무를 해태하면 법인에 대해 연대하여 손해배상책임을 진다(민 61조·65조). 대표권의 제한은 등기하지 않으면 제3자에게 대항할 수 없다(민 60조).

• **감사** – 감사는 임의기관이지만, 정관이나 사원총회의 결의로 둘 수 있으며, 법인의 재산상황과 이사의 업무를 감사한다(민 66조~67조).

• **사원총회** – 사원총회는 사단법인의 최고 의결기관으로, 모든 사원이 참여해 법인의 의사를 결정한다(민 68조). 사원의 결의권은 평등하지만, 정관으로 달리 정할 수 있다(민 73조). 또한 사원의 지위는 인적 결합에 기초하므로 양도나 상속이 금지되지만(민 56조), 정관에서 허용하면 예외가 인정된다(판례).

그럼 재단법인은 사원이 없는데 누가 결정할까? 재단법인은 사원총회가 존재하지 않으며, 주로 이사회를 통해 의사를 형성한다. 한편 주무관청은 법인의 사무를 검사·감독할 수 있다(민 37조). 이러한 제도적 장치는 법인의 독립성을 보장하면서도 공익적 투명성을 확보하기 위한 균형 장치이다.

4. 법인의 능력

법인은 권리능력자이지만, 그 권리능력의 범위는 자연인보다 좁다.

- **성질상 제한** – 생명권, 친권 등은 인간의 속성에 기초한 권리이므로 법인에게 인정되지 않는다.
- **법률상 제한** – 법률이 정한 특정한 목적 내에서만 권리능력이 인정된다. 예컨대 청산법인은 청산 목적의 범위 내에서만 활동할 수 있다(민 81조).
- **정관상 제한** – 법인은 정관으로 정한 목적의 범위 내에서만 권리능력을 가진다(민 34조). 다만, 판례는 목적을 넓게 해석하여 직접 또는 간접으로 목적 수행에 필요한 모든 행위가 포함된다고 본다.

법인은 그 권리능력의 범위 내에서 행위능력을 가지며, 자연인과 달리 제한능력자는 존재하지 않는다. 법인은 스스로 행위할 수 없으므로 대표기관인 이사를 통하여 법률행위를 한다. 대표기관은 법인의 일부를 구성하는 기관으로서, 본인과 별개의 존재가 아니라는 점에서 대리인과 구별된다. 그러나 실질적으로는 타인을 통하여 행위한다는 점에서 대리와 유사하므로, 민법은 법인의 대표에 관하여 대리의 규정을 준용한다(민 59조).

법인도 불법행위능력을 가진다. 즉, 법인의 이사 기타 대표자가 직무에 관하여 타인에게 손해를 가한 경우, 법인은 대표자의 불법행위를 자기 행위로 간주하여 손해배상책임을 진다(민 35조). 대표자는 이로 인한 손해배상책임을 면할 수 없으며, 피해자는 법인 또는 대표자 중 누구에게든 청구할 수 있다. 다만 대표자가 법인의 목적 범위를 벗어난 행위로 손해를 끼친 경우에는, 그 행위는 법인과 무관하므로 법인 자체는 책임을 지지 않는다. 이때는 해당 대표자 개인만이 책임을 부담하고, 그 의결에 찬성하거나 이를 집행한 이사·사원 등은 피해자 보호를 위해 연대책임을 진다(민 35조).

예컨대 재단법인 A가 운영하는 청소년 수련원에서, A의 대표자인 B가 관리·감독을 소홀히 하여 시설물 사고가 발생했고 C가 부상을 입었다. 이는 수련원 관리라는 직무범위 내 행위이므로 A는 민법 제35조에 따라 손해배상책임을 지므로, C는 A와 B 중 누구에게든 책임을 물을 수 있다.

이러한 규정은 법인의 사회적 활동에 수반되는 위험으로부터 제3자를 보호하고, 책임의 실효성을 확보하기 위한 것이다.

5. 법인의 소멸

법인은 일정한 사유로 해산하고, 이어서 청산절차를 거쳐 소멸한다. 해산은 법인이 본래의 목적활동을 중지하고 청산단계로 전환되는 것을 말하며, 존립기간의 만료나 목적달성, 파산 등이 그 사유가 된다(민 77조).

해산한 법인은 청산법인으로서 잔무를 정리하고 채무를 변제한 후 잔여재산을 분배한다. 청산은 법인의 권리능력을 최종적으로 소멸시키기 위한 절차로, 청산법인은 청산의 목적 범위 내에서만 권리능력을 가진다(민 81조). 청산업무는 청산인이 담당하며, 그가 청산을 완료하고 등기를 하면 법인은 비로소 법률상 소멸한다.

즉, 해산은 법인의 활동 정지, 청산은 법인의 실질적 소멸을 의미하며, 등기가 이루어져야 비로소 법적 인격이 완전히 소멸된다.

제6관 물 건

물건은 권리의 객체 중 하나로서, 법적으로 지배·관리할 수 있는 대상을 말하며, 특히 물권의 대상이 된다. 민법은 물건을 "유체물 및 전기 기타 관리할 수 있는 자연력"으로 규정한다(민 98조). 따라서 인간이 통제할 수 없는 자연력－예를 들어 태양, 공기, 바람－은 물건이 될 수 없으며, 사람의 신체 역시 인격존중의 원칙상 물건으로 취급되지 않는다. 민법은 물권의 객체가 되는 물건의 범위를 무한정 인정하지 않고, 법적으로 지배·관리할 수 있는 대상에 한하여 이를 물건으로 규정한다.

물건은 독립성을 가져야 한다. 건물의 벽돌이나 자동차의 타이어처럼 전체의 구성부분은 그 자체로 별도의 물건이 아니다. 이는 하나의 독립된 물건에 하나의 물권만 성립한다는 일물일권주의의 원칙에 따른 것이다. 이러한 원칙은 물권관계를 단순·명료하게 유지함으로써 거래의 안전을 보장하는 기능을 한다.

물건은 부동산과 동산으로 구분된다. 토지와 그 정착물은 부동산이며(민 99조), 건물·다리·수목 등이 이에 포함된다. 다만 농작물은 토지의 정착물이 아니라 동산으로 본다. 이는 경작자의 경제적 이익을 보호하기 위한 판례의 입장이다. 한편 전기나 가스처럼 사람이 생산·공급을 통제할 수 있는 자연력은 비록 무체물이라도 동산으로 취급된다. 따라서 전기도 절도의 대상이 될 수 있다.

주된 물건(주물)에 부속되어 그 사용을 돕는 부속물은 종물이라 한다(민 100조). 그렇다면 어떤 물건이 종물로 인정될까? 예컨대 배와 노, 건물과 냉방기, 자동차와 예비타이어는 주물과 종물의 관계에 있다. 주물과 종물은 운명공동체적 성격을 가지므로, 특별한 약정이 없는 한 주물이 양도되면 종물도 함께 이전된다(민 100조). 이는 거래의 일관성과 예측가능성을 확보하기 위한 것이다.

물건에서 발생하는 수익은 과실이라 한다. 과실을 발생시키는 물건은 원물이라 하며, 과실은 두 가지로 나뉜다. 천연과실은 과일이나 광물처럼 물건 자체에서 생겨나는 이익이며, 법정과실은 임차료나 이자처럼 사용의 대가로 얻는 이익이다(민 101조). 천연과실은 원물에서 분리된 때에 수취할 권리자에게 귀속되며(민 102조), 법정과실은 계약상 약정에 따라 귀속시점이 결정된다.

결국 물건 개념은 민법상 재산권 체계의 출발점으로, 사람이 지배할 수 있고 독립된 재산적 가치를 가지며 거래의 안전을 담보할 수 있는 대상만을 권리의 객체인 물건으로 인정함으로써, 사적 재산질서의 기본 틀을 형성한다.

제4절 채 권 법

제1관 의 의

채권법은 민법 중 채권편으로서, 물건에 대한 지배가 아니라 사람의 행위를 매개로 한 급부의 청구와 이행을 내용으로 하는 권리관계를 규율한다. 이러한 행위 중심의 권리관계는 당사자의 의사에 따라 내용이 형성되는 경우가 많으므로, 채권법의 중심원리는 사적 자치의 원칙이며, 그 결과로 강행규정보다는 임의규정이 많다. 당사자들은 계약의 내용과 형식을 자유롭게 정할 수 있고, 채권법은 그 의사에 따라 법률효과를 부여한다. 이러한 체계는 개인의 자유를 존중하면서도 거래의 공정과 신뢰를 유지하기 위한 법질서의 기본 틀을 형성한다.

제2관 채권법총론

Ⅰ. 채권의 의의

채권이란 특정인(채권자)이 다른 특정인(채무자)에 대하여 일정한 행위를 청구할 수 있는 권리를 말한다. 그 행위, 즉 급부란 채무자가 채권자에게 이행해야 할 의무의 내용을 가리킨다. 예를 들어, 매매계약에서 매수인은 매도인에게 목적물의 인도를, 매도인은 매수인에게 대금지급을 청구할 수 있다.

채권관계는 평등한 인격체 간의 관계이므로, 채권자평등의 원칙이 적용된다. 즉, 여러 채권자가 존재하더라도 각 채권자는 변제 순위에 있어서 평등한 지위를 가지며, 특별한 우선권이 인정되지 않는 한 모두 동일하게 취급된다.

채무자는 급부의무 외에도 부수적 의무, 즉 신의성실의 원칙(민 2조)에 기초한 주의의무를 부담한다. 예컨대 여행업자는 기본적으로 여행서비스를 제공할 의무뿐 아니라, 여행자의 안전을 배려할 의무를 함께 진다. 이러한 부수적 의무는 계약의 주된 급부를 넘어, 거래 전반의 신뢰를 유지하기 위한 제도적 장치다.

Ⅱ. 채권의 발생

채권은 법률행위나 법률의 규정에 의하여 발생한다. 법률행위에 의한 채권 발생에는 단독행위와 계약이 있다. 예컨대 유언(민 1060조)은 단독행위로 채권을 발생시키며, 매매계약(민 563조)은 계약에 의해 쌍방의 채권관계를 형성한다. 이는 당사자의 의사표시가 법률효과를 창설하는 대표적 예로, 사적 자치의 핵심 영역이다.

법률의 규정에 의해 발생하는 채권은 당사자의 의사와 무관하게 법률이 일정한 효과를 부여하는 경우이다. 그 대표적인 것이 사무관리(민 734조), 부당이득(민 741조), 불법행위(민 750조)이다. 구체적으로, 타인을 위해 사무를 관리한 자, 법률상 원인 없이 이익을 얻은 자, 불법행위로 타인에게 손해를 입힌 자 등은 법률의 규정에 따라 채권관계에서 의무를 부담하거나 권리를 취득한다. 이들은 계약이 없어도 성립하는 채권으로서, 사회적 정의와 형평을 유지하기 위한 “비계약채권”의 대표적 유형이다.

Ⅲ. 채권의 목적

채권의 목적은 채무자가 이행해야 할 급부이다. 급부는 그 성질・내용・대상에 따라 여러 기준에서 분류될 수 있다.

먼저, 작위급부는 일정한 적극적 행위를 요구하는 것이고, 부작위급부는 일정한 행위를 하지 말아야 하는 의무를 말한다. 예컨대 화가에게 초상화를 그리게 하는 것은 작위급부이고, 경쟁금지계약에서 경쟁행위를 하지 않도록 하는 것은 부작위급부에 해당한다.

급부 중 "주는 급부"는 물건의 인도를, "하는 급부"는 그 밖의 행위를 목적으로 한다. 또한 급부의 대상이 되는 물건이 이미 특정되어 있는지 여부에 따라 특정물채권과 종류채권(불특정물채권)으로 나뉜다. 예를 들어, "이 그림을 인도하라"는 특정물채권이고(민 374조), "사과 5kg을 인도하라"는 종류채권(민 375조)에 해당한다.

금전채권은 금전을 인도할 것을 목적으로 하는 채권이며(민 376조), 이자채권은 그 금전의 사용대가를 지급받을 채권이다. 금전채권은 화폐를 매개로 하여 거래 전반에서 가장 빈번하게 활용되는 채권 유형이다.

결국 채권의 목적은 단순한 행위의 지시가 아니라, 경제적 가치가 있는 급부의 실현을 통해 사회적 교환질서를 유지하는 핵심적 기능을 가진다.

Ⅳ. 채권의 효력

1. 의의

채권은 단순히 상대방에게 무엇인가를 요구할 수 있는 권리에 그치지 않고, 법이 그 실현을 제도적으로 보장하는 권리이다. 그 효력은 채권자와 채무자 사이의 대내적 효력, 그리고 제3자에 대해서도 일정한 보호가 인정되는 대외적 효력으로 나뉜다.

대내적 효력에 따르면, 채권자는 채무자에게 급부를 청구할 권리를 가지며, 채무자가 이를 이행하지 않으면 법원의 도움을 통해 강제로 실현할 수 있다. 이때 채권자는 ① 채무자를 상대로 소를 제기할 수 있는 소구력, ② 확정판결 등 집행권원을 얻어 강제집행할 수 있는 집행력을 가진다. 그렇다면 채무자가 이행을 계속 지체하거나 재산을 은닉한다면 채권자는 어떻게 대응할 수 있을까?

한편, 제3자가 채권을 방해한 경우도 문제가 된다. 예컨대 제3자가 채무자와 결탁하여 재산을 부당하게 처분하거나 은닉한 경우, 채권자는 제3자를 상대로 불법행위책임을 추궁할 수 있고(민 750조), 채권자취소권을 행사하여(민 406조) 재산을 원상으로 회복시킬 수도 있다. A는 B에게 1억 원을 빌려주었는데, B가 변제를 피하기 위해 유일한 재산인 부동산을 이러한 사정을 아는 친구 C에게 염가에 매도한 경우, A는 채권자취소권을 활용해서 매매계약을 취소하고 부동산을 다시 B의 책임재산으로 회복시킬 수 있다.

이처럼 채권은 원칙적으로 특정인에게만 효력이 미치는 상대적 권리이지만, 채권의 실현이 현저히 위협되는 경우에는 제3자에 대해서도 예외적 보호수단을 인정함으로써, 거래질서의 안정과 채권자 보호 사이의 균형을 도모한다.

결국 채권의 실질적 가치는 채무자의 이행에 의해 실현된다. 그러나 현실에서는 채무자가 이행을 하지 않거나, 제대로 이행하지 않은 경우가 적지 않다. 그렇다면 채무자가 의무를 다하지 않는 경우, 채권자는 어떤 법적 보호를 받을 수 있을까? 다음에서는 이러한 채무불이행의 유형과 그 효과를 살펴본다.

2. 채무불이행

(1) 의의 및 유형

채무불이행이란 채무의 내용에 따른 이행이 이루어지지 않거나 불완전한 경우를 말한다. 그렇다면 채무자는 어떤 경우에 불이행한 것으로 평가될까? 민법은 이를 세 가지 유형으로 나누어 규율한다.

- **이행지체** – 이행이 가능함에도 불구하고, 이행기 도래 후에도 이행하지 않은 경우이다. 예를 들면 금전채무를 기한 후에도 지체한 경우이다.
- **이행불능** – 계약 후 사정 변경으로 이행이 불가능해진 경우이다. 예컨대 매도 목적물이 화재로 소실된 경우가 이에 해당한다. 사회통념상 현실적 이행이 기대하기 어려운 경우(예: 모래사장에서 분실된 반지)도 불능으로 본다.
- **불완전이행** – 이행은 있었으나 계약 본지에 부합하지 않는 경우이다. 예를 들어 A가 B에게 매도한 물건의 하자로 B의 건물에 화재가 발생한 경우가 이에 해당한다.

채무불이행에 대한 구제수단은 상호 배타적인 관계에 있으므로 동시에 행사할 수는 없지만, 이행 가능성의 유무와 계약관계의 존속 필요성에 따라 단계적으로 이해할 수 있다. 즉, 이행이 가능하면 강제이행이 문제되고, 이행이 불가능하면 손해배상이 중심이 되며, 계약의 존속이 무의미해진 경우에는 해제・해지가 문제된다.

(2) 강제이행

강제이행이란 법원을 통해 채권의 내용을 현실적으로 실현하는 절차를 말한다(민 389조). 즉, 채무자가 임의로 이행하지 않는 경우, 그 급부를 국가의 강제력으로 실현하는 제도이다. 이행지체의 경우에 가능하며, 채무자의 귀책사유는 필요하지 않다. 강제이행은 책임을 묻는 제도가 아니라 급부 실현의 제도이기 때문이다.

채무자가 정당한 사유가 있으면 강제이행은 허용되지 않는다. 예컨대 쌍무계약에서 상대방이 아직 자기 의무를 이행하지 않은 경우, 채무자는 동시이행항변권(민 536조)을 주장하여 강제이행을 거절할 수 있다. 또한 이행이 이미 불능인 경우에는 강제이행이 불가능하며, 대신 손해배상청구로 전환된다.

채권자는 강제집행으로 급부를 실현하더라도 별도의 손해가 있으면 추가로 손해배상을 청구할 수 있다(민 389조). 즉, 강제이행은 급부 실현의 수단, 손해배상은 채권자의 완전한 만족을 위한 보충적 수단이다.

(3) 손해배상

채무자는 채무불이행으로 발생한 손해를 배상하여야 한다(민 390조). 손해배상책임이 성립하려면 ① 채무불이행, ② 귀책사유(고의·과실), ③ 손해의 발생, ④ 인과관계가 있어야 한다. 과실은 추정되며, 그 부존재는 채무자가 입증해야 한다(민 391조). 이행지체 중 발생한 손해는 귀책 여부와 관계없이 배상책임이 인정된다(민 392조). 이는 이행기가 도래한 이상 채무자가 지체로 인한 손해 위험을 부담해야 한다는 취지이다.

손해의 범위는 원칙적으로 통상손해에 한정된다(민 393조). 통상손해란 채무불이행이 있으면 사회통념상 일반적으로 발생한다고 인정되는 손해를 말하며, 예컨대 매도인의 소유권이전등기의무가 이행불능이 된 경우 목적물의 시가 상당액이 이에 해당한다(판례).

반면 통상손해를 벗어난 특별손해는 채무자가 그 사정을 알았거나 알 수 있었을 때만 배상책임을 진다(민 393조). 예를 들어 매도인의 불이행으로 매수인이 제3자에게 위약금을 지불하게 된 경우, 매도인이 그 사정을 인식하고 있었거나 인식할 수 있었다면 그 손해는 특별손해로서 배상 범위에 포함된다.

배상의 대상은 이행이익이 원칙이다. 즉, 계약이 제대로 이행되었더라면 얻었을 이익이다. 반면 계약이 무효·취소된 경우는 신뢰이익이 적용되며, 계약이 유효하게 체결될 것이라는 신뢰와 관련된 것으로서 계약 체결이나 준비 과정에서 지출한 비용 등이 이에 속한다.

손해 산정에는 두 가지 원리가 있다.

- **손익상계** – 손해와 이익이 함께 발생하면 얻은 이익은 공제된다(판례).
- **과실상계** – 손해의 발생 또는 확대에 채권자에게 과실이 있으면 그만큼 감액된다(민 396조).

당사자는 미리 손해배상액을 정할 수 있으며(배상액의 예정), 그 액이 과다하면 법원이 감액할 수 있다(민 398조). 그리고 손해배상청구권에는 원채권과 동일한 소멸시효가 적용된다(판례).

결국 손해배상제도는 채무이행의 실질적 담보이자, 성실한 거래질서의 최종 보루라 할 수 있다.

(4) 대상청구권

대상청구권은 계약 성립 후 후발적인 이행불능이 발생한 경우에 인정되는 채권자의 구제수단이다. 이는 이행불능으로 인해 채무자에게 "채무의 목적물에 갈음하는 이익", 즉 대상이 귀속된 경우, 채권자가 그 이익의 이전을 청구할 수 있는 권리를 말한다.

예컨대 부동산의 매매계약이 성립된 이후 그 부동산이 국가에 의해 수용되면 매수인은 매도인의 국가에 대한 수용보상금청구권의 이전이나 이미 수령한 수용보상금의 지급을 매도인에게 청구할 수 있다(판례). 또한 매매 목적물인 건물이 화재로 소실되어 매도인이 그로 인해 보험금을 취득하였다면, 매수인은 그 보험금에 대해서 대상청구권을 행사할 수 있다. 이는 이행불능 시에 채무 목적물의 인도 대신에 그에 갈음하는 이익의 이전을 통해 형평을 도모하는 제도이다.

(5) 해제·해지

해제는 일시적 계약에서 채무불이행이 있을 때, 계약의 효력을 소급적으로 소멸시키는 제도이다. 예컨대 매매계약은 일회적 급부로 성립하므로, 매도인이 목적물을 인도하지 않으면 매수인은 해제권을 행사할 수 있다. 해제는 상대방에 대한 의사표시로 하며(민 543조), 일정한 절차를 거쳐야 한다.

첫째, 최고의 원칙이 있다. 이행지체의 경우, 채권자는 상당한 기간을 정하여 이행을 최고하고, 그 기간 내에 이행이 없으면 계약을 해제할 수 있다(민 544조). 그러나 채무자가 미리 이행하지 않을 의사를 명확히 한 경우나, 정기행위(예: 크리스마스 트리의 매매)처럼 시기가 계약의 본질인 경우에는 최고 없이 바로 해제할 수 있다(민 544조~545조). 예컨대 A가 B에게 발표회 전날 밤까지 공연 드레스를 제작·인도하기로 약정했는데, B가 이행을 다음날 오후로 넘긴 경우를 생각해보자. 공연이 이미 끝났다면, 이행 시기의 엄수는 이 계약의 본질에 해당하므로 이는 정기행위로 보아 A는 최고 없이 즉시 해제할 수 있다. 한편, 이행불능의 경우에는 최고가 무의미하므로, 채무자에게 귀책사유가 있으면 즉시 해제할 수 있다(민 546조).

둘째, 채무불이행의 위법성과 귀책사유가 있어야 한다. 이행불능의 경우에는 민법상 명문 규정에 따라 채무자의 귀책사유가 필요하고(민 546조), 이행지체의 경우에도 일반적으로는 채무자의 귀책사유가 있어야 해제가 허용된다고 본다. 예컨대 매매 등과 같은 쌍무계약에서 채권자가 먼저 이행하지 않아 채무자가 동시이행항변권(민 536조)을 행사할 수 있는 경우에는 채무자에게 귀책사유가 없으므로, 채권자의 해제는 허용되지 않는다.

해제의 효과는 소급효를 가진다(판례). 즉, 계약이 처음부터 없었던 것처럼 되므로 이미 이행된 급부가 있다면 원상회복의무가 발생한다(민 548조). 다만 제3자의 권리는 보호된다(민 548조). 이는 거래안전을 위한 예외이다. 또한 계약의 해제는 손해배상청구에 영향을 미치지 않으며(민 551조), 채권자는 해제와 동시에 손해배상(예: 지연손해)을 청구할 수 있다.

반면 해지는 임대차·고용 등과 같은 계속적 계약에서 채무불이행이 있는 경우, 계약의 효력을 장래를 향해 소멸시키는 제도이다(민 550조). 이미 이루어진 급부까지 소급하여 소멸시킬 필요가 없으므로, 해지는 장래효에 그친다. 예를 들어 임차인 C가 지속적으로 공동주택의 질서를 파괴하여 더 이상 정상적인 임대차관계 유지가 어렵다면, 임대인은 계약을 장래를 향해 종료시키는 해지를 선택할 수 있다. 이미 이루어진 사용·수익 부분까지 소급할 필요는 없기 때문이다.

또한 임대차에서 임차인이 약정에 반해 임대목적물을 훼손한 경우, 임대인은 계약을 해지할 수 있다(민 625조).

해지는 상대방에 대한 의사표시로 행사하며(민 543조), 해제와 마찬가지로 손해배상청구에 영향을 미치지 않는다(민 551조). 즉, 채권자는 계약을 해지하면서 동시에 손해배상을 청구할 수 있다.

결국 해제는 일시적 계약의 소급적 종료, 해지는 계속적 계약의 장래적 종료라는 점에서 구별되지만, 두 제도 모두 계약의 신의성실 유지와 채권자 보호를 위한 최종적 구제수단이라는 점에서 본질적으로 통한다.

3. 채권자지체

채권자지체란, 채무의 이행에 채권자의 협력행위가 필요한데 채권자가 이를 게을리함으로써 발생하는 법적 상태를 말한다. 즉, 채권자가 이행을 받을 수 없거나(수령불능), 이행을 받지 않은 경우(수령거절)에, 채무자가 적법하게 이행의 제공을 한 때로부터 채권자지체가 성립한다(민 400조).

예컨대 A가 B에게 물건을 인도해야 하는데, B가 수령을 거절하거나 연락이 되지 않아 수령할 수 없는 경우, A가 변제의 제공을 함으로써 채권자지체가 발생한다. 이 제도는 채무자가 성실하게 이행의 의사를 표시했음에도 채권자가 수령하지 않아 발생하는 불합리한 손해를 방지하기 위한 것이다.

채권자지체는 채권자의 수령행위가 필요하지 않은 부작위채무 등에는 적용되지 않는다. 한편, 채권자지체가 성립하더라도 채무가 소멸하는 것은 아니지만, 채무자는 다음과 같은 법적 이익을 얻게 된다. ① 채무자는 고의 또는 중과실이 없는 한 채무불이행책임을 면한다(민 401조). ② 이자채무가 있는 경우에도 지체기간 동안에는 이자를 지급할 의무가 없다(민 402조). ③ 채무자는 채권자지체를 이유로 공탁을 하여 채무를 면할 수 있다(민 487조).

결국 채권자지체는 이행의 기회를 부여받은 채권자의 태만에 대한 법적 제재이자, 성실한 채무자의 보호를 목적으로 하는 제도이다. 그렇다면 채권자가 끝내 협력하지 않는다면 채무자는 어떻게 이 의무를 종결시킬 수 있을까? 이때 등장하는 제도가 바로 변제공탁이다. A가 B에게 물건을 인도하려고 여러 차례 연락했으나 B가 수령을 계속 거부한다면, A는 물건을 법원에 공탁함으로써 채무를 완전히 면할 수 있게 된다(민 487조). 이처럼 채권자지체는 채권자가 이행을 방해하는 상황에서 채무자를 채권자의 비협력으로 인한 불이익으로부터 보호하고, 채권관계의 공평을 유지하는 기능을 한다.

이제 시선을 전환해보자. 채권자의 태만이 아니라, 채무자의 책임재산이 줄어들어 채권자의 만족이 위협받는 경우에는 어떨까? 다음에서는 이러한 상황에서 채권자가 행사할 수 있는 적극적 보호수단인 채권자대위권과 채권자취소권을 살펴본다.

Ⅴ. 책임재산의 보전

채권의 실현은 궁극적으로 채무자의 일반재산, 즉 책임재산에 의해 담보된다. 모든 채권자는 채무자의 재산을 공동담보로 가지므로, 채무자가 자신의 재산을 임의로 감소시키면 다른 채권자의 변제 가능성 또한 그만큼 위태로워진다. 그렇다면 채무자가 재산을 지키기는커녕 방치하거나 제3자에게 이전하여 책임재산을 감소시키는 경우에는 어떻게 될까? 이를 대비하기 위해 민법은 채권자대위권과 채권자취소권이라는 적극적 보전수단을 마련하고 있다.

채무자가 권리를 행사하지 않는 경우에는 대위권, 적극적으로 재산을 감소시키는 경우에는 취소권이 적용된다. 두 제도는 채무자의 책임재산을 보전하여 공동담보를 유지하는 최후의 장치이다.

1. 채권자대위권

채권자대위권이란, 채무자가 자신의 권리를 행사하지 않아 채권의 실현이 위태로워진 경우, 채권자가 채무자를 대신하여 그 권리를 행사할 수 있는 제도를 말한다(민 404조). 그렇다면 채무자가 자신의 권리를 행사하지 않는 상황은 어떤 경우일까? 예를 들어 A가 B에게 1억 원을 빌려주었는데, B는 C에게 받을 1억 원의 외상대금이 있음에도 오랫동안 청구하지 않는 경우에, B가 그 채권을 포기하거나 시효로 소멸되면, 결국 A는 자신의 채권도 회수할 수 없게 된다. 이때 A는 B를 대신하여 C에게 "외상대금 지급"을 청구할 수 있다.

이때 대위의 결과로 얻은 이익은 채무자에게 귀속되며, 모든 채권자의 공동담보가 유지된다. 대위권이 인정되기 위한 요건은 다음과 같다.

- **보전의 필요성** – 채무자가 무자력이거나, 그로 인해 채권의 만족이 곤란해야 한다(판례).
- **채권의 이행기 도래** – 다만 이행기 전이라도 시효중단 등 보존행위의 경우에는 예외적으로 허용된다(민 404조).
- **채무자의 불행사** – 채무자가 자신의 권리를 스스로 행사하지 않아야 한다.
- **행사의 범위** – 원칙적으로 보존행위나 관리행위에 한정되고, 처분행위는 포함되지 않는다.
- **행사의 방법** – 채권자는 자신의 이름으로 대위권을 행사하며, 채무자의 동의는 필요하지 않다(판례).

이 제도는 채무자의 권리불행사로 공동담보가 잠식되는 것을 방지하고, 거래질서의 신용과 공평을 유시하기 위한 제도적 안전장치로 기능한다. 즉, 채무자가 권리를 행사하지 않아서 공동담보가 잠식되는 위험을 채권자가 직접 보완할 수 있는 장치인 것이다.

2. 채권자취소권

채권자취소권은 채무자가 “악의로 재산을 감소시키는 행위”(사해행위)를 한 경우, 채권자가 법원을 통해 그 행위를 취소하여 채무자의 책임재산을 회복시키는 제도이다(민 406조). 이 제도는 “그렇다면 채무자가 채권자를 해할 의도로 자신의 책임재산을 감소시키는 경우에는 이를 어떻게 규율하여야 할 것인가?”에 대한 답이다. 예컨대 A가 B에게 5천만 원을 빌려줬는데, B가 자신의 유일한 재산인 건물을 친한 C에게 시가의 절반에 매도했다면, 이는 사해행위에 해당할 가능성이 크다. A는 법원에 채권자취소소송을 제기해 매매를 취소하고, 건물을 다시 B의 재산으로 회복시킬 수 있다. 이때 C가 이 사실을 몰랐다면(선의라면) 취소가 제한되며, 악의가 입증되어야 한다는 점에서 요건이 엄격하다.

이 취소의 효과는 채권자 개인이 아니라 모든 채권자에게 미치며, 취소로 반환된 재산은 다시 채무자의 책임재산으로 귀속된다(민 407조). 즉, 채권자취소권은 공동담보의 회복을 통해 전체 채권자 이익을 실현하는 공익적 수단이다. 채권자취소권의 요건은 다음과 같다.

• **보전할 채권의 존재** – 금전채권 등 불특정물채권이어야 하며, 채권이 이미 성립되어 있어야 한다. 이는 채권자취소권이 공동담보의 확보를 목적으로 하기 때문이다. 따라서 특정물채권의 보전을 위한 취소권 행사는 특정 채권자의 개별적 이익을 위한 재산보전행위에 불과하여, 제도의 취지에 반한다.

• **채무자의 무자력 또는 채무초과 상태** – 채무자의 재산이 채무 전액을 변제하기에 부족해야 한다.

• **사해행위의 존재** – 채무자가 채권자를 해할 것을 알면서 재산을 감소시킨 행위여야 한다.

• **수익자 또는 전득자의 악의** – 수익자 또는 전득자가 사해행위임을 알았을 경우에만 취소 가능하다(민 406조). 여기서 전득자란, 수익자로부터 다시 목적물을 양수한 제3자를 말한다.

• **행사의 방법** – 채권자가 자신의 이름으로 법원에 소를 제기해야 하며(민 406조), 이는 재판상 행사만 가능하다(판례).

이 제도는 부정행위로 감소한 책임재산을 소급적으로 회복시키기 위한 것이므로, 요건은 대위권보다 엄격하다. 그럼에도 채권자취소권은 부정한 재산처분으로 훼손된 공동담보를 회복함으로써, 채권질서의 신뢰를 지키는 최후의 수단이라는 점에 큰 의의가 있다.

Ⅵ. 다수당사자의 채권관계

지금까지는 하나의 채권자와 하나의 채무자 사이의 채권관계를 중심으로 검토해 왔다. 그러나 실제 거래관계에서는 채권자 또는 채무자가 여러 명인 경우가 훨씬 흔하다. 예컨대 다수의 채권자가 공동으로 금원을 대여한 경우나, 다수의 채무자가 공동으로 채무를 부담하는 경우에는, 각 당사자가 누구에게 어느 범위까지 책임을 지는지가 중요한 쟁점이 된다. 이제부터는 이러한 다수당사자의 채권관계를 살펴본다.

이처럼 하나의 급부에 여러 당사자가 관여하는 관계를 다수당사자 채권관계라 하며, 민법은 이를 분할채권·채무, 불가분채권·채무, 연대채무, 보증채무의 순서로 규율하고 있다. 이 체계는 다수당사자 사이의 공동성이 점진적으로 강화되는 구조를 이룬다. 다수당사자 채권관계에서는 한 채무자에게 발생한 사정이 다른 채무자에게도 영향을 미치는지 여부가 문제된다. 이러한 영향의 범위에 따라 절대적 효력과 상대적 효력으로 구분되며, 이는 각 유형의 공동성 정도와 밀접하게 관련된다.

1. 분할채권 · 분할채무

가장 기본형태의 다수당사자 관계이다. 특별한 의사표시가 없는 한, 다수의 채권자 또는 채무자는 균등한 비율로 권리와 의무를 부담한다(민 408조). 예컨대 A · B · C가 채권자 D에게 공동으로 900만 원을 지급해야 한다면, 각자는 300만 원씩만 책임을 부담한다.

이 관계는 독립성이 매우 강한 형태로, 각 채권자 또는 채무자는 자기 몫의 채권 · 채무만 행사하거나 이행하면 된다. 따라서 한 사람의 변제나 면제는 다른 사람에게 영향을 미치지 않으며, 연대채무와 달리 절대적 효력이 발생하지 않는다. 결국 분할채권 · 채무는 여러 사람이 관여하더라도, 각자의 몫이 완전히 분리되어 취급되는 독립적 채권 · 채무의 집합에 가깝다.

2. 불가분채권 · 불가분채무

불가분채권 · 불가분채무는 급부의 성질상 분할이 불가능하거나, 당사자의 약정으로 불가분성이 부여된 경우에 성립한다(민 409조). 예컨대 A · B · C가 D로부터 하나의 예술품을 공동으로 구입하면서, 대금채무를 불가분으로 부담하기로 약정한 경우가 이에 해당한다.

불가분채권의 경우, 각 채권자는 전체 급부의 이행을 청구할 수 있으며, 채무자가 어느 한 채권자에게 이행하면 전체에 효력이 미친다(민 409조). 다만 면제나 지체 등은 다른 채권자에게 미치지 않는다(민 410조).

불가분채무의 경우, 각 채무자는 전부의 급부를 이행해야 하며, 한 사람의 이행으로 전체 채무가 소멸한다(민 411조 · 413조). 다만 소멸시효나 면책사유 등은 개별적으로만 효력이 미친다. 따라서 불가분채무는 연대채무보다는 공동성이 약하나, 급부의 불가분성으로 인한 일부 절대적 효력이 불가피하다.

3. 연대채무

연대채무는 복수의 채무자가 각자 전부의 급부를 이행할 의무를 부담하는 관계이다(민 413조). 예컨대 A · B · C가 D에게 1천만 원을 연대하여 차용한 경우, D는 누구에게든 전액을 청구할 수 있고, 한 사람이 변제하면 전체 채무가 소멸한다. 연대채무는 당사자의 약정이나 법률의 규정에 의해 성립하며, 상행위와 같이 거래의 신용과 신속이 요구되는 경우에는 상법 제57조에 따라 연대채무가 원칙이 된다.

연대채무의 효력은 절대적 효력과 상대적 효력으로 나뉜다. 변제 · 공탁 · 상계 등은 절대적 효력으로 다른 채무자에게 미치지만(민 416조~421조), 시효의 중단이나 정지 등은 상대적 효력만 가진다(민 423조). 또한 1인이 전액을 변제하면, 그 사람은 다른 채무자의 부담부분에 대하여 구상권을 가진다(민 425조). 이는 공평의 원리를 구현하기 위한 장치이다.

4. 부진정연대채무

민법에 명문 규정은 없으나, 판례는 부진정연대채무를 인정한다. 이는 동일한 경제적 목적을 가진 여러 채무가 병존하지만, 연대의 의사나 주관적 공동관계가 없는 경우를 말한다. 예컨대 법인의 불법행위로 손해가 발생한 경우, 법인과 대표자는 각각 독립된 불법행위책임을 지지만, 어느 한쪽의 변제로 전체 손해가 소멸한다(민 35조).

이 경우에도 변제나 이에 준하는 경우(상계 등)는 절대적 효력이 있으나, 시효나 면책 등은 상대적 효력에 그친다. 주관적 공동관계가 없으므로 연대채무보다 독립성이 강하고, 특별한 법률상 근거가 없는 한 내부 구상관계는 인정되지 않는다.

5. 보증채무

보증채무는 타인의 채무를 담보하기 위해 제3자가 부담하는 채무로서, 주채무에 종속하면서 이를 보충한다(민 428조). 보증계약은 반드시 서면으로 체결해야 유효하며(민 428조의2), 채권자는 주채무자 또는 보증인에게 직접 청구할 수 있다.

보증인은 주채무의 존부나 항변사유를 채권자에게 그대로 주장할 수 있으며(민 433조), 또한 "먼저 주채무자에게 청구하고 그 재산으로 변제받으라"는 취지의 최고·검색의 항변권이 인정된다(민 437조). 전자가 보증채무의 부종성이고, 후자가 보증채무의 보충성이다. 그러나 상거래에서는 거래의 신속성을 위해 최고·검색의 항변권이 배제된 연대보증이 원칙이다(상 57조). 보증인이 변제함으로써 주채무가 소멸하면, 그는 주채무자에게 구상권을 행사할 수 있다(민 441조·444조).

결국 보증채무는 채권자 보호와 신용거래의 보완을 위한 제도이지만, 그 본질은 주채무에 대한 부종성과 보충성에 있다.

Ⅶ. 채권양도와 채무인수

채권양도와 채무인수는 거래관계의 연속성과 신용질서를 유지하기 위한 핵심 제도이다. 채권양도는 채권의 귀속 주체, 채무인수는 채무의 귀속 주체를 변경하지만, 채권·채무의 동일성은 그대로 유지된다. 즉, 권리·의무의 "주체만 바뀌고 내용은 변하지 않는" 제도이다. 그렇다면 채권자와 채무자가 바뀌려면 어떤 절차가 필요할까? 주체는 바뀌더라도 거래 안정성과 신뢰가 흔들려서는 안 된다. 그래서 법은 변화 속에서도 불확실성을 최소화하는 장치를 두고 있다.

1. 채권양도

채권양도란 채권의 동일성, 즉 급부의 내용과 범위는 그대로 유지하면서, 그 권리를 가지는 사람만을 다른 사람으로 이전하는 제도이다. 그렇다면 특히 지명채권의 경우, 채무자는 채권자가 바뀌었다는 사실을 어떻게 알 수 있을까? 통지나 승낙이 요구되는 이유가 바로 여기에 있다.

(1) 지명채권의 양도

지명채권은 특정 채권자가 특정 채무자에 대해 가지는 채권을 말한다. 즉, 일반적인 계약상 채권의 대부분이 여기에 속한다.

지명채권은 증권을 필요로 하지 않으며, 원칙적으로 자유롭게 양도할 수 있다(민 449조). 양도는 양도인과 양수인의 합의만으로 성립하지만, 채무자 보호를 위해 별도의 대항요건이 요구된다. 즉, 양도인이 채무자에게 통지하거나, 채무자가 승낙해야 그 효력이 채무자에게 미친다(민 450조). 또한, 제3자에게 대항하려면 확정일자 있는 증서에 의한 통지 또는 승낙이 필요하다(민 450조). 만약 동일한 채권을 양수인 A와 B에게 중복 양도했다면, 채무자는 누구에게 지급해야 할까? 확정일자 있는 통지 또는 승낙을 먼저 얻은 사람이다.

이 제도는 채무자 및 제3자의 신뢰 보호를 위한 것으로, 거래상 권리변동의 안정성과 예측가능성을 확보하는 기능을 한다.

(2) 증권적 채권의 양도

증권적 채권은 권리의 행사와 이전을 위해 증권의 점유가 필수적인 채권을 말한다. 어음, 수표, 국공채 등이 그 전형이다. 증권은 권리의 "외형적 표시이자, 그 자체로 이전수단"이므로, 증권의 교부 자체가 곧 권리의 이전을 의미한다.

지시채권은 증권에 기재된 자 또는 그가 지시하는 자에게 지급해야 하는 채권으로, 배서와 교부로 이전된다(민 508조). 따라서 지명채권처럼 별도의 통지나 승낙이 필요하지 않아 신속한 이전이 가능하다. 예컨대 A가 B에게 지급받을 어음을 C에게 배서·교부하면, C는 즉시 어음상 권리자가 된다.

무기명채권은 증권 소지인에게 지급해야 하는 채권으로, 교부만으로 양도된다(민 523조). 따라서 익명성이 높고 절차가 간편하여 유통성이 가장 강하다.

결국 증권적 채권은 증권의 점유가 곧 권리의 존재를 추정하므로, 지명채권보다 훨씬 강한 유통성과 거래신속성을 지닌다.

2. 채무인수

채무인수는 채무의 동일성을 유지한 채 채무자의 지위를 교체하는 계약이다. 즉, 채무가 새로운 인수인에게 이전되면 종래 채무자는 면책되고, 인수인이 그 의무를 승계한다. 종래 채무자가 채무에서 벗어나 면책된다는 점에서 이를 면책적 채무인수라고 한다. 이 제도는 신용관계의 재조정과 거래의 계속성을 보장하기 위한 장치이다.

채무인수의 법적 형태는 당사자 조합에 따라 다음과 같이 구분된다.

- **채권자·채무자·인수인이 모두 당사자인 경우** – 세 당사자의 합의만

으로 별도의 요건 없이 효력이 발생한다. 예를 들어 A(채권자)·B(채무자)·C(인수인)가 함께 계약을 체결하면서 "C가 B의 채무를 인수한다"고 합의하면, B는 면책되고 C가 새로운 채무자가 된다.

- **채권자와 인수인만이 당사자인 경우** – 채무자의 동의가 없어도 가능하지만, 이해관계 없는 제3자는 채무자의 의사에 반해 인수인이 될 수 없다(민 453조). 이는 채무자의 신용과 인격적 지위를 존중하려는 것이다.
- **채무자와 인수인만이 당사자인 경우** – 채권자의 승낙이 있어야 효력이 발생한다(민 454조). 이는 채무자의 신용에 따라 이행 가능성이 달라질 수 있기 때문이다. 예컨대 B가 C에게 자신의 채무를 넘기기로 약정했더라도, A(채권자)가 이를 승인하지 않으면 여전히 B가 채무를 부담한다.

한편, 병존적 또는 중첩적 채무인수도 인정된다. 이는 인수인이 기존 채무자와 함께 동일한 채무를 부담하는 형태로, 예를 들어 채권자 A에 대해 C가 기존 채무자인 B와 공동으로 채무를 부담하기로 한 경우이다. 이때 종래 채무자인 B가 여전히 책임을 지므로, 채권자 보호가 강화되어 거래의 안전성이 높아진다. 이 경우 인수인의 책임 범위와 내부관계는 당사자의 약정이나 법리에 따라 정해지며, 주관적 공동관계의 유무에 따라 연대채무 또는 부진정연대채무의 성질을 갖는다.

채권과 채무의 주체 변경을 살펴본 지금, 마지막으로 남는 질문이 있다. 채권은 어떻게 마지막으로 소멸하는가? 이어서 변제·대물변제·공탁·상계·경개·면제·혼동 등 채권의 소멸을 검토한다.

Ⅷ. 채권의 소멸

채권의 소멸이란 채무가 이행의 완결이나 법률상 사유로 더 이상 존속하지 않게 되는 것을 말한다. 민법은 그 소멸원인으로 변제·대물변제·공탁·상계·경개·면제·혼동을 규정하고 있으며, 이 외에도 소멸시효의 완성 등으로 채권이 소멸할 수 있다. 이 가운데 변제·대물변제·공탁·상계는 채권이 실제로 이행되어 만족을 얻는 경우이고, 경개·면제·혼동은 채권이 실질적 이행 없이 법적으로 소멸하는 경우이다.

1. 변제

변제는 채무의 내용에 따른 급부를 이행하여 채무를 소멸시키는 행위이다. 채무자는 당연히 변제자가 될 수 있고, 제3자도 원칙적으로 변제할 수 있지만, 당사자가 제3자의 변제를 금지한 경우에는 허용되지 않는다(민 469조).

제3자가 변제한 경우, 그는 채무자를 대신하여 변제한 범위 내에서 채권자의 권리를 승계한다(민 482조). 이를 변제자대위라 하며, 이는 타인의 채무를 대신 이행한 자에게 형평의 차원에서 인정되는 법정의 권리이다. 예컨대 보증인이 채권자에게 대신 변제한 뒤 주채무자에게 구상권을 행사하는 경우가 대표적이다.

변제수령권자는 원칙적으로 채권자이지만, 예외적으로 질권자(민 353조)나 채권의 준점유자(민 470조)도 될 수 있다. 예컨대 채권이 질권의 목적인 경우, 채무자가 질권자에게 변제하면 채무는 소멸한다. 또한 예금증서·인장 등을 소지한 채권의 준점유자에 대해 선의·무과실로 변제한 경우에도 그 변제는 유효하다. 이는 채무자의 신뢰와 거래 안전을 보호하기 위한 장치이다.

변제장소는 약정이 없을 때, 특정물 인도의 경우는 물건이 있던 장소, 그 외의 경우는 채권자의 현주소(영업채무는 영업소)에서 한다(민 467조). 이는 채무자가 변제물을 “지참”하여, 즉 이를 가지고 채권자에게 가야 한다는 의미에서 지참채무의 원칙이라 한다. 이에 반해, 채권자가 채무자의 현주소(영업채무는 영업소)에 와서 변제받아야 하는 형태는 추심채무라 한다.

또한 채무자가 급부를 준비하여 채권자에게 협력을 요구하는 행위를 변제의 제공이라 하며, 이로써 채무불이행책임은 면하지만 채무 자체가 소멸하지는 않는다(민 461조).

2. 대물변제

대물변제는 본래의 급부 대신 다른 급부를 현실적으로 이행하여 채무를 소멸시키는 것이다(민 466조). 예컨대 1억 원의 금전채무를 대신해 부동산을 이전하면 채무가 소멸한다. 이는 단순한 합의만으로는 부족하고, 실제로 다른 급부가 이행되어야 효력이 생긴다. 대물변제의 성립 시 기존 채무는 소멸하며, 새로운 채무가 발생하지 않는다. 따라서 대물변제는 변제와 동일한 효력을 가진다(민 466조).

3. 공탁

공탁은 채무자가 채권자를 위해 변제의 목적물을 공탁소에 임치하는 행위이다(민 487조~488조). 채권자가 변제를 받지 않거나(수령거절) 받을 수 없는 경우(수령불능)에 공탁을 하면 채무는 변제와 마찬가지로 소멸한다. 이는 채무자가 자신의 귀책 없이 이행할 수 없는 상태에 놓이는 것을 방지하기 위한 것이다. 이때 채권자는 채권이 소멸함과 동시에 공탁물 인도청구권을 취득한다. 예컨대 A가 B에게 변제하려 했으나 B가 부재중이면, A가 법원에 금전을 공탁하는 것으로 채무를 소멸시킬 수 있다.

4. 상계

상계는 서로 같은 종류의 채무를 가진 당사자가 각 채무의 이행기가 도래했을 때, 일방의 의사표시만으로 대등액을 상쇄하여, 즉 서로 같은 금액만큼을 맞바꿔 소멸시키는 제도이다(민 492조).

상계는 단독행위로서 상대방의 동의 없이도 가능하며, 조건이나 기한을 붙일 수 없다(민 493조). 조건이나 기한은 상대방의 법적 지위를 불안정하게 만들 수 있기 때문이다. 상계는 변제와 동일하게 채무를 소멸시킨다. 그렇다면 상계 후 남는 부분은 어떻게 될까? 대등액만 소멸하고 잔존 부분은 여전히 채무로 남는다. 즉, 상계는 부분적 소멸이 가능한 제도이다.

예컨대 A가 B에게 500만 원을 차용하고, B도 A에게 300만 원을 차용한 경우, A가 상계를 하면 B의 채무는 전액 소멸하고, A의 채무는 200만 원만 존속한다.

5. 경개

경개는 기존 채무의 중요 부분을 변경하여 새로운 채무를 성립시키는 동시에 기존 채무를 소멸시키는 계약이다(민 500조). 예컨대 1억 원의 금전채무를 부동산 이전채무로 바꾸는 경우가 이에 해당한다. 새로운 채무가 성립하면 종전의 채무는 별도의 이행 없이 소멸한다. 즉, 경개는 채권관계를 재편성하는 계약적 정리 수단이라 할 수 있다. 단순한 이자율 변경, 기한 연장 등 부수적 사항의 변경은 경개가 아니라 기존 채무의 유지 아래 내용만 변경된 것으로 본다.

6. 면제

면제는 채권자가 채무자에게 무상으로 채무를 소멸시키는 의사표시를 하는 단독행위이다(민 506조). 예를 들어 A가 B에게 "그 채무는 이행하지 않아도 된다"는 취지의 의사표시를 한 경우가 이에 해당한다. 다만, 해당 채권에 대하여 정당한 이익을 가지는 제3자가 있는 때에는 그 제3자에게 대항할 수 없다(민 506조). 여기서 정당한 이익을 가진 제3자는 해당 채권을 담보로 보유하거나 해당 채권에 기초한 권리를 가진 자를 말한다. 예컨대 그 채권에 질권이 설정되어 있는 경우 질권자의 담보권을 침해할 수 없고, 보증인이 변제하여 구상권을 취득한 경우에도 그 구상권을 해할 수 없다. 이는 제3자의 권리보호를 통한 거래질서 유지라는 정책적 목적에 기초한다.

7. 혼동

혼동은 채권과 채무가 동일인에게 귀속하여 채권이 자기 자신에게 향하는 상태가 되는 경우를 말한다(민 507조). 예컨대 채무자 A가 자신에 대한 채권을 양수하면, 채권과 채무가 동일인에게 귀속되어 혼동으로 인해 소멸한다. 그런데 이 채권에 질권이 설정되어 있다면? 이때는 혼동이 발생하더라도 질권자의 담보권이 우선 보호되어 채권은 소멸하지 않는다(민 507조). 이는 담보권자의 권리를 보호하기 위한 규정이다.

제3관 계 약 법

Ⅰ. 계약총론

1. 계약의 의의

계약은 어떻게 성립할까? 핵심은 "의사표시의 합치"이다. 즉, 계약이란 당사자 간 대립적·교환적인 의사표시의 합치로 성립하는 법률행위이다. 청약과 승낙이라는 의사표시가 서로 일치하여 하나의 법률효과(채권의 발생)를 만들어내는 것이다. 예를 들어, A가 B에게 자동차를 매도하겠다고 하고 B가 이를 매수하겠다고 응하면, 두 사람 사이에 매매계약이 성립한다.

민법은 계약의 성질과 법적 효과를 명확히 하기 위해 여러 기준에 따라 계약을 유형화하고 있다. 계약은 사회적 교환질서의 법적 기반이며, 민법은 이를 여러 유형으로 체계화하면서도 사적 자치의 원칙 아래 자유로운 계약관계를 보장하고 있다. 계약법은 "계약의 자유와 형평의 조화"를 통해 거래의 신뢰와 법적 안정성을 실현하려는 법질서의 중심축이다. 그렇다면 계약의 종류는 어떤 기준으로 나뉠까? 다음에서는 계약의 유형을 살펴본다.

(1) 전형계약과 비전형계약

전형계약은 민법이 명문으로 규정한 15개의 계약(매매, 임대차, 위임 등)을 말한다. 이들은 사회생활에서 자주 사용되는 계약유형으로, 법이 그 기본 구조와 법률효과를 정형화해 둔 것이다.

이에 비해 비전형계약(무명계약)은 법에 명문의 규정이 없는 계약을 말한다. 민법 제105조는 사적 자치의 원칙을 선언하여, 당사자가 전형계약의 범주를 벗어나 새로운 계약을 자유롭게 창조할 수 있음을 인정한다.

(2) 낙성계약과 요물계약

낙성계약은 단순히 의사표시의 합치만으로 효력이 발생하는 계약이다. 매매, 임대차 등이 이에 해당한다.

반면 요물계약은 단순한 합의만으로는 부족하고, 물건의 인도 등 현실적 급부가 있어야 성립한다. 민법상 요물계약은 현상광고(민 675조)가 유일하다. 예컨대 "분실견을 찾아오면 사례금 100만 원을 지급하겠다"는 취지의 광고는 실제로 분실견을 찾아오는 행위가 완료되어야 계약이 성립한다.

(3) 불요식계약과 요식계약

불요식계약은 법정 형식 없이 청약과 승낙만으로 성립하는 계약이다. 민법상 대부분의 전형계약은 불요식계약이다.

반면 요식계약은 유효하게 성립하기 위해 법이 정한 형식을 요구한다. 대표적으로 보증계약은 반드시 서면으로 체결해야 효력이 있다(민 428조의2). 이는 경솔한 보증을 방지하고 거래의 안전을 확보하기 위한 입법적 장치이다.

(4) 쌍무계약과 편무계약

쌍무계약은 쌍방이 서로 대가적 의미를 갖는 채무를 부담하는 계약이다. 매매나 임대차처럼 일방 당사자의 급부가 상대방의 급부의 대가가 되는 관계이다. 편무계약은 일방 당사자만 채무를 부담하는 계약으로, 증여가 그 대표적 예이다.

쌍무계약에서는 각 채무가 서로 연관되어 의존적 관계를 가지며, 이를 견련성이라 한다. 견련성은 세 단계에서 나타난다.

- 성립상의 견련성 – 한쪽 채무가 성립하지 않으면 다른 쪽도 성립하지 않는다.
- 이행상의 견련성 – 일방이 이행하지 않으면 상대방도 이행을 거절할 수 있다. 이를 동시이행의 항변권이라고 한다(민 536조). 예컨대, 물건의 매도인이 이를 인도하지 않으면 매수인이 대금 지급을 거절할 수 있다.
- 존속상의 견련성(위험부담) – 일방의 채무가 이행불능이 되면 상대방 채무의 존속 여부가 문제된다. 이행불능이 된 채무를 부담하는 자는 상대방에게 대가관계에 있는 채무의 이행을 청구할 수 없다면, 이는 채무자가 위험을 부담하는 경우이고, 반대로 청구할 수 있다면 채권자가 위험을 부담하는 경우이다.

우리 민법은 쌍방당사자의 귀책사유가 없는 경우 채무자위험부담주의를 채택하고 있으므로, 이행불능이 된 채무를 부담하는 자는 상대방 채무의 이행을 청구할 수 없다(민 537조). 다만, 채권자에게 귀책사유가 있는 경우에는 채권자위험부담주의를 택하여, 채무자가 상대방 채무의 이행을 청구할 수 있다(민 538조).

예컨대 A가 B에게 물건을 매도하기로 했는데, 물건의 인도 전에 A의 귀책사유 없이 물건이 멸실되어 물건인도채무가 이행불능이 된 경우, 그 채무자인 A는 B에게 대금을 청구할 수 있을까? 이 경우 채무자위험부담주의에 따라서 A는 B에게 대금을 청구할 수 없다. 다만, 물건의 멸실이 B의 귀책사유로 인한 경우에는, 채권자위험부담주의에 따라 A는 여전히 대금을 청구할 수 있다.

(5) 유상계약과 무상계약

유상계약은 쌍방이 경제적 대가를 주고받는 계약으로, 매매·교환·임대차 등이 이에 속한다. 무상계약은 당사자 일방만 재산상 손실을 부담하는 계약으로,

증여가 그 대표적 예이다.

유상계약에서는 급부와 반대급부의 균형을 확보하기 위해 담보책임제도가 적용된다. 예컨대 매매계약에서 매도인의 담보책임(민 570조 이하)은 계약의 공평을 보장하기 위한 장치이며, 이 규정은 다른 유상계약에도 준용된다(민 567조).

(6) 일시적 계약과 계속적 계약

일시적 계약은 한 번의 급부로 계약이 완결되는 형태로, 매매나 도급이 이에 해당한다. 반면 계속적 계약은 일정 기간 동안 반복적·지속적으로 급부가 이루어지는 계약으로, 임대차·고용이 대표적이다.

이 구분은 계약위반 시 인정되는 구제수단의 차이로 이어진다. 일시적 계약에는 해제가, 계속적 계약에는 해지가 적용된다. 즉, 계약상 급부의 시간적 성격이 위반의 법적 효과를 좌우한다. 계속적 계약에서 분쟁이 발생하면, 이미 이행된 부분까지 소급하여 소멸시켜야 할까? 그렇지 않다. 예를 들어 임차인이 계약의무를 위반한 경우, 임대인은 이미 이행된 사용·수익 부분은 존치하고, 장래를 향하여 계약을 종료시키는 해지를 선택할 수 있다.

(7) 자기를 위한 계약과 제3자를 위한 계약

자기를 위한 계약은 계약당사자 자신이 직접 권리를 취득하는 일반적 형태이다. 이에 비해 제3자를 위한 계약은 제3자가 직접 채권을 취득하게 하는 특수한 계약이다(민 539조).

예를 들어, A(요약자)가 B(채무자)와 계약하면서 "B는 C에게 직접 1천만 원을 지급한다"고 정한 경우, C(수익자)는 계약의 당사자는 아니지만 직접 채권을 취득한다. 그렇다면 당사자가 아닌 제3자가 권리를 취득하는 순간은 언제일까? C의 권리가 확정되려면 C의 수익의 의사표시가 필요하며(민 539조), 일단 표시가 있으면 A와 B는 이를 임의로 변경하거나 철회할 수 없다(민 541조).

한편, 채무자는 자신의 채무가 기본적으로 요약자와의 계약관계에 기초한 것이므로, 그 계약관계로부터 발생한 항변을 수익자에게도 그대로 주장할 수 있다(민 542조).

2. 계약의 성립

계약은 청약과 승낙이 서로 합치함으로써 성립한다. 청약은 상대방이 승낙하면 계약이 바로 성립하도록 하는 구속력 있는 의사표시이고, 승낙은 그 청약에 동의하여 계약을 완성하려는 의사표시이다. 예컨대 A가 "이 자동차를 1천만 원에 팔겠다"고 제안하고, B가 "좋습니다"라고 응답하면, 두 사람 사이에 매매계약이 성립한다.

(1) 청약

청약은 상대방에게 도달한 이상 임의로 철회할 수 없는 구속력 있는 의사표시이다(민 527조). 다만 도달 전에 철회통지가 먼저 도달하면 철회가 가능하다.

청약과 혼동되기 쉬운 개념이 청약의 유인이다. 이는 상대방으로 하여금 청약하도록 유도하는 행위로, 일반광고·카탈로그·구인공고 등이 이에 해당한다. 따라서 구인광고를 보고 지원서를 제출한 경우, 이는 기존 청약의 승낙이 아니라 지원자의 새로운 청약이다.

(2) 승낙

승낙은 청약의 내용에 대한 무조건적 동의여야 한다. 만약 내용의 일부를 변경하거나 조건을 붙이면, 이는 새로운 청약으로 본다(민 534조). 예컨대 "1천만 원에는 못 사고 900만 원이면 사겠다"는 새로운 청약이다.

또한 승낙은 청약의 효력이 존속하는 동안에 도달해야 한다(민 528조~529조). 청약의 효력은 승낙기간이 정해진 경우 그 기간 동안, 승낙기간이 정해지지 않은 경우는 사회통념상 상당한 기간 동안 존속된다.

(3) 계약의 성립시기

원칙적으로 승낙이 도달한 때 계약이 성립한다(도달주의). 다만 격지자 간 거래에서는 승낙의 통지를 발송한 때 계약이 성립한다(민 531조). 이는 거래의 신속성을 보장하기 위해서이다. 예를 들면 우편으로 승낙서를 발송한 순간 성립한다(발신주의). 그러나 승낙이 상대방에게 도달하지 않으면 계약은 처음부터 효력을 잃는다. 이는 거래의 신속성과 상대방 보호를 균형 있게 조정한 것이다.

한편, 청약자의 의사나 거래관습에 비추어 승낙 통지가 불요한 경우, 승낙의 행위만으로 계약이 성립한다(민 532조). 유료주차장에 주차하는 행위가 그 예이다.

(4) 계약체결상의 과실

계약이 성립하기 이전 단계에서도, 상대방에게 손해를 끼친 경우 법은 일정한 책임을 인정한다. 예컨대 A가 존재하지 않는 건물을 B에게 매도한 경우, 계약은 처음부터 이행이 불가능하므로 무효이다. 이때 A가 그 불능을 알았거나 알 수 있었던 때에는, B가 계약이 유효할 것이라고 믿고 입은 신뢰이익 손해를 배상해야 한다(민 535조). 왜 계약이 성립하지 않아도 책임을 지울까? 이는 계약 체결을 전제로 상대방에게 신뢰를 형성해 놓고, 그 신뢰를 저버린 경우까지 아무런 책임을 지지 않게 하면 거래의 공정과 신뢰가 훼손되기 때문이다. 계약체결상의 과실은 사적 자치가 신의성실의 원칙에 의해 일정한 한계를 가진다는 점을 보여준다.

3. 계약이 해제·해지

해제와 해지는 모두 채무불이행 시 계약의 효력을 소멸시키는 제도이지만, 양자의 효과에는 명확한 구별이 있다. 즉, 해제는 계약을 체결 이전의 상태로 되돌리는 제도인 반면, 해지는 이미 형성된 계약관계를 유지한 채 장래에 대해서만 이를 종료시키는 제도이다.

해제는 일시적 계약(매매·도급 등)에 적용되어 소급효를 가진다. 즉, 계약이 처음부터 존재하지 않았던 것과 같은 상태가 되어 원상회복의무가 발생한다. 해지는 계속적 계약(임대차·고용 등)에 적용되어 장래효를 가진다. 즉, 이미 이행된 부분은 그대로 존속시키고 장래를 향해서만 계약의 효력이 소멸한다. 그렇다면 임대차계약에서 임차인이 채무불이행을 했다면 어떻게 될까? 해지를 하게 되면, 이미 경과한 기간에 대응하는 차임은 반환되지 않으나, 아직 경과하지 않은 기간에 대한 차임은 반환되어야 하며, 계약은 장래를 향하여 종료된다.

이 부분의 구체적 내용은 이미 채무불이행의 효과에서 살펴보았으므로, 여기서는 중복을 피하기 위해 상세한 설명은 생략한다. 다만 요약하면, “해제는 계약의 효력을 소급적으로 소멸시키는 제도”, “해지는 계약의 효력을 장래를 향하여 소멸시키는 제도”라는 점이 핵심적 구별이다.

Ⅱ. 계약각론

민법은 생활상 빈번하게 이루어지는 계약들을 15개 전형계약으로 규정하고 그 기본 구조와 법률효과를 체계화하고 있다. 전형계약은 유형에 따라 서로 다른 법리가 적용되므로, 계약의 정확한 이해를 위해서는 각 계약의 성질과 효과를 구별할 필요가 있다. 아래에서는 각 계약이 무엇을 목적으로 하고, 어떠한 법적 특징을 가지는지 살펴본다.

1. 증여

증여는 증여자가 수증자에게 무상으로 재산을 이전하는 계약이다(민 554조). 무상성을 본질로 하므로, 수증자의 배은행위가 있는 경우에는 계약 성립 후에도 해제가 가능하다(민 556조). 이는 사회적 관계 속에서 자발적 재산 이전이 가지는 경제적 · 윤리적 의미를 반영한 것이다. 구두 합의도 가능하지만, 서면으로 하지 않으면 각 당사자가 자유로이 해제할 수 있으므로(민 555조) 실제로는 서면으로 계약 내용을 확정하는 경우가 많다.

2. 매매

매매는 재산권의 이전과 대금지급이라는 대가적 교환관계를 내용으로 하는 계약이다(민 563조). 가장 기본적인 유상 · 쌍무계약이며, 물건 또는 권리의 하자에 대한 담보책임이 핵심 쟁점이다(민 569조 이하). 예컨대 매도인이 타인의 물건을 매도한 경우에는 어떻게 될까? 이때 매수인은 계약을 해제하고 손해배상을 청구할 수 있다(민 569조~570조). 매매는 교환경제의 기반을 이루므로, 법은 거래 안정성과 신뢰를 보호하는 방향으로 이를 규율하고 있다.

3. 교환

교환은 금전이 아닌 재산권의 상호 이전을 내용으로 하는 계약이다(민 596조). 매매와 유사하지만, 대금 대신 다른 재산권을 대가로 한다는 점에서 구별된다. 예를 들어 토지와 토지를 서로 상대방에게 이전하기로 하는 경우가 교환에 해당한다. 이때 각 재산권의 가치가 상이하다면 그 차액을 정산할 수 있고, 담보책임에 관해서는 매매에 관한 규정을 준용한다(민 598조).

4. 소비대차

소비대차는 금전 등 대체물의 소유권을 이전하고, 차주가 동일 종류 및 동일 수량으로 반환하는 계약이다(민 598조). 금융거래의 기본 구조를 이루는 계약 유형으로서, 차주는 목적물을 소비할 수 있고, 반환 시에는 동종·동량의 다른 물건을 반환한다. 원물 자체를 돌려주는 것이 아니라 동일한 종류·수량의 물건을 돌려준다는 점에서 다른 대차와 구별된다.

5. 사용대차

사용대차는 목적물을 무상으로 사용·수익하게 하고, 원물 자체를 반환받는 계약이다(민 609조). 차주는 계약 또는 목적물의 성질에 의하여 정해진 용법에 따라 사용해야 하고, 이를 위반한 경우에는 해지 및 손해배상책임이 발생할 수 있다(민 610조·617조). 무상계약이라는 점에서 차주에게 부과되는 주의의무는 통상 유상계약보다 완화된다.

6. 임대차

임대차는 목적물을 사용·수익하게 하고, 임차인이 차임을 지급하는 계약이다(민 618조). 사용대차와 기본적인 구성은 유사하나, 대가(차임)의 지급 여부에서 차이가 있다. 임차권은 채권이므로, 원칙적으로 목적물의 소유자가 변경되면 새로운 소유자에게 대항할 수 없다. 다만 부동산 임대차의 경우 임대차계약을 등기하면 제3자에게 대항할 수 있으며(민 621조), 이는 임차인의 거주 안정성과 거래 안전을 함께 도모하기 위한 장치이다.

7. 고용

고용은 근로를 제공하고 보수를 지급받는 계약이다(민 655조). 노무가 사용자의 지휘·감독 아래에서 제공된다는 점에서, 결과의 완성을 목적으로 하는 도급계약과 구별된다. 근로의 내용과 조건이 인격적·사회적 보호의 필요성과 밀접하게 연관되므로, 노동법과의 조화로운 해석이 중요한 영역이다.

8. 도급

도급은 일(결과)의 완성을 목적으로 하는 계약이다(민 664조). 건설공사, 소프트웨어 개발 등에서 전형적으로 나타나는 형태이다. 수급인은 일반적으로 업무 수행 방법을 스스로 결정할 수 있을 정도로 독립성이 크며, 다만 완성된 목적물에 하자가 있는 경우 하자담보책임이 문제된다(민 667조 이하).

9. 여행계약

여행계약은 여행주최자가 운송·숙박 등 여행에 필요한 복합적인 서비스를 제공하고, 여행자가 이에 대한 대가를 지급하는 계약이다(민 674조의2). 여행자는 단일한 서비스가 아니라 전체 여행과정에 대한 안전하고 적정한 제공을 기대하므로, 여행주최자는 예견가능한 위험에 대하여 상당한 방지조치를 취할 의무를 부담한다. 이 점에서 여행계약은 단순 운송계약이나 단순 숙박계약과 구별되는 종합서비스 계약의 성격을 가진다.

10. 현상광고

현상광고는 일정한 행위를 완수한 자에게 보수를 지급한다는 내용을 공시하고, 그 행위를 실제로 완수한 자가 있을 때 보수청구권이 발생하는 계약이다(민 675조). 분실물의 반환에 대한 사례금 지급 약속이 전형적인 예이다. 불특정 다수를 상대로 한 일방적 의사표시이지만, 행위의 완성을 전제로 채권이 발생한다는 점에서 계약이다. 행위의 완료가 권리발생의 요건이므로 요물계약적 성질을 가진다.

11. 위임

위임은 위임인이 수임인에게 일정한 사무의 처리를 위탁하고, 수임인이 이를 승낙함으로써 성립하는 계약이다(민 680조). 수임인은 위임의 본지(본래 취지)에 따라 선량한 관리자의 주의로 사무를 처리해야 하며(민 681조), 원칙적으로 제3자에게 그 처리를 맡길 수 없다(민 682조). 위임계약은 당사자 사이의 신뢰관계를 기초로 하므로, 변호사·세무사·공인회계사 등 전문직과의 법률관계에서 대표적으로 활용된다.

12. 임치

임치는 물건 보관을 목적으로 하는 계약이다(민 693조). 임치인은 물건을 수치인에게 맡기고, 수치인은 이를 보관하였다가 반환할 의무를 부담한다. 무상임치의 경우 수치인은 자기재산을 보관하는 정도의 주의의무를 부담하면 족하나(민 695조), 유상임치에서는 선량한 관리자의 주의의무가 요구된다. 물건의 분실·훼손이 발생한 경우 수치인의 주의의무 위반 여부가 책임 인정의 기준이 된다.

13. 조합

조합은 두 사람 이상이 출자하여 공동으로 사업을 영위하기로 약정함으로써 성립하는 계약이다(민 703조). 출자는 금전뿐 아니라 물건이나 노무로도 가능하며, 조합재산은 조합원 전원에게 합유의 형태로 귀속한다(민 703조~704조). 합유에 관해서는 물권법의 공동소유 부분에서 살펴보기로 한다. 조합은 법인격이 없으므로, 조합업무에 관한 법률행위는 원칙적으로 조합원 전원의 명의로 하여야 한다. 실무에서는 조합원들이 업무집행자를 선임하여 대외적으로 사무를 처리하도록 하는 것이 일반적이다(민 709조). 조합채무에 대해서는 조합원 전원이 무한책임을 지고(민 712조), 손익분배비율은 약정이 없으면 출자가액의 비례로 정한다(민 711조).

14. 종신정기금

종신정기금계약은 일정한 사람의 생존기간 동안 정기적인 급부를 제공하기로 약정하는 계약이다(민 725조). 생존기간이 불확정하다는 점에서 위험부담의 요소가 특징적이며, 생활보장이나 장기적 부양을 목적으로 활용될 수 있다. 급부내용과 대가관계에 따라 유상·무상이 모두 가능하다.

15. 화해

화해는 당사자가 서로 양보하여 분쟁을 종결하기로 약정하는 계약이다(민 731조). 화해가 성립하면 종전의 권리관계에 대한 다툼은 원칙적으로 소멸하고, 화해 내용에 따라 새로이 권리관계가 정해진다(민 732조). 따라서 화해계약은 기존 권리관계를 확정적으로 정리하고, 이후에는 그 내용에 구속되도록 하는 기능을 가진다.

제4관 법정채권

계약은 당사자의 의사표시에 의해 성립하지만, 현실 사회에서는 계약이 없음에도 권리와 의무의 조정이 요구되는 상황이 적지 않다. 이러한 영역에서 민법은 공평과 정의의 원칙에 따라 법률이 직접 채권을 창설하는 방식을 취하며, 이를 "법정채권"이라 한다.

법정채권 중에서도 사무관리, 부당이득, 불법행위는 서로 다른 관점에서 정의와 형평을 구현하는 대표적 제도이다. 사무관리는 타인을 위한 선의의 개입을 보호하고, 부당이득은 정당한 원인 없는 이익을 회수하여 이익 귀속의 형평을 유지하며, 불법행위는 위법한 침해로 발생한 손해를 가해자와 피해자 사이에 공평하게 부담시키는 기능을 담당한다. 즉, 사적 자치가 미치지 못하는 영역에서 법이 직접 개입하여 정의를 구현하는 세 가지 축이라 할 수 있다.

Ⅰ. 사무관리

사무관리는 타인의 사무를 법률상 또는 계약상 의무 없이 처리한 경우 그 처리행위에 법이 일정한 법률효과를 부여하는 제도이다(민 734조). 누군가 타인을 돕는 과정에서 발생한 경제적 부담을 스스로 모두 부담하는 것은 정의와 형평에 반하기 때문에, 민법은 이러한 선의의 개입을 보호하기 위한 장치를 마련해 두고 있다. 예컨대 길에서 쓰러진 사람을 병원으로 이송하고 치료비를 선지급한 행위를 생각해 보자. 양자 사이에 아무런 계약이 없어도 민법은 행인을 관리자로, 쓰러진 사람을 본인으로 보아 관리자의 본인에 대한 필요비·유익비 상환청구권을 인정한다(민 739조).

그렇다면 어떤 개입행위가 사무관리에 해당할까? 사무관리가 성립하기 위해서는 본인을 위하여 사무를 처리한다는 의식, 즉 "관리의사"가 존재해야 한다.

만약 행위자가 오로지 자기 목적을 위해 나선 것이라면 사무관리로 볼 수 없다. 또한 본인이 개입을 거부하고 있음에도 행하여진 경우에는 선의의 개입이라 하더라도 법적 보호를 기대하기 어렵고, 오히려 손해배상 문제를 일으킬 수도 있다(민 737조). 더 나아가 관리자는 본인이 스스로 사무를 처리할 수 있는 상황이 되면 임의로 더 이상 개입을 계속할 수 없으며, 그 의사를 존중해야 한다(민 737조).

결국 사무관리는 타인을 위한 자발적 개입 자체에 법적 가치를 부여하면서, 그로 인한 부담을 공평하게 배분하는 제도이다. 이는 그로 인한 부담을 공평하게 조정함으로써 이익의 공평한 분배를 통해 사회 공동체 내의 선의의 행위를 뒷받침한다는 점에서 의의가 있다.

Ⅱ. 부당이득

부당이득은 정당한 법률상 원인 없이 타인의 재산 또는 노무로 이익을 얻은 경우, 그 이익을 반환하게 하는 제도이다(민 741조). 이는 우연이나 오류, 또는 위법한 상태를 통해 발생한 이익이 특정인에게 부당하게 귀속되는 것을 방지하고, 경제적 형평을 회복하려는 취지에서 마련된 장치이다.

예컨대 무효인 계약을 원인으로 A가 B에게 재산을 이전한 경우, B는 그 이익을 계속 보유할 정당한 근거를 갖지 못하므로 반환하여야 한다. 반환방법은 원물반환을 원칙으로 하되, 불가능한 경우에는 가액으로 반환한다(민 747조). 이때 선의의 수익자는 현존이익 한도에서만 책임을 지지만, 악의의 수익자는 이익뿐 아니라 이자와 손해까지 배상해야 한다(민 748조). 이는 채무자 보호와 책임 가중 간의 균형을 고려한 것이다.

부당이득에는 미묘한 조정이 요구되는 특수유형도 존재한다. 존재하지 않는 채무를 변제한 경우, 즉 비채변제는 원칙적으로 반환이 인정된다. 다만 변제자가 채무의 부존재를 알면서도 지급한 경우에는 법률관계를 불안하게 할 우려가 있어 반환이 제한된다(민 742조). 또한 기한 없는 채무를 착오로 기한 전에 변제한 경우에는 반환을 인정하지만, 임의로 기한 전에 지급한 경우에는 반환을 제한한다(민 743조). 이는 채권법적 안정성과 공평의 조화를 도모한 규정이다.

불법원인급여는 반환이 부정되는 특수한 영역이다(민 746조). 불법한 목적을 위하여 제공된 이익에 대하여 법이 반환을 인정한다면, 결과적으로 불법행위를 조장할 우려가 있기 때문이다. 예컨대 불륜의 대가로 제공한 금전은 반환을 청구할 수 없다. 그러나 불법의 원인이 수익자에게만 있는 경우에는 예외적으로 반환을 인정하여(민 746조), 형평의 최종적인 조정자로서 법의 기능을 유지한다.

Ⅲ. 불법행위

불법행위란 고의 또는 과실로 위법하게 타인에게 손해를 가한 경우, 그 손해를 배상시키는 제도이다(민 750조). 이는 법질서의 근본원칙인 타인 불가침의 원칙을 구체화하고, 손해의 공평한 부담을 실현하기 위한 법적 장치이다. 예컨대 운전자가 과실로 보행자에게 상해를 입힌 경우, 비록 계약관계가 없더라도 피해자는 가해자에 대해 손해배상을 청구할 수 있다. 이처럼 불법행위는 계약 외의 손해발생에 대한 책임을 규율하는 전형적 법정채권이다.

불법행위는 계약관계와 병존할 수도 있다. 예컨대 임차인이 고의 또는 과실로 임차물을 훼손한 경우, 그는 임대차계약에 따른 채무불이행의 책임뿐만 아니라 별도로 불법행위의 책임도 부담한다. 같은 사실관계로 두 책임이 청구권경합을 이루는 것이다. 판례는 피해자의 구제 가능성을 넓히기 위해 양자의 병존을 허용한다.

그렇다면 어떤 경우에 불법행위가 성립하는가? 위법한 가해행위로 손해가 발생하고, 그 사이에 상당한 인과관계가 있으며, 가해자에게 고의 또는 과실이 존재하고, 나아가 일정한 책임능력이 요구된다(민 750조 · 753조 · 754조). 여기서 책임능력은 행위자가 자신의 행위 결과를 인식하고 이를 통제할 수 있는 능력을 의미한다. 책임능력이 없는 자에게까지 책임을 부과하는 것은 형평에 반한다는 점에서 요구되는 요건이다. 다만 모든 침해행위가 위법한 것은 아니다. 긴급한 위험 속에서 자신 또는 타인을 보호하기 위한 정당방위나 자구행위는 법이 허용하는 영역으로서 위법성이 조각된다(민 761조).

피해자에게도 손해 발생에 일정한 과실이 있다면, 책임은 어떻게 배분되어야 할까? 이 경우에는 과실상계를 통해 전체 손해액 중 피해자의 과실을 반영하여 책임을 조정한다(민 396조). 손해배상청구권의 내용 · 범위는 채무불이행책임에 관한 규정을 준용하며(민 763조), 통상손해와 특별손해의 구별, 손익상계, 대위 등 일반 원칙이 동일하게 적용된다. 또한 민법은 재산적 손해뿐 아니라 정신적 고통에 대한 위자료 배상도 인정함으로써(민 751조), 피해자의 인격적 법익 또한 보호하고 있다.

손해배상청구권은 권리 위에 잠자는 자를 보호하지 않는다. 피해자가 손해와 가해자를 안 날로부터 3년, 또는 불법행위를 한 날로부터 10년이 지나면 시효로 소멸한다(민 766조). 이는 권리행사의 가능성과 법적 안정성의 조화를 도모하는 한계 설정이다.

오늘날 손해는 단일한 가해자와 피해자만의 문제에 그치지 않는다. 책임무능력자를 적절히 감독하지 못하여 손해가 발생한 경우에는 감독의무자가 책임을 지게 되고(민 755조), 피용자가 사무집행 중 제3자에게 손해를 가한 경우에는 피용자에 대한 지휘감독권한을 가진 사용자에게도 배상책임이 부과된다(민 756조). 전자가 감독자책임이고, 후자가 사용자책임이다. 나아가 여러 사람이 공동으로 손해를 가한 경우에는 공동불법행위자로서 연대책임을 부담하여, 피해자는 그 중 누구에게든 전부 배상을 청구할 수 있다(민 760조). 이러한 특수책임들은 피해자 보호의 실효성을 높이면서 책임의 공평한 분배를 함께 도모하려는 정책적 조정으로 이해된다.

결국 사무관리와 부당이득이 비용과 이익의 정당한 귀속을 조정하는 제도라면, 불법행위는 손해의 공평한 부담을 실현하는 제도라 할 수 있다. 세 제도는 모두 계약이라는 틀이 작동하지 않는 영역에서 법질서의 정의를 실현하며, 사적자치의 한계를 보완하는 중요한 기능을 담당한다.

제5절 물 권 법

제1관 총 설

Ⅰ. 물권법의 의의

민법의 재산법 영역은 채권법과 물권법으로 구성되는데, 그 중 물권법은 민법 제2편(민 185조~372조)에 규율되어 있다. 물권법은 물건에 대한 배타적 지배관계를 대상으로 하며, 이러한 지배관계는 당사자 사이에 그치는 것이 아니라 사회 전체에 의해 인정되고 존중되어야 한다.

이로 인해 물권법에서는 강행규정이 중심을 이루며, 물권관계는 당사자의 의사에 따라 임의로 변경할 수 없다. 물권의 종류와 내용 또한 법률이 정한 범위 내에서만 형성될 수 있다. 이 점에서 사적 자치를 기초로 하여 당사자 간의 합의를 폭넓게 허용하는 채권법과 뚜렷이 구별된다. 결국 물권법은 누가 어떤 물건을, 어떤 범위에서 배타적으로 지배할 수 있는지를 정함으로써, 재산관계에 관한 공적 질서를 형성하는 법 영역이라 할 수 있다. 이러한 성격은 물권의 효력이 당사자 간을 넘어 제3자에게까지 미치는 절대권이라는 점에서 비롯된다.

Ⅱ. 물권의 의의

1. 물권의 개념 및 유형

물권이란 물건을 직접적·배타적으로 지배하고, 그 지배를 모든 사람에 대하여 주장할 수 있는 권리를 말한다. 즉, 타인의 협력 없이(직접성), 제3자를 배제하며(배타성), 누구에게나 주장되는(절대성) 권리라는 점에서 재산권의 핵심을 이룬다.

물권의 객체는 원칙적으로 물건이지만, 예외적으로 권리도 객체가 될 수 있다. 예컨대 타인의 채권을 담보로 하는 권리질권(민 345조)은 물건이 아닌 채권을 대상으로 한다. 다만 물권이 성립하려면 그 객체가 확정되고 독립된 존재여야 하며, 하나의 물건에 내용상 양립할 수 없는 물권이 복수로 존재할 수 없다는 일물일권주의가 적용된다. 즉, 하나의 토지 위에 둘 이상의 소유권이 병존할 수는 없다.

또한 물권은 거래의 안전과 법질서의 통일을 위해 법률에 의해서만 창설될 수 있다. 이를 물권법정주의라 하며, 민법 제185조가 그 근거이다. 즉, 물권은 법률 또는 관습법에 의하는 외에는 임의로 창설하지 못한다. 민법은 이에 따라 점유권·소유권·지상권·지역권·전세권·유치권·질권·저당권이라는 여덟 가지 물권을 규정한다.

물권은 지배의 성격에 따라 두 가지로 나뉜다.

- **점유권** – 물건을 사실상 지배하는 자에게 인정되는 권리로, 실제로 지배할 법적 권한이 있는지는 불문한다.
- **본권** – 물건을 지배할 법적 권한이 있는 권리로, 소유권과 각종 제한물권이 여기에 속한다.

본권 중 소유권은 물건의 사용·수익·처분 등 가치를 전면적으로 지배할 수 있는 권리이고, 제한물권은 그 중 일부만을 지배할 수 있는 권리이다.

제한물권은 다시 목적에 따라 두 가지로 구분된다.

- **용익물권** – 물건의 사용·수익가치를 지배하는 권리(예: 지상권·지역권·전세권)
- **담보물권** – 물건의 교환가치를 지배하는 권리(예: 유치권·질권·저당권)

2. 물권의 효력

(1) 우선적 효력

물권은 본질적으로 배타적 효력을 가지므로, 동일한 물건 위에 상충되는 물권은 병존할 수 없다. 다만, 내용상 양립이 가능한 물권은 함께 존재할 수 있다. 예컨대 소유권과 전세권은 같은 부동산 위에 병존할 수 있으나, 소유권은 전세권이라는 제한물권의 범위 내에서 제한을 받는다. 이 외에는 시간적으로 먼저 성립한 물권이 나중의 물권보다 우선한다는 선순위우선의 원칙이 적용된다. 예컨대 하나의 물건에 여러 개의 저당권이 설정된 경우 시간 순서에 따라 우선변제의 순위가 정해진다.

물권과 채권이 충돌하는 경우에는 물권이 우선한다. 예를 들어 A가 부동산을 B와 C에게 이중으로 매도하고, B에게 먼저 소유권이전등기를 마친 경우, C는 단지 A에 대한 채권(소유권이전청구권)만 가질 뿐, 이미 소유권자가 된 B에게는 아무런 권리를 주장할 수 없다. 이는 물권의 절대적 효력을 잘 보여주는 대표적 사례이다.

(2) 물권적 청구권

만약 물권침해를 받더라도 아무런 청구권이 인정되지 않는다면, 물권을 절대적 지배권이라 부를 수 있을까? 물권적 청구권은 이 질문에 대한 해결 방식이다. 물권적 청구권이란 물권의 내용이 침해되었거나 침해될 우려가 있을 때, 물권자가 침해자에게 그 제거 또는 예방을 청구할 수 있는 권리를 말한다. 물권적 청구권은 점유권, 소유권을 포함한 모든 종류의 물권에 인정된다. 물권적 청구권의 유형은 다음과 같다.

- **반환청구권** – 침탈 시 반환을 요구하는 권리
- **방해제거청구권** – 현재의 방해를 제거하도록 요구하는 권리
- **방해예방청구권** – 장래의 방해를 예방하기 위한 권리

예를 들어 B가 A 소유의 건물을 무단 점유한 경우, A는 소유권에 기한 반환청구권을 행사하여 그 건물의 반환을 요구할 수 있다. 이처럼 물권적 청구권은 물권의 본질적 속성인 절대성과 직접성을 실질적으로 관철시켜주는 보호수단이다.

제2관 물권의 변동

Ⅰ. 의의

물권의 변동이란 물권이 새로 발생하거나, 변경되거나, 소멸하는 것을 말한다. 예를 들어 A가 자신의 부동산을 B에게 매도하여 소유권이 이전되는 경우가 그 대표적 예이다.

물권은 그 배타적 성격 때문에, 누가 어떤 물건에 대해 권리를 가지는지를 외부에 알릴 필요가 있다. 이 기능을 담당하는 것이 바로 "공시제도"이며, 부동산은 등기, 동산은 인도(점유의 이전)를 공시방법으로 사용한다. 공시를 통해 제3자는 권리의 귀속과 내용을 객관적으로 확인할 수 있고, 이는 거래의 안전과 법적 안정성을 보장하는 핵심 장치이다.

한편, "공신의 원칙"이란 공시된 내용이 사실과 다르더라도, 그 공시를 신뢰한 자의 거래를 보호하는 원칙을 말한다. 예컨대 A가 무효인 등기를 믿고 부동산을 매수하여 등기를 마친 경우, A를 정당한 소유자로 인정하는 것이 그 취지이다.

그러나 우리 민법은 부동산에 관해서는 공신의 원칙을 인정하지 않는다. 부동산은 공시제도가 실질적 권리관계와 불일치할 가능성이 상대적으로 크고, 사회·경제적 가치가 높아 원소유자의 권리를 두텁게 보호할 필요성이 크기 때문이다. 따라서 위 사례에서 A는 진정한 소유자가 될 수 없다. 다시 말하면, 이는 부동산의 경제적 중요성과 공시제도의 불충분성을 고려하여, 형식보다 실질적 권리관계 보호를 우선시하기 때문이다. 반면, 동산의 경우에는 예외적으로 선의취득(민 249조)을 통해 공신의 원칙이 인정된다. 이는 동산의 점유가 등기와 같은 공시 기능을 대신하기 때문이다.

결국 물권변동제도는 "공시"와 "공신"의 조화를 통하여 권리질서의 명확성과 거래의 안전을 확보하려는 민법의 기본 틀이라 할 수 있다.

Ⅱ. 부동산물권의 변동

법률행위로 인한 부동산물권의 변동은 등기를 하여야 효력이 생긴다(민 186조). 예컨대 부동산 매매의 경우 소유권이전의 등기를 해야 소유권이전의 효력이 생긴다. 이는 부동산 물권변동의 시기와 귀속을 등기라는 객관적 기준을 통해 통일적·형식적으로 판단하려는 데에 그 취지가 있다. 따라서 단순한 인도만으로는 부동산물권의 변동이 발생하지 않는다. 등기란 부동산등기부라는 공적 장부에 권리를 기재하는 절차를 말한다. 이를 통해 부동산 물권의 공시가 이루어지고, 거래의 안전과 법적 명확성이 확보된다.

다만 상속·공용징수·판결·경매 기타 법률의 규정에 의한 부동산물권의 변동은 예외적으로 등기를 요하지 않는다(민 187조). 이 경우 물권변동은 등기 없이도 효력이 발생하지만, 등기를 하지 않으면 그 권리를 처분할 수 없다. 그 이유는 상속이나 공용징수 등과 같이 물권의 귀속이 법률상 또는 객관적 사실로 명확히 결정되는 경우, 별도의 등기를 요구할 실익이 적기 때문이다. 이 경우 물권변동은 등기 없이도 효력이 발생하지만, 등기를 하지 않으면 그 권리를 처분할 수 없다(민 187조). 이는 물권의 공시를 통해 거래 상대방이 권리귀속을 명확히 알 수 있도록 하기 위함이다.

요컨대, 부동산물권의 변동은 다음과 같이 정리된다.

- 법률행위에 의한 경우 → 등기 필요
- 법률의 규정에 의한 경우 → 등기 불요(단, 처분은 제한)

Ⅲ. 동산물권의 변동

동산물권의 변동은 부동산과 달리 점유의 이전(인도)에 의해 공시된다. 법률행위로 인한 동산물권의 변동은 인도해야 효력이 생긴다(민 188조). 예컨대 동산의 매매는 인도에 의해서 소유권이전의 효력이 생긴다. 이는 부동산의 등기와 마찬가지로, 물권변동의 시기와 존부를 객관적·명확하게 확정하기 위한 제도적 장치이다. 즉, 인도가 있어야 소유권이나 기타 동산물권의 변동이 제3자에게 효력을 미친다.

동산물권변동에서 특히 중요한 제도는 선의취득이다. 이는 동산의 점유에 공신력을 부여하여 거래의 안전을 보호하는 제도이다. 즉, 외형상 소유자로 보이는 무권리자로부터 평온·공연하게 동산을 양수한 자가 선의이며 과실이 없는 경우, 비록 양도인이 진정한 소유자가 아니더라도 양수인은 즉시 소유권을 취득한다(민 249조). 다만 도품이나 유실물에 대해서는 특칙이 있다(민 250조~251조).

예를 들어, A의 시계를 임차한 B가 이를 C에게 판매하였고, C가 그 사실을 알지 못한 채 과실 없이 구입한 경우, B가 진정한 소유자가 아니더라도 C가 그 시계의 소유권을 취득한다. 이 제도는 거래의 신속성과 안전을 보장하기 위한 것이다. 이 원리는 동산질권에도 준용된다(민 343조). 따라서 질권설정자가 무권리자라 하더라도, 상대방이 선의이며 과실이 없는 경우, 그 동산에 대한 질권이 유효하게 성립한다.

결국 동산의 경우 점유가 곧 권리의 외관으로 기능하므로, 법은 거래의 안전을 중시하여 무권리자로부터의 취득을 인정한다. 이에 따라 선의취득자는 온전한 권리를 새로이 취득하고(원시취득), 종전의 권리자는 권리를 상실하게 된다.

제3관 물권의 종류별 내용

Ⅰ. 점유권

사람이 어떤 물건을 사실상 지배하고 있는 상태에 대하여 민법은 그 자체를 보호한다. 이때 인정되는 권리가 점유권이다(민 192조). 점유권은 본권의 존부를 전제로 하는 제도가 아니라, 사실상의 지배 상태를 보호함으로써 사회적 평온을 유지하려는 제도이다. 즉, 법은 우선적으로 현존하는 질서를 존중하고, 그 상태를 함부로 침해하지 못하도록 함으로써 분쟁의 확대를 방지한다. 이러한 이유로 점유자는 반드시 본권자일 필요가 없으며, 설령 점유의 취득 경위에 위법성이 있더라도 일단 점유 상태가 성립하면 점유권은 인정된다. 이는 점유자의 행위를 도덕적으로 정당화하기 위한 것이 아니라, 사실상의 질서와 사회적 안정을 보호하기 위한 법정책적 고려에 따른 것이다.

점유자는 점유물에 대해 행사하는 권리를 적법하게 보유한 것으로 추정된다(민 200조). 이를 권리추정력이라 한다. 다만, 이 추정력은 점유가 공시수단으로 작용하는 동산에 한정된다(판례). 부동산은 등기가 공시방법이므로, 단순한 점유만으로는 권리의 존재가 추정되지 않는다. 예컨대 A가 시계를 점유하고 있는 경우에는 일단 그에 대한 권리를 적법하게 보유한 것으로 추정되지만, B가 건물을 점유하고 있다는 사정만으로 그러한 추정이 인정되는 것은 아니다.

점유자는 본권의 존재 여부와 관계없이 점유 침해에 대하여 신속한 보호를 받는다. 민법은 점유의 평온을 확보하기 위하여 물권적 청구권의 일종인 점유보호청구권을 다음과 같이 인정한다.

- **점유물반환청구권**(민 204조) – 점유물을 침탈당한 경우, 반환을 청구할 수 있다.
- **점유물방해제거청구권**(민 205조) – 현재의 방해가 있는 경우, 그 제거를 청구할 수 있다.
- **점유물방해예방청구권**(민 206조) – 장래의 방해가 예상되는 경우, 그 예방을 청구할 수 있다.

예컨대 A가 건물을 점유・사용하고 있는데 B가 무단으로 침입하여 이를 침탈한 경우, A는 본권을 증명하지 않더라도 점유물반환청구권에 기하여 즉시 반환을 청구할 수 있다. 이와 같이 점유권 보호의 핵심은 본권의 존부와 무관하게 사실상의 평온한 상태를 신속히 회복시키는 데에 있다.

요컨대 점유권은 현상의 안정을 보호하는 기능을 담당하고, 본권은 법적 권리관계를 보호하는 기능을 담당한다. 점유보호청구권이 사실상 상태에 대한 신속한 보호수단이라면, 본권에 기초한 물권적 청구권은 권리관계를 최종적으로 확정하는 구제수단이라는 점에서 양자는 구별된다.

Ⅱ. 소유권

1. 의의

소유권은 물건의 가치를 전면적으로 지배할 수 있는 포괄적 권리이다. 즉, 물건을 사용하고, 수익하며, 처분할 수 있는 모든 권능을 포함한다. 이는 물권

중 가장 완전하고 기본적인 권리로서, 다른 모든 제한물권이 소유권으로부터 파생된다. 다만 현대 법제는 소유권을 절대적 권능으로만 보지 않는다. 헌법은 소유권의 행사는 공공복리에 적합해야 한다고 규정하며(헌법 23조), 이로써 소유권은 사적 이익 보호와 사회적 책임의 조화를 이루어야 한다.

소유권은 일시적으로 제한물권이 설정되어 있더라도 그 제한의 범위 안에서만 권능이 제약될 뿐, 제한이 소멸하면 본래의 지배권능을 온전히 회복한다. 또한 소유권은 존속기간의 제한이 없으며, 시효로도 소멸하지 않는다(민 162조). 이는 사유재산제의 근간으로서, 사회경제 질서 속에서 재산의 안정성과 항구성을 확보하기 위한 것이다.

결국 소유권은 "법이 인정하는 가장 완전한 지배권"으로, 한 번 적법하게 취득되면 법률상 정당한 사유 없이는 침해되거나 소멸하지 않는 절대적 권리이다.

2. 소유권이 취득

소유권은 계약(매매, 증여 등)에 의하여 이전될 수 있을 뿐만 아니라, 법률의 규정에 따라 새롭게 발생하기도 한다. 이러한 법정취득의 대표적 제도가 바로 취득시효이다.

취득시효란, 권리자가 아님에도 장기간 권리자와 같이 권리를 행사한 자에게 법이 권리를 인정하는 제도이다. 이는 단순히 사실관계를 존중하는 데 그치지 않고, 장기간의 평온한 지배상태를 법적으로 보호하여 거래의 안전과 신뢰의 보호를 도모하려는 데에 그 취지가 있다. 예컨대 A가 20년 동안 타인의 토지를 자신의 토지처럼 관리하고 재산세를 납부했다면, 법은 더 이상 이를 부정하지 않고, 현실적 소유 상태를 법적 소유로 전환하여 A를 새로운 소유자로 인정한다.

취득시효가 인정되기 위해서는 ① 자주점유(소유의 의사로 점유), ② 평온·공연한 점유(폭력·비밀에 의하지 않음), ③ 일정한 기간의 지속이 필요하다. 취득시효에는 두 가지 유형이 있다.

- **점유취득시효** – 20년간 소유의 의사로 평온·공연하게 부동산을 점유한 자는 등기함으로써 소유권을 취득한다(민 245조). 동산의 경우에는 10년(선의·무과실인 경우 5년)간 동일한 상태로 점유하면 소유권을 취득한다(민 246조).

• **등기부취득시효** – 부동산의 소유자로 등기한 자가 10년간 소유의 의사로 평온·공연하게 선의이며 과실 없이 점유한 경우, 비록 등기가 원래 무효였더라도 소유권을 취득한다(민 245조). 여기서 선의·무과실은 등기의 하자를 알지 못하였고 일반인의 주의로도 알 수 없었던 상태를 의미한다.

즉, 점유취득시효는 "점유의 사실"을 중심으로, 등기부취득시효는 "등기의 외관 + 선의무과실의 점유"를 중심으로 소유권을 인정하는 제도이다. 결국 취득시효는 장기간 형성된 사실상의 소유관계를 법적으로 확정하여 사회적 안정과 정의의 조화를 이루는 제도적 장치라 할 수 있다.

3. 공동소유

하나의 물건을 두 사람 이상이 공동으로 소유하는 것을 공동소유라 한다. 민법은 그 형태에 따라 공유·합유·총유로 구분하며, 그 성격과 권리행사 방식에서 차이를 보인다. 이 규정은 소유권뿐 아니라 다른 재산권에도 준용된다(민 278조).

(1) 공유 – 개인주의적 공동소유

공유는 공동소유자 간에 인적 결합이 없는 개인주의적 형태의 공동소유이다. 예컨대 A와 B가 C로부터 부동산을 공동으로 매수한 경우, A와 B는 그 부동산의 공유자가 된다.

공유자는 자기 지분을 가지며 그 비율은 균등한 것으로 추정된다(민 262조). 각 공유자는 자기 지분 비율에 따라 공유물 전부를 공동으로 사용·수익할 수 있다(민 263조). 지분은 자유롭게 처분할 수 있고, 언제든지 공유물의 분할을 청구할 수 있다(민 263조·268조). 다만, 다른 공유자의 동의 없이 공유물을 처분하거나 변경하지는 못한다(민 264조). 예컨대 A와 B가 공동으로 건물을 소유한 경우, A는 자신의 지분을 C에게 매도할 수 있으나, 건물 전체를 철거하거나 증축하려면 B의 동의가 필요하다. 이처럼 공유는 각자의 지분이 뚜렷하고, 독립적 권리 행사가 가능한 개인주의적 공동소유 형태이다. 이는 개인의 재산권 보호와 사적 자치 존중과 연결된다.

(2) 합유 – 조합체적 공동소유

합유는 조합재산에 대한 공동소유 형태이다(민 271조). 예컨대 조합계약(민 703조)의 일종인 동업계약을 맺은 조합원들이 영업용 부동산을 공동으로 보유하는 경우가 이에 해당한다.

합유관계에서는 지분처분의 자유와 분할청구권이 제한되므로 단체주의적 성격이 강하다. 그러나 합유자에게는 일정한 지분이 인정되므로, 지분 개념이 없는 총유와는 구별된다. 즉, 합유물의 처분・변경에는 합유자 전원의 동의가 필요하며, 보존행위는 각자가 단독으로 할 수 있다(민 272조). 또한 합유자는 전원의 동의 없이는 지분을 처분하거나 합유물의 분할을 청구할 수 없다(민 273조).

요컨대 공유는 개인의 독립된 지분 중심, 합유는 조합체 전체의 공동목적 중심이라는 점에서 그 법적 성격이 다르다. 합유는 조합의 공동 목적을 안정적으로 유지하는데 그 취지가 있다.

(3) 총유 – 단체주의적 공동소유

총유는 법인이 아닌 사단의 공동소유이다(민 275조). 즉, 종중・동창회・향우회 등 법인격이 없는 단체가 구성원 전체의 이름으로 재산을 소유하는 경우에 해당한다. 예컨대 종중 소유의 선산이나, 동창회 명의의 기금 계좌 등이 대표적인 총유의 예이다. 따라서 총유는 구성원 개개인의 재산이라기보다, 단체의 지속적 정체성과 공동목적을 담보하는 재산형태로 이해된다.

총유물의 관리・처분은 사원총회의 결의에 의하며, 각 사원은 정관이나 규약에 따라 총유물을 사용・수익할 수 있다(민 276조). 총유에서는 개별 사원의 지분이 인정되지 않으며, 단체 전체가 하나의 법률상 소유주체로 기능한다. 총유는 단체의 지속성과 정체성을 보호하는 데 그 취지가 있다.

Ⅲ. 용익물권

용익물권은 타인의 물건을 일정한 범위에서 사용하거나 그로부터 이익을 얻을 수 있는 권리를 말한다. 즉, 소유권의 일부인 사용・수익 권능만을 분리하여 인정한 물권이다. 그렇다면 물건의 소유자는 여전히 타인인데, 어떻게 타인이 이를 자유롭게 사용할 수 있을까? 용익물권은 바로 이러한 소유와 이용의 분리를 가능하게 하여, 물건의 사용가치를 극대화하려는 법제적 장치이다.

민법상 용익물권에는 지상권, 지역권, 전세권이 있다. 이들 모두 소유자가 아닌 자에게 일정 범위의 사용권을 부여함으로써 재산의 사회적·경제적 효율성을 제고하려는 데에 그 취지가 있다.

1. 지상권

토지를 사지 않고도 그 위에 건물을 소유할 수 있을까? 이 질문에 대한 해답이 지상권이다. 지상권은 타인의 토지에 건물이나 수목, 기타 공작물을 소유하기 위하여 그 토지를 사용할 수 있는 권리이다(민 279조). 즉, 토지의 소유권을 이전받지 않더라도 일정한 목적을 위하여 그 토지를 이용할 수 있도록 하는 권리로서, 토지의 효율적 이용과 거래의 편의를 도모하려는 데 그 취지가 있다.

지상권은 통상 지상권설정계약과 등기를 통해 성립하며, 일정한 경우에는 법률의 규정에 의해 성립하기도 한다. 대표적인 예가 법정지상권이다. 예를 들어, 저당물의 경매로 인해 토지와 그 지상건물이 서로 다른 사람에게 속하게 된 경우, 즉 토지가 A에게, 건물이 B에게 귀속된 경우를 생각해보자. 이때 건물 철거를 강제하면 현저한 불공평이 발생하므로, 민법은 건물 소유자인 B에게 A의 토지를 사용할 권리, 즉 법정지상권을 인정한다(민 366조).

결국 지상권은 토지의 이용과 소유를 분리함으로써 경제적 자원의 효율적 활용을 가능하게 하는 제도이다. 따라서 토지를 소유하지 않고도 그 위에 건물을 지어 사용할 수 있게 하는 권리라는 점에서, 우리 사회의 부동산 이용질서에 핵심적인 역할을 담당한다.

2. 지역권

인접 토지 간의 형평은 어떻게 조정될까? 이 문제를 해결하는 물권이 지역권이다. 지역권은 자기의 토지의 편익을 위하여 타인의 토지를 일정한 목적에 따라 이용할 수 있는 권리이다(민 291조). 이 제도는 인접 토지 간의 이용상 불균형을 조정하고, 토지의 효용을 극대화하려는 데 그 의의가 있다.

지역권이 성립하려면 요역지(이익을 받는 토지)와 승역지(이용을 허용하는 토지)가 구별되어야 한다. 예컨대 A의 토지가 도로와 직접 접하지 않아 외부와 단절되어 있다면, A는 인접한 토지 소유자 B의 토지를 일정 범위에서 통행로로 사용할 수 있다. 이때 A의 토지는 요역지, B의 토지는 승역지가 되며, A는 지역권자로서 B의 토지를 이용할 수 있다. 이와 같은 통행지역권 외에도 배수, 수도, 전선, 조망 등의 목적을 위한 지역권이 인정된다(민 292조).

지역권은 일반적으로 지역권설정계약과 등기를 통해 성립하나, 법률에 의해 당연히 성립하는 경우도 있다. 지역권은 요역지와 결합된 부종적 권리이므로, 요역지의 소유권이 이전되면 지역권도 함께 이전된다(민 294조). 따라서 지역권은 토지에 부착된 일체적 권리로서, 독립적으로 양도할 수 없다.

결국 지역권은 인접한 토지 간의 합리적 이용관계를 법적으로 조정함으로써, 토지의 사회적 기능과 효율적 사용을 실현하는 제도이다. 따라서 지역권은 토지 이용의 형평을 보장하는 물권이라 할 수 있다.

3. 전세권

전세권은 전세금을 지급하고 타인의 부동산을 점유하여 그 용도에 따라 사용·수익할 수 있는 권리이다(민 303조). 또한 전세권자는 그 부동산 전부에 대하여 후순위권리자나 채권자보다 전세금의 우선변제를 받을 수 있다. 전세권은 본질적으로 용익물권이지만, 우선변제권이라는 담보적 기능을 함께 가지므로, 용익물권과 담보물권의 성격을 아울러 갖는 복합적 권리라 할 수 있다.

전세권은 전세권설정계약과 등기에 의해 성립하며, 등기가 없으면 제3자에게 대항할 수 없다(민 186조). 예를 들어, A가 B에게 전세금 1억 원을 지급하고 B 소유의 건물을 일정 기간 점유·사용하기로 약정하면서 전세권설정등기를 마친 경우, A는 전세권자로서 그 건물을 전세권의 범위 내에서 배타적으로 사용·수익할 수 있다. 이 상태에서 B가 해당 건물을 제3자 C에게 매도하더라도, A는 전세권을 이유로 C에게 건물의 인도를 거절하고 종전과 같이 사용·수익을 계속할 수 있다. 또한 전세권 만기 시 전세금을 반환받지 못하면, A는 그 건물에 대하여 후순위권리자나 일반채권자에 우선하여 전세금의 변제를 청구할 수 있다. 반면에, A가 전세권설정등기를 하지 않은 경우에는 그 권리는 B에 대한 채권에 불과하므로 C에게 전세권을 주장할 수 없고, 만기 시 전세금을 반환받지 못하면 우선변제권이 인정되지 않는다.

전세권의 실질은 장기임대차와 유사하지만, 단순한 채권적 관계에 머물지 않고 물권으로서의 배타성과 우선변제권을 보장한다는 점에서 중요한 차이를 가진다.

Ⅳ. 담보물권

담보물권은 채무자가 채무를 이행하지 않을 경우, 채권자가 목적물의 교환가치에서 우선적으로 채권의 만족을 얻을 수 있는 권리이다. 즉, 채무불이행에 대비하여 채권 회수를 확보하기 위한 법적 담보수단이다. 담보물권의 본질은 물건의 사용가치가 아니라 교환가치를 지배한다는 점에 있다. 용익물권이 물건의 이용을 통한 편익을 중심으로 한다면, 담보물권은 그 물건을 처분하여 얻는 경제적 가치의 확보를 목적으로 한다. 이에 따라 담보물권은 물권 중에서도 우선변제권과 물상대위성을 핵심 효력으로 한다. 여기서 물상대위성은 담보목적물이 변형되거나 그 대가가 발생한 경우에도 담보효력이 미치는 성질을 말한다.

민법상 담보물권에는 유치권, 질권, 저당권이 있다. 이들은 모두 채권의 담보를 목적으로 하지만, 유치권은 법률이 직접 인정하는 법정담보물권, 질권은 점유를 이전하여 담보를 확보하는 점유담보물권, 저당권은 점유를 이전하지 않고 효력이 발생하는 비점유담보물권이다.

결국 담보물권은 채권의 이행을 실질적으로 담보하기 위해 물권적 효력을 부여한 제도로서, 현대의 신용·금융·부동산 거래질서를 뒷받침하는 핵심 장치라 할 수 있다.

1. 유치권

유치권은 타인의 물건 또는 유가증권을 적법하게 점유한 자가 그 물건이나 유가증권과 관련하여 생긴 채권을 담보하기 위하여, 채무의 변제를 받을 때까지 인도를 거절할 수 있는 권리이다(민 320조). 즉, 채권이 아직 변제되지 않았을 때 그 목적물을 유치하여 둘 수 있는 권리이다. 예컨대 A가 B의 시계를 수선하였는데 B가 수선료를 지급하지 않은 경우, A는 그 시계를 돌려주지 않고 유치할 수 있다. 이때 A의 점유는 적법하고, 시계와 수선료채권 사이에는 직접적인 관련(견련성)이 있으므로 유치권이 성립한다.

유치권은 법률이 직접 인정하는 법정담보물권으로, 별도의 계약 없이도 요건을 충족하면 당연히 발생한다. 요건은 ① 적법한 점유, ② 피담보채권과 유치물 간의 개별적 견련성이다. 다만, 유치물은 반드시 채무자의 소유일 필요는 없으며, 제3자의 소유물이라도 위 요건을 충족하면 유치권이 성립할 수 있다.

유치권자가 가지는 핵심 권능은 인도거절권이다. 즉, 변제를 받을 때까지 점유를 계속하며 물건의 인도를 거절할 수 있다. 또한 필요시에는 법정절차에 따라 유치물을 경매해 채권의 만족을 받을 수 있다(민 322조). 다만 이는 유치권자에게 당연히 우선변제권이 부여된다는 의미는 아니다. 비록 법률상 명문의 "우선변제권"은 없으나, 실제로는 채무자가 물건을 반환받으려면 변제를 해야 하므로 사실상 우선적 지위를 가진다.

결국 유치권은 "점유를 통해 담보를 확보하는 권리"로서, 채무불이행에 대비해 채권자의 이익을 실질적으로 보호하는 기능을 한다. 다만 유치권은 적극적으로 목적물을 처분하여 즉시 우선변제를 받을 수 있는 권리가 아니므로, 소극적 성격의 담보물권으로 평가된다.

2. 질권

질권은 채무자 또는 제3자가 채무를 담보하기 위하여 목적물을 채권자에게 인도하거나 권리이전 절차를 이행함으로써 설정되는 담보물권이다(민 329조·345조). 즉, 채권자가 목적물을 점유하고 있다가 채무자가 변제하지 않으면 목적물의 가액에서 우선변제를 받을 수 있는 권리이다. 질권의 목적물은 동산 또는 재산권으로 구분되며, 이에 따라 동산질권과 권리질권으로 나뉜다. 질권은 유치권보다 강력한 우선변제효를 가지나, 동산질권에서는 목적물의 인도가 필요하고 권리질권에서는 권리이전 절차를 이행해야 한다는 점에서, 이러한 설정 요건이 없는 저당권에 비해 거래상 편의성은 낮다. 따라서 질권은 유치권과 저당권 사이에 위치하는 중간적 담보물권으로 평가된다.

(1) 동산질권

동산질권은 법률행위인 질권설정계약과 동산의 인도에 의해 성립한다. 예컨대 A가 B에게 1천만 원을 빌리면서 자신의 귀금속을 담보로 맡긴 경우, A와 B 사이에 질권설정계약이 체결되고, 귀금속의 인도로 질권이 성립한다.

질권자는 채무의 변제를 받을 때까지 질권의 목적물인 질물을 유치할 수 있으며(민 335조), 채무자가 변제하지 않으면 경매를 청구하여 그 대금에서 다른 채권자에 우선해서 변제를 받을 수 있다(민 329조 · 338조). 다만, 유질계약은 금지된다(민 339조). 유질계약이란 "채무를 갚지 못하면 질권자가 질물의 소유권을 취득한다"는 취지의 약정을 말하는데, 이는 질권자가 채무액보다 고가의 질물을 취득함으로써 과도한 이익을 취할 위험이 있어 무효로 본다.

또한 질권은 목적물의 교환가치를 담보하므로, 질물이 멸실 · 훼손되어도 그 대체가치가 존재하면 그 위에 존속한다. 이를 물상대위라 한다(민 342조). 예를 들어 질물이 화재로 소멸하였더라도, 보험금이 지급된다면 질권은 그 보험금에 대하여 존속한다.

(2) 권리질권

권리질권은 재산권을 목적물로 하는 질권이다. 예컨대 A가 B에게 돈을 빌리며, 자신이 C에게 가지고 있는 대여금채권을 담보로 제공하는 경우가 이에 해당한다. 권리질권은 질권설정계약과 함께 그 권리의 양도방식에 따른 절차를 갖추어야 성립한다(민 346조). 즉, 채권에 대한 질권이라면 채권양도의 통지나 승낙이 있어야 하고, 주식에 대한 질권이라면 주식양도의 절차가 필요하다.

3. 저당권

저당권은 채무자 또는 제3자가 점유를 이전하지 않고 부동산을 담보로 제공하여, 채무 불이행 시 채권자가 그 부동산의 교환가치에서 우선적으로 변제받을 수 있는 권리이다(민 356조). 즉, 점유를 이전하지 않고 담보 효력을 인정하는 대표적 담보물권이다. 저당권의 목적물은 원칙적으로 부동산이다. 그리고 목적물의 대체가치에 대해서도 물상대위가 인정된다(민 370조).

저당권은 법률행위인 저당권설정계약과 부동산의 등기로 성립한다(민 186조).

예컨대 A가 B에게 금전을 차용하며 자신의 토지에 대해 저당권을 설정하고 등기까지 마쳤다면, 저당권이 성립하여 A가 변제하지 않을 경우 B는 그 토지를 경매해 우선변제를 받을 수 있다(민 363조).

저당권은 부동산담보제도의 핵심으로서, 점유이전 없이도 담보를 설정할 수 있다는 점에서 질권보다 거래상 편의가 크다. 결국 저당권은 부동산을 계속 이용하면서도 이를 담보로 자금을 조달할 수 있게 함으로써, 현대 자본주의 거래질서에서 자금 융통의 기초를 이루는 제도적 기반이라 할 수 있다.

제2편 상법총칙

제1절 서　　설

제1관 상법의 의의

기업 활동은 어떤 법에 의해 규율될까? 그 해답이 바로 상법이다. 상법은 기업과 상거래를 규율하는 법으로, 기업경제의 기본법이라 부를 수 있다. 보다 구체적으로 보면, 형식적 의미의 상법과 실질적 의미의 상법으로 나눌 수 있다.

먼저 형식적 의미의 상법은 "상법"이라는 명칭을 가진 법률 그 자체를 말한다. 현행 상법은 1962년에 제정되어, 총칙 · 상행위 · 회사 · 보험 · 해상 · 항공운송의 6개 편으로 구성되어 있다. 또한 상법의 시행을 위해 제정된 대통령령인 상법 시행령(1조~49조)도 형식적 의미의 상법에 포함된다. 즉, 형식적 의미의 상법은 국회가 제정한 상법과 행정부가 정한 시행령을 모두 포괄한다.

반면 실질적 의미의 상법은 형식보다 내용에 초점을 둔다. 즉, "기업에 관한 법"을 뜻하며, 기업의 성립 · 운영 · 활동을 규율하는 모든 법규를 포함한다. 이 견해를 기업법설이라 하며, 오늘날 통설이 취하는 입장이다. 기업은 영리를 목적으로 계속적 · 반복적으로 거래행위를 하는 조직체를 말하므로, 상법의 목적은 이러한 기업활동을 원활히 하고, 거래의 신속 · 안전을 확보하는 데 있다.

따라서 상법의 이념은 기업의 유지 · 강화, 그리고 거래의 신속 · 안전 확보에 있다. 이를 실현하기 위해 상법은 상인 · 상행위 · 회사 · 어음 · 수표 · 보험 · 운송 등 다양한 제도를 마련한다. 예컨대 상행위편은 거래의 신속과 안전을, 어음법 · 수표법은 지급의 신속과 안전을, 보험편은 기업활동의 위험 분산을, 회사편은 자본조달과 투자자보호를 제도화한다.

결국 상법은 기업경제의 기본법, 곧 경제활동의 법적 기반이라 할 수 있다. 상법이 민법과 구별되는 이유도 여기에 있다. 상법은 상사관계, 즉 기업의 경제활동에 관련된 법률관계를 규율하며, 거래의 신속과 안전을 중시한다는 점에서, 형평과 사적 자치를 중시하는 민법과 다른 성격을 지닌다. 따라서 상법은 민법에 대한 특별법으로서, 상법에 규정이 없는 경우에는 민법이 보충적으로 적용된다(상 1조).

한편 상법은 기본적으로 사법에 속하지만, 순수한 민법과 달리 기업의 유지·강화 및 상거래의 신속 · 안전이라는 현대 기업경제의 이념을 구현하려는 관점을 함께 고려한다. 즉, 상법은 국가의 직접적 통제수단은 아니지만, 그러한 이념을 실현하려는 질서형성적 기능을 수행한다. 이러한 점에서 상법은 기업경제현실 친화적인 사법으로서 기업과 상거래에 관한 법질서의 중추적 역할을 담당하는 법이라 할 수 있다.

본서에서는 형식적 의미의 상법 중 총칙 · 상행위 · 회사 · 보험편을 중심으로 다루되, 상거래에서 밀접하게 관련되는 어음법 · 수표법도 함께 다룬다. 이처럼 상법은 기업의 설립에서부터 거래 · 지급 · 위험관리까지 포괄하는, 현대 상경제의 기본법이자 기업활동의 일반법이라 할 수 있다. 그렇다면 기업과 상거래를 규율하는 상법은 어떤 법원에 따라 적용될까?

제 2 관 상법의 법원

법이란 사회생활을 규율하는 규범이며, 법원(法源, sources of law)은 그러한 법규범이 나오는 근원을 말한다. 따라서 상법의 법원이란 상사관계를 규율하는 법의 근원, 즉 상사에 적용되는 규범이 어떤 순서와 기준으로 선택되는지를 보여주는 체계를 의미한다.

상법 제1조는 법의 적용순서를 명확히 규정한다. “상사에 관하여 본법에 규정이 없으면 상관습법에 의하고, 상관습법이 없으면 민법의 규정에 의한다." 즉, 상법, 상관습법, 민법의 순서로 적용된다.

먼저 상법은 당연히 상사관계의 제1차적 법원이다. 기업 · 거래 · 보험 · 운송 등 상사관계의 기본 구조를 직접 규율하기 때문이다.

다음으로 상관습법은 상거래의 관행 중 법적 확신(opinio juris)을 얻은 규범을 말한다. 상관습법은 실무에서 많지 않지만, 예를 들어 운송거래에서 화물상환증 없이도 보증을 조건으로 물건을 인도하는 관행(이른바 "보증도 관행")이 대표적인 상관습법으로 인정된다(판례). 이처럼 상관습법은 상인사회의 반복적 거래실태가 법적 구속력을 가진 규범으로 인정된 형태로, 상법의 현실적 · 실용적 성격을 반영한다.

마지막으로 민법은 원칙적으로 상법의 직접적인 법원은 아니지만, 상법에 규정이 없는 경우 보충적으로 적용된다. 이는 상사관계 중에서도 개인 간의 거래와 본질적으로 다르지 않은 부분이 있기 때문이다. 예를 들어 상법상 특별규정이 없는 부분에서는 민법의 일반원리, 특히 사적 자치와 신의성실의 원칙이 그대로 작용한다.

또한, 회사의 정관은 법령은 아니지만, 상법의 위임을 받아 회사 내부관계를 규율하는 자치법으로서 상법의 법원적 성격을 가진다. 예컨대, 주식회사의 정관이 이사회 구성이나 이익배당 방법을 정하면 이는 상법이 허용하는 범위 내에서 회사 및 주주 등에게 효력을 가진다.

결국 상법의 법원은 상법 → 상관습법 → 민법의 순서로 적용되며, 이는 상사관계에서 적용될 규범을 미리 예측할 수 있게 하여 법적 안정성을 확보하려는 취지이다.

제3관 약 관

Ⅰ. 의의

우리는 왜 읽지 않아도 약관에 구속될까? 현대의 대량적 · 반복적 거래에서 계약 체결 시에 개별적으로 일일이 협의하는 방식을 거의 취하지 않는다. 휴대전화 가입, 항공권 예매, 보험, 카드, 포털 서비스의 이용에 이르기까지 대부분의 계약이 사업자가 미리 정해 둔 조건을 고객이 그대로 수락하는 방식으로 체결된다. 이때의 미리 마련된 계약조건을 약관이라 한다(약관 2조).

명칭이 "이용약관"이든 "서비스 이용조건"이든 "가입신청서"이든 형식은 중요하지 않다. 실질이 불특정 다수와 반복적으로 계약을 체결하기 위해 사업자가 일방적으로 작성해 둔 표준계약내용이면 약관이다(약관 2조). 그리고 현실에서는 고객이 확인 또는 동의 버튼을 클릭하는 행위만으로 그 전체를 동의한 것으로 처리된다.

문제는 이 방식이 필연적으로 정보와 교섭력의 비대칭을 낳는다는 점이다. 작성자는 사업자 일방뿐이고, 고객은 조항을 선택할 수도, 수정할 수도 없으며, 대개 충분히 검토할 기회 없이 수락하게 된다. 그 결과 고객은 스스로 인식하지 못한 채 불리한 조항에 구속될 위험을 부담한다. 이런 위험을 통제하기 위해 1986년에 제정된 것이 「약관의 규제에 관한 법률」(약관규제법)이며, 이 법의 핵심 목적은 약관에 의한 계약체결의 공정성과 투명성을 확보하는 데 있다.

무엇보다도 사업자는 약관을 알기 쉬운 한글로 작성해야 하고, 고객에게 중대한 영향을 미치는 조항은 굵은 글씨나 색채, 부호 등으로 눈에 띄게 표시해야 한다(약관 3조). 이것은 단순한 미관상의 요구가 아니라, 약관이 계약내용으로 편입되기 위해 사업자가 부담하는 기본적인 정보제공 의무를 선언한 것이다. 이러한 의무를 전제로 하여, 약관이 언제 계약내용으로 편입되는지, 그 효력이 어디까지 미치는지는 아래에서 살펴본다.

Ⅱ. 약관의 법률관계

1. 약관의 구속력

약관이 왜 계약 당사자를 구속하는가에 대해서는 전통적으로 두 갈래 설명이 있었다. 하나는 합의설로, 약관이 효력을 갖는 것은 결국 당사자가 그 약관을 계약의 내용으로 편입시키는 데 동의했기 때문이라는 입장이다. 이 견해에 따르면 약관에 대한 동의가 없으면 그 조항은 계약내용이 될 수 없다. 다른 하나는 상관습법설로, 약관이 사용되는 그 종류의 거래에서는 "통상 그 약관에 따른다"는 상거래 관행이 형성되어 있으므로 별도 합의가 없어도 약관은 효력이 있다고 본다.

우리 판례와 학설은 대체로 전자, 즉 합의설을 취한다. 결국 약관이라고 해서 계약내용이 아닌 것이 아니며, 약관 역시 계약내용의 일종이다. 다만 그 계약내용이 일괄적으로 미리 기재되어 있을 뿐이다. 따라서 약관이 효과를 가지려면 당사자 사이에 계약내용으로의 편입에 관한 의사의 합치가 있어야 한다.

2. 약관의 편입

약관이 존재한다는 사실만으로 곧바로 계약내용이 되는 것은 아니다. 실제로 그 약관이 개별 계약에 포함되어야 한다. 이를 약관의 계약내용으로의 편입, 또는 간단히 약관의 편입이라 하며, 이를 위해 다음과 같은 두 가지 원리가 작동한다.

(1) 개별약정의 우선

약관은 어디까지나 "표준계약조건"일 뿐이다. 따라서 당사자가 약관과 다른 내용으로 별도로 약정했다면 그 개별약정이 약관에 우선한다(약관 4조). 예를 들어 은행의 대출약관에 "중도상환수수료 1%"라고 기재되어 있으나 담당자가 "이건은 0.5%로 하겠다"고 합의했다면, 이 개별약정이 적용되고 약관조항은 배제된다. 이는 계약자유의 원칙과도 일치한다. 이 원칙은 약관이 본질적으로 "표준계약조건"에 불과하며, 개별적 합의가 이에 우선함을 나타내는 것이다.

(2) 명시 · 교부 · 설명의무

사업자가 일방적으로 작성한 약관을 고객에게까지 효력이 미치게 하려면, 고객에게 그 내용을 알 기회를 주었는가가 중요해진다. 그래서 법은 사업자에게 세 가지를 요구한다(약관 3조). 이는 약관규제법의 핵심적 장치로, 고객에게 실질적인 인식의 기회를 제공하기 위한 것이다.

- **명시의무** – 계약 체결 시 고객이 인식할 수 있는 방법으로 약관의 내용을 분명히 밝혀야 한다.
- **교부의무** – 고객이 요구하면 약관 사본을 교부해야 한다. 최근 방식으로는 전자문서 열람을 위한 링크 제공도 여기에 포함된다고 본다.

• **설명의무** – 약관의 중요한 내용을 고객이 이해할 수 있도록 설명해야 한다. 특히 고객에게 중대한 불이익을 줄 수 있는 조항(면책사유, 해지제한, 중도상환수수료 등)은 실제로 이해할 수 있도록 설명해야 한다.

판례는 이 설명의무를 비교적 엄격하게 해석·적용한다. 예컨대, 보험회사가 보험약관의 면책사유를 설명하지 않은 경우 그 면책조항은 계약내용으로 편입되지 않으므로, 보험회사는 그 조항을 근거로 보험금 지급을 거절할 수 없다.

모든 경우에 설명의무가 필요한 것은 아니다. 판례는 다음과 같은 경우에는 명시·교부·설명의무가 면제된다고 본다. ① 고객이 이미 내용을 충분히 알고 있는 경우, ② 거래상 일반적이고 공통된 사항으로서 별도의 설명 없이도 고객이 예상할 수 있는 경우, ③ 법령의 내용을 단순히 되풀이하거나 보충한 경우가 그러하다. 이러한 예외는, 고객의 실질적 인식이 이미 확보된 경우에는 설명이 불필요하다는 고려에 기초한다.

사업자가 위와 같은 의무를 다하지 않으면 어떻게 되는가? 이 경우 사업자는 그 해당 약관조항을 계약내용으로 주장할 수 없게 된다(약관 3조). 예컨대 은행이 조기상환수수료 조항을 제대로 설명하지 않았다면, 고객은 그 수수료 조항을 계약내용에서 제외시킬 수 있다. 다만, 나머지 조항은 원칙적으로 유효하게 존속한다. 이는 계약 전체의 무효를 방지하고, 거래의 안정성을 지키기 위한 것이다. 그러나 약관의 중요한 부분이 제외되어 계약의 목적을 달성할 수 없거나, 유효한 부분만 남는 것이 일방 당사자에게 현저히 불리한 경우에는 계약 전체가 무효가 된다(약관 16조). 이는 일부 무효는 원칙상 전부 무효라고 규정한 민법 제137조에 대한 특칙이다.

요컨대, 약관의 효력은 "당사자의 합의"를 전제로 하지만, 그 합의가 실질적으로 이루어지기 위해서는 명시·교부·설명의무의 충실한 이행이 필수적이다. 이러한 제도는 약관이라는 표준화된 계약조건을 통해 개별적 교섭 없이도 신속한 계약체결을 가능하게 함으로써 대량거래의 효율성을 확보하는 한편, 명시·교부·설명의무를 통하여 고객이 인식하지 못한 채 불이익을 부담하지 않도록 조정하는 균형 장치라 할 수 있다.

3. 약관의 해석

약관은 사업자가 일방적으로 작성하는 문서이기 때문에, 그 내용이 다소 불명확하거나 여러 의미로 해석될 수 있는 경우가 자주 발생한다. 따라서 약관 해석에서는 사업자의 일방적 작성으로 인한 불균형을 보정하고, 고객의 합리적 기대와 신뢰를 보호하기 위한 특별한 해석원칙이 발전해왔다. 이때 적용되는 세 가지 대표 원칙이 공정해석의 원칙, 객관해석의 원칙, 작성자불이익의 원칙이다. 이 세 가지 해석원칙은 순차적이고 보완적 관계에 있다. 즉, 약관 해석은 먼저 공정해석을 통해 형평을 확보하고, 그 다음 객관해석으로 의미를 통일적으로 확정하며, 그럼에도 불구하고 문언이 불명확한 경우에 한하여 최종적으로 작성자불이익의 원칙이 적용된다.

(1) 공정해석의 원칙

공정해석의 원칙이란, 약관의 해석은 신의성실의 원칙에 따라 공정하게 이루어져야 한다는 것이다(약관 5조). 즉, 약관의 문언이 다소 애매하거나 해석에 여지가 있는 경우, 일방 당사자에게 과도하게 불리하지 않도록 형평에 부합하는 균형적 해석을 해야 한다는 취지다.

이 원칙은 사실 모든 계약관계에 적용되는 일반원칙이지만, 약관은 교섭 없는 일방적 계약조건이라는 점에서 그 중요성이 특히 강조된다. 약관에 의한 계약체결은 고객의 협의나 수정의 기회 없이 수락되는 방식이므로, 형식적으로는 계약이지만 실질적으로는 사업자가 일방적으로 주도하는 법률관계이다. 따라서 공정해석의 원칙은 단순한 해석기준이 아니라, 실질적 형평을 회복하는 규범적 장치로 기능한다.

판례는 이 원칙을 적극적으로 적용한다. 예를 들어, 약관에 “법령을 위반하여 발생한 손해는 면책사유로 한다”고 규정되어 있다면, 문자 그대로 해석할 경우 사소한 법령 위반에도 면책이 가능하게 된다. 그러나 판례는 이를 문자 그대로 해석할 경우 공정성이 현저히 저해된다고 보아, 이를 “중대한 법령 위반의 경우에 한하여 면책이 인정된다”는 의미로 제한했다. 즉, 공정해석의 원칙은 형식적 문언보다 실질적 정의와 형평을 우선시하는 원칙이다.

(2) 객관해석의 원칙

그렇다면 고객의 개인적 이해능력이나 사정을 기준으로 해석할 수 있을까? 약관은 불특정 다수를 대상으로 하므로, 개별 고객의 주관적 이해를 기준으로 대량·반복 거래의 효율성을 기대할 수는 없다. 이때 적용되는 것이 바로 객관해석의 원칙이다.

객관해석의 원칙은 약관을 평균적 고객의 이해가능성을 기준으로 해석하는 것을 말한다(약관 5조). 즉, 동일한 문언은 누구에게나 같은 의미로 적용되어야 하며, 고객마다 다르게 해석되어서는 안 된다. 이는 약관의 본래 목적−대량·반복 거래의 효율적 처리−에 부합한다. 약관이 고객마다 다르게 해석된다면, 표준화된 거래질서 자체가 무너질 것이기 때문이다.

판례도 이러한 입장을 명확히 하고 있다. 예를 들어, 상해보험 약관에 "피보험자가 상해를 입어 입원치료를 받으면 피해일로부터 180일 한도로 입원일에 대해 임시생활비를 지급한다"는 조항이 있었는데, 여기서 피해일이 무엇을 의미하는지가 문제되었다. 판례는 평균적 고객의 이해 가능성을 기준으로 할 때 피해일은 입원한 날이 아니라 상해를 입은 날로 해석하는 것이 타당하다고 보았다. 이는 약관의 획일성과 예측가능성을 확보하려는 객관해석의 전형적 사례다.

(3) 작성자불이익의 원칙

그렇다면 공정해석과 객관해석으로도 여전히 문언이 불명확하다면 어떻게 해야 할까? 이때 마지막으로 작동하는 것이 작성자불이익의 원칙이다. 작성자불이익의 원칙이란, 약관의 내용이 명백하지 않아 둘 이상의 의미로 해석될 수 있는 경우에는, 그 약관을 작성한 자(사업자)에게 불리하게, 상대방(고객)에게 유리하게 해석하는 원칙이다(약관 5조).

그 취지는 명확하다. 약관을 작성한 자는 언제든지 문언을 명확하게 표현할 수 있는 위치에 있다. 따라서 그 문언을 애매하게 작성한 책임은 작성자 스스로 부담해야 한다는 것이다. 이 원칙은 단순히 사업자에게 사후적으로 불이익을 주려는 것이 아니라, "불명확한 약관을 작성하지 말라"는 사전적 억제 또는 압박으로서의 기능을 가진다.

판례도 이를 적극적으로 적용한다. 예를 들어, 보험약관에서 "질병치료를 직접 목적으로 하는 수술에 한해 비용을 보상한다"는 조항이 있을 때, "고주파 절제술"이 과연 "수술"에 포함되는지가 문제되었다. 판례는 문언상 두 가지 해석이 모두 가능한 경우, 고객에게 유리하게 해석해야 한다는 원칙에 따라 고주파 절제술도 수술에 포함된다고 판단한다.

다만, 이 원칙은 약관의 의미가 진정으로 불명확할 때에만 적용된다. 공정해식과 객관해석의 과정을 거쳐 의미가 명확해졌다면, 작성자불이익의 원칙은 더 이상 작동하지 않는다(판례). 즉, 이 원칙은 약관 해석의 출발점이 아니라 최후의 보충수단이다.

제 2 절 기업의 인적 요소

제 1 관 상 인

Ⅰ. 상인의 의의

상인은 영업을 통해 이익을 추구하는 사람으로서, 단순히 거래를 반복하는 자가 아니라, 거래를 조직화하고 위험을 감수하며 스스로의 명의와 신용으로 기업활동을 수행하는 경제적 주체다. 따라서 상인은 기업 활동에서 발생하는 권리와 의무의 귀속 주체가 된다.

그렇다면, "누가 상인인가"를 판단하는 기준은 무엇일까? 각국의 입법태도는 크게 세 가지로 나뉜다.

• **실질주의**(행위주의) – 일정한 종류의 행위를 하는 자를 상인으로 본다. 즉, "무엇을 하는가"를 기준으로 상인성을 판단한다.

• **형식주의**(조직주의) – 행위의 종류와 상관없이, 일정한 조직적 형식, 예컨대 회사 설립이라는 외형을 갖춘 자를 상인으로 본다.

• **절충주의** – 일정한 행위를 하는 자뿐 아니라, 영업의 형식을 갖춘 자도 상인으로 본다.

우리 상법은 절충주의를 취한다. 즉, 기본적 상행위를 영업으로 하는 자는 당연상인(상 4조)으로, 비록 스스로 기본적 상행위를 하지 않더라도 영업의 형식을 갖춘 자는 의제상인(상 5조)으로 본다. 이처럼 상법은 상인의 개념을 행위의 실질과 형식 모두를 고려해 폭넓게 규율함으로써 현대 상거래의 다양성을 수용하고 있다.

Ⅱ. 상인의 종류

1. 당연상인

당연상인이란 자기 명의로 상행위를 하는 자를 말한다(상 4조). "자기 명의로"란 거래의 법률효과가 자기에게 귀속된다는 뜻이므로, 단순히 타인을 위해 일하는 직원이나 대리인은 상인이 아니다. 즉, 상인은 스스로 상행위로 인한 위험을 부담하고 이익을 추구하는 독립된 영업주체이다.

여기서 "상행위"란 상법 제46조가 규정한 기본적 상행위를 말하며, 매매·임대차·제조·운송 등 상법 제46조에 열거된 거래행위가 이에 속한다. 다만 상법은 이러한 기본적 상행위에 해당하지 않더라도, 일정한 형식과 외관을 갖춘 경우에는 상인으로 취급하는 제도를 두고 있는데, 이것이 아래에서 살펴볼 의제상인이다. 아울러 단순히 임금을 받고 노무를 제공하는 행위는 기업성이 없으므로 상행위로 보지 않는다(상 46조).

그렇다면 모든 영리활동이 상행위일까? 아니다. 상행위가 되기 위해서는 그 행위가 "영업으로 하는 행위"여야 한다. 즉, 영리성과 계속·반복성이 필요하다.

- **영리성** – 이익을 얻으려는 의사로, 실제 이익의 발생은 요구되지 않는다.
- **계속·반복성** – 동일한 종류의 거래를 지속적으로 수행하려는 의사와 준비를 의미한다. 따라서 일회적 거래만으로는 상인으로 볼 수 없다.

결국 당연상인은 영리의사를 가지고 기본적 상행위를 계속·반복적으로 자기 명의로 수행하는 자로서, 그 거래의 법률효과가 자신에게 귀속되는 사람이다. 즉, 그는 단순한 거래인이 아니라, 기업의 위험을 감수하는 주체다.

2. 의제상인

상법은 기본적 상행위 이외의 행위를 하더라도 일정한 형식을 갖춘 자는 상인으로 간주한다(상 5조). 이들을 의제상인이라 하며, 대표적으로 설비상인과 회사가 있다.

• **설비상인** – 점포 등 영업설비를 갖추고 상인적 방법으로 영업을 하는 자로서, 거래형태와 조직을 통해 사회적으로 상인으로 인정되는 경우를 말한다(상 5조). 예를 들어, A가 점포를 임차하여 영리를 목적으로 미용서비스를 계속적으로 제공한다면, A는 설비상인에 해당한다. 미용서비스 자체는 상법 제46조의 기본적 상행위에 포함되지 않지만, 점포 등 영업설비를 갖추고 이를 계속적으로 제공하는 경우에는 설비상인에 해당한다.

• **회사** – 영리를 목적으로 조직된 법인으로서, 실제 영업을 개시하지 않아도 설립과 동시에 상인으로 의제된다(상 5조). 이는 회사가 이미 영리성과 계속성의 조직적 기반을 갖추고 있기 때문이다.

의제상인 역시 자기 명의로 영업을 해야 하며, 그 영업에는 상법상의 모든 상사규정이 동일하게 적용된다. 따라서 실무상 당연상인과 의제상인을 구별할 실익은 거의 없으며, 두 지위 모두 상법의 보호와 규율을 똑같이 받는다.

한편, 판례는 변호사의 업무에 관하여, 그 직무가 공공성과 직업윤리를 본질적 요소로 하여 수행되는 점을 이유로, 그 활동의 성질상 상인성을 부정하고 있다. 이는 변호사와 같은 전문직 활동이 단순한 상업적 영업이 아니라 사회적 신뢰에 기초한 공공서비스라는 관념에 기초한다.

3. 소상인

소상인은 자본금이 1천만 원 미만인 상인으로서, 회사가 아닌 자를 말한다(상령 2조). 상법은 영세한 상공인을 보호하기 위해 소상인에게는 일부 상법 규정을 적용하지 않는다(상 9조). 즉, 소상인에게는 지배인 · 상호 · 상업장부 · 상업등기에 관한 규정이 적용되지 않는다. 이는 소상인에게 복잡한 절차와 행정적 부담을 강제하면 오히려 경제활동이 위축될 수 있다는 점을 고려한 것이다. 다만, 소상인도 여전히 상인이므로, 상사시효 · 상사유치권 등 나머지 상사특칙은 동일하게 적용된다.

Ⅲ. 상인자격의 취득과 상실

상인의 자격은 영업을 시작할 때 취득되고, 영업을 그만둘 때 상실된다.

자연인은 영업을 실제로 개시함으로써 상인이 된다. 이때 반드시 실제 거래가 개시될 필요는 없고, 개업의사와 개업준비행위가 객관적으로 드러나면 충분하다. 따라서 점포 임차, 영업양수, 상업사용인 고용 등은 개업준비행위로 인정된다. 반대로 영업을 중단하거나 폐지하면 상인자격은 소멸한다.

회사는 설립등기를 함으로써 법인격과 동시에 상인자격을 취득한다(상 172조). 그리고 해산 후 청산절차가 완료되면 상인자격을 상실한다(상 531조 등).

한편, 공법인(국가·지방자치단체 등)도 공익 목적에 부수하여 영업을 하는 경우에는 그 영업 범위 내에서 상인으로 본다. 즉, 공공기관이라도 경제활동을 수행하는 한도에서는 상법의 적용을 받게 된다.

Ⅳ. 제한능력자와 상인

상법은 거래의 안전을 보장하기 위해, 제한능력자의 영업행위에 대하여 특별규정을 둔다.

미성년자는 법정대리인의 허락을 얻은 특정한 영업에 관하여는 스스로 난독으로 행위할 수 있고(민 8조), 그 사실을 등기해야 한다(상 6조). 또한 허락을 받아 회사(예: 합명회사)의 무한책임사원이 된 경우, 그 사원으로서의 행위는 완전한 행위능력으로 인정된다(상 7조). 반대로 법정대리인이 미성년자나 피후견인을 대리하여 영업하는 경우에도 그 사실을 등기해야 하며, 대리권의 제한은 선의의 제3자에게 대항할 수 없다(상 8조).

이 제도는 두 가지 목적을 동시에 달성한다. 첫째, 제한능력자의 경제활동을 일정 부분 허용함으로써 경제참여의 기회를 보장하고, 둘째, 그 상대방의 거래안전과 신뢰를 보호한다. 즉, 상법은 개인의 보호와 거래의 안전이라는 두 가치를 균형 있게 조화시키고 있다.

제 2 관 상업사용인

Ⅰ. 의의

상업사용인은 특정 상인에게 종속되어 영업상의 업무를 거래 상대방과의 관계에서 대리하는 사람이다. 기업 활동이 커질수록 상인이 모든 거래에 직접 나설 수 없기 때문에, 대신하여 법률행위를 할 수 있는 대리인을 두는 것이 필요해졌다. 개별 사안마다 별도의 위임을 요구한다면 거래가 지연되고 비용이 증가할 수 있다. 이에 상법은 법이 정한 포괄적·정형적 대리권을 인정하는 상업사용인 제도를 마련했다. 상업사용인은 크게 세 유형으로 나뉜다.

- **지배인** – 영업에 관한 포괄적 대리권을 가진 대표적 상업사용인
- **부분적 포괄대리권을 가진 사용인** – 특정한 영업부분만 대리할 수 있는 상업사용인
- **물건판매점포의 사용인** – 점포에서 거래를 담당하는 현장의 상업사용인

이들은 모두 상인에 종속되어 있고, 독립된 상인은 아니다. 상업사용인은 근로계약에 의한 근로자일 수도 있고, 위임계약에 기한 수임인의 지위를 가질 수도 있다. 소상인에게는 지배인 규정이 적용되지 않지만(상 9조), 다른 상업사용인 규정은 예외 없이 적용된다.

Ⅱ. 지배인

1. 의의

지배인은 영업주를 대신하여 그 영업에 관한 모든 재판상·재판외 행위를 할 수 있는 상업사용인이다(상 11조). 즉, 상인의 "영업을 전면적으로 대리할 권한"을 가진 사람이다. 현대의 기업 실무에서는 지점장, 지사장, 경우에 따라 본부장이 대표적인 예다.

상법이 지배인 제도를 둔 이유는 명확하다. 거래 상대방이 매번 "이 사람이 정말 상인을 대신할 권한이 있나?"를 확인해야 한다면, 거래의 신속성과 안전은

현저히 저해될 수 있다. 따라서 법은 지배인에게 일정한 법정 포괄대리권을 부여하여, 거래 상대방이 안심하고 신속하게 거래할 수 있도록 한 것이다.

그렇다면 "지배인"이라는 명칭만 있으면 지배인일까? 그렇지 않다. 명칭이 아니라 실질로 판단한다. "지배인"이라는 직함이 없어도 포괄적 대리권이 주어졌다면 지배인이고, 반대로 직함만 있고 권한이 없다면 진정한 지배인이 아니다. 예를 들어, 은행의 지점장은 지배인으로 인정된다(판례).

상인은 직접 지배인을 선임할 수 있으며(상 10조), 그 수권을 받은 대리인도 지배인을 선임할 수 있다. 다만, 지배인은 자기 권한으로 또 다른 지배인을 선임할 수는 없다. 이는 포괄적 대리권의 무분별한 확대를 막기 위한 것이다.

지배인의 수에는 제한이 없으며, 선임행위의 법적 성질은 대리권의 수여행위로 본다. 기업의 영업이 중단되지 않도록 하기 위하여, 지배인의 대리권은 상인의 사망으로도 소멸하지 않으며(상 50조), 선임계약의 종료 등과 같은 지배인의 종임에 의해서 소멸한다.

지배인의 선임 및 종임은 반드시 등기해야 한다(상 13조). 이는 거래 상대방이 지배인의 권한 유무를 쉽게 확인할 수 있도록 하기 위한 것이다. 등기의 효력은 상법 제37조 제1항의 원칙이 적용된다. 즉, 등기하지 않으면 선의의 제3자에게 대항할 수 없다는 것이다. 예를 들어, A상사가 지배인 B를 해임했으나 이를 등기하지 않은 상태에서 B가 여전히 지배인으로서 C와 계약을 체결한 경우, C가 선의라면 A는 그 계약에 책임을 진다. 이는 지배인의 권한 소멸이라는 내부 사정을 등기를 통해 공시하지 않은 책임을 상인에게 귀속시키는 것이다.

2. 지배인의 권한

지배인은 영업에 관한 모든 행위를 포괄적으로 대리할 수 있는 권한, 즉 이른바 "지배권"을 가진다(상 11조). 여기에는 재판상 행위도 포함된다. 이 지배권은 포괄적이고 정형적이라는 점에서 일반 대리권과 다르다. 즉, 상법이 정형화하여 정한 권한이며, 매 건마다 개별 위임이 필요하지 않다.

그렇다면 "영업에 관한 행위"란 무엇을 포함할까? 예컨대 어음 발행, 계약 체결, 대금 수령, 손해배상 청구 등이 모두 이에 해당한다. 이는 영업적 상행위뿐만 아니라, 그에 수반되는 보조적 상행위도 포함된다. 영업적 상행위는 상인이 영업으로 하는 상행위이고, 보조적 상행위는 상인이 영업을 위해서 하는 상행위를 말한다. 이에 관해서는 뒤에서 자세히 살펴본다. 예컨대 매매를 영업으로 하는 경우 매매가 영업적 상행위이고, 그 영업을 위해 건물을 임차하면 임차가 보조적 상행위이다.

판례는 거래의 신속과 안전을 중시하여, 영업 관련 행위는 지배인이나 상인의 주관적 의도와 관계없이 객관적으로 판단해야 한다고 본다. 예컨대 지배인이 어음을 발행한 경우, 그 행위가 외형상 영업에 관한 행위로 보이는 때에는, 비록 실제로는 개인적 목적이 있었다 하더라도 그 효력은 상인에게 귀속된다. 이는 거래의 신속과 안전을 중시하는 상법의 태도에 기초한다.

다만, 상인이 본점과 지점을 각각 둘 수 있으므로(상 10조), 지배권의 범위는 선임된 영업소 단위로 한정된다. 즉, 본점의 지배인은 본점에서, 지점의 지배인은 해당 지점에서만 권한을 행사할 수 있다. 예컨대 본점이 서울에 있는 "에코상사"가 부산에 지점을 두고, 그곳의 총책임자로 C를 선임했다면, C는 법적으로 지배인으로서 부산지점의 영업을 위해 물품을 구매하는 계약을 체결할 수 있고, 그 효력은 "에코상사"에 직접 귀속된다.

상인은 때때로 지배권의 범위를 내부적으로 제한하기도 한다. 그렇다면 지배인의 권한을 내부적으로 제한해 둔 경우에도, 이러한 외형을 신뢰한 제3자를 보호하기 위해 상인이 책임을 져야 할까? 법은 거래의 신뢰를 보호하기 위해, 그 제한을 선의의 제3자에게 대항할 수 없게 한다(상 11조). 즉, 상인과 지배인 사이에서는 유효한 제한이라도, 거래 상대방이 제한사실을 몰랐다면 상인은 그 제한을 주장할 수 없다. 판례는 여기서의 선의는 "중과실 없는 선의"를 뜻한다고 본다. 예컨대, A상사가 지배인 B에게 "5천만 원 이상 계약은 체결하지 말라"고 내부 지시했더라도, 거래 상대방 C가 이를 몰랐다면 A상사는 계약효과를 부담해야 한다. 이는 거래 상대방에게까지 내부 지시를 확인할 책임을 지울 수 없기 때문이다.

지배권의 범위 안에 있는 행위라면, 지배인이 자기 이익을 위해 남용하더라도 원칙적으로 상인에게 효력이 귀속된다. 다만, 거래 상대방이 그 남용사실을 알았거나 알 수 있었을 때는 그를 보호할 필요가 없으므로 예외로 하여, 상인은 그 행위의 효력을 부인할 수 있다. 이를 "지배권 남용의 법리"라 한다. 결국 지배권 남용의 법리는, 객관적으로는 지배권 범위 내의 행위이더라도, 지배인의 주관적 의도가 상인을 해하려는 것이 거래상대방에게 드러나거나 드러날 수 있는 예외적으로 상인에게 효력이 귀속되지 않는다는 원리이다.

3. 공동지배인

지배인이 두 명 이상일 때에는 원칙적으로 각자가 단독으로 대리할 수 있다(각자대리의 원칙). 그러나 상인은 필요에 따라, 두 명 이상의 지배인이 공동으로만 대리행위를 하도록 제한할 수 있다(상 12조). 이때의 지배인을 공동지배인이라 하며, 이는 포괄적 대리권의 오남용을 방지하기 위한 제도이다.

공동지배인 중 한 명이 단독으로 거래를 한 경우, 그 행위는 무권대리가 된다(민 130조). 따라서 공동지배인의 존재 여부는 등기하여 공시해야 하고(상 13조), 이를 등기하지 않으면 선의의 제3자에게 대항하지 못한다(상 37조). 다만 공동지배인 제도는 능동대리(의사표시를 하는 경우)에만 적용된다(상 12조). 즉, 거래 상대방이 공동지배인 중 한 사람에게만 통지하더라도, 그 효력은 본인인 상인에게 미친다. 이는 수동대리(의사표시의 수령)의 경우 의사표시를 받기만 하므로 대리권 남용의 위험이 적고, 거래상 편의를 고려해야 하기 때문이다.

4. 표현지배인

이제 한 걸음 더 나아가 보자. 만약 어떤 사람이 실제로는 지배인이 아니지만, 외관상 지배인처럼 보이는 경우는 어떨까? 이때 적용되는 제도가 표현지배인이다(상 14조). 거래상대방이 어떤 사람을 지배인이라고 믿을 만한 외관이 있는 경우, 그 사람이 실제로 지배인으로 선임되지 않았더라도 지배인으로 간주된다.

이는 상인의 귀책사유 있는 외관 형성에 따른 외관책임의 법리이며, 상법상 대표적인 거래안전 중심 제도다. 이 제도는 상인이 거래상 외관을 야기하거나 방치한 데 따른 책임이라는 점에서 민법상의 표현대리(민 125조 등)와 유사하지만, 민법상 표현대리보다 거래안전 보호의 요청을 한층 더 반영하여 그 요건이 완화되어 있다.

표현지배인이 성립하려면, ① 상인의 귀책사유(명시적·묵시적 허락)가 있고, ② 제3자가 중과실 없는 선의로 신뢰했으며, ③ 외관이 영업소의 실질을 갖춘 장소에서 형성되어야 한다. 민법상 표현대리가 과실 없는 선의를 요구하는 것에 요건이 완화되어 있음을 알 수 있다.

예컨대, 상인이 "지점장"이라는 직함 사용을 허락했다면, 그 직함이 통상 지배인으로 인식되는 경우, 그 사람은 선의의 제3자에 대해 지배인의 권한이 있는 것으로 본다(상 14조). 반면, "차장", "영업담당" 등 일반적으로 지배인으로 오인하기 어려운 명칭은 표현지배인으로 인정되지 않는다(판례). 표현지배인의 권한은 실제 지배인과 동일하나, 재판상 행위 권한은 제외된다(상 14조). 이는 재판에서는 거래의 신속과 안전보다 실체적 진실이 더 중요하기 때문이다.

결국 표현지배인 제도는, 상인이 스스로 형성하거나 방치한 외관을 신뢰한 선의의 상대방을 보호하여 거래의 신속과 안전을 확보하려는 장치이다.

Ⅲ. 부분적 포괄대리권을 가진 사용인

현실의 기업활동에서는 지배인과 같이 영업 전부를 포괄적으로 대리하는 자뿐 아니라, 특정한 부문 또는 특정 사항에 관한 거래를 계속적으로 처리하는 중간관리자적 대리가 광범위하게 나타난다. 상법은 이를 부분적 포괄대리권을 가진 사용인이라 하며(상 15조), 이는 "특정한 종류 또는 사항에 관한 재판 외의 모든 행위"를 할 수 있는 대리권을 부여받은 상업사용인을 말한다. 여기에서는 부분포괄사용인이라고 약칭하기로 한다. 예컨대 본점의 판매부장 · 구매부장, 지점의 영업과장 등이 이에 해당하며, 직함 자체가 아니라 실질적으로 그 부문에 관하여 포괄적 권한을 부여받았는지가 판단 기준이 된다.

부분포괄사용인은 상인뿐만 아니라 지배인도 선임할 수 있다(상 11조). 다만 그 권한이 영업 전부가 아닌 일부에 한정되므로, 선임 · 종임이 등기사항은 아니다. 이는 그 권한 범위가 상대적으로 제한되어 있어 거래상 등기를 통한 공시의 필요성이 지배인에 비해 적다는 점에 기초한다.

부분포괄사용인은 위임받은 범위 내에서 재판 외의 모든 행위를 할 수 있다(상 15조). 즉, 계약 체결, 대금 수령, 해제 · 해지 통지 등 통상적인 거래 행위는 당연히 포함된다. 다만 소송제기 · 화해 · 중재합의 등과 같이 재판상 효력을 수반하는 행위는 지배인의 권한에 속하므로 포함되지 않는다. 이에 따라 예를 들어 구매부장은 물품 공급계약을 체결하고 그 이행을 관리할 수 있으나, 그 분쟁에 관하여 회사 명의로 소송행위를 할 권한은 없다.

그렇다면 “특정한 종류 또는 사항”의 범위는 어디까지일까? 이는 법이 열거하지 않으므로 사회통념과 거래관행에 의하여 객관적으로 확정한다는 것이 판례의 입장이다. 예컨대 건물 분양업무를 위임받은 관리부장이 계약만 체결하고 해제권은 가지지 못한다고 보는 것은 오히려 거래관행에 반하므로, 해제권 역시 권한범위에 포함된다는 것이 판례이다. 반면에 판례는 어음 발행이나 보증 등 새로운 채무부담 행위는 일반적으로 그 부문 업무에 포함된다고 보기 어려우므로, 특별한 수권이 없는 한 권한이 인정되지 않는다는 입장을 취한다. 이는 지배인과 구별되는 핵심적 특징이다.

내부적으로 “1천만 원 이하의 거래만 처리할 것”과 같은 제한이 존재하더라도, 그 제한은 선의의 제3자에게 대항할 수 없다(상 15조 · 11조). 이는 거래 상대방이 기업 내부의 권한 제한을 알기 어렵다는 점에서 거래안전 보호를 우선한 것이다. 따라서 부분포괄사용인이 제한을 초과하여 계약을 체결한 경우에도 상대방이 이를 알지 못하였다면 회사는 계약에 구속된다.

대리권 남용에 관하여도 동일하다. 외관상 권한범위 내의 행위라면 상인에게 효력이 귀속되나, 상대방이 그 남용을 알았거나 알 수 있었던 경우에 한하여 상인은 책임을 면할 수 있다. 이는 지배인 권한 남용에 대한 법리와 같은 규율 방식이다.

마지막으로, 부분포괄사용인의 직함을 가지고 있다는 이유만으로 곧바로 상법 제14조의 표현지배인으로 볼 수 없다. 판례는 부분포괄사용인에 대하여 상법 제14조를 유추적용하지 않는다는 태도를 취하고 있으며, 필요할 경우 민법 제125조 등의 표현대리 법리에 의하여 해결한다. 이는 표현지배인 규정을 부분포괄사용인에게까지 확장할 경우 상인에게 과도한 부담을 부과할 우려가 있기 때문이다.

Ⅳ. 물건판매점포의 사용인

물건판매점포의 사용인은 대리 권한의 근원이 위임이 아니라 점포의 외관과 거래관행에 대한 신뢰에 기초한다는 점에서 지배인 및 부분포괄사용인과 구별된다. 상법 제16조 제1항은 “물건을 판매하는 점포의 사용인은 그 판매에 관한 모든 권한이 있는 것으로 본다”고 규정한다. 이는 점포 내에서 물건을 판매하고 대금을 수령하는 자는 통상적으로 그러한 권한을 가진 것으로 이해된다는 사회 일반의 신뢰를 법적으로 보호하려는 데에 있다.

그렇다면 어떤 경우에 상인의 외관책임을 정당화할 만한 “점포와 사용인의 외관”이 형성되었다고 볼 수 있을까? 물건판매점포의 사용인, 즉 판매점포사용인으로 인정되기 위해서는 다음 두 요건이 충족되면 충분하다. ① 물건을 판매하는 점포라는 외관의 존재, ② 그 점포 내에서 실제로 판매행위를 수행할 것.

판매점포사용인은 반드시 근로계약에 기초한 정식 직원일 필요는 없다. 상인이 묵시적으로라도 점포 내에서 판매업무를 하도록 허용하였다면, 친족이나 동거인도 포함될 수 있다. 반면 상인의 의사와 무관하게 제3자가 무단으로 점포를 점유하여 판매행위를 한 경우에는, 상인의 귀책사유 있는 외관 형성이 부정되므로, 상인은 그 외관에 따른 책임을 부담하지 않는다.

판매점포사용인의 권한은 점포 내 판매행위에 한정된다. 점포 외에서 이루어진 거래까지 당연히 상인에게 귀속된다고 보기는 어렵다. 다만 판매에 필수적으로 수반되는 행위－대금 수령, 단순한 할인, 교환·반품, 영수증 교부 등－는 판매행위의 범위에 포함된다고 보아야 한다. 예컨대 A회사의 점포 직원이 매장에서 물건을 판매하고 대금을 수령한 경우, 위임장과 같은 개별적인 수권을 제시하지 않았더라도 그 행위의 효과는 당연히 상인에게 귀속된다.

이러한 외관법리에 의한 거래안전의 보호는 선의의 제3자에게만 미친다(상16조). 여기서의 선의란 중대한 과실 없이 외관을 신뢰한 경우를 의미한다. 따라서 상대방이 해당 사용인이 이미 퇴직한 사실을 알고 있었거나, 조금만 주의를 기울였다면 알 수 있었던 경우에는 상인에게 그 외관을 기초로 한 책임을 지울 수 없다.

결국 판매점포사용인은 지배인 및 부분포괄사용인과 달리 상인의 수권행위에 의한 대리인이 아니라, 상인이 스스로 형성한 외관에 따른 법정의 대리인이라고 할 수 있다. 즉, 상인이 점포를 설치하고 그 안에서 판매행위를 하도록 허용한 이상, 그 외관에 대한 신뢰로부터 발생하는 위험은 상인에게 귀속되어야 한다는 거래안전 확보 목적이 본 제도의 입법 취지이다.

Ⅴ. 상업사용인의 의무

상업사용인은 상인을 대신하여 거래의 최일선에서 활동하는 자로서, 거래처와의 접촉, 협상, 가격결정 등 영업 수행의 핵심 정보를 습득하게 된다. 이에 따라 상업사용인은 상인의 영업비밀 및 고객관계를 활용하여 상인의 이익을 침해할 우려가 존재한다. 이러한 위험을 방지하기 위하여 상법은 상업사용인에게 경업금지의무와 겸직금지의무를 부과한다(상 17조). 이는 상인의 신뢰 및 영업질서를 보호하기 위한 제도적 장치이다.

상법 제17조는 상업사용인의 충실의무를 구체화한 규정이라 할 수 있다. 상업사용인은 단순한 직원이 아니라 상인의 영업을 직접 수행하는 신임관계의 주체이기 때문이다. 따라서 법은 상인의 영업비밀과 신뢰를 지키기 위해, 경업과 겸직을 제한하면서도 거래의 안전은 해치지 않도록 그 제한을 위반하는 경우 외형상 거래 자체는 유효로 인정하는 절충적 방식을 취하고 있다.

1. 경업금지의무

상업사용인은 상인의 허락 없이 자기 또는 제3자의 계산으로 그 상인의 영업부류에 속하는 거래를 할 수 없다(상 17조). 이러한 경업행위는 상업사용인 이익과 상인 이익의 충돌을 초래하므로 원칙적으로 금지된다. 여기서 "계산"이 핵심 요소이다. 명의가 누구냐가 아니라, 이익과 손실이 누구에게 귀속되느냐가 중요하다. 즉, 거래의 명의가 누구인지는 상관없고, 실제로 경제적 이익이 상인이 아닌 자기나 제3자에게 귀속된다면 금지 대상이 된다. 그렇다면 상업사용인이 경업금지의무를 위반한 경우, 그 거래 자체는 어떻게 처리되고, 상인은 어떠한 구제수단을 행사할 수 있을까?

예를 들어, A상사의 영업부장 B가 A의 거래처를 통해 개인적으로 물품을 매도하였다면, 그 거래는 회사의 영업부류에 속하므로 경업금지 위반이 된다. 그러나 이 금지 위반행위 자체가 곧바로 대외적으로 무효가 되는 것은 아니다. 거래 상대방은 B가 상업사용인인지, 본인의 허락이 있었는지까지 확인하기 어렵다. 그래서 상법은 대외적으로는 거래효력을 그대로 두고, 내부적으로 상업사용인을 제재할 수 있게 한다. 즉, A는 내부적으로 B에 대한 계약의 해지나 손해배상을 청구할 수 있다(상 17조).

하지만 손해배상만으로는 경업을 막기 어렵다. 그래서 상법은 보다 강력한 수단으로 상인의 개입권도 인정한다(상 17조). 즉, 상업사용인이 자기 계산으로 거래를 한 경우에는, 상인은 그 거래를 자신의 거래로 본다고 선언할 수 있고, 제3자의 계산으로 거래한 경우에는 그 이익의 양도를 청구할 수 있다.

예컨대, B가 A상사의 영업부류에 속하는 물품을 저가에 취득하여 이를 고가에 매도하는 거래를 한 경우, A는 그 거래를 자신의 계산으로 한 것으로 볼 수 있으며, 그에 따른 물건 또는 이익을 자신에게 귀속시키도록 B에게 청구할 수 있다. 아울러 상인의 개입권은 거래의 당사자 지위를 그대로 승계하는 것이라기보다, 그 거래로부터 발생하는 경제적 이익의 귀속을 상업사용인으로부터 상인에게로 전환시키는 데 그 본질이 있다.

그리고 이 개입권은 단기의 제척기간이 적용되어서, 상인이 그 사실을 안 날로부터 2주, 거래일로부터 1년이 지나면 소멸한다(상 17조). 이는 경업금지 위반을 둘러싼 법률관계를 조기에 확정하기 위한 취지이다.

2. 겸직금지의무

상업사용인에게는 또 하나의 제한이 있다. 상인의 허락 없이 다른 회사의 무한책임사원이나 이사, 또는 다른 상인의 사용인이 될 수 없다는 것이다(상 17조). 이것이 바로 겸직금지의무다. 이는 단순히 경쟁을 막기 위한 규정이 아니라, 상업사용인이 자신의 본업에 전념하도록 보장하기 위한 장치다. 즉, 경업금지는 "상인의 이익과의 충돌"을 막는 제도라면, 겸직금지는 "상업사용인의 집중과 전념의 의무"를 보장하는 제도라고 할 수 있다. 그렇다면 겸직금지의무 위반 시에도 경업금지와 마찬가지로 거래의 효력은 유지되면서, 내부적 제재만이 문제되는 것일까?

겸직금지를 위반한 경우에도 행위 자체가 무효가 되지는 않는다. 역시 거래의 안전을 위한 것이다. 그러나 상인은 내부적으로 상업사용인에 대해 계약을 해지하거나 손해배상을 청구할 수 있다(상 17조). 예컨대, 부분포괄사용인인 영업부장 B가 허락 없이 다른 회사의 구매부장으로 일한다면, A상사는 B를 즉시 해임하고 손해배상을 청구할 수 있다.

제3절 기업의 물적 요소

제1관 영 업 소

영업소란 상인이 영업활동을 수행하기 위해 인적·물적 시설을 갖추어 설치한 장소를 말한다. 이는 상인이 거래를 조직하고 영리활동을 실제로 운영하는 기업 활동의 중심지로서의 의미를 가진다.

영업소로 인정되기 위해서는 상인의 주관적 의사나 명칭이 아니라, 해당 장소가 실제로 영업활동을 수행할 수 있는 조직적 실체를 갖추었는지가 중요하다(판례). 따라서 단순한 외관만 존재하고 실질적 영업활동이 이루어지지 않는 장소는 영업소로 볼 수 없고, 반대로 "사무소" 또는 "출장소" 등의 명칭을 사용하더라도 인적·물적 설비가 갖추어져 있으면 영업소로 인정된다.

상인은 복수의 영업소를 둘 수 있으며, 이 중 본점은 영업활동을 총괄하는 중심 영업소이고, 지점은 본점의 지시에 따라 일정한 지역에서 영업을 수행하는 종속적 영업소이다. 그렇다면 본점과 지점을 구별하는 실익은 무엇일까? 지점이 독립된 거래단위로 기능한다는 점이다. 즉, 지점도 독립적으로 거래를 수행할 수 있는 단위영업체의 성격을 가지므로, 법률상으로는 특정 지점만을 분리하여 양도하는 것도 가능하다고 판례는 본다.

회사의 경우 본점은 그 법적 존재의 중심지로서 중요한 의미를 가진다. 회사의 본점은 정관에 반드시 기재해야 하는 절대적 기재사항이며(상 289조), 이를 변경하려면 주주총회의 특별결의 등 정관변경절차를 거쳐야 한다. 또한 회사의 본점과 지점의 소재지는 등기사항으로서, 설립 후 지체 없이 상업등기부에 등기해야 한다(상 317조). 이는 영업활동의 범위와 법적 책임의 귀속을 명확히 하여 거래의 안전을 확보하기 위한 것이다.

상사관계에서 영업소는 법적 효과의 귀속지점으로서 중요한 역할을 한다. 민사에서 주소가 개인의 법적 중심지라면, 상사에서는 영업소가 그 기능을 담당한다. 예를 들어, 회사의 주소는 본점소재지에 있는 것으로 간주되며(상 171조), 이는 소송 관련한 관할 등의 기준이 된다(상 186조 등). 또한 채무이행과 관련해서도 영업소는 중요한 의미를 가진다. 상인의 채무에 관하여는 상법 제467조 제2항이 특별규정으로서 상인의 영업소를 변제장소로 규정하고 있는데, 이는 영업활동이 이루어지는 곳에서의 이행이 거래의 신속과 편의를 높이기 때문이다. 따라서 지참채무는 채권자의 영업소에서, 추심채무는 채무자의 영업소에서 이행하는 것이 원칙이다.

한편, 지배인은 영업소 단위로 선임된다(상 10조). 이는 지배인이 각 영업소의 거래 전반을 대리하는 역할을 담당하기 때문이다. 본점의 지배인은 본점 영업의 대리권을 갖고, 지점의 지배인은 그 지점 영업의 대리권을 가진다.

제2관 상 호

Ⅰ. 의의

상호는 상인이 영업활동에서 스스로를 표시하기 위한 명칭이다(상 18조). 이는 단순한 이름이 아니라, 기업의 동일성 표시수단이자 거래상 신용과 명성이 축적된 영업재산의 일부로 평가된다. 즉, 상호는 기업을 나타내는 표지이고, 상표는 상품이나 서비스를 표시한다는 점에서 양자는 구별된다. 상호는 문자로 표시되어야 하며, 등기 시에는 원칙적으로 한글로 기재된다. 한편, 소상인에게는 상호에 관한 규정을 적용하지 않는다(상 9조). 이는 소상인의 경우 상호를 통한 기업 식별이나 상호 보호의 필요성이 상대적으로 크지 않아, 상호 규정을 적용할 실익이 적기 때문이다.

Ⅱ. 상호의 선정

상호의 선택은 상인의 자유에 맡겨진다. 상인은 자기의 성명, 업종, 지명 등 임의의 명칭으로 상호를 정할 수 있다(상 18조). 이러한 원칙을 상호선정의 자유 또는 상호자유주의라 한다. 그렇다면 이러한 자유가 무제한적으로 허용된다면 어떠한 문제가 발생할까? 바로 거래 상대방에게 혼란을 초래한다는 점이다. 따라서 상법은 상호선정의 자유를 인정하면서도 일정한 제한을 둔다.

우선, 회사는 반드시 그 종류를 표시하는 문자를 포함해야 한다. 즉, "합명회사", "합자회사", "유한책임회사", "주식회사", "유한회사" 등의 문자를 사용해야 하며(상 19조), 반대로 회사가 아닌 개인상인은 상호에 "회사"라는 문자를 쓸 수 없다(상 20조). 이는 상호의 오인방지와 거래질서 보호를 위한 것이다.

또한, 동일 영업에는 단일한 상호만을 사용할 수 있으며, 지점의 상호에는 반드시 본점과의 종속관계를 표시해야 한다(상 21조). 이 규정은 한 기업 내에서 여러 명칭이 사용되어 거래상 혼동이 생기는 것을 막기 위한 것이다. 예컨대 A가 본점 상호를 "주식회사 청청식품"으로 하면서 지점의 상호를 "청청물산"으로 사용한다면, 지점이 본점과 무관한 별개의 회사로 오인될 수 있다. 따라서 지점의 상호에는 "청청식품 서울지점"처럼 종속관계를 표시해야 한다.

Ⅲ. 상호의 등기

상호는 영업상의 신용과 직결되므로, 공시와 보호를 위한 등기제도가 마련되어 있다. 회사의 상호는 필요적 등기사항이며(상 317조 등), 개인상인은 등기가 임의이지만, 일단 등기하면 그 변경과 폐지는 필요적 등기사항이 된다(상 40조). 상호의 등기는 새로운 권리를 창설하는 것이 아니라, 이미 존재하는 상호사용권의 공시와 보호를 강화하는 기능을 가진다.

상호를 등기한 자는 동일한 특별시 · 광역시 · 시 · 군 내에서 타인이 동종영업의 상호를 등기하는 것을 막을 수 있는 등기배척권을 가진다(상 22조). 또한, 등기된 상호를 부정한 목적으로 사용하는 경우에는 그 부정목적이 추정되며, 손해발생의 염려 또한 추정되어 상호를 등기한 피해자는 입증부담을 덜게 된다(상 23

조). 이러한 규정은 상호를 등기한 자의 권리를 보다 실효성 있게 보호하려는 취지이다.

한편, 상호는 회사의 설립절차와 밀접히 연계되므로, 가등기제도를 통해 선점적 보호도 인정된다. 즉, 주식회사 · 유한회사 · 유한책임회사는 설립 중에도 본점 소재지 관할 등기소에 상호의 가등기를 할 수 있다(상 22조의2). 이는 본등기 이전에 제3자가 동일한 상호를 먼저 등기하는 것을 방지하기 위한 장치이다. 반면, 절차가 비교적 간이한 합명회사 · 합자회사 또는 개인상인에게는 가등기가 허용되지 않는다. 예컨대 A가 "주식회사 그린에너지"를 설립하려 준비 중인 경우, 설립등기 전에 제3자가 동일한 상호를 먼저 등기할 수 있다. 따라서 A는 설립단계에서 상호를 가등기함으로써 타인의 동일상호 등기를 막고, 이를 우선 확보할 수 있다. 상호를 가등기하면 타인은 동일한 특별시 · 광역시 · 시 · 군에서 동종영업의 상호를 등기할 수 없다(상 22조의2).

Ⅳ. 상호권

1. 의의

상호권은 상인이 자기의 상호를 사용할 수 있는 권리로서, 그 등기 여부와 관계없이 상호를 사용하는 자에게 인정된다. 다만 상호를 등기하면 그 보호가 강화된다. 상호권은 크게 세 가지로 구성된다.

- **상호사용권** – 타인의 방해 없이 자기 상호를 사용할 수 있는 권리
- **상호전용권** – 타인이 부정한 목적으로 혼동을 일으키는 상호를 사용하는 경우 이를 배척할 수 있는 권리
- **등기배척권** – 동일상호의 후등기를 막을 수 있는 권리

이 중 상호전용권과 등기배척권은 상호의 신용을 보전하기 위한 사전적 보호장치로서 기능한다.

2. 상호전용권

상호전용권은 타인의 부정한 상호사용을 미리 배제하기 위한 권리이다. 즉, 누구든지 부정한 목적으로 타인의 영업으로 오인할 우려가 있는 상호를 사용하

지 못하며, 이를 위반하여 상호를 사용하는 자가 있는 경우, 손해를 받을 염려가 있는 자 또는 상호를 등기한 자는 그 상호사용의 폐지를 청구할 수 있다(상 23조). 이 권리는 손해배상청구와 달리, 사전적 · 예방적 구제수단으로서의 성격을 가진다. 즉, 실제 손해가 발생하지 않아도 "손해의 염려"만으로 행사할 수 있다.

요건을 보면, 먼저 부정한 목적이 존재해야 한다. 이는 상호권자의 신용과 명성을 이용하려는 의도를 의미하며, 실제로 그 상호 사용이 상호권자의 영업으로 오인될 우려가 있는지를 기준으로 판단한다. 그 존재는 상인의 신용 · 명성, 영업의 종류 · 규모 · 지역 등을 종합적으로 고려하여 판단한다(판례). 입증책임은 등기 여부에 따라 달라진다. 미등기상호권자는 부정한 목적의 존재를 직접 입증해야 하지만, 등기상호권자는 그 부담이 전환되어 그 상호를 사용하는 자가 부정한 목적이 없음을 입증해야 한다. 즉, 동일한 특별시 · 광역시 · 시 · 군 내에서 동종영업으로 타인의 등기상호를 사용하는 경우, 그 상호사용자에게 부정한 목적이 추정된다(상 23조).

다음으로, 상호가 유사하여 일반인이 타인의 영업으로 오인할 가능성이 있어야 한다(판례). 상호의 유사 여부는 상인의 신용 · 명성, 영업의 종류 · 규모 · 지역 등을 종합적으로 고려해 판단한다. 예컨대 서울의 "보령제약 주식회사"와 수원의 "보령약국"은 영업지역이 달라 일반 소비자가 오인할 가능성이 없다고 본다(판례).

마지막으로 손해의 염려가 있어야 한다. 이는 실제 손해가 아니라, 장래에 손해가 발생할 개연성이 있음을 의미한다. 다만, 앞서 본 것처럼 등기상호권자의 경우에는 손해발생의 염려가 추정되어 입증할 필요가 없다(상 23조).

예컨대 A가 "청청식품주식회사"라는 상호를 등기했는데, B가 동일 지역에서 "청청식품상사"를 사용하여 A의 영업으로 오인할 가능성이 있는 경우, A는 상법 제23조에 따라 상호사용의 폐지와 손해배상을 청구할 수 있다. 이 경우 A의 상호는 등기되어 있으므로, B의 행위에는 부정한 목적과 손해발생의 염려가 추정된다.

3. 등기배척권

등기배척권은 기존에 등기된 상호와 동일한 상호의 후등기를 막을 수 있는 권리이다. 즉, 타인은 동일한 특별시·광역시·시·군 내에서 동종영업의 상호를 등기할 수 없다(상 22조). 이는 선등기자의 권리를 사전적으로 보호하여 상호의 중복등기로 인한 거래혼란을 방지하려는 것이다.

그렇다면 동일상호는 물론, 유사상호까지도 모두 등기배척권으로 막을 수 있을까? 판례는 이를 부정한다. 이 권리는 등기 자체에 의해 인정되는 권리이므로, 보호의 범위를 제한해서 "유사상호"가 아니라 "동일상호"에 한정된다(판례). 유사상호의 경우에는 상법 제23조의 상호전용권 요건이 충족되어야만 그 사용의 폐지를 청구할 수 있다. 그러나 등기배척권은 후등기의 배척에 한정될 뿐, 그 자체로 상호사용까지 금지하는 효력은 없다. 상호사용을 제한하려면 별도로 상호전용권의 요건을 충족해야 한다.

예를 들어 A가 "에코건설주식회사"를 서울에서 먼저 등기했는데, B가 동일지역에서 "에코건설주식회사"를 후등기하려는 경우, A는 상법 제22조에 따라 후등기를 막을 수 있고 만약 등기되어 있다면 말소를 청구할 수 있다. 다만 B가 "에코하우징"처럼 유사한 상호를 사용한다면, 이는 등기배척권의 문제가 아니라 상호전용권의 문제로 보아야 한다.

4. 양도·변경·폐지

상호의 양도는 영업과 함께 이루어지거나 영업을 폐시하는 경우에만 허용된다(상 25조). 이는 동일상호에 동일영업의 존재를 기대하는 일반인의 신뢰를 보호하기 위한 것이다. 여기서 영업의 폐지는 단순한 형식상의 폐업신고뿐만 아니라, 사실상 영업활동을 중단한 경우도 포함된다(판례). 상호양도는 당사자 간 합의만으로 효력이 발생하나, 제3자에게 대항하기 위해서는 등기해야 한다(상 25조). 이 경우 제3자의 선의·악의는 불문한다. 이는 상호양도의 등기를 공시제도로 강제하기 위한 것이다.

상호를 등기한 자가 정당한 사유 없이 2년간 상호를 사용하지 않으면, 그 상호는 폐지된 것으로 본다(상 26조). 또한 상호를 등기한 자는 상호에 변경이나 폐지가 생긴 때 지체 없이 등기해야 하며(상 40조), 이를 2주 내에 이행하지 않으면 이해관계인은 말소를 청구할 수 있다(상 27조). 예컨대 A가 "그린상사"라는 상호를 등기해두고 2년간 영업을 중단했다면, 그 상호는 법적으로 폐지된 것으로 본다. 또한 A가 상호를 "그린무역"으로 변경하고도 2주 내에 이를 등기하지 않은 경우, 거래상대방 B는 기존 상호등기의 말소를 구할 수 있다.

Ⅴ. 명의대여자의 책임

1. 의의

상법 제24조는 자기의 성명 또는 상호를 사용하여 영업할 것을 타인에게 허락한 자는, 그 명의로 거래한 제3자에 대하여 명의차용자와 연대하여 변제할 책임이 있다고 규정한다. 이른바 명의대여자 책임 제도다.

이 제도는 거래상대방이 "이 영업의 주체가 누구인지"를 외관상 신뢰하고 거래하는 현실을 전제로 한다. 즉, 명의대여자가 자기의 명의사용을 허락함으로써 거래상 영업주체에 관한 외관을 형성했으므로, 그 신뢰에 따라 거래한 제3자를 보호하기 위하여 명의대여자에게도 책임을 부담시키는 것이다. 따라서 명의대여자의 책임은 외관책임으로서의 성격을 가지며, 이는 본질적으로 표현대리(민 126조)와 유사하지만, 표현대리와 달리 명의대여자에게 거래효과가 귀속되는 것은 아니다. 그는 단지 명의를 빌려준 데 대한 대외적 책임을 부담할 뿐이다.

2. 적용범위

명의대여자의 책임은 영업상 신용을 남용하는 행위를 방지하기 위한 규정으로, 명의차용자는 반드시 상인이어야 하지만, 명의대여자는 상인이 아니어도 책임이 인정된다(판례). 지방자치단체인 A시가 B에게 "○○시 직영주유소"라는 명칭 사용을 허락한 경우, A시는 상인이 아니더라도 제3자가 이를 A시의 영업으로 믿고 거래했다면 명의대여자 책임이 인정된다(판례).

또한, 명의대여가 위법하거나 무효라 하더라도 선의의 제3자를 보호하기 위해 책임은 여전히 성립한다. 예컨대 건설업 면허를 타인에게 대여하는 것은 건설산업기본법 제21조 위반으로 행정상 제재 대상이지만, 선의의 하도급업체 등 제3자를 보호하기 위해 명의대여자의 책임은 인정된다(판례).

다만 명의대여자의 책임은 대여한 명의와 관련된 영업행위에 한정된다. 예를 들어, A가 "청수정미소"라는 상호를 B에게 빌려주었다면 정미업과 관련된 채무에는 명의대여자 책임이 인정되지만, 그 정미소 건물 일부를 B가 임대하여 발생한 임대차채무에는 책임이 없다(판례).

한편, 명의차용자의 불법행위에 대해서도 명의대여자 책임이 인정되는지 여부는 논란이 있다. 판례는 명의대여자 책임이 거래 외관을 신뢰한 계약관계를 보호하기 위한 제도라는 점에서, 불법행위로 인한 손해는 통상적으로 외관과의 인과관계가 없다고 보아 이를 부정한다. 예컨대 명의차용자의 영업소에서 거래상담 중 바닥 관리의 하자로 상대방이 미끄러져 다친 경우에는 외관과 손해 사이의 인과관계가 인정되지 않는다. 다만 학설 중 일부는, 타인의 명의를 이용해 상대방을 기망하는 사기적 계약체결과 같이 명의대여로 형성된 외관이 거래과정에서 직접 손해 발생으로 이어진 경우에는 예외적으로 책임을 인정할 수 있다고 본다.

3. 요건

명의대여자 책임이 인정되기 위해서는 우선, 명의차용자가 명의대여자의 성명이나 상호를 사용하여 영업을 하는 외관이 존재해야 한다. 여기서 중요한 것은 실제의 영업주가 누구인지보다, 제3자가 객관적으로 보기에도 마치 명의대여자가 영업을 하고 있는 것처럼 보이는 거래상 외관이 형성되었는가이다.

그 명의는 반드시 완전히 동일할 필요는 없으며, 사회통념상 오인할 만한 정도로 유사한 명칭이라면 충분하다. 예를 들어, “그린전기”의 명의를 가진 자가 타인에게 “그린전기지점” 또는 “그린전기영업소”라는 이름을 사용하게 했다면, 일반 거래상대방은 이를 본점이나 지점 관계로 인식할 가능성이 높기 때문에 외관이 형성된 것으로 본다(판례).

이러한 명의사용은 명의대여자의 허락이 있어야 한다. 허락은 명시적인 경우뿐 아니라 묵시적으로도 가능하다. 예를 들어, A가 자신의 상호가 사용되고 있음을 알고도 같은 상호로 거래가 계속 이루어지도록 방치했다면, 이는 사실상 묵시적 허락으로 평가되어 명의대여자의 책임이 인정된다(판례).

또한 거래상대방이 명의대여자를 진정한 영업주로 믿고 거래했는지가 중요하다. 이는 외관신뢰의 보호라는 제도의 취지에 부합한다. 따라서 거래상대방은 선의이고, 중대한 과실 없이 그 명의를 실제 영업주의 명의로 오인해야 한다. 거래상대방의 중과실 유무는 구체적인 거래 경위, 상호의 유사성, 영업장소의 표시 등을 종합적으로 판단한다. 그리고 제3자의 선의·무중과실 여부는 이를 부정하려는 명의대여자 측이 입증해야 한다는 점에서 입증책임이 전환되어 있다(판례).

결국 명의대여자 책임은, 명의대여자가 자신의 명의를 사용하게 하여 거래상 신뢰의 외관을 스스로 조성하거나 방치한 경우에 그 외관을 믿은 제3자를 보호하기 위해 인정되는 것이다. 이는 상인의 신용과 거래질서를 함께 보호하려는 상법의 기본이념과도 맞닿아 있다.

4. 효과

명의차용자가 거래의 직접 당사자이지만, 명의대여자는 그와 연대하여 변제책임을 진다(상 24조). 이 연대책임은 상호의 신용을 보호하기 위한 것으로, 채무자 사이에 주관적 공동관계가 없는 부진정연대채무에 해당한다(판례). 예를 들어 B가 A의 상호를 빌려 "A상사" 명의로 상품을 판매하다가 거래대금을 지급하지 못한 경우, A는 제3자가 A의 영업으로 믿고 거래한 이상 상법 제24조에 따라 B와 함께 대금채무를 연대하여 부담한다.

또한 명의대여자는 경우에 따라 민법상 사용자책임(민 756조)을 부담할 수 있다. 즉, 명의대여자가 명의차용자를 사실상 지휘·감독하는 지위에 있었다면 그 과실에 대해 사용자책임이 병존할 여지가 있다. 예컨대 A가 B의 명의로 어린이집을 등록하고 운영했는데 보육교사의 과실로 아동이 사망한 경우, A는 명의대여자로서 상법 제24조에 따른 책임뿐 아니라 민법 제756조의 사용자책임도 병존하여 부담할 수 있다(판례).

제 3 관 상업장부

Ⅰ. 의의

상업장부는 상인이 영업상의 재산 상태와 손익의 변동을 명확히 하기 위해 작성하는 장부이다. 이는 단순한 회계기록이 아니라, 기업의 지급능력·신용·

경영성과를 객관적으로 보여주는 신용질서 유지의 기초자료로 기능한다. 즉, 상법은 거래상대방과 투자자에게 투명한 정보 제공을 통한 거래의 안전 확보를 목적으로 상업장부의 작성·보존을 의무화한 것이다. 그렇다면 상인이 이러한 장부를 갖추지 않는 경우, 거래상대방은 기업의 재무상태와 신용도를 어떻게 파악할 수 있을까? 이러한 의문은 상업장부 제도의 필요성과 기능을 다시 환기시킨다.

상업장부는 크게 회계장부와 대차대조표로 구성된다. 회계장부는 일상적인 거래와 자산·부채의 변동 등 영업활동 전반을 기재하는 장부로서, 대차대조표 작성의 기초자료가 된다(상 30조). 대차대조표는 일정 시점의 자산·부채·자본을 집계하여 기업의 재무상태를 명확히 하는 장부이다. 대차대조표는 재무상태표라고도 부른다.

다만, 소상인에게는 상업장부에 관한 규정을 적용하지 않는다(상 9조). 이는 영세상인의 회계부담을 완화하고, 상법상 일반 상인과 구분하여 실질적 형평을 도모하기 위한 것이다.

Ⅱ. 상인의 의무

1. 작성의무

상인은 회계장부와 대차대조표를 작성해야 한다(상 29조). 특히, 영업을 개시할 때와 매년 1회 이상 일정한 시기에, 회사의 경우는 성립 시 및 매 결산기에 회계장부에 따라 대차대조표를 작성하고, 작성자가 기명날인 또는 서명해야 한다(상 30조).

상법은 구체적인 회계기준을 직접 규정하지 않고, 대신 "일반적으로 공정하고 타당한 회계관행에 따라야 한다"는 원칙만 제시한다(상 29조). 이는 회계기준이 기업의 규모와 성격, 그리고 시대적 여건에 따라 달라질 수밖에 없기 때문에, 상업장부의 신뢰성 판단을 획일적인 법규범이 아니라 실무에서 형성된 합리적 기준에 맡기려는 취지이다.

실무적으로는 기업의 규모와 성격에 따라 적용되는 회계기준이 달라진다. ① 외부감사법의 적용을 받는 회사는 한국채택국제회계기준(K-IFRS) 또는 일반기업회계기준(K-GAAP) 중 선택할 수 있다(외감 5조). ② 상장법인·금융회사(은행, 증권

회사, 보험회사 등)는 K-IFRS 적용이 의무적이다(외감령 6조). ③ 외부감사법 적용대상이 아닌 중소기업에는 중소기업회계기준이 적용된다(상 446조의2, 상령 15조). 예를 들면, 중소 제조업체 A는 외부감사법 적용대상이 아니므로 중소기업회계기준을 적용해 재무제표를 작성한다. 반면 상장회사 B는 투자자 보호를 위해 K-IFRS에 따라 결산한다.

2. 보존의무

상인은 상업장부 및 영업에 관한 중요서류를 10년간 보존해야 하며, 전표 또는 이와 유사한 서류는 5년간 보존해야 한다(상 33조). 여기서 영업에 관한 중요서류란 거래계약서, 영수증, 주문서 등이 포함된다. 보존기간의 기산점은 상업장부는 그 폐쇄일을 기준으로 한다(상 33조).

또한, 상법은 시대 변화에 맞춰 장부의 전산화 보존을 허용한다. 즉, 마이크로필름 기타의 전산정보처리조직(디지털 저장매체)에 의한 보존도 가능하다(상 33조). 이는 현대 상거래의 효율성과 기록 보존의 안전성을 고려한 규정이다. 예를 들어, 상인 A가 전자회계시스템을 통해 거래명세서를 관리하고, 이를 클라우드에 보관하는 경우에도 상법상 보존의무를 이행한 것으로 본다.

3. 제출의무

법원은 소송과 관련하여 당사자의 신청 또는 직권으로 상업장부의 제출을 명할 수 있다(상 32조). 이는 상업장부가 거래의 신용을 담보할 뿐 아니라, 분쟁 발생 시 사실관계의 객관적 증거로 기능하기 때문이다. 그렇다면 상업장부 제출을 거부하는 상인이 있다면, 법원은 어느 범위까지 그 제출을 강제하거나 거부의 정당성을 심사할 수 있을까? 이는 상업장부의 증거적 기능과 기업비밀 보호 간의 긴장관계를 보여주는 지점이다.

제 4 관 상업등기

Ⅰ. 의의

상업등기는 상인의 신용과 거래 안전을 보장하기 위한 공시제도로서, 상법에 따라 법원의 상업등기부에 기재하는 절차를 말한다(상 34조). 즉, 영업주체와 기업조직에 관한 주요 사항을 일반인이 확인할 수 있도록 공개함으로써, 투자자 · 거래상대방이 조직구조 · 재무현황 등 기업의 법률상 중요사항을 신뢰할 수 있게 하는 장치다. 이는 신뢰보호의 원리에 기초하며, 따라서 상인은 일정한 사항을 등기할 의무를 부담하고, 이를 게을리 하면 그 불이익은 스스로 감수해야 한다(상 37조).

상업등기는 상인의 영업소 소재지(회사의 경우 본점)를 관할하는 법원의 상업등기부에 신청함으로써 이루어진다(상 34조). 등기의 주체는 상인 또는 회사이며, 이를 통해 영업소의 개설 · 이전 · 폐쇄, 상호, 지배인, 지점 등 영업 관련 정보가 공시된다.

다만, 소상인에 대해서는 그 부담을 완화하기 위하여 상업등기의 규정을 적용하지 않는다(상 9조). 이는 공시제도의 필요성과 실익에 더하여 영세상인에세 부담되는 정도를 함께 고려한 입법적 판단에 기초한다. 예를 들어, 대형 도매업체 A는 신용거래가 많고 다수의 채권자 · 투자자가 관계하므로 등기를 통해 기업정보를 공시해야 하지만, 시장 내 소규모 채소도매상 B에게까지 이를 요구한다면 거래비용만 증가할 뿐, 공시로 인한 실익은 크지 않다. 따라서 B는 소상인으로서 상법 제9조에 따라 상업등기의무에서 제외된다.

결국 상업등기는 기업의 투명성 확보와 신용질서 유지를 위한 핵심적 제도이며, 영세상인에 대해서는 부담을 완화함으로써 공시주의와 실효성의 조화를 도모하고 있다. 그렇다면 상법은 어떤 사항까지를 등기 대상으로 삼고, 그 등기에 구체적으로 어떠한 법적 효력을 부여하고 있을까?

Ⅱ. 종류

상업등기의 대상은 매우 다양하지만, 그 법적 성질에 따라 필요적 등기사항과 상대적 등기사항, 그리고 창설적 등기사항과 선언적 등기사항으로 구분된다. 이 구분은 단순한 분류가 아니라, 등기의 효력과 법적 효과를 결정하는 핵심 기준이다.

먼저, 필요적 등기사항이란 상인이 반드시 등기해야 하는 사항을 말한다. 등기를 하지 않으면 법적 불이익이 발생하거나, 제3자에게 대항할 수 없게 된다. 예를 들어, 지배인의 선임・해임의 등기(상 13조)는 필요적 등기사항이다.

반면, 상대적 등기사항은 등기 여부가 임의적이다. 그러나 일단 등기하면 그 후의 변경이나 소멸은 반드시 등기해야 한다(상 40조). 대표적인 예로 개인상인의 상호가 있다. 개인상인의 상호는 원칙적으로 등기가 선택사항이지만, 한 번 등기하면 그 이후의 변경 또는 폐지는 반드시 등기하게 해서, 제3자가 기존 등기사항에 관하여 형성한 신뢰를 보호하려는 것이다. 예를 들어, 개인상인 A가 "한빛상사"라는 상호를 등기했다면 이는 상대적 등기사항이다. 그러나 이후 A가 상호를 "한빛무역"으로 변경하려면 그 변경은 반드시 등기해야 하며, 그렇지 않으면 제3자에게 그 변경을 주장할 수 없다. 이처럼 상대적 등기사항은 임의적 등기를 전제로 하되, 일단 등기된 이상 그 변경이나 소멸에 관해서는 등기의무가 계속적으로 부과되는 제도이다.

다음으로, 창설적 등기사항은 등기에 의해 비로소 효력이 발생하는 사항이다. 등기 없이는 법률효과가 생기지 않는다. 대표적인 예로 회사의 설립등기(상 172조)가 있다. 회사는 정관작성을 포함한 설립절차를 모두 마쳐도, 등기를 하지 않으면 법인격이 성립되지 않는다. 따라서 창설적 등기는 법률효과를 창출하는 등기라 할 수 있다.

반대로, 선언적 등기사항은 이미 발생한 법률관계를 단지 외부에 공시하는 등기로, 등기의 유무와 관계없이 그 효력은 이미 존재한다. 예컨대 지배인의 선임・해임의 등기(상 13조)가 이에 해당한다. 지배인은 선임된 시점에 이미 지위를 취득하고, 등기는 단지 이를 공시하여 제3자가 신뢰할 수 있도록 하는 역할을 한다. 예를 들어, A회사가 영업 확장을 위해 지배인 B를 해임하고 C를 새로 선임하고 이를 즉시 등기하지 않았더라도, C는 이미 선임된 시점에서 지배인으로서의 권한을 갖는다. 다만 그 선임 사실이 등기되지 않은 상태에서 제3자가 이를 알지 못하고 종전 지배인 B와 거래한 경우에는, 회사는 그 선임을 제3자에게 대항할 수 없다. 따라서 지배인의 선임·해임은 거래상 혼란을 방지하기 위하여 지체 없이 등기하는 것이 요구된다.

요컨대 상법상 등기사항은 대체로 선언적 성격을 가지며, 창설적 등기는 회사의 설립·합병 등 특별한 경우에 한정된다. 이는 등기가 원칙상 법적 효력을 창조하기보다는 거래의 투명성과 신뢰를 유지하기 위한 공시수단임을 보여준다.

Ⅲ. 상업등기의 효력

1. 일반적 효력

상업등기의 가장 기본적인 법적 효과는 등기사항을 제3자에게 대항할 수 있는가의 문제다. 상법은 등기할 사항을 등기하지 아니하면 선의의 제3자에게 대항하지 못한다고 규정한다(상 37조). 이 규정의 취지는 공시되지 않은 사실은 신뢰할 수 없으므로 거래상대방을 보호해야 한다는 공시주의에 있다.

여기서 "선의"란 제3자가 등기사항의 존재를 알지 못하는 경우를 말하며, 다수설은 "중대한 과실 없이 알지 못한 경우"까지 포함된다고 본다. 즉, 제3자가 조금만 주의했어도 알 수 있었던 사정이라면 보호받지 못한다.

이 규정은 공시하지 않은 등기의무자가 선의의 제3자에게 등기사항을 주장할 수 없다는 의미다. 이는 등기의무자가 스스로 공시하지 않은 사실에 대한 책임을 져야 한다는 점에서 공시책임은 원칙적으로 과실 유무를 불문한다는 법리가 작동한다. 반대로 제3자는 등기되지 않은 사실이라도 등기의무자에게는 자유롭게 주장할 수 있다.

예를 들어, A회사가 대표이사를 C에서 D로 변경하였음에도 이를 등기하지 않은 상태에서 종전 대표이사 C가 B와 계약을 체결한 경우, B가 대표이사 변경 사실을 알지 못하였다면 A는 그 변경 사실을 들어 계약의 효력을 부인할 수 없다. 이는 A가 대표이사 변경이라는 등기사항을 공시하지 않은 이상, 그 불이익을 스스로 부담해야 하기 때문이다. 이처럼 상법 제37조는 등기되지 않은 사실에 관하여 공시의무자에게는 대항을 제한하고, 제3자에게는 선택적으로 이를 원용할 수 있도록 함으로써 거래상 신뢰를 보호한다.

한편, 등기를 마친 이후라도 제3자가 정당한 사유로 알지 못한 경우에는 등기사항을 주장할 수 없다(상 37조). 이때 "정당한 사유"란 천재지변이나 등기소의 화재 등 객관적으로 불가피한 사정을 의미하며, 등기의무자의 질병 · 출장 등 주관적 사유는 포함되지 않는다.

상업등기의 일반적 효력은 모든 등기사항에 적용되는 것은 아니다. 창설적 등기나 면제적 등기처럼 특수한 효력이 인정되는 경우에는 별도의 규정이 우선한다.

나아가, 일반적 효력이 불법행위에도 적용되는지가 논의된다. 예를 들어, 등기되지 않은 지배인과 거래한 제3자가 불법행위로 손해를 입은 경우, 이를 상법 제37조로 보호할 수 있는가의 문제다. 제3자의 오인과 손해 사이에 인과관계가 없으므로 적용되지 않는다는 입장과, 불법행위 중에서도 거래행위적 불법행위(지배인 사기 등)의 경우에는 제3자의 오인과 손해 사이의 인과관계가 인정되므로 상법 제37조의 보호를 받을 수 있다는 입장이 대립한다. 이러한 인과관계 판단의 문제는 앞서 살펴본 명의대여자 책임에서의 논의와 동일한 구조를 가진다.

요컨대, 상업등기의 일반적 효력은 공시되지 않은 사실에 대한 책임을 공시의무자에게 귀속시키는 한편, 이를 신뢰한 제3자의 거래안전을 보호하려는 취지에서 인정된다.

2. 특수한 효력

상업등기 중에는 특수한 효력이 부여된 경우가 있으며, 이때는 일반적 효력(상 37조)이 아니라 각 특수효력 규정이 우선 적용된다.

첫째, 창설적 효력은 등기를 함으로써 비로소 법률효과가 발생하는 경우를 말한다. 예를 들어, 회사의 설립등기(상 172조)는 등기를 해야만 회사가 성립하므로, 등기 전에는 법인격이 존재하지 않는다. 즉, 등기가 효력발생요건으로 작용한다.

둘째, 보완적 효력(치유적 효력)은 등기, 또는 등기와 일정 기간의 경과로 법률관계의 하자를 더 이상 다툴 수 없게 하는 기능을 말한다. 예컨대 회사의 설립등기 후에는 일정한 사유로 인한 주식인수의 무효나 취소를 더 이상 주장할 수 없으며(상 320조), 신주의 발행으로 인한 변경등기를 한 날로부터 1년이 지나면 일정한 사유로 인한 신주인수의 무효 또는 취소를 주장할 수 없게 된다(상 427조). 이는 등기 직후 또는 일정 기간이 경과하면 해당 하자를 더 이상 문제 삼지 않도록 하여 법률관계를 조기에 확정하려는 취지이다.

셋째, 면제적 효력은 등기에 의해 일정한 책임이 면제되는 경우다. 예를 들어, 합명회사 사원이 퇴사등기를 마치면 그 이후 발생하는 회사채무에 대해 면책된다(상 225조). 이는 사원의 지위를 명확히 하여 책임시점을 확정하기 위한 것이다.

넷째, 배척적 효력은 동일한 상호가 중복 등기되는 것을 방지하는 효과다. 상호를 등기하면 일정한 요건 하에서 타인의 동일상호 등기를 배척하게 되며(상 22조), 이는 등기상호의 배타성을 보호하기 위한 규정이다. 예를 들어 A가 "한빛상사"를 등기했다면, 동일한 특별시 · 광역시 · 시 · 군 내에서 다른 상인은 동일상호를 동종영업의 상호로 등기할 수 없다.

Ⅳ. 부실등기

1. 의의

상업등기는 거래의 신용을 유지하기 위한 공시제도이므로, 등기사항이 사실과 다르게 기재될 경우 그 신뢰를 어떻게 보호할 것인지가 핵심 쟁점이다. 이에 상법은 고의 또는 과실로 부실등기, 즉 사실과 다른 사항을 등기를 한 자는 그 사항을 선의의 제3자에게 대항하지 못한다고 규정한다(상 39조). 이 규정의 취지는 사실과 다른 등기를 한 자에게 자기책임을 부담시킴으로써 거래의 신용과 안전을 보호하려는 데 있다. 즉, 사실과 다른 등기를 해 두고 이를 신뢰한 제3자에게 불이익을 주는 것은 신용질서에 반하므로, 부실등기자는 자신의 등기내용에 책임을 져야 한다는 것이다.

2. 공신력의 부정

상업등기에는 부동산등기와 마찬가지로 공신력, 즉 등기내용의 절대적 신뢰효가 부정된다(판례). 이는 공신력을 인정할 수 있을 정도로 상업등기 과정에서 실질심사가 이루어지고 있지 않기 때문이다. 즉, 등기 내용의 진실성에 대해 국가가 보증하지 않고, 다만 등기된 내용은 사실과 부합한다는 사실상의 추정만이 인정된다. 따라서 상법 제39조는 공신력을 인정하지 않는 전제하에서, 부실등기를 한 자에게 그 책임을 부담시켜 제3자를 보호하려는 규율로 이해된다.

3. 부실등기의 요건

부실등기로 인정되기 위해서는 우선, 등기된 내용이 사실과 달라야 한다. 이는 처음부터 등기사항이 사실과 부합하지 않게 기재된 경우를 말한다. 한편, 등기 당시에는 사실과 부합했지만 이후 사정이 바뀌어 등기의 내용이 사실과 달라진 경우에도 상법 제39조를 적용할 수 있는지가 문제된다. 예를 들어, A회사가 지배인 B를 해임했음에도 불구하고 등기를 정정하지 않은 채 B가 여전히 지배인인 것처럼 거래하여 C와 계약을 체결한 경우에 이 문제가 제기된다. 다수설은 이 경우에는 상법 제37조 제1항, 즉 등기할 사항을 등기하지 않으면 선의의 제3자에게 대항하지 못한다는 규정을 적용해야 한다고 본다. 반면, 일부 견해는 두 규정이 병행 적용될 수 있다고 해석하지만, 다수설은 제39조가 이른바 "등기 당시의 허위"를 전제로 한 규정이라는 점에서 이를 부정한다. 이는 제39조가 "등기 당시의 허위"를 전제로 하므로, 사후 변경으로 인한 불일치의 경우에는 등기 누락의 문제로 보아 상법 제37조 제1항을 적용해야 한다는 취지다.

다음으로, 등기의무자에게 고의 또는 과실이 있어야 한다. 즉, 단순히 등기관이 착오로 잘못 기재한 경우처럼 등기신청 자체에는 잘못이 없는 경우에는 상법 제39조가 적용되지 않는다(판례). 그러나 등기의무자가 제3자의 허위신청에 관여하거나, 등기내용이 허위임을 알면서도 이를 그대로 방치했다면 귀책사유가 인정된다. 이는 상인에게 높은 주의의무를 요구함으로써 상거래의 신용을 유지하려는 것이다.

또한, 제3자는 반드시 선의여야 하며, 그 의미는 상법 제37조 제1항과 동일하다. 즉, 중대한 과실 없이 등기상의 허위를 알지 못한 경우에 한하여 보호된다. 따라서 제3자가 등기사항의 불일치를 알고 있었거나, 거래상 통상 요구되는 주의를 조금만 기울였어도 허위를 인식할 수 있었던 경우에는 상법 제39조의 보호를 받지 못한다.

4. 부실등기의 효과

부실등기를 한 자는 이를 선의의 제3자에게 대항하지 못한다(상 39조). 즉, 부실등기자는 "등기가 허위였다"는 점을 내세워 제3자에게 책임을 회피할 수 없고, 반대로 제3자는 부실등기 또는 사실에 부합하는 내용 중에서 자신에게 유리한 쪽을 선택하여 주장할 수 있다. 예를 들어, A회사가 실제로는 지배인으로 선임된 사실이 없는 B를 지배인으로 등기해 둔 상태에서 B가 그 외관을 바탕으로 제3자인 C와 거래한 경우, C가 선의라면 A는 B의 무권한을 이유로 거래의 효력을 부인할 수 없다. 이는 부실등기에 대한 자기책임 원칙과 거래상대방의 신뢰보호 원칙이 결합된 결과이다.

제 5 관 영업양도

Ⅰ. 의의

영업양도는 영업의 동일성을 유지하면서 이를 일체로 하여 이선하는 행위를 말한다. 이는 단순히 개별 재산을 매매하는 것이 아니라, 하나의 조직화된 경제적 단위로서의 영업 전체를 포괄적으로 이전한다는 점에서 민법상 매매와 구별된다. 상법은 영업양도에 대한 정의규정을 두지 않으나, 판례는 이를 영업조직의 동일성을 유지하면서 그 기능을 이전하는 것으로 본다. 즉, 단순한 자산의 양도만으로는 부족하고, 거래상의 신용, 거래처, 인적 조직 등 무형의 요소까지 포괄 이전되어야 영업양도에 해당한다.

예를 들면, A식품이 전국 유통망을 갖춘 식품제조업을 운영하다가, B식품에 "공장, 재고, 거래처, 직원 전원, 영업비밀"을 포괄적으로 이전하였다. 이 경우 영업의 동일성이 유지되므로 이는 영업양도에 해당한다. 반면, 기계나 부동산만을 개별적으로 매각하고 인적 조직이나 거래망을 승계하지 않았다면 단순한 자산양도에 불과하여 영업양도가 아니다.

그렇다면 영업양도인지 단순한 자산양도인지의 판단은 어떤 요소가 핵심 기준이 될까? 판례가 말하는 "영업의 동일성"이라는 개념이 바로 이러한 구별의 출발점이 된다. 판례는 영업의 동일성 유무를 판단함에 있어 기능적 관점을 취한다. 즉, 양수인이 종래의 영업과 동일한 경제적 기능을 수행할 수 있으면 동일성이 유지된다고 본다. 따라서 여러 영업소 중 일부만 양도하더라도, 그 영업소가 독립된 영업체로 기능할 수 있다면 영업양도에 해당한다. 반대로 근로관계나 영업조직이 이전되지 않고 자산만 이전된 경우에는 영업의 동일성이 부정된다. 이러한 기준에 비추어 볼 때, 개별 사안에서 어느 범위까지를 영업양도로 보고 어느 경우를 단순한 자산양도로 볼 것인지는 결국 영업의 동일성 인정 여부에 달려 있다고 할 수 있다.

위와 같이 영업양도는 재산권 이전의 한 형태이지만, 상법은 그 과정에서 형성되는 외관과 신뢰를 보호하고, 양도인에게 경업금지의무를 부과하기 위하여 이를 특별히 규율한다.

Ⅱ. 영업양도의 절차

영업양도는 양도인과 양수인 간의 영업양도계약 체결로 이루어진다. 이는 명시적 계약뿐 아니라 묵시적 계약으로도 성립할 수 있다(판례). 다만, 양도인이나 양수인이 회사인 경우에는 중요한 자산 처분에 해당하므로, 일정한 의사결정 절차를 거쳐야 하며, 예를 들어 주식회사의 경우 주주총회의 특별결의가 필요하다(상 374조).

영업양도의 효과로서, ① 양도인은 영업재산을 양수인에게 이전할 의무를 부담하고, ② 양수인은 대금을 지급할 의무를 진다. 이때 영업재산은 영업의 동일성을 유지하는 범위 내에서 이전되어야 하며, 각 재산은 개별적 이전방식(부동산은 등기, 동산은 인도, 채권은 통지 또는 승낙)에 따라 이전된다(판례). 즉, 영업이 포괄적으로 이전되더라도 재산법상의 이전효는 개별적 요건을 충족해야만 발생한다.

또한 영업양도에는 근로관계의 이전이 포함된다(판례). 이는 근로자가 영업의 인적 조직을 구성하는 핵심 요소이기 때문이다. 따라서 영업의 동일성을 유지하려면 근로관계도 함께 승계되어야 한다. 이처럼 근로관계의 승계가 영업의 동일성 판단에서 중요한 의미를 갖는데, 그렇다면 근로자 승계의 범위를 어디까지 인정해야 영업양도성이 유지되었다고 볼 수 있을까? 이는 영업양도의 개별 사안 별로 구체적으로 판단해야 한다. 한편, 근로자는 의사에 반해 이전될 수 없으므로, 양도에 반대하면 잔류 또는 퇴직할 수 있다. 다만, 양도인이 일부 근로자를 제외하기로 특약한 경우, 그 배제가 사실상 해고에 해당하면 근로기준법상 정당한 이유가 있어야 유효하다(판례).

예컨대, A회사가 B회사에 영업을 양도하면서 생산직 근로자 전원을 승계하되, 사무직 2명은 제외하기로 했다. 이 중 사무직 근로자가 동의 없이 제외된 경우, 이는 사실상 해고로서 정당한 이유가 없으면 이 해고는 무효이다. 다만, 근로자 승계범위의 조정이 영업조직의 본질적 동일성을 해치지 않는다면, 그와 같은 조정이 있었다 하더라도 영업양도로서의 성질은 유지된다.

Ⅲ. 영업양도의 효과

1. 경업금지의무

영업을 양도한 자는 원칙적으로 일정 기간 동안 동일한 또는 인접한 지역에서 같은 종류의 영업을 다시 할 수 없다. 영업양도의 본질이 영업의 동일성을 유지한 채 그 실질적 가치 일체를 이전하는 데 있는 만큼, 양도인이 다시 동일한 영업을 개시하여 종래의 고객관계나 영업비밀 등을 활용하는 경우에는 양수인이 인수한 영업의 가치가 침해될 위험이 크다. 상법은 이러한 이익상충을 방지하기 위하여 양도인의 경업금지의무(상 41조)를 규정하고 있다.

즉, 특별한 약정이 없는 한 양도인은 10년간 동일한 또는 인접한 특별시·광역시·시·군에서 동종영업을 하지 못하고, 만약 당사자가 별도의 약정을 두더라도, 그 효력은 20년을 넘지 않는 범위 내에서만 인정된다(상 41조). 법이 20년을 상한으로 정한 이유는 개인의 영업의 자유를 과도하게 제한하지 않기 위해서이다. 판례는 이때 동종영업을 좁게 해석하지 않고, 영업의 목적·내용·규모 등에 비추어 실질적으로 경쟁관계에 있는 영업 전반을 포함한다고 본다.

예를 들어, A가 운영하던 제과업체를 B에게 영업양도하면서 기존 거래처, 단골 고객, 제조기술, 직원 조직 등을 일괄적으로 이전한 경우를 생각해 보자.

이때 B는 종래의 영업망과 고객관계를 그대로 활용하여 영업을 계속하게 된다. 이러한 상황에서 A가 인접 지역에서 다시 제과업을 개시하여, 이전에 형성한 고객관계나 제조기술을 활용해 영업을 한다면, 이는 양수인 B가 인수한 영업의 실질적 가치를 잠식하는 결과가 된다. 따라서 특별한 약정이 없는 한, A는 상법 제41조에 따라 일정 기간 동일하거나 인접한 지역에서 동종영업을 할 수 없다.

상법에는 위반 시의 별도 제재규정이 없으므로, 이러한 경우에는 민법상 채무불이행책임(민 390조)에 따라 손해배상을 청구할 수 있다. 다만, 상업사용인이 경업금지를 위반했을 때 인정되는 개입권(상 17조)은 여기에는 적용되지 않는다.

2. 영업양도에 따른 채권자의 보호

영업양도가 이루어지면 영업에 속한 채권과 채무가 함께 이전되는데, 이 과정에서 채권자의 신뢰가 침해될 위험이 있다. 특히 채권자의 입장에서는 “이제 누구에게 변제를 청구해야 하는가”라는 점이 가장 직접적인 문제로 떠오른다. 이를 고려해서 상법은 양수인의 외관책임을 근거로 한 채권자 보호 규정을 두고 있다.

먼저, 양수인이 양도인의 상호를 속용하는 경우, 양도인의 영업으로 인하여 성립된 제3자의 채권에 대해서 양수인도 변제책임을 진다(상 42조). 이는 양수인이 종래의 상호를 계속 사용함으로써, 채권자로 하여금 영업주체의 동일성 또는 신용의 계속을 신뢰하게 만들었기 때문이다. 이때 상호는 완전히 동일하지 않아도 되고, 주요 부분이 같으면 충분하다(판례).

예컨대, A가 운영하던 “주식회사 협성산업”의 영업을 B가 양수한 후, “주식회사 협성”이라는 상호로 계속 영업을 하는 경우를 생각해 보자. 이때 “협성”이라는 주요 부분이 그대로 유지되어 상호가 속용된 것으로 평가된다면, B는 A의 영업으로 인하여 발생한 채무에 대하여 제3자인 채권자 C에게도 변제책임을 진다(상 42조). 다만, B가 영업양도 후 지체 없이 양도인의 채무에 대하여 책임을 지지 않는다는 뜻을 등기하거나, 이를 C에게 개별적으로 통지하였다면, 그 이후에는 이러한 책임을 부담하지 않게 된다(상 42조).

한편, 상호를 속용하지 않더라도, 양수인이 양도인의 채무 인수를 광고한 경우에는 동일한 책임이 인정된다(상 44조). 이는 광고를 통해 형성된 신뢰를 보호하기 위한 것이다.

위와 같은 요건이 충족되는 경우 양수인은 양도인의 채무를 변제할 책임을 지며, 그 관계는 부진정연대채무로 해석된다. 그리고 이 경우 영업양도 또는 광고 후 2년이 지나면, 양도인은 채권자에 대한 책임을 면하게 된다(상 45조). 이는 채권자에게 양도인을 상대로 권리를 행사할 수 있는 상당한 기간을 부여하는 한편, 그 기간이 경과한 이후까지 양도인과 양수인을 모두 채무자로 존속시키는 것은 책임의 중첩으로서 과도하다는 점을 고려한 것이다. 특히 영업양도 이후에는 양수인이 영업주체로서 영업을 계속 수행하고 신용의 귀속주체가 되므로, 채무를 양수인에게 일원화하는 것이 책임관계의 명확성과 당사자 간 형평에 부합한다는 점이 이 규정의 취지이다.

3. 영업양도에 따른 채무자의 보호

영업양도 시 일부 채권이 양노 대상에서 세외될 수도 있는데, 이 경우 채무자가 그 사실을 알지 못한 채 양수인에게 변제하는 일이 생길 수 있다. 이렇게 되면 채무자는 진정한 채권자인 양도인에게 다시 변제해야 하는 이중변제의 위험에 처하게 된다. 이를 방지하기 위해 상법은 선의의 채무자를 보호하는 규정을 두고 있다.

즉, 양수인이 상호를 속용하고 채무자가 선의이며 중대한 과실이 없는 경우, 채무자가 양수인에게 변제한 것은 유효하다(상 43조). 따라서 채무자는 양도인에게 다시 변제할 필요가 없다. 이는 상호의 속용으로 인해 영업주체가 종전과 동일한 것으로 보이는 외관이 형성된 이상, 그 외관을 신뢰하고 변제한 채무자를 보호하려는 입법취지에 따른 것이다.

예를 들어, A가 "대흥상사"를 B에게 양도하고, B가 같은 상호로 영업을 계속하는데, 거래처 C가 A에 대한 외상대금 5천만 원을 B에게 지급했다면, C가 영업양도의 사실을 모르고 선의이며 중대한 과실이 없다면 그 변제는 유효하다. 즉, C는 A에게 다시 지급하지 않아도 된다. 다만, B는 지급받은 금액을 부당이득으로서 A에게 반환해야 한다.

한편, 양도인이 채권양도를 광고하거나 통지한 경우에도 이러한 규정을 유추적용할 수 있는지가 문제된다. 이에 대해 다수설은 채무자 보호의 취지를 고려해 상법 제43조를 유추적용할 수 있다고 보지만, 명문 규정이 없다는 이유로 부정하는 견해도 있다.

제3편 상행위법

제 1 절 상행위법 통칙

제1관 서 설

Ⅰ. 상행위법의 의의

상행위법은 상행위를 규율하는 법이다. 상법은 상행위의 특성인 영리성, 신속성, 안전성, 신용확보를 보장하기 위하여 상행위편(상 46조~168조의12)을 두고 있다. 또한 상법은 거래 당사자들이 대체로 대등한 지위에 있음을 전제로 하므로, 상행위편의 규정은 대부분 당사자가 자유롭게 달리 정할 수 있는 임의규정으로 구성되어 있다.

Ⅱ. 상행위의 개념 및 종류

상행위란 상인이 하는 행위를 말한다. 이는 단순한 민사행위와 달리, 이익을 얻기 위한 거래행위로서 상법이 특별히 보호하고 규율하는 경제활동의 단위이다. 상행위는 상법의 출발점이며, 상법 전체 체계의 기본이 되는 핵심 개념이다. 상행위는 주체와 목적, 그리고 거래 형태에 따라 여러 유형으로 구분된다. 그렇다면 다양한 분류 기준 중에서도 실제 실무에서 어떤 기준이 상행위 해당 여부를 판단하는 데 중심적 역할을 해 왔을까?

첫째, 기본적 상행위와 준상행위가 있다. 당연상인(상 4조)이 영업으로 행하는 것이 기본적 상행위이며, 의제상인(상 5조)이 영업으로 하는 것이 준상행위이다. 앞서 본 것처럼 당연상인은 상법 46조가 열거한 매매, 임대차 등 일정한 종류의 행위를 영업으로 하는 자이고, 의제상인은 기본적 상행위 이외의 행위를 일정한 형식을 갖추고 영위하는 자를 가리킨다. 두 상행위 모두 영업을 전제로 하므로 영업적 상행위라 부른다. 다만 이 구분은 체계상 의미는 있으나, 상법이 기본적 상행위에 관한 규정을 준상행위에도 준용하고 있으므로(상 66조), 실제 적용상 실익은 크지 않다.

둘째, 영업적 상행위와 보조적 상행위로 나눈다. 영업적 상행위는 상인이 영업 그 자체로 하는 행위를, 보조적 상행위는 영업을 위하여 하는 행위를 말한다(상 47조). 상법은 상인의 행위가 영업을 위한 것임을 추정하므로(상 47조), 상행위가 아님을 주장하는 자가 그 사실을 입증해야 한다. 예컨대, 도매업자가 자금조달을 위해 은행과 체결한 대출계약이나 개업준비행위 등은 보조적 상행위의 예이다. 이 구별은 상법의 적용범위를 정하는 데 중요하다. 보조적 상행위도 상인의 영업을 위하여 이루어지는 이상 상법의 적용 대상이 될 수 있다. 다만, 규정의 성질상 영업 자체의 수행을 전제로 하는 경우에는 보조적 상행위에는 적용되지 않는다. 예를 들어, 상업사용인의 경업금지의무(상 17조)는 영업적 상행위에만 적용된다. 이는 상업사용인의 경업이 상인의 영업활동 자체에 직접적인 경쟁관계를 형성하는 경우에 한하여, 상인을 보호할 필요가 있다고 보기 때문이다.

셋째, 쌍방적 상행위와 일방적 상행위가 있다. 쌍방적 상행위는 거래 당사자 모두에게 상행위가 되는 경우이고, 일방적 상행위는 일방 당사자에게만 상행위가 되는 경우이다. 예컨대 상인 A가 상인 B에게 상품을 판매하는 거래는 쌍방적 상행위에 해당한다. 반면 상인 A가 비상인 C에게 상품을 판매하는 거래는 A에게만 상행위가 되는 일방적 상행위에 해당한다. 상법은 원칙적으로 두 유형 모두에 적용되지만, 상사유치권(상 58조)이나 상사매매의 특칙(상 67조~71조)과 같이 쌍방적 상행위에 한정하여 적용되는 규정도 존재한다. 위와 같은 원칙은, 거래 당사자 중 일방이 상인으로서 영업행위를 하는 경우에는 상대방이 비상인이라 하더라도 거래 전반에 상거래 특성이 나타난다고 보기 때문이다.

넷째, 공법인의 상행위가 있다. 국가나 지방자치단체 등 공법인이라 하더라도, 법령에 특별한 규정이 없는 한 공법인의 상행위에 상법이 적용된다(상 2조).

이는 공법인이라도 사경제의 일원으로 거래에 참여하는 이상, 사인과 동일한 상거래 원칙에 따라야 한다는 경제적 형평의 원리를 반영한 것이다.

제2관 민법 총칙편에 대한 특칙

상법은 민법을 기초로 하지만, 상거래의 신속성과 안전성을 확보하기 위해 여러 부분에서 민법의 일반원칙을 수정하거나 보완한다. 이는 상행위가 반복적이고 대량적으로 이루어지는 영리활동이라는 점에서, 민법상의 형식과 절차가 그대로 적용되면 오히려 거래의 원활함을 해칠 우려가 있기 때문이다. 이에 따라 상법은 대리, 위임, 소멸시효 등 민법 총칙의 기본 제도에 관하여, 실무적 탄력성과 경제적 합리성을 강화하는 방향으로 특칙을 마련하였다.

Ⅰ. 대리

민법은 대리행위에서 본인을 표시하여야 효력이 본인에게 귀속된다는 현명주의를 채택한다(민 115조). 예컨대 "A의 대리인 B"라는 표시가 있어야 거래 상대방은 대리행위의 효과가 A에게 귀속됨을 인식할 수 있나.

이에 반해, 상법은 상행위의 대리에 관하여 비현명주의를 취한다. 그렇다면 이러한 비현명주의 아래에서 본인과 대리인에게 귀속되는 책임과 위험은 어떻게 배분되는 것으로 이해할 수 있을까? 상행위의 대리인은 본인을 위한 것임을 표시하지 않아도 그 행위는 본인에게 효력이 미친다(상 48조). 이는 본인 표시의 번거로움을 줄여 상거래의 신속성을 높이려는 취지이다.

다만, 상대방이 그 행위가 본인을 위한 것임을 알지 못한 경우에는 대리인에게도 이행을 청구할 수 있다(상 48조). 이때 거래는 여전히 본인과 상대방 사이에서 성립하지만, 대리인은 본인 표시를 하지 않음으로써 자기 자신이 거래당사자인 것처럼 보이는 외관을 형성하였으므로, 대리인도 거래상 책임을 함께 부담하게 된다. 따라서 대리인과 본인은 부진정연대채무를 부담한다(판례).

예를 들어, 상인 A의 대리인 B가 본인에 대한 표시 없이 물품을 판매하고,

거래상대방 C가 이를 B 자신의 거래로 오인한 경우, C는 B에게도 이행을 청구할 수 있다. 그러나 이 경우도 대리행위로서의 효력이 인정되어서 계약의 당사자는 여전히 A이며, 다만 A와 B 모두 거래의 이행에 책임을 진다.

한편, 상법 제48조는 "상행위의 대리"에 한정되므로, 본인이 상인인 경우에만 적용된다. 따라서 일방적 상행위에서는 상인인 본인에게는 비현명주의가, 비상인인 본인에게는 현명주의가 각각 적용된다.

또한 대리권의 존속에 있어서도 상법은 민법과 다르다. 민법은 본인의 사망으로 대리권이 소멸한다고 규정하지만(민 127조), 상법은 상인의 영업에 관한 대리권은 본인의 사망으로 소멸하지 않는다고 명시한다(상 50조). 이는 기업이 본인의 사망 이후에도 계속 존속하는 것이 일반적이라는 현실적 필요성 때문이다.

Ⅱ. 위임

상행위의 위임을 받은 자는 위임의 본지, 즉 위임의 목적과 취지에 반하지 않는 범위에서 위임받지 않은 행위를 할 수 있다(상 49조). 이는 영업현장의 특성상 수임인의 즉각적인 판단과 조치가 필요하다는 점을 반영한 규정이다. 예컨대 수임인 B가 매매업자 A를 위해 물건을 매수하였는데, 시장가격이 급격히 하락하여 손해가 예상되는 경우, A의 명시적 지시가 없어도 즉시 매도하는 등의 조치를 취하여 손실을 줄일 수 있다. 이러한 권한은 임기응변적으로 필요한 조치를 허용하는 취지로 이해되며, 상거래의 신속성과 경제적 합리성을 확보하기 위한 제도적 장치이다.

다만 상법 제49조는 상행위의 수임인에 관한 규정이므로, 위임인이 상인인 경우에 한정하여 적용된다. 따라서 비상인으로부터 위임받은 일방적 상행위의 수임인에게는 적용되지 않는다. 상법 제49조는 상인의 영업현장에서 요구되는 신속성과 재량을 전제로 하기 때문이다.

Ⅲ. 상사시효

상행위로 인한 채권, 즉 상사채권은 다른 규정이 없는 한 5년간 행사하지 않으면 소멸시효가 완성된다(상 64조). 이는 10년의 민사시효(민 162조)보다 짧은 기간으로, 상거래의 신속성과 법적 안정성 확보를 위한 특칙이다.

상사시효는 적용 범위를 제한하는 별도의 규정이 없는 이상, 상행위로 인한 채권 전반에 적용되며, 일방적 상행위나 보조적 상행위도 포함된다(판례). 다만 불법행위로 인한 손해배상청구권은 상행위와 직접 관련이 없으므로 상사시효가 적용되지 않는다(판례). 또한 상행위로 인한 채권이 동일성을 유지한 채 변형된 경우, 예를 들어 채무불이행으로 인한 손해배상청구권, 계약해제로 인한 원상회복청구권, 하자담보책임 등은 상사시효의 적용을 받는다(판례). 반면 상행위의 무효로 인한 부당이득반환청구권의 경우, 상거래의 신속한 해결 필요성이 인정되는지를 개별적으로 판단해서 적용 여부를 결정한다(판례).

제 3 관 민법 물권편에 대한 특칙

상법은 상인의 거래활동에서 담보제도의 간이성과 신속성을 보장하기 위하여, 민법상의 물권 규정을 일부 수정하거나 예외를 인정한다. 그 대표적인 예가 상사유치권(상 58조)과 유질계약의 허용(상 59조)이다.

Ⅰ. 상사유치권

상인 간의 상행위로 인한 채권이 변제기에 있는 경우, 채권자는 변제를 받을 때까지 그 채무자에 대한 상행위로 인해 자기가 점유하고 있는 채무자 소유의 물건 또는 유가증권을 유치할 수 있다(상 58조). 다만, 당사자 간에 다른 약정이 있으면 그렇지 않다(상 58조).

이 제도는 민법 제320조의 유치권보다 완화된 요건을 채택하여, 상거래에서 담보를 보다 간편하게 확보할 수 있도록 한 것이다. 즉, 피담보채권과 유치물 사이에 개별적 견련성이 아니라 일반적 견련성만 있으면 족하다. 그렇다면 민사유치권과 달리 일반적 견련성만으로도 유치권을 인정하는 이와 같은 입법 선택은 어떠한 거래 현실을 반영한 것일까? 이는 상인 간의 거래에서는 다수의 거래가 복합적으로 이루어지는 현실에서 효과적인 담보를 보장하기 위한 제도적 장치로 이해된다.

예컨대 상인 A가 거래하는 상인 B에게 여러 차례 물품을 납품하며 대금채권을 가지는 경우, A가 B의 물건을 점유하고 있다면 그 물건이 대금채권과 직접 관련이 없어도 A와 B 사이의 전체 거래관계에서 발생한 채권을 담보하기 위해 유치권을 행사할 수 있다. 이와 달리 민사유치권(민 320조)은 특정 채권과 유치물 간의 직접적 연관, 즉 개별적 관련성을 요구하므로, 상사유치권이 훨씬 간이하고 신속한 담보수단으로 기능한다.

또한, 유치물은 채무자 소유의 물건 또는 유가증권이어야 하며, 여기에는 부동산도 포함된다(판례). 다만, 유치물의 소유 요건은 성립요건일 뿐이지 존속요건은 아니다. 만약 이를 존속요건으로 본다면, 채무자가 유치물을 제3자에게 양도해 유치권의 효력을 임의로 배제할 수 있게 되므로 부당하다.

한편, 상법 제58조의 일반상사유치권 외에도 특수상사유치권이 인정된다. 대리상(상 91조), 위탁매매인(상 111조), 운송주선인(상 120조), 운송인(상 147조) 등의 유치권이 그 예이다. 이들은 각 영업형태에 맞추어 요건과 효과가 달라지지만, 모두 공통적으로 상거래의 간이하고 신속한 담보 확보를 위한 기능을 수행한다.

요컨대, 상사유치권은 상인 간 거래에서 담보의 복잡한 절차를 거치지 않고도 실질적 채권회수를 보장하는 상행위 특유의 실효적 담보제도라 할 수 있다.

Ⅱ. 유질계약

민법은 유질계약을 금지한다(민 339조). 즉, "채권자가 변제를 받지 않으면 질권의 목적물을 자기 소유로 한다"는 취지의 약정은 무효이다. 이는 질권설정자가 경제적 약자인 경우가 많아 채권자의 우월적 지위를 견제하기 위한 후견적 보호 규정이기 때문이다.

그러나 상법은 상거래의 특수성을 고려하여 상행위로 인한 채권을 담보하기 위해 설정한 질권에는 유질계약을 허용한다(상 59조). 이는 상인이 통상적으로 일반 소비자와 달리 경제적 약자에 해당하지 않으며, 상거래의 자율성과 신속성을 특히 존중해야 한다는 입법 취지에서 비롯된 것이다. 즉, 상인 간 거래에서는 담보권 실행을 신속히 종결할 필요가 크므로, 채권자가 미리 약정된 방법으로 목적물을 취득해 채권을 만족시키는 방식이 인정된다. 예를 들어, 상인 A가 상인 B에게 금전을 빌려주며 B의 창고재고에 질권을 설정하고, "변제하지 않으면 재고를 채권자가 인수한다"고 약정했다면, 이는 유효한 유질계약이 된다.

다만, 질권설정자가 상인이 아닌 경우에도 유질계약이 유효한지에 대해서는 견해가 나뉜다. 긍정설(판례)은 상법 제59조의 문언상 상인 여부에 제한이 없으므로 비상인이 설정자여도 유질계약을 인정할 수 있다고 본다. 부정설(다수설)은 상인이 아닌 자는 여전히 경제적 약자이므로 민법 제339조의 보호가 여전히 필요하다고 본다. 입법취지를 고려하면, 상법 제59조는 상인 간 거래를 중심으로 해석하는 것이 타당하나, 판례가 문언 해석을 중시하여 긍정설을 취하고 있다.

제4관 민법 채권편에 대한 특칙

Ⅰ. 상행위의 유상성

상행위는 영리를 목적으로 하는 경제활동이므로, 그 기본 성질은 유상성에 있다. 이에 따라 상법은 민법보다 적극적으로 상인에게 보수청구권, 법정이자청구권, 상사법정이율 등을 인정하여 상거래의 본질적 특성을 제도적으로 반영한다. 즉, 상행위의 본질인 영리성과 유상성을 제도적으로 뒷받침하는 것이 상법의 특색이다. 그렇다면 상행위가 민법과 달리 유상성을 기본으로 삼는 이유는 무엇이며, 이러한 유상성은 상인에게 어떤 법적 이익을 부여하는가?

1. 보수청구권

상인이 영업범위 내에서 타인을 위해 행위를 하면 상당한 보수를 청구할 수 있다(상 61조). 이는 보수 약정이 없더라도 상인에게 보수청구권을 인정하는 특칙으로, 상인의 유상성·영리성을 반영한 규정이다. 민법상 위임은 원칙적으로 무상(민 686조)이지만, 상법은 상거래의 현실에 맞추어 유상성을 기본으로 본다.

상인이 영업범위 내에서 한 행위라면 보조적 상행위나 사실행위도 포함된다. 또한 타인을 위한다는 의사로 행위하는 것으로 충분하며, 그로 인해 실제로 타인에게 이익이 발생할 필요는 없다(판례). 예컨대 상인 A가 거래상 편의를 위해 B의 상품을 운반해 주었다면, 별도의 약정이 없어도 A는 그 행위가 자신의 영업범위 내에 속하는 이상 상당한 보수를 청구할 수 있다.

2. 법정이자청구권

상인이 영업에 관해 금전을 대여하면 법정이자를 청구할 수 있다(상 55조). 이는 이자약정이 없어도 금전소비대차에 대한 이자청구권을 인정하는 특칙으로, 상인의 유상성과 영리성을 고려한 규정이다. 민법상 금전소비대차는 무이자가 원칙이지만, 상법은 상거래에서 그 자금이 다른 영업에 투입될 수 있었던 기회비용을 고려하여, 이자 발생을 당연한 결과로 본다.

이때 대주는 상인이어야 하며, 차주는 상인이 아니어도 무방하다. 또한 영업범위 내의 대여라면 보조적 상행위로 한 대여도 포함된다.

나아가 상인이 영업범위 내에서 타인을 위해 금전을 체당하면, 체당일 이후의 법정이자를 청구할 수 있다(상 55조). "체당"이란 금전소비대차에 의하지 않고 타인을 위해 금전을 출연하는 행위로서, 위임 · 임치 · 사무관리 등에서 발생한다. 예컨대, 수임인 A가 위임사무를 처리하면서 위임인 B가 부담해야 할 등기비용을 대신 지급한 경우가 이에 해당한다. 이는 이자약정이 없어도 체당금에 대한 이자청구권을 인정하는 특칙으로, 상인의 유상성과 영리성을 반영한 것이다.

다만, 민법 제688조와 제701조는 위임 · 임치의 경우 필요비에 대한 법정이자청구권을 이미 인정하므로 이 부분에서는 상법의 특칙성이 약하다. 반면, 사무관리의 경우에는 법정이자청구권 규정이 없기 때문에 상법 제55조 제2항이 실질적인 특칙으로 작용한다.

체당자는 상인이어야 하고, 상대방은 상인이 아니어도 무방하다. 또한 상인이 영업범위 내에서 체당해야 하며, 보조적 상행위로서 한 경우도 포함된다.

3. 상사법정이율

상행위로 인한 채무의 법정이율은 연 6%로 한다(상 54조). 이는 민사법정이율인 연 5%(민 379조)보다 높은 특칙으로, 상인의 유상성과 영리성을 반영한 규정이다. 상행위 당사자의 일방이 상인이면 충분하다(판례). 다만, 채권자가 상인이고 채무자가 비상인인 경우에는 과도한 부담이 될 수 있으므로 적용을 제한해야 한다는 견해도 있다.

또한 상행위는 보조적 상행위로도 충분하지만, 상행위의 영리성과 무관한 불법행위로 인한 손해배상채무에는 적용되지 않는다(판례). 반면 상행위로 인한 채무가 동일성을 유지하면서 변형된 경우, 즉 채무불이행으로 인한 손해배상채무나 상행위의 무효로 인한 부당이득반환채무에는 상사법정이율이 적용된다(판례). 예를 들어, 상인 A가 상행위로 물품을 납품하고 B가 대금을 연체한 경우, A는 연 6%의 상사법정이율을 기준으로 지연이자를 청구할 수 있다.

Ⅱ. 청약 관련 특칙

상법은 상거래의 신속성과 안정성을 확보하기 위해, 청약의 효력, 낙부통지의무, 물건보관의무 등에서 민법과 다른 특칙을 둔다.

1. 청약의 효력

민법은 "대화자 간"과 "격지자 간"을 구분하지 않고 청약의 효력을 정한다. 즉, 승낙기간을 정한 경우에는 그 기간 내에, 승낙기간을 정하지 않은 경우에는 "상당한 기간" 내에 "승낙의 통지를 받지 못하면" 청약이 효력을 잃는다(민 528조~529조). 반면, 상법은 대화자 간의 청약에 대해 특칙을 두어, 상대방이 "즉시" "승낙하지 않으면" 청약의 효력이 소멸한다(상 51조). 이는 상사계약의 신속한 확정을 도모하기 위한 규정이다.

그러나 상법상의 이 특칙은 실질적으로 민법과 큰 차이가 없다. 즉, 승낙기간을 정한 경우에는 민법이 적용되어 승낙기간 내 승낙의 통지를 받지 못하면 청약이 효력을 잃는다. 승낙기간을 정하지 않은 경우에도 "즉시"와 "상당한 기간", 그리고 "승낙의 통지를 받지 못하면"과 "승낙하지 않으면"의 표현 차이만 있으나, 의사표시가 즉시적으로 도달하는 대화자 간에는 그들 간에 실질적 차이가 없다.

2. 낙부통지의무

상인이 상시 거래관계에 있는 자로부터 그 영업부류에 속한 계약의 청약을 받은 경우, 지체 없이 낙부의 통지를 발송해야 하며, 이를 해태하면 승낙한 것으로 본다(상 53조). 이는 상인이 낙부통지의무를 부담한다는 점에서 민법에 대한 특칙이며, 상사계약의 신속한 확정을 위해서 승낙 여부가 불확정인 상태가 장기간 지속되는 것을 방지하기 위한 규정이다.

청약의 상대방은 상인이어야 하지만, 청약자는 상인이 아니어도 무방하다. 또한, 보조적 상행위는 포함되지 않는다. 이는 보조적 상행위까지 포함하면 상인에게 과도한 부담이 되기 때문이다.

아울러, 이 규정은 승낙기간을 정하지 않은 격지자 간의 계약에만 적용된다. 승낙기간을 정한 격지자 간의 청약에는 적용되지 않는데, 이는 승낙시점이 이미 특정되어 있어 승낙 여부가 불확정인 상태가 장기간 지속되는 문제가 없기 때문이다. 그리고 대화자 간의 청약은 즉시 승낙하지 않으면 효력을 잃으므로 적용 여지가 없다.

3. 물건보관의무

상인이 영업부류에 속한 계약의 청약을 받은 경우 견품 기타의 물건을 받으면, 청약을 거절하더라도 청약자의 비용으로 그 물건을 보관해야 한다(상 60조). 이는 상인이 물건보관의무를 부담한다는 점에서 민법에 대한 특칙이며, 상거래의 안전과 신용을 확보하기 위한 규정이다.

상인이 이 의무를 위반하면 손해배상책임을 부담한다. 청약의 상대방은 상인이어야 하지만, 청약자는 상인이 아니어도 무방하다. 또한, 보조적 상행위에는 적용되지 않는다. 이는 보조적 상행위까지 포함할 경우 상인에게 과도한 부담이 되기 때문이다.

한편, 물건의 가액이 보관비용을 상환하기에 부족하거나, 보관으로 인해 손해를 받을 염려가 있는 경우에는 물건보관의무가 면제된다(상 60조).

예를 들면, 식품판매를 영업으로 하는 상인 A가 B로부터 "신제품 샘플을 검토해 달라"는 청약과 함께 견품을 받았다. A가 해당 청약을 거절하더라도, 견품을 B의 비용으로 보관해야 하며 이를 임의로 폐기하면 손해배상책임을 진다. 그러나 그 견품이 부패하기 쉬운 식품류이거나, 장기간 보관 시 A의 영업에 손해가 발생할 우려가 있는 경우에는 보관의무를 부담하지 않는다.

Ⅲ. 채무의 이행

상거래에서는 이행의 신속성과 명확성이 거래의 신용을 좌우한다. 이에 상법은 민법의 일반원칙을 유지하되, 영업의 장소와 시간에 관한 세부 기준을 보완하여 거래 실무의 명료성을 높였다.

1. 이행장소

변제장소는 채무의 성질이나 당사자의 약정으로 정할 수 있다. 약정이 없으면 민법에 따라 특정물인도채무는 채권 성립 당시 그 물건이 있던 장소에서 이행해야 한다(민 467조). 그 밖의 채무는 다른 약정이 없으면 채권자의 현주소에서 이행하되 영업에 관한 채무는 채권자의 영업소(현영업소)에서 이행하는 것이 원칙인데(민 467조), 이를 지참채무의 원칙이라 한다.

한편 상법은 채권자의 지점에서 이루어진 거래의 경우, 그 지점을 이행장소로 본다(상 56조). 이는 지점 단위로 거래가 이루어지는 상거래의 현실을 반영한 특칙으로, 거래의 효율성과 책임의 명확화를 도모한다. 예컨대 A회사의 부산지점에서 A가 B에게 물품을 공급하는 계약을 체결하였다면, B의 A에 대한 대금지급채무의 이행장소는 채권자인 A의 본점이 아니라 그 부산지점으로 본다.

2. 이행시기

법령 또는 관습에 따라 영업시간이 정해진 경우, 채무의 이행이나 이행의 청구는 그 시간 내에 해야 한다(상 63조). 이는 강행규정이라기보다는, 상사거래에서 통상적으로 존중되어 온 이행 관행을 확인한 규정으로 이해된다. 즉, 영업시간을 벗어난 이행이나 이행청구에 대해서는, 그 효력이나 지체 여부를 판단함에 있어 거래관행과 신의칙을 고려해야 함을 전제로 한다. 이러한 점에서 상법 제63조는 상사채무의 이행 시기와 관련하여 거래 실무상 예측가능성을 높이려는 취지를 가진 규정이라 할 수 있다.

Ⅳ. 다수당사자의 채무

상거래에서는 여러 사람이 함께 채무를 부담하거나 타인의 상사채무를 보증하는 일이 빈번하다. 이에 상법은 거래의 신속성과 신용을 보장하기 위해 채무자 간의 분할책임 대신 연대책임을 원칙으로 하고, 보증인에게도 주채무자와 동일한 책임을 부과한다. 이러한 규율은 민법보다 채권자 보호와 거래안전을 우선시한 상사특칙으로서, 상사채무의 이행을 간이·신속하게 하려는 데 목적이 있다.

1. 연대채무

수인이 그 1인 또는 전원에게 상행위가 되는 행위로 인해 채무를 부담한 경우, 연대하여 변제할 책임이 있다(상 57조). 이는 여러 명이 단일한 상행위로 인해 공동으로 채무자가 되는 경우를 요건으로 한다. 상사채무의 채무자가 수인인 경우 법정의 연대채무가 된다는 점에서 민법에 대한 특칙으로 이해된다. 이 규정은 상사채무의 신용을 강화함으로써 거래의 신속성과 확실성을 높이려는 데 그 취지가 있다.

반면 민법에 따르면, 채무자가 수인인 경우 특별한 의사표시가 없으면 각 채무는 균등한 비율로 부담하는 분할채무가 된다(민 408조). 민법은 특별한 약정이 없으면 분할채무를 원칙으로 하지만, 상법은 이를 배제하고 연대책임을 인정한다.

이러한 연대채무 원칙에 따라서 채무자는 서로 독립적으로 전액 책임을 지며, 그중 1인이 전부를 변제하면 다른 채무자도 면책된다. 다만 내부적으로는 구상관계를 통해 각자의 부담을 조정할 수 있다. 예컨대 A상사와 B상사가 공동으로 C로부터 상품을 매입한 경우, A와 B는 각자 전체 대금에 대해 연대책임을 진다. 따라서 C는 A나 B 중 누구에게든 대금 전액을 청구할 수 있고, A가 전액을 변제하면 B는 면책된다.

2. 연대보증

보증이 상행위이거나 주채무가 상행위로 인한 경우, 보증인은 주채무자와 연대하여 변제할 책임이 있다(상 57조). 이는 상사보증을 연대보증으로 간주하는 특칙으로, 민법상 보증인이 가지는 최고·검색의 항변권(민 437조)을 인정하지 않는다. 즉, 채권자는 주채무자에게 최고하거나 그 재산을 먼저 검색할 필요 없이 곧바로 보증인에게 전액을 청구할 수 있다.

이 규정은 상거래에서 신용보증의 실효성을 높이고, 채권자의 회수를 신속히 보장하려는 데 그 취지가 있다. 보증행위 자체가 상행위인 경우(예: 은행의 지급보증)뿐만 아니라, 주채무가 상행위로 인한 경우(예: 상인이 영업자금을 차입한 경우)에도 적용된다. 다만, 보증인이 비상인인 경우에는 보증을 연대보증으로 보는 것은 보증인의 부담을 과도하게 확장하는 해석이므로 타당하지 않다. 또한, 주채무가 상행위로 인한 경우라 하더라도 그 주채무자가 비상인인 일방적 상행위에까지 보증을 연대보증으로 인정하는 것은, 보증인이 상인인지 여부를 불문하고 보증책임을 지나치게 가중시키는 결과가 되어 타당하지 않다.

예를 들어 상인 A가 영입자금을 마련하기 위해 은행 B에서 대출을 받고, 거래처 C가 이를 보증한 경우, 이 보증은 주채무인 대출채무가 상행위로 인한 것이므로 C는 A와 함께 연대하여 변제책임을 진다. 따라서 은행은 대출채무의 이행기가 되면 A에 대한 최고·검색 없이 C에게 곧바로 대출금 전액을 청구할 수 있다. 반면, 비상인 D가 개인적 용도로 금전을 은행으로부터 차입하고, 상인 E가 이를 보증한 경우에는 주채무가 상행위로 인한 것이지만 주채무자가 상인이 아니므로 상법 제57조에 의한 연대보증으로 인정되는 것은 아니다. 이 경우에는 E에게 민법상 최고·검색의 항변권이 인정된다.

이 제도는 상거래의 신용 확보와 거래 안정성을 제도적으로 뒷받침하는 핵심 규정이다.

Ⅴ. 무상수치인의 주의의무

상거래에서는 신속한 거래와 신용이 핵심이므로, 상법은 상인에게 강화된 주의의무를 부과한다. 그 결과 상인이 영업범위 내에서 타인의 물건을 임치받은 경우에는 보수를 받지 않더라도 선량한 관리자의 주의를 다해야 한다(상 62조). 즉, 상인이라는 지위 때문에, 무상수치인이라도 선관주의의무를 부담한다는 점에서 민법에 대한 특칙이다. 예컨대 상인이 영업과정에서 거래처의 물품을 일시적으로 무상 보관한 경우에도, 분실·훼손에 대하여 선관주의의무 위반 책임이 문제될 수 있다.

민법상 무상수치인은 임치물을 자기 재산과 동일한 주의로 보관하면 충분하지만(민 695조), 상법은 상인의 신용과 거래의 안전을 보호하기 위해 더 높은 수준의 주의를 요구한다. 이는 상인이 거래상 전문가로서 신뢰의 기반 위에 영업을 수행한다는 점에서 정당화된다.

이 규정이 적용되려면 수치인이 상인이어야 하며, 임치인은 상인이 아니어도 무방하다. 또한 보조적 상행위의 일환으로 이루어진 임치에도 적용된다. 다만, 임치계약이 이미 해지된 경우에는 상법 제62조의 적용이 없다(판례). 따라서 주의의무의 존속은 임치계약의 존속과 병행한다.

한편, 상법은 특정한 업종의 경우 별도의 주의의무 규정을 둔다. 예를 들어, 공중접객업자의 임치물(상 152조)이나 창고업자의 임치물(상 160조)에 대해서는 거래 현실과 업종의 특수성을 고려하여 더욱 구체적인 주의의무가 규정되어 있다.

Ⅵ. 상사매매

상법은 상사매매의 신속한 종결과 매도인 보호를 위해 민법상 매매 규정(민 563조~595조)에 대한 특별한 규정을 두고 있다. 상사매매의 각 특칙은 상거래의 위험 분담과 거래 신속을 조화시키기 위한 것이다. 매도인에게는 공탁·경매권 등 신속한 회수수단을 제공하고, 매수인에게는 즉시검사·통지의무를 부과하여 거래확정의 책임을 부담하게 하는 등 상법 전체의 기본원리가 체계적으로 반영되어 있다.

상사매매가 성립하기 위해서는 매도인과 매수인 모두에게 상행위가 되어야 하며(상 67조~71조), 보조적 상행위라도 무방하다. 또한 상사매매의 특칙은 임의규정이므로, 당사자가 달리 정한 경우 그 의사에 따른다(판례).

1. 매도인의 공탁·경매권

매수인이 목적물의 수령을 거부하거나 수령할 수 없는 경우, 매도인은 이를 공탁하거나 상당한 기간을 정해 최고한 후 경매할 수 있으며, 그 결과를 지체 없이 매수인에게 통지해야 한다(상 67조). 이는 매도인이 공탁과 경매 중 임의로 선택할 수 있는 권한을 부여받은 특칙이다. 민법은 공탁이 원칙이며(민 487조), 목적물이 공탁에 부적합한 경우에는 법원의 허가를 얻어야 경매가 가능하다(민 490조). 그러나 상법은 매도인이 법원 절차를 거치지 않고도 자체적으로 경매를 진행할 수 있도록 하여 상사거래의 신속성을 확보하였다.

또한 매도인은 원칙적으로 최고해야 하지만, 매수인에게 최고할 수 없거나 목적물이 멸실·훼손될 염려가 있는 경우에는 최고 없이 경매할 수 있다(상 67조). 경매한 경우 매도인은 경매대금에서 경매비용을 공제한 후 잔액을 공탁해야 하며, 그 전부 또는 일부를 매매대금에 충당할 수 있다(상 67조). 이는 민법에는 없는 특칙으로, 매도인의 매매대금 회수권한을 강화하려는 취지이다.

예를 들면, A상사가 B에게 기계를 납품했으나 B가 인수를 거부하자, A는 법원 허가 없이 최고한 후 기계를 경매하고 그 대금을 공탁하였다. 이때 A의 처분은 상법 제67조에 따라 유효하다.

결국 매도인의 공탁·경매권은 매수인의 수령지체로 인한 위험을 매도인에게 과도하게 귀속시키지 않으면서, 상사매매를 신속하게 종결시키고 매도인의 매매대금 회수를 실질적으로 보호하기 위한 제도이다.

2. 확정기매매

확정기매매란 매매의 성질이나 당사자의 의사표시로 일정한 일시 또는 기간 내에 이행하지 않으면 계약의 목적을 달성할 수 없는 매매를 말한다. 예컨대, A가 "12월 24일까지 크리스마스트리를 납품할 것"이라고 주문한 경우나, B가 "선적기일 내에 선적되지 않으면 무효"라는 조건으로 수입계약을 체결한 경우가 이에 해당한다. 단순히 이행을 촉구하는 정도로는 확정기매매가 성립하지 않는다(판례).

이 경우 당사자 일방이 이행시기를 넘기면, 시기의 엄수가 거래의 본질인 이상, 상대방이 즉시 이행을 청구하지 않는 한 계약은 자동 해제된 것으로 본다(상 68조). 이는 확정기매매의 시간적 엄수성과 신속한 종결을 보장하기 위한 특칙이다.

확정기매매에서 이행시기를 위반하면 민법 제545조는 “해제권 발생”을 규정하지만, 상법 제68조는 별도의 해제 의사표시 없이 법률상 당연히 해제효과가 발생하도록 한다. 따라서 확정기매매는 시기의 엄수 자체가 거래 신뢰의 핵심이 된다. 예컨대, 수출업체 A가 “5월 선적 조건”으로 원자재를 주문했는데, 공급업체 B가 이를 지연한 경우, A가 즉시 이행을 요구하지 않으면 계약은 해제된 것으로 본다.

3. 목적물의 검사 · 통지의무

매수인은 목적물을 수령하면 지체 없이 검사해야 하고, 하자나 수량부족을 발견하면 즉시 매도인에게 통지해야 한다. 이를 게을리하면 계약해제, 대금감액, 손해배상을 청구할 수 없다(상 69조). 이는 즉시 검사 · 통지의무를 부과한 점에서의 특칙이며, 이 점에서 하자담보책임에 관한 민법(민 580조 · 582조)의 6개월 제척기간보다 훨씬 엄격하다. 그렇다면 상법이 민법보다 훨씬 엄격한 즉시 검사 · 통지의무를 부과하는 이유는 무엇일까? 이는 상사매매의 신속한 종결과, 하자가 조기에 확정되지 않으면 매도인이 목적물을 다시 처분할 기회를 잃게 된다는 점에서, 매도인의 전매기회를 보호하기 위한 것이다. 예컨대, 식품도매상 A가 과일을 납품받았으나 일부가 부패했음에도 즉시 통지하지 않았다면, 매도인 B의 하자담보책임은 소멸한다.

또한 즉시 발견할 수 없는 하자를 6개월 내에 발견한 경우에도 “즉시 통지의무”가 적용된다(상 69조). 이때의 하자는 외관상 식별이 어려운 경우를 의미하며, 예컨대 사과의 과심이 부패한 경우가 이에 해당한다(판례). 6개월 내에도 발견할 수 없는 하자라면 매도인은 담보책임을 지지 않는다(판례). 또한, 매도인이 하자나 수량부족을 알고 인도한 경우는 검사 · 통지의무 규정이 적용되지 않는다(상 69조). 이는 악의의 매도인을 보호할 필요가 없기 때문이다.

4. 목적물의 보관 · 공탁 · 경매의무

매수인이 하자나 수량부족을 이유로 계약을 해제한 경우, 매도인의 비용으로 목적물을 보관 또는 공탁해야 한다(상 70조). 다만, 목적물이 멸실 · 훼손될 염려가 있으면 법원의 허가를 받아 경매할 수 있으며, 그 결과를 지체 없이 매도인에게 통지해야 한다(상 70조). 예를 들어 매수인 A가 납품받은 기계의 하자를 이유로 계약을 해제한 후, 기계가 부식될 염려가 있어 법원의 허가를 받아 경매한 경우, A는 경매결과를 매도인에게 통지하고 대금을 공탁해야 한다.

이는 매수인에게 보관·공탁·경매의무를 부과한 특칙으로, 매도인이 목적물의 현 소재지에서 재판매할 기회를 확보하고 불필요한 반송비용을 절약할 수 있도록 하기 위한 것이다. 상법은 이 의무를 하자나 수량부족의 경우에 한정하지만, 통설은 이를 예시로 보아 그 밖의 해제사유에도 준용된다고 본다.

또한 이 의무는 원격지매매—즉, 목적물의 인도장소가 매도인의 영업소나 주소와 다른 특별시·광역시·시·군에 있는 경우—에 한하여 적용된다(상 70조). 이는 원격지매매가 아니라면 물리적으로 가까운 거래에 해당하여 매도인이 직접 회수할 수 있으므로 별도의 절차를 요하지 않는다는 합리적 고려에 따른 것이다.

제5관 상호계산

Ⅰ. 상호계산의 의의

상호계산은 상인 간 또는 상인과 비상인 간에 상시 거래관계가 있는 경우, 일정 기간 동안 발생한 채권·채무를 개별적으로 지급하지 않고 기간 말에 총액으로 상계하여 잔액만을 정산하기로 약정하는 계약이다(상 72조). 예를 들어, A회사와 B회사가 매달 원자재를 서로 공급하는 관계에 있고, 양사는 매월 말일에 거래대금을 총합산하여 차액만 지급하기로 약정하였다면, 이는 상호계산계약에 해당한다.

그렇다면 반복적 거래가 있는 당사자들이 왜 개별적으로 지급하지 않고 굳이 "통합 정산" 방식을 선택하는 것일까? 이 제도의 목적은 상거래의 지급 효율성 제고, 신용 공여, 담보 제공에 있다. 즉, 거래가 빈번한 당사자 사이에서 ① 개별 거래마다 결제해야 하는 번거로움을 줄이고, ② 지급 유예를 통해 신용공여 기능을 부여하며, ③ 각 채권이 상대방 채무의 담보 역할을 함으로써 담보기능을 수행한다.

상호계산은 청약과 승낙만으로 성립하는 불요식 낙성계약이며, 서면 작성은 성립요건이 아니다.

Ⅱ. 상호계산의 요건

상호계산은 계약에 의하여만 성립하며, 법률의 규정에 의해 당연히 발생하지 않는다. 그렇다면 어떠한 경우에 상호계산이라는 특별한 정산방식을 사용할 수 있을까? 주요 성립요건은 다음과 같다.

첫째, 당사자 중 최소한 일방이 상인이어야 한다. 상시 거래관계를 통한 결제 편의의 필요성이 주로 상인에게 존재하기 때문이다.

둘째, 상시적 거래관계가 존재해야 한다. 이는 단발적 거래가 아니라, 일정 기간 반복적으로 채권·채무가 발생하는 계속적 거래관계를 전제로 한다.

셋째, 상호계산의 기간은 당사자 약정에 따르며, 약정이 없으면 6개월로 본다(상 74조). 계산기간의 설정은 거래대금이 언제 정산되는지를 정하는 것으로서, 상거래의 결제주기와 자금운용 방식에 직접적인 영향을 미친다.

넷째, 상계에 적당한 채권이어야 한다. 즉, 따라서 금전채권으로 한정된다. 또한, 물품이나 용역의 제공과 같이 거래로 발생한 채권만이 포함된다. 불법행위로 인한 손해배상채권은 포함되지 않는다. 이는 거래채권이 아닌 채권은 그 발생 원인과 내용이 다양하여, 채권의 존부나 범위를 둘러싼 분쟁 가능성이 커서 일괄 상계의 대상으로 적합하지 않기 때문이다. 나아가 담보부채권은 원칙적으로 제외된다. 왜냐하면 담보가 설정된 채권을 상계대상으로 포함시키면, 이것이 상대방의 무담보채권과 상계될 경우 담보의 실질적 가치가 훼손되기 때문이다. 예컨대 A와 B의 반복적 납품관계에서 A의 납품대금채권은 상호계산 대상이지만, 그 중에서 A가 B의 부동산을 담보로 확보한 납품대금채권은 포함되지 않는다.

Ⅲ. 상호계산의 효력

1. 소극적 효력

상호계산이 개시되면, 그 기간 중 발생한 개별 채권·채무는 독립성을 상실하고 상호계산관계에 귀속된다. 따라서 개별 채권을 독립적으로 행사하거나 담보로 제공하거나 양도하는 것은 불가능하다. 이는 상호계산이 개별 거래가 아니라 전체 거래관계를 하나의 정산 단위로 파악하여 관리하는 제도이기 때문이다.

이로 인해 상호계산기간 중에는 ① 이행지체가 발생하지 않고, ② 소멸시효도 진행되지 않는다. 다만 이는 개별 채권이 유효함을 전제로, 그 이행을 청구하는 등의 행사가 일시적으로 제한된다는 데에 의의가 있다. 그렇다고 해서 상호계산제도가 개별 채권의 성립이나 효력에 하자가 있음에도 불구하고 이에 대한 이의제기나 법률관계 자체를 다툴 권한의 행사까지 배제한다는 의미는 아니다. 그러한 배제는 상호계산제도의 취지를 넘어서기 때문이다. 따라서 여전히 해제권·취소권의 행사나 채권의 존재·부존재 확인소송의 제기는 가능하다.

문제는 상호계산의 효력이 제3자에게 미치는지 여부이다. 즉, 제3자가 상호계산에 포함된 채권을 양수하거나 압류할 수 있는가의 문제다. 이에 관해 두 학설이 대립한다. ① 절대적 효력설은 상호계산의 독립성을 중시하여 제3자도 상호계산에 구속된다고 본다. ② 상대적 효력설은 상호계산이 단지 계약에 불과하므로 그 효력은 당사자 간에만 미치며, 제3자는 상호계산에 포함된 채권을 선의로 양수하거나 압류할 수 있다고 본다.

예를 들어, A상사와 B상사가 상호계산계약을 체결하고, 그 기간 중 A가 B에게 물품을 납품하여 1천만 원의 대금채권이 발생하였다. 그러나 계산기간이 아직 종료되지 않은 경우, A는 이 개별채권을 B에게 직접 청구하거나 제3자에게 양도하거나 담보로 제공할 수 없다. 또한 A의 채권자가 이 채권을 압류하려는 경우, 절대적 효력설에 따르면 해당 채권은 상호계산에 편입되어 있으므로 독립적으로 제3자가 압류할 수 없고, 반면 상대적 효력설에 따르면 상호계산의 효력은 당사자 간에만 미치므로 제3자의 압류는 유효하다.

2. 적극적 효력

상호계산기간이 종료하면, 즉 계산폐쇄일에는 각 거래로부터 발생한 채권·채무가 총액으로 상계되어 소멸하고, 그 결과로 잔액채권이 새롭게 성립한다. 이는 상호계산의 법정효과이므로, 별도의 상계 의사표시 없이 당연히 상계된다. 이후 당사자가 계산서를 교환하여 이를 승인하면, 그 계산서에 기재된 항목에 대해서는 이의를 제기할 수 없다(상 75조). 즉, 당사자의 승인으로 잔액채권이 확정되는 효력이 발생한다.

다만, 계산서에 착오나 탈루가 있는 경우에는 예외적으로 이의를 제기할 수 있다(상 75조). 예를 들어 거래금액의 일부가 계산서에 누락되었거나, 계산서에 오기가 있는 경우가 이에 해당한다. 그러나 통설은 이 예외를 제한적으로 해석한다. 상호계산 자체의 효력을 사후적으로 다투기 시작하면, 상호계산제도의 안정성과 실효성이 훼손될 우려가 있으므로, 개별 채권·채무의 존재나 내용 자체를 이유로 승인행위의 효력을 다툴 수는 없고, 다만 그로 인해 발생한 불공평은 부당이득반환청구로 조정할 수 있다고 본다. 한편, 승인행위 자체에 하자가 있는 경우(예: 사기나 강박에 의한 승인)는 민법상 일반원칙에 따라 승인행위의 효력을 다툴 수 있다.

제 6 관 익명조합

Ⅰ. 익명조합의 의의

익명조합은 자본 참여형 공동기업의 일종으로서, 당사자 일방인 익명조합원이 영업자에게 금전 기타 재산을 출자하고, 상대방인 영업자가 그 영업을 수행하여 이익을 분배하기로 약정하는 계약이다(상 78조). 이 제도의 취지는 자본은 있으나 직접 영업에 참여하기를 원하지 않는 자가 투자자의 지위에서 영업이익에 참여할 수 있도록 하여 자본의 효율적 운용을 도모하려는 데 있다. 따라서 익명조합원은 경영에 관여하지 않지만, 출자금 한도 내에서만 위험을 부담하는 유한책임적 투자자로 기능한다.

외부적으로는 영업자만이 단독으로 거래의 주체가 되며, 익명조합원은 거래의 주체로 드러나지 않는다(익명성). 이에 따라 익명조합은 내부적으로는 공동기업적 관계를, 외부적으로는 단독기업적 관계를 가지는 복합적 계약형 기업조직이다.

예를 들어, 카페 사업자 B가 투자자 A로부터 1억 원을 출자받고, “연이익의 20%를 분배하되 경영권은 전적으로 B에게 있다”고 약정한 경우, 이는 익명조합계약에 해당한다. A는 영업에 관여하지 않고 출자금만 부담하므로 익명조합원, B는 자신의 명의로 영업을 수행하는 영업자가 된다. 이 경우 외부와의 거래에서는 B만이 계약당사자로서 책임을 지며, A는 출자금 한도 내에서만 경제적 위험을 부담한다.

그렇다면 이러한 익명성과 유한책임의 제도는 어떤 거래적 필요 속에서 발전한 것일까? 이는 경영에 참여하지 않는 투자자에게도 영업이익의 배분과 유한책임을 결합시키려는 자본조달 방식의 요구가 그 배경이 된다.

Ⅱ. 익명조합의 설립

익명조합은 법인격이 없는 계약상의 기업소식으로서, 익명조합원과 영업자 간의 익명조합계약 체결만으로 성립한다. 이는 청약과 승낙만으로 이루어지는 불요식의 낙성계약이며, 등기나 신고 등 별도의 형식을 요구하지 않음으로써 거래의 간이와 신속을 도모하려는 취지를 가진다.

그 법적 성질은 민법상 조합계약(민 703조)에 기초하므로, 상법 또는 계약에 특별한 규정이 없는 사항은 조합 규정을 유추적용한다. 다만, 익명조합은 외부적으로 영업자의 단독기업으로 보이므로 이러한 유추적용은 내부관계에 한정된다. 그렇다면 조합계약과 유사함에도 불구하고 왜 익명조합은 별도의 제도로 인정되는 것일까? 이는 외부적으로 영업자가 단독으로 책임을 지는 방식이 조합과 본질적으로 다르기 때문이다.

Ⅲ. 익명조합의 내부관계

1. 익명조합원의 지위

익명조합원은 출자의무를 부담한다. 출자의 목적물은 금전 또는 현물에 한정되며, 신용이나 노무의 출자는 허용되지 않는다(상 79조 · 86조 · 272조). 이는 익명조합원이 영업의 직접 수행자가 아니며 업무집행권을 갖지 않기 때문에(상 86조 · 278조), 경영 참여와 결부되는 신용이나 노무의 출자는 허용되지 않기 때문이다.

익명조합원은 직접 경영에 참여하지 않지만, 영업자의 전횡을 방지하기 위한 감시권을 가진다. 즉, 영업자의 회계장부 · 대차대조표 등을 열람 · 검사할 수 있는 권한이 있다(상 86조 · 277조). 예컨대 A가 출자한 음식점에서 영업자 B가 이익을 은폐하거나 허위 비용을 계상하는 경우, A는 장부열람을 청구하고 실제 영업이익을 검증할 수 있다. 다만, A는 직접 영업에 간섭할 수 없고, 감시의 범위 내에서만 권리를 행사한다. 그렇다면 왜 익명조합원에게는 감시권은 인정되면서도 경영권은 허용되지 않을까? 이는 투자자의 지위와 경영자의 지위를 분리하여, 익명조합원이 자본을 제공하는 투자자에 머물고, 영업자는 실제로 영업을 책임지는 구조이기 때문이다.

2. 영업자의 지위

영업자는 자신의 명의로 영업을 수행하며, 익명조합원이 출자한 금전 기타 재산은 영업자의 재산으로 간주된다(상 79조). 즉, 출자금은 영업자의 재산으로 귀속되어 영업을 위해 사용된다. 또한, 영업자는 익명조합계약에 따라 익명조합원에 대하여 이익분배의무를 부담한다. 또한 영업자는 익명조합의 영업주로서 익명조합원과의 이익충돌을 방지할 필요가 있으므로, 상업사용인의 경업 · 겸직금지의무(상 17조)를 유추적용하여 경업 · 겸직을 제한받는다고 해석한다.

3. 손익의 분배

이익분배는 익명조합의 본질적 요소이다(상 78조). 즉, 영업자가 이익의 발생 여부와 무관하게 일정액을 익명조합원에게 지급하기로 약정한 경우, 이는 소비대차(민 598조)에 불과하고 익명조합으로 볼 수 없다(판례). 이익분배의 비율은 당사자 간의 약정에 따르며, 약정이 없는 경우에는 민법상 조합의 이익분배비율(민 711조)을 유추적용하여 출자가액 비율에 따라 분배한다.

익명조합원의 출자가 손실로 인해 감소한 경우, 그 손실을 보전하지 않으면 이익분배를 청구할 수 없다(상 82조). 그러나 손실이 출자액을 초과하더라도, 익명조합원은 이미 받은 이익을 반환하거나 추가로 출자할 의무가 없다(상 82조). 이러한 규정들은 모두 임의규정으로, 당사자 간 약정으로 달리 정할 수 있다(상 82조).

예를 들어 A가 무역업자 B에게 5천만 원을 출자하여 순이익의 30%를 분배받기로 약정하였다. 다만, 손실이 발생하더라도 A는 손실을 부담하지 않기로 하였다. 이후 거래에서 손실이 발생한 경우, A는 출자금 이상의 손실을 부담하지 않으며 추가출자 의무도 없다. 이 계약은 여전히 익명조합으로 유효하다.

한편, 익명조합에서 손실분담은 본질적 요소가 아니다. 즉, 당사자가 이익은 분배하되 손실은 영업자가 전적으로 부담하기로 약정하더라도 익명조합은 유효하게 성립한다. 반대로, 익명조합원이 전적으로 손실을 부담하기로 한 경우도 당사자 자치에 따라 유효하다. 그렇다면 손실분담이 본질적 요소가 아님에도 익명조합이 공동기업으로 이해되는 이유는 무엇일까? 익명조합원은 경영에 참여하지 않는 투자자이므로, 손실까지 함께 부담해야만 공동기업이 된다고 볼 수는 없다. 익명조합에서는 출자자가 영업의 이익을 분배받을 권리를 가지는 점에서 공동기업적 성격이 인정된다.

다만, 이러한 손실분담의 내용은 어디까지나 내부적 효력을 가지며, 외부적으로는 여전히 영업자만이 제3자에 대한 채무를 부담한다(상 80조). 손실분담의 비율에 관하여 약정이 없는 경우 이익분배비율과 동일하게 본다고 해석한다. 이는 익명조합이 조합적 성격을 가지는 점에 착안하여 조합에 관한 민법 제711조를 유추적용한 해석으로서, 당사자 간 이해관계를 합리적으로 조정하려는 것이다.

Ⅳ. 익명조합의 외부관계

1. 영업자의 단독기업

익명조합은 제3자에 대하여는 영업자의 단독기업으로 본다. 따라서 영업에 따른 제3자와의 권리와 의무는 전적으로 영업자에게 귀속되며, 익명조합원이 출자한 재산도 영업자의 재산으로 간주된다(상 79조). 영업자는 외부적으로 모든 영업채무에 무한책임을 진다. 예컨대, 영업자 B가 거래처 C에게 상품대금을 지급하지 못한 경우, 출자자인 A는 외부적으로 아무런 책임을 지지 않는다. 그러나 B는 자신의 전 재산으로 C에게 채무를 변제해야 한다.

2. 익명조합원의 익명성 및 명의대여자책임

익명조합원은 영업자의 행위에 관하여 제3자에 대해 아무런 권리나 의무를 지지 않는다(상 80조). 그러나 자신의 성명을 영업자의 상호에 사용하게 하거나, 자신의 상호를 영업자의 상호로 사용할 것을 허락한 경우에는 그 이후 발생한 채무에 대하여 영업자와 연대책임을 진다(상 81조). 이는 선의의 제3자 보호를 위한 명의대여책임(상 24조)의 특칙으로서, 익명성을 넘어서서 제3자를 오인하게 하는 경우 그에 따른 책임을 부담시키려는 규정이다.

예를 들어, 익명조합원 A가 자신의 이름을 사용하여 "A&B무역상사"라는 상호로 영업자 B의 거래를 허락한 경우, 거래처 C가 이를 신뢰하고 계약을 체결하였다면, C가 선의인 경우 A는 B와 함께 연대책임을 부담하게 된다.

Ⅴ. 익명조합의 종료

익명조합은 계약자유의 원칙에 따라 존속기간의 약정이 없는 경우 각 당사자가 영업연도 말에 해지할 수 있고, 해지는 6개월 전에 예고해야 하며, 부득이한 사정이 있는 경우에는 언제든지 해지할 수 있다(상 83조). 그 밖에 영업의 폐지 또는 양도, 영업자의 사망 또는 성년후견개시, 영업자 또는 익명조합원의 파산 등의 사유로 종료한다(상 84조). 이와 같은 법정 종료사유는 익명조합이 영업자의 인적 신뢰와 영업의 계속성, 그리고 익명조합원의 출자와 그 신용을 전제로 성립하는 계약이어서, 영업의 주체나 그 신용관계가 근본적으로 변동되는 경우에는 더 이상 계약을 존속시키기 어렵다는 점을 반영한 것이다.

제7관 합자조합

Ⅰ. 합자조합의 의의

합자조합은 업무집행조합원(무한책임)과 유한책임조합원(출자가액 한도의 책임)이 상호 출자하여 공동으로 사업을 경영하기로 약정하는 계약형 공동기업이다. 이 제도는 2011년 상법 개정으로 신설된 것으로, 상호출자와 손익분배를 전제로 하는 비법인 공동사업 조직이다. 이는 민법상 조합적 관계 위에 공동기업적 요소를 결합한 비법인 조직체로서, 기업의 자금조달을 용이하게 하면서도, 법인 설립에 따르는 절차적 부담 없이 계약만으로 공동사업체를 형성할 수 있게 한 제도이다.

합자조합은 내부적으로나 외부적으로나 두 유형의 조합원이 결합된 공동기업이라는 점에서 유한책임사원과 무한책임사원으로 구성된 합자회사와 유사한 특성을 띤다. 다만, 합자회사는 법인격을 가지는 반면, 합자조합은 법인격이 없는 계약상의 조직체라는 점에서 차이가 있다. 그럼에도 불구하고 조합원 유형에 따라 권한과 책임이 분리된다는 제도적 유사성 때문에, 상법은 합자조합에 합자회사에 관한 규정을 다수 준용하고 있다(상 86조의8). 한편, 합자조합은 내부적으로는 공동기업이나 외부적으로는 단독기업인 익명조합과 다르다.

그렇다면 왜 굳이 법인을 설립하지 않고도 합자회사와 유사한 조직을 계약만으로 구성하는 제도가 필요했던 것일까? 이는 투자자가 유한책임으로 부담 없이 참여할 수 있도록 하면서, 복잡한 법인 설립절차 없이도 조합 형태로 사업을 운영할 수 있게 하려는 입법정책에 따른 것이다.

Ⅱ. 합자조합의 설립

합자조합은 법인격이 없는 계약상의 조직체이므로, 그 설립은 합자조합계약의 체결만으로 성립한다. 당사자는 1인 이상의 업무집행조합원과 1인 이상의 유한책임조합원으로 구성된다. 합자조합계약은 민법상 조합계약(민 703조)의 성격을 가지며, 상법 또는 합자조합계약에서 특별한 정함이 없는 사항에 대해서는 민법상 조합 규정이 준용된다(상 86조의8).

합자조합계약은 조합원의 권리와 의무를 명확히 하기 위한 요식계약으로, 상법 제86조의3은 반드시 기재해야 할 사항(목적 · 명칭 · 조합원 등)을 규정한다. 조합원 전원이 기명날인 또는 서명해야 하며, 업무집행조합원은 설립 후 2주 내에 목적 · 명칭 · 조합원 · 출자 등에 관한 필요적 등기사항을 등기해야 한다(상 86조의4). 이 등기는 합자조합의 성립요건은 아니고, 상업등기의 일반적 효력(상 37조)에 따른 제3자에 대한 대항요건이다. 합자조합이 법인격을 가지지 않음에도 등기제도가 마련된 이유는, 조합원의 책임 유형과 업무집행 구조, 조합의 목적 · 명칭 등이 거래상 중요한 의미를 가지므로, 이를 외부에서 제3자가 확인할 수 있도록 하기 위함이다.

예컨대, A와 B가 기술을, C가 자본을 출자하여 신재생에너지 프로젝트를 공동으로 추진하기로 하고 상법 제86조의3이 규정한 요식계약을 체결하면, A와 B는 업무집행조합원으로서 무한책임을 지며, C는 유한책임조합원으로서 출자가액 한도에서만 책임을 진다. 이들은 합자조합계약을 체결함으로써 법인 설립 없이 공동사업을 운영할 수 있다.

Ⅲ. 합자조합의 법률관계

1. 출자

업무집행조합원은 금전 · 현물 · 노무 · 신용 등 어떠한 형태로도 출자할 수 있으나, 유한책임조합원은 합자조합계약에서 별도로 정하지 않는 한 금전 또는 현물만 출자할 수 있다(상 86조의8 · 272조). 그렇다면 왜 유한책임조합원은 노무나 신용을 출자할 수 없도록 제한될까? 이는 노무 · 신용 출자가 경영참여와 결부되기 쉽기 때문에 유한책임의 성격과 충돌하기 때문이다. 유한책임조합원이 단순히 자본을 제공하고 경영에 참여하지 않는 방식은 합자조합의 "투자자형 조합원"의 전형이다.

2. 업무집행 및 대리

업무집행조합원은 합자조합의 영업을 대표하며, 각자가 업무집행권과 대리권을 가진다(상 86조의5). 합자조합은 법인이 아니므로 스스로 권리·의무의 주체가 될 수 없으며, 조합원 전원이 권리·의무의 주체가 된다. 따라서 업무집행조합원이 대리인으로서 제3자와 법률행위를 하는 경우, 그 효과는 조합원 전원에게 귀속된다. 여러 업무집행조합원이 있는 때에는 상호 간에 이견이 있는 경우 과반수 결의로 업무집행을 결정한다(상 86조의5).

유한책임조합원은 원칙적으로 업무집행에 참여할 수 없으나, 상법 제86조의8 제3항의 해석상 조합계약으로 정한 경우에는 가능하다는 견해도 제시된다. 다만, 이 경우에 대해 ① 계약에 따른 참여가 가능하되 여전히 유한책임을 유지한다는 유한책임유지설과 ② 제3자 보호를 위해 무한책임을 부담해야 한다는 무한책임전환설이 대립한다. 그렇다면 유한책임조합원의 경영참여가 왜 무한책임으로의 전환 논의와 연결되는가? 이는 경영에 관여한 유한책임조합원을 제3자가 업무집행조합원으로 인식할 수 있어 신뢰보호의 문제가 발생할 뿐만 아니라, 경영참여에 상응하는 책임을 부담시키는 것이 업무집행조합원과의 형평에도 부합하기 때문이다.

한편, 유한책임조합원은 업무집행조합원의 전횡을 방지하기 위해 감시권을 가진다. 즉, 회계장부·대차대조표 기타 서류를 열람하고, 업무와 재산상태를 검사할 수 있는 권한을 가진다(상 86조의8·277조). 이는 유한책임조합원이 경영에 직접 참여하지 않는 대신 내부통제 기능을 수행할 수 있도록 한 규정이다.

3. 조합원의 의무

업무집행조합원은 선량한 관리자의 주의의무로 업무를 수행해야 하며(상 86조의5), 합자조합계약에서 달리 정하지 않는 한 경업·겸직금지 및 자기거래금지 의무를 부담한다(상 86조의8·198조·199조). 이는 업무집행조합원이 경업·겸직 또는 자기거래를 통해 합자조합의 이익과 충돌하는 것을 방지하기 위한 규정이다. 이러한 의무가 업무집행조합원에게만 부과되는 것은, 그가 합자조합의 영업을 실제로 운영하고 외부적으로 대표하는 지위에 있으므로 합자조합과의 이해충돌

우려가 크지만, 유한책임조합원은 경영에 관여하지 않는 투자자에 불과하기 때문이다.

4. 이익의 분배 및 손실의 분담

이익분배 및 손실분담은 계약에 따르며, 약정이 없는 경우 조합에 관한 민법 제711조를 준용한다. 즉, 출자가액 비율에 따른 이익분배, 이익분배비율과 동일한 손실분담비율이 적용된다.

5. 조합원의 책임

업무집행조합원은 조합의 채무에 대하여 직접 · 연대 · 무한책임을 부담한다(상 86조의8 · 212조). 즉, 조합재산으로 채무를 전부 변제할 수 없는 경우, 자신의 재산으로 다른 업무집행조합원과 함께 연대하여 채권자에게 직접 책임을 진다. 이는 영업을 대표 · 집행하는 지위에 상응하여, 제3자에 대한 신용책임을 강화한 것이다.

반면, 유한책임조합원은 조합의 채무에 대해 채권자에게 직접 책임을 지지만, 그 책임은 자신의 출자가액 한도 내의 유한책임에 그친다. 구체적으로 보면, 유한책임조합원은 조합계약에서 정한 출자가액에서 이미 이행한 부분을 제외한 가액을 한도액으로 채권자에게 직접 조합채무를 변제할 책임이 있다(상 86조의6). 이는 투자자의 위험을 일정 한도로 제한함으로써 출자를 유도하기 위한 제도적 장치이다.

예를 들어, A(업무집행조합원)와 B(업무집행조합원), C(유한책임조합원)가 함께 합자조합을 설립하여 부동산 개발사업을 영위하던 중, 자금난으로 D은행으로부터 5억 원을 대출받았다. 사업 실패로 조합재산이 전부 소진되자 D는 채권 회수를 위해 A와 B에게 직접 변제를 청구하였다. 이 경우 A와 B는 조합재산의 부족분에 대해 연대하여 자기 재산으로 D에게 전액 변제할 책임을 진다. 반면 C는 출자가액(예: 1억 원) 한도 내에서만 출자 미이행금액(예: 2천만 원)을 자기 재산으로 D에게 변제할 책임을 부담한다.

6. 합자조합의 해산과 청산

합자조합의 목적이 달성되거나 불가능하게 된 경우, 또는 한 종류의 조합원만 남게 된 경우 등에 해당하는 때에는 해산된다(상 86조의8 · 285조). 청산은 민법상 조합의 청산절차(상 86조의8, 민 722조~724조)에 따른다. 그렇다면 왜 한 종류의 조합원만 남게 되면 조합이 해산되는가? 합자조합의 본질이 "상이한 책임 방식을 가진 조합원의 결합"에 있기 때문에 그 전제가 무너진 경우 조직을 유지할 이유가 없기 때문이다.

제2절 상행위법 각칙

제1관 대 리 상

Ⅰ. 대리상의 의의

상인이 모든 거래를 직접 수행하기 어려운 경우, 일정 지역이나 품목을 대리상에게 맡겨 지속적으로 대리·중개하게 함으로써 영업망을 확장할 수 있게 하는 것이 대리상 제도의 존재 이유이다.

대리상은 일정한 상인(본인)을 위하여 그 상인의 영업부류에 속하는 거래를 상시적으로 대리하거나 중개하는 것을 영업으로 하는 자이다(상 87조). 대리상은 특정 상인의 영업활동을 계속적으로 보조하지만, 자신의 명의와 계산으로 영업을 수행하는 독립된 상인이라는 점에서 상업사용인과 구별된다. 즉, 대리상은 본인에게 종속된 고용인이 아니라, 일정한 대리 또는 중개활동을 통해 수익을 얻는 독립적 상인이며, 다만 본인의 영업을 위해 반복적·지속적으로 활동한다는 점에서 본인과 긴밀한 신뢰관계를 형성한다.

그렇다면 본인의 영업을 보조하는 존재가 왜 독립된 상인으로서의 지위를 동시에 갖게 되는 것일까? 이는 대리상이 독립적으로 거래를 수행하며 자신의 사업위험을 부담하는 방식을 취하고 있기 때문이다.

대리상 제도의 입법취지는 본인의 영업영역을 효율적으로 확대하면서도, 스스로도 독립된 상인으로서 경제적 이익을 추구하는 대리상에게 일정한 법적 책임을 부과함과 동시에 그에 상응하는 보호를 부여하여 거래의 지속성과 안정성을 확보하려는 데 있다. 따라서 상법은 이 관계를 단순한 위임관계를 넘어 "계속적 협력관계 속의 신뢰보호와 보상보장"이라는 상사적 관점에서 규율한다. 요컨대 대리상 관련 규정은 상인의 영업조직의 효율적 확장, 대리상의 종속성과 보호, 그리고 거래안전 확보를 조화시키기 위한 상사법의 핵심 장치로 이해된다.

Ⅱ. 대리상의 법률관계

1. 대리상계약

대리상계약은 일정한 상인이 대리상에게 자기의 영업부류에 속하는 거래의 대리 또는 중개를 위탁하는 계약이다. 이는 위임계약의 성질을 가지는 계속적 거래계약으로서, 특별한 형식을 요하지 않으며 청약과 승낙만으로 성립하는 불요식의 낙성계약이다. 예를 들어, A가 상품 판매를 위해 대리상 B에게 특정 지역의 판매권을 부여하고, B가 일정한 수수료를 받기로 약정하였다면, 양자 간에는 대리상계약이 성립한다.

그렇다면 단순 위임만으로도 대리 · 중개는 가능함에도 상법은 왜 별도의 대리상계약이라는 상사계약 형태를 인정하는 것일까? 이는 대리상이 계속적 · 경제적 종속성을 가지는 거래수체이자 본인의 영업조직 일부처럼 기능하기 때문이다. 즉, 대리상이 단발적 위임관계가 아니라, 일정한 지역 · 거래를 전담하면서 본인의 영업에 장기간 편입되어 활동하기 때문이다.

대리상의 유형은 계약에서 부여된 권한에 따라 구분된다. 체약대리상은 본인을 대신해 계약을 직접 체결할 권한이 있는 자이며, 중개대리상은 계약이 성립되도록 본인을 위해 사실상 조력하고 알선만 하는 자이다. 예를 들어, 자동차 제조업체 A가 전국 판매를 위해 대리상 B에게 계약체결권을 부여하였다면 B는 체약대리상이다. 반면 B가 단지 구매자와 A를 연결하는 역할만 한다면 중개대리상에 해당한다. 그렇다면 체약대리상과 중개대리상의 권한 차이는 어떤 법적 효과 차이를 낳을까? 체약대리상의 대리행위는 본인에게 계약효과를 귀속시키는 데 반해, 중개대리상의 중개행위는 계약효과를 발생시키지 않는다.

2. 대리상의 의무

대리상은 위탁자인 본인의 영업을 대리하거나 중개하는 자로서, 위탁사무 처리에 선량한 관리자의 주의를 다해야 한다(민 681조). 이는 본인의 이익을 보호하고 신뢰관계를 유지하기 위한 것으로, 대리상이 부주의하거나 성실의무를 위반하여 본인에게 손해를 입힌 경우 손해배상책임을 부담한다. 예컨대, 대리상 B가 본인 A의 물건을 판매하면서 계약조건을 부주의하게 검토해 A에게 불이익이 발생한 경우, 이는 선관주의의무 위반에 해당한다.

또한 대리상은 거래의 대리나 중개를 한 경우 지체 없이 본인에게 통지해야 한다(상 88조). 상법이 대리상에게 즉시 통지의무를 부과한 이유는 무엇일까? 이는 대리상이 실제 거래가 이루어지는 현장에서 직접 거래 상대방과 접촉하며 업무를 수행하기 때문에, 그 정보가 본인의 영업활동에 즉각적인 영향을 미치기 때문이다. 즉, 본인이 거래 상황을 신속히 파악하고 납기나 대금청구 등 영업상 조치를 적시에 취할 수 있도록 하기 위한 것이다. 예컨대 대리상이 거래 성사를 본인에게 알리지 않아 본인이 중요한 납기 기회를 상실하였다면, 이는 통지의무 위반으로 평가된다.

아울러 대리상은 본인의 허락 없이 자기 또는 제3자의 계산으로 본인의 영업부류에 속한 거래를 하거나, 동종영업을 하는 회사의 무한책임사원이나 이사가 될 수 없다(상 89조). 대리상은 본인과 지속적 신뢰관계 하에 있고 본인의 거래정보와 영업비밀을 접할 수 있는 지위에 있기 때문에, 이러한 행위를 허용하면 이익충돌과 부정경쟁의 위험을 초래한다. 따라서 상법은 이를 금지하고, 위반 시 본인에게 개입권·해지권·손해배상청구권을 부여한다(상 89조·17조). 이러한 권한은 상업사용인의 경업·겸직금지의무 위반 시 인정되는 권한과 동일한 구조를 가지므로, 그 취지도 같다.

예를 들어, 대리상 B가 본인 A의 제품을 판매하면서, A의 허락 없이 동일한 거래처를 상대로 경쟁사 C의 제품을 자기 명의로 함께 판매한 경우, 이는 경업금지의무 위반에 해당한다. 이 경우 A는 C의 제품을 판매한 B의 행위에 대하여 개입권을 행사할 수 있고, 신뢰관계가 파괴되었다고 판단되면 대리상계약을 해지하거나, 그로 인해 발생한 손해에 대하여 배상을 청구할 수 있다.

한편, 대리상은 계약이 종료된 이후에도 본인의 영업비밀을 지켜야 한다(상 92조의3). 대리상은 본인의 거래처, 가격정책, 공급조건 등 핵심정보를 취득할 수 있는 위치에 있으므로, 예컨대 계약 종료 후 경쟁업체로 이동하여 이 정보를 이용하면 본인의 신용과 거래질서가 침해된다. 이에 상법은 계약 종료 후에도 영업비밀 준수의무를 명문화하여 본인을 보호한다.

3. 대리상의 권리

대리상은 본인의 영업을 계속적으로 보조하는 대가로 보수를 청구할 권리를 가진다. 이는 계약에 명시가 없더라도 통상적인 수수료율에 따라 인정되며(상 61조), 이는 독립된 상인으로서의 경제적 대가를 확보하기 위한 것이다. 예컨대, 대리상 B가 A의 상품 판매를 통해 일정 매출을 달성하였으나 수수료율이 정해져 있지 않다면, B는 거래관행상 합리적인 수준의 보수를 청구할 수 있다.

또한 대리상은 본인에 대한 채권이 변세기에 있을 때, 본인을 위하여 점유하는 물건이나 유가증권을 유치할 수 있다(상 91조). 이 유치권은 상법이 특별히 인정한 상사유치권으로, 일반 유치권(민 320조)과 달리 유치물과 피담보채권 간의 직접적인 견련관계가 요구되지 않는다. 따라서 대리상은 보다 넓은 범위에서 채권을 담보할 수 있다.

아울러 대리상은 자신의 활동으로 본인이 새로운 고객을 확보하거나 거래가 현저히 증가하여 계약 종료 후에도 본인이 계속 이익을 얻는 경우, 상당한 보상을 청구할 수 있다(상 92조의2). 그렇다면 계약이 종료된 이후에도 대리상에게 거래성과에 대한 보상을 인정하는 이유는 무엇일까? 이는 대리상이 축적한 거래성과가 계약 종료 후에도 본인에게 잔존하는 경우, 기여에 상응하는 보상을 보장하려는 제도이다. 다만 계약 종료가 대리상의 귀책사유로 인한 경우에는 청구할 수 없으며, 보상금의 한도는 계약 종료 전 5년간의 평균 연보수액을 초과할 수 없다(상 92조의2).

예를 들어, 대리상 B가 장기간에 걸쳐 신규 거래처를 개척하고 기존 거래를 확대하여 본인 A의 고객 기반과 매출이 크게 증가하였고, 계약 종료 후에도 그 거래관계가 그대로 유지되어 A가 계속 이익을 얻고 있는 경우에는, 계약 종료의 경위와 관계없이 B는 자신의 영업성과에 상응하는 보상을 청구할 수 있다.

한편, 대리상은 거래 상대방으로부터 본인에게 전달되어야 할 통지를 받을 권한을 가진다(상 90조). 즉, 매수인이 대리상에게 물건의 하자나 수량부족을 통지하면 본인에게 직접 통지한 것과 같은 효력이 생긴다. 이는 거래 상대방을 보호하기 위한 규정으로, 대리상이 거래의 실질적 접점을 담당하는 현실을 반영한 것이다.

4. 대리상계약의 해지

대리상계약에 존속기간의 약정이 없는 경우, 각 당사자는 2개월 전에 예고하고 해지할 수 있다(상 92조). 이는 민법상 위임계약의 자유로운 해지(민 689조)에 대한 예외로, 대리상이 단순한 수임인이 아니라 자신의 비용과 책임으로 영업조직을 운영하는 상인이므로, 점포 사용, 인력 고용, 재고 관리 등에 대한 계획과 경제적 부담을 갑작스러운 해지로부터 보호할 필요가 있기 때문이다. 또한 부득이한 사정이 있는 경우에는 계약기간의 약정 여부와 관계없이 즉시 해지할 수 있다(상 92조). 예를 들어, 본인 A가 아무런 사유 없이 즉시 계약을 종료하겠다고 통보했다면 이는 부적법한 해지이지만, 대리상 B가 횡령 등 중대한 위법행위를 행한 경우 A는 즉시 계약을 해지할 수 있다.

제2관 중 개 업

Ⅰ. 중개인의 의의

중개인은 타인 간의 상행위를 중개하는 것을 영업으로 하는 자이다(상 93조). 그는 거래의 직접 당사자가 아니라 서로 다른 상인 또는 거래자를 연결하여 계약의 성립을 주선하는 독립된 상인이다.

대리상 또한 중개를 영업으로 하지만, 대리상이 특정 상인을 위하여 계속적·종속적으로 중개활동을 하는 자라면, 중개인은 불특정 다수인을 상대로 일시적·독립적으로 중개활동을 수행한다는 점에서 구별된다. 즉, 대리상이 특정 본인을 중심으로 활동하는 "지속적 협력자"라면, 중개인은 여러 거래 당사자를 연결하는 "독립적 중간자"에 가깝다.

이와 같이 법이 이 두 유형의 중개자를 구별해 서로 다른 규율체계를 적용하는 이유는 무엇인가? 이는 대리상에게는 본인의 영업조직 일부로서의 계속성과 종속성이 존재하는 반면, 중개인은 독립된 전문중간자로서 거래의 안전성과 중립성 확보가 중시되기 때문이다.

또한 중개의 대상이 되는 상행위에는 일방적 상행위도 포함되므로, 상인이 아닌 자가 상인과 거래하는 경우라도 그 거래를 중개하면 상법상 중개행위가 된다. 반면, 상행위가 아닌 민사행위의 중개를 영업으로 하는 자(예: 결혼중개업자)는 "민사중개인"으로서 상법상 상인은 될 수 있으나, 상법 제93조 이하의 상사중개인 규정은 적용되지 않는다. 예를 들어, 부동산중개법인 A가 상가임대차계약을 중개하는 경우 그 계약이 상행위에 해당한다면 상사중개인에 해당한다. 그러나 결혼이나 개인 간 중고물품 매매처럼 상행위가 아닌 경우에는 이에 대한 중개인에 대해서는 상사중개인 규정이 적용되지 않는다.

상사중개인 제도의 입법취지는, 상행위의 신속성과 거래신뢰가 특히 중시되는 영역에서 중개인의 역할을 법적으로 정형화하고 그 책임과 권한을 명확히 하려는 데 있다. 상사중개인은 단순히 당사자를 연결하는 데 그치지 않고, 상행위의 성립을 촉진하며, 거래과정에서의 증명・증거보전 기능을 수행함으로써 거래의 안전을 확보하는 역할을 담당한다. 또한 경우에 따라서는 거래당사자의 익명성이나 신용을 보호함으로써 상거래가 원활히 이루어지도록 한다.

이처럼 상사중개인은 상행위의 원활한 진행과 신뢰 확보에 핵심적인 기능을 수행하므로, 상법은 민사중개인과 달리 상사중개인에 대하여 제93조 이하에서 특별한 규율을 두고 있다.

Ⅱ. 중개업의 법률관계

1. 중개계약

중개계약은 상행위의 당사자가 중개인에게 거래의 중개를 위탁하는 계약이다. 이는 위임계약의 성질을 가지는 계속적 거래계약으로, 특별한 형식을 요하지 않으며 청약과 승낙만으로 성립하는 불요식의 낙성계약이다.

중개계약은 특별한 약정이 없는 한 중개인이 적극적으로 중개의무를 부담하고, 거래가 성립되면 위탁자가 보수를 지급하는 쌍방적 중개계약의 형태를 가진다. 예컨대 상인 A가 새로운 납품계약을 체결하기 위해 중개인 B에게 중개를 위탁한 경우, B는 A를 대신하여 거래상대방을 탐색하고 계약 성립을 주선해야 하며, 계약이 성립하면 보수를 청구할 수 있다.

2. 중개인의 의무

중개인은 거래의 성립을 주선하는 자로서 위탁사무 처리에 선량한 관리자의 주의를 다해야 한다(민 681조). 그는 거래조건을 정확히 전달하고 상대방의 신용상태를 신중히 검토해야 하며, 이를 소홀히 하여 위탁자에게 손해가 발생한 경우 손해배상책임을 진다. 예를 들어, 중개인 B가 위탁자인 A의 상품 판매를 중개하면서 부주의하게 신용이 불량한 거래상과 계약을 주선한 경우, 이는 선관주의의무 위반에 해당한다.

또한 중개인은 거래와 관련하여 받은 견품을 거래가 완료될 때까지 보관해야 한다(상 95조). 이 의무는 견품과 실제 물품의 일치 여부로 인한 분쟁을 방지하기 위한 것으로, 견품을 임의로 처분하거나 분실하면 손해배상책임을 진다. 예컨대 B가 섬유제조업체 A와 의류업체 C의 거래를 중개하던 중 A로부터 받은 원단 견품을 분실한 경우 이는 견품보관의무 위반이다.

거래가 성립된 경우, 중개인은 지체 없이 계약내용이 포함된 결약서를 작성하여 기명날인 또는 서명 후 각 당사자에게 교부해야 한다(상 96조). 그렇다면 상법은 왜 중개인에게 결약서 작성까지 요구하는 것일까? 이는 거래의 내용을 명백히 하여 사후 분쟁을 예방하고, 증거력을 확보하기 위한 것이다. 중개인은 당사자 일방이 결약서의 수령을 거부하거나 서명을 하지 않은 경우, 그 사실을 상대방에게 지체 없이 통지해야 한다(상 96조). 이는 결약서가 완전하게 성립하지 않았다는 사정을 상대방에게 알려, 계약내용에 관한 분쟁 발생 가능성을 사전에 인식시키기 위한 규정이다.

또한 중개인은 자신이 작성한 결약서의 내용을 장부에 기재해야 하며, 당사자는 언제든지 자기 거래에 관한 장부등본의 교부를 청구할 수 있다(상 97조). 이 장부는 중개인이 자신의 중개업무를 관리하기 위해 임의로 작성하는 내부기록에 그치는 것이 아니라, 거래의 증거력을 갖춘 공식적 기록으로서 거래의 투명성과 신뢰성을 확보하기 위한 제도적 장치이다. 중개인이 이를 작성하지 않거나 허위로 기재해 손해가 발생한 경우, 손해배상책임을 진다.

한편, 거래 당사자 중 한쪽이 자신의 성명 또는 상호의 표시를 금지한 경우, 중개인은 결약서나 장부등본에 이를 기재할 수 없다(상 98조). 이른바 "묵비의무"라 하며, 거래상 익명성이 필요한 경우 당사자의 요청에 따라 신원을 비공개로 유지해야 한다. 이는 거래 당사자가 경쟁관계, 영업전략, 시장노출 회피 등 합리적인 이유로 익명거래를 원할 수 있다는 점을 전제로, 그 의사를 존중하여 신원을 비공개로 유지하도록 한 규정이다. 이러한 묵비는 거래의 유효성이나 중개행위의 효력에 아무런 영향을 미치지 않으며, 중개인은 익명거래의 요청이 있는 한 이를 성실히 준수해야 한다. 상거래에서는 거래상대방의 인적 개성보다는 거래 자체의 성립과 이행이 중시되는 것이 일반적이므로, 이러한 거래 관행을 고려하여 묵비의무가 인정된다.

예컨대 수출업체 A가 자사 브랜드 노출을 피하기 위해 중개인 B에게 상호를 숨긴 채 해외 매수인 C와 계약하도록 요청했다면, B가 결약서에 A의 상호를 기재하지 않은 것은 적법한 묵비의무 이행으로 평가된다.

만약 중개인이 임의로 또는 묵비의무에 따라 당사자 일방의 성명을 표시하지 않았다면, 상대방은 중개인에게 직접 계약의 이행을 청구할 수 있다(상 99조). 그렇다면 중개인이 실제 계약의 당사자는 아닐 텐데, 왜 상대방에게 일정한 책임을 지는 것일까? 이는 성명이 묵비된 당사자가 이행하지 않을 경우, 상대방이 그에게 직접 책임을 물을 수 없게 되는 점을 고려하여, 중개인에게 담보책임적 성격의 개입의무를 부과함으로써 거래상대방의 신뢰를 보호하려는 데 그 취지가 있다. 다만, 중개인이 개입의무에 따라 이행을 하더라도 거래의 당사자가 되는 것은 아니며, 이는 어디까지나 중개인을 신뢰하고 거래한 상대방을 보호하기 위한 신뢰보호적 담보책임에 그친다.

예를 들어, 중개인 B가 판매자 A의 이름을 숨기고 매수인 C와 거래를 체결하게 했는데, 이후 A가 물품을 인도하지 않았다면, C는 중개인 B에게 직접 인도를 청구할 수 있다.

3. 중개인의 권리

중개인은 거래를 중개하여 유효한 계약이 성립하면 보수를 청구할 수 있다(상 61조 · 100조). 그렇다면 단순히 노력만 기울였다고 하여 보수청구권이 인정될 수 있을까? 중개인의 급부가 계약 성립을 알선하는 데에 특정되어 있고, 그 목적이 달성되지 않으면 급부가 완성되었다고 볼 수 없으므로, 단순히 중개행위를 했다는 사실만으로는 부족하며, 실제로 당사자 간에 계약이 성립해야 한다. 보수는 원칙적으로 당사자 쌍방이 균분하여 부담하되(상 100조), 다른 약정이나 상관습이 있는 경우에는 그에 따른다. 예컨대 중개인 B가 A와 C 사이의 납품계약을 중개해 계약이 체결되었다면, B는 중개보수를 청구할 수 있다. 반면, 협의가 무산되어 계약이 성립하지 않았다면 보수는 청구할 수 없다.

또한 중개인은 자신이 중개한 거래에 관해 당사자를 대신하여 급여를 받을 수 없다(상 94조). 이는 중개인이 거래의 당사자가 아니어서 수령권을 가지지 않기 때문이다. 다만, 당사자 간의 별도 약정이나 거래관행이 있는 경우, 또는 묵비요청이 있는 거래에서 거래상 편의를 위해 급여를 수령하는 경우에는 예외적으로 급여수령권이 인정된다. 예를 들어, 중개인 B가 중고차 거래를 중개하면서 매수인 C로부터 대금을 받아 판매자 A에게 전달하기로 A와 사전에 합의했다면, 이는 예외적으로 인정되는 급여수령권이다. 그러나 별도의 합의 없이 대금을 직접 수령해 분실했다면, 이는 무권수령으로서 손해배상책임을 진다.

제 3 관 위탁매매업

Ⅰ. 위탁매매인의 의의

위탁매매인은 자기 명의로 타인의 계산으로 물건 또는 유가증권을 매매하는 것을 영업으로 하는 자이다(상 101조). 여기서 “자기 명의”로 거래한다는 것은 외형상 거래의 당사자가 위탁매매인 자신으로 표시된다는 의미이고, “타인의 계산”이란 그 거래로부터 발생하는 경제적 이익과 위험이 궁극적으로 위탁자에게 귀속된다는 뜻이다. 달리 말해, 법률상 매매의 당사자는 위탁매매인이지만 경제적 실질은 위탁자에게 귀속되는 관계이다. 이 관계는 흔히 “법률효과는 위탁매매인에게, 경제효과는 위탁자에게 귀속되는 삼면관계”로 설명된다.

이에 따라 위탁매매는 위탁자 · 위탁매매인 · 거래상대방이라는 세 주체 간의 복합적 법률관계를 형성한다. 예를 들어, 수출업체 A가 해외 매수인에게 제품을 판매하기 위해 위탁매매업자 B에게 판매를 맡긴 경우, 계약상 매도인은 B로 표시되지만, 실제 이익은 A에게 귀속된다. 즉, 거래상대방은 B와 계약을 체결하지만, B는 A의 계산으로 거래를 수행하고 그 대가로 보수를 받는 방식이다.

“자기 명의로 타인의 계산으로 거래하는 행위”를 주선행위라 하며, 그 대표적인 형태가 바로 위탁매매이다. 유사한 제도로는 물건운송을 주선하는 운송주선(상 114조)이 있으며, 그 밖의 주선행위를 포괄하여 준위탁매매(상 113조)라고 부른다.

그렇다면 입법자는 왜 굳이 법률효과와 경제효과의 귀속을 분리하는 이 특유의 방식을 취한 것일까? 위탁매매제도의 입법취지는 상거래 현실에서 요구되는 거래의 신속성과 경제적 실질의 반영을 조화시키는 데 있다. 즉, 상거래의 효율성을 위하여 외형상 거래는 위탁매매인이 일괄 처리할 수 있도록 하면서도, 경제적 위험과 이익은 실제로 자금을 부담한 위탁자에게 귀속되도록 설계한 것이다. 상법은 이를 통하여 거래의 외형적 안전(제3자 보호)과 실질적 정의(위탁자 보호)를 절충하고 있으며, 이러한 방식은 현대 상사법이 지향하는 형식과 실질의 조화라는 기본 원리를 상징적으로 구현한 것이라고 할 수 있다.

Ⅱ. 위탁매매업의 법률관계

1. 3면 관계

위탁매매의 법률관계는 위탁자, 위탁매매인, 거래상대방 간의 삼면관계로 이루어진다. 이는 외부적으로는 법률관계를 단순화하여 거래의 신속성을 보장하는 한편, 내부적으로는 위탁자의 경제적 이해를 보호하도록 설계되어 있다.

먼저, 위탁자와 위탁매매인 사이의 내부관계는 위임계약의 성질을 가지며(상 112조), 청약과 승낙만으로 성립하는 불요식의 낙성계약이다. 위탁의 내용에 따라 매도위탁, 매수위탁, 혹은 양자를 병행하는 형태로 나뉜다. 또한 상인인 위탁자가 자기 영업을 위하여 매수를 위탁한 경우에는 상사매매 규정(상 68조~71조)이 준용된다(상 110조). 이는 상인 간 거래의 신속성과 확실성을 보장하려는 취지에서 마련된 특칙이다.

다음으로, 위탁매매인과 거래상대방 사이의 외부관계에서는 위탁매매인이 직접 매매계약의 당사자가 된다. 따라서 그는 거래상대방에 대하여 직접 권리와 의무를 부담하며(상 102조), 계약의 이행책임을 진다. 거래상대방의 입장에서는 위탁매매인이 유일한 계약상 상대방이 되므로, 거래의 외형상 통일성과 신속성이 확보된다.

반면, 위탁자와 거래상대방 사이에는 매매계약상의 직접적인 권리가 존재하지 않는다. 위탁자는 거래상대방에게 계약의 이행을 청구할 수 없고, 거래상대방 역시 위탁자에게 의무이행을 요구할 수 없다. 그렇다면 위탁자가 실질적인 경제적 이해를 가지는데도 왜 거래상대방에게 직접 이행을 청구할 수 없도록 설계한 것일까? 이는 거래의 외형을 위탁매매인을 중심으로 일원화함으로써 제3자인 거래상대방이 위탁매매인을 계약당사자로 신뢰하고 신속하게 거래할 수 있도록 하기 위한 것이다. 이를 통해 상거래의 안정과 신뢰가 유지된다.

예를 들어, 위탁자 A가 위탁매매인 C에게 "상품 X를 1,000만 원에 매도하라"는 의뢰를 하고, C가 이를 매수인 B에게 판매한 경우, B는 C에게만 상품 인도를 청구할 수 있으며 A에게 직접 청구할 수는 없다. 마찬가지로 A도 B에게 직접 대금지급을 청구할 수 없고, C를 통하여 내부적으로 대금을 정산한다.

2. 위탁물의 귀속

위탁매매에서 위탁물의 귀속관계는 거래의 외형상 안전과 경제적 실질의 균형을 이루기 위한 핵심 요소이다. 위탁매매인이 위탁자를 위하여 물건을 점유하는 경우, 외부적으로는 그 물건이 위탁매매인의 소유로 보게 된다. 이는 위탁매매인이 자기 명의로 거래를 수행하기 때문에 거래상대방이 통상적으로 위탁매매인을 소유자로 신뢰하게 되는 상거래 관행을 반영한 것이다. 이러한 법리는 거래상대방의 신뢰를 보호하고 거래의 신속성을 확보하기 위한 것이다.

그러나 위탁자와 위탁매매인 사이의 내부관계에서는 물건의 소유권이 위탁자에게 귀속된다(상 103조). 위탁매매인은 단지 타인의 계산으로 거래를 수행하는 자에 불과하므로, 경제적 실질상 그 물건의 진정한 소유자는 위탁자이기 때문이다. 이 원칙은 위탁매매인의 채권자와의 관계에서도 동일하게 적용된다. 즉, 위탁매매인이 파산하거나 강제집행을 당하더라도 위탁물은 위탁자의 소유로 보아 채권자들의 압류대상에서 제외된다(상 103조). 예컨대, 위탁매매업자 B가 위탁자 A의 상품을 보관 중 도산한 경우, B의 채권자가 이를 B의 재산이라 주장하며 압류하더라도, 그 상품은 상법 제103조에 따라 A의 소유로 인정되어 강제집행의 대상이 되지 않는다.

그렇다면 소유권이 외부적으로는 위탁매매인에게, 내부적으로는 위탁자에게 귀속된다고 보는 이원적 관계는 어떤 법적 의미를 가지는가? 결국 위탁매매에서의 소유귀속은 대외적으로는 거래상대방의 신뢰를 보호하기 위해 위탁매매인의 소유로 보고, 대내적으로는 경제적 실질을 반영하여 위탁자의 소유로 보는 이원적 법리를 따른다. 이는 상법이 상거래의 신속성과 거래당사자 보호를 동시에 달성하려는 조화적 장치로 이해할 수 있다.

3. 위탁매매인의 의무

위탁매매인은 위탁자의 수임인으로서 위탁사무를 처리할 때 선량한 관리자의 주의의무를 부담한다(민 681조). 이는 단순히 지시를 형식적으로 이행하는 데 그치지 않고, 거래의 안전과 위탁자의 이익을 최우선으로 고려해야 함을 의미한다. 위탁매매인은 거래상대방의 신용을 확인하고, 위탁물의 보관과 처분을 신중히 수행해야 하며, 이를 게을리하여 위탁자에게 손해가 발생하면 손해배상책임을 진다. 예컨대, 위탁매매업자 B가 위탁자 A의 지시로 물건을 판매하면서 거래상대방의 지급능력이 없음을 알면서도 계약을 체결한 경우, 이는 선관주의의무 위반으로서 A에게 손해배상책임을 부담하게 된다.

위탁매매인은 매매를 완료하면 지체 없이 위탁자에게 거래의 주요 내용과 거래상대방의 성명·주소를 통지하고, 계산서를 제출해야 한다(상 104조). 이러한 통지의무와 계산서제출의무는 위탁자가 거래의 진행상황을 신속히 파악하고, 위탁매매인의 업무를 감시·관리할 수 있도록 하기 위한 것이다. 이는 위탁자 보호뿐만 아니라 거래의 투명성을 확보하기 위한 절차적 장치이기도 하다.

또한 위탁매매인은 위탁자가 지정한 가격, 즉 지정가액을 준수하여 매매해야 한다. 만약 위탁자의 지시보다 낮은 가격으로 매도하거나 높은 가격으로 매수한 경우라도, 그 차액을 스스로 부담하면 거래는 위탁자에게 유효하다(상 106조). 반대로 차액을 보전하지 않으면 그 매매는 위탁자에게 효력이 없다. 한편, 위탁매매인이 위탁자의 지시보다 유리한 가격으로 거래한 경우에는, 다른 약정이 없는 한 그 초과이익이 위탁자에게 귀속된다(상 106조). 이는 위탁자의 경제적 이익을 보호하면서도, 위탁매매인의 거래 자율성을 보장하려는 제도로서, 상거래의 신속성과 공정성을 조화시키려는 취지를 가진다. 예를 들어, 위탁자 A가 "상품 X를 100만 원에 매도하라"는 지시를 했는데, 위탁매매인 B가 90만 원에 팔았다면 B는 10만 원의 차액을 보전해야 거래가 위탁자에게 유효하다. 반대로 110만 원에 팔았다면 그 초과금 10만 원은 A에게 귀속된다.

위탁매매인은 위탁자를 위한 거래에서 거래상대방이 채무를 이행하지 않을 경우 그 이행을 담보할 책임을 진다(상 105조). 이는 이른바 이행담보책임으로, 위탁매매인의 과실 유무와 관계없이 부담하는 무과실책임이다.

여기서 의문이 생긴다. 위탁매매인은 거래를 성실히 수행하였을 뿐인데, 왜 자신의 과실과 무관하게 거래상대방의 채무이행까지 담보해야 하는가? 이는 외형상 계약의 당사자가 위탁매매인이므로, 거래상대방을 선택하고 계약을 체결한 자에게 그 결과에 대한 책임을 지우는 것이 거래안전과 신뢰보호의 측면에서 타당하다는 사고에 기초한다. 다만, 당사자 간에 달리 약정이 있거나 상관습이 있는 경우에는 그에 따른다(상 105조). 예컨대, 위탁매매인 B가 위탁자 A의 위탁으로 매수인 C에게 물건을 판매했는데 C가 대금을 지급하지 않는다면, 특별한 약정이 없는 한 B는 A에 대하여 그 대금 지급을 담보해야 한다.

또한 위탁매매인은 위탁물을 인도받은 후 훼손·부패·하자 또는 가격하락의 우려가 있는 경우 즉시 위탁자에게 통지해야 하며, 위탁자의 지시를 받을 수 없거나 지시가 지연되는 경우에는 위탁자의 이익을 위해 적당한 처분을 할 수 있다(상 108조). 이러한 규정은 위탁자의 재산을 보호하기 위한 긴급처분권에 관한 것으로, 위탁매매인이 선량한 관리자의 주의의무를 다하기 위한 제도적 장치로 이해된다.

4. 위탁매매인의 권리

위탁매매인은 위탁사무를 수행하는 과정에서 여러 권리를 가진다. 그중 가장 핵심적인 권리는 개입권이다. 위탁매매인이 거래소 시세가 있는 물건이나 유가증권의 매매를 위탁받은 경우, 그는 직접 그 매도인 또는 매수인이 될 수 있다(상 107조). 즉, 위탁매매인은 자신이 체결하는 매매의 상대방이 될 수 있으며, 이러한 권리를 개입권이라 부른다.

그렇다면 위탁매매인이 자기 계산으로 직접 거래에 개입할 수 있도록 허용하면서도, 여전히 위탁매매계약의 구조를 유지하는 이유는 무엇일까? 거래소 시세가 존재하는 물건의 경우 시가가 객관적으로 형성되어 있으므로, 위탁매매인이 직접 거래에 개입하더라도 위탁자에게 특별한 불이익이 발생하지 않는다는 점에서 정당화된다. 개입권 행사는 별도의 승낙 없이 일방적 통지로 가능하며, 매매의 통지를 발송한 시점의 거래소 시세가 매매대금의 기준이 된다(상 107조). 또한 위탁매매인이 개입권을 행사하더라도, 이는 여전히 위탁매매계약의 이행형태에 불과하므로, 그는 위탁자에게 통상의 보수를 청구할 수 있다(상 107조).

예컨대, 위탁자 A가 위탁매매인 B에게 "금 선물계약을 매도하라"고 위탁했을 때, B는 거래소 시세에 맞추어 스스로 매수인이 되어 거래를 완결할 수 있고, 이 경우 시세에 따른 대금을 A에게 지급하면 된다. 이러한 제도는 거래의 신속성을 확보하고 불필요한 중개절차를 줄이려는 상법의 실용적 설계로 평가된다.

위탁매매인은 위탁계약에서 보수가 정해지지 않은 경우에도 통상적인 또는 합리적인 수준의 보수를 청구할 수 있다(상 61조). 이는 위탁매매인이 독립된 상인으로서 자신의 영업행위에 대한 정당한 대가를 보장받도록 하기 위한 규정이다. 보수의 액수는 통상적인 거래 관행이나 업종별 평균 수수료율에 따라 산정된다.

또한 위탁매매인이 매수위탁을 받은 경우, 위탁자가 매수한 물건의 수령을 거부하거나 수령할 수 없는 사정이 있는 때에는, 위탁매매인은 위탁자의 이익을 보호하기 위해 공탁이나 경매를 할 수 있다(상 109조 · 67조). 이러한 공탁 · 경매권은 위탁매매인이 자신의 손해를 방지하기 위한 자기보호수단으로서 인정된 것이다. 즉, 위탁자가 사정상 물건을 인수하지 못하더라도 위탁매매인은 손해 없이 거래를 신속하게 종결할 수 있도록 제도적 안전장치를 마련한 것이다.

나아가 위탁매매인은 유치권을 행사할 수 있다. 상법은 대리상의 유치권에 관한 규정(상 91조)을 위탁매매인에게 준용하고 있으며(상 111조), 이에 따라 위탁매매인은 위탁자의 채무가 변제기에 있을 때, 그를 위하여 점유 중인 물건이나 유가증권을 변제받을 때까지 유치할 수 있다. 이 유치권은 민법상 일반 유치권과 달리, 유치물과 피담보채권 사이에 직접적인 견련관계를 요구하지 않는 상사특유의 제도로서, 거래 과정에서 발생하는 위탁자의 신용위험으로부터 위탁매매인을 실질적으로 보호하기 위한 것이다. 예를 들어, 위탁매매인 B가 위탁자 A의 물건을 대신 판매하여 대금을 받았음에도 A가 B에게 약정된 수수료를 지급하지 않는다면, B는 자신이 점유하고 있는 A의 다른 물건을 유치할 수 있다.

5. 준위탁매매인

준위탁매매인은 매매나 운송주선을 제외한 그 밖의 주선행위를 영업으로 하는 자를 말한다. 즉, 자기 명의로 타인의 계산으로 거래를 주선하는 자이지만, 그 주선의 내용이 매매나 운송에 한정되지 않는 경우를 가리킨다. 따라서 준위탁매매인은 위탁매매인과 동일한 법적 성질, 즉 자기명의 · 타인계산이라는 틀을 공유하되, 대상 행위의 범위가 보다 넓다는 점에서 구별된다.

그렇다면 입법자는 왜 위탁매매와 운송주선 이외의 주선행위에 대하여 별도의 준위탁매매 개념을 도입한 것일까? 역사적으로 위탁매매와 운송주선이 먼저 법제화된 이유는, 이 두 거래형태가 상업사회에서 가장 빈번하고 실무적으로 확립된 주선 형태였기 때문이다. 그러나 상행위가 발전하면서 매매 · 운송 이외에도 다양한 형태의 주선행위가 출현하자, 이를 포괄적으로 규율하기 위해 준위탁매매라는 개념이 도입되었다.

상법 제113조는 위탁매매인에 관한 규정은 준위탁매매인에게 준용한다고 명시하고 있다. 따라서 준위탁매매인도 위탁매매인과 마찬가지로 자기 명의로 거래의 법률효과를 부담하지만, 그 경제적 이익과 위험은 위탁자에게 귀속된다. 또한 위탁매매인의 주요 권리 · 의무 – 예를 들어 선관주의의무, 통지 · 계산서제출의무, 개입권, 유치권, 보수청구권 등 – 가 동일하게 적용된다. 이는 거래의 신속성과 신뢰를 유지하려는 공통된 법리를 반영한 것으로 이해할 수 있다.

제 4 관 운송주선업

Ⅰ. 운송주선인의 의의

운송주선인은 자기 명의로 물건운송의 주선을 영업으로 하는 자를 말한다(상 114조). 여기서 "주선"이란 자기 명의로 타인의 계산으로 법률상의 거래를 수행하는 행위를 의미하며, 운송주선은 그 대표적인 형태 중 하나이다. 운송주선인은 송하인으로부터 물건의 운송을 위탁받아 자기 명의로 운송인과 운송계약을 체결하고, 운송으로 인한 경제적 이익과 위험은 송하인에게 귀속시킨다.

따라서 법률상 거래의 당사자는 운송주선인, 경제적 효과의 귀속자는 송하인으로서, 법률적 형식과 경제적 실질이 분리된 이원적 관계를 가진다. 예컨대 수출업체 A가 해외 운송을 위해 운송주선인 B에게 운송을 의뢰하고, B가 자기 명의로 해상운송업자 C와 운송계약을 체결하였다면, 계약의 당사자는 B이지만 운송비용 · 운송이익 등 경제적 효과는 A에게 귀속된다.

그렇다면 왜 상법은 이러한 "자기 명의, 타인 계산"이라는 독특한 법리를 운송주선에서 채택하고 있을까? 이는 전문적 지식을 갖춘 운송주선인을 통해 거래의 신속성과 외형상의 안전을 보장하면서도, 경제적 실질은 당사자인 송하인에게 귀속되도록 하여 형식과 실질의 조화를 도모하려는 데 있다.

이와 같은 법리적 성격 때문에 상법은 운송주선인에 대하여 위탁매매인의 규정을 준용하고 있다(상 123조). 운송주선의 대상은 반드시 물건이어야 하고, 여객운송의 주선은 인격적 요소와 안전보호의무가 중시되므로 별도로 규율하기 위해서 운송주선이 아니라 준위탁매매(상 113조)에 속한다. 한편 운송방법에는 제한이 없으며, 육상 · 해상 · 항공 등 어떤 형태든 가능하다.

결국 운송주선업은 위탁매매와 동일한 기본 구조－자기 명의, 타인 계산－를 가지면서도, 거래의 목적이 운송이라는 점에서 물적 위험의 관리와 책임의 분배가 규율의 중심이 된다. 이러한 관계는 송하인, 운송주선인, 운송인 사이의 삼면관계를 전제로 하며, 상법은 운송주선을 하나의 "물류 매개행위"로 파악하여 전문상인을 통한 거래의 안전성과 효율성을 확보하고자 한다.

Ⅱ. 운송주선업의 법률관계

1. 운송주선계약

운송주선계약은 송하인이 운송주선인에게 물건운송계약의 체결을 위탁하는 계약으로서, 위임계약의 성질을 가지며(상 123조·112조), 청약과 승낙만으로 성립하는 불요식의 낙성계약이다. 운송주선인은 이 계약에 따라 자기 명의로 운송인과 운송계약을 체결하므로 외부적으로는 운송계약의 당사자가 된다. 즉, 운송주선관계는 ① 송하인 - 운송주선인 간 내부관계(운송주선계약), ② 운송주선인 - 운송인 간 외부관계(운송계약), ③ 송하인 - 운송인 간의 비직접적 관계로 구성된다.

예를 들어 송하인 A가 운송주선인 B에게 운송을 위탁하고, B가 운송인 C와 계약을 체결한 경우, C는 운임을 B에게만 청구할 수 있으며 A에게 직접 청구할 수 없다. 반대로 운송 도중 사고가 발생하더라도 A는 C에게 직접 책임을 묻지 못하고, 오직 자신의 계약상 상대방인 B에게만 청구할 수 있다.

2. 운송주선인의 의무

운송주선인은 위탁자인 송하인의 이익을 보호하기 위해 선량한 관리자의 주의의무를 부담한다(상 123조·112조, 민 681조). 즉, 운송인의 선정, 운송물의 수령·보관·인도, 운송방법의 결정 등 일련의 과정에서 전문상인으로서의 신중함과 합리적 판단을 요구받는다. 예를 들어, 운송주선인 B가 운송비가 저렴하다는 이유로 신용이 불량한 운송인 C를 선정하였고, 운송 중 화물이 멸실된 경우, B는 선관주의의무를 위반한 것으로 손해배상책임을 진다.

운송주선인은 또한 위탁자의 계산으로 운송인을 대신 선정하고, 자기 명의로 운송계약을 체결할 의무가 있다. 이러한 의무는 운송주선계약의 본질적 내용으로서, 운송주선인이 운송계약을 체결한 후에는 법률상 그 계약의 당사자로서 책임을 부담한다. 또한 운송주선인에 대하여 위탁매매인의 규정이 준용되지만(상 123조), 이행담보책임은 적용되지 않는다고 해석한다. 앞서 본 것처럼 위탁매매인은 거래상대방이 채무를 이행하지 않을 경우 자신의 과실 여부와 무관하게 그 이행을 담보할 책임을 진다(상 105조). 왜 운송주선인에게는 이행담보책임이 부과되지 않을까? 운송은 타인의 물건을 이동시키는 특수한 위험행위로서, 운송인 자체의 전문성과 개별 위험이 강하게 작용하므로 운송주선인이 무과실책임인 이행담보책임을 부담하는 것은 불합리하다는 점이 그 이유다.

3. 운송주선인의 손해배상책임

운송주선인은 자신 또는 그 사용인이 운송물의 수령・보관・인도, 운송인 선정 등에서 과실이 없음을 입증하지 못하면, 운송물의 멸실・훼손・연착으로 인한 손해에 대하여 손해배상책임을 진다(상 115조). 이는 채무불이행책임의 일종으로서 과실추정책임에 해당한다. 즉, 손해가 발생하면 일단 운송주선인의 과실이 추정되며, 무과실임을 입증해야 면책된다. 손해배상액은 민법 제393조의 원칙에 따라 통상손해로 한정되고, 특별손해는 그 사정을 알았거나 알 수 있었을 때에만 인정된다.

다만, 운송물 중 고가물(화폐・유가증권 등)의 경우, 위탁자가 그 종류와 가액을 명시하지 않으면 운송주선인은 손해배상책임을 지지 않는다(상 124조・136조). 이는 운송주선인이 위험의 정도를 미리 인식하지 못한 상태에서 과도한 책임을 부담하는 것을 방지하려는 취지이다. 그러나 운송주선인의 행위가 불법행위로 평가될 정도에 해당하면, 별도의 불법행위책임이 성립할 수 있다. 예컨대, 송하인 A가 고가의 시계를 운송주선인 B에게 위탁하면서 가액을 알리지 않았고, 운송 중 분실된 경우, B는 상법 제124조에 따라 면책된다. 다만, B가 운송인의 불법행위를 방치하거나 공모한 경우에는 불법행위책임을 면할 수 없다.

운송주선인의 손해배상청구권은 단기의 소멸시효가 적용되어, 1년 이내에 행사하지 않으면 소멸한다(상 121조). 이는 운송주선업이 다수의 운송거래를 계속적・반복적으로 중개하는 영업이라는 점에서, 개별 거래로부터 발생하는 책임관계를 조기에 확정하여 거래를 신속히 종결하고 영업의 안정성을 확보하려는 취지이다. 다만, 운송주선인 또는 그 사용인이 악의로 손해를 야기한 경우에는 단기시효가 적용되지 않고, 일반 상사채권의 소멸시효인 5년이 적용된다(상 121조). 이는 악의적 행위에 대하여 신속한 소멸시효로 보호할 이유가 없기 때문이다.

4. 운송주선인의 권리

운송주선인은 일정한 요건 아래 직접 운송을 수행할 수 있는 개입권을 가진다(상 116조). 이는 운송비와 운송방식이 일반화되어 거래상 불공정의 우려가 적기 때문에 인정되는 제도로, 운송주선인의 일방적 의사표시만으로 행사할 수 있다. 예컨대, 송하인 A가 운송주선인 B에게 해상운송을 위탁했는데, B가 자신의 선박으로 운송하기로 결정한 경우 이는 개입권의 행사에 해당한다. 또한 위탁자의 청구에 따라 운송주선인이 화물상환증을 작성한 경우, 이는 직접 운송의 의사표시로 본다(상 116조). 뒤에서 보는 것처럼 화물상환증은 운송물인도청구권을 표창하는 유가증권이므로, 이를 작성한다는 것은 운송계약의 이행을 전제로 하는 유가증권을 발행하는 행위에 해당하고, 운송주선인이 단순한 운송주선인의 지위를 넘어 스스로 운송인의 지위에 서겠다는 외부적 의사표시로 평가되기 때문이다. 그렇다면 개입권을 행사한 운송주선인은 운송주선보수와 운송인으로서의 운임을 모두 청구할 수 있을까? 개입권 행사로 운송주선계약이 종료되는 것은 아니므로, 양자의 보수를 모두 청구할 수 있다고 본다.

운송주선인은 운송물을 운송인에게 인도하면 즉시 보수청구권을 가진다(상 119조). 보수는 송하인이 지급하며, 운송이 완료되지 않아도 운송계약이 체결되면 발생한다. 이는 운송주선계약이 운송의 완료보다 주선행위의 완수에 중점을 두는 위임적 성격을 가지기 때문이다. 다만 확정운임운송주선계약에서는 운임액에 보수가 포함된 것으로 보아 별도의 보수청구는 제한된다(상 119조). 이 경우에는 형식상 운송주선이라 하더라도 실질적으로 운송계약의 성질을 가지며, 운송주선인은 운송인의 지위를 갖는다(판례).

운송주선인은 운송물에 관한 보수・운임・체당금・선대금에 대해 유치권을 행사할 수 있다(상 120조). 이는 피담보채권과 운송물 간 직접적 견련성이 있을 때 인정되며, 유치물이 위탁자 소유일 필요는 없다. 따라서 운송주선인은 운송계약 체결이나 운임 선지급 등으로 발생한 비용의 상환을 청구할 수 있으며, 위탁자가 이를 이행하지 않으면 운송물 인도를 거절할 수 있다. 예컨대, 운송주선인 B가 운송비를 대신 지급했음에도 송하인 A가 이를 상환하지 않은 경우, B는 운송물에 대해 상법 제120조의 유치권을 행사할 수 있다.

운송주선인의 위탁자 또는 수하인에 대한 채권은 1년의 단기소멸시효에 걸린다(상 122조). 이는 위탁자나 수하인의 운송주선인에 대한 손해배상청구권 역시 1년의 단기소멸시효에 걸리는 점을 고려하여, 운송주선계약에서 발생하는 쌍방의 채권관계를 동일한 기간 내에 정리하려는 취지로 이해할 수 있다.

5. 수하인의 지위

운송주선계약상 수하인은 계약의 직접 당사자는 아니지만, 운송물의 최종 귀착자로서 법률에 의해 일정한 권리와 의무를 가진다. 상법은 수하인을 단순한 제3자가 아닌 거래의 실질적 이해관계인으로 보아, 운송계약상 수하인에 관한 규정을 운송주선계약에도 준용하고 있다(상 124조 · 140조 · 141조). 이는 운송주선계약의 목적이 단순히 계약을 체결하는 데 그치지 않고, 운송물이 안전하게 도착하여 인도되는 것에 있음을 반영한 것이다.

따라서 운송물이 도착지에 이르면 수하인은 송하인과 동일한 권리를 취득하고, 운송물의 인도를 청구할 수 있다. 특히 수하인이 인도를 청구한 경우에는 그 권리가 송하인의 권리에 우선한다(상 140조). 또한 운송물을 수령한 수하인은 운송주선인에 대하여 운임 기타 비용과 체당금을 지급할 의무를 부담한다(상 141조).

이처럼 수하인은 운송주선계약의 직접 당사자는 아니지만, 운송물이 도착하여 이를 수령하는 경우에는 상법 제141조에 따라 운송주선인에 대한 운임 등의 지급의무를 부담하게 된다. 이 규정은 특히 송하인이 운송주선계약에서 운임 등의 지급의무를 부담하기로 되어 있음에도 이를 지급하지 않은 경우에, 운송주선인이 운송물의 귀착자인 수하인으로부터 운임 등을 회수할 수 있도록 하여 거래의 안전과 운임 등에 대한 회수의 실효성을 확보하려는 데 그 의의가 있다. 이 경우 운송주선인의 보호라는 입법취지에 비추어 볼 때, 송하인과 수하인은 운임 등에 관하여 연대하여 지급할 의무를 부담하는 것으로 해석된다.

Ⅲ. 순차운송주선

순차운송주선이란 수인의 운송주선인이 동일한 운송물의 운송을 순차적으로 주선하는 형태를 말한다. 이는 국제 해상운송이나 장거리 복합운송 등에서 자주 발생하며, 복수의 주선인이 단계별로 운송 구간을 분담하여 수행한다는 점에서 운송의 연속성과 거래의 복잡성을 동시에 나타낸다.

상법 제117조는 이러한 순차운송주선에서의 법적 관계를 명확히 함으로써 운송의 연속성과 거래의 안전을 확보하려는 데 그 입법취지가 있다. 즉, 송하인이 최초 운송주선인과 전체 구간을 대상으로 운송주선계약을 체결하고, 그 계약에 따라 최초 운송주선인이 일부 구간만 직접 주선하고 나머지를 다른 운송주선인에게 위탁하는 경우가 이에 해당한다.

이때 최초 운송주선인은 자기 명의로, 송하인의 계산으로 후속 운송주선인과 운송주선계약을 체결하며, 후속 운송주선인은 전 운송주선인의 지위를 일정 부분 승계한다. 즉, 상법 제117조 제1항은 후속 운송주선인이 전 운송주선인을 대신하여 그 권리를 행사할 의무를 부담한다고 규정한다. 이는 운송이 단계적으로 이루어지는 흐름 속에서도 각 운송구간의 이해관계를 단절시키지 않고, 전체 운송관계를 하나의 법률적 연속체로 유지하려는 데 그 취지가 있다. 따라서 후속 운송주선인은 전 운송주선인이 가지는 유치권이나 청구권을 대신 행사하여 운송의 안전한 이행을 보장해야 한다.

또한 제117조 제2항은 후속 운송주선인이 전 운송주선인에게 변제한 경우, 그 금액에 해당하는 범위 내에서 전 운송주선인의 송하인에 대한 권리를 승계한다고 규정한다. 그 취지는 제117조 제1항과 동일하게, 순차적 운송 단계에서 권리의 공백을 방지하고 거래관계의 법적 연속성을 유지하려는 데 있다.

예컨대, A(송하인) → B(제1운송주선인) → C(제2운송주선인) → D(운송인)의 연쇄적 관계에서, B가 A로부터 운임을 지급받지 못한 경우 C는 B를 대신하여 운송물에 대한 유치권을 행사할 수 있다. 또한 C가 B에게 대신 변제하였다면, 그 금액에 해당하는 범위 내에서 C는 B가 A에게 가지던 보수청구권을 승계하여 A에게 직접 청구할 수 있다.

제5관 운 송 업

Ⅰ. 운송인의 의의

운송인은 육상 또는 하천 · 항만 등에서 물건이나 여객을 유상으로 운송하는 자를 말한다(상 125조). 그는 타인의 위탁을 받아 운송계약을 반복 · 계속적으로 체결하는 전문상인으로서, 운송을 영업으로 하는 자에 해당한다. 운송은 상행위의 전형적인 형태 중 하나로, 특히 물적 거래를 완성시키는 상거래의 핵심 인프라로 기능한다.

즉, 운송이 없다면 생산과 소비, 매매와 납품 등 상거래의 흐름은 실질적으로 완결될 수 없다. 그렇다면 운송업은 단순히 물건을 이동시키는 행위에 그치는가? 그렇지 않다. 운송업은 상거래의 신속성과 신뢰를 보증하는 제도적 장치를 이루며, 운송인은 운송물의 안전과 시간 준수를 보장할 고도의 관리책임을 부담하고 그 대가로 운임을 수취한다.

운송의 대상에 따라 물건운송인과 여객운송인으로 구분되며, 상법은 육상운송을 중심으로 규율한다. 해상운송은 상법 해상편에서, 항공운송은 항공운송편에서 각각 별도로 다루어진다. 이는 운송수단의 특성에 따라 위험·책임·절차가 현저히 달라지기 때문이다.

결국 운송업은 특히 물적 거래의 완성을 가능하게 하고, 상거래의 원활한 순환을 보장하는 경제적 기반제도로 자리한다. 이러한 기능 때문에 운송인은 단순한 운반자가 아니라 상거래 질서의 신뢰를 보증하는 상인으로서의 법적 지위를 가진다.

Ⅱ. 물건운송의 법률관계

1. 운송계약

운송계약은 운송인이 물건을 일정한 장소까지 운송하고, 송하인이 그 대가로 운임을 지급하기로 약정하는 계약이다. 이는 청약과 승낙만으로 성립하는 낙성·불요식계약이며, 운송의 완성을 목적으로 한다는 점에서 도급적 성격을 가진다. 따라서 운송인은 운송을 완료하여야 비로소 자신의 채무를 이행한 것으로 되며, 운송 개시만으로는 보수를 청구할 수 없다.

송하인은 반드시 운송물의 소유자일 필요는 없고, 운송을 의뢰한 자이면 충분하다. 운송주선인을 통해 운송계약이 체결되는 경우에는, 운송주선인이 자기 명의로 운송인과 계약을 체결하므로 운송계약상 송하인의 지위에 선다. 이에 비해 운송주선인에게 운송계약 체결을 위탁한 위탁자는 운송계약의 당사자가 아니므로, 운송계약상 송하인에 해당하지 않는다.

한편, 수하인은 운송계약의 당사자가 아니며, 단지 운송물의 수령을 지정받은 자이다. 그럼에도 법은 "운송의 목적이 수하인에게의 도달"이라는 점에서, 수하인에게 일정한 법률상 권리를 부여한다. 예컨대 A가 B회사로 제품을 보내기 위해 운송업체 C와 계약했다면, A는 송하인, C는 운송인, B는 수하인이다. 계약은 A와 C 사이에서 성립하지만, 운송물 도착 후 B는 법률상 인도청구권을 취득한다. 이는 운송의 목적이 물건의 도달에 있으므로, 수하인의 이익을 보호하기 위해 법이 직접 권리를 부여한 결과이다. 수하인의 구체적인 권리와 의무에 관해서는 뒤에서 다시 자세히 살펴본다.

2. 운송인의 의무

운송인은 운송계약의 이행에 있어 운송물의 수령 · 보관 · 운송 · 인도의 일련의 의무를 부담한다(상 135조). 이는 물리적 운반을 넘어 운송물의 안전하고 적시적인 도착을 보장하기 위한 고도의 주의의무를 포함한다. 따라서 운송인은 운송 중 멸실 · 훼손이 발생하지 않도록 합리적 관리조치를 취해야 하며, 이를 소홀히 하면 손해배상책임을 진다. 이러한 규정은 운송업이 대량 · 반복적 거래를 전제로 하므로, 거래의 신속성과 신뢰를 확보하기 위한 것이다.

운송인은 송하인의 청구가 있는 경우 화물상환증을 발행해야 한다(상 128조). 화물상환증은 운송물에 대한 인도청구권을 표창하는 유가증권이고, 법률상 당연한 지시증권이므로 그 소지인은 배서의 연속이 있는 경우 운송물에 대한 적법한 권리자로 추정된다(민 513조). 그렇다면 화물상환증이 없는 경우 운송계약의 효력은 어떻게 되는가? 화물상환증의 유무와 무관하게 운송계약 자체는 유효하다. 다만 증권이 존재할 경우 운송물 처분과 담보제공이 용이해져 거래의 안전성이 증대된다. 화물상환증에 관한 구체적 법리는 뒤에서 살펴본다.

운송 중이라도 송하인 또는 화물상환증의 소지인은 운송인에게 운송의 중지나 운송물의 반환 등 처분을 청구할 수 있다(상 139조). 운송인은 이러한 지시에 따라야 하지만, 이미 운송된 부분에 대한 운임과 비용을 청구할 수 있다(상 139조). 이는 운송물의 경제적 위험과 이해관계가 여전히 송하인 또는 화물상환증 소지인에게 귀속되어 있음을 전제로 하여, 그들에게 변경처분청구권을 인정하는 한편, 변경처분으로 인하여 운송인에게 일방적인 손실이 전가되는 것을 방지하려는 취지이다. 예를 들어, 운송 중 송하인 A가 사정 변경으로 운송을 중지시키는 경우, 운송인 B는 중지를 이행하되 그동안 발생한 운임과 비용의 상환을 요구할 수 있다.

운송인이 최종적으로 부담하는 핵심적 의무는 운송물의 인도의무이다. 운송인은 도착지에서 운송물을 지정된 수하인에게 인도해야 하며, 이는 운송계약의 궁극적 목적이자 채무의 완결을 의미한다. 화물상환증이 발행된 경우에는 그 소지인에게만 인도할 수 있으며(상 129조), 화물상환증이 없는 경우에는 송하인의 지시에 따라야 한다. 다만 운송물이 이미 도착한 후 수하인이 인도를 청구하면, 수하인의 권리가 송하인의 권리보다 우선한다(상 140조). 이러한 규정은 운송의 목적은 궁극적으로 수하인에 대한 도달이라는 점을 제도적으로 구현한 것이다.

결국 운송인의 의무는 운송물의 수령에서 인도에 이르는 전 과정의 안전·정확·신속한 운송을 보장함으로써, 운송계약의 실질적 목적을 달성하기 위한 것이다.

3. 운송인의 손해배상책임

운송인의 손해배상책임은 운송계약의 이행 과정에서 발생하는 손해에 대한 채무불이행책임의 특수형태이다. 운송업은 대량·반복적 거래를 전제로 하므로, 법은 거래의 신속성과 안전을 보장하기 위해 운송인에게 고도의 주의의무와 입증책임의 전환을 부과한다. 운송인은 운송물의 멸실·훼손·연착으로 인한 손해에 대해, 자기 또는 사용인의 무과실을 입증하지 못하면 책임을 진다(상 135조). 이는 일반 채무불이행책임과 달리, 운송인의 과실이 추정되는 방식이다. 즉, 운송인은 자신의 주의의무 위반이 없었다는 사실을 증명해야만 면책된다.

이러한 규정은 운송인이 운송물을 지배·관리하는 지위에 있고, 송하인이 그 내부 사정을 알 수 없다는 점에서 거래상 정보 비대칭을 교정하기 위한 제도적 장치이다. 예컨대, 운송 중 운전자가 잠시 자리를 비운 사이 귀금속이 도난당한 경우, 운송인은 과실이 없음을 증명하지 못하는 한 손해배상책임을 면할 수 없다.

운송인의 손해배상액은 운송물의 가격을 기준으로 정형화된다(상 137조). 이는 운송업이 대량·신속한 거래를 전제로 하므로, 손해액 산정을 간명하게 하고 예측가능성을 확보하기 위한 것이다. 전부멸실·연착의 경우에는 인도할 날의 도착지가격, 일부멸실·훼손의 경우에는 인도한 날의 도착지가격을 기준으로 한다(상 137조). 전자는 운송물이 전혀 인도되지 않거나 제때 도달하지 못한 사정을, 후자는 운송물이 현실적으로 인도되었다는 사정을 각각 고려한 것이다.

다만, 운송인의 고의 또는 중과실이 있는 경우에는 통상손해, 그리고 특별손해까지도 배상책임이 있다(상 137조, 민 393조). 즉, 손해가 통상의 범위를 넘어서더라도 운송인이 그 사정을 알았거나 조금만 주의를 기울였다면 알 수 있었던 경우에는 배상책임이 확대된다. 예를 들어, 운송인 A가 납기일을 어겨 수하인 B가 거래처와의 납품계약을 해제당한 경우, 이는 특별손해에 해당한다. 따라서 A가 그 사정을 알았거나 중과실로 알지 못했던 경우에 한해 손해배상책임이 인정된다. 이는 예견가능성의 원칙에 기초한 손해배상 범위 조정의 예시에 해당한다.

송하인이 화폐·유가증권 등 고가물의 종류와 가액을 명시하지 않은 경우, 운송인은 그 멸실·훼손에 대해 책임을 면할 수 있다(상 136조). 이는 운송인의 책임 범위를 합리적으로 제한하고, 송하인에게 사전 고지의무를 부과하여 위험을 분담하도록 하는 제도이다. 즉, 운송인은 고가물임을 알지 못한 채 일반화물 수준의 주의의무만 이행했더라도 책임을 지지 않는다. 다만 앞서 살펴본 운송주선인의 경우와 마찬가지로, 운송인의 행위가 단순한 계약상 책임의 문제를 넘어 불법행위로 평가될 정도에 이르는 경우에는, 상법 제136조와는 별도로 불법행위책임이 성립할 수 있다.

운송인의 손해배상책임은 일정한 사유로 소멸한다. 수하인이 유보 없이 운송물을 수령하고 운임을 지급한 경우, 운송인의 책임은 원칙적으로 소멸한다(상 146조). 이는 운송계약이 정상적으로 이행·종결된 것으로 외관이 형성되고, 이에 대한 운송인의 신뢰가 보호될 필요가 있기 때문이다. 다만, 즉시 발견할 수 없는 잠복하자가 있는 경우에는 2주 내에 통지하면 예외적으로 책임이 유지된다(상 146조). 또한 운송인 또는 사용인이 악의로 손해를 야기한 경우에는 면책되지 않는다(상 146조). 이 경우에는 앞서 본 것과 같은 신뢰를 인정하기 어렵기 때문이다.

손해배상청구권은 1년의 단기시효에 걸린다(상 147조·121조). 이러한 단기시효 제도는 다수의 반복적인 운송계약의 신속한 정산과 증거보전의 곤란성을 고려한 결과이다. 다만, 운송인 또는 사용인의 악의가 있는 경우에는 5년의 상사시효가 적용된다(상 147조 · 121조). 이는 악의적 행위에 대하여 단기의 소멸시효로 보호할 이유가 없기 때문이다.

4. 운송인의 권리

운송인은 운송계약의 이행과 관련하여 여러 권리를 가진다. 이는 운송계약에서 발생하는 비용과 위험을 공정하게 분담하고, 운송인의 경제적 지위를 보장하기 위한 제도적 장치이다. 법은 운송인의 권리를 폭넓게 인정함으로써, 운송계약의 원활한 수행과 거래 안전을 도모하고 있다.

운송인은 계약의 이행을 위해 송하인에게 운송물의 인도를 청구할 권리를 가진다(상 125조). 이는 운송의 개시를 가능하게 하는 기본적 권리로서, 송하인의 인도 없이는 운송계약의 목적을 달성할 수 없기 때문이다. 송하인이 이를 지체하면 채무불이행책임을 부담한다.

또한 운송인은 송하인에게 화물명세서의 교부를 청구할 수 있다(상 126조). 화물명세서는 운송물의 종류, 도착지, 수하인, 운임 등을 기재한 운송계약의 증거서류이자 책임관계의 기준이 된다. 송하인이 이를 허위로 기재하여 운송인에게 손해가 발생한 경우, 송하인은 과실이 없어도 손해배상책임을 부담한다(상 127조). 이는 송하인의 정보 제공의무를 강화하여 운송인의 위험을 줄이려는 취지이다. 다만, 운송인이 그 허위를 알고 있었다면 송하인은 면책된다(상 127조).

예컨대, 송하인 A가 화물명세서에 “일반 기계부품”이라 기재하였으나 실제로는 인화물질을 운송시킨 경우, 운송 중 폭발이 발생하였다면 운송인 B는 손해배상을 청구할 수 있다. 이때 A는 과실이 없더라도 책임을 지며, B가 허위를 알고 있었다면 A는 면책된다.

운송이 완료되면 운송인은 송하인에게 운임을 청구할 수 있다(상 61조). 이는 운송계약의 완성을 전제로 하는 대가 청구권으로, 운송의 결과가 실현되어야 비로소 발생한다.

다만 운송물이 송하인의 귀책 없이 전부 또는 일부 멸실된 경우에는 그 부분에 한하여 운임청구권이 소멸하고, 반대로 운송물의 성질이나 하자 또는 송하인의 과실로 인해 멸실된 경우에는 운송인은 전액 운임을 청구할 수 있다(상 134조). 이는 위험의 원인을 기준으로 부담을 공정하게 조정하기 위한 것이다. 수하인이 운송물을 수령하면 송하인과 연대하여 운임을 부담한다(상 141조). 예를 들어, 화물이 천재지변으로 소실되었다면 운송인은 운임을 청구할 수 없다. 반면 송하인의 부적절한 포장으로 운송물이 파손된 경우에는 운송인은 전액 운임청구권을 가진다.

운송인은 운임, 체당금, 선대금 등의 지급을 받을 때까지 운송물을 유치할 수 있다(상 147조 · 120조). 이는 피담보채권과 운송물 간 직접적 견련성이 있을 때 인정된다. 이러한 유치권은 운송인의 담보적 권리로서, 운송에 투입된 운임 등의 회수를 보장하기 위한 것이다.

또한 운송인은 수하인을 알 수 없거나, 수하인이 운송물의 수령을 거부하거나 불가능한 경우에는 운송물을 공탁하거나 경매할 수 있다(상 142조 · 143조). 이 제도는 운송물의 장기 방치로 인한 손해를 방지하고, 운송인의 보관 부담을 해소하기 위한 것이다. 예컨대, 운송인이 도착지에서 수하인을 찾지 못하고 송하인의 지시도 없는 경우, 운송인은 운송물을 공탁하거나 상당한 기간을 정하여 최고한 후 경매할 수 있다.

5. 수하인의 지위

수하인은 운송계약의 당사자는 아니지만, 운송물이 도착하면 법률상 운송계약과 관련된 일정한 권리와 의무의 주체로 전환된다. 계약당사자가 아닌 수하인에게 권리를 부여하는 이유는 무엇인가? 이는 운송계약의 목적이 수하인에게 운송물을 인도하는 데 있으므로, 도착 시점에서 수하인에게 일정한 법적 지위를 부여해야 하기 때문이다.

운송물이 도착한 후 수하인이 운송물의 인도를 청구하면 그 권리는 송하인보다 우선한다(상 140조). 즉, 운송이 종료된 이상 운송물에 대한 권리는 송하인보다 수하인에게 귀속되는 것이 합리적이기 때문이다. 예컨대, 송하인 A가 운송물의 도착 직후 반송을 요구하였으나 도착지에서 수하인 B가 그에 앞서 인도를 청구하였다면, 운송인은 B에게 우선적으로 인도해야 한다. 또한 운송물을 수령한 수하인은 운송인에 대하여 운임 기타 비용과 체당금을 지급할 의무를 부담한다(상 141조). 이는 운송계약상 송하인이 운임 등의 지급의무를 부담하기로 되어 있음에도 이를 지급하지 않은 경우 운송인이 운송물을 수령한 수하인으로부터 운임 등을 회수할 수 있도록 하여 거래의 안전과 운임 등에 대한 회수의 실효성을 확보하려는 데 그 의의가 있다. 이 경우 운송인의 보호라는 입법취지에 비추어 볼 때, 송하인과 수하인은 운임 등에 관하여 연대하여 지급할 의무를 부담하는 것으로 해석된다.

화물상환증이 발행된 경우에는 수하인 대신 그 소지인이 운송물의 수령인으로서 권리를 행사한다(상 129조). 화물상환증은 운송물의 대세물이므로, 운송물의 인도청구권은 증권의 소지인에게 귀속된다. 다만, 화물상환증 발행 전에 수하인이 이미 권리를 행사한 경우, 그 권리를 보호하기 위해 수하인의 권리가 소지인보다 우선한다는 것이 판례의 입장이다.

6. 화물상환증

(1) 의의

화물상환증은 운송인에 대한 운송물인도청구권을 표창한 유가증권이다(상 128조). 화물상환증은 송하인의 청구에 따라 운송인이 발행하며, 그 기재사항은 운송물의 종류, 도착지, 수하인, 운송인, 운임 등으로, 운송인이 기명날인 또는 서명해야 한다(상 128조).

화물상환증은 운송계약으로 발생한 권리를 증권화함으로써, 소지인이 이를 제시하기만 하면 운송물의 인도를 청구할 수 있도록 한 것이다. 따라서 화물상환증은 운송물의 대체물로서, 실제 물건을 인도하지 않고도 운송물의 처분이나 담보 제공을 신속히 할 수 있게 한다. 그렇다면 실제 운송물이 아닌 종이 한 장에 불과한 증권이 어떻게 이처럼 강한 효력을 갖게 되는가? 이는 운송계약상의 권리를 증권에 접목시켜서, 증권의 점유와 교부를 중심으로 거래가 이루어지도록 한 유가증권법적 기본 구조에 기초한다.

우리나라에서는 육상운송의 기간이 짧아 화물상환증이 실무상 거의 사용되지 않지만, 선하증권(해상운송)과 창고증권(창고업) 등에 그 법리가 준용되고 있어, 유통증권의 기본 법리를 이해하는 핵심 제도로 평가된다. 이는 운송법이 단순한 운송관계의 규율을 넘어, 유가증권법적 원리를 포섭하고 있음을 보여준다.

(2) 법적 성질

화물상환증은 유통성과 신뢰보호를 위해 다음과 같은 법적 성질을 가진다.

우선, 화물상환증은 법률상 당연한 지시증권이다(상 130조). 따라서 지시증권에 관한 민법 규정(민 508조 이하)이 적용된다. 화물상환증은 운송물의 종류 등 일정한 사항이 기재되어야 효력이 있는 요식증권이며(상 128조), 이는 화물상환증의 신뢰성과 유통성을 보장하기 위한 형식적 요건이다. 다만 형식 일부가 누락되었더라도 운송관계의 실질이 명확하다면 곧바로 무효라고 할 것은 아니다. 따라서 화물상환증은 완화된 요식증권이라고 한다. 화물상환증은 작성으로 새로운 권리가 생기는 것이 아니라, 이미 운송계약에 의해 발생한 권리를 표창하므로 비설권증권에 해당한다(상 128조).

또한 운송계약이 무효·취소 등으로 소멸하면 화물상환증도 효력을 잃는데, 이는 화물상환증의 효력이 그 기초가 되는 운송계약의 존부·유효성에 좌우된다는 점에서, 이를 요인증권성이라 한다. 그럼에도 불구하고 운송인은 선의의 소지인에 대해 화물상환증의 문언대로 책임을 진다는 의미에서 문언증권성을 가진다(상 131조). 문언증권성으로 인해서 소지인은 증권상 문언 외의 사정을 일일이 조사할 필요가 없고, 운송인은 증권의 문언에 따라 책임을 부담한다. 이는 거래의 신속성과 신뢰보호를 위한 핵심 원리이다. 여기서 자연스럽게 질문이 생긴다. 실질인 운송계약 내용과 증권의 문언이 충돌할 경우, 무엇이 우선할까? 이 점이 바로 아래에서 살펴볼 요인증권성과 문언증권성의 조화 문제이다.

화물상환증은 법률상 당연한 지시증권이므로 배서를 통해 양도할 수 있다(상 130조). 배서는 화물상환증의 문면에 증권을 양도한다는 뜻의 배서문구와 피배서인을 기재하고, 배서인이 기명날인 또는 서명하여 이를 교부하는 행위를 말한다. 채무자에 대한 통지 또는 채무자의 승낙을 대항요건으로 하는 지명채권의 양도방식에 비해서, 배서는 간이하고 신속한 권리의 이전 방식이다. 화물상환증의 소지인은 배서의 연속이 있는 경우 운송물에 대한 적법한 권리자로 추정된다(민 513조). 한편, 화물상환증의 배서인은, 어음·수표의 배서인과 달리, 담보책임으로서 상환의무를 부담하지 않는다. 이는 운송물을 직접 수령·운송하지 않는 배서인이 운송인을 대신하여 운송물 인도의무를 이행하는 담보책임을 부담하는 것은 법리상 전제가 결여되어 있기 때문이다.

또한, 소지인은 권리를 행사하기 위해 증권을 제시해야 하고, 운송인은 화물상환증의 교부와 상환으로만 운송물을 인도할 수 있다(상 129조). 이를 제시증권성과 상환증권성이라고 한다. 만약 운송인이 화물상환증을 회수하지 않고 운송물을 인도한 후, 그 증권이 제3자에게 유통되면 이중청구의 위험이 발생할 수 있다.

화물상환증이 발행된 경우에 운송물의 처분은 원칙적으로 화물상환증을 통해서만 가능하고, 그 교부는 운송물의 인도와 동일한 효력을 가진다(상 132조 · 133조). 즉, 화물상환증의 교부만으로도 운송물의 소유권이나 질권이 이전될 수 있으므로, 화물상환증은 실물 운송물을 대신하는 경제적 기능을 수행한다.

(3) 효력

화물상환증의 효력은 크게 채권적 효력과 물권적 효력으로 나뉜다.

채권적 효력은 소지인이 운송인에 대하여 운송물 인도청구권을 행사할 수 있는 지위를 갖는다는 점이다. 다만 소지인이 누구인지에 따라 요인증권성과 문언증권성 사이의 균형점이 달라진다.

- 송하인이 소지인인 경우 – 운송계약의 실질이 중시되어 요인성이 우선한다. 이 경우 화물상환증의 문언대로 운송계약이 체결된 것으로 추정될 뿐이며, 실제 운송계약 내용이 다름이 입증되면 그에 따른다(상 131조).
- 선의의 제3자가 소지인이 된 경우 – 거래의 안전을 위해 문언증권성이 우선한다. 선의의 양수인은 증권에 기재된 내용대로 인도청구권을 취득한다(상 131조).

예컨대, 송하인 A가 운송인 B와 곡식 10톤 운송계약을 체결했는데, B가 착오로 화물상환증에 곡식 20톤으로 기재하였다. A가 화물상환증을 계속해서 소지한 경우에는 실제 운송계약의 내용에 따라 10톤만 인도청구할 수 있다(요인성 우선). 그러나 선의의 제3자 C가 이를 양수하였다면, C는 화물상환증 문언대로 20톤의 인도청구권을 취득한다(문언성 우선). 결국 화물상환증에서는 증권을 누가 소지하고 있는지에 따라, 그 증권이 기초하는 실질적 법률관계(요인관계)를 우선하여 볼 것인지, 아니면 증권에 기재된 문언 자체를 기준으로 권리관계를 판단할 것인지가 달라진다. 이와 같이 소지인의 지위에 따라 요인성과 문언성의 우선관계를 달리 정하는 점이 화물상환증 법리의 핵심이다.

한편, 물권적 효력은 화물상환증의 교부가 운송물의 인도와 동일한 효력을 가진다는 점이다(상 133조). 증권의 교부만으로도 운송물의 소유권이나 질권이 이전될 수 있으며, 이는 화물상환증을 운송물의 대체물로 취급하여 유통과 담보를 용이하게 하기 위한 것이다.

예를 들어, 송하인 A가 운송 중인 화물을 B에게 양도하기로 하고 화물상환증을 B에게 교부하였다면, B는 운송물을 현실적으로 인도받지 않았더라도 그 소유권을 취득한 것으로 본다. 따라서 실질적인 물건의 인도 없이도 권리 귀속이 바뀐다는 점에서, 화물상환증은 상거래에서 매우 강력한 법적·경제적 기능을 수행한다.

화물상환증의 이러한 법리는 뒤에서 살펴볼 어음법·수표법과 유사한 유가증권의 법리에 기초하고 있으므로, 해당 부분을 함께 읽으면 그 이해가 한층 수월해진다.

7. 순차운송

순차운송은 여러 운송인이 동일한 운송을 구간별로 분담하여 수행하는 형태를 말한다(상 138조). 흔히 통운송이라고도 하며, 장거리 운송에서 구간별 운송인이 달라지는 경우에 나타난다. 이는 운송계약의 효율성과 운송망의 연계성을 확보하기 위한 제도이다. 그렇다면 여러 운송인이 나뉘어 운송을 담당하는 경우, 책임은 각 구간별로 분절되는가, 아니면 운송 전체에 연결되어 평가되는가? 이 지점을 조정하는 규정이 바로 순차운송 규정이다.

상법 제138조의 순차운송은 송하인이 최초 운송인과 전체 구간을 대상으로 운송계약을 체결하면서, 그 계약에 따라 최초 운송인은 일부 구간만 운송하고, 나머지는 다른 운송인이 담당하기로 하는 합의가 포함된 경우를 의미한다.

각 운송인은 운송물의 멸실·훼손·연착으로 인한 손해에 대하여 연대책임을 부담한다(상 138조). 따라서 송하인은 손해가 어느 구간에서 발생했는지를 따질 필요 없이, 어느 운송인에게나 전부의 손해배상을 청구할 수 있다. 이는 순차운송 전체가 실질적으로 단일한 운송으로 취급되어 각 운송인이 연대책임을 지도록 한 것이다.

예컨대, 송하인 A가 부산에서 서울까지 화물을 운송하기 위해 운송인 B와 순차운송계약을 체결하였는데, B는 부산 - 대전 구간만 운송하고, 대전 - 서울 구간은 운송인 C가 담당하기로 하였다고 하자. 만약 C의 구간에서 화물이 훼손되었더라도, A는 B 또는 C 중 누구에게든 손해배상을 청구할 수 있다.

또한 후속 운송인은 전 운송인을 대신하여 그의 권리를 행사할 의무를 부담하고, 전 운송인의 지위를 일정 부분 승계한다(상 147조 · 117조). 예컨대 전 운송인이 송하인으로부터 운임을 지급받지 못한 경우, 후속 운송인은 전 운송인을 대신하여 운송물에 대한 유치권을 행사할 수 있다. 반대로 후속 운송인이 전 운송인에게 대신 변제한 경우에는, 그 금액에 해당하는 범위에서 전 운송인의 송하인에 대한 권리를 승계한다(상 147조 · 117조). 예를 들어, 최초 운송인 B가 송하인 A로부터 운임을 지급받지 못하자, 후속 운송인 C가 이를 대신 지급하였다면, C는 B가 A에 대하여 가지던 운임청구권을 그 범위 내에서 승계하게 된다.

이처럼 순차운송제도는 여러 운송인이 협력하여 하나의 운송을 완성하는 경우에, 송하인에게는 손해배상청구의 담보적 효력을 강화하고 위험을 분산시키며, 운송인 상호 간에는 권리의 대위와 승계를 통한 비용과 책임을 균형 있게 조정하려는 데 그 의의가 있다.

Ⅲ. 여객운송의 법률관계

여객운송계약은 운송인이 여객을 한 장소에서 다른 장소로 안전하게 이동시키며, 여객이 이에 대한 보수를 지급하기로 약정함으로써 성립하는 계약이다. 이 계약은 운송의 완성을 목적으로 하는 점에서 도급계약적 성질을 가지며(민 664), 청약과 승낙만으로 성립하는 불요식의 낙성계약이다. 따라서 여객운송계약의 성립을 위하여 서면이나 승차권, 항공권이 요구되지는 않는다. 실무에서 승차권이나 항공권이 발행되는 것은, 계약 성립 여부와는 별도로 여객의 탑승권한과 운송구간 · 요금 · 시간 등 계약 내용을 표준화하여 관리하고, 운송인의 책임 범위와 여객의 권리 · 의무를 명확히 하기 위한 것이다.

다만 이러한 승차권이 항상 단순한 계약 증거에 그치는 것은 아니다. 여객운송계약에서 발행되는 무기명식 승차권은 운송계약상의 운송채권을 표창하는 유가증권으로서, 그 교부만으로 양도할 수 있다. 이는 유통과 이용의 편의를 보장하기 위한 것이다. 반면 항공권과 같이 기명식으로 발행되는 경우에는 이러한 유가증권성이 인정되지 않는다.

운송인은 자기 또는 사용인이 운송에 관한 주의를 해태하지 않았음을 증명하지 못하면, 여객이 운송으로 인해 입은 손해를 배상해야 한다(상 148조). 이는 운송계약의 불이행에 기초한 채무불이행책임이며, 상법은 운송인의 과실추정주의를 채택하고 있다. 따라서 운송인은 스스로 또는 사용인에게 과실이 없었음을 입증하지 못하면 책임을 면할 수 없다. 이로써 운송인은 단순한 과실책임을 넘어, 운송수단의 안전점검, 운행 전 위험예방, 사고방지에 이르는 폭넓은 주의의무를 부담한다. 이는 대중교통수단이 다수의 여객을 동시에 수송하는 과정에서 사고 발생 시 중대한 인명 피해로 이어질 가능성이 크고, 그 위험의 관리·통제가 전적으로 운송인에게 맡겨져 있다는 점을 고려하여, 여객을 두텁게 보호하려는 입법취지에 기초한다.

손해배상액에는 여객이 입은 재산상 손해(의류·휴대품 훼손, 치료비, 수리비 등), 연착으로 인한 손해, 상실된 일실이익, 그리고 정신적 손해가 모두 포함된다. 법원은 이를 산정할 때 피해자와 가족의 구체적 정상을 참작해야 한다(상 148조). 예컨대 피해자의 연령, 직업, 생활수준, 부양가족의 유무 등이 함께 고려된다. 이러한 점에서 여객운송인의 책임은 단순한 계약책임을 넘어 사회적 책임의 성격을 띤다.

운송인이 여객으로부터 인도받은 수하물의 멸실이나 훼손에 대해서는, 운임을 받지 않았더라도 물건운송인의 책임과 동일하게 과실이 추정되는 손해배상책임을 부담한다(상 149조). 이는 여객운송의 부수적 행위인 수하물 운송에도 물건운송과 동일한 안전보호의무를 인정한 것이다.

반면, 운송인이 인도받지 않은 수하물, 즉 여객이 직접 휴대한 휴대수하물이 멸실·훼손된 경우에는, 운송인 또는 그 사용인의 과실이 입증되어야만 책임이 인정된다(상 150조). 따라서 이 경우에는 여객이 운송인의 과실을 입증해야 한다. 예컨대 열차 내에서 여객이 직접 보관하던 가방을 도난당한 경우, 운송인에게 과실이 인정되지 않으면 손해배상책임은 발생하지 않는다.

운송인은 여객에게 운임을 청구할 권리를 가진다(상 61조). 이는 운송계약의 유상성을 반영한 기본적 권리로, 운송이 완료되면 여객은 약정된 보수를 지급해야 한다. 다만 실무에서는 선지급 약정을 하는 것이 일반적이다.

또한 운송인이 인도받은 수하물이 도착지에 도착한 날부터 10일 이내에 여객이 인도를 청구하지 않으면, 운송인은 상법 제67조(상사매매의 공탁 · 경매)를 준용하여 공탁 또는 경매를 할 수 있다(상 149조). 이는 운송인이 장기간 수하물을 보관하는데 따르는 위험과 비용을 부담하지 않도록 하기 위한 제도이다.

한편 탁송수하물에 관하여 운송인이 가지는 운임 등의 채권을 담보하기 위한 명문의 유치권 규정은 없으나, 물건운송인의 유치권(상 147조 · 120조)을 유추적용하여 운송인의 담보적 지위를 보호할 수 있다고 해석된다.

결국 여객운송에서도, 여객의 안전보호와 운송인의 위험 · 비용 회수 사이의 균형을 어떻게 맞출 것인가가 법적 설계의 핵심 쟁점이라 할 수 있다.

제 6 관 공중접객업

Ⅰ. 공중접객업자의 의의

공중접객업자는 극장 · 여관 · 음식점 등 공중이 이용하는 시설을 통해 거래를 영업으로 하는 자를 말한다(상 151조). 그는 공중시설을 제공하고 그 이용과 결부된 거래를 반복 · 계속적으로 영위하는 상인으로서, 불특정 다수의 고객을 상대로 한다는 점에서 고객의 신뢰 보호와 거래안전 확보가 특히 중요하다.

그렇다면 공중접객업자는 일반 상인과 어떤 점에서 다르게 규율되는가? 공중접객시설에는 다수의 고객이 장시간 체류하면서 물건을 휴대 · 보관하는 것이 통상적이므로, 고객은 시설의 안전과 물건 보관에 관하여 영업자에게 사실상 의존할 수밖에 없다. 이러한 거래 현실을 반영하여 법은 공중접객업자에게 일반 상인보다 강화된 주의의무와 손해배상책임을 부과하고, 그 책임을 물적 손해에 대한 책임과 인적 손해에 대한 책임으로 나누어 규율한다.

Ⅱ. 공중접객업자의 책임

1. 물적 손해에 대한 책임

공중접객업자는 고객으로부터 임치받은 물건의 보관에 주의를 다해야 하며, 그 물건이 멸실되거나 훼손된 경우에는 과실이 없음을 입증하지 못하면 손해배상책임을 진다(상 152조). 이는 다수의 고객을 상대하는 영업자가 물건의 보관·관리 과정과 관련된 정보와 통제수단을 집중적으로 보유하고 있다는 점을 고려하여, 고객 보호를 위해 입증책임을 영업자 측으로 전환한 것이다. 그렇다면 어떤 경우에 임치에 관한 책임이 인정될까?

책임이 인정되기 위해서는 ① 임치의 합의(명시적 또는 묵시적)가 있을 것, ② 임치물이 멸실 또는 훼손되었을 것, ③ 그 손해가 보관 중에 발생하였을 것이라는 요건이 충족되어야 한다. 이때 고객은 손해 발생과 그 손해가 시설 이용과 관련되어 있다는 정도만 입증하면 되고, 공중접객업자가 스스로 무과실을 증명하지 못하면 책임을 면하지 못한다. 예컨대 호텔 고객 A가 귀중품이 든 가방을 호텔 직원에게 보관을 의뢰하여 맡겼는데, 직원의 부주의로 가방이 분실되었다면, 호텔은 임치받은 물건의 보관의무를 위반한 것으로서, 불가항력임을 증명하지 못하는 한 손해배상책임을 부담한다.

임치받지 않은 물건이라도, 시설 내에서 고객이 휴대한 물건이 공중접객업자 또는 그 사용인의 과실로 멸실·훼손된 경우에는 손해배상책임이 인정된다(상 152조). 다만 이 경우에는 임치와 달리 과실이 추정되지 않으므로, 고객이 영업자 측의 과실을 직접 입증해야 한다. 이는 고객이 휴대한 모든 물건까지 영업자가 전면적으로 관리하기는 어렵다는 현실을 고려한 조정이다. 예를 들어, 식당 고객 A가 자신의 노트북 가방을 의자 옆에 두고 식사하던 중 종업원이 음료를 쏟아 노트북이 훼손되었다면, 이는 임치물이 아니라 휴대물에 관한 손해이므로, A가 종업원의 과실을 입증해야 한다.

화폐나 유가증권 등 고가물에 대해서는 고객이 그 종류와 가액을 명시하여 임치하지 않으면 공중접객업자는 책임을 지지 않는다(상 153조). 이는 일반적 주의만으로는 고가물의 분실·훼손 위험을 충분히 통제하기 어렵기 때문에, 고객에게 사전 고지의무를 부과하여 위험을 공정하게 분담하려는 것이다. 다만, 공중접객업자 측의 행위가 불법행위로 평가될 정도에 이르면, 별도의 불법행위책임이 성립할 수 있다. 이는 법리상 운송인의 고가물 특칙(상 136조)과 유사하다.

한편 공중접객업자의 책임은 임의규정이므로, 당사자 사이의 개별 약정으로 책임을 감경하거나 면제할 수 있다(상 152조). 그렇다면 흔히 보이는 "분실 · 도난에 대하여는 책임지지 아니합니다"라는 안내문은 효력이 있을까? 단순한 게시 · 공지에 불과한 경우에는 고객과의 실질적 합의로 보기 어려워 책임면제의 효력이 인정되지 않는다(상 152조). 이 규정은 단순한 일방적 고지로 고객에게 불리한 위험을 전가하는 것을 방지하고, 책임의 감경 · 면제가 이루어지기 위해서는 고객의 인식과 동의가 수반된 실질적인 합의가 필요하다는 점을 명확히 하려는 데 그 취지가 있다.

공중접객업자의 손해배상책임에는 단기소멸시효가 적용된다. 공중접객업자가 임치물을 반환하거나 고객이 휴대물을 가져간 때부터 6개월이 경과하면, 상법 제152조 · 제153조에 따른 청구권은 시효로 소멸한다(상 154조). 물건이 전부 멸실된 경우에는 고객이 그 시설을 퇴거한 날부터 6개월이 경과하면 시효가 완성된다(상 154조). 이는 다수의 거래를 반복적으로 처리하는 영업이라는 점을 고려하여 책임관계를 조기에 확정하려는 입법 취지에 기초한다. 다만 상법은 "공중접객업자 또는 그 사용인이 악의가 아닌 한"이라는 단서를 두어(상 154조), 악의가 있는 경우에는 위 단기시효 규정을 배제하고 일반 상사채권의 소멸시효 5년을 적용한다. 결국 악의적 손해 야기의 경우에는 영업자 보호보다 고객 보호를 우선시키는 규율 방식이다.

2. 인적 손해에 대한 책임

상법은 공중접객업자의 고객에 대한 인적 손해(생명 · 신체 손해)에 관하여는 특별 규정을 두고 있지 않다. 그렇다면 공중접객시설에서 고객이 부상을 당한 경우, 어떤 법리가 적용될까? 기본적으로는 민법상 불법행위책임(민 750조)이 문제되며, 이 경우 고객이 공중접객업자 측의 과실을 입증해야 한다. 그러나 실제로 고객이 시설의 관리 · 운영상 과실을 구체적으로 입증하는 것은 쉽지 않다.

이와 같은 증명곤란을 완화하기 위하여, 판례는 공중접객업자가 고객과 체결하는 계약에 안전배려의무(보호의무)가 포함된다고 보고, 그 위반을 근거로 채무불이행책임(민 390조 이하)을 인정하는 방향으로 발전하였다. 채무불이행책임의 경우에도 채무자에게 고의·과실이 없으면 책임이 없지만, 그 입증책임은 채무자인 공중접객업자에게 있다. 따라서 고객이 손해의 발생과 시설의 하자·관리소홀 등 보호의무 위반 사실을 증명하면, 공중접객업자가 자기의 무과실을 입증하지 못하는 한 손해배상책임을 부담한다.

예컨대, 숙박업자는 숙박시설을 지배·관리하는 지위에 있으므로, 고객의 안전을 확보할 계약상 보호의무를 진다. 호텔 복도 바닥이 미끄러워 고객이 넘어져 부상한 경우, 호텔 측이 평소 적절한 미끄럼 방지조치 또는 점검을 다하였다는 점을 입증하지 못하면 채무불이행을 원인으로 한 손해배상책임을 지게 된다.

이와 같이 공중접객업자의 인적 손해책임은, 영업상 수반되는 위험과 사회적 책임을 고려하여 안전관리의무를 강화하는 방향으로 이해할 수 있으며, 공중이 이용하는 시설에 대하여 일정 수준 이상의 안전을 제도적으로 요구하는 기능을 수행한다.

제7관 창 고 업

Ⅰ. 창고업자의 의의

창고업자란 타인을 위하여 창고에 물건을 보관하는 것을 영업으로 하는 자를 말한다(상 155조). 보관의 대상은 자기 물건이 아니라 타인의 물건이어야 하며, 통상 보관에 적합한 동산에 한정된다. 창고는 물건을 안전하게 보관하기 위한 장소로, 반드시 건물일 필요는 없으며 컨테이너나 야적장 형태도 가능하다. 창고업자는 단순히 물건을 보관할 뿐, 그 물건의 소유권을 취득하지 않는다.

그렇다면 창고업자가 부담하는 의무와 책임은 일반 임치계약과 동일할까? 창고업은 타인의 물건을 지속적으로 보관하는 전문영업으로서, 임치인의 의존 정도가 크기 때문에 보다 강화된 주의의무가 인정된다. 이러한 점에서 창고업은 단순한 민사적 임치와 구별되는 상행위적 특색을 갖는다. 즉, 창고업은 일회적·비영업적 임치와 달리, 전문적·반복적 보관을 전제로 하여 강화된 책임과 규율이 적용된다.

Ⅱ. 창고업의 법률관계

1. 창고임치계약

창고임치계약은 임치인이 창고업자에게 물건의 보관을 위탁하는 계약으로서, 창고업자는 보관의무를 부담하고 임치인은 이에 대한 보수를 지급한다. 이는 민법상 유상임치계약(민 693조)의 성격을 가지며, 청약과 승낙만으로 성립하는 낙성·불요식계약이다. 즉, 서면 없이도 당사자 간의 의사 합치로 효력이 발생한다.

2. 창고업자의 의무

창고업자는 임치계약의 본질에 따라 임치물의 안전한 보관을 위한 일련의 의무를 부담한다.

우선, 창고업자는 임치물의 종류와 성질에 따라 적절한 방법으로 보관해야 한다. 상인이 영업범위 내에서 임치받은 경우에는 유상·무상에 관계없이 선관주의를 다해야 한다(상 62조). 예컨대 냉동식품을 맡은 창고업자가 냉도를 유지하지 않아 임치물이 변질되었다면 손해배상책임을 진다. 이는 보관업의 사회적 신뢰와 안전거래를 확보하려는 규정이다.

임치인의 청구가 있으면 창고업자는 창고증권을 발행해야 한다(상 156조). 창고증권은 단순한 보관증이 아니라, 임치물 반환청구권을 표창하는 유가증권으로서, 유통과 담보수단의 기능을 동시에 가진다. 이하에서 살펴보는 창고증권은 이러한 반환청구권의 유통을 가능하게 만드는 유가증권이다.

또한 창고업자는 임치기간의 약정이 있든 없든 임치인의 청구가 있으면 임치물을 반환해야 한다(민 698조). 창고증권이 발행된 경우에는 증권과 상환하지 않으면 반환받을 수 없고(상 157조 · 129조), 소지인이 반환청구권자가 된다. 그렇다면 임치기간의 약정이 없는 경우, 창고업자는 언제 반환할 수 있을까? 창고업자는 물건을 받은 날로부터 6개월이 지난 후 2주 전에 예고하여 반환할 수 있다(상 163조). 이는 임치기간의 약정이 없는 경우에도 창고업자가 무기한 보관의무를 부담하는 것을 방지하고, 보관비용·공간사용 부담을 합리적으로 조정할 수 있게 하기 위한 것이다. 다만 부득이한 사정이 있으면 언제든 즉시 반환할 수 있다(상 164조). 예를 들어 냉동창고의 냉각장치 고장으로 보관이 불가능한 경우, 창고업자는 지체 없이 반환할 수 있다.

임치인이나 창고증권 소지인은 영업시간 내라면 언제든 임치물의 검사 또는 견품 채취를 요구할 수 있고, 창고업자는 이에 응해야 한다(상 161조). 이 제도는 창고 외부에서는 임치물의 상태를 알 수 없으므로, 이를 확인할 기회를 보장해 주기 위한 것이다.

또한 창고업자는 임치물의 훼손·부패의 우려를 발견하면 지체 없이 통지해야 하며, 지시를 받을 수 없거나 지연될 때에는 임치인의 이익을 위해 적당한 처분을 할 수 있다(상 168조·108조). 이는 창고업자의 선관주의 의무를 구체화한 규정이다. 예컨대 냉동식품 보관 중에 냉동장치 고장으로 부패 우려가 발생했음에도 창고업자가 즉시 통지하지 않았다면 손해배상책임이 인정된다.

3. 창고업자의 손해배상책임

창고업자는 자기 또는 사용인이 임치물의 보관에 관하여 과실이 없음을 증명하지 못하면 임치물의 멸실이나 훼손에 대해 손해배상책임을 진다(상 160조). 이는 운송인의 책임(상 135조)과 동일하게 과실추정주의를 취한 것이다. 이는 임치물이 전적으로 창고업자의 관리 아래에 있어, 임치인이 과실의 존재를 입증하기 어렵다는 점을 고려한 것이다. 예컨대 창고업자가 위조된 위임장을 제출한 제3자에게 임치물을 인도했다면, 제3자가 정당한 권한을 가졌는지에 대하여 확인할 주의의무를 다했음을 입증하지 않는 한 손해배상책임이 인정된다.

책임소멸은 운송인에 관한 규정을 준용한다(상 168조·146조). 즉 임치인이 유보 없이 임치물을 수령하고 비용을 지급하면 책임은 소멸한다. 이는 임치계약이 정상적으로 이행·종결된 것으로 외관이 형성되고, 이에 대한 창고업자의 신뢰가 보호될 필요가 있기 때문이다. 잠복하자가 있는 경우에는 그 사실을 안 날로부터 2주 내 통지해야 하며, 창고업자 또는 사용인이 악의인 경우에는 면책되지 않는다. 이 경우는 위와 같은 신뢰를 보호할 필요가 없기 때문이다.

손해배상청구권은 단기상사시효 1년이 적용된다(상 166조). 이는 다수의 거래를 반복적으로 처리하는 영업이라는 점을 고려하여 책임관계를 조기에 확정하려는 입법 취지에 기초한다. 예컨대 창고업자가 2024. 5. 10에 멸실 사실을 통지했는데 임치인이 2025. 6. 1에 청구한 경우, 1년 경과로 시효가 완성된다. 다만 예컨대 창고업자가 화재 당시 소화장치 결함을 알고도 방치한 경우와 같이, 악의가 인정되면 5년의 상사시효가 적용된다(상 166조).

창고업자에게는 운송인과 달리 손해배상액의 정형화(상 137조)나 고가물 특칙(상 136조)이 적용되지 않는다. 이는 창고업의 사고위험이 상대적으로 낮고, 보관 자체가 영업의 본질이라는 점을 고려한 입법정책이다. 따라서 창고업자는 실제 손해액 전부를 배상하며, 그 금액은 채무불이행으로 인한 손해배상에 관한 민법의 일반원칙(민 393조)에 따라 산정된다.

4. 창고업자의 권리

창고업자는 임치계약의 이행을 위하여 임치물의 인도를 청구할 권리를 가진다. 이는 보관계약의 전제가 되는 기본권리이다.

또한 창고업자는 상인으로서 보관료 약정이 없더라도 보수를 청구할 수 있다(상 61조). 임치물을 출고할 때 보관료를 청구할 수 있고, 보관기간이 종료된 후에는 출고 전이라도 보관료를 미리 청구할 수 있으며(상 162조), 이는 창고업자의 비용 회수를 보장하기 위한 것이다. 다만, 보관기간이 종료되기 전에 임치물의 출고에 앞서서 보관료를 청구할 수는 없는데, 이는 보관계약에서 보관의 완료와 반환이 보수청구의 전제가 되며, 창고업자가 임치물을 점유함으로써 보관료 채권을 담보할 수 있으므로 선청구의 필요성이 크지 않기 때문이다. 보수에 관한 규정은 임의규정이며, 실무에서는 이러한 분쟁을 방지하기 위해 보관료 선급 약정을 두는 것이 일반적이다.

창고업자는 민법상 유치권(민 320조)을 행사할 수 있고, 임치인도 상인인 경우 상인 간 유치권(상 58조)이 적용된다. 즉, 보관료나 비용을 지급받지 못하면 임치물을 인도하지 않고 유치할 수 있다.

임치인이 수령을 거절하거나 수령할 수 없는 경우, 창고업자는 공탁권 및 경매권을 행사할 수 있다(상 165조 · 67조). 이는 채권자지체로 인한 창고업자의 손해를 방지하기 위한 제도이다. 예컨대 냉동식품 보관기간이 지난 뒤 임치인이 회수를 거절하면, 창고업자는 공탁하거나 상당 기간 최고 후 경매할 수 있다.

임치물의 성질 또는 하자로 인해 창고업자가 손해를 입은 경우에는 임치인이 배상책임을 진다(민 697조). 다만 창고업자가 그 사실을 이미 알고 있었다면 청구할 수 없다(민 697조). 예를 들어, 임치인이 위험물임을 알리지 않아 폭발이 발생했다면 임치인은 손해를 배상해야 하지만, 창고업자가 위험을 알고도 수령했다면 청구할 수 없다.

창고업자의 채권은 임치물 출고일부터 1년간 행사하지 않으면 소멸한다(상 167조). 이는 상거래의 신속한 종결을 위한 단기시효이다. 임치인의 창고업자에 대한 손해배상청구권 역시 1년의 단기소멸시효에 걸리는 점을 고려하여, 임치계약에서 발생하는 쌍방의 채권관계를 동일한 기간 내에 정리하려는 취지로 이해할 수 있다.

5. 창고증권

창고증권은 창고업자에 대한 임치물 반환청구권을 표창하는 유가증권이다. 소지인은 이를 양도함으로써 임치물을 신속히 처분하거나 담보로 제공할 수 있으므로, 창고증권은 유통과 담보의 기능을 동시에 수행한다. 예컨대 수입업자가 창고증권을 금융기관에 배서 양도하여 운영자금을 조달하는 경우, 금융기관은 창고증권의 소지인으로서 임치물 반환청구권을 취득한다.

창고업자는 임치인의 청구가 있으면 창고증권을 발행해야 하며, 창고증권에는 임치물의 내용, 임치인, 보관장소, 보관기간, 보관료 등을 기재하고 창고업자의 기명날인 또는 서명이 있어야 효력이 있다(상 156조).

창고증권의 법적 성질과 효력은 화물상환증(상 157조 · 129조~133조)과 동일하다. 즉, 창고증권도 문언증권성, 요인증권성, 처분증권성, 인도증권성 등을 가진다. 따라서 중복을 피하기 위해 자세한 설명은 생략한다.

제 8 관 금융리스업

Ⅰ. 금융리스업자의 의의

금융리스업자란 이용자가 신택한 리스물건을 제3자로부터 취득하거나 대여받아 이용자에게 사용하게 하는 것을 영업으로 하는 자를 말한다(상 168조의2). 금융리스제도는 2010년 상법 개정으로 도입된 비교적 새로운 상행위로, 단순한 임대차의 구조로는 포섭하기 어려운 금융적 기능을 가진 임대차 형태를 제도적으로 도입하려는 데 입법취지가 있다. 상법이 이를 독립된 상행위로 규정한 것은, 산업설비나 기계 등의 자산을 직접 구입하지 않고 금융을 통해 이용하려는 거래현실을 반영하고, 이를 법적으로 안전하게 보호하기 위함이다.

리스(lease)는 본래 물건을 일정 기간 사용하게 하고 그 대가를 받는 임대차 계약이지만, 그 성격에 따라 운용리스와 금융리스로 나뉜다. 운용리스는 단순한 임대차로서 리스기간이 끝나면 물건이 리스업자에게 반환되지만, 금융리스는 형식상 임대차이면서도 실질적으로는 물건 구입을 위한 금융거래에 해당한다(판례). 즉, 이용자가 선택한 물건의 구입대금을 금융리스업자가 대신 지급하고, 이용자는 일정 기간에 걸쳐 리스료(사용료)를 분할 지급한다. 모든 리스료를 납부한 뒤에는 소유권이 이용자에게 이전되는 경우도 있다. 따라서 금융리스는 단지 “소유를 위한 금융”이 아니라 “이용을 위한 금융”을 실현하는 거래형태로 이해된다.

이 거래는 이용자 - 금융리스업자 - 공급자 간의 삼면적 관계를 가진다. 일반적으로 ① 이용자가 물건의 종류 · 공급자 · 가격을 스스로 결정하고, ② 금융리스업자와 금융리스계약을 체결하며, ③ 금융리스업자는 이용자가 지정한 공급자와 공급계약을 체결한다. 이후 ④ 공급자는 물건을 직접 이용자에게 인도하고, ⑤ 이용자는 물건수령증을 금융리스업자에게 교부하며, ⑥ 금융리스업자는 이를 근거로 공급자에게 대금을 지급한다. 이와 같은 거래관계 속에서 금융리스업자는 물건의 소유권을 보유하되, 사용 · 관리는 이용자에게 귀속됨으로써, 소유권과 사용 · 관리의 귀속이 분리된 특유의 금융거래가 실현된다.

금융리스제도는 실무적으로도 중요한 의미를 가진다. 기업은 금융리스를 통해 대규모 설비를 직접 구입하지 않고도 필요한 설비를 활용할 수 있고, 리스료를 분할 지급함으로써 설비자금 조달의 부담을 분산할 수 있다. 예를 들어, A회사가 생산설비를 직접 매입하려면 거액의 자금이 필요하지만, 금융리스업자 B가 이를 대신 구입해 리스로 제공하면, A는 과도한 초기 비용의 부담 없이 설비를 사용하면서 리스료를 분할 지급하는 방식으로 설비 취득에 따른 자금 부담을 분산할 수 있다.

결국 금융리스는 형식적으로는 임대차이지만, 실질적으로는 자금의 융통과 자산 이용의 결합을 목적으로 하는 복합적 상행위로서, 현대 상법이 자본시장과 실물거래의 융합을 제도적으로 반영한 대표적인 사례라고 평가된다.

금융리스의 법률관계는 이용자·금융리스업자·공급자 간의 삼면적 관계로 이루어진다. 이 관계는 리스물건의 소유·사용·위험을 분리하여 각 주체의 역할을 명확히 하고, 거래의 효율성과 위험의 공평한 분담을 실현하려는 데 그 취지가 있다. 상법은 금융리스업자를 단순한 임대인이 아니라 자금을 제공하는 금융기관적 지위로 파악하고, 물건의 품질에 관한 담보책임은 공급자에게 집중시킴으로써 금융기능의 순수성을 유지하도록 설계하였다. 그렇다면 전통적 임대차와 달리, 금융리스에서는 누구에게 어떤 위험과 책임이 귀속되는가? 이 점이 금융리스의 법리를 이해할 수 있는 핵심이다.

Ⅱ. 금융리스업의 법률관계

1. 금융리스계약

금융리스계약은 금융리스업자와 이용자 사이에 체결되며, 금융리스업자가 이용자를 대신하여 리스물건을 구입하고, 이용자가 그 대가로 일정 기간 리스료를 분할 지급하는 내용을 가진다. 형식상으로는 임대차이지만, 실질적으로는 자금의 융통과 물건의 이용이 결합된 복합계약이다. 임대차(사용대가 지급), 매매(하자담보책임·인도의무), 소비대차(자금공여)의 성질이 결합되어 있으므로 민법상 비전형계약에 해당한다(판례). 이러한 비전형성을 고려할 때, 금융리스계약을 민법상 임대차 규정만으로 규율하는 데에는 한계가 있다. 이에 상법은 금융리스의 자금조달적 성격과 거래의 특수성을 반영하여, 별도의 규정을 두고 있다.

2. 금융리스업자의 권리와 의무

금융리스업자는 리스물건의 소유자이지만, 사용·관리 책임은 부담하지 않는다. 금융리스의 본질은 물건의 사용·관리가 아니라 소유권을 통한 담보 확보와 자금제공에 있기 때문이다. 따라서 금융리스업자의 권리는 주로 리스료 청구와 계약 종료 시 물건의 반환 청구에 집중되고, 물건의 하자에 대한 담보책임은 원칙적으로 면제된다.

리스료는 단순한 사용료가 아니라, 리스물건의 구입비용과 이자를 포함한 금융적 상환금으로서의 성격을 가진다. 이용자가 정당한 사유 없이 리스료를 지급하지 않거나 계약을 위반하면, 금융리스업자는 계약을 해지할 수 있고 잔존 리스료의 일시 지급 또는 물건의 반환을 청구할 수 있다(상 168조의5).

금융리스업자는 이용자가 계약에 따라 리스물건을 사용할 수 있도록 조치할 의무가 있다(상 168조의3). 예컨대, A가 의료기기를 사용하기 위해 금융리스업자 B와 계약하고, 공급자 C를 지정하였다면, B는 C와 공급계약을 체결해 의료기기가 A에게 인도되도록 해야 한다.

금융리스업자는 이용자로부터 물건수령증을 교부받으면 공급자에게 대금을 지급해야 한다. 물건수령증이 교부되면 적합한 물건이 인도된 것으로 추정되는데(상 168조의3), 이는 금융리스업자가 물건을 직접 확인하기 어렵다는 점을 고려한 규정이다. 다만 이러한 추정은 금융리스업자와 이용자 사이에서만 적용된다. 예를 들어, A가 차량을 리스로 이용하기로 하고 차량수령증을 교부하였다면, 금융리스업자 B는 차량이 계약 내용에 맞게 인도된 것으로 추정되므로 공급자 C에게 대금을 지급해야 한다. 반대로 A가 부당하게 수령증 교부를 거절하더라도, B가 이미 차량이 인도되었다는 사실을 알고 있다면 대금지급을 거절할 수 없다(판례).

한편 금융리스물건의 하자에 대하여 금융리스업자는 원칙적으로 책임을 지지 않는다. 그 이유는 금융리스업자가 물건의 선정이나 성능검증에 관여하지 않고, 이용자의 지정에 따라 단순히 자금을 지원하기 때문이다. 즉, 하자의 위험은 이용자와 공급자 사이에 귀속되고, 금융리스업자는 자금제공자로서 하자위험에서 벗어난다. 예컨대, A가 특정 모델의 산업용 장비를 직접 지정하고 이를 리스로 이용했는데 하자가 발생한 경우, 금융리스업자 B는 하자담보책임을 지지 않는다.

3. 이용자의 권리와 의무

이용자는 리스계약의 실질적 수익자이자 사용자로서, 물건의 관리·유지·검사·수령에 관한 책임을 전적으로 부담한다. 비록 공급계약의 직접 당사자는 아니지만, 상법은 이용자에게 공급자에 대한 직접청구권을 인정한다(상 168조의4). 즉, 물건이 계약 내용과 다르게 인도된 경우, 이용자는 공급자에게 직접 손해배상이나 하자보수를 청구할 수 있다. 이는 금융리스업자가 하자책임에서 면책되는 대신, 이용자가 실질적 위험부담 주체로서 거래의 중심에 서도록 한 규율 방식이다.

이용자는 또한 금융리스물건을 인도받은 즉시 검사를 마치고, 이상이 없으면 물건수령증을 금융리스업자에게 교부해야 한다. 수령증이 발급되면 적합한 물건이 수령된 것으로 추정된다(상 168조의3). 아울러 이용자는 선량한 관리자의 주의로 물건을 유지·관리할 의무를 부담한다(상 168조의3). 이는 리스물건의 사용·관리가 이용자에게 맡겨져 있기 때문이다. 예컨대 A가 공장설비를 리스로 이용하면서 정기점검을 게을리하여 고장이 난 경우, 이는 이용자의 선관주의 위반으로 보고 그 손해는 A가 부담하게 된다.

중대한 사정변경으로 물건을 계속 사용할 수 없는 경우, 이용자는 3개월 전에 예고하고 계약을 해지할 수 있으나, 그로 인해 금융리스업자에게 발생한 손해를 배상해야 한다(상 168조의5).

4. 공급자의 권리·의무

공급자는 공급계약이 체결되고 이용자가 물건을 수령하면 금융리스업자에게 대금청구를 할 수 있다. 또한 공급자는 계약에서 정한 시기에 리스물건을 이용자에게 인도할 의무를 지며(상 168조의4), 그 물건의 하자에 대하여 이용자에게 직접 담보책임을 부담한다. 이는 금융리스업자가 품질보증책임을 지지 않는 대신, 공급자에게 담보책임을 집중시키는 위험분배 방식에 따른 것이다. 다시 말해, 금융리스업자는 자금제공에 대한 대가로 리스료를 수취하고, 물건의 품질·성능과 관련된 책임은 공급자와 이용자 사이에서 해결되도록 설계되어 있다.

제9관 가 맹 업

Ⅰ. 가맹업자의 의의

가맹업자는 가맹관계의 제공을 영업으로 하는 자이다(상 168조의6). 여기서 가맹관계란, 가맹업자가 자신의 상호·상표·서비스표 등 영업표지를 사용할 수 있도록 허락하고, 가맹상이 가맹업자가 지정한 품질기준이나 영업방식에 따라 영업을 하는 관계를 말한다(상 168조의6). 가맹은 영어로 프랜차이즈(franchise)라 하며, 패스트푸드점·커피전문점·편의점·세탁소·학원·헬스클럽 등에서 본사의 상호와 영업방식을 그대로 사용하는 영업형태가 대표적이다.

가맹상은 가맹업자의 상호나 상표를 사용하고 일정한 영업방식에 따라 영업하므로, 가맹업자와 신뢰적·의존적 관계를 갖는다. 그러나 가맹상은 가맹업자의 상업사용인이나 대리인이 아니라, 자신의 명의와 계산으로 독립된 영업을 하는 상인이다. 즉, 가맹상은 가맹업자의 영업체계·기준에 따르되, 영업의 이익과 손실은 스스로 부담하는 독립된 상인이다. 그렇다면 이러한 의존성과 독립성이라는 두 요소는 실제 가맹거래에서 어떻게 조화를 이루게 되는가? 이 질문은 가맹제도의 법리를 이해하는 핵심적 출발점이 된다.

가맹제도의 입법취지는 "브랜드의 통일성과 신뢰"라는 자산을 기반으로 한 상거래의 표준화를 인정하는 동시에, 가맹업자와 가맹상 사이의 경제적 종속관계에서 발생할 수 있는 불균형을 조정하는 데 있다. 가맹사업은 본사(가맹업자)의 경영시스템과 노하우를 공유함으로써 영세 사업자에게 시장 진입 기회를 제공하지만, 그와 동시에 정보 비대칭과 우월적 지위 남용의 위험이 상존한다.

예컨대, 본사가 인테리어·원재료 공급을 독점적으로 지정하거나, 일방적 기준으로 가맹계약을 해지하는 사례가 반복적으로 문제로 지적되고 있다. 이러한 불공정 관행을 시정하기 위해 마련된 것이 「가맹사업거래의 공정화에 관한 법률

」(가맹사업법)이다. 이 법은 가맹계약의 체결·운영·해지 과정에서 정보공개, 절차적 공정성, 가맹상 보호를 제도적으로 보장하는 역할을 수행한다.

가맹업의 법률관계는 가맹업자(본사)와 가맹상(가맹점) 사이의 신뢰·통제·독립이라는 세 요소가 복합적으로 작용하는 관계를 이룬다. 가맹업자는 가맹상과 신뢰관계 하에서 영업체계와 노하우를 제공하며, 그 운영에 대해 일정한 통제를 행사하고, 가맹상은 그 대가로 가맹금을 지급하면서 독립적으로 영업한다. 상법이 가맹업을 독립된 상행위로 규정한 취지도 바로 이와 같은 계약관계의 법적 안정성 확보와 표준화된 상거래 방식의 정착에 있다.

Ⅱ. 가맹업의 법률관계

1. 가맹계약

가맹계약은 가맹업자와 가맹상 사이에서 가맹관계의 제공을 내용으로 체결되는 계약이다. 가맹업자는 자신의 상호·상표 등 영업표지를 사용할 수 있도록 허락하고, 영업방식·품질기준을 제공하며, 가맹상은 그 대가로 일정한 가맹금을 지급한다. 그렇다면 이러한 가맹계약은 다른 지식재산 관련 계약－예컨대 단순한 상표 사용을 허락하는 라이선스계약－과 어떻게 구별될까?

라이선스계약이 상표의 사용허락에 머무르는 반면, 가맹계약은 영업체계 전체의 이전 및 통제를 본질로 한다. 따라서 가맹계약은 임대차(시설·장비 제공), 매매(물품공급), 도급(교육·지원) 등의 요소가 결합된 비전형계약이다(판례). 가맹계약 성립에 형식적 절차는 요구되지 않으며, 청약과 승낙만으로 성립하는 불요식·낙성계약이다.

2. 가맹업자의 의무와 책임

가맹업자는 가맹상의 영업을 지도·지원할 의무를 부담한다(상 168조의7). 여기에는 경영 노하우 제공, 인력교육, 광고·홍보 지원, 경영 컨설팅 등이 포함된다. 이러한 지원은 가맹상이 본사의 시스템을 활용해 안정적으로 영업하도록 하는 핵심적 요소이다.

또한, 다른 약정이 없는 한, 가맹업자는 가맹상의 영업지역 내에서 동일하거나 유사한 업종의 영업을 하거나 제3자에게 가맹권을 부여할 수 없다(상 168조의 7). 즉, 가맹상에게는 일정한 범위의 배타적 영업권이 보호된다. 예를 들어, 가맹상 A가 서울 강남구에서 본사 브랜드의 커피전문점을 운영하고 있다면, 본사는 인접 지역에 동일 상호의 매장을 설치할 수 없다.

가맹업자와 가맹상은 각자 독립된 상인이므로, 원칙적으로 가맹업자는 가맹상의 고객에 대해 직접적인 책임을 지지 않는다. 그러나 예외적으로 다음의 경우에는 책임이 인정될 수 있다. ① 가맹업자가 자신의 상호 사용을 허락한 경우에는 명의대여자의 책임이 성립할 수 있고(상 24조), ② 가맹업자의 가맹상에 대한 실질적인 지휘·감독관계가 인정되면 사용자책임이 성립할 수 있다(민 756조).

그렇다면 본사는 어느 경우에 "실질적 지휘·감독"을 하는 것으로 평가될까? 가격 결정에 영향력, 운영 매뉴얼 준수 여부의 구체적 감독, 인력관리 개입 등을 중요한 판단요소로 볼 수 있다. 예컨대, 가맹업자 B가 가맹상 A의 점포 운영방식, 가격정책, 인력배치를 구체적으로 지시하였고 그로 인해 소비자 피해가 발생하였다면, B에게 해당 소비자에 대한 사용자책임이 인정될 수 있다. 이는 가맹업자가 사실상 지휘·통제권을 행사하면서도 책임을 회피하는 것을 방지하려는 규범적 고려에 기반한다.

3. 가맹상의 권리와 의무

가맹상은 가맹업자의 영업상 권리를 침해해서는 안 되며(상 168조의8), 브랜드의 통일성과 신뢰를 유지할 의무를 가진다. 따라서 상호·상표, 품질기준, 영업방식을 임의로 변경하거나 브랜드 이미지를 훼손하는 행위는 허용되지 않는다.

가맹상은 계약에서 정한 바에 따라 가맹금을 지급해야 한다. 여기에는 일시적 가입비뿐 아니라, 매출액의 일정 비율로 산정되는 정기적 로열티도 포함될 수도 있다.

또한, 가맹상은 계약기간 중뿐 아니라 계약 종료 후에도 영업비밀을 유지할 의무를 부담한다(상 168조의8). 이는 가맹상이 본사의 경영 노하우, 레시피, 관리기법 등 내부 정보를 취득하는 위치에 있기 때문이다. 예를 들어, 가맹상 A가 가맹계약 종료 후 제3자 C에게 본사 B의 원두 배합비나 커피 제조공정 등 비공개 노하우를 전수하여 C가 이를 이용해 영업하도록 한 경우, 이는 계약 종료 후에도 존속하는 영업비밀 유지의무에 위반되어 손해배상책임을 진다.

가맹상은 또한 가맹업자의 동의를 받아 영업양도를 할 수 있으며, 가맹업자는 정당한 사유가 없는 한 이를 거절할 수 없다(상 168조의9). 이는 가맹계약이 신뢰관계를 기초로 하지만, 동시에 가맹상에게 투자금 회수의 기회를 보장하려는 입법취지 때문이다. 예컨대, A가 운영하던 점포를 제3자에게 양도하려는데, 본사 B가 "새 점주가 마음에 들지 않는다"는 주관적 사정에 불과한 이유만으로 동의를 거부하는 것은 정당한 사유가 되지 않는다.

4. 가맹계약의 해지

가맹계약은 존속기간의 약정이 있든 없든, 부득이한 사정이 있는 경우 당사자는 상당한 기간을 예고하여 해지할 수 있다(상 168조의10). 이는 가맹상이 상당한 자본을 투자한 현실을 고려하여, 가맹업자의 임의적 해지를 제한하려는 데 그 입법취지가 있다. 그렇다면 "부득이한 사정"은 어떠한 경우가 이에 해당할까? 예컨대 가맹상이 본사의 상표를 무단 변경하거나 비위생적 영업으로 브랜드 명성을 중대하게 훼손한 경우가 이에 해당할 수 있다.

한편, 가맹사업법은 가맹업자의 해지권을 보다 엄격히 제한한다. 가맹업자는 원칙적으로 ① 계약위반 사실을 구체적으로 밝히고, ② 시정하지 않으면 해지한다는 뜻을 ③ 2개월 이상의 유예기간을 두고 서면으로 두 차례 이상 통지하여야 한다(가맹사업법 14조). 다만, 가맹상이 정당한 사유 없이 7일 이상 영업을 중단한 경우 등 대통령령이 정한 사유가 있으면 예외적으로 위 절차를 생략할 수 있다(가맹사업법 14조).

이러한 절차규정의 입법취지는, 본사의 일방적 해지권 남용으로부터 가맹상을 보호하고, 가맹상이 투입한 자본과 영업기반을 고려하여 계약 종료를 신중하게 통제하려는 데 있다. 절차를 위반한 해지는 효력이 없다(가맹사업법 14조). 예컨대, 가맹상 A가 건강상 이유로 10일간 휴업하였는데, 본사 B가 아무런 시정 요구 없이 "브랜드 이미지 훼손"을 이유로 즉시 계약을 해지한 경우, 이는 무효인 해지에 해당한다.

제10관 채권매입업

Ⅰ. 채권매입업자의 의의

채권매입업자는 타인이 물건·유가증권의 판매 또는 용역의 제공 등에 의하여 취득했거나 취득할 영업상의 채권(영업채권)을 매입하여 회수하는 것을 영업으로 하는 자이다(상 168조의11). 즉, 상인이 영업활동을 통해 취득한 외상매출채권을 채권매입업자에게 양도하고, 채권매입업자는 이를 대신 회수하거나 관리하는 방식이다. 이때 채권매입업자는 통상적으로 채권액 상당의 금전을 미리 지급하므로, 상인은 외상채권을 조기에 현금화하는 효과를 얻을 수 있다. 그렇다면 채권매입업은 단순한 채권의 매매에 그치는 제도일까, 아니면 보다 본질적인 금융기능을 수행하는 제도일까?

채권매입업은 기업의 외상매출채권을 매입하거나 할인하여 현금을 공급하는 금융서비스로서, 단순한 채권 매매를 넘어 기업에 유동성을 제공하는 본질적인 금융기능을 수행한다. 이러한 거래는 통상적으로 팩토링(factoring)이라 불린다. 팩토링은 단순한 자금융통 수단을 넘어, ① 기업의 자금 유동성을 높이고, ② 외상거래에서 발생하는 회수위험을 분산하며, ③ 채권관리의 전문성을 통해 거래 효율성을 제고하는 기능을 가진다. 예를 들어 A회사가 대기업 B에 납품을 완료하고 한 달 후에 1억 원을 지급받을 예정이라면, 채권매입업자 C는 이 채권을 일정 금액을 할인하여 즉시 매입하고 A에게 현금을 지급한다. 이후 C는 만기 시점에 B로부터 전액을 회수함으로써 차액을 수익으로 얻는다.

채권매입의 방식은 진정채권매입(리스크 인수형)과 부진정채권매입(회수보증형)으로 구분된다. 진정채권매입은 채권이 회수되지 않아도 채권매입업자가 상인에게 상환을 청구할 수 없는 방식으로, 회수위험을 채권매입업자가 전적으로 부담한다. 반면, 부진정채권매입은 채권이 회수되지 않는 경우 채권매입업자가 상인에게 상환을 청구할 수 있는 방식으로, 회수위험을 양자가 분담하게 된다. 그렇다면 상법은 이 둘 중 어느 방식을 기본형으로 상정하고 있을까?

우리 상법은 부진정채권매입을 원칙으로 한다(상 168조의12). 이는 채권매입업자의 위험부담을 완화하고, 금융기관이 중소기업 자금공급에 적극적으로 참여할 수 있도록 유인을 제공하려는 정책적 고려에 따른 것이다. 따라서 채권매입업자가 회수불능에 직면하는 경우, 법이 정한 요건 아래에서 상인에게 대금의 반환이나 손해배상을 청구할 수 있다.

예를 들어, A회사가 대기업 B에 납품하고 1억 원의 매출채권을 보유하고 있는 상황에서, 채권매입업자 C가 이를 매입하면 A는 대금을 즉시 지급받는다. 이후 B가 파산하여 채권이 회수되지 못한 경우, 부진정채권매입에서는 C가 A에게 상환을 청구할 수 있지만, A와 C가 진정채권매입으로 약정한 경우에는 그 손실은 C가 부담한다.

이와 같은 구성은 자금조달과 위험분담의 균형을 도모함과 동시에, 채권매입거래의 유연성과 신뢰성을 높이는 데 목적이 있다. 채권매입업의 법률관계는 상인(채권양도인), 채권매입업자(채권양수인), 영업채권의 채무자 사이의 삼면적 관계를 이루며, 상법이 이를 독립된 상행위로 규정함으로써 상사금융 전반의 신속성과 안전성을 제도적으로 뒷받침하고 있다.

Ⅱ. 채권매입업의 법률관계

1. 채권매입계약

채권매입계약은 상인이 일정 기간 발생하는 영업채권을 채권매입업자에게 양도하기로 약정하는 계약이다. 이 계약에 따라 상인은 영업채권을 양도할 의무를 부담하므로, 계약상 채무자의 지위에 선다.

채권매입계약은 진정채권매입의 경우에는 매매의 성질을, 부진정채권매입의 경우에는 소비대차의 성질을 가지며, 여기에 추심·관리계약의 요소가 결합된 비전형계약이다(판례). 특별한 형식을 요하지 않고, 단순한 청약과 승낙으로 성립하는 불요식의 낙성계약이다. 입법취지는 채권매입업이 상인의 자금조달을 신속하게 지원할 수 있도록, 복잡한 형식을 배제하고 실질을 중시하는 계약관계를 인정한 데 있다. 그렇다면 이 비전형계약성은 사법상 어떤 기준에 따라 해석·보완되어야 할까? 이 지점에서 상법의 특별규정과 민법 일반규정의 조화가 문제된다.

2. 영업채권양도의 법적 성질

채권매입계약에 따라 상인이 영업채권을 채권매입업자에게 양도하는 경우, 그 법적 성질은 구체적인 계약 형태에 따라 달라진다. 진정채권매입의 경우, 영업채권의 완전한 이전이 이루어지는 채권매매의 성질을 가진다. 부진정채권매입의 경우, 실질적으로는 영업채권을 담보로 제공하고 자금을 융통받는 소비대차의 성질을 가지며, 명목상 양도와 실질상 담보의 기능이 결합된다.

3. 당사자 간의 법률관계

(1) 채무자가 변제하지 않은 경우

채권매입 후 영업채권의 채무자가 변제를 하지 않은 경우, 상법은 원칙적으로 채권매입업자에게 상인을 상대로 한 상환청구권을 인정한다(상 168조의12). 이는 부진정채권매입을 기본형로 하는 규정이다. 다만, 당사자가 계약에서 달리 정한 경우, 즉 진정채권매입으로 약정한 경우에는 채권매입업자는 상환청구권을 행사할 수 없다(상 168조의12). 결국 상법은 "부진정채권매입을 원칙, 진정채권매입을 예외"로 하는 체계를 통해 위험의 기본적 귀속 방향을 설정하고, 당사자 자치에 의한 조정을 허용하고 있다.

예를 들어, A가 보유한 1억 원의 매출채권을 채권매입업자 C가 매입했는데, 채무자 B가 파산하여 변제하지 못한 경우, 채권매입계약이 부진정채권매입이라면 C는 A에게 대금 상환을 청구할 수 있다. 그러나 계약서에 "회수불능의 위험은 채권매입업자가 부담한다"는 취지의 내용이 명시되어 있다면, 이는 진정채권매입에 해당하므로 C는 A에게 상환을 청구할 수 없다.

(2) 채권양도의 대항요건

진정·부진정채권매입을 불문하고, 영업채권의 양도는 민법상 채권양도(민 450조~451조)의 일종이므로, 제3자나 채무자에게 대항하기 위해서는 채무자에 대한 통지 또는 승낙이 필요하다. 이 요건이 충족되면 영업채권의 채무자는 채권매입업자에게 직접 변제해야 하며, 상인에게 변제하더라도 채무를 면하지 못한다. 그렇다면 통지나 승낙이 결여된 경우, 채무자는 누구에게 변제하면 안전할까?

예컨대, A회사가 채권매입업자 C와의 계약에 따라 정기적으로 발생하는 외상매출채권을 C에게 양도하기로 약정했으나, 영업채권의 채무자인 B에게 양도사실을 통지하지 않았다면, B는 여전히 A에게 유효하게 변제할 수 있고, 이 경우 C는 B에게 채권양도를 이유로 대항할 수 없다. 이는 채권귀속의 혼선을 방지하고, 채무자의 신뢰를 보호하기 위한 규율이다.

제4편 보 험 법

제1절 서 설

제1관 본서의 대상

보험계약법은 보험계약을 중심으로 한 사법적 규율 영역이다. 즉, 보험계약의 당사자인 보험자(insurer), 보험계약자, 그리고 보험사고로 이해관계를 가지는 피보험자 · 보험수익자 사이의 권리의무 관계를 다룬다. 보험자는 보험료를 대가로 보험금 지급의무를 부담하며, 오늘날 보험회사가 그 전형적 모습이다.

보험계약법의 기본 법원은 상법 보험편(상 638조~739조의3)이다. 1962년 제정 이후 1991년, 2014년에 이루어진 전면 개정을 통해, 보험상품의 다양화, 금융환경 변화, 소비자보호 요구 등에 맞춰 법체계가 재정비되었다.

그렇다면 보험을 둘러싼 여러 규제법 -보험업법, 금융소비자법, 약관규제법 -과 보험계약법의 관계는 어떻게 구별될까? 보험업법과 금융소비자법은 주로 공법적 · 감독규제적 측면을 다루고, 약관규제법은 약관의 공정성 · 투명성 확보라는 소비자보호적 규율을 중심으로 한다. 반면 보험계약법은 보험계약의 성립 · 효력 · 권리 · 의무 · 면책 등 사법적 관계의 법리를 다루며, 이것이 본서의 핵심 주제다. 다만, 보험업법 등 다른 법률에도 보험계약과 관련한 사법적 조항이 일부 존재하므로, 필요한 범위에서 함께 검토한다.

제2관 보험제도

Ⅰ. 보험의 정의

1. 의의

상법 보험편은 원칙적으로 사보험을 규율한다. 사보험에는 영리를 목적으로 하는 보험뿐만 아니라 상호보험·공제와 같이 사법상의 계약관계로 운영되는 상호부조적 성격을 띠는 보험도 포함된다. 경제학·경영학의 시각에서는 사보험이 위험관리 제도라는 점이 강조되지만, 보험계약법의 관심은 궁극적으로 사법적 법률관계에 있다. 다시 말해 보험계약법이 규율하려는 핵심은 어떤 행위가 보험계약으로 성립하는가, 그리고 그에 따라 어떠한 권리·의무가 발생하는지의 문제이지, 보험제도의 경제적 기능 자체는 아니다.

보험계약법을 논의할 때 가장 먼저 제기되는 질문은 보험계약이란 무엇인가이다. 보험계약의 정의는 곧 보험계약법의 적용범위를 설정하는 기준이 되기 때문이다. 보험계약은 현실의 경제활동 속에서는 하나의 확립된 제도처럼 기능한다. 그러나 법적으로는 그 개념을 일의적으로 정의하기가 쉽지 않다. 그 이유는 보험계약이 다루는 위험의 성질과 보험상품의 설계 및 운용 방식이 시대 변화에 따라 지속적으로 변동하기 때문이다. 사이버위험·장수위험·기후위험 등 새로운 위험유형을 대상으로 하는 보험상품이 개발되는가 하면, 기존 보험도 위험측정 방식과 보장 내용·범위가 재편되는 과정에서 그 외연이 크게 확장되고 있다.

이와 같은 변화 가능성 때문에, 입법자가 보험계약의 본질을 지나치게 구체적으로 정의할 경우 신규 형태의 보험을 제도적 범위 밖으로 밀어내는 결과가 초래될 수 있다. 이에 따라 상법은 보험계약의 구성요소 중 최소한의 핵심 요소만을 규율하고, 나머지 내용은 학설과 판례의 축적을 통해 형성되도록 하는 입장을 취하고 있다.

2. 법적 정의

상법 제638조는 보험계약을 다음과 같이 규정한다. “보험계약은 당사자 일방이 보험료를 지급하고, 재산 또는 생명·신체에 불확정한 사고가 발생할 경우 상대방이 일정한 보험금 또는 기타 급여를 지급할 것을 약정함으로써 효력이 생긴다.” 이 규정은 앞서 본 보험의 다양성을 모두 포괄적으로 설명하려는 것이 아니라, 보험계약으로 성립하기 위해 필요한 최소한의 공통 요소를 제시하는 데 그 목적이 있다. 상법은 보험의 사회적 기능을 포괄적으로 서술하기보다는, 계약법적 관점에서 보험을 구성하는 필수 요소를 정립하는 데 중점을 둔다.

상법 제638조에 나타나는 보험의 필수 구성요소는 ① 보험사고의 불확정성, ② 보험료 지급의무, ③ 보험급여(보험금) 지급의무이다. 이 요소들은 보험의 범위를 판정하는 기본 기준이 되며, 어떠한 금융상품이 보험에 해당하는지는 결국 이러한 요소의 충족 여부를 중심으로 판단하게 된다. 어떤 금융상품이 보험인지 아닌지는 어떻게 판단할까? 그 출발점이 바로 이 세 가지 요소인 것이다.

3. 주요 요소

(1) 보험사고

보험은 불확정한 사고로 인한 손해 발생 가능성에 대비하는 제도이다. 여기서 말하는 불확정성은 보험계약 체결 당시 기준으로 사고의 발생 여부·발생 시기·손해 정도 중 하나 이상이 미확정 상태에 있다는 것을 의미한다.

- **발생 여부가 불확정** – 자동차사고, 화재, 상해 등
- **발생 시기가 불확정** – 사망, 노령 등
- **손해 정도가 불확정** – 질병, 장기요양, 배상책임 등

상법 제644조는 보험사고가 이미 발생했거나 발생할 수 없는 보험계약은 원칙적으로 무효라고 규정한다. 그 이유는 무엇일까? 보험사고 발생 후의 보험가입이나 발생 가능성이 전혀 없는 위험에 대한 보험을 허용하면, 보험이 위험에 대비하는 제도가 아니라 이미 확정된 손해를 전보하는 수단으로 변질되어 보험 제도의 신뢰성과 합리적 운영이 훼손되기 때문이다. 다만 보험자·보험계약자·피보험자가 모두 그 사실을 알지 못한 경우에는 예외적으로 유효로 인정된다(상

644조). 또한 보험사고는 보험계약자에게 경제적 손해를 야기할 위험을 내포하고 있어야 한다는 요건도 충족해야 한다.

(2) 보험료와 보험급여

보험료와 보험급여는 위험의 이전(risk transfer)을 가능하게 하는 보험의 핵심 요소에 해당한다. 보험계약자는 보험료를 지급할 의무를 부담하고, 보험자는 이에 대한 대가로 보험사고 발생 시 보험급여 지급의무를 부담한다. 이를 통해 계약자에게 존재하던 위험이 보험자에게 이전된다.

보험료는 반드시 일정한 방식으로 납부되어야 하는 것은 아니며, 예컨대 다른 회원의 사망 시마다 회원들이 일정액의 상조비를 납부한 경우도 보험료로 인정된다(판례).

보험급여는 보험기간 중 보험사고가 발생하여야 비로소 실제로 지급의무가 문제되는 점에서, 장래의 불확정한 사고를 조건으로 하는 정지조건부 의무에 해당한다. 다만 보험계약 자체는 사고 발생 여부와 무관하게 계약 체결과 동시에 효력이 발생하므로, 보험계약을 정지조건부 법률행위로 보지는 않는다. 보험급여는 통상적으로 금전급여의 형태를 취하지만, 금전적 가치가 있는 현물 및 용역도 보험급여로 인정될 수 있다(판례).

(3) 보험의 기술

보험의 기술은 상법 보험편에 명문의 규정은 없으나, 판례와 학설이 보험제도의 본질로 공통적으로 인정하는 요소로, 크게 두 가지 측면으로 설명된다.

• **위험의 분산** – 보험은 개별 보험계약자가 직면한 우연적 위험을 다수의 보험계약자로 구성된 보험집단에 분산시키는 제도이다. 단일 보험계약자에게 발생하는 사고는 우연적이고 예측하기 어렵지만, 동일한 위험에 노출된 다수의 보험계약자를 하나의 집단으로 묶으면, 전체적으로는 사고 발생 빈도와 손해 규모가 통계적으로 안정된다. 이러한 현상을 설명하는 것이 대수의 법칙이다.

이에 따라 보험자는 개별 보험계약자의 사고 발생 여부와 무관하게, 집단 전체를 기준으로 예상손해율을 산정할 수 있고, 이를 통해 총보험료 수입과 총보험금 지급 사이의 균형, 즉 수지균등의 원칙을 달성하게 된다. 예를 들어, 단 한 명의 운전자에게 자동차사고가 발생할지 여부는 예측하기 어렵지만, 수만 명의 운전자를 보험집단으로 묶으면 일정한 사고율이 반복적으로 관찰된다. 보험은 이러한 통계적 안정성을 전제로 하여 개별 보험계약자의 우연적 손해를 집단 전체에 분산시키는 구조를 가진다.

- **개별 위험과 보험료의 일치** – 개별 보험계약자가 가지고 있는 위험의 정도에 따라 보험료를 차등화해야 한다는 원칙이다. 이를 통해 급여·반대급여 균등의 원칙이 실현된다. 이 원칙은 역선택(adverse selection)을 방지하는 데 필수적이다. 위험과 무관하게 동일한 보험료를 부과할 경우 고위험군만이 보험에 잔존하는 현상, 즉 역선택이 발생하여 보험제도의 유지 자체가 어렵게 되기 때문이다. 예컨대 상해보험에서 오토바이 운전자에게 상대적으로 높은 보험료를 부과하거나, 화재보험에서 스프링클러가 설치된 건물에 상대적으로 낮은 보험료를 부과하는 것은, 개별 위험의 차이를 보험료에 반영한 전형적인 사례이다.

이와 같은 기술적 요소와 원칙들은 보험계약법이 고지의무 등과 같은 특수한 제도를 두고 있는 이유를 이해할 수 있는 중요한 배경이 된다. 상법 제651조가 규정하는 고지의무는 보험계약자가 위험에 관한 정보를 보험자에게 알릴 의무이며, 이에 대해서는 뒤에서 자세히 살펴본다.

Ⅱ. 보험의 종류

보험의 유형을 구별하는 이유는 단순한 분류에 그치지 않는다. 보험의 종류에 따라 적용 법규, 보험계약자 보호의 강도, 보험자의 책임 내용이 달라지기 때문이다. 그렇다면 어떤 기준에 따라 보험을 나누어 볼 수 있을까? 이러한 구분은 보험제도가 사회에서 수행하는 기능을 전체적으로 이해하는 데 중요한 기준을 제공한다.

1. 공보험과 사보험

공보험과 사보험의 구별은 적용 법규가 완전히 달라지는 분기점이므로 보험법의 기본적 구조를 이해하는 데 핵심적이다. 공보험은 국민건강보험·국민연금·고용보험과 같이 국가가 공공복지를 실현하기 위해 운영하는 제도이고, 공경제적 목적이 우선한다. 한편, 사보험은 민간경제 영역에서 영리추구 또는 상호부조를 목적으로 운영되는 보험이다. 한편, 실무에서는 공제의 법적 성격이 문제된다. 공제는 보험으로 보아야 할까? 공제는 실질적으로는 보험과 동일한 내용과 기능을 가지나, 개별 법률을 근거로 운영된다는 점에서 형식적으로 보험과 구별된다. 다만 법적 성격은 상호보험과 유사하므로 상법 보험편이 성질에 반하지 않는 범위에서 준용된다(상 664조).

2. 영리보험과 상호보험

사보험 중 보험업법에 따라 영업하는 보험업은 영리보험과 상호보험으로 구분된다. 영리보험은 주식회사 형태의 보험회사에 의해 운영되며 금융위원회의 허가를 요한다(보험업법 4조 · 18조). 일상적으로 접하는 대부분의 보험상품이 이에 속한다. 상호보험은 구성원이 동시에 보험계약자이자 출자자인 상호부조적 운영방식을 취한다(보험업법 2조). 다만 현대 보험산업에서는 대규모 자본과 정교한 위험관리체계, 높은 규제준수 비용이 요구되므로, 전통적인 상호보험 조직이 경쟁력을 유지하기는 쉽지 않다. 그 결과 보험업법상 상호보험은 현재 존재하지 않으나, 선주상호보험조합과 같이 특별법에 근거한 상호보험은 여전히 운영되고 있다.

3. 손해보험과 인보험

이 구분은 상법 보험편의 체계를 구성하는 핵심 축이다. 손해보험은 재산적 손해를 전보하는 것을 목적으로 하며(상 665조), 원칙적으로 실제 손해액을 기준으로 보상하는 비정액보상 방식을 취한다. 화재보험 · 해상보험 · 운송보험 · 책임보험 · 자동차보험 등이 이에 해당한다.

인보험은 사람의 생명 또는 신체를 보험목적으로 하며(상 727조), 생명보험과 상해보험 · 질병보험이 포함된다. 생명보험은 손해액과 무관하게 미리 약정한 일정한 금액만큼 보상하는 정액보상 방식의 보험이지만, 상해보험 · 질병보험은 정액보상형과 비정액보상형이 병존한다. 비정액보상 방식을 취하는 상해보험 · 질병보험은 보상방식이 손해보험과 유사하다는 점에서 손해보험형 상해보험 · 질병보험이라고도 부른다.

4. 가계보험과 기업보험

가계보험과 기업보험은 보험계약자의 경제적 지위에 따른 구별이며, 상법상 임의규정 · 강행규정 적용의 기준이 된다는 점에서 실질적 의미가 크다. 가계보험은 보험계약자가 보험자에 비해 경제적 · 정보적 열위에 있는 경우로, 상법은 보험계약자 보호를 위해 후견적 규제를 강하게 적용한다. 즉, 가계보험에서 보험계약자에게 상법의 보험편의 내용보다 불리하게 정한 약정은 무효이다(상 663조). 반면 기업보험은 당사자 간 교섭력이 대등하여 계약자 보호의 필요가 상대적으로 낮으므로, 자유로운 약정이 허용된다(상 663조). 이에 따라 기업보험에서는 위험관리 목적에 맞춘 다양한 특약 · 약관이 활용된다.

5. 기타

보험은 목적물의 수, 구성 방식, 가입의 강제성 등에 따라 다음과 같이 추가적으로 구별된다. 여기에서 보험목적은 보험사고가 발생하는 대상을 가리키고, 보험기간은 보험사고가 발생할 수 있는 기간이며, 이에 대해서 뒤에서 자세히 살펴본다.

- **개별보험** – 보험목적이 한 개의 재산 또는 한 개인인 경우
- **집합보험** – 여러 물건을 일괄하여 하나의 집합으로 보험목적으로 하는 경우로서(상 686조), 창고에 보관된 제품 전체를 보험에 가입하는 경우가 그 예이다.
- **총괄보험** – 보험기간 중에 보험목적에 속한 물건이 수시로 교체되는 집합보험(상 687조)으로서, 창고업자 · 운송업자가 보유한 물건 전체를 포괄적으로 보험에 가입하는 경우가 그 예이다.
- **단체보험** – 특정 단체의 구성원 전체 또는 일부를 보험목적으로 하는 인보험(상 735조의3)으로서, 기업 · 학교 · 조합 단위에서 흔히 활용된다.
- **임의보험 · 강제보험** – 대부분의 사보험은 임의보험이나, 피해자 보호 등 공익상 필요가 있는 경우 강제보험이 도입된다. 대표적 예는 자동차보험의 대인배상보험 I 이며, 강제보험에서는 피해자 보호를 위해서 보험자의 면책 요건이 엄격하게 제한되는 경향이 있다.

Ⅲ. 보험의 사회적 작용

1. 순기능

보험의 순기능으로는 생활의 안정, 자금 공급, 신용의 수단, 손해 방지 기능 등이 거론되지만, 그중 핵심은 무엇보다 경제적 안정성의 확보이다. 왜 생활의 안정이 보험의 가장 본원적 기능일까? 현대인은 사고・재해・질병・사망・장수 위험 등 다양한 위험에 상시 노출되어 있다. 이러한 위험이 존재하는 한, 가계와 기업의 경제활동은 구조적으로 불안정할 수밖에 없다. 보험은 이 위험을 보험자에게 이전(transfer)함으로써 경제주체가 보다 예측 가능한 환경에서 활동할 수 있도록 지원하는 제도이다.

보험자가 위험을 인수한 후에는, 앞서 살펴본 보험의 기술—위험 분산과 개별 위험・보험료의 일치—을 통해 위험을 안정적으로 관리하게 된다. 다시 말해, 보험은 위험이 개인이나 기업에 집중되지 않고 사회 전체로 분산되는 제도적 장치라 할 수 있다. 그렇다면 보험은 단순히 개인과 보험자 사이의 사적 계약에 그치는가? 그렇게 보기는 어렵다. 보험은 사적 계약의 외양을 통해 작동하지만, 실제로는 경제 시스템 전체의 안정성과 지속 가능성을 뒷받침하는 하나의 사회적 기반시설로 기능한다. 즉, 보험은 개별 계약을 넘어 경제 전반의 안정성을 지탱하는 제도적 장치이다.

2. 역기능

그러나 보험은 본질적으로 사고가 발생하면 보험자가 대신 보상해주는 제도이기 때문에, 필연적으로 여러 역기능을 내포한다. 이를 제대로 통제하지 못하면 보험제도의 지속 가능성 자체가 위협받게 된다. 도덕적 위태, 도덕적 위험, 보험사기, 보험의 도박화와 같은 현상은 보험의 대표적인 역기능으로 지적된다. 이에 따라 보험계약법은 "위험 이전의 유용성"과 "역기능의 통제" 사이에서 균형점을 모색하는 법 영역이라고 할 수 있다.

(1) 도덕적 위태(morale hazard)

도덕적 위태는 보험계약자가 사고 발생과 관련하여 평소보다 주의를 덜 기울이는 현상을 말한다. 자동차보험 가입 후 방어운전 습관이 느슨해지는 경우가 대표적이다. 보험이 없다면 당연히 기울였을 주의를, 보험이 있다는 이유로 소홀히 하게 되는 것이다. 그렇다면 보험이 존재한다는 사실만으로도 사람들의 행동은 달라질까? 경제학·행동과학 연구에 따르면 실제로 그러한 경향이 확인된다. 보험의 존재가 일종의 "심리적 안전망"처럼 작용하면서, 의도하지 않더라도 주의력이 느슨해질 수 있다는 것이다.

(2) 도덕적 위험(moral hazard)

도덕적 위태가 부주의로 인한 사고 증가의 위험성을 가리킨다면, 도덕적 위험은 한 단계 더 나아가 보험제도의 부당한 이용 또는 악용 가능성을 의미한다. 그 전형이 보험사기(insurance fraud)이다. 예를 들어 ① 고의로 차량을 손괴한 후 보험금을 청구하거나, ② 의료기관과 공모하여 과다 진료 또는 허위 입원을 통해 보험금을 타내고, ③ 사망보험금을 노리고 범죄적으로 사고를 조작하는 경우 등이 이에 해당한다.

이러한 행위는 단지 보험금이 새는 차원에서 그치지 않는다. 보험사기는 실제로 사람이 다치고 생명이 위협받는 범죄로 발전하며, 그 비용은 결국 선량한 보험계약자의 보험료 인상으로 전가된다. 금융감독원의 통계(2024년)에 따르면 보험사기로 적발된 금액이 1조 1,503억 원, 혐의자 수는 10만 8,999명에 이른다. 이 숫자는 "적발된" 사례만을 의미하므로, 실제 규모는 이보다 훨씬 클 가능성이 높다.

(3) 보험의 도박화

보험사기 외에도 보험이 본래의 취지에서 이탈하여 투기적 수단으로 이용되는 경우가 있다. 특히 일부 고액의 사망보험이나 다수의 보험계약 가입은 이른바 보험의 도박화(gambling of insurance) 문제를 야기하기도 한다. 이 경우 보험은 더 이상 위험을 분산하는 사회적 장치라기보다, 우연한 사건의 발생 여부에 따라 이익을 얻으려는 투기계약에 가까워진다. 그렇다면 어디까지를 정당한 위험보장으로 보고, 어느 지점부터는 도박적 요소로 보아 규제해야 할 것인가? 이 질문이 곧 보험제도에 대한 공법적·사법적 통제의 방향을 설정하는 기준이 된다.

제 3 관 보험계약법의 기초

Ⅰ. 보험계약의 관련요소

보험계약은 여러 법적 요소가 결합된 복합적 법률관계이므로, 각 요소의 개념을 명확히 이해하는 것이 이후의 법리를 파악하는 출발점이 된다. 특히 보험계약에서는 당사자와 객체의 구분, 이익의 유무, 보험료・보험금의 기능이 상호 연계되어 작용한다. 아래 요소들은 보험계약이 어떠한 구조와 체계에 따라 작동하는지를 이해하기 위한 기초적 설명이 된다.

1. 보험계약의 관계자

보험자는 보험계약의 당사자로서 보험료를 받고 보험금 지급책임을 부담하는 자이며(상 638조), 오늘날 대부분 보험회사가 이 역할을 수행한다. 보험계약자 역시 보험계약의 당사자로서 보험료 지급의무를 진다. 그렇다면 피보험자와 보험수익자는 누구인가? 또한 보험계약자와 피보험자・보험수익자는 항상 동일인일까? 보험의 유형에 따라 다음과 같이 구분된다.

• 손해보험 − 피보험자는 보험사고의 대상에 대해 일정한 경제적 이익을 가진 사람이며, 보험사고가 발생하여 손해를 입게 되면 보험금청구권을 가진다(상 665조). 보험계약자와 피보험자가 동일하면 "자기를 위한 손해보험", 다르면 "타인을 위한 손해보험"이 된다.

• 인보험 − 사망・생존・상해・질병과 같은 보험사고의 대상에 해당하는 사람이 피보험자이고, 보험금청구권자는 별도의 개념인 보험수익자이다(상 733조). 보험계약자・피보험자・보험수익자는 동일할 수도 있고, 일부 또는 전부가 달리 지정될 수도 있다. 예컨대 한 사람이 자신을 피보험자로 하여 생명보험계약을 체결하고, 보험수익자를 타인으로 지정하는 것도 가능하다.

한편 보험계약 체결과정에서는 보험설계사・보험대리상・보험중개사 등의 모집종사자가 중요한 역할을 한다. 대량・반복적으로 체결되는 보험계약의 특성상, 모집 단계는 보험계약 성립의 핵심 요소로 기능하며, 이들의 법적 지위와 책임은 뒤에서 다시 살펴본다.

2. 보험사고 · 보험목적

보험사고는 보험목적에 손해를 야기하는 사건을 의미하며, 보험사고가 발생해야만 보험자의 보험금 지급책임이 구체화된다. 예컨대 화재보험에서는 화재, 자동차보험에서는 충돌 · 파손, 생명보험에서는 사망이 보험사고에 해당한다.

보험목적은 그와 같은 사고가 발생하는 객체 또는 대상을 말한다. 손해보험에서는 재산, 인보험에서는 사람이 보험목적이 된다. 왜 이 구분이 중요한가? 손해보험과 인보험의 법리가 크게 달라지는 출발점이 바로 보험목적의 성질이기 때문이다. 아래에서 보는 것처럼 피보험이익은 손해보험에서만 요구된다.

3. 피보험이익

피보험이익은 피보험자가 보험목적에 대하여 가지는 경제적 이익을 의미하며(상 668조), 손해보험의 본질적 요소로 규정되어 있다. 피보험이익이 존재하지 않으면 보험계약은 무효가 된다(판례). 예를 들면, 건물의 소유자가 자신의 건물에 대해 자신을 피보험자로 하는 화재보험에 가입하였다면, 그는 그 건물에 대해 경제적 이익을 갖고 있으므로, 이는 유효한 보험계약이다.

왜 이러한 엄격한 요건이 요구되는가? 그 이유는 "이득금지의 원칙" 때문이다. 보험은 손해를 보전하는 장치이지, 이익을 얻기 위한 수단이 아니므로, 피보험자가 아무런 경제적 이해관계가 없는 대상을 임의로 보험에 가입하는 것은 허용되지 않는다. 그렇지 않으면 보험이 투기적 수단, 즉 도박적 성격을 띠게 된다. 예컨대 타인의 자동차를 몰래 보험에 가입하고, 그 차량이 사고가 나면 보험금을 받게 되는 상황을 상상해 보면, 피보험이익의 필요성이 자명해진다.

4. 보험료 · 보험금액 · 보험금

보험료는 보험계약자가 보험자의 급부를 확보하기 위하여 지급하는 반대급부이다. 한편 보험금액은 보험사고가 발생할 경우 보험자가 지급하기로 한 금액 또는 그 최고한도를 의미한다. 보험금은 실제로 지급되는 보험자의 급부이며, 손해보험 · 인보험을 불문하고 실무상 분쟁이 가장 자주 발생하는 요소다. 이는 보험금액과 보험금이 항상 동일한 것은 아니기 때문이다.

보험금 지급방식과 관련하여, 보험은 정액보험과 비정액보험으로 나누어 설명할 수 있다. 정액보험에서는 보험금액이 곧 지급될 보험금으로 확정된다. 생명보험처럼 손해액을 따로 산정하지 않고 약정된 금액을 지급하는 방식이 이에 해당한다. 반면 비정액보험은 실제로 발생한 손해액을 기준으로 보험금액의 한도 내에서 보험금이 산정된다. 즉 보험금액이 아무리 크더라도, 보험자는 손해액을 한도로 보험금을 지급한다. 예컨대 보험금액이 1억 원인 화재보험이라 하더라도 실제 손해가 3천만 원이면 보험금 역시 3천만 원만 지급된다. 결국 보험금액은 보험자 책임의 상한선에 불과하고, 실제 지급액은 손해의 크기에 따라 정해진다.

요약하면 다음과 같다.

- 정액보험 – 보험금 = 보험금액
- 비정액보험 – 보험금 ≤ 보험금액 (손해만큼 지급)

5. 보험기간

보험기간은 보험자가 보상책임을 부담하는 기간이며, 이 기간 중 보험사고가 발생해야 보험금 지급책임이 성립한다(상 643조). 대부분의 보험계약은 체결 이후 보험기간이 개시되는 “장래보험”이지만, 예외적으로 계약 체결 이전의 기간을 포함하는 “소급보험”도 인정된다(상 643조). 다만 당사자가 보험사고의 발생 사실을 이미 알고 있었다면 소급보험은 무효가 된다(상 644조). 이는 보험제도가 확정된 손해의 전가 수단으로 변질되는 것을 방지하기 위한 정책적 통제이다. 왜 이러한 제한이 필요한가? 사고 발생 사실을 알고 난 뒤 보험에 가입하는 것이 허용되면, 보험은 더 이상 미래의 위험에 대비하는 제도가 아니라 확정된 손해의 전가 수단이 되고 만다.

Ⅱ. 보험계약의 법적 성질

보험계약은 단순한 사적 계약을 넘어 여러 법적 성질이 중첩되는 복합적 성격의 계약이다. 이러한 성질을 단계적으로 이해하면 이후의 관련 법조항과 판례의 전개가 훨씬 자연스럽게 연결된다.

보험계약은 청약과 승낙으로 성립하는 불요식 낙성계약이다. 실무에서는 보험청약서를 작성·제출하고 보험자의 인수심사 및 승낙을 거치는 방식이 일반적이다. 또한 보험계약은 쌍무계약이자 유상계약이다. 보험료와 보험금이라는 상호 급부가 대응관계에 있기 때문이다. 더 나아가 일정한 기간 동안 계속적으로 위험을 보장하므로 계속적 계약의 성격도 가진다.

보험계약은 또한 사행계약에 해당한다. 여기서 사행계약이라고 해서 도박적 계약과 동일한 의미는 아니다. 사행계약이란 급부의 존재 또는 급부액이 우연한 사건의 발생 여부에 따라 확정되는 계약을 말한다. 보험금 지급 여부와 범위가 불확정한 사고의 발생에 좌우된다는 점에서 보험계약은 전형적인 사행계약이다. 그렇다면 사행계약은 모두 허용되는가? 그렇지 않다. 사행계약은 사회질서에 반하지 않는 범위에서만 합법으로 인정된다(민 103조). 보험은 사회적 효용이 인정되기 때문에 합법이지만, 그 사행적 성격으로 인한 악용 가능성을 방지하기 위하여 여러 통제장치가 마련되어 있다.

대표적으로 손해보험에서는 이득금지의 원칙(상 676조)과 피보험이익의 요구(상 668조)가 그러한 장치에 해당한다. 보험계약이 이와 같은 사행적 요소를 내포하고 있기 때문에, 보험계약 당사자에게는 일반 계약보다 높은 수준의 선의성, 즉 선의의무가 요구된다. 이에 대해서는 보험법의 특성 부분에서 다시 살펴본다.

마지막으로 보험계약은 대체로 부합계약의 성격을 가진다. 보험약관은 개별 조항을 일일이 교섭하지 않고 일괄적으로 적용되는 것이 일반적이어서, 보험계약자는 약관에 따르거나 계약 체결을 포기하는 선택만 가능하다. 이러한 경우 보험계약자는 개별 조항을 교섭·수정하기보다는, 약관 전체를 수용하거나 계약 체결을 포기하는 선택만 하게 된다. 이러한 특성 때문에 약관규제법에 따른 보험약관의 통제가 보험계약 분야에서 특히 중요한 의미를 갖는다.

Ⅲ. 보험법의 특성

보험법은 단순히 개별 계약관계를 규율하는 민사법의 한 분야에 그치지 않는다. 위험사회에서 보험제도가 어떻게 작동하는지를 둘러싸고, 기술적 요소, 윤리적 요구, 단체적 성격, 공법적 규제, 국제적 요소가 복합적으로 결합된 특수한 법 영역이다. 이러한 특성을 이해하면, 보험계약의 법리가 왜 일반 민법과는 다른 방식으로 전개되는지도 자연스럽게 파악할 수 있다.

1. 기술성

보험법의 첫 번째 특성은 기술성이다. 보험자는 위험을 인수하고 관리하는 전문적 능력을 전제로 영업을 수행하며, 보험법은 이러한 위험관리 기법을 법규범으로 뒷받침한다. 예컨대 계약 체결 시 요구되는 고지의무(상 651조)나 계약 후 위험의 변경·증가 시 통지의무와 위험유지의무에 관한 규정(상 652조~653조)은 모두 위험을 정확히 평가하고 계약내용에 반영하기 위한 보험기술을 법적으로 구현한 규정이다. 이러한 제도를 통해 앞서 살펴본 보험의 핵심 요소인 "개별 위험과 보험료의 일치"가 실현된다.

그렇다면 보험계약에서는 왜 보험계약자의 정보 제공과 행위가 이처럼 엄격하게 규율되는가? 이는 위험의 내용과 정도가 보험계약자의 정보와 행동에 밀접하게 연결되어 있기 때문이다. 보험법은 결국 위험을 정확히 파악하고 이에 상응하는 보험료와 책임을 설정하려는 기술적 요구를 규범의 형태로 구현한 법이라 할 수 있다.

2. 선의성

보험법은 선의성을 특히 강하게 요구한다. 여기서 말하는 선의란 단순히 어떤 사실을 알지 못하는 심리적 상태를 의미하는 것이 아니라, 정직·성실·윤리적 태도를 포함하는 개념으로서 신의성실의 원칙(민 2조)을 그 기초로 한다. 보험계약은 다수의 보험계약자가 형성하는 위험단체를 전제로 하고, 총보험료와 총보험금이 집단적으로 균형을 이루는 구조이므로, 일부 보험계약자의 부정행위는 그 부담이 개별 계약에 그치지 않고 위험단체 전체에 전가될 수 있다.

예컨대 사기에 의한 초과보험이나 중복보험의 경우 보험계약은 무효가 되며, 보험자는 그 사실을 알기 전까지의 보험료를 청구할 수 있다(상 669조·672조). 민법의 일반원칙에 따르면 사기의 경우 취소권이 인정되고, 취소되면 계약은 처음부터 무효가 되므로 보험료를 청구할 수 없지만(민 110조), 보험법은 위험단체 보호를 위하여 사기라는 중대한 선의성 위반에 대해 보험계약자에게 더 불리한 효과를 인정한다. 이는 선의성이 보험계약의 유지와 위험단체의 건전성에 결정적으로 중요하기 때문이다.

3. 단체성

보험관계는 외형상 개별 계약처럼 보이지만, 실제로는 다수의 보험계약자가 하나의 위험단체(risk pool)를 형성하는 제도이다. 앞서 설명한 보험의 요소인 위험의 분산은 이를 통해서 이루어진다. 따라서 보험계약은 보험계약자와 보험자 사이의 일대일 관계만으로는 충분히 설명되지 않으며, 단체적 성격이 필연적으로 나타난다. 다만 이 단체성을 어느 범위까지 인정할 것인지는 입법정책과 해석의 문제이다. 즉, 위험단체 전체의 형평을 중시할 것인지, 아니면 개별 보험계약자의 보호를 우선할 것인지는 구체적 쟁점에 따라 달리 판단될 수 있다.

예컨대 약관규제법상의 설명·명시의무를 보험계약에도 그대로 적용해야 하는지가 문제된다. 사업자가 중요한 약관조항에 대한 설명의무를 위반한 경우 그 조항을 계약내용으로 주장할 수 없는데(약관 3조), 단체성을 중시하는 견해는 특정 보험계약자에게만 해당 조항이 적용되지 않는 것은 위험단체 내의 형평에 반한다고 본다. 반면 판례는 위험단체의 형평성보다도 약관 내용을 알지 못한 개별 보험계약자의 보호가 우선된다는 입장을 취하고 있다.

4. 강행규정성

보험법에는 강행규정이 다수 존재하며, 그 성격에 따라 절대적 강행규정과 상대적 강행규정으로 나뉜다. 절대적 강행규정은 어느 당사자에게도 변경이 허용되지 않는 규정으로, 보험사고의 불확정성(상 644조), 피보험이익(상 668조), 인보험에서의 피보험자 서면동의(상 731조) 등이 이에 해당한다. 이러한 규정은 도덕적 위험과 보험의 도박화를 방지하려는 정책적 목적을 가지므로, 이에 위반한 계약은 절대적으로 무효이다.

반면 상법 보험편의 다수 규정은 보험계약자·피보험자·보험수익자에게 불리하게 변경할 수 없는 상대적 강행규정이다. 상법보다 불리한 약정은 무효가 되지만, 유리한 변경은 허용된다. 이를 불이익변경금지의 원칙이라고 한다. 이 원칙은 가계보험에 적용되며 기업보험에는 적용되지 않는다(상 663조). 기업보험은 통상 보험계약자가 기업인 경우를 가리키고, 가계보험이란 보험계약자가 자연인 등 비기업 주체로서 경제적 · 정보적으로 보험자보다 열위에 있는 경우를 말한다. 판례는 영세한 어선업자가 가입한 해상보험도 가계보험으로 보아 불이익변경금지 원칙을 적용한 바 있는데, 이는 보험계약자의 경제적 실질을 기준으로 판단한 사례이다.

5. 공공성

보험은 현대 위험사회에서 사실상 필수적 사회기반시설과 같은 역할을 한다. 가계는 사고 · 질병 · 사망 · 노령과 같은 위험에, 기업은 화재 · 책임 · 사고 등과 같은 각종 위험에 노출되어 있으며, 이러한 위험을 개별적으로 감당하기 어렵기 때문에 보험제도에 의존한다. 이로 인해 보험은 강한 공공성을 띤다. 보험업에 대한 허가제와 지급여력 규제 등 강하고 지속적인 건전성 규제가 존재하는 것도 보험 제도의 실패가 개인의 문제를 넘어 사회 전체의 문제로 확산될 수 있기 때문이다. 이로 인해 보험은 형식상 사적 계약과 민간 영업의 영역에 속하지만, 그 기능과 영향 면에서는 강한 공공성을 띤다.

6. 국제성

보험법은 강한 국제성을 가진다. 특히 해상보험과 재보험 등 기업보험 분야에서는 보험계약이 국제거래적 형태를 띠는 경우가 많으며, 국적을 달리하는 당사자 사이에서 체결되는 경우도 흔하다. 이 과정에서 보험약관과 보험증권은 영국법 · 미국법 또는 국제표준을 준거로 삼는 경우가 많다. 대표적으로 국제해상보험의 표준약관인 Institute Clauses가 활용되고, 재보험계약의 준거법으로 영국법이 선택되는 경우가 흔하다. 비록 보험법의 내용은 국가별로 상이하지만, 위험관리라는 공통의 필요성으로 인해 법리는 점차 상호 수렴하는 경향을 보이고 있다.

제 2 절 보험계약 총론

제 1 관 보험계약의 모집

Ⅰ. 모집의 의의

보험계약은 이론상 당사자가 직접 만나서 계약을 체결해도 되지만, 현실에서는 그렇게 진행되는 경우가 거의 없다. 왜일까? 보험은 대량적·반복적으로 판매되는 금융상품이고, 계약 내용도 복잡하기 때문에, 대개 모집이라는 과정을 거쳐 체결되기 때문이다. 보험업법은 보험계약의 모집을 보험계약 체결을 대리하거나 중개하는 행위로 정의한다(보험업법 2조).

여기서 대리는 보험자의 이름으로 계약을 체결하여 그 법률효과가 곧바로 보험자에게 귀속되게 하는 법률행위이고, 중개는 보험계약자와 보험자가 계약을 체결하도록 사이에서 알선·조력하는 사실상의 행위를 말한다.

실무에서 보험계약자는 대부분 보험설계사·보험대리상·보험중개사 등과 접촉하고, 이들을 통해 보험청약서를 작성하고 설명을 듣고 보험료 납부를 안내받는다. 즉, 모집은 보험계약이 현실에서 체결되는 대표적인 경로이며, 보험법은 이 단계에서의 정보 비대칭과 이해상충의 위험을 통제하는 데 큰 관심을 갖는다.

Ⅱ. 모집종사자

1. 의의

보험계약을 모집하는 역할을 하는 사람들을 통틀어 모집종사자라고 부른다. 보험업법은 아무나 보험을 모집할 수 있게 두지 않는다. 왜냐하면 모집 단계에서의 설명 내용과 정보 제공 방식이 곧 보험계약자의 이해 수준과 분쟁발생 가능성을 좌우하기 때문이다. 따라서 법은 모집종사자 자격을 제한하고, 등록제와 규율체계를 두어 모집질서를 확보하고자 한다.

보험업법상 모집종사자는 ① 보험설계사, ② 보험대리점, ③ 보험중개사, ④ 보험회사의 임원(대표이사 · 사외이사 · 감사 · 감사위원은 제외) 또는 직원이다(보험업법 83조). 이들 중 보험설계사 · 보험대리점 · 보험중개사가 핵심적인 모집 주체이며, 각 자격을 취득하기 위해서는 일정한 요건을 갖추고 등록해야 한다(보험업법 2조). 보험업법은 보험대리점이라는 명칭을 사용하지만, 상법은 보험대리상이라고 표현하고 있으므로(상 646조의2), 이하에서는 특별한 경우가 아니면 보험대리상이라고 칭하기로 한다.

한편 인보험에서는 모집 단계에서 보험의(醫)라는 특수한 보조자가 관여하는 경우가 있다. 보험의는 보험계약을 모집하는 사람이라기보다 의사로서 피보험자의 신체상태에 대한 검사와 위험평가에 협력하는 의학적 전문가에 가깝다.

2. 보험설계사

보험설계사는 특정 보험자를 위하여 계속적으로 보험계약 체결을 중개하는 사용인이다(상 646조의2). 보험설계사의 권한은 실무상 넓게 인식되기 쉽지만, 법리는 오히려 엄격하게 제한한다. 상법 제646조의2는 ① 보험료를 수령하는 행위, ② 보험증권을 교부하는 행위만을 명시적으로 인정한다.

그렇다면 보험설계사는 보험계약 체결을 대리할 수 있는가, 아니면 중개만 할 수 있는가? 판례는 일관되게 보험설계사는 체약대리권을 가지지 않고 중개권한만을 가진다고 본다. 더 나아가 상법 제651조의 중요사항에 관한 고지를 받을 권한이나, 상법 제652조 · 제653조에 따른 위험변경 · 증가의 통지를 받을 권한도 인정하지 않는다.

그 결과 보험설계사가 마치 보험자를 대리하는 것처럼 계약을 체결하더라도 이는 무권대리에 불과하고, 보험계약자가 보험설계사에게만 고지나 통지를 했다고 하더라도 특별한 사정이 없는 한 보험자에게 한 것과 동일하게 평가되지 않는다는 결론에 이른다. 판례는 보험설계사의 역할을 중개로 명확히 한정함으로써 책임의 귀속과 권한 범위를 분명히 하려는 태도를 취하고 있다.

예컨대 보험설계사 A가 보험계약자 B로부터 청약서를 받아 보험료를 수령하면서, B의 과거 질병 이력을 듣고도 이를 보험자에게 전달하지 않은 채 계약이 체결된 경우, B가 해당 사실을 A에게 고지하였다는 사정만으로는 보험자에 대한 고지의무 이행으로 인정되지 않는다. 이는 보험설계사가 고지수령권을 가지지 않기 때문이다.

3. 보험대리상

보험대리상은 상법상 대리상(상 87조)의 한 유형이다. 정의는 비교적 간단하다. 특정 보험자를 위하여 계속적으로 보험계약 체결을 대리 또는 중개하는 독립된 상인이다. 상법은 보험대리상을 "원칙적으로 체약대리상"으로 보되, 그 권한은 부분적으로 제한할 수 있도록 한다.

보험대리상에게 법이 부여하는 기본 권한은 다음과 같은 네 가지이다(상 646조의2). 즉, ① 보험료를 수령하는 행위, ② 보험증권을 교부하는 행위, ③ 청약·고지·통지·해지·취소 등 보험계약에 관한 의사표시를 받는 행위, ④ 보험계약의 체결·변경·해지 등 의사표시를 하는 행위이다.

보험자는 내부적으로는 위 기본 권한 중에서 일부만 보험대리상에게 위임할 수도 있다(상 646조의2). 그러나 여기서 핵심은 외부관계에서의 외관법리이다. 보험자가 대리상의 권한을 내부적으로 제한하였더라도, 그 제한을 알지 못한 선의의 보험계약자에 대해서는 이를 대항할 수 없다(상 646조의2).

예컨대 보험자가 보험대리상의 고지수령권을 제한해 두었다고 가정해 보자. 보험계약자가 이를 알지 못한 채 보험대리상에게 중요사항을 성실히 고지했다면, 보험자는 나중에 "그 대리상은 고지수령권이 없었으므로 고지는 효력이 없다"는 취지의 주장을 할 수 없다. 이는 보험대리상이 외부적으로는 체약대리권을 가진 존재로 신뢰된다는 점을 보호하려는 입법자의 정책적 선택에 따른 것이다.

4. 보험중개사

보험중개사는 특정 보험자에 소속되지 않고, 독립된 제3자의 지위에서 보험계약 체결을 중개하는 자이다(보험업법 2조). 상법상으로는 중개인(상 93조)의 한 유형이다. 모집종사자를 비교하면 다음과 같다.

- **보험설계사** – 특정 보험자에 종속된 사용인으로 중개만 가능
- **보험대리상** – 특정 보험자의 위임을 받아 대리·중개를 영업으로 하는 독립된 상인
- **보험중개사** – 어느 보험자에도 종속되지 않고, 중개를 영업으로 하는 독립된 상인

보험중개사에 관하여 상법은 별도의 조문을 두고 있지 않으나, 보험업법은 보험계약 체결을 중개할 권한이 있음을 명시한다(보험업법 2조). 따라서 보험중개사는 보험대리상과 달리 체약대리권을 가지지 않으며, 고지·통지 수령권 등도 인정되지 않는다. 보험중개사의 역할은 특정 보험자를 대신하는 것이 아니라, 여러 보험상품을 비교·분석하여 보험계약자의 합리적 선택을 지원하는 데에 있다.

5. 보험의(醫)

보험의는 모집종사자와는 구별되는 보조자이다. 보험의는 인보험에서 보험자가 피보험자의 건강상태와 위험 수준을 정확히 파악할 수 있도록 돕는 의사로서, 보험자의 의학적 위험평가를 지원하는 전문가이다. 보험의의 핵심 역할은 피보험자의 신체검사를 실시하고, 그 결과에 기초한 의학적 소견을 보험자에게 제공하는 데 있다. 보험자는 이를 토대로 위험 인수 여부 및 그 조건(보험료·면책사유 등)을 결정한다.

보험의는 보험계약의 체약대리권은 가지지 않지만, 인보험의 특성상 신체검사와 관련된 사항에 한하여 예외적으로 고지수령권이 인정된다. 바로 신체검사와 관련된 고지수령권이다. 피보험자가 신체검사 과정에서 보험의에게 한 고지는 원칙적으로 보험자에게 한 고지와 동일한 효력을 가진다고 본다. 이는 인보험에서 의학적 정보가 보험의를 통해 전달되는 현실을 반영한 해석이다.

Ⅲ. 모집종사자의 불법행위와 사용자책임

보험계약은 보험계약자와 보험자 사이에 체결되지만, 그에 앞선 모집단계가 계약의 성립·내용·효력 전반에 결정적 영향을 미친다. 특히 모집단계는 정보비대칭이 가장 심한 구간이므로, 이 단계에서의 설명·권유 방식은 보험계약자의 의사결정에 직접적인 영향을 미친다. 잘못된 안내는 곧바로 분쟁으로 이어지므로, 보험법은 모집행위의 위법성과 그 책임 귀속을 중요한 정책적 규율 영역으로 다룬다.

1. 모집종사자의 불법행위

모집종사자는 보험설계사·보험대리상·보험중개사 등 보험계약자를 직접 상대하며 보험상품을 권유하는 사람들이다. 이들이 모집과정에서 보험계약자에게 위법행위를 하면, 일반 불법행위책임(민 750조)에 따라 손해배상책임을 부담한다. 예컨대 보험설계사가 실제로 존재하지 않는 보험상품을 허위로 꾸며 보험료 명목으로 금전을 편취한 경우, 이는 단순한 계약상 하자가 아니라 기망과 편취를 수반한 명백한 불법행위이다.

더 나아가 문제되는 쟁점은 설명의무 위반이 불법행위를 구성할 수 있는가라는 점이다. 상법 제731조에 따르면 타인의 사망보험계약을 체결할 때에는 피보험자의 서면동의를 받아야 하며, 이를 위반한 경우 해당 보험계약은 무효로 된다. 이는 피보험자가 자신의 사망 시 보험금이 지급된다는 점을 인식하고 이에 동의하게 함으로써 스스로 도덕적 위험을 통제할 수 있도록 하려는 데에 그 취지에 있다.

만약 모집종사자가 이러한 서면동의 요건을 제대로 설명하지 않는다면, 보험계약자는 계약이 무효로 될 위험을 인식하지 못한 채 계약을 체결하게 된다. 판례는 이러한 중대한 설명의 결여를 불법행위로 평가하였다. 그렇다면 설명의무 위반은 왜 단순한 계약 문제를 넘어 불법행위가 되는가? 이는 모집단계에서의 설명 결여로 인해 보험계약자가 계약의 무효 가능성이라는 중대한 위험을 인식하지 못한 채 계약을 체결하게 되고, 그 결과 계약이 무효로 되는 경우 보험계약자는 보험사고 발생 시 보험금을 받지 못하는 손해를 입게 되기 때문이다.

2. 보험자의 사용자책임

보험자는 모집종사자가 모집 과정에서 보험계약자에게 손해를 입힌 경우 원칙적으로 사용자책임을 부담한다(금융소비자법 45조). 이는 보험자가 모집종사자를 지휘·감독하는 위치에 있다는 점을 근거로 한다.

(1) 금융소비자법 제45조

금융소비자법 제45조는 민법상 사용자책임(민 756조)에 대한 특별규정이므로, 모집종사자의 위법행위가 있는 경우에는 우선적으로 금융소비자법 제45조가 적용되고, 민법은 그 요건이나 효과에 관하여 금융소비자법이 규정하지 않은 범위에서만 보충적으로만 적용된다. 판례에 따르면 보험계약자는 모집종사자(불법행위책임)와 보험자(사용자책임)를 상대로 동시에 손해배상을 청구할 수 있다(청구권경합). 실무에서는 배상능력이 충분한 보험자에 대한 청구가 중심이 되므로, 보험자의 사용자책임은 보험계약자 보호의 실질적인 수단으로 기능한다.

한편 보험자가 책임을 면할 수 있는 예외도 인정된다(금융소비자법 45조). 즉, 보험자가 모집을 위탁함에 있어 상당한 주의를 다하였고, 모집종사자의 위법행위를 방지하기 위하여 합리적인 감독조치를 취한 경우에는 책임을 면할 수 있다. 이는 지휘·감독의무의 이행 여부를 기준으로 보험자의 책임 범위를 조절하려는 책임 귀속의 판단 기준이다.

(2) 적용 제외

보험중개사는 특정 보험자에 종속되지 않고 독립적으로 중개업을 영위한다. 따라서 보험중개사는 보험자의 지휘감독을 받지 않으므로 사용자책임이 적용되지 않는다(금융소비자법 45조). 이는 사용자책임의 핵심 근거가 지휘·감독 관계라는 점을 고려한 당연한 귀결이다.

(3) 모집 관련

보험자의 사용자책임은 모집종사자가 모집과 관련하여 손해를 입힌 경우에 적용된다. 판례는 이와 관련하여 외형이론을 적용하여, 모집종사자의 행위가 실제로는 모집행위가 아니더라도 외형상 보험모집과 관련된 것으로 보이는 경우에는 사용자책임을 인정한다. 즉 보험 관련 업무를 수행하는 것처럼 보이는 행위 역시 보험자의 손해배상책임을 발생시킬 수 있다. 이는 보험계약자가 모집종사자의 외관상 지위와 행위를 신뢰하여 모집에 응하는 현실을 보호하기 위한 것이다.

(4) 보험계약자의 과실과 과실상계

손해 발생에 보험계약자에게 중대한 과실이 있는 경우에는 보험자의 사용자책임이 부정되며, 중대한 과실에 이르지 않는 경우에는 과실상계가 적용된다(판례). 또한 보험계약자의 과실이 중대하지 않은 경우에는 과실상계가 적용된다. 판례는 보험설계사가 사망보험계약에서 피보험자의 서면동의 요건(상 731조)을 설명하지 않은 사안에서, 해당 보험계약자 역시 보험청약서와 약관을 확인하여 서면동의를 확보했어야 한다고 보아 40%의 과실을 상계하였다. 다만 과실비율은 일률적으로 정해지는 것이 아니며, 구체적 사안에 따라 달라질 수 있음을 판례도 분명히 하고 있다.

제2관 보험계약과 약관

보험계약은 대부분 보험약관을 중심으로 체결된다. 보험약관은 사실상 계약내용의 핵심을 이루므로, 보험계약자는 약관을 통해 보장범위・면책사유・보험료산정방식 등을 비로소 이해하게 된다. 문제는 보험약관의 분량과 전문성이 매우 높다는 점이다. 이로 인해 정보 비대칭이 필연적으로 발생하며, 보험법은 약관의 명시・교부・설명 단계에서 보험계약자를 보호하려는 규율체계를 마련해왔다. 여기서는 그 중에서도 보험약관의 교부・설명의무라는 문제에 초점을 맞춘다.

Ⅰ. 의의

보험계약은 전형적인 부합계약이다. 즉, 계약 내용은 거의 전적으로 보험자가 작성한 약관에 의해 정해지고, 보험계약자는 이를 개별적으로 교섭하지 않는다. 이러한 계약 방식은 필연적으로 두 가지 위험을 수반한다. 첫째, 보험계약자는 약관 내용을 충분히 인식하기 어렵고, 둘째, 보험자는 약관을 통해 자신에게 유리한 조건을 과도하게 설정할 유인을 갖게 된다. 그래서 보험약관도 일반 약관과 마찬가지로 약관규제법의 적용을 받는다(판례). 본서 제1편에서 약관규제의 일반론을 이미 살펴보았으므로, 여기서는 보험약관의 특수한 문제인 교부 · 설명의무를 중심으로 검토한다.

Ⅱ. 보험약관의 교부 · 설명의무

1. 의의

상법은 보험자에게 ① 보험약관을 교부할 것과 ② 보험약관의 중요한 내용을 설명할 것을 요구한다(상 638조의3). 이 의무는 보험계약 체결 단계에서 보험계약자의 정보 부족을 보완하고, 약관 내용에 대한 실질적 인식 가능성을 확보하려는 장치이다. 보험자가 이 두 의무 중 하나라도 위반하면 보험계약자는 보험계약 성립일로부터 3개월 내에 계약을 취소할 수 있다(상 638조의3). 이 3개월은 제척기간으로 이해된다. 이는 보험계약자의 정보 열위를 보완하고, 계약 형성 단계에서의 위험을 실질적으로 통제하려는 입법자의 정책적 판단에 기초한다.

2. 약관규제법과의 관계

(1) 비교

약관규제법은 사업자에게 ① 약관 내용을 명시할 의무, ② 고객이 요구하면 사본을 교부해야 할 의무, ③ 약관의 중요한 내용을 설명할 의무를 부과한다(약관 3조). 이러한 의무를 위반한 경우, 사업자는 해당 약관조항을 계약 내용으로 주장할 수 없다(약관 3조). 즉, 설명되지 않은 조항은 계약 내용에서 배제될 수 있다.

반면 상법의 효과는 다르다(상 638조의3). 보험계약자는 계약 자체를 취소할 수 있을 뿐, 약관의 특정 조항만 제거하거나 수정하는 방식은 허용되지 않는다. 이 차이는 실제 분쟁에서 결정적인 의미를 갖는다. 예컨대 보험약관에 특정한 면책조항이 존재하였으나, 보험자가 이를 설명하지 않은 채 계약이 체결되었고 실제로 발생한 보험사고가 그 면책조항이 규정하는 면책사유에 해당하는 경우라고 가정해 보자. 약관규제법에 따르면 설명되지 않은 면책조항은 계약에 포함시키지 않을 수 있으므로 보험계약자는 보험금청구권을 행사할 수 있다. 반면 상법에 따르면 보험계약자는 계약을 취소할 수 있을 뿐, 이미 발생한 보험사고에 대하여 보험금청구권을 행사할 수는 없다.

결국 약관규제법은 조항 배제를, 상법은 계약 취소라는 서로 다른 효과를 예정하고 있음을 알 수 있다. 즉, 약관규제법이 설명되지 않은 조항을 계약 내용에서 제거할 수 있는 방식이라면, 상법은 보험계약 체결 자체의 유효성을 문제 삼는 방식을 취하고 있다는 점에서 규율 구조가 다르다.

(2) 경합적용의 문제

판례는 상법과 약관규제법이 서로 모순되거나 저촉되지 않으므로 병존 적용된다고 본다. 즉 보험계약자는 상법에 따른 취소권과 약관규제법에 따른 해당 조항의 배제 효과를 경합적으로 주장할 수 있다(경합적용설). 다만 이 경우는 두 효과를 누적하여 행사할 수 있다는 의미가 아니라, 보험계약자가 자신의 이익에 따라 어느 하나를 선택하여 행사할 수 있다는 뜻이다.

학설은 판례를 지지하는 견해와 상법단독적용설로 나뉜다. 전자는 약관규제법의 소비자 보호 취지를 보험계약에도 그대로 적용해야 한다는 입장이고, 후자는 보험계약의 단체적 성격을 근거로 특정 보험계약자에게만 약관조항이 배제되면 위험집단 내 평등이 훼손된다는 점을 강조한다.

판례는 보험계약의 단체적 성격을 인정하면서도, 약관 내용을 알지 못한 채 계약을 체결한 개별 보험계약자를 보호할 필요성이 더 크다고 본다. 결국 위험집단의 형평성보다 개별적 소비자 보호가 우선한다는 관점에서, 두 법의 병존 적용을 긍정하고 있다.

제 3 관 보험계약의 체결

Ⅰ. 보험계약의 성립

보험계약의 성립 과정은 다른 계약과 비교할 때 독특한 요소가 많다. 계약체결을 위해 위험심사(underwriting)가 필요하고, 보험료의 선지급 관행이 존재하며, 보험자의 승낙 여부가 지연될 가능성도 크다. 이러한 특성으로 인해, 보험계약자 보호를 목적으로 한 특별한 규율이 마련되어 있다. 이를 위해 상법은 ① 일정 기간 내 승낙 여부를 통지하도록 강제하고, ② 이를 위반하면 승낙한 것으로 보며, ③ 그 이전 사고에 대해서도 일정 요건 하에 보험보호를 인정함으로써 보험계약자의 불안을 단계적으로 해소하고 있다.

1. 청약과 승낙

보험계약은 청약과 승낙이라는 의사표시만으로 성립하는 불요식의 낙성계약이다. 반드시 서면계약이나 보험증권이 있어야 성립하는 것은 아니다. 다만 실무에서는 보험계약자가 보험청약서에 기재해서 청약을 하고, 보험자가 보험증권을 교부하는 방식으로 승낙의 의사표시를 대신하는 경우가 일반적이다.

그렇다면 보험계약자가 청약을 한 후 마음이 바뀌면 어떻게 되는가? 민법의 원칙(민 527조)에 따르면 청약자는 임의로 청약을 철회할 수 없다. 그러나 보험계약은 권유·영업 방식의 특성상 이른바 "충동적 가입"의 위험이 크고, 정보 비대칭도 심하여 청약자의 주관적 의사와는 다른 내용으로 계약이 체결되는 경우가 발생할 수 있다. 이 점을 고려하여, 금융소비자법은 청약철회제도(cooling-off)를 도입하고, 일정한 요건 하에서 보험계약자가 청약을 철회할 수 있도록 규정하고 있다(금융소비자법 46조).

2. 낙부통지의무 및 승낙의제

민법상 원칙은 명확하다. 청약을 받은 자는 승낙할 의무가 없고, 승낙 여부를 통지할 의무도 없다. 그러나 이 원칙을 보험계약에 그대로 적용하면 문제가 발생한다. 보험자의 승낙 여부는 위험측정 과정 때문에 수일에서 수주가 소요될 수 있는데, 이 기간 동안 보험계약자는 보험보호의 공백 상태에 놓이게 된다. 이를 방지하기 위하여, 상법은 보험계약자의 불안을 해소하기 위한 특별규정을 두고 있다.

첫째, 낙부통지의무이다. 보험자가 보험계약자로부터 청약과 함께 보험료 상당액의 전부 또는 일부를 받은 경우, 다른 약정이 없으면 30일 내에 낙부통지를 발송해야 한다(상 638조의2). 인보험에서 피보험자가 신체검사를 받아야 하는 경우에는 그 검사일을 기준으로 기간이 기산된다(상 638조의2).

둘째, 승낙의제이다. 보험자가 낙부통지의무를 위반한 경우에는 승낙한 것으로 간주된다(상 638조의2). 이는 보험자가 보험료에 상응하는 금액을 수령한 상태에서 아무런 의사표시를 하지 않는다면, 그 위험은 사실상 보험자가 인수한 것으로 보아야 한다는 정책적 판단에 기초한다. 보험자의 침묵을 보험계약자에게 불리하게 해석할 수 없다는 점이 이 제도의 핵심이다.

3. 승낙 전 보험보호

보험계약에서는 청약 후 승낙에 이르기까지 일정한 공백 기간이 존재한다. 이 기간 중 사고가 발생하면, 보험계약자는 이미 보험료를 납부했음에도 아무런 보호를 받지 못하는 부당한 상황에 놓일 수 있다. 이러한 문제를 해소하기 위하여, 상법은 승낙 전 보험보호 제도를 마련하고 있다. 이에 따라 보험자가 청약과 함께 보험료 상당액의 전부 또는 일부를 받은 경우에는, 승낙 전에 사고가 발생하더라도 청약을 거절할 정당한 사유가 없는 한 보험자는 보상책임을 부담한다(상 638조의2).

승낙 전 보험보호는 당사자 간의 약정에 기초한 것이 아니라, 법률에 의해 직접 발생하는 법정책임이다. 따라서 보험자는 위험을 인수할 의사가 없었다는 사정만으로는 책임을 면할 수 없고, 청약을 거절할 수 있었던 정당한 사유가 존재함을 스스로 입증해야 한다.

그렇다면 보험자는 언제 "청약을 거절할 수 있는 정당한 사유가 있었다"고 주장할 수 있을까? 청약거절사유란 보험자가 객관적으로 해당 위험을 인수할 수 없는 상태에 있는 경우를 말한다. 판례는 보험자가 사전에 마련해 둔 객관적 인수기준에 비추어 인수불가 사유가 존재하는지를 기준으로 판단한다. 따라서 단순히 보험자가 주관적으로 인수를 원하지 않았다는 사정만으로는 청약거절사유가 인정되지 않는다. 이는 보험계약자의 예측 가능성과 신뢰를 보호하기 위한 기준이다.

예컨대 A가 생명보험에 청약하면서 보험료 상당액을 납부한 후, 보험자의 승낙 여부가 결정되기 전에 갑작스러운 사고로 사망한 경우, 보험자가 사전에 정해 둔 객관적 인수기준상 명백한 인수거절사유가 없는 한 승낙 전 보험보호에 따라 보험금 지급책임을 부담한다.

결국 승낙 전 사고가 발생한 경우 보험자는 "왜 이 청약을 수락할 수 없었는지"를 객관적 기준에 따라 입증해야 하며, 이러한 책임 배분은 보험계약자의 정보 열위와 불안을 완화하기 위한 법적 · 정책적 고려의 산물이라고 평가할 수 있다.

Ⅱ. 고지의무

보험계약의 체결 과정에서 고지의무는 핵심적 제도적 장치이다. 보험은 보험자가 계약 체결 당시에 위험을 정확하게 평가하여 이에 상응하는 보험료를 산정할 때 정상적으로 작동한다. 보험자가 위험평가의 전문가인데, 왜 위험정보를 보험계약자에게 요구하는가? 보험자의 위험평가는 아무리 정교하더라도 위험정보에 의존할 수밖에 없으며, 그 위험정보의 상당 부분은 보험자가 아니라 보험계약자 또는 피보험자에게 집중되어 있다. 보험자는 이를 독자적으로 파악하기 어렵다.

이와 같은 정보의 편재성으로 인한 비대칭성 때문에, 상법은 고지의무를 단순한 계약상 의무가 아니라 법률이 직접 부과하는 법정의무로 규정한다. 고지의무는 손해보험과 인보험을 불문하고 보험계약의 공정성과 보험기술의 작동을 유지하기 위한 필수적 기능을 수행한다.

1. 의의

보험계약의 체결 과정에서 보험계약자 또는 피보험자는 보험자가 위험을 평가할 수 있도록 중요한 사항을 고지해야 하며, 이를 고지의무라고 한다(상 651조). 이는 계약 체결 단계에서의 정보비대칭을 시정하기 위한 제도이고, 이를 위반한 경우 보험자는 보험계약을 해지할 수 있으며, 일정한 요건 하에서는 보상책임을 면할 수 있다(상 651조·655조). 고지의무는 계약 체결 이후 위험이 변동되는 경우를 규율하는 제도와는 구별된다.

- **계약 체결 단계** – 고지의무(상 651조)
- **계약 체결 이후 위험 변동** – 위험변경·증가 통지의무(상 652조), 위험유지의무(상 653조)

즉, 고지의무는 최초의 위험평가를 위한 사전적 정보제공의무이고, 통지의무·위험유지의무는 이미 성립한 계약에서 위험의 내용이 사후적으로 변동되는 경우를 조정하는 기능을 가진다.

고지의무의 인정근거에 관하여 학설은 서로 다른 설명을 제시한다. 기술적 기초설은 보험의 기술, 즉 급여와 반대급여의 균형을 유지하기 위해 보험자가 정확한 위험정보를 확보해야 하므로 고지의무가 필요하다는 입장이다. 선의설은 보험계약자에게 선의·성실의무가 부과되므로 고지의무는 그 자연스러운 귀결이라는 입장이다. 정보비대칭설은 위험정보가 보험계약자 측에 집중되어 있고 보험자는 이를 직접 알기 어렵기 때문에 고지의무를 통해 이를 보완해야 한다는 입장이다. 이들 학설은 관점은 다르지만, 모두 보험계약이 전제하는 위험평가의 특성을 설명하려는 시도라는 점에서 공통된 의의를 가진다.

2. 고지의무의 요건

(1) 당사자

고지의무자는 보험계약자 또는 피보험자이며(상 651조), 그 상대방은 보험자 또는 고지수령권을 가진 자이다. 고지수령권이 없는 모집종사자에게 한 고지는 원칙적으로 보험자에게 한 고지로 인정되지 않는다. 앞서 살펴본 것처럼 보험설계사와 보험중개사는 원칙적으로 고지수령권이 인정되지 않는 반면, 보험대리상에게는 일정한 범위 내에서 고지수령권이 인정될 수 있다.

(2) 이행시기

고지의무는 보험계약의 성립 시, 즉 계약 체결 단계에서 이행되어야 한다(상 651조).

(3) 중요사항

고지의 대상은 중요사항이다. 판례는 이를 “보험계약의 체결 여부 또는 그 조건에 영향을 미치는 위험에 관한 사항으로서, 보험자가 그 사실을 알았다면 계약을 체결하지 않거나 동일한 조건으로는 체결하지 않았으리라고 평가되는 사항”이라고 정의한다. 이는 보험계약자의 주관적 인식이 아니라, 일반적인 보험자의 관점에서 해당 사실이 위험평가에 중요한지를 기준으로 판단하며, 구체적인 사건의 사정을 종합하여 법원이 판단하는 사실문제이다.

보험의 종류에 따라 중요사항의 범위는 달라지며, 예컨대 상해보험에서는 피보험자의 오토바이 운전 여부, 자동차보험에서는 자동차의 용도가 유상운송인지 여부 등이 중요사항으로 문제된다. 또한 생명보험에서 과거의 중대한 질병 이력은 보험자의 인수 여부와 보험료 산정에 직접적인 영향을 미치므로 전형적인 중요사항에 해당한다.

또한 보험자가 서면으로 질문한 사항은 중요사항으로 추정된다(상 651조의2). 다만 이는 반증에 의해 번복될 수 있는 추정으로서, 모든 질문사항이 당연히 중요사항이 되는 것은 아니다. 이는 중요사항에 대한 입증을 용이하게 하여 분쟁을 예방하려는 제도이지만, 중요사항이 아님을 입증하기 위한 반증의 부담이 비전문가인 보험계약자에게 과도하게 전가된다는 비판도 제기된다.

(4) 불고지 또는 부실고지

고지의무 위반은 불고지 또는 부실고지의 형태로 나타난다. 불고지는 중요한 사실을 묵비하는 경우이고, 부실고지는 사실과 다르게 고지하는 경우이다. 고지의무 위반의 존재에 대한 입증책임은 보험자가 부담한다는 것이 판례의 입장이다.

(5) 고의 또는 중과실

상법은 고지의무 위반의 주관적 요건으로 고의 또는 중과실을 요구한다(상

651조). 고의는 해당 사실을 인식하고 있음에도 불고지 또는 부실고지를 한 경우를, 중과실은 통상의 주의의무를 현저히 결여하여 인식하지 못한 채 불고지 또는 부실고지를 한 경우를 의미한다.

여기서 중요한 문제는 "고의 또는 중과실의 인식 대상이 무엇인가"이다. 판례는 이를 두 단계로 구분하여 판단한다. 즉, ① 고지해야 할 사실 자체에 대한 인식, ② 그 사실이 보험계약에서 중요사항에 해당한다는 점에 대한 인식, 이 두 단계 모두에서 고의 또는 중과실이 인정되어야 고지의무 위반이 성립한다는 것이다. 예컨대 피보험자가 오토바이를 운전한다는 사실 자체는 알고 있더라도, 그 사실이 보험자의 위험평가와 보험료 산정에 중대한 영향을 미치는 중요사항이라는 점까지 인식하기는 쉽지 않다. 마찬가지로 피보험자가 과거에 단기간 고혈압 진단을 받은 사실은 알고 있었으나, 이를 단순한 일시적 이상으로 여겨 보험계약에서 중요사항에 해당한다고까지 인식하지 못한 경우에는, 사실의 인식은 인정되더라도 중요성에 대한 고의·중과실은 부정될 수 있다.

보험계약자는 위험정보의 전문적 의미를 정확히 파악하기 어렵고, 이러한 평가는 본질적으로 보험자의 영역에 속한다. 따라서 단순히 사실을 알고 있었다는 사정만으로 고의 또는 중과실을 쉽게 인정하면 보험계약자에게 과도한 부담을 지우게 된다. 판례는 사실의 인식과 중요성의 인식을 엄격히 구별함으로써 고지의무 제도의 기능과 보험계약자 보호 사이의 균형을 도모하고 있다.

요컨대 고지의무 위반이 성립하기 위해서는 단순히 사실을 알고 있었던 것만으로는 부족하고, 그 사실이 보험계약에서 중요하다는 점에 대해서도 고의 또는 중과실이 인정되어야 한다.

(6) 고지의무의 수동화

현행 고지의무는 보험계약자가 자발적으로 중요사항을 고지해야 하는 방식이다. 그러나 학계에서는 이를 보험자의 질문에 대한 응답의무로 전환하자는 이른바 고지의무 수동화 논의가 제기되고 있다. 그 이유는 분명하다. 보험의 전문가는 보험자이고, 보험계약자는 어떤 정보가 중요한지 판단하기 어렵기 때문이다. 따라서 "보험자가 질문하고, 보험계약자는 그 질문에 성실히 응답하면 족하다"는 방식이 더 합리적이라는 것이다. 이러한 방향은 영국·독일 등에서 이미 강화되고 있는 입법 흐름과도 부합한다. 다만 이는 현행법상 해석의 문제가 아니라, 입법적 결단이 요구되는 영역이다.

3. 고지의무 위반의 효과

(1) 계약의 효력

고지의무 위반이 있는 경우 보험자에게 보험계약에 대한 해지권이 발생한다(상 651조). 이 해지권은 보험사고의 발생 여부와 무관하게 행사할 수 있으며, 그 효력은 원칙적으로 장래효로 본다(판례). 따라서 해지 전의 계약은 유효하게 존속하며, 해지 이전에 발생한 보험사고에 대한 보험자의 책임은 고지의무 위반과의 인과관계 유무에 따라 달라진다. 다만 해지권 행사는 다음과 같은 제한을 받는다.

첫째, 제척기간이다. 보험자는 불고지 또는 부실고지를 안 날로부터 1개월 내에, 또는 보험계약을 체결한 날로부터 3년 내에 해지권을 행사해야 한다(상 651조). 이는 보험계약관계의 안정성을 확보하기 위한 장치이다.

둘째, 보험자의 악의 또는 중과실이다. 보험자가 계약 체결 당시 불고지 또는 부실고지를 알고 있었거나 중과실로 알지 못한 경우에는 해지권을 행사할 수 없다(상 651조). 이는 자기책임원칙의 반영이다.

(2) 보험자의 책임

원칙적으로 보험자는 보험사고 발생 후 보험계약을 해지한 경우 보상책임을 부담하지 않으며, 이미 지급한 보험금의 반환을 청구할 수 있다(상 655조). 그러나 고지의무 위반 사실이 보험사고의 발생에 영향을 미치지 않았음이 입증된 경우에는 보험자는 보상책임을 부담한다(상 655조).

이 경우 고지의무 위반과 보험사고 사이의 인과관계의 부존재에 대한 입증책임은 보험계약자에게 있으며, 판례는 이를 매우 엄격하게 해석하여 “조금이라도 관련성이 엿보이면” 인과관계를 인정하는 태도를 취하고 있다. 이는 보험의 위험관리 기능을 중시하여, 보험계약자가 인과관계의 부존재를 명확히 입증하지 못하는 한 보험자의 면책을 폭넓게 인정하려는 정책적 고려가 반영된 해석으로 이해된다. 예컨대 피보험자가 고지하지 않은 과거 질병과 무관하게, 전혀 다른 외부적 사고로 보험사고가 발생하였음을 보험계약자가 입증하지 못하는 한, 판례는 인과관계 부존재를 쉽게 인정하지 않는다.

(3) 사기와 착오의 경합적용 문제

고지의무 위반은 사안에 따라 민법상 사기(민 110조) 또는 착오(민 109조)의 요건을 충족할 수 있다. 불고지 또는 부실고지를 전제로 보험자가 계약 체결의 의사표시를 한 경우, 이는 사기 또는 착오에 의한 의사표시로 평가될 수 있으며, 판례는 이러한 경우 상법상의 해지와 민법상의 취소가 경합적으로 적용될 수 있다고 본다. 이는 고지의무 제도의 실효성을 강화하기 위하여 보험자에게 복수의 구제수단을 인정한 것으로 평가된다.

제 4 관 보험자의 의무

Ⅰ. 보험증권 교부의무

보험자는 보험계약이 성립하면 지체 없이 보험증권을 작성하여 보험계약자에게 교부해야 한다(상 640조). 다만 보험계약자가 보험료의 전부 또는 최초의 보험료를 지급하지 않은 경우에는 그러하지 아니하다(상 640조). 보험증권은 보험목적, 보험사고, 보험금액, 보험료 등 보험계약의 주요 내용이 기재된 문서로서 보험자가 기명날인 또는 서명하여 교부한다(상 666조 등). 다만 법정기재사항의 일부가 누락되더라도 보험증권의 효력에는 영향이 없는 완화된 요식증권이다. 이는 보험증권이 계약의 성립요건이 아니라, 이미 성립한 보험계약의 내용을 확인·증명하는 문서에 불과하기 때문이다.

보험계약은 불요식의 낙성계약이므로 보험증권은 계약의 성립요건이 아니라, 계약이 이미 성립하였음을 외부적으로 증명하고 그 내용을 확인하는 증거증권에 불과하다(판례). 한편, 보험증권은 권리의 이전을 가능하게 하는 유가증권으로 볼 수 있을까? 일반적으로 보험증권은 유가증권으로 인정되지 않으며, 보험증권 자체를 배서·교부하더라도 보험계약상의 권리가 이전된다고 보기도 어렵다. 이는 보험계약상의 권리가 보험증권 그 자체에 화체되어 있다고 보기 어렵기 때문이다. 결국 보험증권은 보험계약의 존재와 내용을 외부에 확인시키는 문서적 기능에 주된 의의가 있다.

Ⅱ. 보험금지급의무

1. 요건

보험자의 보험금지급의무는 일정한 요건이 충족될 때 비로소 발생한다. 그 핵심은 보험사고의 불확정성, 보험기간 내 사고의 발생, 그리고 보험료 지급이다.

(1) 보험사고의 발생

1) 불확정성

보험사고는 본질적으로 불확정적이어야 한다. 보험계약 체결 당시 이미 보험사고가 발생했거나, 애초 발생할 수 없는 경우 보험계약은 무효가 된다(상 644조). 이는 보험제도의 기술적·윤리적 기초인 우연성의 원칙을 확보하기 위한 강행규정이다(판례). 예컨대 A가 해상보험을 체결하기 전에 이미 선박이 침몰한 경우, 보험사고의 불확정성이 결여되어 해당 보험계약은 원칙적으로 무효가 된다.

그러나 보험자·보험계약자·피보험자 모두가 보험사고가 이미 발생하였거나 발생할 수 없다는 사실을 알지 못한 경우에는 예외적으로 유효로 인정된다(상 644조). 이러한 주관적 불확정성에 따른 유효의 인정은 사행적 요소가 개입할 여지가 있더라도 선의의 당사자를 보호하려는 입법적 판단으로 이해된다. 여기서 말하는 주관적 불확정성이란, 보험사고의 기발생 또는 발생불능의 사실을 알지 못한 상태를 의미한다.

다만, 보험자·보험계약자·피보험자 모두가 보험사고의 기발생 사실을 알지 못하더라도 계약의 당사자가 소급보험을 약정하지 않았으면 보험자가 보상책임을 지지 않는다(판례). 이 경우 보험계약 자체는 유효하더라도, 보험기간이 계약 체결 시점 이후로만 설정되어 있다면 보험사고는 보험기간 외의 사고가 되어 보험자의 보상책임은 발생하지 않기 때문이다. 즉 보험사고는 보험기간 중에 발생해야만 보험자가 보험금지급책임을 지고, 소급보험으로 약정하지 않으면 계약체결 이전으로 보험기간이 소급되지 않기 때문이다. 소급보험은 보험기간의 시작을 계약 성립 이전으로 소급시키는 보험계약으로서, 상법은 이를 명시적으로 허용하고 있다(상 643조).

예컨대 2026년 2월 1일에 계약을 체결하면서 보험기간을 2026년 1월 1일부터로 약정하는 경우가 이에 해당한다. 이 경우 2026년 1월 15일에 이미 사고가 발생하였더라도, 보험자 · 보험계약자 · 피보험자 모두가 그 사실을 알지 못하였다면 유효한 보험계약으로 본다(상 644조).

요컨대 소급보험이 유효하게 기능하기 위해서는 ① 보험기간이 과거로 소급되어 있을 것과 ② 보험자 · 보험계약자 · 피보험자 모두에게 보험사고 발생 여부에 대한 주관적 불확정성이 존재할 것이 요구된다.

2) 보험사고의 내용

보험사고가 무엇인지, 보험계약상 보상대상이 되는 사건이 무엇인지는 당사자 사이의 약정과 보험약관의 해석에 따라 정해진다. 이는 어떤 위험의 현실화가 보험자의 책임을 발생시키는지에 관한 문제이다. 보험상품의 내용에 따라 달라질 수밖에 없으므로, 결국 보험계약 해석의 문제로 귀결된다.

3) 보험사고와 손해

손해보험에서는 보험사고와 손해를 구별하여 이해해야 한다. 손해보험은 실제 손해를 보상하는 비정액보험이므로, 보험사고가 발생하였더라도 손해가 발생하지 않으면 보험금지급의무는 발생하지 않는다.

또한 손해의 발생 시점이 보험사고 발생 시점과 반드시 일치할 필요도 없다. 원칙적으로 보험사고가 보험기간 중에 발생하기만 하면, 손해가 보험기간 종료 후에 현실화되더라도 보험자는 보상책임을 부담한다. 이는 보험사고 발생 시점을 기준으로 책임을 정하는 보험기술적 원리를 반영한 것이다.

예컨대 보험기간이 2026년 1월 1일부터 12월 31일까지인 화재보험에서, 화재가 12월 31일에 발생하였다면 손해가 다음 해에 확정되더라도 보험자는 보상책임을 부담한다. 이는 보험자가 인수한 위험이 언제 현실화되었는지를 기준으로 책임을 정하는 보험기술적 원리를 반영한 것이다. 보험사고의 발생 시점은 통계적으로 비교적 명확하게 포착될 수 있는 반면, 일반적으로 손해의 발생 시점은 사고와의 시차로 인해 통계적 확인이 어렵기 때문이다. 또한 손해의 발생까지 보험기간 내에 요구한다면, 보험사고는 보험기간 중에 발생하였음에도 손해가 나중에 현실화되었다는 이유만으로 보험보호에서 제외되는 결과가 되어, 보험의 실질적 기능이 약화될 수 있다.

(2) 보험기간 중에 발생

보험기간은 보험자가 위험을 부담하는 기간이며, 이 기간 내에 보험사고가 발생해야 한다(상 643조). 보험금청구가 언제 이루어졌는지는 원칙적으로 문제되지 않는다. 보험금청구권은 보험사고 발생으로 이미 구체화되므로, 소멸시효가 완성되기 전이라면 언제든 행사할 수 있다.

(3) 보험료의 지급

보험자는 원칙적으로 최초의 보험료를 지급받은 때부터 보상책임을 진다(상 656조). 이는 보험료와 위험부담 사이의 균형이라는 보험기술적 기초를 반영한 규정이다. 다만 당사자가 약정으로 보험료의 지급시기를 달리 정할 수도 있으며, 이른바 보험료 후지급 약정이 이에 해당한다. 이 경우 보험자는 보험료를 아직 지급받지 않았더라도, 약정된 보험기간이 개시되면 보상책임을 부담한다.

2. 면책사유

(1) 의의

보험사고가 실제로 발생하였더라도, 그 사고가 면책사유에 해당하지 않아야 보험자는 보상책임을 부담한다. 면책사유란 보험자가 인수한 위험이 현실화되었음에도 불구하고, 일정한 사유로 인해 예외적으로 책임을 부담하지 않게 되는 경우의 그 사유를 말한다.

여기서 흔히 혼동되는 개념이 담보배제사유이다. 담보배제사유란 보험자가 애초에 인수하지 않은 위험에 해당하여 책임이 발생하지 않는 경우를 의미한다. 예컨대 “26세 이상 운전자의 사고만 보상한다”는 취지의 약정에서 24세 운전자의 사고는 애초에 인수 대상이 아니므로 담보배제사유에 해당한다. 이 경우에는 보험자가 위험을 인수하지 않았으므로, 일반적으로 상법 보험편의 강행규정이 문제되지 않으며 불이익변경금지 원칙도 적용되지 않는다(판례).

반면 면책사유는 보험자가 이미 인수한 위험의 범위 안에서, 일정한 사유가 있는 경우에 한하여 예외적으로 책임을 면제하는 제도이다. 따라서 이 경우에는 상법 보험편이 적용되고, 불이익변경금지 원칙도 그대로 적용된다(판례). 결국 담보배제사유와 면책사유의 구별은 보험계약자 보호 규율이 개입하는지 여부를 가르는 핵심 기준이 된다. 그렇다면 약관상 조항이 “담보배제”인지 “면책”인지가 애매한 경우에는 어떻게 판단해야 할까? 요컨대 해당 조항이 인수할 위험의 범위를 처음부터 정하는 것이라면 담보배제사유에 해당하고, 이미 인수된 위험에 대하여 예외를 두는 것이라면 면책사유에 해당한다. 결국 해당 조항이 위험의 범위를 처음부터 획정하는 것인지, 아니면 인수된 위험에 대한 예외를 두는 것인지에 따라 그 법적 성격이 정리될 수밖에 없다.

면책사유에는 법정면책사유와 약정면책사유가 있다. 약정면책사유는 당사자가 정한 사항이므로 중요사항에 해당하고, 원칙적으로 약관규제법 및 상법이 규정하는 설명의무의 대상이 된다(판례). 반면 법정면책사유는 법이 직접 규정한 것이므로, 특별한 사정이 없는 한 설명의무의 예외로 보는 경향이 강하다(판례).

(2) 인위적 보험사고

보험계약자 · 피보험자 · 보험수익자의 고의 또는 중과실로 보험사고가 발생한 경우 보험자는 면책된다(상 659조). 이를 인위적 보험사고라 한다. 이는 법정면책사유의 하나이다. 여기서 말하는 중과실은 고의에 준할 정도로 현저한 주의의무 위반을 의미하며, 통상의 과실과는 구별된다. 다만 인보험에서는 인위적 사고의 범위를 축소하여 고의사고만 면책사유로 인정한다(상 732조의2 · 739조 · 739조의3). 이는 인보험이 재산적 보상뿐 아니라 생명 · 신체 보호라는 사회적 기능을 수행한다는 점과 유가족 보호의 필요성을 고려한 입법적 선택이다.

보험에서 인위적 사고를 면책사유로 두는 이유는 명확하다. 보험은 선의성을 전제로 하는 제도이므로, 보험금을 노린 고의적 사고까지 보상한다면 보험제도는 심각한 도덕적 해이에 직면하게 된다(판례).

그렇다면 과실사고까지 인위적 보험사고로 취급하여 면책을 넓게 인정할 수 있을까? 그렇지 않다. 과실사고는 현대인의 복잡한 일상에서 빈번히 발생하므로 이를 보험사고에서 광범위하게 배제하면 보험제도의 실효성이 훼손될 수 있다(헌법재판소결정). 과실사고는 원칙적으로 보험자의 보상책임 대상이며, 보험은 보험료의 대가로서 보험사고 자체에 대한 보상을 전제로 위험을 분산하는 제도이므로, 가해자와 피해자 사이의 손해의 공평 분담을 전제로 하는 일반 불법행위 법리에 적용되는 과실상계가 그대로 적용되지는 않는다. 따라서 과실사고를 면책하는 약관은 가계보험에서는 불이익변경금지 원칙(상 663조)에 위반되어 무효가 된다. 다만 기업보험에서는 위험 규모와 보험료 부담 등을 고려하여 과실사고를 제외하고 불가항력 사고만 보상하는 약정이 유효하다고 본다. 이는 기업보험에서는 사적 자치의 범위를 상대적으로 넓게 인정하기 때문이다.

(3) 고의사고

고의사고란 고의로 보험사고를 발생시킨 경우를 말한다. 판례는 고의를 "자신의 행위로 일정한 결과가 발생하리라는 점을 인식하면서도 이를 감수하고 행위하는 심리상태"로 정의한다. 보험금 취득 목적이 반드시 필요하지는 않으며, 미필적 고의도 포함된다(판례). 고의사고에 대한 면책은 강행규정이므로, 고의사고에도 보험금을 지급하도록 하는 약정은 원칙적으로 무효이다.

다만 보험제도 남용의 우려가 크지 않은 범위에서는 예외가 인정된다. 예컨대 사망보험에서 일정 기간(예: 2년)이 경과한 이후의 자살을 보상하도록 한 약정은 유효하다는 것이 판례의 입장이다. 이는 보험금 취득 목적의 가능성이 상대적으로 낮고, 유족 보호의 필요성이 크다는 정책적 이유에 기초한다.

(4) 중과실사고

중과실사고란 현저한 주의의무 위반으로 인한 사고를 말한다(판례). 예컨대 자동차보험의 피보험자가 전조등 고장을 인식하고도 이를 수리하지 않은 채 야간 고속도로를 운전하다가 사고를 일으킨 경우에는, 현저한 주의의무 위반으로서 중과실에 해당하여 보험자는 면책될 수 있다.

중과실은 고의에 비해 우연성의 훼손 또는 도덕적 비난 가능성이 상대적으로 낮기 때문에, 이를 면책할지 여부는 입법정책의 문제로 논의되어 왔다. 상법은 손해보험에서는 중과실사고에 대한 면책을 인정하는 반면, 인보험에서는 이를 인정하지 않는 이원적 규율을 취한다. 따라서 손해보험약관에서 고의사고만 면책하고 중과실사고는 보상하도록 정한 경우, 이는 유효하다는 것이 판례의 입장이다. 이에 따라 상법 제659조 중에서 중과실 부분은 강행규정으로 보지 않는다.

(5) 인과관계

고의 또는 중과실이 있다고 하더라도, 그 고의·중과실로 인해 보험사고가 발생해야 면책이 인정된다. 즉, 인과관계가 필수적이다. 이는 면책사유가 보험사고와 직접 연결되는 경우에 한해 인정된다는 원칙을 구현한 것이다.

예컨대 피보험자가 안전장치의 고장을 인식하고도 이를 방치한 채 설비를 가동하다가 사고가 발생한 경우, 이는 중과실로 인한 행위와 보험사고 사이의 인과관계가 인정되어 보험자는 면책될 수 있다. 반면 피보험자가 안전관리 의무를 일부 소홀히 한 사정이 있더라도, 사고 원인이 외부의 예기치 못한 자연재해로 밝혀진 경우에는 중과실과 보험사고 사이의 인과관계가 부정되어 보험자의 면책은 인정되지 않는다. 요컨대, 고의 또는 중과실이 존재하더라도, 그것이 보험사고의 발생 원인이 된 경우에만 면책이 인정된다.

(6) 책임능력

정신질환 등으로 자유로운 의사결정을 할 수 없는 상태에서 발생한 사고는 인위적 보험사고로 보지 않는다. 이러한 경우에는 보험자는 보상책임을 부담한다(판례). 고의 또는 중과실은 자유로운 의사결정과 주의의무 위반을 전제로 하는데, 정신질환 등으로 책임능력이 없는 상태에서는 그러한 비난 가능성을 인정하기 어렵고, 아울러 보험제도 남용의 위험도 존재하지 않는다고 보아야 하기 때문이다.

(7) 입증책임

고의 또는 중과실의 존재에 대한 입증책임은 면책을 주장하는 보험자에게 있다(판례). 고의는 내심의 의사에 관한 것이므로 직접증거가 부족한 경우가 많고, 판례는 사고의 정황 등 여러 간접사실을 종합하여 고의를 추인할 수 있다고 본다.

(8) 대표자책임이론

보험계약자와 동거하는 친족이나 피용자가 고의 또는 중과실로 보험사고를 발생시킨 경우, 이를 보험계약자 자신의 사고로 의제하여 보험자를 면책시키려는 이론이 대표자책임이론이다. 예컨대 보험계약자와 동거하는 친족이 보험목적인 건물에 방화하면 보험자는 보험금을 노린 보험계약자가 친족과 공모하여 한 행위가 아닌지 의심할 수 있다. 그러나 판례는 보험계약자에게 귀책사유가 없음에도 타인의 행위를 자신의 행위로 돌리는 것은 자기책임원칙에 반한다는 이유로 이를 채택하지 않는다. 다만 약관에서 친족 등의 인위적 사고를 면책사유로 규정한 경우, 판례는 이를 추정적 효력으로 인정하여 보험계약자에게 고의 또는 중과실이 개재된 것으로 추정한다. 이 추정은 반증으로 번복될 수 있다. 이는 보험계약자 자신의 행위로 확정적으로 보는 의제와 달리, 일정한 사실관계로부터 고의 또는 중과실의 개입을 일단 추정하는 데 그친다는 점에서 구별된다.

3. 효과

보험금지급의 요건이 충족되면 보험자는 보험금지급채무를 이행해야 한다. 손해보험에서는 피보험자가, 인보험에서는 보험수익자가 보험금청구권자가 된다. 보험자는 다음 기준에 따라 보험금을 지급하여야 한다(상 658조).

- **약정된 지급기한이 있는 경우** – 그 기한 내 지급
- **약정된 지급기한이 없는 경우** – 보험사고의 통지(상 657조)를 받은 후 지체 없이 보험금을 산정하고, 그 산정이 완료되어 지급액이 확정된 날부터 10일 내에 지급

보험금 지급기한을 유예하는 당사자 간 합의는 유효하다는 것이 판례의 확립된 입장이다. 이는 보험금 지급에 관한 합의가 당사자 쌍방의 이해관계를 합리적으로 조정하는 기능을 가질 수 있기 때문이다. 예컨대 대규모 화재사고로 손해액 산정에 상당한 시간이 소요되는 경우, 보험자와 보험계약자가 손해사정 완료 후 지급하기로 합의하였다면 그 합의는 유효하다.

보험금의 지급장소에 관하여는 상법의 명문 규정이 없으므로 민법상 지참채무 원칙(민 467조)이 적용된다. 즉, 채무자가 채권자의 주소지로 급부를 이행해야 한다는 원칙이다. 다만 당사자가 별도로 정할 수 있으며, 실무에서는 계좌송금 등의 방식으로 이 원칙이 완화된 형태로 이행되는 경우가 많다.

4. 보험금의 사기청구

보험사기는 보험제도의 선의성을 근본에서 훼손하는 역기능이며, 그중에서

도 보험금의 사기청구는 대표적인 유형이다. 이를 방지하기 위하여 보험약관은 오래전부터, 보험금 청구 관련 서류에 고의로 허위사항을 기재하거나 관련 서류 · 증거를 위조 · 변조한 경우 보험자가 면책된다는 조항을 두었다.

이 조항의 효과는 강력하다. 실제 손해액보다 과다한 보험금을 취득하기 위하여 서류를 변조한 경우, 보험자는 변조된 부분뿐 아니라 실제 손해 부분에 대해서도 지급을 거절할 수 있다. 판례는 이러한 완전면책을 사기적 과다청구에 대한 제재적 성격을 갖는 것으로 파악한다. 보험계약은 신의성실의 원칙을 기초로 하므로, 허위 · 위조 등으로 신뢰를 깨뜨리는 청구를 용인할 수 없다는 것이다. 여기서 완전면책이란, 보험사고 자체는 존재하더라도 보험자가 해당 사고에 관하여 보험금 전부의 지급을 거절할 수 있음을 의미한다.

다만 판례는 이를 기계적으로 적용하지 않는다. 문언대로라면 경미한 허위 기재만으로도 전체 청구가 박탈되는 결과가 될 수 있으므로, 판례는 합리적 제한해석을 통해 사안별로 판단한다. 예컨대 판례는 다음과 같은 기준을 제시한다.

- **청구금액 1억 6천만 원 / 실제 손해 1억 5천만 원** – 경미한 과다청구에 해당하므로 전부면책 부정
- **청구금액 3억 7천만 원 / 실제 손해 1억 6천만 원** – 현저한 사기적 과다청구에 해당하므로 전부면책 인정

결국 판단의 핵심은 무엇인가? 허위 · 과다청구가 보험자의 신뢰를 파괴하고 보험제도를 남용하는 수준에 이르는지 여부이다. 따라서 "허위가 조금이라도 있으면 곧바로 면책"이라는 일률적 기준이 아니라, 사기적 과다청구의 정도와 사안의 전체 사정을 종합하여 면책 여부를 결정한다는 점이 중요하다.

5. 보험금청구권의 소멸시효

(1) 의의

보험금청구권의 소멸시효는 3년이다(상 662조). 이는 일반 상사채권의 5년보다 단기인데, 보험금 정산이 신속하게 이루어져야 보험자의 재산상태를 조기에 확정할 수 있기 때문이다(판례). 보험자가 소멸시효를 주장하는 것이 신의칙에 위반하거나 권리남용에 해당하는 경우에는 소멸시효 주장 자체가 배척된다(판례).

(2) 기산점

소멸시효는 "권리를 행사할 수 있는 때"부터 진행된다(민 166조). 그렇다면 보험금청구권은 언제부터 행사할 수 있는가? 판례는 일관되게 보험사고가 발생한 때를 기산점으로 본다. 보험사고의 발생으로 보험금청구권이 구체화되기 때문이다.

보험사고의 발생을 보험계약자가 알지 못했던 경우는 어떻게 되는가? 판례는 이를 사실상 장애로 보아 기산점에 영향을 주지 않는다고 본다. 즉, 권리행사를 법적으로 불가능하게 하는 장애에 해당하지 않는다는 의미이다. 따라서 보험사고가 이미 발생했음에도 보험계약자가 이를 알지 못했다는 사정만으로 소멸시효 진행이 중단되지는 않는다.

다만 예외는 존재한다. 보험사고의 발생 여부 자체가 객관적으로 불명확하여 보험금청구권자가 과실 없이 이를 알 수 없었던 경우에는, 시효가 "보험사고를 알았거나 알 수 있었던 때"부터 진행된다고 본다(판례). 예컨대 책임보험에서 피보험자의 제3자에 대한 손해배상책임이 확정되지 않아 보험사고 성립 여부가 불명확한 경우에는, 그 책임이 확정된 때부터 소멸시효가 진행된다. 이는 시효제도의 기능인 법적 안정성과 보험계약자 보호라는 두 가치 사이의 조화를 도모하려는 판례의 태도로 이해된다. 요컨대 보험사고의 발생 자체가 객관적으로 확정되지 않아 권리행사가 불가능한 경우에 한하여, 예외적으로 기산점이 뒤로 미뤄진다.

Ⅲ. 보험료 반환의무

보험료 반환 문제는 보험계약의 효력 유무, 취소 여부, 해지 여부와 밀접하게 연관된다. 보험계약에서는 보험료가 선지급되는 것이 일반적이므로, 계약이 무효이거나 취소되거나 또는 중도 종료되는 경우 어느 범위까지 보험료를 반환해야 하는지는 실무상 중요성이 크다.

1. 보험계약의 무효 · 취소

보험계약이 무효이거나 취소된 경우 계약은 처음부터 효력이 없는 것으로 본다. 민법의 일반원칙에 따르면 보험계약자는 보험료를 지급할 의무가 없으므로, 이미 지급된 보험료가 있다면 보험자는 부당이득으로 반환해야 한다.

다만 상법은 보험계약의 선의성을 고려하여 예외를 둔다(상 648조). 즉 보험계약의 전부 또는 일부가 무효인 경우라고 하더라도, ① 보험계약자 또는 피보험자가 선의이며 중과실이 없는 때, 또는 ② 보험계약자와 보험수익자가 선의이며 중과실이 없는 때에는 보험료 반환이 인정된다. 예컨대 보험계약자가 자신이 피보험이익이 없다는 사실을 알지 못하고 선의로 자신을 피보험자로 한 보험계약을 체결하였다면, 계약이 무효로 되더라도 이미 납부한 보험료의 반환을 청구할 수 있다. 반대로 보험계약자·피보험자·보험수익자에게 고의 또는 중과실이 있는 경우 보험자는 보험료 반환책임을 면한다. 이는 보험계약의 신뢰성과 선의성이라는 제도적 기반을 훼손한 당사자에게 보험료 반환의 이익을 부여할 필요가 없다는 정책적 고려를 반영한 것이다.

2. 보험계약의 해지

보험계약이 해지되면 그 효력은 장래에 향하여 소멸한다(민 550조). 따라서 해지 이후 기간에 대한 보험료 지급의무는 존재하지 않는다.

그렇다면 보험계약자가 해지 이후 기간에 해당하는 보험료를 선납한 경우에도 보험자가 이를 보유할 수 있는가? 이는 이른바 미경과보험료 반환 문제이다. 미경과보험료란 해지 시점 이후 아직 경과하지 않은 보험기간에 대응하는 보험료를 말한다. 상법 제649조 제3항은 보험사고 발생 전에 보험계약자가 임의로 계약을 해지한 경우, 다른 약정이 없는 한 보험자는 미경과보험료를 반환해야 한다고 규정한다. 이는 해지 시점 이후에는 더 이상 위험이 존재하지 않으므로, 위험대가로서 보험료를 보유할 이유가 없다는 점에서 형평의 원칙에 부합한다.

3. 보험료불가분의 원칙

보험료불가분의 원칙은 보험료기간이 보험료에 관한 하나의 최소 계산 단위이므로, 해지 시점과 관계없이 해당 보험료기간 전체의 보험료는 보험자가 취득한다는 사고방식이다. 여기서 말하는 보험료기간이란, 보험료를 산정·납부하는 기준이 되는 기간(예: 1개월, 1년)을 의미한다. 이 원칙에 따르면, 보험계약이 중도 종료되더라도 현재 진행 중인 보험료기간에 대한 보험료는 비례적 삭감 없이 불가분적으로 전액이 보험자에게 귀속되고, 이후 기간의 보험료만 반환대상이 된다. 이는 보험료 산정에서 보험료기간을 최소 단위로 삼는 보험기술적 전제에서 출발한다.

그러나 판례는 상법에 보험료불가분 원칙을 인정하는 명문의 규정이 없다는 점을 근거로 이를 부정한다. 보험료 산정의 기술적 단위를 곧바로 법적 권리관계에 반영할 것인지가 문제되는데, 판례는 그와 같은 원칙을 관습규범으로 인정하기 어렵다고 본 것이다. 이는 보험기술적 고려보다 보험계약자 보호를 우선한 해석으로 평가된다. 예컨대 월납 보험, 즉 매월 보험료를 납부하는 보험계약이 중도 해지된 경우에도 해당 월 전체 보험료를 반환하지 않는다는 약관은, 보험료불가분 원칙을 전제로 한 것으로서 판례에 따라 효력이 부정될 수 있다.

4. 소멸시효

보험계약자의 보험료 반환청구권의 소멸시효는 3년이다(상 662조). 보험료 반환청구권도 보험계약에서 발생하는 권리로서 단기시효의 적용을 받는다. 이는 보험금청구권의 단기시효와 마찬가지로, 보험료 정산을 신속히 마무리하여 보험자의 재무상태를 조기에 확정할 필요가 있다는 점에서 비롯된다. 다만 보험자가 소멸시효를 주장하는 것이 신의칙에 반하거나 권리남용에 해당하는 경우, 시효항변은 허용되지 않는다(판례).

제5관 보험계약자 등의 의무

Ⅰ. 보험료지급의무

보험료지급의무는 보험자가 부담하는 보험금지급의무에 대한 대가이다. 이와 같이 보험료지급의무와 보험금지급의무가 서로 대응하는 관계에 있으므로, 보험계약은 유상·쌍무계약의 성격을 가진다. 특히 보험료는 단순한 금전 급부가 아니라, 보험자가 위험을 인수하는 데 대한 본질적 대가라는 점에서 그 법적 의미가 크다.

1. 의의

보험료지급의무는 보험계약의 성립과 존속에 필수적인 요소로서, 보험자의 위험인수와 직접적으로 연결된다. 따라서 보험료지급의무가 제대로 이행되는지는 보험계약의 효력과 존속 여부에 중대한 영향을 미친다. 그렇다면 보험료의 지급은 단순한 계약상의 채무이행에 그치는 것일까, 아니면 보험관계 전반을 지탱하는 핵심 요소일까? 상법이 보험료지급의무를 엄격하게 규율하는 이유는 바로 후자에 있다.

2. 당사자

보험료지급의무는 원칙적으로 보험계약자가 부담한다. 타인을 위한 보험계약에서도 보험료를 지급할 의무는 보험계약자에게 귀속된다. 다만 상법 제639조 제3항은 예외를 두어, 보험계약자가 파산하거나 보험료 지급을 지체한 경우에는 보험금청구권을 포기하지 않은 타인에게도 보충적으로 보험료지급의무를 부담하게 한다. 이는 보험금청구권의 귀속과 보험료 부담 사이의 형평을 고려한 규율로서, 이익을 향유하는 자는 필요시 그 대가도 부담해야 한다는 취지에 기초한다. 예컨대 손해보험에서 보험계약자인 A가 파산하여 보험료를 지급하지 못한 경우, 보험금청구권을 포기하지 않은 피보험자 B는 보험계약의 유지를 위하여 보충적으로 보험료를 지급해야 한다.

보험료의 수령권자는 보험자이며, 보험자로부터 수령권한을 위임받은 자도 이에 포함된다. 보험설계사 등 모집종사자에게 보험료 수령권한이 인정되는지는 이미 살펴본 바와 같이 그 법적 지위와 위임 범위에 따라 달라진다.

3. 보험료의 금액

보험료의 금액은 보험자와 보험계약자가 계약 체결 당시 합의로 정한다. 보험료는 보험증권의 기재사항에 해당한다(상 666조). 다만 계약 체결 이후 사정 변경이 발생하는 경우에는 다음과 같은 보험료 조정이 허용된다. 이에 관한 자세한 설명은 후술하기로 한다.

첫째, 보험가액에 비해 보험금액이 과다한 초과보험의 경우, 보험계약자는 장래에 관하여 보험료의 감액을 청구할 수 있다(상 669조).

둘째, 당사자가 특별한 위험을 예정하여 보험료를 산정하였는데 보험기간 중 그 위험이 소멸한 경우, 보험계약자는 소멸 이후 기간에 대한 보험료 감액을 청구할 수 있다(상 647조).

셋째, 보험기간 중 위험이 현저하게 변경되거나 증가한 경우에는 보험자가 보험료의 증액을 청구할 수 있다(상 652조~653조).

4. 지급장소

보험료 지급장소에 관한 특별한 규정이 없으므로 민법상 지참채무의 원칙이 적용된다(민 467조). 즉 보험계약자는 보험자의 영업소에서 보험료를 지급해야 한다. 다만 이는 임의규정이므로, 당사자 간의 약정이나 실무 관행(예: 계좌송금)이 우선한다.

5. 지급시기

(1) 의의

보험료의 지급시기는 당사자 약정이 우선한다. 약정이 없는 경우 보험계약자는 계약 체결 후 지체 없이 최초의 보험료를 지급해야 하며(상 650조), 이후의 계속보험료는 약정된 시기에 지급해야 한다. 특히 최초보험료는 보험자의 위험인수 개시와 직결되므로, 상법은 그 미지급에 대하여 엄격한 규율을 두고 있다.

(2) 최초의 보험료의 지급지체

최초보험료가 지급되지 않으면, 다른 약정이 없는 한 계약 성립 후 2개월이 경과함으로써 보험계약은 법률상 당연히 해제된다(상 650조). 이 경우 보험자의 별도의 의사표시 없이 계약은 소급하여 효력을 상실한다. 이는 위험인수가 보험료 지급을 전제로 함을 분명히 하기 위한 규율이다. 예컨대 보험계약자가 계약 체결 후 최초보험료를 전혀 지급하지 않은 상태에서 2개월이 경과하였다면, 그 사이에 보험사고가 발생하였더라도 보험계약은 법률상 당연히 해제되어 보험자는 보상책임을 부담하지 않는다.

(3) 계속보험료의 지급지체

1) 계약의 효력

계속보험료가 지급되지 않은 경우 보험자는 상당한 기간을 정하여 최고해야 하며, 그 기간 내에도 지급이 이루어지지 않으면 계약을 해지할 수 있다(상 650조). 타인을 위한 보험계약에서 타인이 특정된 경우에는, 보험자는 그 타인에게도 최고를 한 후에야 해지할 수 있다(상 650조). 이는 보험계약자의 귀책사유로 인해 제3자의 보험보호가 박탈되는 것을 방지하기 위한 장치이다.

실무에서는 해지예고부 최고가 널리 활용된다. 이는 최고 시에 "상당한 기간 내에 지급하지 않으면 해지한다"는 취지의 의사를 함께 표시하는 방식이다. 판례는 이를 유효하다고 본다. 상법 제650조 제2항의 취지는 최고를 통해 지급을 독촉하는 데 있고, 해지예고부 최고 역시 이 취지에 부합한다. 따라서 상당한 기간 내에 지급되지 않으면 별도의 해지 의사표시 없이도 계약은 해지된다.

2) 실효약관조항

실효약관조항이란 보험료가 일정 기한까지 지급되지 않으면 최고나 해지 없이 보험계약이 자동적으로 실효된다고 정한 조항을 말한다. 판례는 이러한 실효약관조항을 무효로 본다. 상법 제650조 제2항이 정한 최고 후 해지 절차는 보험계약자 보호를 위한 최소한의 절차이므로, 이를 약관으로 배제하는 것은 허용될 수 없다는 것이다.

3) 보험자의 책임

계약이 해지되면, 해지의 일반원칙에 따라서 그 효력은 장래를 향한다. 따라서 해지 이후 발생한 보험사고에 대해서는 보험자가 보상책임을 부담하지 않는다. 문제는 해지 이전에 이미 보험사고가 발생한 경우이다. 상법 제655조는 보험사고가 발생한 후라도 계속보험료 지급지체로 계약이 해지된 경우 보험금을 지급할 책임이 없다고 규정한다. 하지만 상법 제655조의 문언을 그대로 적용하면 보험계약자에게 과도한 불이익이 발생할 수 있다. 이에 판례는 제한적으로 해석하여, 계속보험료 지급지체 이전에 발생한 보험사고에 대해서는 보험자가 보상책임을 부담한다고 본다. 이는 보험료와 위험인수의 대가관계라는 기본 원칙과 보험계약자 보호의 요청을 함께 고려한 해석이다.

예컨대 A가 자동차보험에 가입하고 2회차 보험료를 지급하지 않아 보험자 B가 상당한 기간을 정해 최고하였음에도 지급이 이루어지지 않은 경우, 그 기간이 경과하면 B는 계약을 해지할 수 있다. 다만 2회차 보험료 지급지체 전에 발생한 교통사고에 대해서는 B는 보상책임을 부담한다.

6. 지급방법

보험료는 통상 현금으로 지급되지만, 어음이나 수표로 지급되는 경우도 있다. 이 경우 어음·수표 변제의 불확실성 때문에 보험료 지급시점을 언제로 볼 것인지가 문제된다. 당사자 사이에 별도의 약정이 있으면 그에 따르지만, 약정이 없는 경우 판례는 어음·수표의 일반 법리를 적용한다. 즉 보험료 지급에 갈음하여 교부한 경우에는 교부 시에 지급된 것으로 보고, 보험료 지급 또는 지급담보의 목적에서 교부한 경우에는 어음금·수표금이 실제로 변제된 때에 지급된 것으로 본다.

7. 소멸시효

보험자의 보험료청구권은 2년의 소멸시효에 걸린다(상 662조). 이는 보험자의 재무관계를 신속히 확정하기 위한 단기시효로서의 성격을 가진다.

Ⅱ. 위험변경·증가에 관한 통지·유지의무

1. 의의

보험계약은 한 번 체결되었다고 해서 계약 당시의 위험상태가 보험기간 내내 그대로 유지되는 것은 아니다. 예컨대 화재보험에서는 건물의 구조·용도가 달라질 수 있고, 자동차보험에서는 차량의 구조나 사용형태가 변경될 수 있다. 그렇다면 계약 당시의 위험을 전제로 산정된 보험료와, 이후 현실의 위험이 더 이상 부합하지 않게 된 경우 법은 이를 어떻게 처리해야 할까?

이때 문제되는 제도가 위험변경·증가에 관한 통지의무와 위험유지의무이다(상 652조~653조). 보험자는 계약 체결 당시의 위험상태를 기초로 계약 체결 여부와 조건·보험료를 결정하는데, 보험기간 중 위험이 현저하게 변경·증가하면 그 전제가 흔들릴 수 있다.

상법은 이러한 사정을 고려하여, 계약 전 단계와 계약 후 단계에서 위험에 관한 규율을 달리 정하고 있다. 즉, 고지의무(상 651조)가 계약 체결 단계에서의 위험 정보 제공을 다룬다면, 위험변경·증가에 관한 규정은 계약 존속 중 위험의 변동을 반영하여 계약관계를 유지하거나 종료하는 선택, 또는 조건의 재정립을 가능하게 하는 장치로 이해된다. 결국 고지의무(계약 체결 전), 통지의무(계약 존속 중의 정보 제공), 위험유지의무(계약 존속 중의 행위 규율)는 각기 시점과 기능은 다르지만, 위험상태와 계약조건의 부합을 확보한다는 공통 목적 아래 서로 보완적으로 작동한다.

2. 위험변경·증가의 통지의무

(1) 의의

보험기간 중 위험이 현저하게 변경·증가한 사실을 보험계약자 또는 피보험자가 알게 되면, 지체 없이 보험자에게 통지해야 한다(상 652조). 통지의무를 해태한 경우 보험자는 그 사실을 안 날로부터 1개월 내에 계약을 해지할 수 있다(상 652조). 반대로 통지가 이루어진 경우 보험자는 통지를 받은 날로부터 1개월 내에 보험료 증액 청구 또는 계약 해지 중 하나를 선택할 수 있다(상 652조). 요컨대 통지의무는 위험상태의 변동을 보험자에게 알리고, 보험자가 계약조건을 다시 정할 기회를 부여하려는 취지로 이해된다.

(2) 요건

1) 당사자

통지의무자는 보험계약자 또는 피보험자이다(상 652조). 인보험에서 보험수익자는 통지의무자가 아니다. 통지의 상대방은 보험자 및 그를 위하여 통지수령권을 가진 자이다. 통지수령권이 없는 모집종사자에게 한 통지는 원칙적으로 보험자에게 한 통지로 인정되지 않는다. 이미 살펴본 바와 같이 보험설계사·보험중개사에게는 원칙적으로 통지수령권이 인정되지 않는 반면, 보험대리상에게는 일정 범위에서 통지수령권이 인정될 수 있다.

2) 현저한 위험변경·증가

어느 정도의 변화가 "현저한 위험변경·증가"에 해당하는지가 문제된다. 판례는 이를 "그 변경 또는 증가된 위험이 보험계약 체결 당시 존재하였다면 보험자가 계약을 체결하지 않았거나, 적어도 같은 보험료로는 인수하지 않았을 정도의 것"이라고 설명한다. 즉, 사소한 변화가 아니라 계약 체결 여부나 보험료 수준 자체에 영향을 미칠 정도로 중요한 변화여야 한다. 화재보험에서 건물의 구조·용도에 중대한 영향을 주는 증·개축 공사, 자동차보험에서 자동차의 구조가 현저히 변경된 경우 등이 그 예이다(판례). 나아가 일반 창고로 사용되던 건물을 고위험 화학물질 보관창고로 변경한 경우라면, 이는 보험료 산정의 전제가 되는 위험상태를 근본적으로 변화시키는 것으로서 현저한 위험증가에 해당한다.

판례는 일시적 위험변경·증가는 상법 제652조의 대상으로 보지 않는 경향이 있다. 그러나 일시적 변화라도 그 과정에서 사고가 발생하면, 변화의 내용 및 성질에 따라 고의 또는 중과실로 인한 보험사고에 해당하여 보험자가 면책될 수도 있다. 예컨대 단기간의 공사 과정에서 가연물을 적치한 상태로 화기 작업을 병행하면서도 기본적인 안전조치를 취하지 않아 화재가 발생한 경우에는, 비록 일시적 변화라 하더라도 고의 또는 중과실로 인한 보험사고에 해당하여 보험자는 면책될 수 있다(상 659조).

또한 위험변경·증가는 보험기간 중에 발생해야 한다(상 652조). 보험사고가 보험기간 중에 발생한 경우에 한하여 보상책임이 성립한다는 점을 고려한 규정이다. 위험변경·증가의 존재는 통상 보험계약 해지를 주장하는 보험자가 입증해야 한다(판례).

3) 주관적 측면

통지의무는 보험계약자 또는 피보험자가 현저한 위험변경·증가의 사실을 "안 때" 발생한다(상 652조). 여기서 "안다"는 단순한 사실관계의 인식만을 뜻하지 않는다. 판례는 ① 위험변경·증가를 가져오는 사실 자체에 대한 인식과 ② 그 사실이 현저한 위험변경·증가에 해당한다는 인식이 함께 필요하다고 본다.

예컨대 자동차 구조의 변경인 경우, 구조 변경 사실에 대한 인식이 ①에, 그 변경이 위험을 현저히 증대시키는 사정이라는 인식이 ②에 해당한다. 판례가 이처럼 두 요소를 요구하는 이유는, 보험계약자 등이 위험변경·증가의 보험기술적 의미를 스스로 판단하기 어렵고, 요율 산정과 같은 평가는 본래 보험자의 전문 영역에 속하기 때문이다. 이는 고지의무에서 인식대상을 사실과 중요성으로 나누어 파악하는 판례의 태도와도 궤를 같이 한다.

한편 보험자가 이미 위험변경·증가 사실을 알고 있었다면, 별도의 통지의무는 면제된다고 본다(판례).

4) 통지 시기

통지는 위험변경·증가 사실을 안 때 지체 없이 이루어져야 한다(상 652조). 여기서 "지체 없이"란 현실적으로 통지가 가능한 시점부터 합리적으로 기대되는 기간 내에 통지하라는 뜻으로 이해된다.

(3) 효과

1) 통지를 한 경우

보험계약자 또는 피보험자가 통지의무를 이행하면, 보험자는 통지를 받은 날부터 1개월 내에 보험료 증액 청구 또는 계약 해지를 선택할 수 있다(상 652조). 즉 통지가 이루어진 경우 보험자에게 계약을 유지하면서 조건을 변경할지, 아니면 계약을 종료할지를 다시 판단할 기회가 부여된다. 다만 통지를 성실히 한 경우에도 해지권이 인정되는 현행 규율은, 통지 유인을 충분히 제공하지 못한다는 비판이 있으며, 이에 따라 해지권 행사를 가능한 한 엄격하게 해석할 필요가 있다는 견해가 제기된다.

2) 통지를 하지 않은 경우

통지의무를 해태한 경우 보험자는 그 사실을 안 날로부터 1개월 내에 계약을 해지할 수 있다(상 652조). 기간 내에 해지권을 행사하지 않으면 계약은 존속한다. 상법은 통지의무 위반 시의 보험료 증액청구권을 명문으로 두고 있지는 않으나, 위험이 현저히 변경·증가한 이상 필요한 경우 보험료 조정이 허용되어야 한다는 점에서, 통지 여부와 무관하게 증액청구권이 인정된다고 해석한다.

또한 "보험자가 통지의무 위반 사실을 안 때"는 단순한 의심만으로는 부족하고, 통지의무 위반을 객관적으로 뒷받침할 자료·근거를 확보한 시점을 의미한다고 판례는 본다. 이는 통지의무 위반에 관한 입증책임이 보험자에게 있다는 점과 연결된다.

3) 해지와 보험자의 책임

보험자가 상법 제652조에 따라 해지권을 행사하면 계약은 장래에 향하여 효력을 상실한다(민 550조). 다만 보험사고 발생 후 해지가 이루어진 경우에는 상법 제655조가 문제된다. 원칙적으로 보험사고 발생 후 보험자가 해지하면 보상책임이 없고, 이미 지급한 보험금도 반환 청구가 가능하다. 그러나 위험변경·증가 사실이 보험사고 발생에 영향을 미치지 않았음이 보험계약자 측에서 입증된 경우에는 보험자가 보상책임을 부담한다. 예컨대 건물의 일부 구조에 대한 변경 사실이 있었으나, 사고 원인이 이와 전혀 무관한 외부 낙뢰로 인한 화재임이 입증된다면, 보험자는 여전히 보상책임을 부담한다. 결국 책임 귀속은 위험변경·증가와 보험사고 사이의 인과관계 유무에 따라 달라진다. 인과관계가 인정되면 면책, 인과관계가 부정되면 책임이 인정되는 구조이다.

3. 위험유지의무

(1) 의의

보험기간 중 보험계약자·피보험자·보험수익자의 고의 또는 중과실로 위험이 현저하게 변경·증가한 경우, 보험자는 그 사실을 안 날로부터 1개월 내에 보험료 증액을 청구하거나 계약을 해지할 수 있다(상 653조). 이는 적어도 계약 당사자 측이 고의 또는 중과실로 위험을 키우는 행위를 해서는 안 된다는 취지에서, 일반적으로 위험유지의무라고 부른다. 고지의무·통지의무가 정보 제공에 초점을 둔다면, 위험유지의무는 행위에 의해 위험을 확대하는 것을 억제하려는 규율이라고 할 수 있다. 예컨대 화재보험에 가입한 건물에서 안전설비를 제거하거나, 인화성 물질을 대량으로 적치하는 행위는 고의 또는 중과실에 의한 위험 증가로 평가될 수 있다.

(2) 요건

위험유지의무의 주체는 보험계약자, 피보험자, 보험수익자이다. 통지의무와 달리 보험수익자도 포함된다는 점이 특징적이다. 또한 "현저한 위험변경·증가"의 의미는 상법 제652조와 동일하게 이해된다. 즉 계약 체결 당시 존재하였다면 계약 체결 여부 또는 보험료 수준에 영향을 미쳤을 정도의 위험 증대여야 한다.

그리고 그러한 위험변경·증가가 보험계약자·피보험자·보험수익자의 고의 또는 중과실로 발생해야 한다. 단순 과실에 의한 위험 변경은 상법 제653조의 적용 대상이 아니다.

(3) 효과

보험자는 위험변경·증가 사실을 안 날부터 1개월 내에 보험료 증액청구권 또는 해지권을 행사할 수 있다. 위험유지의무 위반을 이유로 한 해지의 효력, 그리고 보험사고 발생 후 해지와 인과관계에 따른 책임 귀속 문제는 상법 제652조 및 제655조에 관하여 살펴본 법리가 적용된다.

Ⅲ. 보험사고 발생에 관한 통지의무

1. 의의

보험계약자, 피보험자 또는 보험수익자는 보험사고의 발생을 안 때 지체 없이 보험자에게 통지해야 한다(상 657조). 예컨대 화재보험에서 보험목적인 건물에 화재가 발생하면, 보험계약자 측은 사고를 인지하는 즉시 보험자에게 알려야 한다. 그렇다면 법은 왜 보험사고 발생 후의 통지까지 요구할까? 보험사고가 발생하면 보험자는 사고 원인의 확인, 손해의 종류·범위 파악, 손해 확대의 방지 조치, 가해자에 대한 보험자대위권(상 682조) 확보 등 보험사고에 수반되는 일련의 조치를 신속히 수행해야 한다. 이때 보험자의 적시 대응을 가능하게 하는 출발점이 바로 보험사고 통지이다. 예컨대 자동차 사고 후 즉시 통지가 이루어진 경우에는, 보험자가 현장 확인과 과실비율 산정, 손해 확대의 방지 조치를 신속히 취할 수 있다.

따라서 보험사고 발생에 대한 통지의무는 보험자가 제때 필요한 조치를 취할 수 있도록 정보를 제공하는 데 핵심이 있다. 이 점에서 통지의무는 계약 체결 단계의 고지의무, 계약 존속 중 위험변경·증가 통지의무와 함께, 보험계약에서 정보의 편재로 인한 불균형을 완화하는 장치로 이해할 수 있다. 만약 통지가 지연된다면 사고 원인의 규명이 어려워지고 손해가 불필요하게 확대되어 보험자의 보상책임 범위가 왜곡될 우려가 있다. 이와 같은 문제의식이 바로 통지의무를 두는 입법적 근거이다.

2. 요건

통지의무는 보험계약자, 피보험자 또는 보험수익자가 부담한다(상 657조). 이들 중 누구라도 통지하면 의무는 이행된 것으로 본다. 통지는 보험자 또는 통지수령권이 있는 자에게 해야 한다. 보험설계사 등 모집종사자는 원칙적으로 보험사고에 대해서는 통지수령권이 없고, 별도의 위임이 있는 경우에 한하여 인정될 수 있다.

또한 통지의무는 보험사고가 현실적으로 발생한 경우에 한하여 성립한다. 사고 발생의 가능성만으로는 통지의무가 생기지 않는다. 그리고 보험계약자 등이 사고 발생을 안 때 비로소 통지의무가 발생한다. 따라서 사고 발생 사실을 모르고 있었던 경우에는 과실 유무와 무관하게 통지의무 위반이 문제되지 않는다.

마지막으로, 법은 통지가 보험자에게 도달할 것을 요구하지 않고, 통지를 발송한 때에 통지의무가 이행된 것으로 본다(상 657조). 이는 보험계약자가 통지를 하였음에도 우편 · 전달 과정에서 지연 · 분실이 발생하여 책임을 지게 되는 것을 방지하려는 취지이다.

3. 효과

보험사고 발생 후의 통지는 보험자의 보상책임 범위와 손해사정 절차에 직접적인 영향을 미친다.

- **증가된 손해 면책** – 통지의무 위반으로 손해가 증가한 경우 보험자는 그 증가된 손해에 대하여는 보상책임을 부담하지 않는다(상 657조). 이는 통지 지연으로 보험자가 적시에 조사하거나 손해 확대 방지 조치를 취하지 못한 경우, 그 불이익을 보험계약자 측이 부담하도록 하는 형평의 요청에 근거한다. 예컨대 침수 사고의 발생 후 상당 기간이 지나서야 통지가 이루어져 추가적인 수해가 확대된 경우, 그 지연으로 인한 추가 손해 부분에 대해서는 보험자가 보상책임을 지지 않는다.
- **보험금 지급시기** – 당사자가 보험금 지급기한을 약정하지 않은 경우, 보험자는 보험사고 통지를 받은 뒤 지체 없이 보험금을 산정하고, 그 산정이 완

료된 날로부터 10일 이내에 지급해야 한다(상 658조). 따라서 보험사고 통지가 이루어지지 않으면 보험자의 보험금지급채무의 이행기는 도래하지 않는다.

결국 보험사고 통지의무는 보험사고 이후 보상절차가 적정하고 신속하게 진행되도록 하는 사전적 · 절차적 장치에 해당한다. 보험자에게는 신속한 대응의 기반을 제공하고, 보험계약자에게는 원활한 보험금 지급을 위한 첫 관문이 된다는 점에서 그 기능이 분명하다.

Ⅳ. 협조의무

보험사고가 발생하면 보험자는 사고 조사를 통해 보상책임의 유무, 손해의 범위, 보험자대위의 가능성 등을 확인해야 한다. 이 과정에서 보험계약자, 피보험자 또는 보험수익자는 보험자의 조사에 성실하게 협조할 의무를 부담한다. 비록 상법에 명문 규정은 없지만, 이러한 협조의무는 보험계약의 특성상 신의성실의 원칙에서 당연히 파생되는 부수적 의무로 이해된다.

협조의무는 보험사고 통지가 이루어진 이후 단계에서 문제된다. 즉, 보험계약자 측이 보험금 지급을 청구하는 과정에서 보험자가 필요한 사실관계에 접근하고 이를 확인할 수 있도록 협력해야 할 의무이다. 보험자는 사고 현장에 대한 조사, 관련 서류의 제출, 사실관계에 관한 설명 등을 요구할 수 있고, 보험계약자 등은 이에 응할 책임을 진다.

그렇다면 보험계약자가 정당한 이유 없이 자료 제출을 거부하거나 조사에 응하지 않는 경우에는 어떠한 문제가 발생할까? 예컨대 화재사고 후 보험자가 요구한 화재 원인 관련 자료의 제출이나 현장 조사에 응하지 않는다면, 보험자는 사고의 성질이나 손해의 범위를 객관적으로 확인하기 어렵게 된다. 그 결과 보험자는 손해의 범위를 정확히 산정하거나 보험사고의 성질을 판단하는 데 장애를 겪게 되고, 보험금 지급 여부나 그 범위가 불명확해질 수 있다. 이러한 점에서 협조의무는 단순한 호의적 요청에 그치는 것이 아니라, 보험사고 조사 절차의 실효성을 뒷받침하는 핵심적 요소라고 할 수 있다.

요컨대 보험사고 발생 통지의무가 보험사고 이후 절차를 개시하는 기능을 수행한다면, 협조의무는 그 절차가 실제로 원활하게 진행되도록 하는 기능을 담당한다. 두 의무는 각각 독립된 의무이면서도, 정보 제공과 협력이라는 연속된 과정 속에서 보험계약 관계의 원활한 이행을 담보하는 역할을 한다는 점에서 서로 긴밀히 연관되어 있다.

제 6 관 보험계약의 변동

Ⅰ. 보험계약의 종료

보험계약은 영구히 존속하는 관계가 아니라, 일정한 사유가 발생하면 효력을 상실하거나 종료된다. 이하에서는 보험계약이 종료되는 대표적인 유형을 살펴본다.

1. 보험계약의 무효

보험계약은 다음과 같은 경우에 무효가 된다.

- **보험사고의 불확정성 결여**(상 644) – 불확정성은 보험사고의 본질적 요소
- **피보험이익 흠결**(판례) – 이익금지의 원칙을 관철
- **사기에 의한 초과보험 · 중복보험**(상 669조 · 672조) – 사기에 대한 제재
- **인보험에서의 피보험자 서면동의 흠결**(상 731조 등) – 피보험자 보호
- 15세 **미만자 등을 피보험자로 하는 사망보험**(상 732조) – 자기방어 능력이 취약한 자 보호

이 밖에도 보험계약은 사회질서에 반하는 경우 무효가 될 수 있다(민 103조). 보험금의 부정취득만을 목적으로 보험계약을 체결한 경우가 대표적이다(판례). 예컨대 보험사고를 가장하거나, 실제 위험과 무관하게 다수의 보험계약을 체결하여 보험금을 편취하려는 경우는 사회적 유해성이 매우 크다. 이러한 행위는 보험제도의 전제인 위험의 공동 분산을 침해하고, 선량한 보험계약자의 보험료 부담을 가중시키며, 보험시장 전반의 신뢰를 훼손한다. 만약 이러한 계약에 대해서도 보험금 지급이 허용된다면 보험제도는 과연 유지될 수 있을까? 판례가 보험계약자에게 부정한 목적이 있는 경우 보험수익자가 선의이더라도 계약을 무

효로 보는 이유는, 개별 계약관계의 보호보다 보험제도 전체의 건전성을 우선시한 정책적 판단에 있다. 예컨대 보험계약자가 보험금의 부정취득을 목적으로 다수의 생명보험계약을 체결한 경우에는, 보험수익자가 선의라고 하더라도 해당 보험계약은 무효로 본다.

2. 보험계약의 취소

보험자가 약관을 교부하거나 설명하지 않은 경우 보험계약자는 보험계약을 취소할 수 있다(상 638조의3). 보험약관은 보험자가 일방적으로 작성하고, 보험계약자는 약관을 계약내용으로 수용할 것인지에 관하여 사실상 선택할 수 없는 위치에 놓이므로, 교부의무 또는 설명의무 위반에 취소권을 인정하는 것은 보험계약자 보호의 핵심 수단이다.

3. 보험계약의 해세

보험계약자가 최초보험료를 지급하지 아니하고 지체한 경우 보험계약은 법률상 당연히 해제된 것으로 본다(상 650조). 법률상 당연히 해제된다는 것은, 보험자의 해제 의사표시가 없어도 계약이 소급하여 효력을 상실함을 의미한다. 최초보험료는 보험자의 위험인수를 전제로 하는 기본 요건이므로, 이를 지급하지 않은 상태에서는 보험자가 위험을 부담한다고 보기 어렵기 때문이다.

4. 보험계약의 해지

보험계약의 해지는 계약을 장래에 향하여 종료시키는 제도이다. 상법은 보험계약자와 보험자의 해지권을 구별하여 규정한다.

(1) 보험계약자에 의한 해지

보험계약자는 보험사고 발생 전이라면 언제든지 계약의 전부 또는 일부를 해지할 수 있다(상 649조). 이를 임의해지권이라 한다. 보험계약은 전형적인 계속적 계약이므로, 보험계약자의 사정 변화에 따라 중도 종료의 필요성을 인정한 것이다. 특별한 약정이 없는 한, 임의해지 시에는 미경과보험료 반환청구권이 인정된다(상 649조). 타인을 위한 보험계약의 경우에는 보험금청구권자 보호를 위하여,

그 타인의 동의를 얻거나 보험증권을 소지하지 않으면 해지할 수 없다(상 649조).

채무자회생법은 파산·회생절차에서 채무자의 재산 보전을 위하여 일반 채권자에 의한 쌍무계약의 해지를 일정한 요건 하에 제한하지만, 보험계약에 대해서는 상법이 별도의 규율을 둔다. 즉 보험자가 파산선고를 받은 경우 보험계약자는 계약을 해지할 수 있고, 해지하지 않더라도 파산선고 후 3개월이 경과하면 계약은 당연히 실효된다(상 654조). 이는 파산선고를 받은 보험자의 일반 채권자보다 보험계약자를 우선적으로 보호하려는 취지이다. 즉 보험자로부터 보험금을 지급받지 못할 가능성이 높아졌음에도 불구하고, 보험계약자가 계속보험료를 지급하는 것은 가혹할 수 있기 때문이다.

한편 보험계약자의 채권자가 해지권을 행사하여 해지환급금으로 자신의 채권을 만족시킬 수 있는지가 문제된다. 판례는 이를 긍정한다. 일반적으로 해지권은 계약 당사자의 고유한 권리이나, 해지환급금이 예금채권과 유사한 확정적 재산가치를 가지는 책임재산이라는 점에서, 이 범위 내에서는 해지권의 일신전속성이 제한된다고 본 것이다. 즉, 보험계약자의 해지권은 원칙적으로는 일신적 권리이지만, 해지환급금이 확정적인 금전채권으로 전환되는 범위에서는 채권자 보호를 위해 채권자의 강제집행 대상이 될 수 있다고 본 것이다.

(2) 보험자에 의한 해지

보험자는 법이 정한 사유가 있는 경우에 한하여 해지할 수 있다. 계속보험료 지급지체(상 650조), 고지의무 위반(상 651조), 위험변경·증가에 관한 통지의무 또는 위험유지의무 위반(상 652조~653조)이 이에 해당한다.

보험자에게 임의해지권이 인정되지 않는 이유는, 보험계약자가 장기간 위험을 이전하고 보험자에 대한 신뢰를 형성하는 관계에서 보험자의 일방적 해지가 보험계약자에게 중대한 불이익을 초래할 수 있기 때문이다.

다만 판례는 신의성실의 원칙에 따라 예외를 인정한다. 보험계약자 측에 중대한 신뢰침해행위가 있는 경우에는 보험자가 계약을 해지할 수 있다는 것이다. 예컨대 실제로는 통원치료가 가능함에도 장기간 입원하는 방식으로 다수 보험자에게서 상당한 보험금을 편취한 사안에서, 판례는 보험계약의 신뢰기반이 근본적으로 훼손되었다고 보아 해지를 허용하였다. 다만 이는 보험자에게 일반적인 임의해지권을 인정하는 것은 아니며, 계약의 기초가 된 신뢰관계가 회복 불가능한 수준으로 훼손된 경우에 한정된다.

5. 보험기간의 만료

보험기간이 만료되면 보험계약은 그 이후 당연히 효력을 상실한다. 보험계약이 일정 기간 동안 위험을 전가하는 계약이라는 점에서 이는 당연한 귀결이다.

6. 보험사고의 발생

보험사고의 발생이 곧바로 계약 종료로 이어지는지는 사고의 성질과 계약의 유형에 따라 달라진다. 손해보험에서 보험목적이 전부 멸실되거나, 생명보험에서 피보험자가 사망한 경우에는 보험계약은 당연히 실효된다. 이는 보험계약이 전제로 하는 위험 자체가 더 이상 존재하지 않게 되기 때문이다.

반면 보험사고가 발생하였더라도 보험목적이 완전히 소멸되지 않은 경우, 예컨대 건물 화재보험에서 일부만 소실된 경우에는 계약의 존속 여부는 당사자의 약정에 따라 정해진다. 보험사고 발생이 항상 계약의 종료로 귀결되는 것은 아니라는 점에 유의할 필요가 있다.

Ⅱ. 보험계약의 변경

보험계약의 내용은 크게 두 가지 경로를 통해 변경될 수 있다. 하나는 당사자의 합의에 의한 변경이고, 다른 하나는 법률에 의한 변경이다.

먼저, 합의에 의한 변경이다. 보험계약 역시 사법상 계약이므로, 당사자는 합의에 따라 그 내용을 자유롭게 변경할 수 있다. 강행법규에 반하지 않는 한, 변경 가능한 범위에는 원칙적으로 제한이 없다. 예컨대 보험금액·보험기간·보험료의 증감은 물론, 보장내용의 확장 또는 축소도 허용된다.

다음으로, 법률에 의한 변경이다. 법률은 일정한 경우 계약 내용의 일부를 보험자 또는 보험계약자의 일방적 청구에 따라 조정할 수 있도록 규율한다. 대표적인 예가 보험료의 감액·증액청구권이다. 이는 보험사고 위험이 계약 체결 이후 객관적으로 변동된 경우, 계약 내용의 불균형을 시정하기 위하여 법이 개입하는 것이다(상 647조 · 652조~653조). 예컨대 A가 자신의 공장에 관하여 화재보험 계약을 체결한 후 생산설비를 대폭 증설하여 화재 위험이 현저히 증가한 경우, 보험자는 위험증가를 이유로 보험료의 증액을 청구할 수 있다(상 653조). 다시 말해, 법률에 의한 변경은 계약의 자유를 제한하는 예외이지만, 보험계약의 공정성과 지속 가능성을 확보하기 위한 불가피한 장치로 이해된다.

Ⅲ. 보험계약의 부활

1. 의의

계속보험료의 지급지체로 해지된 보험계약을 다시 효력을 갖게 하는 제도를 보험계약의 부활(reinstatement)이라 한다(상 650조의2). 보험계약이 해지되면 그 이후 보험자는 더 이상 위험을 부담하지 않는다. 그러나 보험계약자는 시간이 경과한 뒤 다시 보험의 필요성을 느낄 수 있다. 예컨대 사망보험에서는 가입 당시의 연령이 보험료 산정에 결정적 요소가 되므로, 해지 후 새로 계약을 체결하는 것보다 종전 조건으로 계약을 되살리는 것이 경제적으로 유리한 경우가 많다. 그렇다면 이러한 상황에서, 이미 해지된 보험계약을 완전히 새로운 계약으로만 다시 체결해야 할까? 이러한 물음에 대한 제도적 해답이 바로 보험계약의 부활이다.

부활은 다시 청약과 승낙을 필요로 한다는 점에서 새로운 계약과 유사한 면을 가지지만, 한편으로는 해지된 계약을 종전 상태로 되살린다는 점에서 독자적인 성격을 가진다. 통설은 부활을 완전히 새로운 계약이 아니라, 해지로 소멸된 보험계약을 해지되지 않은 상태로 회복시키는 특수한 계약으로 이해한다(특수계약설). 이는 동일한 조건으로 보험관계를 계속 유지하고자 하는 보험계약자의 기대와도 잘 부합한다.

2. 요건

보험계약의 부활이 성립하려면 다음 요건을 충족해야 한다(상 650조의2). 즉, ① 계속보험료의 지급지체로 보험계약이 해지되었을 것, ② 해지환급금이 아직 지급되지 않았을 것, ③ 일정 기간 내에 연체보험료와 약정이자를 지급할 것, ④ 보험계약자의 부활청구, ⑤ 보험자의 승낙이 있어야 한다. 특히 해지환급금이 지급되지 않았을 것이 요구되는 이유는 명확하다. 해지환급금이 지급된 경우에는 보험계약관계가 이미 완전히 정산·종결된 상태이므로, 그 이후에 다시 계약을 부활시킬 실익이 없기 때문이다.

3. 상법 제638조의2의 준용

보험자가 부활청약을 받은 경우에는 상법 제638조의2가 준용된다. 이에 따라 보험자는 부활청약을 받은 날부터 상당한 기간 내에 승낙 여부를 통지해야 하고(낙부 통지의무), 그 기간 내에 통지를 하지 않으면 승낙한 것으로 본다(승낙의제). 또한 보험자가 승낙 여부를 결정하기까지의 기간 중 사고가 발생한 경우에는, 일정한 요건 아래에서 보험자가 보상책임을 부담하게 된다(승낙 전 보험보호).

이와 같은 준용 규정은 부활을 청약한 보험계약자가 승낙 지연으로 인해 보험보호의 공백 상태에 놓이는 것을 방지하기 위한 것이다. 즉, 부활 제도가 실질적으로 기능하도록 하기 위한 보험계약자 보호 장치로 이해된다.

4. 고지의무

그렇다면 보험계약의 부활 시에도 보험계약자는 고지의무(상 651조)를 부담하는가? 통설은 이를 긍정한다. 다만 이 문제에는 이론적 논점이 존재한다. 특수계약설에 따르면 부활은 새로운 보험계약의 체결과 동일시되지는 않으므로, 원칙적으로 계약 체결 단계에 적용되는 상법 제651조를 그대로 적용하는 데에는 설명이 필요하다.

그럼에도 불구하고 부활 시 고지의무가 문제되는 이유는 보험집단의 위험관리라는 관점에 있다. 부활이 허용되면 해지되었던 보험계약이 다시 효력을 갖게 되는데, 이 과정에서 보험자가 변경된 위험상태를 파악하지 못한다면 역선택(adverse selection)의 문제가 발생할 수 있다. 즉, 위험이 낮은 보험계약자는 부활을 포기하고, 위험이 높은 보험계약자만 선택적으로 부활을 청구하는 현상이 나타날 수 있다. 이러한 현상이 반복되면 보험집단 전체의 위험률이 상승하고 보험료 체계의 안정성이 훼손된다.

이러한 이유로 보험약관은 대체로 부활 시 고지의무를 다시 부담하도록 규정하고 있으며, 이는 개별 보험계약자의 편의보다 보험제도 전체의 건전성과 지속 가능성을 우선한 규율로 이해된다.

예컨대 A가 피보험자로 사망보험에 가입한 후 보험료 지급지체로 계약이 해지되었는데, 해지 이후 중대한 질병 진단을 받은 상태에서 연체보험료를 납부하고 부활을 청구한 경우를 생각해 볼 수 있다. 이 경우 부활 시 고지의무를 부과하지 않는다면 보험자는 변경된 위험 상태를 파악할 수 없게 되고, 그 결과 보험집단 전체의 위험률이 왜곡될 우려가 있다.

제7관 타인을 위한 보험계약

Ⅰ. 의의

타인을 위한 보험계약이란 보험계약자가 아닌 제3자가 피보험자(손해보험) 또는 보험수익자(인보험)가 되는 보험계약을 말한다(상 639조). 예컨대 건물의 임차인이 임대인을 피보험자로 하여 화재보험을 체결하는 경우가 대표적인 예다. 이러한 계약이 성립하면 타인은 별도의 수익의 의사표시 없이 곧바로 보험금청구권을 취득한다(상 639조).

타인을 위한 보험계약은 민법상 제3자를 위한 계약(민 539조)을 이론적 기초로 하지만, 보험의 특수성을 고려하여 상법은 여러 특칙을 두고 있다. 특히 민법과 달리 제3자의 수익의 의사표시를 요구하지 않는다. 그렇다면 왜 보험에서는 제3자의 수익의 의사표시조차 요구하지 않는 것일까? 이는 보험사고 발생 시 보험금이 지체 없이 귀속되어야 한다는 정책적 요청에서 비롯된 것이다. 이와 같은 이유로 타인을 위한 보험계약에 관해서는 민법보다 상법 규정이 우선 적용된다. 예컨대 A가 자신의 배우자이자 건물 소유자인 B를 피보험자로 하여 해당 건물을 보험목적으로 하는 화재보험을 체결한 경우, 별도의 수익의 의사표시가 없더라도 B는 화재 발생 시에 보험금청구권을 행사할 수 있다.

Ⅱ. 요건

첫째, 보험계약 당사자 사이에 타인을 위한다는 의사표시가 있어야 한다. 만약 계약 문언상 누구를 위한 보험인지 명확하지 않은 경우에는 약관의 내용, 계약 체결 경위 등 제반 사정을 종합하여 판단한다는 것이 판례의 입장이다.

둘째, 타인은 계약 체결 당시 반드시 특정될 필요는 없다(상 639조). 실제로는 계약 체결 시 특정되는 경우가 대부분이지만, 사후 특정도 허용된다. 이는 타인을 위한 보험계약이 본질적으로 보험금 귀속의 방식에 관한 제도이므로, 타인의 특정 시점을 엄격히 한정할 필요가 없기 때문이다. 예컨대 "향후 지정될 공사수급인"을 피보험자로 하여 공사보험을 체결한 경우 그 보험계약의 효력에는 영향이 없으며, 다만 이후 실제로 공사를 수급한 자가 특정되면 그 시점에서 피보험자로서의 지위를 취득한다.

셋째, 타인의 위임은 보험계약의 성립요건이 아니다. 타인의 위임이 없더라도 타인은 당연히 보험금청구권을 취득한다(상 639조). 다만 이 경우 보험계약자는 위임 없이 타인을 위한 보험계약을 체결하였다는 사실을 보험자에게 통지해야 한다(상 639조). 이는 보험자가 계약의 성격을 정확히 인식할 수 있도록 하기 위한 규율이다.

넷째, 타인을 위한 손해보험에서는 타인이 피보험자가 되므로, 타인은 보험목적에 관하여 피보험이익을 가져야 한다. 이는 손해보험의 근본 원칙인 이득금지의 원칙을 유지하기 위한 필수 요건이다.

Ⅲ. 효과

1. 보험계약자

보험계약자는 계약의 당사자로서 보험증권 교부청구권(상 640조) 등 고유의 권리를 가지며, 보험료 지급의무(상 638조) 등 각종 의무를 부담한다. 이러한 기본적 지위는 타인을 위한 보험계약에서도 그대로 유지된다.

다만 가장 중요한 차이는 보험금청구권의 귀속이다. 보험사고가 발생하면 보험금청구권은 보험계약자가 아니라 타인에게 귀속된다(상 639조). 즉, 보험계약자는 계약의 체결·유지에 관한 권리·의무를 부담하지만, 보험사고 발생 후 보험금을 수령하는 주체는 타인이라는 점에서, 이로써 계약의 체결·유지와 보험금의 귀속이 서로 다른 주체에게 배분되는 기능적 분리가 이루어진다.

2. 타인

타인이 취득하는 권리는 다음과 같이 정리할 수 있다.

첫째, 타인은 수익의 의사표시 없이 보험금청구권을 취득한다. 이는 민법상 제3자를 위한 계약과의 가장 중요한 차이점이다. 민법 제539조는 제3자의 수익의 의사표시를 요건으로 하지만, 보험에서는 사고 발생 직후 타인이 신속하게 보험금을 청구할 수 있도록 이 절차를 생략한다. 판례 역시 타인은 자신의 고유한 권리로 보험금청구권을 취득하며, 이를 행사·처분하는 데 보험계약자의 동의를 요하지 않는다고 본다.

둘째, 보험계약에 기초한 항변은 타인에게도 대항할 수 있다. 타인의 권리는 보험자와 보험계약자 사이의 보험계약에서 파생된 것이므로, 그 계약에 내재한 항변 역시 타인에게 미친다. 예컨대 보험계약자가 고지의무를 위반한 경우 보험자는 그 사유를 이유로 계약을 해지하고, 타인에 대해서도 면책을 주장할 수 있다. 만약 이러한 항변이 타인에게 미치지 않는다면 보험계약자와 타인 사이에 부당한 불균형이 발생하고, 보험제도의 형평성도 훼손될 것이다. 예컨대 보험계약자인 A가 고지의무를 위반한 상태에서 타인 B를 피보험자로 하여 손해보험을 체결한 경우, 보험자는 그 고지의무 위반을 이유로 계약을 해지하고 B에 대해서도 보험금 지급을 거절할 수 있다.

셋째, 보험계약자는 일정한 범위에서 타인의 권리를 제한할 수 있다. 보험사고 발생 전에는 타인의 동의가 있거나 보험증권을 소지한 경우에 한하여 보험계약자가 임의해지를 할 수 있다(상 649조). 또한 인보험에서는 보험계약자가 보험수익자를 지정하거나 변경할 권리를 가지는 것이 원칙이다(상 733조·739조·739조의 3). 이는 보험계약자가 보험료를 부담하는 계약 당사자로서 가지는 지위로부터 파생되는 권리이다.

이처럼 타인의 권리인 보험금청구권은 강력하지만, 전적으로 무제한적인 것은 아니며 법률이 정한 범위 내에서 보험계약자의 권한과 조화를 이룬다.

한편 의무의 측면에서 보면, 보험료 지급의무는 원칙적으로 보험계약자가 부담하지만, 상법은 일정한 경우 타인도 보험료 지급의무를 부담할 수 있도록 규정한다(상 639조). 또한 타인은 보험사고 발생의 통지의무(상 657조) 등 보험계약에 부수하는 여러 의무도 부담한다.

결국 타인을 위한 보험계약은 타인에게 보험금청구권이라는 실질적이고 강한 권리를 부여하는 한편, 필요한 범위에서 의무도 부과함으로써 보험제도의 안정성과 형평성을 함께 확보하려는 제도라고 평가할 수 있다.

제 3 절 손해보험

제 1 관 손해보험 총론

Ⅰ. 총설

손해보험계약은 보험계약자가 약정한 보험료를 지급하고, 보험목적인 재산에 관하여 불확정한 사고가 발생하여 재산상 손해가 생긴 경우 보험자가 이를 보상하는 계약이다(상 638조 · 665조). 여기서 보험목적은 재산이며, 보상 방식은 정액이 아니라 실제 손해액을 기준으로 하는 비정액보상이다.

손해보험에서 보험자가 부담하는 손해보상책임은 민법상 손해배상책임과 구별된다. 전자는 보험계약이라는 사법상 계약의 효과로 발생하는 계약책임인 반면, 후자는 채무불이행이나 불법행위에 대한 법정책임이다(민 390조 · 750조). 만약 피보험자가 보험금도 지급받고, 동시에 손해배상책임자로부터 손해배상도 받을 수 있다면 어떤 결과가 발생할까? 이 문제의식이 곧 손해보험의 핵심 원리인 이득금지의 원칙으로 이어진다.

Ⅱ. 이득금지의 원칙

1. 의의

이득금지의 원칙은 피보험자가 손해의 전보를 넘어 초과이득을 얻을 수 없다는 원칙으로, 실손보상의 원칙(principle of indemnity)이라고도 한다. 이는 손해보험 전반을 관통하는 기본적이고 강행적인 지도원리이다.

왜 손해보험에서는 이처럼 엄격한 원칙이 요구될까? 손해보험에서 피보험이익이 요구되는 이유도 바로 여기에 있다. 만약 손해를 초과한 이익이 허용된다면 보험은 위험의 이전 수단이 아니라 투자나 도박과 다를 바 없게 되고, 나아가 인위적 사고를 유발할 유인도 커진다. 이득금지의 원칙은 보험의 도박화를 방지하고 보험사기를 억제하기 위한 정책적 필요에서 도출된 것이다.

다만 이득금지의 원칙에도 예외는 존재한다. 대표적으로 신가보험(상 676조)과 기평가보험(상 670조) 등이 그러하다. 이러한 제도는 이득금지의 원칙을 부정하는 것이 아니라, 그 엄격한 적용으로 인한 비효율을 완화하기 위한 보완 장치로 이해된다. 이에 대해서는 보험가액 부분에서 다시 살핀다.

2. 보험금청구권 및 여타 청구권의 경합과 이득금지의 원칙

보험사고가 발생하면 피보험자는 보험금청구권 외에도 다른 청구권을 함께 가지는 경우가 있다. 전형적인 예는 제3자의 불법행위로 보험목적이 훼손되어 ① 보험자에 대한 보험금청구권과 ② 제3자에 대한 손해배상청구권이 동시에 성립하는 경우이다. 이처럼 복수의 청구권이 성립하면, 피보험자는 원칙적으로 청구권경합의 법리에 따라 그중 하나를 선택하여 행사할 수 있다.

문제는 이미 하나의 청구권을 행사하여 손해의 전보가 이루어진 경우이다. 이때 다른 청구권은 어떻게 되는가?

- **손해배상을 먼저 받은 경우** – 피보험자가 제3자로부터 손해 전부를 배상받으면 보험금청구권은 소멸한다는 것이 판례의 입장이다. 이미 손해가 전보된 이상 보험금까지 지급받는 것은 이득금지의 원칙에 반하기 때문이다.
- **보험금을 먼저 받은 경우** – 피보험자가 보험금으로 손해 전보를 마쳤다면 손해 전보가 이루어진 범위에서는 더 이상 제3자에게 손해배상을 청구할 수 없다. 그렇다면 이때 제3자에 대한 손해배상청구권 자체가 소멸하는가? 만약 그렇다면 제3자는 아무런 책임도 지지 않게 되어 부당한 결과가 된다. 이를 방지하기 위해, 제3자에 대한 손해배상청구권은 소멸하지 않고 보험자가 이를 취득하여 피보험자에 갈음해 행사할 수 있도록 한다(상 682조). 이것이 보험자대

위이다.

보험자대위는 이득금지의 원칙을 관철하면서도 손해를 야기한 자에게 최종적인 책임을 귀속시키는 제도로서, 손해보험에서 핵심적인 의미를 가진다. 예컨대 A가 자신의 건물에 관하여 화재보험에 가입하였는데, 제3자인 B의 과실로 화재가 발생하여 건물이 훼손되었고 보험자가 A에게 보험금 전액을 지급한 경우를 생각해 보자. 이때 A는 이미 손해 전보를 받은 이상 B에게 다시 손해배상을 청구할 수 없지만, 그렇다고 하여 B가 면책되는 것은 아니다. 보험자는 지급한 보험금의 범위 내에서 A의 B에 대한 손해배상청구권을 취득하여 이를 행사할 수 있다.

Ⅲ. 피보험이익

1. 의의

손해보험에서 피보험자는 보험목적에 관하여 금전적으로 평가 가능한 경제적 이익을 가져야 한다. 이를 피보험이익(insurable interest)이라 한다. 피보험이익은 손해보험의 지도원리인 이득금지의 원칙을 실현하기 위한 필수 요건으로서 강행적 성격을 가진다.

상법은 피보험이익을 “보험계약의 목적”이라고 규정하지만(상 668조·672조), 이는 당사자의 주관적 목적이 아니라 보험으로 보호되는 경제적 이해관계를 의미한다. 학설과 판례는 그 의미를 보다 명확히 표현하기 위해 피보험이익이라는 개념을 사용한다. 상법은 손해보험에 대해서만 피보험이익을 요구하고, 인보험에서는 이를 요구하지 않는다. 인보험에서는 생명·신체와 같이 금전적 평가가 곤란한 대상이 보험목적이 되므로, 피보험이익 대신 피보험자의 서면동의를 요구하여 도덕적 위험을 통제한다(상 731조 등).

2. 유형

피보험이익은 다양한 형태로 나타난다.

- **소유·사용·수익·담보·청구·책임이익** – 가장 전형적인 것은 소유이익이지만, 사용·수익이익, 담보이익, 채권을 행사할 이익, 책임이 발생하지

않을 이익도 포함된다.

• **적극적 · 소극적 이익** – 적극재산이 감소하지 않을 이익과, 책임 증가를 방지할 이익이 이에 해당한다.

• **법적 · 사실적 이익** – 판례는 명확한 법률관계가 있는 경우뿐 아니라, 경제적 이해관계가 있는 사실적 이익도 피보험이익으로 인정한다. 주주의 이익이 대표적 예이다. 주주는 회사 재산에 직접 권리를 가지지는 않지만, 회사 재산의 변동으로 주식 가치에 영향을 받으므로 경제적 이해관계를 가진다. 만약 법률상 권리에 한정한다면, 실질적 손해를 입는 자가 보험의 보호에서 배제되지 않을까? 이러한 점에서 판례는 경제적 실질을 중시한다.

3. 피보험이익의 요건

첫째, 피보험이익은 금전으로 평가가 가능한 경제적 이익이어야 한다(상 668조). 금전으로 객관적 평가가 가능해야 손해의 범위를 확정할 수 있기 때문이다.

둘째, 피보험이익은 적법한 이익이어야 한다. 예컨대 마약 · 도박채무와 같은 불법 원인에 기초한 이익은 피보험이익이 될 수 없다.

셋째, 피보험이익은 계약 체결 시에 확정되어 있거나, 최소한 사고 발생 시까지 확정이 가능해야 한다. 따라서 현재의 이익뿐 아니라, 조건부 이익 또는 장래의 이익도 사고 발생 시까지만 확정할 수 있으면 충분히 피보험이익이 될 수 있다.

4. 피보험이익 흠결의 효과

피보험이익이 처음부터 존재하지 않는 경우 보험계약은 당연 무효이다(판례). 손해보험은 경제적 이해관계의 존재가 계약 성립의 전제이므로, 피보험이익 흠결은 계약의 기초 자체가 없는 것과 같다. 계약 체결 당시에는 존재하였으나 보험기간 중 소멸한 경우에는, 그 소멸 시점부터 계약의 효력이 상실된다.

예컨대 A가 타인의 건물에 관하여 아무런 사용 · 수익권이나 담보권도 가지지 않은 상태에서 자신을 피보험자로 하는 화재보험을 체결한 경우, A에게는 그 건물에 대한 피보험이익이 존재하지 않으므로 보험계약은 처음부터 무효가 된다. 또한 A가 소유하던 건물을 보험에 가입한 후 제3자에게 매도하여 소유권을 상실하였다면, 그 시점부터 A의 피보험이익은 소멸하고 이후 발생한 화재에 대해서는 보험금청구권이 인정되지 않는다.

Ⅳ. 보험가액

보험가액은 피보험이익을 금전적으로 평가한 금액으로서(상 670조), 손해보험에서 보상의 상한으로 기능한다. 이득금지의 원칙상 보험가액을 초과하는 보상은 허용되지 않기 때문이다. 따라서 보험가액 산정은 단순한 계산 문제가 아니라 손해보험의 건전성과 직결된 핵심 쟁점이다. 보험가액은 손해의 상한을 정하는 기준인 반면, 보험금액은 당사자가 약정한 지급 한도를 의미한다. 양자의 관계는 초과보험·중복보험·일부보험 문제에서 다시 살핀다.

1. 산정 원칙

보험가액은 사고 발생 시점과 장소에서의 객관적 가액을 기준으로 한다(상 671조). 손해보험은 실제 손해를 전보하는 제도이므로, 사고 이후의 변동이나 사후적 사정을 반영하지 않는다.

2. 보험가액 불변동주의

보험목적이 보험기간 중 이동하는 경우에는 사고 시점과 장소를 특정하기 곤란한 문제가 발생한다. 이를 해결하기 위해 운송보험에서는 발송 시점·장소의 가액을 보험가액으로 본다(상 689조). 이렇게 정해진 가액을 보험기간 전체에 걸쳐 적용하는 것을 보험가액 불변동주의라고 한다. 이는 운송보험의 특성상 불가피한 선택이며, 보험가액의 예측가능성을 확보하는 기능을 한다.

3. 신가보험

신가보험은 사고 당시 보험목적이 중고 상태이더라도 신품가액을 기준으로 보험가액을 산정하는 제도이다(상 676조). 이는 사고 후 현실적으로 중고품을 조달하기 어려운 경우가 많다는 점을 고려한 것으로, 경제적 회복이라는 손해보험의 목적을 충실히 달성하기 위한 예외로 이해된다.

4. 기평가보험

기평가보험은 사고 발생 전에 당사자가 보험가액을 미리 약정하는 방식이다. 약정된 협정보험가액은 사고 시의 실제 가액을 현저하게 초과하지 않는 한 보험가액으로 인정된다(상 670조). 이는 사고 후 가액 산정을 둘러싼 분쟁을 예방하고 계약의 안정성을 높이기 위한 제도이다. 다만 이득금지의 원칙은 여전히 관철되므로, 협정가액이 실제 가액을 현저히 초과하는 경우 그 초과 부분은 인정되지 않는다. 판례는 협정가액이 2,673만 원이었으나 사고 시의 가액이 1,000만 원이었던 경우 현저한 초과라고 판시하였다.

Ⅴ. 보험가액과 보험금액의 관계

손해보험에서 보험금액은 보험자가 부담할 최대 보상한도이고, 보험가액은 보험목적의 경제적 가치이다. 즉, 보험금액은 당사자가 약정한 지급 한도를 의미하는 반면, 보험가액은 손해의 상한을 정하는 기준이다. 두 개념은 외형상 유사해 보이는 것에 그치는 것이 아니라, 실제로는 이득금지의 원칙을 매개로 긴밀하게 연결되어 작동한다. 그렇다면 보험금액이 보험가액보다 큰 경우(초과보험), 여러 보험계약의 보험금액 총액이 보험가액을 넘는 경우(중복보험), 또는 보험금액이 보험가액에 미달하는 경우(일부보험)에는 어떠한 법리가 적용될까? 이하에서는 이 세 유형을 중심으로 그 법적 처리방식을 살펴본다.

1. 초과보험

초과보험은 보험금액이 보험가액을 현저히 초과하는 보험을 말한다(상 669조). 예컨대 보험금액이 1억 원인데 보험가액이 5천만 원인 경우가 이에 해당한다.

(1) 사기 없이 체결된 초과보험

초과보험은 계약 체결 당시뿐 아니라, 보험기간 중 보험가액의 변동으로 인해 사후적으로 초과 상태가 된 경우에도 성립한다(상 669조). 이 경우 이득금지의 원칙에 따라 보험자의 보상책임은 항상 보험가액을 상한으로 제한된다.

그렇다면 초과된 보험금액과 이에 상응하는 보험료는 어떻게 처리될까? 보험자 또는 보험계약자는 보험금액과 보험료의 감액을 청구할 수 있다(상 669조). 다만 그 효력은 장래에 한하여 발생한다(상 669조). 왜 감액의 소급효는 인정되지 않을까? 이는 이미 경과한 기간 동안 보험자가 위험을 부담한 사실을 전제로 하지 않고 보험료를 반환하도록 하는 것은, 보험자에게 예측하기 어려운 불이익을 초래할 수 있기 때문이다.

(2) 사기로 체결된 초과보험

보험계약자의 사기로 체결된 초과보험은 무효로 처리된다(상 669조). 이는 민법상 사기 취소(민 110조)와 달리 별도의 취소 절차 없이 곧바로 무효로 함으로써, 고의적인 초과보험을 강하게 제재하려는 입법적 선택이다. 입법자는 이를 사회질서에 반하는 중대한 위법행위로 평가한 것이다. 다만 보험자는 사기 사실을 알기 전까지의 보험료는 청구할 수 있다(상 669조). 이는 계약이 무효임에도 불구하고 보험료청구권을 인정함으로써, 사기에 의해 보험자를 기망한 보험계약자에게 경제적 불이익을 귀속시키고, 보험자의 위험인수 준비에 따른 비용을 보전하려는 취지이다.

2. 중복보험

중복보험은 ① 동일한 피보험이익, ② 동일한 보험사고, ③ 복수의 보험자와의 복수의 보험계약, ④ 그 보험금액의 총액이 보험가액을 초과하는 경우를 말한다(상 672조). 예컨대 보험가액 1억 6천만 원인 건물에 관하여 피보험자 A가 보험자 B · C와 각각 1억 원의 보험계약을 체결한 경우가 이에 해당한다. 보험계약이 동시 또는 순차로 체결되었는지는 문제되지 않는다.

(1) 사기 없이 체결된 중복보험

판례는 중복보험의 성립요건으로 보험기간의 동일성을 요구한다. 반면 보험계약자의 동일성은 필수 요건이 아니다. 왜냐하면 초과이득 발생 여부는 보험금청구권자인 피보험자를 기준으로 판단되기 때문이다.

중복보험에서 핵심적인 문제는 여러 보험자 사이에서 보상책임을 어떻게 나눌 것인가이다. 손해보험의 기본 원리에 따라 피보험자는 손해액을 초과하여 보상받을 수 없고, 이를 실현하기 위해 다음과 같은 법리가 적용된다.

• **대외적 관계**(연대책임) – 각 보험자는 피보험자에 대하여 자신의 보험금액 한도 내에서 연대하여 책임을 부담한다(상 672조). 따라서 피보험자는 어느 보험자에게든 손해 전보가 완료될 때까지 보험금 지급을 청구할 수 있다.

• **보험자 상호간 관계**(비례부담) – 보험자 상호 간에는 각자의 보험금액 비율에 따른 부담이 적용된다(상 672조). 따라서 먼저 보험금을 지급한 보험자가 자신의 부담비율을 초과하여 지급한 경우, 그 초과분에 대해 다른 보험자에게 구상할 수 있다.

위 사례에서 전손이 발생하였다면 A는 B 또는 C에게 각 1억 원의 청구가 가능하다. 만약 B가 먼저 1억 원을 지급했다면, 자신의 부담비율인 8천만 원을 초과한 2천만 원은 C에게 구상할 수 있다.

• **상대적 효력** – 피보험자가 특정 보험자에 대한 권리를 포기하더라도, 다른 보험자에게는 아무런 영향이 없다(상 673조). 이는 피보험자가 특정 보험자와 통모하여 다른 보험자에게 불이익을 전가하는 것을 방지하기 위한 규정이다. 예컨대 보험가액 1억 원에 대하여 보험자 B・C・D・E와 각 1억 원의 중복보험이 체결된 경우, 전손 시 각 보험자의 부담액은 2,500만 원이다. 이때 피보험자 A가 B에 대한 보험금청구권을 포기하더라도, 그 효과는 B와의 관계에만 미칠 뿐 C・D・E의 부담비율이 종전의 1/4에서 1/3으로 증가하지는 않는다. 이는 A의 처분으로 다른 보험자의 부담이 가중되는 것을 방지하기 위한 상대적 효력의 원칙에 따른 것이다.

(2) 사기로 체결된 중복보험

사기로 체결된 초과보험에 관한 상법 제669조의 규정은 중복보험에도 준용된다(상 672조). 따라서 사기에 의해 체결된 중복보험은 무효가 되며, 보험자는 사기 사실을 안 날 이전의 보험료는 청구할 수 있다.

(3) 통지의무

보험계약자는 중복보험을 체결한 경우 각 보험자에게 다른 보험계약의 존재를 통지해야 한다(상 672조). 이 통지의무의 취지는, 사전에 사기적 중복보험을 예방하고, 보험사고 발생 시 손해조사나 책임 범위를 보험자들이 적절히 분담할 수 있도록 하려는 데 있다. 보험계약자가 고의 또는 과실로 통지의무를 위반하여 보험자에게 손해를 입힌 경우에는 손해배상책임이 발생한다. 다만 통지를 하지 않았다는 사정만으로 곧바로 사기에 의한 중복보험으로 추정되지는 않는다는 점을 판례는 분명히 하고 있다.

3. 일부보험

일부보험은 보험금액이 보험가액에 미달하는 보험을 말한다. 예컨대 보험가액이 1억 원인데 보험금액이 5천만 원인 경우가 이에 해당한다. 일부보험에서는 초과보험이나 중복보험과 달리 이득금지 문제가 아니라, 손해 발생 시 보험자의 책임 범위를 어떻게 정할 것인가가 핵심 쟁점이 된다. 상법은 원칙적으로 비례책임주의를 채택한다.

- **비례책임** – 보험자는 "보험금액 ÷ 보험가액 × 손해액"의 범위에서만 책임을 부담한다(상 674조). 예컨대 보험금액 5천만 원, 보험가액 1억 원, 손해액 5천만 원인 경우 보험자의 책임은 2천5백만 원이 된다. 이는 보험금액이 보험가액에 미달하는 경우, 피보험자가 스스로 위험의 일부만 보험자에게 이전하고 나머지는 자기부담으로 남겨 둔 것으로 평가되기 때문이다.
- **약정에 의한 전부책임주의** – 다만 당사자가 특별히 약정한 경우에는 보험자가 보험금액을 한도로 손해 전부에 대해 책임질 수 있다(상 674조). 따라서 위 사례에서도 그러한 약정이 있다면 보험자는 손해액 5천만 원 전부를 지급해야 한다.

Ⅵ. 손해보험계약의 효과

1. 손해보험자의 보상의무

상법은 손해보험자에게 보험사고로 인하여 생긴 재산상의 손해를 보상할 책임을 부과한다(상 665조). 이는 보험계약자가 부담하던 위험을 유상계약을 통해 보험자에게 이전한 결과로서, 보험자의 책임은 계약의 효과로 발생하는 계약책임에 해당한다. 따라서 이는 채무불이행이나 불법행위로부터 발생하는 민법상의 손해배상책임(민 390조 · 750조)과 명확히 구별된다. 그렇다면 손해보험에서 말하는

"손해"란 무엇을 의미하는가?

(1) 손해

손해란 보험사고로 인해 피보험이익에 발생한 경제적 불이익을 말하며, 사고 전후의 경제적 상태를 비교한 차이를 기준으로 손해를 파악하는 입장이 판례의 태도이다. 앞서 설명한 것처럼 보험사고는 보험기간 중에 발생해야 하나, 손해 자체가 보험기간 경과 후에 현실화되더라도 보험사고와의 인과관계가 유지된다면 보상대상에 포함된다. 손해는 다음과 같이 구분된다.

- 재산적 손해와 비재산적 손해 – 재산적 손해에는 물건의 멸실·훼손, 상해로 인한 치료비 등과 같이 금전적 평가가 가능한 손해가 포함된다. 반면 정신적 고통과 같은 비재산적 손해는 원칙적으로 손해보험의 보상범위에서 제외된다(상 665조). 이는 비재산적 손해가 객관적 평가가 곤란하고, 이를 포함할 경우 보험자의 위험 부담과 보험료가 과도하게 증가할 우려가 있기 때문이다. 다만 당사자가 약정한 경우에는 포함될 수 있다고 본다.
- 적극적 손해와 소극적 손해 – 적극적 손해는 기존 재산의 감소를 의미하고, 소극적 손해는 장래의 수익 상실, 즉 일실이익을 말한다. 상법은 원칙적으로 적극적 손해만을 보상대상으로 삼고, 소극적 손해는 특별한 약정이 없는 한 보상하지 않는다(상 667조). 왜 이러한 구별을 두는가? 소극적 손해는 예측 가능성이 낮고 손해 범위가 불확정적이어서, 이를 당연히 포함시키면 보험사의 위험부담이 급격히 확대될 수 있기 때문이다. 이는 보험료 산정의 합리성을 유지하기 위한 입법적 고려에 기초한다. 요컨대 손해보험은 현실적으로 발생한 재산감소의 전보를 중심으로 설계된 제도이므로, 장래의 수익 상실과 같은 불확정적 손해는 원칙적으로 배제된다.

(2) 보험사고와 손해의 인과관계

보험사고와 손해 사이에는 상당인과관계가 요구된다(판례). 이는 손해보험이 단순한 급부제공이 아니라, 현실적으로 발생한 손해의 전보를 목적으로 하는 제도라는 점에서 필수적인 요건이다.

(3) 손해 발생과 후속사정

보험사고로 일정한 손해가 발생한 이후, 다른 원인으로 보험목적이 추가적인 손실을 입더라도 보험자는 이미 발생한 손해에 대해서는 보상책임을 부담한다(상 675조). 예컨대 침수로 일부 손해가 발생한 후 화재로 전손이 된 경우, 보험자는 침수로 인한 1차 손해를 보상해야 한다. 이는 보험자가 보험사고 직전 상태를 기준으로 손해를 전보할 책임을 부담한다는 점을 분명히 한 규정이다.

(4) 면책사유

보험목적의 성질 자체에서 발생하는 손해(예: 식품의 자연적 부패)나 통상적인 자연소모(예: 감가상각)는 보험자의 보상책임에서 제외된다(상 678조). 이러한 손해는 우연성에 기초한 보험사고가 아니라, 시간 경과나 물건의 성질상 필연적으로 발생하는 것이므로, 보험사고의 불확정성을 전제로 하는 보험계약과는 성질을 달리한다.

2. 손해방지의무

(1) 의의

보험사고가 발생한 경우 보험계약자와 피보험자는 손해의 방지 및 경감을 위해 노력해야 한다(상 680조). 손해의 방지와 경감을 편의상 이하에서는 손해방지로 부른다. 이 의무는 보험사고 자체를 예방하라는 것이 아니라, 사고 발생 이후에 손해가 확대되는 것을 막기 위한 사후적 의무이다. 보험에 가입되어 있다는 이유만으로 방지노력이 약화된다면 어떤 결과가 초래될까? 사회 전체의 손실이 증가하고, 그 부담은 결국 보험료 인상이라는 형태로 전가될 수밖에 없다. 이러한 점에서 손해방지의무는 보험제도의 건전한 운용을 뒷받침하는 공익적 성격을 가진다. 즉 손해방지의무는 개별 보험계약자의 이익에 그치지 않고, 보험집단 전체의 위험과 보험료 수준에 영향을 미치는 제도적 장치이다.

(2) 요건

손해방지의무의 주체는 보험계약자와 피보험자이다(상 680조). 나머지 요건에 대해서는 명문의 규정이 없으므로 해석에 따른다. 판례와 학설은 손해방지의무가 그 취지를 넘어 보험계약자 등에게 과도한 부담으로 귀결되지 않도록, 이를 합리적으로 제한하여 해석한다.

먼저, 보험계약자 등이 고의 또는 중과실로 손해방지의무를 위반한 경우에만 책임이 문제되며, 단순 과실에 대해서는 책임을 묻지 않는다(판례). 이는 이들에게 지나치게 무거운 부담을 지우지 않도록 하려는 규범적 판단을 반영한 것이다. 고의 또는 중과실에 대한 입증책임은 보험자에게 있다. 예컨대 화재가 발생한 건물에서 피보험자가 소화기로 초기 진화를 시도하지 않고 방치하여 손해가 확대되었다면, 그 사정이 고의 또는 중과실로 평가되는 범위에서 손해방지의무 위반이 문제될 수 있다.

보험사고가 실제로 발생해야 의무가 개시되며 단순한 사고 발생의 개연성만으로는 부족하다(판례). 또한 보험계약자 등에게 요구되는 행위는 보험에 가입되어 있지 않았더라도 통상적으로 취했을 정도의 조치에 그친다. 즉, 보험에 가입되어 있다는 이유로 선관주의를 넘어서는 적극적 조치를 요구하는 것은 아니다. 선관주의란 보험계약자나 피보험자가 처한 사회적 위치와 상황에서 일반적으로 기대되는 정도의 주의를 의미하며, 보험에 가입되어 있다는 이유로 평소보다 더 높은 수준의 전문적 조치를 요구하는 것은 아니다. 다시 말하면, 보험계약자 등에게 요구되는 조치는 일반인이 자기 재산을 보호하기 위하여 통상적으로 취할 정도에 그친다.

한편, 보험자가 손해방지에 관하여 구체적인 지시를 하는 경우에는 이에 협조할 의무가 있다고 본다.

(3) 효과

첫째, 보험계약자 등이 고의 또는 중과실로 손해방지의무를 위반하여 손해가 확대된 경우, 그 확대된 손해 상당액에 관하여 보험자에게 배상책임을 진다(판례).

둘째, 손해방지행위에 필요 또는 유익했던 비용은 손해방지비용으로서 보험자가 부담한다. 이는 손해방지의 효과가 실제로 있었는지 여부와 무관하다. 손해방지비용은 보험금액을 초과하는 경우에도 보상대상이다(상 680조). 이는 손해방지의무의 이행을 촉진하고 장려하려는 취지이다. 더 나아가 사고 발생이 확실하지 않은 상황에서 긴급조치로 지출한 비용도 포함된다고 판례는 본다. 이는 손해방지행위를 위축시키지 않기 위한 배려로 이해된다. 예컨대 침수 우려가 있어 긴급히 배수펌프를 가동하였으나 결과적으로 침수가 발생하지 않은 경우에도,

그 조치가 합리적이었다면 해당 비용은 손해방지비용으로 보험자가 부담한다.

Ⅶ. 보험자대위

손해보험은 현실적으로 발생한 손해를 전보하는 제도이지만, 그 전보가 피보험자에게 초과이득을 가져오거나 손해를 야기한 제3자를 부당하게 면책시키는 결과로 이어져서는 안 된다. 이러한 한계를 설정하기 위해 상법은 보험자가 일정한 범위에서 피보험자의 지위에 갈음하여 그의 권리를 취득할 수 있도록 하는 보험자대위 제도를 두고 있다. 보험자대위는 그 대상에 따라 보험목적에 관한 대위와 제3자에 대한 청구권대위로 나뉜다.

1. 보험목적의 대위

보험목적대위는 보험목적이 전부 멸실된 경우 보험자가 보험금 전액을 지급함으로써, 잔존하는 보험목적에 관하여 피보험자가 가지던 권리를 취득하는 제도를 말한다(상 681조). 손해보험은 이득금지의 원칙을 전제로 하므로, 전손이 발생하였음에도 보험금 전액을 지급받은 피보험자에게 잔존물이 그대로 귀속된다면, 피보험자는 보험금과 잔존물 가액을 함께 취득하게 되어 초과이득을 얻게 된다. 보험목적대위는 이러한 결과를 방지하기 위한 장치이다.

한편 인보험에서는 보험목적이 사람의 생명이나 신체이므로, 이에 관한 권리가 보험자에게 귀속된다는 것은 상정할 수 없고 사회질서에도 반한다. 따라서 인보험에는 보험목적대위가 적용되지 않는다.

보험목적대위의 요건은 다음과 같다.

- **보험목적의 전부 멸실**(전손) – 전손이란 보험목적 전부에 손해가 발생하여 그 본래의 경제적 가치나 효용을 회복할 수 없는 상태를 말한다. 예컨대 자동차가 사고로 수리 불가능할 정도로 파손되어, 고철로서의 가치만 남아 있다면 자동차로서의 기능과 가치는 상실된 것이므로 전손으로 본다. 합리적인 비용을 들여 본래의 경제적 가치를 회복할 수 있으면 분손에 해당한다.
- **보험금의 전부 지급** – 보험목적대위는 보험자가 보험금 전액을 지급한 경우에만 성립한다. 보험금 일부만 지급한 경우에는 지급액에 비례하여 잔존물

에 대한 대위가 인정되지 않는다. 위 사례의 전손사고에서 보험자가 고철가액을 공제하지 않고 보험금 전액을 지급하는 경우에 비로소 잔존물에 관한 권리가 보험자에게 귀속된다.

위와 같은 요건이 충족되면 보험자는 잔존하는 보험목적에 관한 피보험자의 권리를 법률의 규정에 따라 당연히 취득한다(상 681조). 이는 별도의 약정이나 권리이전행위를 요하지 않고, 법률의 규정에 따라 당연히 이루어지는 승계이다. 예컨대 전손 처리된 자동차의 고철이나 부품, 전소된 건물에서 회수되는 자재 등은 보험자에게 귀속된다. 이를 통해 피보험자의 이중이득을 방지하고, 잔존물의 경제적 가치를 보험자가 부담한 보상과 균형되게 귀속시킬 수 있다.

이를 구체적인 사례로 보면 다음과 같다. A가 자신의 자동차에 관하여 차량가액 3천만 원을 보험금액으로 하는 B의 자동차보험에 가입하였는데, 이후 교통사고로 자동차가 전손되어 수리비가 차량가액을 현저히 초과하는 상태가 되었고 보험자는 약정에 따라 보험금 3천만 원 전액을 A에게 지급하였다. 이 경우 차량의 고철 및 잔존 부품에 관한 권리는 B에게 귀속된다.

2. 청구권대위

(1) 의의

청구권대위는 피보험자의 손해가 제3자의 행위로 발생한 경우, 보험금을 지급한 보험자가 그 지급액 한도에서 피보험자의 제3자에 대한 권리를 취득하는 제도를 말한다(상 682조).

예컨대 제3자의 과실로 보험목적이 훼손된 경우 피보험자는 보험자에 대한 보험금청구권과 가해자에 대한 손해배상청구권을 동시에 갖게 된다. 이때 보험금을 전액 지급받은 피보험자가 다시 제3자에게 손해배상을 청구할 수 있다면 이득금지의 원칙에 반하게 된다. 이러한 결과를 방지하기 위해 보험자는 보험금을 지급한 범위 내에서 제3자에 대한 청구권을 취득한다. 사례로 보면, A가 3억 원 상당의 자신의 건물에 관하여 보험자 B의 화재보험에 가입하였고, 이후 제3자인 C의 과실로 화재가 발생하여 건물이 전손됨에 따라 B가 A에게 보험금 3억 원을 지급한 경우, B는 A의 C에 대한 손해배상청구권을 대위하여 행사할 수 있다.

요컨대 청구권대위는 피보험자의 초과이득을 방지하는 한편, 손해를 발생시킨 자에게 최종적인 책임을 귀속시키는 기능을 수행한다. 손해보험에서는 이러한 이유로 청구권대위가 원칙적으로 인정된다(상 682조).

인보험에서는 원칙적으로 청구권대위가 적용되지 않지만, 상해보험의 경우 약정이 있으면 이를 인정할 수 있다(상 729조). 다만 이는 이득금지의 원칙이 적용되는 비정액 보상방식의 상해보험에 한하여 인정된다고 이해된다. 이 규정은 질병보험에도 준용된다(상 739조의3).

(2) 요건

제3자는 청구권대위의 대상이 되는 자이므로, 누가 제3자에 해당하는지는 중요한 문제이다.

- **피보험자** – 피보험자는 제3자에 해당하지 않는다(판례). 만약 피보험자에 대한 대위를 인정한다면, 피보험자는 보험금을 받은 후 다시 보험자에게 책임을 지게 되어 보험계약의 실익이 사라진다.
- **피보험자와 생계를 같이하는 가족** – 피보험자와 생계를 같이하는 가족도 제3자에 포함되지 않는다(상 682조). 가족관계에서는 현실적으로 손해배상청구가 이루어지기 어렵고, 가계경제를 하나의 단위로 파악할 필요가 있기 때문이다. 다만 손해가 그 가족의 고의로 발생한 경우에는 제3자에 포함된다(상 682조). 이는 가족을 이용한 고의적 보험사기 가능성을 차단하기 위한 규율이다. 예를 들면, 피보험자 A의 주택에 화재가 발생하였는데, 그 원인이 생계를 같이하는 배우자 B의 과실로 밝혀진 경우, 보험자가 A에게 보험금을 지급한 후에도 B에 대해서는 청구권대위를 할 수 없고, 다만 화재가 B의 고의에 의해 발생한 경우에는 B가 제3자에 해당하여 청구권대위가 가능하다.
- **보험계약자**(타인을 위한 손해보험) – 타인을 위한 손해보험에서 보험계약자가 가해자인 경우, 보험계약자를 제3자로 볼 수 있는지가 문제된다. 판례는 보험보호의 실질적 대상은 피보험자이므로, 보험계약자가 피보험자가 아닌 이상 제3자에 해당한다고 본다. 이에 대해 보험료를 부담한 보험계약자의 합리적 기대에 반한다는 반대 견해도 제기된다. 예컨대 A는 자신의 건물을 임차인 B를 피보험자로 하여 보험자 C의 화재보험에 가입하였는데, 이후 A의 건물 관리상 과실로

화재가 발생하여 B에게 손해가 발생하였고, C가 B에게 보험금을 지급한 경우 보험계약자인 A에게 청구권대위를 할 수 있는가? 판례에 따르면 C는 A에게 청구권대위를 할 수 있다.

(3) 효과

보험자는 지급한 보험금의 한도 내에서 피보험자의 제3자에 대한 청구권을 취득한다(상 682조). 판례는 이를 승계취득으로 이해한다. 대위의 대상이 되는 권리는 보험사고로 인해 피보험자가 새로 취득한 제3자에 대한 청구권으로서, 손해배상청구권, 구상권, 직접청구권 등이 포함된다(판례). 보험자가 취득한 범위 내에서는 피보험자는 해당 청구권을 상실하므로, 이를 행사하거나 처분하더라도 법적 효력이 없다. 이는 보험자대위의 실효성을 확보하기 위한 당연한 귀결이다.

Ⅷ. 보험목적의 양도

1. 의의

피보험자가 보험목적을 양도한 경우, 양수인이 보험관계를 승계한 것으로 추정된다(상 679조). 이는 특별한 의사표시가 없는 한 보험계약상의 지위가 양수인에게 이전된다는 의미이다. 여기서 보험관계란 보험계약에 기초한 권리와 의무 전부를 의미한다. 그렇다면 왜 법은 이러한 승계추정을 두고 있을까? 보험목적이 양도되면 양도인은 그 목적물에 대한 피보험이익을 상실하여 보험계약을 존속시킬 실질적 필요가 줄어든다. 반대로 양수인으로서는 새로 보험계약을 체결하지 않고도 기존 보험관계를 그대로 이어갈 수 있다면 시간과 비용을 절감할 수 있다. 상법은 이러한 통상적 거래관행과 당사자의 일반적 의사를 고려하여, 보험목적의 양도와 함께 보험관계도 이전되는 것으로 추정하는 것이다. 그렇다면 보험관계의 승계를 원하지 않는 당사자의 의사는 어떻게 취급되는가?

상법 제679조는 임의규정이다. 이는 보험목적이 양도되면 대체로 보험관계의 승계를 원할 것이라는 경험칙을 전제로 한 추정에 불과하며, 당사자가 보험관계의 승계를 원하지 않는다는 의사를 명확히 표시한 경우에는 그 의사가 우선한다. 결국 승계추정은 거래의 편의를 도모하기 위한 기본 규칙일 뿐, 당사자의 자율적 의사결정을 배제하는 것은 아니다.

2. 통지의무

보험목적을 양도한 경우, 양도인 또는 양수인은 지체 없이 그 사실을 보험자에게 통지해야 한다(상 679조). 통지의무의 주체는 양도인과 양수인 중 어느 누구라도 될 수 있고, 통지의 상대방은 보험자이다. 그렇다면 법은 왜 통지의무를 별도로 요구할까? 첫째, 보험자로 하여금 현재의 피보험자가 누구인지를 분명히 인식하게 하여, 보험사고 발생 시에 보험금 지급 상대방을 둘러싼 분쟁을 예방하기 위함이다. 둘째, 보험목적의 귀속이 변경됨에 따라 위험의 주체도 달라지는 만큼, 보험자가 필요하다면 위험 평가나 계약조건의 변경 여부를 검토할 기회를 갖도록 하기 위함이다.

통지의무가 이행되지 않은 경우, 보험자가 양도 사실을 알지 못한 선의의 상태에서 종전의 피보험자(양도인)에게 보험금을 지급하였다면, 양수인은 그 지급에 대해 다툴 수 없다. 또한 통지의무 위반으로 보험자에게 손해가 발생한 경우, 그 손해는 통지의무를 이행하지 않은 양도인 또는 양수인이 배상해야 한다. 이는 보험목적의 양도와 보험관계 승계로 인한 거래상 편익이 보험자에게 일방적인 위험이나 손해로 귀결되는 것을 방지하기 위한 규율이다. 결국 보험목적의 양도에 따른 보험관계 승계는 거래의 원활함을 확보하는 장치이지만, 그 전제는 보험자에게 필요한 정보가 적시에 제공된다는 점에 있다. 이 점에서 통지의무는 승계추정과 결합하여 보험계약 질서를 안정적으로 유지하는 기능을 수행한다.

예컨대 A가 소유하던 건물을 화재보험에 가입한 상태에서 B에게 매도한 경우를 생각해 보자. 특별한 의사표시가 없는 한, B는 건물의 소유권과 함께 그 건물에 관한 화재보험관계도 승계한 것으로 추정된다. 따라서 건물 인도 후 화재가 발생하면 보험금청구권은 원칙적으로 B에게 귀속된다. 다만 A 또는 B가 보험자에게 건물 양도 사실을 통지하지 않은 상태에서, 보험자가 이를 알지 못하고 A에게 보험금을 지급하였다면, B는 그 지급의 효력을 다툴 수 없고, 보험자에게 다시 보험금 지급을 청구할 수 없다. 이 경우 통지의무를 게을리 한 자는 보험자에게 발생한 손해가 있다면 이를 배상해야 한다.

제2관 손해보험 각론

Ⅰ. 의의

상법은 손해보험의 여러 유형－화재보험, 운송보험, 해상보험, 책임보험, 새보험, 자동차보험, 보증보험－을 규정하고 있다. 손해보험 각 유형이 어떤 위험을 전제로 하고, 이를 둘러싼 권리·의무가 법적으로 어떻게 구성되는지를 큰 틀에서 살펴보는 데 목적이 있다.

Ⅱ. 화재보험

화재보험은 보험목적에 화재가 발생하여 피보험자가 입은 재산상 손해를 보험자가 보상하는 보험이다(상 665조·683조). 핵심은 보험사고가 "화재"라는 특정 원인에 한정된다는 점이다. 따라서 화재와 무관한 다른 원인에 의한 손해는 원칙적으로 담보되지 않는다. 화재보험은 보험사고의 원인을 화재로 특정한 물건보험으로 이해된다(판례). 그렇다면 동일한 재산상 손해라 하더라도 "원인이 화재인지" 여부가 왜 결정적일까? 이는 보험사고를 원인 중심으로 특정함으로써 위험의 범위를 명확히 하고, 그에 상응하는 보험료 산정과 담보 범위의 예측가능성을 확보하려는 데에 의미가 있다.

Ⅲ. 운송보험

운송보험은 육상운송 과정에서 발생할 수 있는 사고로 인한 운송물의 손해를 담보한다(상 688조). 원칙적으로 운송인이 운송물을 수령한 때부터 수하인에게 인도할 때까지의 기간 동안 생긴 손해를 보상한다. 실무에서는 운송인이 화주를 피보험자로 하여 타인을 위한 손해보험 방식으로 체결하는 경우가 흔하다. 이는 운송인의 책임 문제와 별개로, 운송물 자체에 관한 위험을 운송인 측에서 안정적으로 관리하려는 상거래 관행에 기초한다.

Ⅳ. 해상보험

해상보험은 해상사업과 관련한 사고로 인해 선박·적하 등에 발생한 손해를 담보하는 보험이다(상 693조). 해상보험은 주로 해운·무역업자들이 활용하는 기업보험이므로, 원칙적으로 불이익변경금지 원칙의 적용이 배제된다(상 663조).

해상보험은 국제거래에서 광범위하게 이용되고, 영국의 표준 해상보험약관이 실무상 널리 사용된다. 또한 국제적으로 통용되는 보험증권이나 약관에는 영국법 준거조항이 포함되는 경우가 많고, 판례는 그 효력을 대체로 인정한다. 결국 해상보험 영역에서는 국내 상법과 국제적 표준이 함께 작동하는 양상이 두드러진다. 그렇다면 국내법이 정한 보험계약자 보호 규율이 곧바로 관철되지 않는 이유는 무엇일까? 이는 해상보험이 거래당사자 모두 전문성을 갖춘 기업 간 계약으로 기능하고, 국제적 통일성과 예측가능성이 특히 중시되기 때문이다.

Ⅴ. 책임보험

1. 의의

책임보험은 피보험자가 제3자에게 법률상 배상책임을 부담함으로써 입는 재산상 손해를 보험자가 보상하는 보험이다(상 719조). 피보험자는 가해자, 제3자는 피해자에 해당한다. 예컨대 자동차 운행자 A가 교통사고로 B를 다치게 하여 손해배상책임을 부담하는 경우, A의 재산 감소라는 손해를 보험자 C가 보상하는 것이 책임보험의 기본 구도이다. 책임보험에서 문제되는 손해는 피보험자의 물건에 생긴 직접 손해가 아니라, 제3자에게 배상함으로써 발생하는 손해라는 점에서 물건보험과 구별된다.

2. 피해자보호의 필요성

책임보험은 형식상 피보험자(가해자)의 재산상 불이익을 보전하지만, 보험금은 실질적으로 피해자의 손해전보와 맞닿아 있다. 따라서 책임보험이 사회적 안전장치로 기능하기 위해서는 피해자 보호 장치가 필수적이다. 이를 뒷받침하는 제도가 다음과 같다.

첫째, 피보험자에 대한 지급 제한이다. 보험자는 피해자가 배상받기 전에 피보험자에게 보험금을 지급할 수 없다(상 724조).

둘째, 피해자의 직접청구권이다. 피해자는 보험자에게 직접 보상을 청구할 수 있다(상 724조).

그렇다면 왜 책임보험에서는 보험자와 피해자 사이에 직접적인 권리관계를 인정할까? 이는 책임보험이 피해자 보호라는 공익적 요청과 밀접하게 연결되어 있고, 피해자가 가해자의 지급능력 부족으로 손해전보에 실패하는 상황을 최소화하려는 정책적 고려가 반영된 결과이다.

Ⅵ. 재보험

재보험은 보험자(원보험자)가 자신의 책임을 다시 다른 보험자(재보험자)에게 전가시키는 보험이다(상 661조). 원보험에서 보험자가 부담하는 보험금 지급 부담을 재보험자가 일정 범위에서 보전하므로, 재보험은 흔히 "보험을 위한 보험"으로 불린다. 재보험은 법적 성질상 책임보험의 일종으로 이해된다(상 726조).

재보험에 불이익변경금지가 적용되지 않는 이유는 명확하다. 재보험의 당사자는 모두 보험자로서 위험평가와 계약조건 형성에 전문성을 갖춘 기업들이고, 그에 따라 사적 자치가 강하게 관철되는 계약영역이기 때문이다(상 663조).

Ⅶ. 자동차보험

1. 의의

자동차보험은 피보험자가 자동차를 소유・사용・관리하는 동안 발생한 사고로 인한 손해를 보상하는 보험이다(상 726조의2). 개인용 자동차보험에서는 자동차보험표준약관(표준약관)을 중심으로 담보 내용이 정형화되어 있어, 실무상 표준약관이 곧 자동차보험 법리의 출발점이 된다.

2. 종류

표준약관상 자동차보험의 담보는 다음과 같이 나뉜다. 여기에는 손해보험뿐 아니라 인보험적 급부가 포함된다는 점이 특징적이다.

- **대인배상보험** – 타인의 생명·신체 손해에 대한 배상책임을 담보하는 책임보험. 대인배상보험Ⅰ은 자동차손해배상보장법에 의해 가입이 강제되는 책임보험이고, 대인배상보험Ⅱ는 임의보험으로서 대인배상Ⅰ을 초과하는 손해를 보상한다.
- **대물배상보험** – 타인의 재물 손해에 대한 배상책임을 담보하는 책임보험. 대물배상보험은 일정한 보험금액까지는 가입이 강제되고, 그를 초과하는 보험금액에 대해서는 가입 여부가 자유롭다.
- **자기차량손해보험** – 피보험자동차 자체의 손해를 보상하는 물건보험
- **자기신체사고보험** – 피보험자의 생명·신체의 손해를 보상하는 인보험

자동차보험은 하나의 틀 안에서 책임보험·물건보험·인보험이 결합된 형태라는 점에서 독자적 성격을 가진다. 그렇다면 자동차보험에서 담보별로 적용법리가 달라지는 이유는 무엇일까? 이는 동일한 "자동차사고"라도 손해의 귀속주체와 손해의 성격이 서로 다르기 때문에, 담보 유형별로 법적 평가와 급부의 방식이 달라질 수밖에 없기 때문이다.

Ⅷ. 보증보험

보증보험은 보험계약자가 피보험자에게 계약상 의무불이행 또는 법령상 의무위반으로 손해를 입힌 경우, 보험자가 그 손해를 보상하는 보험이다(상 726조의 5). 보증보험은 형식은 보험이지만, 경제적 기능은 보증과 밀접하다. 판례도 보증보험을 "보험의 형식을 띤 보증"으로 파악한다. 보험사고를 채무자의 채무불이행으로 설정하지만, 실질적으로는 채권자 보호라는 보증계약과 유사한 효과를 달성하기 때문이다.

보증보험은 일반적으로 채무자(보험계약자)가 채권자(피보험자)를 위하여 체결한다. 즉, 전형적으로 타인을 위한 손해보험 형태를 취한다. 이로써 보증보험은 민간경제에서 위험을 분산하는 보험 기능과, 계약이행을 담보하는 보증 기능을 함께 수행하는 제도로 자리매김하였다.

제 4 절 인보험

제 1 관 인보험 총론

Ⅰ. 인보험의 의의

인보험은 피보험자의 생명 또는 신체에 관하여 보험사고가 발생한 경우, 보험자가 보험계약에서 정한 보험금액 또는 기타 급여를 지급하는 보험이다(상 727조). 즉, 인보험에서는 사람 자체가 보험목적이 되며, 재산을 보험목적으로 하는 손해보험과는 그 법적 성질을 달리 한다.

인보험은 손해보험과 달리 손해의 전보를 본질로 하지 않으므로, 이득금지의 원칙이 적용되지 않는다. 특히 생명보험은 사람의 생명을 대상으로 손해의 크기를 산정하는 것이 적합하지 않다는 점에서 정액보상 방식을 취한다. 따라서 보험사고가 발생하면 실제 손해의 유무나 크기와 관계없이, 약정된 보험금이 확정적으로 지급된다.

이에 반해 상해보험과 질병보험의 경우에는 의료비 등과 같이 손해를 금전적으로 평가하는 것이 가능한 영역이 존재하므로, 정액보상과 비정액보상이 병존하는 구조를 취한다. 다만 상해보험·질병보험의 비정액보상은 손해보험의 비정액보상과는 그 법적 근거와 기능에서 본질적인 차이가 있다는 점에 유의할 필요가 있다. 손해보험에서의 비정액보상은 손해를 전보한다는 손해보험의 본질과, 그로부터 도출되는 이득금지의 원칙에 따른 당연한 귀결이다. 이에 반해 상해보험 · 질병보험에서의 비정액보상은 손해보험적 원칙의 적용 결과가 아니라, 계약 당사자가 보험자의 보상범위를 비정액으로 정하기로 약정한 데서 비롯된 것이다. 따라서 이는 이득금지의 원칙과 직접적인 관련을 가지지 않는다.

보험목적이 생명인 경우에는 생명보험이 되고, 보험사고가 사망인지 생존인지에 따라 사망보험과 생존보험으로 구분된다. 보험목적이 신체인 경우에는, 사고의 성질에 따라 상해보험 또는 질병보험으로 나뉜다.

Ⅱ. 인보험의 특징

1. 동의주의

인보험에서 피보험이익을 요구할 것인지는 비교법적으로 견해가 갈린다. 영국법은 피보험이익을 요구하는 반면, 독일법은 이를 요구하지 않는다. 우리 상법에는 피보험이익을 요구하는 명문 규정이 없고, 판례 역시 인보험에서 피보험이익은 요건이 아니라고 해석한다.

그렇다면 피보험이익을 요구하지 않으면서도, 보험금을 둘러싼 도덕적 위험은 어떻게 통제할 수 있을까? 우리 상법이 선택한 해답이 바로 동의주의이다. 상법은 타인의 인보험, 특히 타인의 사망보험에 관하여 피보험자의 서면동의를 요구한다(상 731조 등). 이는 보험계약의 성립 단계에서 피보험자의 자기결정권을 확보하고, 보험금을 목적으로 한 범죄적 유인을 사전에 차단하기 위한 핵심적 장치로 이해된다.

2. 중과실 면책의 금지

인보험에서는 보험사고가 보험계약자 · 피보험자 또는 보험수익자의 중과실로 발생하더라도, 보험자는 원칙적으로 보험금을 지급해야 한다(상 732조의2 · 739조 · 739조의3). 이는 인보험이 재산적 보상뿐 아니라 생명 · 신체 보호라는 사회적 기능을 수행한다는 점과 유가족 보호의 필요성을 고려한 입법적 선택이다. 반면 손해보험에서는 보험계약자 또는 피보험자의 중과실로 인한 사고에 대해 보험자가 면책되는 것이 원칙이다(상 659조). 결국 중과실로 인한 보험자의 면책이 허용되는지 여부는, 인보험과 손해보험을 구별하는 대표적인 기준으로 기능한다.

3. 보험자대위의 원칙적 금지

보험자대위는 손해보험에서 전형적으로 인정되는 제도이나, 인보험에서는 원칙적으로 허용되지 않는다. 그 이유는 두 가지이다. 첫째, 인보험의 보험목적은 생명 또는 신체이므로, 이를 보험자가 취득한다는 개념 자체가 허용될 수 없다. 둘째, 인보험은 손해의 보전을 넘는 이익 취득을 문제 삼는 이득금지 원칙이 직접 적용될 여지가 없다.

이러한 점에서 판례는 보험목적대위는 전면적으로 금지된다고 보고, 청구권대위 역시 원칙적으로 허용되지 않는다고 본다. 따라서 제3자의 불법행위로 인해 보험사고가 발생한 경우, 보험계약자 측은 보험자에 대한 보험금청구권과 제3자에 대한 손해배상청구권을 병행하여 모두 행사할 수 있다. 이는 손해보험과 달리 인보험에는 이득금지의 원칙이 적용되지 않기 때문이다.

다만 상해보험과 질병보험에 한하여, 약정이 있는 경우에는 예외적으로 청구권대위가 인정된다(상 729조 · 739조의3). 앞서 본 바와 같이 상해보험 · 질병보험에서는 계약 당사자가 약정을 통해 비정액보상 방식을 취할 수 있는데, 이러한 경우 청구권대위를 허용하는 약정을 두는 것도 가능하다. 이때의 청구권대위는 이득금지의 원칙에 기초한 법정대위가 아니라, 계약 당사자의 자율에 따른 약정대위에 해당한다. 보험자는 이러한 약정을 통하여 보험금 지급으로 인한 재무적 부담을 조절함과 동시에, 보험사고의 발생이나 손해의 확대를 억제하는 효과를 기대할 수 있다.

예컨대 피보험자 A가 제3자 B의 불법행위로 상해를 입어 치료비 상당의 보험금을 보험자에게서 지급받았다고 하더라도, 특별한 약정이 없는 한 보험자는 B에 대한 손해배상청구권을 당연히 대위하여 행사할 수 없다. 이 경우 A는 보험금청구권과 별도로 B에 대한 손해배상청구권을 행사할 수 있다. 다만 상해보험약관에서 제3자에 대한 권리를 보험자가 행사하기로 약정한 경우에는, 그 약정의 범위 내에서만 청구권대위가 인정된다.

제2관 인보험 각론

Ⅰ. 생명보험

1. 의의

생명보험은 피보험자의 생명에 관하여 보험사고가 발생한 경우 보험자가 약정한 보험금액을 지급하는 보험계약이다(상 730조). 생명보험은 보험사고의 내용과 피보험자의 수라는 두 기준에 따라 분류된다.

먼저 보험사고의 내용을 기준으로 보면, 사망보험은 피보험자의 사망을 보험사고로 하고, 생존보험은 피보험자의 생존을 보험사고로 하며(예: 연금보험), 생사혼합보험은 사망과 생존을 모두 보험사고로 한다. 우리나라의 보험상품에서는 사망보험과 생사혼합보험이 중심을 이루고, 순수한 생존보험은 상대적으로 그 비중이 크지 않다. 생존 그 자체가 보험사고로 평가되는 이유는, 생존이 필연적으로 장기간의 생활비 부담이라는 경제적 위험을 수반한다고 보는 보험법적 인식에 기초한다.

다음으로 피보험자의 수를 기준으로 보면, 단생보험은 피보험자가 1인인 경우를, 연생보험은 복수의 피보험자를 전제로 하는 경우를 말하며, 단체보험은 일정한 단체의 구성원이 포괄적으로 피보험자가 되는 경우를 가리킨다.

한편 15세 미만자, 심신상실자, 심신박약자의 사망을 보험사고로 하는 보험계약은 무효로 된다(상 732조). 이는 사망보험이 본질적으로 강한 도덕적 위험을 내포한다는 점을 고려하여, 의사능력이 취약한 사람을 보험계약의 대상으로 삼는 것을 금지함으로써 이들을 보호하려는 데에 취지가 있다. 다만 심신박약자라 하더라도, 그 상태가 고정된 것이 아니라 시점에 따라 의사능력의 유무가 달라질 수 있으므로, 보험계약을 체결하거나 단체보험의 피보험자가 될 당시 의사능력이 인정되는 경우에는, 그 보험계약은 유효하다(상 732조).

2. 타인의 생명보험

타인의 생명보험이란 보험계약자와 피보험자가 서로 다른 경우를 말한다.

그중에서도 타인의 사망보험(타인의 생사혼합보험을 포함)은 가장 강한 도덕적 위험을 수반하므로, 법은 피보험자의 자기결정권을 보호하기 위하여 엄격한 규율을 둔다. 이러한 규율은 타인의 상해보험과 질병보험에도 준용된다(상 739조 · 739조의3).

상법은 다음 세 가지 경우에 피보험자의 서면동의를 요구한다. 첫째, 보험계약 체결 시의 서면동의(상 731조), 둘째, 보험금청구권의 양도에 대한 서면동의(상 731조), 셋째, 보험수익자의 지정 · 변경에 대한 서면동의(상 734조)이다. 이들 모두는 피보험자의 생명 · 신체에 중대한 영향을 미칠 수 있는 지점이라는 공통점을 가진다. 따라서 법은 피보험자의 의사확인을 절대적 강행규정으로 두고 있다.

왜 서면동의를 요구할까? 사망보험은 장래의 사망을 전제로 하는 민감한 계약이므로, 단순한 구두동의만으로는 동의의 진정성과 명확성을 담보하기 어렵기 때문이다. 분쟁을 예방하고 동의의 존재와 내용을 분명히 하기 위해 서면(전자문서 포함)이 요구된다.

판례는 개별적 서면동의가 효력요건임을 분명히 하며, 구두 · 묵시적 · 포괄적 동의는 모두 효력이 없다고 본다. 따라서 서면동의가 없는 경우 계약체결, 보험금청구권의 양도, 보험수익자의 지정 · 변경은 모두 확정적으로 무효가 되고, 사후동의나 추인도 허용되지 않는다.

예컨대 A(보험계약자)가 B(피보험자)의 사망을 보험사고로 하는 보험계약을 체결하면서, B의 서면동의가 없었던 경우, 그 보험계약은 무효가 된다. 이때 B가 사후에 "동의한다"는 취지로 추인하였더라도, 사전적 서면동의가 효력요건인 이상 무효를 치유할 수 없다.

실무상 이 규정의 중요성은 매우 크다. 모집종사자가 피보험자의 서면동의를 제대로 받지 않은 경우, 모집종사자의 불법행위가 성립하고, 보험자는 금융소비자법 제45조에 따른 사용자책임을 부담하게 된다는 것이 판례의 입장이다. 다만 앞서 본 바와 같이, 보험중개사의 경우 보험자의 사용자책임은 성립되지 않는다.

3. 타인을 위한 생명보험

타인을 위한 생명보험은 보험계약자와 보험수익자가 서로 다른 생명보험을 말한다. 즉, 보험계약자가 자기 자신이 아닌 자를 보험수익자로 하는 생명보험을 말한다. 이는 타인을 위한 보험(상 639조)의 한 유형으로서, 생명보험에서 특히 중요한 기능을 가진다.

생명보험계약에서는 보험계약자가 보험수익자를 지정하거나 변경할 권리를 가진다(상 733조). 이 권리는 형성권으로서 보험계약자의 일방적 의사표시만으로 효력이 발생하고, 보험자의 동의는 필요하지 않다. 그렇다면 왜 이 권한을 보험계약자에게 부여할까? 보험계약자는 보험료를 부담하는 당사자라는 점에서 보험계약자를 지정할 수 있는 권한을 부여받고, 나아가 보험수익자와의 인간관계나 경제적 관계가 시간의 경과에 따라 변화할 수 있다는 점을 고려하여 변경권도 함께 인정된다. 생명보험이 장기계약이라는 점에서 이러한 변화 가능성을 반영할 필요가 있다.

예컨대 A가 보험계약자로서 배우자 B를 보험수익자로 지정하였다가 이후에 자녀 C로 보험수익자를 변경한 경우, 그 변경은 원칙적으로 B 또는 C의 동의 없이 A의 일방적 의사표시만으로 효력이 발생한다.

이러한 이유로 보험계약자는 특별한 의사표시를 하지 않더라도 보험수익자 지정 · 변경권을 보유한 것으로 본다. 반대로 보험수익자를 변경하지 않겠다는 의사표시를 한 경우에는 보험수익자 변경권은 유보되지 않는다. 즉, 변경권을 행사할 수 없게 된다. 이 법리는 타인을 위한 상해보험과 질병보험에도 그대로 준용된다(상 739조 · 739조의3).

4. 단체보험

단체보험은 일정한 단체가 구성원 전부 또는 일부를 포괄하여 피보험자로 하는 보험을 말한다(상 735조의3). 그 기본 취지는 상해보험과 질병보험에도 동일하게 준용된다(상 739조 · 739조의3).

단체보험에서 핵심적인 쟁점은 타인의 사망보험에서 요구되는 개별적 서면동의를 그대로 요구할 것인지 여부이다. 원칙적으로 타인의 사망보험은 피보험자의 서면동의가 절대적으로 요구된다. 그러나 단체보험에서는 모든 구성원으로부터 개별적으로 서면동의를 받는 것이 현실적으로 어렵다. 이에 상법은 중요한 예외를 두어, 단체가 규약으로 정한 경우에는 개별적 서면동의를 생략할 수 있도록 한다(상 735조의3).

즉 단체보험에서는 규약에 기초한 집단적 의사확인이 개별적 서면동의를 대신한다. 왜 이러한 예외가 인정될까? 단체보험은 기업 · 학교 · 직능단체 등에서 다수 구성원의 위험을 함께 관리하는 제도이기 때문이다. 구성원별로 개별적인 서면동의를 일률적으로 요구할 경우, 단체 구성원의 변동이 잦은 현실에서 보험계약의 체결 · 유지 자체가 곤란해지고, 신규 구성원에 대한 보험보호가 지연되거나 공백이 발생할 수 있다. 이로 인해 단체보험이 가지는 집단적 위험관리 기능이 실질적으로 훼손될 우려가 있다. 이는 단체보험이 집단적 위험의 공동부담을 전제로 하는 제도라는 점을 고려하여, 피보험자의 자기결정권 보호를 통한 도덕적 위험의 통제와, 단체보험의 실질적 운용 가능성 사이에서 합리적 균형을 도모한 입법적 선택으로 이해된다.

5. 보험료적립금 반환의무

보험계약이 해지되거나 고지의무 위반 등으로 보험자가 면책되는 경우, 보험자는 이미 적립된 보험료적립금을 보험계약자에게 반환해야 한다(상 736조). 보험료적립금이란 보험자가 장래의 보험금 지급에 대비하여, 순수한 위험보험료와 구별되는 부분으로서 미리 적립해 둔 금액을 말한다. 예컨대 생존보험이나 생사혼합보험에서는 피보험자의 생존 시에 지급할 보험금이 예정되어 있으므로, 보험자는 일정 금액을 장기간에 걸쳐 적립하게 된다. 계약이 중도에 종료되면, 이러한 적립금은 반환 대상이 된다. 이 점에서 생존보험은 적립을 전제로 하지 않는 순수 사망보험과 구별되는 특징을 가진다.

그렇다면 반환청구권은 언제까지 행사할 수 있을까? 보험료적립금 반환청구권의 소멸시효는 3년이다(상 662조). 이는 보험계약의 장기성과는 별도로, 정산관계를 조기에 확정하려는 규범적 판단에 따른 것이다.

6. 약관대출

약관대출은 보험자가 해지환급금의 범위 내에서 보험계약자에게 제공하는 대출을 말한다. 특히 생존보험이나 생사혼합보험은 해지환급금의 규모가 비교적 크기 때문에 약관대출이 빈번히 활용된다.

그렇다면 약관대출은 진정한 의미의 대출일까, 아니면 장차 지급될 보험금을 미리 지급하는 것일까? 판례는 약관대출을 보험자가 장래 지급해야 할 보험금이나 해지환급금에서 공제될 실질적 선급부로 본다. 즉 형식은 대출이지만, 실질은 보험자의 선급부라는 것이다. 이에 대하여 학설 중에는 이를 소비대차로 파악하는 견해도 제시되고 있다.

Ⅱ. 상해보험

1. 의의

상해보험은 피보험자의 신체에 상해가 발생한 경우 보험자가 보험금 및 기타 급여를 지급하는 보험이다(상 736조). 여기서 보험목적은 신체이고, 보험사고는 상해이다.

상해보험의 보상방식에는 정액보상형과 비정액보상형이 모두 허용된다(판례). 상해사망보험금과 후유장해보험금은 정액보상형 급부에 해당하고, 치료비・입원비는 비정액보상형 급부에 해당한다. 이로 인해 정액보상형 상해보험은 생명보험과 유사한 성격을 보이는 반면, 비정액보상형 상해보험은 손해보험의 실손보상 방식과 가까운 면을 가진다.

그렇다면 상해로 인한 사망, 즉 상해사망은 상해보험일까, 아니면 사망보험일까? 이 점에 관하여 판례는 사망이라는 결과보다 상해라는 원인이 보험사고의 본질이라고 보아 상해보험으로 분류한다.

2. 비교

(1) 생명보험과의 관계

상해보험은 보험목적이 사람이라는 점에서 생명보험과 공통되므로, 생명보험에 관한 규정이 준용된다(상 739조). 다만 다음과 같은 차이가 존재한다.

첫째, 상해보험에는 15세 미만자・심신상실자 등에 관한 제한 규정(상 732조)이 적용되지 않는다. 즉, 이들의 상해를 보험사고로 하는 보험계약은 유효하다. 이는 상해보험이 사망보험에 비해 도덕적 위험이 상대적으로 낮다는 점을 반영한 것이다.

둘째, 생명보험에서는 청구권대위가 원칙적으로 허용되지 않지만, 상해보험에서는 일정한 경우 약정에 따라 청구권대위가 인정될 수 있다(상 729조). 앞서 본 바와 같이, 상해보험에서는 계약 당사자가 약정을 통해 비정액보상 방식을 취할 수 있는데, 이러한 경우 청구권대위를 허용하는 약정을 두는 것도 가능하다.

(2) 질병보험과의 관계

상해보험과 질병보험은 모두 신체를 보험목적으로 한다는 점에서 공통되지만, 보험사고의 성격은 다르다. 상해보험은 외부로부터의 사고를 전제로 하는 반면, 질병보험은 신체 내부에서 발생한 질병을 담보한다는 점에서 구별된다.

(3) 손해보험과의 관계

상해보험은 인보험에 속하지만, 치료비 등에 대한 비정액형 상해보험의 급부 방식은 손해보험의 실손보상과 동일한 구조를 가진다. 다만 이는 이득금지의 원칙에 기초한 것이 아니라, 계약 당사자가 보상한도를 비정액으로 약정한 데에서 비롯된 것이라는 점에서 손해보험과 본질적인 차이가 있다.

이와 관련하여 비정액형 상해보험에 손해보험 규정을 유추적용할 수 있는지에 관하여 학설은 견해가 나뉘지만, 판례는 중복보험 규정(상 672조)의 유추적용을 긍정한다. 판례 법리에 따르면, 예컨대 피보험자 A가 동일한 상해사고에 대비하여 보험자 B와 C와 각각 비정액보상 방식의 상해보험에 가입한 경우를 생각해 보자. A가 상해를 입어 치료비 손해가 발생하면, A는 각 보험자에게 보험금 지급을 청구할 수 있고, 보험자들은 각자의 보험금액 한도 내에서 연대하여 책임을 부담한다. 다만 손해보험의 중복보험과 마찬가지로, A는 B와 C로부터 실제 손해액을 초과하는 보상을 받을 수는 없다.

3. 보험사고

상해보험의 보험사고는 상해이다. 상해란 신체에 해를 가하는 외부로부터의 급격하고 우연한 사고를 말하며, 급격성 · 우연성 · 외래성을 그 요건으로 한다(판례). 이 요건에 대한 입증책임은 보험금을 청구하는 자에게 있다(판례).

• **급격성** – 사고가 돌발적 · 순간적으로 발생할 것을 의미한다. 길에서 미끄러지는 사고, 갑작스러운 폭행, 자동차 충돌 등이 이에 해당한다. 술에 취해

잠을 자다가 구토로 기도가 폐색되어 사망한 경우에도 급격성이 인정된 바 있다(판례).

• **우연성** – 사고가 고의에 의하지 않고 예견할 수 없는 것일 것을 의미한다. 이때 중과실이 있다고 하여 우연성이 부정되는 것은 아니다. 예컨대 술에 취해 출입이 금지된 지하철 선로에 내려갔다가 통과하던 열차에 충돌한 경우에도, 고의적 자해로 볼 수 없다는 이유로 우연성이 인정된다(판례).

• **외래성** – 상해가 피보험자의 체질이나 기왕증과 같은 내부 요인이 아니라 외부적 요인에 의해 발생했음을 의미한다. 술에 취해 선풍기를 틀어놓고 잠들었다가 사망한 경우에도 외래성이 긍정된 바 있다(판례).

4. 내부적 요인과 외부적 요인의 경합

현실에서는 상해 발생에 내부적 요인(기왕증 · 체질 등)이 함께 작용하는 경우가 적지 않다. 판례는 외부적 사고가 상해 발생에 상당한 인과관계를 형성한다면, 내부적 요인이 공동으로 작용하였더라도 보험사고로 인정한다. 예컨대 혈관이 약한 체질이라는 내부적 요인을 가진 사람이 넘어지면서 입은 충격으로 뇌출혈이 발생한 경우, 상해보험금 지급책임이 인정될 수 있다.

다만 실무에서는 내부적 요인이 상해의 중대한 원인으로 작용한 경우 보험금 감액에 관한 약정을 두는 경우가 많고, 판례는 이러한 약정을 당사자 간 합의에 기초한 것으로 보아 그 효력을 인정한다.

Ⅲ. 질병보험

1. 의의

질병보험은 피보험자의 질병으로 인해 보험사고가 발생한 경우 보험자가 보험금 또는 기타 급여를 지급하는 보험이다(상 739조의2). 보험목적은 신체이고, 보험사고는 질병이다.

질병보험에서도 정액보상형과 비정액보상형 급부가 모두 가능하다. 특정 질병의 진단 시에 일정 금액을 지급하는 경우는 정액보상형에 해당하고, 치료비를 실제 지출액 범위에서 보상하는 경우는 비정액보상형에 해당한다.

이와 같이 비정액보상형 질병보험은 실질적으로 손해전보적 성격을 가지게 된다. 다만 이는 손해보험의 이득금지 원칙에 따른 것이 아니라, 계약상 급부방식에 따른 결과라는 점에서 구별된다. 그렇다면 질병보험이 이러한 성격을 띠게 된 이유는 무엇일까? 질병의 발생은 치료비 · 입원비 · 근로손실 등 재산상 손해와 거의 불가분적으로 결부되기 때문에, 보험실무는 자연스럽게 실손보상 방식의 급부를 발전시켜 왔다.

2. 적용 법규

질병보험에는 생명보험과 상해보험에 관한 규정이 성질에 반하지 않는 범위에서 준용된다(상 739조의3). 이는 질병보험이 생명보험과 상해보험의 중간 영역에 위치하면서, 질병의 특성상 외래성 · 급격성을 요구하지 않는다는 점을 고려한 입법적 선택이다.

예컨대 타인의 사망보험에서의 피보험자 동의주의(상 731조), 중과실 면책의 배제(상 732조의2), 약정이 있는 경우의 청구권대위 허용(상 729조) 등이 질병보험에도 그대로 준용된다. 이는 질병보험이 생명 · 신체 보호라는 인보험의 기본 성격을 가지면서도, 급부 방식에서는 상해보험과 유사한 기능을 수행하기 때문이다.

제5편 어음법 · 수표법

제 1 절 어음법·수표법 총론

제 1 관 어음법·수표법의 의의

어음법과 수표법은 각각 어음과 수표라는 유가증권을 규율하는 특별법이다. 우리 상법은 기업 간 거래를 전반적으로 다루지만, 어음과 수표는 그 중에서도 금전 지급을 매개로 한 신용거래의 핵심 수단이므로 별도의 독립된 법률로 규율한다.

어음법은 환어음을 중심으로 하며(어 1조~74조), 대부분의 규정을 약속어음에도 준용한다(어 77조). 즉, 약속어음에 관한 특칙(어 75조~78조)은 존재하지만, 실질적인 법률관계에 있어서는 두 어음 사이에 본질적인 차이가 없다. 이 점을 고려하여 이하에서는 약속어음에 관한 특칙이 적용되는 경우를 제외하고는, 약속어음에 관한 근거 규정 역시 환어음에 관한 규정을 인용하는 것으로 대신한다. 아울러 전자적 방식으로 발행 · 유통되는 어음을 다루기 위해 「전자어음의 발행 및 유통에 관한 법률」이 별도로 제정되어 있다.

수표법은 수표를 환어음과 유사한 형식으로 규율하지만, 지급수단으로서의 성격을 강조한다. 그래서 주채무자가 없고, 지급인은 반드시 은행이어야 하며(수 3조), 인수 대신 지급보증제도(수 55)가 마련되어 있다. 또한 부정수표의 남용을 방지하기 위한 형사특별법으로 「부정수표단속법」이 병존한다.

어음법과 수표법의 공통된 성격은 다음 세 가지로 요약된다.

• **기술성** – 어음과 수표는 제3자에게 유통되는 증권이므로, 형식과 절차가 엄격하게 규정된다. 따라서 어음법과 수표법은 윤리적 색채를 배제하고 무색적인 기술적 성격을 띠는 경우가 많다.

• **강행성** – 다수의 이해관계자가 얽히는 유통거래의 특성상, 개별 의사보다는 거래의 통일성, 예측가능성과 안전이 중시된다. 그래서 대부분의 규정은 임의규정이 아닌 강행규정이다.

• **유통성** – 어음 · 수표가 금전채권을 원활하게 이전할 수 있도록, 그 이전과 유통을 뒷받침하는 규정들이 중심을 이룬다.

결국 어음법과 수표법은 단순히 증권에 관한 법이 아니라, 신용과 유통의 법, 즉 현대 상거래의 원활한 흐름을 뒷받침하는 법이라 할 수 있다.

제2관 어음·수표의 의의

Ⅰ. 어음 · 수표의 개념

1. 공통

유가증권이란 특정한 재산권을 표창한 증권으로, 그 권리의 발생 · 이전 · 행사에 증권의 소지를 필요로 하는 것을 말한다. 즉, 증권이 있어야만 권리가 발생 · 이전 · 행사될 수 있다는 점에서 단순한 증서와 구별된다.

유가증권에는 어음 · 수표, 주권, 화물상환증 등 여러 종류가 있으나, 그 중 어음과 수표는 금전채권을 표창한 유가증권이라는 점에서 가장 대표적이다. 주권이 주식회사의 주주권을, 화물상환증이 운송물인도청구권을 표창한다면, 어음과 수표는 금전의 지급청구권을 표창한다.

2. 어음

(1) 환어음

환어음은 발행인이 제3자에게 일정 금액을 수취인에게 지급할 것을 위탁하는 유가증권이다(어 1조). 즉, 발행인 – 제3자(지급인) – 수취인의 삼면관계로 이루어진다. 이때 제3자는 지급인이라 하며, 단순히 지급위탁을 받았을 뿐이므로 그가 인수하기 전에는 채무를 부담하지 않는다. 그러나 지급인이 어음을 인수하면 인수인으로서 어음상 주채무자가 된다. 한편 발행인은 지급인이 인수 또는 지급을 거절한 경우 담보책임으로서 상환의무를 부담한다(어 9조). 상환의무는 어음금 또는 수표금이 지급되지 않을 때, 이를 대신하여 지급할 책임으로서의 담보책임을 말한다.

그렇다면 왜 이렇게 복잡한 삼면관계가 필요할까? 이는 환어음이 단순한 금전지급의 약속이 아니라, 지급을 위탁하고 담보하는 복합적인 신용수단이기 때문이다. 환어음의 실질관계로 보면, 발행인과 수취인 사이에는 매매 등 원인관계가 있고, 발행인과 지급인 사이에는 자금관계가 있다. 이 두 관계가 결합되어 환어음의 실질적 기초를 이룬다.

(2) 약속어음

약속어음은 발행인이 직접 일정 금액을 수취인에게 지급할 것을 약속하는 유가증권이다(어 78조). 환어음과 달리 제3자인 지급인이 없으며, 발행인이 곧 어음상 주채무자가 된다. 따라서 지급인에 의한 인수제도가 존재하지 않는다.

약속어음의 실질관계는 비교적 단순하다. 발행인과 수취인 간의 매매 등 거래가 원인관계로 작용할 뿐, 자금관계는 존재하지 않는다. 즉, 발행인이 직접 수취인에게 어음금 지급채무를 부담하는 관계이다.

3. 수표

수표는 형식상 환어음과 유사한 지급위탁증권이지만, 본질적으로는 지급수단이라는 점에서 어음과 구별된다. 즉, 발행 즉시 지급을 청구할 수 있는 즉시지급증권이라는 점이 어음과의 가장 큰 차이이다. 수표의 지급인은 반드시 은행이어야 하며(수 3조), 수표에는 인수제도가 없다(수 4조). 따라서 수표에는 어음과 달리 주채무자가 존재하지 않는다.

수표에는 인수 대신에 지급보증제도(수 55조)가 있다. 이는 은행이 수표금의 지급을 보증하는 제도이지만, 지급제시기간 내에 한하여 한정적으로 책임을 부담하는 데 그친다. 이러한 점에서 지급보증은 인수와 성질을 달리하며, 실제로는 거의 사용되지 않는다. 발행인은 은행이 지급을 거절할 경우 담보책임으로서 상환의무를 부담한다(수 12조). 결국 수표는 환어음과 달리 지급기능이 본질인 유가증권으로, 신용거래의 결제단계에서 현금의 대용수단으로 기능한다.

수표의 실질관계 역시 환어음과 유사하다. 즉, 발행인과 수취인 사이에는 매매 등 원인관계, 발행인과 은행(지급인) 사이에는 자금관계가 존재한다.

Ⅱ. 어음 · 수표의 기능 및 유통성보호

1. 기능

어음 · 수표의 가장 본질적인 기능은 지급기능이다. 즉, 거래 당사자 간의 금전지급을 간편하게 하기 위한 수단이다. 현금으로 직접 거래할 경우, 분실 · 위조의 위험이 있고 대량거래에는 비효율적이다. 어음과 수표는 이러한 위험과 불편을 줄이기 위해 고안된 현금의 대체수단으로서의 신뢰에 기초한 지급수단이다.

그렇다면 어음과 수표는 동일한 역할을 할까? 둘 다 지급을 목적으로 하지만, 강조점은 다르다. 어음은 만기까지 대금지급을 유예하여 신용거래를 가능하게 한다는 점에서 특히 신용기능이 강하다. 반면 수표는 발행과 동시에 지급이 이루어지는 즉시지급증권이므로, 신용보다는 지급의 확실성에 중점을 둔다. 그렇다면 이러한 기능상의 차이는 어디에서 비롯된 것일까? 바로 두 증권이 서로 다른 거래 목적을 위해 발전했기 때문이다.

또 하나 기억할 점은 송금기능이다. 거래 상대방이 다른 지역에 있는 경우, 현금을 직접 보내는 대신 환어음을 발행하여 그 지역에 있는 지급인이 지급하게 되는데, 이것이 환어음의 고전적 기원이다. 오늘날 전자결제나 은행송금으로 대체되었지만, 환어음은 여전히 "지급의 위탁"을 통해 지역 간 자금이동을 가능하게 하는 제도적 기반으로 남아 있다.

결국 어음은 신용과 지급의 복합수단, 수표는 즉시지급을 전제로 한 지급수단이라 할 수 있다.

2. 유통성의 보호

어음 · 수표의 가치는 금전처럼 유통될 수 있는지에 달려 있다. 수취인의 입장에서는 어음이나 수표를 받은 뒤, 그것을 제3자에게 양도하거나 만기 전에 금융기관 등에 넘기고 일정한 이자를 공제한 금액을 받는 방식으로 할인하여 현금화할 수 있어야 비로소 이를 금전처럼 받아들일 유인이 생긴다. 따라서 법은 어음 · 수표가 안전하게, 신속하게 유통될 수 있도록 유통을 보호하기 위한 장치를 마련했다.

그 핵심은 두 가지다. 첫째, 양도절차의 간이성이다. 배서만으로 양도가 이루어져야 유통이 활발해진다. 둘째, 양수인의 신뢰보호이다. 양수인이 전 단계 거래의 하자나 원인관계를 일일이 확인하지 않아도, 증권 자체를 믿고 거래할 수 있어야 한다. 그렇다면 법은 어떻게 이 신뢰를 제도적으로 보장할까? 그 해답이 바로 어음 · 수표가 그 형식에 따라 효력이 판단되는 법적 성질, 즉 "엄격한 형식주의"에 있다. 이러한 제도적 장치가 바로 어음법 · 수표법의 각 조항에 반영되어 있으며, 결과적으로 어음 · 수표가 현금의 대용수단으로 작동하게 하는 핵심 요소로 기능한다.

Ⅲ. 어음 · 수표의 특성

1. 의의

어음과 수표는 유통성 보호를 위해 다음과 같은 일곱 가지 법적 특성을 가진다. 이 중 (1), (5), (6), (7)은 다른 지시증권에서도 나타나지만, 어음 · 수표에서는 훨씬 엄격하고 체계적으로 발전된 형태로 구현된다. 반면 (2), (3), (4)는 어음 · 수표에 특유한 성격으로, 실질관계와 독립된 문언 중심의 증권이라는 점을 특징짓는다. 이러한 특성들은 단순한 기술적 규율을 넘어서서 유통질서를 지탱하는 법적 장치라고 볼 수 있다.

2. 내용

(1) 요식증권성

어음 · 수표는 일정한 필수기재사항이 있어야만 효력이 발생한다(어 1조, 수 1조). 이 요식증권성은 유통과정에서 권리의 존재 여부를 명확히 하여 분쟁을 예방하고, 누구나 증권을 보았을 때 그 효력을 판단할 수 있게 한다. 예를 들어 금액, 발행일, 지급지 등의 기재가 누락되면 증권은 무효가 된다. 이는 유통의 안정성 확보를 위한 형식적 측면의 보증장치이다.

(2) 설권증권성

어음 · 수표상의 권리는 증권 작성 그 자체로 발생한다. 즉, 증권이 작성되기 전에는 어떠한 어음 · 수표상의 권리도 존재하지 않는다. 이 점에서 증권 외부의 계약이나 약정과는 독립된 법률효과를 가진다. 이 설권증권성은 어음 · 수표가 실질관계와 분리된 권리로 기능한다는 점에서 무인증권성과 밀접하게 연결된다.

(3) 무인증권성

어음 · 수표는 그 기초가 되는 실질관계(원인관계 · 자금관계)로부터 영향을 받지 않는다(어 1조, 수 1조). 따라서 실질관계가 취소 · 무효 · 해제되어도, 이미 발행된 어음 · 수표의 효력에는 영향이 없다. 이 무인증권성 덕분에 어음 · 수표의 유통은 안전하고 신속해진다. 양수인은 증권상 문언에 따라 어음 · 수표 자체가 유효한지만 판단하면 되고, 그 기초가 되는 실질관계가 유효한지에 대해서는 조사할 필요가 없다.

(4) 문언증권성

어음 · 수표상의 권리는 증권의 문언에 따라 결정된다. 즉, 문언이 곧 권리의 범위이자 한계이다. 예컨대 발행인의 의도가 다르더라도, 문언이 "1억 원 지급"으로 되어 있으면 그 문언대로 효력이 인정된다. 이 특성은 앞의 무인증권성과 결합되어, 증권 외부의 사정과 무관하게 문언만으로 어음 · 수표상의 권리가 명확히 정해지게 된다.

(5) 지시증권성

어음 · 수표는 지명증권으로 발행되더라도 법률상 당연히 지시증권이다(어 11조, 수 14조). 즉, "○○○ 또는 그가 지시하는 사람에게 지급하라"고 되어 있지 않아도 배서를 통해 양도할 수 있다. 수표는 더 나아가 소지인출급식으로도 발행할 수 있다.

이 지시증권성으로 인해 배서만으로 권리가 양도되고, 양도가 연속적으로 이루어질 수 있다. 배서에는 담보적 효력, 인적항변 절단효, 자격수여적 효력, 선의취득, 선의지급 면책력 등 여러 법적 효과가 수반된다. 이는 모두 유통성을 높이기 위한 장치들이다.

(6) 제시증권성

어음 · 수표는 만기 시 증권의 제시가 있어야 지급청구가 가능하다. 증권을 실제로 제시해야만 지급의무가 현실화되고, 제시하지 않으면 채무자는 지급지체의 책임을 지지 않는다. 이 제시증권성은 어음 · 수표가 유통되는 동안 채무자가 누가 권리자인지를 알지 못하여 지급지체의 책임을 지는 부당한 불이익을 받지 않도록 보호하는 기능을 한다. 이러한 제시증권성으로 인해 어음 · 수표채무는 추심채무의 성격을 띤다.

(7) 상환증권성

마지막으로, 어음 · 수표는 지급과 증권의 상호 교환이 전제된다(어 39조, 수 34조). 채무자가 증권을 회수하지 않고 지급한다면, 이후 선의의 제3자에게 다시 그 증권이 유통될 수 있고, 그 결과 채무자는 선의의 제3자에게도 지급해야 하는 이중지급의 위험을 부담하게 된다. 따라서 상환증권성이란, 이러한 위험으로부터 채무자를 보호하기 위하여 지급은 반드시 증권과 교환하여 이루어져야 한다는 원칙을 의미한다.

Ⅳ. 어음 · 수표거래의 기본구조

1. 발행

모든 어음 · 수표관계의 출발점은 발행행위다. 어음 · 수표상의 권리는 발행에 의해 비로소 창설되며, 발행은 단순한 서류작성행위가 아니라 법정 필수기재사항을 갖추어 증권을 완성하는 요식행위이다.

약속어음의 경우 발행인은 직접 어음금 지급의무를 부담하는 주채무자가 된다. 반면 환어음이나 수표에서 발행인은 제3자인 지급인에게 지급을 위탁할 뿐이므로, 주채무자가 아니라 지급이 거절된 경우에만 담보책임으로서 상환의무를 부담한다(어 9조, 수 12조).

이 발행행위는 형식만을 갖춘 추상적 행위가 아니라 대부분의 경우 그 배경에는 매매 등의 구체적인 실질관계가 존재한다. 예컨대, 물품을 공급한 A가 대금을 나중에 받기 위해 B로부터 약속어음을 교부받는 경우, 어음의 형식적 권리 뒤에는 상품공급과 이로 인한 대금지급이라는 실질관계가 놓여 있다. 다만, 어음 · 수표가 일단 발행되어 유통되면, 그 효력은 이러한 실질관계로부터 영향을 받지 않는다는 점이 어음법과 수표법의 특색이다.

2. 인수 · 지급보증 · 보증

다음 단계는 어음 · 수표상의 채무를 구체화하고 강화하는 단계이다. 환어음에서 지급인이 어음을 인수하면, 단순한 위탁의 상대방에서 벗어나 주채무자가 된다. 즉, 인수란 지급인이 발행인의 지급위탁을 수락하여 직접 어음금 지급채무를 부담하는 행위이다. 수표의 경우에는 인수제도가 없지만, 대신 지급보증제도(수 55조)가 마련되어 있다. 지급보증을 한 은행은 수표금 지급의무를 부담하지만, 이는 지급제시기간 내에 한하여 인정되는 한정적인 책임에 불과하다. 따라서 주채무자와 같은 지위는 아니다.

한편, 어음 · 수표에서는 채무자의 책임을 강화하기 위하여 제3자가 보증을 하는 제도도 마련되어 있다. 그 구체적인 내용은 뒤에서 다시 살펴보겠지만, 보증은 어음 · 수표의 지급가능성에 대한 신뢰를 높여, 유통과정에서 어음 · 수표의 신용을 한층 보강하는 기능을 한다.

3. 취득

어음 · 수표는 발행으로 끝나지 않으며, 그 진정한 생명은 양도를 통한 유통성 제고에 있다. 어음 · 수표상의 권리는 양도에 의해 새로운 소지인에게 이전되며, 이는 종전 권리를 승계하는 취득(승계취득)에 해당한다. 이전 방법에는 배서, 교부, 지명채권양도 등이 있지만, 배서가 가장 전형적인 이전 수단이다.

배서인은 어음 · 수표상의 권리를 이전함과 동시에, 담보책임으로서 상환의무를 부담한다. 즉, 배서인은 상환의무를 부담함으로써, 어음금 또는 수표금이 지급되지 않을 때 이를 대신하여 지급하겠다는 신용을 거래 상대방에게 제공하는 효과를 가진다.

한편, 일정한 요건 하에 선의취득도 가능하다. 선의취득이란 양도인이 무권리자라는 사실을 양수인이 알지 못했을 때, 양수인이 그 어음 · 수표상의 권리를 원시적으로 취득하는 것(원시취득)을 말한다. 그 구체적인 요건과 효과는 뒤에서 다시 살펴보겠지만, 이는 어음 · 수표가 단순한 계약서가 아니라, 신뢰를 기초로 한 유통의 도구임을 보여주는 대표적 제도이다.

4. 행사

어음 · 수표 거래의 종착점은 권리행사이다. 소지인은 어음 · 수표를 만기 또는 제시기간 내에 발행인(약속어음) 또는 지급인(환어음 · 수표)에게 제시하여 지급을 청구할 수 있고, 지급이 이루어지면 어음 · 수표상의 권리관계는 소멸한다.

그러나 지급이 거절될 경우에는, 소지인은 배서인 · 보증인 등 상환의무자에게 상환청구를 할 수 있는데, 이는 그 금액을 대신하여 지급해 달라고 요구하는 것을 말한다. 환어음과 수표에서는 발행인 역시 상환의무자가 된다. 이러한 상환청구 제도는 어음 · 수표가 유통되는 과정에서 소지인을 보호하는 장치로서, 그 구체적인 내용은 뒤에서 다시 살펴본다. 상환청구는 어음 · 수표 유통을 뒷받침하는 유통상의 안전망이다. 즉, 지급이 거절되더라도, 거래상 신용이 단절되지 않도록 소지인은 자신의 이전 단계의 상환의무자에게 상환을 청구할 수 있다.

어음 · 수표 채무자가 지급이나 상환청구에 응하지 않으려면, 일정한 항변권을 가지고 있어야 한다. 항변에는 누구에게나 주장할 수 있는 물적항변과, 특정 상대방에게만 주장할 수 있는 인적항변이 있으며, 이 구별 역시 어음 · 수표 유통을 보호하기 위한 핵심 원리로서 뒤에서 자세히 설명한다. 어음 · 수표의 유통성 보호를 위해 인적항변은 특정 상대방 이외의 선의의 제3자에게는 효력이 미치지 않는다.

제 3 관 어음·수표행위

Ⅰ. 의의

어음 · 수표행위란 무엇인가? 형식적으로는 기명날인 또는 서명을 요건으로 하는 요식성을 갖는 증권적 법률행위이다. 그러나 그 실질은 단순하지 않다. 어음 · 수표행위는 증권에 의한 채무 부담행위로 이해될 수 있지만, 모든 행위가 채무 부담을 수반하는 것은 아니다. 예를 들어, 무담보배서나 단순한 교부행위는 채무를 부담하지 않으므로, 이를 채무 부담행위로만 정의하는 데에는 한계가 있다. 따라서 실질적으로 어음 · 수표행위는 증권을 통해 권리를 창설 · 변경 · 소멸시키는 일련의 법률행위로 파악하는 것이 타당하다.

어음 · 수표행위는 그 역할에 따라 기본적 행위와 부속적 행위로 구분된다. 기본적 행위의 전형은 발행이며, 모든 어음 · 수표관계의 기초가 된다. 부속적 행위에는 배서 · 인수 · 보증 · 지급보증 등이 포함된다. 이들은 모두 발행행위를 전제로 하여, 증권의 효력과 유통을 강화하는 역할을 한다. 그렇다면 이러한 다양한 행위들이 실제로 법적으로 유효하려면, 어떤 요건을 충족해야 할까?

Ⅱ. 어음·수표행위의 성립요건

1. 형식적 요건

어음 · 수표행위는 종류에 따라 필수기재사항이 다르다. 예를 들면, 발행에는 어음 · 수표요건(어 1조, 수 1조)을, 보증에는 보증문구와 피보증인의 표시를 요구한다(어 31조, 수 26조). 이 요식성은 외관상 보기 좋은 형식을 갖추기 위한, 이른바 형식미에 그치는 것이 아니라, 어음 · 수표가 안전하게 유통될 수 있도록 하고 그 법률관계를 명확히 하기 위한 법적 장치이다.

모든 어음 · 수표행위에는 행위자의 기명날인 또는 서명이 필요하다(어 1조 · 75조, 수 1조). 이는 행위자 식별과 책임 귀속의 출발점이다. 기명날인이란 명칭을 기재하고 인장을 찍는 것을 말하며, 명칭의 기재와 인장의 날인이 모두 갖추어져야 효력이 있다는 것이 판례의 입장이다. 서명은 자필로 명칭을 기재하는 것이다.

법인이 행위자인 경우에는 법인의 명칭, 대표자격, 대표기관의 서명 또는 기명날인이 필요하다. 예컨대 "A주식회사 대표이사 B㊞"과 같이 표시해야 한다.

또한 타인이 행위자의 기명날인 또는 서명을 대신하여 행하는 대행행위도 가능하지만, 그 경우에는 행위자로부터의 적법한 위임이 전제되어야 한다.

2. 실질적 요건

어음 · 수표행위도 법률행위이므로, 행위 당시 의사능력과 행위능력이 필요하다. 의사능력이 없는 자(예: 심신상실자)의 행위는 무효이며, 제한능력자(예: 미성년자, 피성년후견인 등)의 행위는 취소할 수 있다(민 5조 · 10조 · 13조). 이러한 무효 및 취소는 어음 · 수표의 특수성에도 불구하고 제한능력자 보호를 위해서 물적항변으로서 선의의 제3자에게도 대항할 수 있다. 예를 들어, 미성년자 A가 발행한 어음이 배서를 거쳐 선의의 제3자인 B에게 이전된 경우에도, A는 자신의 제한능력을 이유로 B에게 어음채무의 취소를 주장할 수 있다.

민법상 비진의표시(민 107조), 통정허위표시(민 108조), 착오 · 사기 · 강박(민 109조~110조) 등은 어음 · 수표행위에도 그대로 적용된다. 이에 따라 의사표시의 흠으로 인한 취소나 무효는 유통의 안전을 위해 선의의 제3자에게 대항할 수 없다. 예컨대, A가 B의 사기에 의해 약속어음을 발행하였다고 하더라도, 그 어음이 선의의 제3자인 C에게 이전된 경우에는 A가 C에게 지급을 거절할 수 없다.

사회질서를 위반한 법률행위의 무효(민 103조)와 불공정한 법률행위의 무효(민 104조)는 원칙적으로 어음 · 수표행위 자체에는 적용되지 않는다. 어음 · 수표행위 자체는 무색적 성질을 띤다고 보기 때문이며, 다만 원인행위에 사회질서위반 또는 불공정성의 하자가 있는 경우에는 인적항변이 된다. 예를 들어, 불공정한 대가로 체결된 매매계약을 원인으로 A가 B에게 약속어음을 발행한 경우, 그 계약의 불공정성은 어음 자체의 무효 사유가 되지는 않으며, 다만 A는 B에 대하여 매매계약의 무효를 이유로 한 인적항변을 주장할 수 있다.

3. 어음 · 수표이론

마지막으로, 어음 · 수표행위가 "언제 성립하는지"에 대한 이론적 논의가 있다. 핵심 쟁점은 증권의 교부(점유의 이전)가 행위 성립의 필수요건인가에 있다. 어음 · 수표행위의 성립 전에는 작성자가 어음 · 수표상 책임을 지지 않으므로, 이 문제에 대한 이론적 논의는 실질적 의미를 가진다.

첫째, 창조설은 증권이 작성된 순간 행위가 성립한다고 본다. 교부가 없어도 작성자가 이미 채무를 부담한다는 견해로, 유통성 보호보다 작성자의 책임을 중시한다.

둘째, 발행설은 증권의 작성과 교부가 갖추어져야 비로소 행위가 성립한다고 본다. 이 입장은 교부행위를 작성자의 단독행위로 이해하며, 교부가 없으면 증권이 아직 유통될 준비가 안 된 상태라고 본다.

셋째, 교부계약설은 상대방이 수령의사와 능력을 갖추어 증권을 교부받아야 행위가 완성된다고 본다. 이 입장은 교부행위를 작성자와 상대방 사이의 계약으로 이해한다.

넷째, 권리외관설은 교부계약설을 기본으로 하면서도, 교부가 없더라도 외관상 교부가 이루어진 것처럼 보이는 경우에는 선의의 제3자 보호를 위해 작성자의 책임을 인정한다.

결국 이 논쟁은 "유통성 보호냐, 작성자 보호냐"의 가치 선택의 문제로 귀결된다. 판례는 권리외관설을 취하여 중과실 없는 선의의 제3자를 보호한다. 예컨대 증권이 작성되었지만 교부가 없는 상태에서(예: 도난 · 분실), 중과실이 없는 선의의 제3자가 이를 취득한 경우 그 작성자는 어음 · 수표상의 책임을 지게 된다. 이러한 점에서 판례는 유통성 보호에 더 큰 비중을 두고 있다고 평가할 수 있다.

요컨대, 동일한 사실관계에 대하여, 창조설은 작성자 책임을 넓게 인정하고, 발행설과 교부계약설은 교부가 결여되면 작성자의 책임을 부정하는 반면, 판례가 취하는 권리외관설은 유통성 보호를 위하여 중과실 없는 선의의 제3자에 대해서는 작성자의 책임을 인정한다.

Ⅲ. 어음 · 수표행위의 특성

어음 · 수표는 그 유통성을 보호하기 위해, 행위의 효력을 문언에 한정하고 실질관계로부터의 영향을 차단하며, 각 행위를 상호 분리된 것으로 취급한다. 이러한 특성을 문언성 · 무인성 · 독립성이라 하며, 이들은 서로 연결되어 어음 · 수표 형식주의의 세 가지 축을 이룬다. 이 형식주의 덕분에 어음 · 수표는 개인 간 신뢰에 기댄 약속이 아니라, 증권 그 자체가 신용으로 기능한다. 그렇다면 증권이 신용을 대신할 수 있는 이유는 어디에 있을까? 형식주의의 요체는 다음과 같다.

1. 문언성

문언성이란 어음 · 수표행위의 내용이 증권에 적힌 문언에 의해 결정된다는 원칙이다. 즉, 증권에 적힌 문구가 곧 법률관계의 기준이 되므로, 문언 밖의 약속이나 사정은 어음 · 수표행위의 내용이 될 수 없다. 예를 들어, 당사자 사이에서 어음금액을 1천만 원으로 합의했더라도 어음에 1,200만 원으로 기재되어 있으면, 어음금액 1,200만 원의 어음행위가 성립한다. 당사자 간의 약속은 어음과는 별도의 법률관계에 불과하므로 어음상 채무관계에서는 고려되지 않고, 단지 인적항변으로만 주장할 수 있을 뿐이다.

이 원칙의 취지는 분명하다. 어음 · 수표는 다수의 제3자에게 유통이 예정된 증권이므로, 누가 보더라도 증권에 적힌 내용만으로 권리 · 의무가 명확히 판단되어야 한다. 양수인은 문언 외의 숨은 약정이나 거래 내역을 조사할 필요 없이, 오직 증권의 문면만을 신뢰하고 양수할 수 있다. 따라서 문언성은 어음 · 수표의 유통을 신속하고 안전하게 만드는 첫 번째 축이다.

2. 무인성

무인성이란 어음 · 수표행위가 그 기초가 되는 실질관계(원인관계 · 자금관계)로부터 독립하여 효력을 갖는다는 원칙이다. 즉, 어음 · 수표행위는 그 행위의 배경이 되는 거래관계 또는 대가관계와는 별개의 법률행위로 평가된다. 예컨대, A가 B에게 물품을 공급하고, B가 대금 지급을 위해 약속어음을 발행했다고 하자. 이후 물품매매계약이 취소되거나 무효가 되더라도, 이미 발행된 어음 자체의 효력에는 영향이 없다.

이와 같이 어음·수표행위는 매매계약 등과 같은 실질관계와는 분리하여 파악되는 법률행위이다. 물론, 당사자 사이에서는 "원인관계가 무효이므로 어음도 반환하라"는 취지의 주장을 할 수 있다. 그러나 이러한 주장은 어음의 효력 자체를 부정하는 것이 아니라, 당사자 간 인적항변으로서 당사자 사이에서 어음·수표상 책임을 부인할 수 있는 효과만을 가진다. 위 사례에서 B는 A에 대하여 물품매매계약의 취소 또는 무효를 이유로 어음상 책임을 부인할 수 있지만, 그 어음이 선의의 C에게 양도된 경우에는 C에게 어음상 책임을 부담한다.

이처럼 어음·수표의 법적 효력은 실질관계의 존부나 효력과 무관하게 독자적으로 존재하므로, 무인성은 어음·수표의 유통을 신속하고 안전하게 만드는 두 번째 축이라 할 수 있다.

3. 독립성

어음·수표행위가 1회로 끝나지 않고 여러 사람으로 이어질 때, 각 단계의 책임은 어떻게 구분될까? 이러한 문제의식에서 도출되는 독립성은, 문언성·무인성과 함께 어음·수표 형식주의를 구성하는 세 번째 축에 해당한다. 독립성이란 각 어음·수표행위가 선행행위의 하자와 무관하게, 그 자체로 독립된 효력을 갖는다는 원칙이다(어 7조·32조, 수 10조·27조). 이 원칙이 없으면, 어음이 여러 차례 유통되는 과정에서 하나의 하자가 후속하는 모든 행위에 영향을 미쳐 유통의 신속성과 안전이 훼손될 위험이 있다.

예를 들어 보자. A가 B에게 발행한 약속어음이 도난되어 C의 수중에 들어가고, C가 B로부터 배서받은 것으로 위조한 뒤 이를 D에게 배서양도했다고 하자. 이 경우 B의 C에 대한 배서는 위조로서 무효이지만, 그럼에도 C는 자신이 D에게 한 배서에 관한 한 배서인으로서의 책임을 진다. 이것이 바로 어음·수표행위의 독립성이 갖는 핵심적 의미이다. 선행행위의 하자가 후행행위의 효력에 파급되지 않음으로써, 어음·수표의 유통질서는 하나의 어음·수표행위 하자에 좌우되지 않는 구조적 안정성을 갖게 된다.

다만, 이 원칙은 어디까지나 문면상 형식적 하자에는 적용되지 않는다. 즉 행위자의 서명이 누락되거나 필수사항이 기재되지 않은 경우처럼 문면에서 즉시 인식 가능한 결함에 대해서까지 유통 보호를 우선시할 필요는 없기 때문이다. 형식적 하자인 경우에는 어음 자체가 무효가 되며, 독립성은 작용하지 않는다.

또한 독립성은 채무부담의 측면에 관한 원칙이다. 따라서 각 행위자는 자기 행위에 따른 채무를 부담하지만, 후속행위자의 권리취득을 보장하는 것은 아니다. 위의 예에서 C는 배서인으로서 책임을 지더라도, 무권리자인 C로부터 어음을 양도받은 D로서는 그 어음을 선의 · 무중과실로 선의취득(어 16조, 수 21조)해야 어음상 권리자가 될 수 있고, 이 경우에 비로소 D는 C에게 배서인으로서 책임을 물을 수 있다.

Ⅳ. 어음 · 수표행위의 대리

어음 · 수표행위는 법률행위이므로 본인을 위하여 대리인이 이를 수행할 수 있다. 대리는 상행위에서도 빈번히 활용되는 제도로서, 거래의 연속성과 신속성뿐 아니라 대리제도를 통한 상인의 활동범위 확대라는 기능을 가진다. 다만 어음 · 수표는 문언을 중심으로 권리관계가 형성되는 형식적 증권이므로, 대리행위임이 문면상 명확히 표시되어야 한다. 어음법과 수표법은 무권대리인의 책임(어 8조, 수 11조)에 관한 규정만을 두고 있을 뿐, 그 밖의 대리 일반에 관하여는 그 성질에 반하지 않는 한, 민법과 상법의 규정을 적용한다.

1. 의의

어음 · 수표행위의 대리란 대리인이 본인을 위하여 어음 · 수표상의 권리 · 의무를 발생시키는 행위를 하는 것을 말한다. 즉, 발행 · 배서 · 인수 · 보증 등 어음 · 수표상의 행위를 본인을 대신하여 수행하는 것이다. 어음 · 수표행위의 대리는 대리권이 존재할 것과 대리관계가 표시될 것이 요구된다. 대리관계를 표시하도록 요구하는 이유는, 어음 · 수표가 다수의 제3자에게 유통되는 점을 고려하여, 그 권리 · 의무의 주체를 문면상 명확히 하려는 취지이다.

2. 대리의 요건

어음 · 수표행위의 대리를 위해서는 다음과 같은 형식적 요건이 필요하다.

• **본인 표시**(절대적 현명주의) – 민법상 현명주의에 따르면 상대방이 대리임을 알았거나 알 수 있었으면 본인 표시를 생략할 수 있으나(민 115조), 어음 · 수표행위에서는 절대적 현명주의가 적용되어 본인이 반드시 문면에 표시되어야 한다. 이는 어음 · 수표행위의 문언성이 관철된 결과이며, 본인의 표시가 누락되면 상대방이 대리임을 알고 있었거나 알 수 있었다고 하더라도 유효한 대리행위로 인정되지 않는다.

• **대리관계의 표시** – 대리인은 자신이 본인을 위하여 행위하고 있음을 명확히 표시해야 하며, 대리인이라는 용어를 직접 쓰지 않아도 지배인, 지점장 등의 표현으로 대리관계를 드러내면 충분하다. 다만 이러한 표시가 없으면 행위자는 자기 명의의 어음 · 수표행위자로 간주되어 스스로 책임을 지게 된다.

• **기명날인 또는 서명** – 대리인은 어음 또는 수표에 자신의 명의로 기명날인하거나 서명해야 하며, 예컨대 “A의 대리인 B”라고 표시하고 B가 기명날인 또는 서명해야 한다.

마지막으로, 대리권의 존재가 실질적 요건으로 요구된다. 이는 임의대리권(위임에 의한 것)과 법정대리권(법률상 발생한 것)을 포함하며, 대리권 없이 행위가 이루어지면 무권대리가 된다. 그렇다면 대리권이 없는 자가 본인을 위하여 어음행위를 한 경우, 그 책임은 누구에게 귀속될까?

3. 무권대리

대리권 없이 본인을 위하여 한 어음 · 수표행위는 무권대리에 해당한다. 이는 대리인이 실제로 권한을 갖지 않았거나 그 범위를 초과한 경우를 말한다. 본인이 권한을 부여하지 않은 경우, 그 어음 · 수표행위의 효력은 본인에게 미치지 않는다. 이는 무권대리라는 사실 자체가 물적항변이 되므로, 소지인의 선의 · 악의를 불문하고 주장할 수 있다. 그러나 본인이 사후에 무권대리를 추인하면(민 133조), 즉 본인이 그 무권대리행위를 자신의 행위로 받아들이겠다는 의사를 표시하면, 처음부터 유효한 대리행위로 소급하여 본인에게 효력이 귀속된다.

한편 무권대리인은 유권대리였다면 본인이 부담했을 어음 · 수표상의 책임을 자신이 부담하게 된다(어 8조, 수 11조). 이는 어음 · 수표의 무권대리 여부가 문면에 드러나지 않은 상태에서 본인의 책임을 신뢰하는 제3자를 보호함으로써,

유통성을 제고하려는 취지이다. 무권대리인이 본인을 대신해 어음 · 수표상의 채무를 이행한 경우에는, 본인이 그 채무를 이행한 경우와 동일한 어음상 권리를 가진다(어 8조, 수 11조). 이는 무권대리인이 본인을 대신하여 채무를 이행함으로써, 어음 · 수표상의 책임구조에서 본인을 대체하는 지위에 서기 때문이다. 어음 · 수표상 채무의 이행가능성에 영향을 미친다는 점에서 본인이 누구인지는 원칙적으로 중요하다. 다만 무권대리인이 채무를 내신 이행하여 어음상 권리를 취득한 경우에는, 권리자가 변경되었다는 사정만으로 인적 속성을 문제 삼지 않는다. 이는 어음 · 수표가 전전유통을 전제로 하는 유통증권이기 때문이다.

예컨대 약속어음이 A → B → C → D로 유통된 경우, E가 C의 무권대리인으로서 D에게 배서하였다면, E는 D에게 C가 부담했을 배서인으로서의 상환의무를 지게 된다. 이 경우 E가 상환의무를 이행하면, C가 상환의무를 이행한 경우와 동일한 어음상 권리(A에 대한 어음금 지급청구권, B에 대한 재상환청구권)를 행사할 수 있다. 이는 무권대리인이 본인을 대신하여 어음상 채무를 실제로 이행함으로써, 실질적으로 본인을 대체하는 지위에 서게 되기 때문이다.

4. 표현대리

표현대리는 대리권이 실제로 존재하지 않더라도, 외관상 대리권이 있는 것처럼 보이고 그 외관 형성에 본인에게 귀책사유가 있는 경우를 말한다. 즉, 본인이 대리권이 있는 듯한 외관을 제3자에게 제공하고, 그 제3자가 이를 신뢰하여 거래한 경우 본인은 자신의 귀책으로 인해 책임을 면할 수 없다. 민법 제125조 · 126조 · 129조의 표현대리에 관한 일반 규정은 어음 · 수표행위에도 적용되어, 본인은 외관을 신뢰한 제3자에 대하여 어음 · 수표상 책임을 부담한다.

한편 표현대리의 상대방은 대리권이 없었던 표현대리인에게 무권대리인의 책임(어 8조, 수 11조)을 물을 수도 있다(판례). 무권대리인의 책임을 물을 수 있다는 것은, 본인에게 표현책임을 묻는 것에 그치지 않고, 권한 없는 행위를 한 자에게도 그에 상응하는 책임을 부담하게 함으로써, 어음 · 수표의 유통성 보호라는 관점에서 표현대리의 상대방을 보다 두텁게 보호하려는 취지로 이해할 수 있다.

예를 들어, 회사 A가 직원 B에게 반복적으로 어음 · 수표 발행 업무를 맡기면서 대외적으로 이를 표시해 둔 경우, B가 실제 대리권 없이 어음 · 수표를 발행하였더라도, 이를 신뢰한 선의의 제3자 C에 대해서는 회사 A가 어음 · 수표상 책임을 부담한다. 이 경우 C는 회사 A에게 어음 · 수표상 책임을 묻거나, B에게 무권대리인으로서 어음 · 수표상 책임을 물을 수 있다.

5. 어음 · 수표행위의 대행

대행은 대리와 구별되는 개념이다. 대행이란 타인이 본인의 기명날인이나 서명을 그 자체로 대신하는 행위를 말한다. 대리는 대리인이 자기의 이름으로 기명날인하거나 서명하면서 본인을 위하여 행위를 한 사실을 표시한다는 점에서 대행과 구별된다.

이러한 형식상의 차이에도 불구하고, 본인의 수권에 따라 대행이 이루어진 경우에는, 그 법률효과가 본인에게 귀속되므로 대리의 일종으로 파악하는 것이 판례의 입장이다. 따라서 수권에 기초한 대행은 유효하며, 이 경우 대행자의 행위는 본인의 어음 · 수표행위로서 효력이 인정된다.

반면, 대행권한 없이 행한 기명날인이나 서명은 위조에 해당하며 이는 무효로서, 위조에 관한 법리가 적용된다. 다만 대행권한이 존재하는 것과 같은 외관이 형성되어 있고, 본인에게 그에 대한 귀책사유가 있는 경우에는 표현대리의 법리가 유추적용되어 본인이 어음 · 수표상 책임을 부담할 수 있다(판례).

예를 들어, 회사 A가 직원 B에게 어음 · 수표에 대표이사 A의 기명날인을 대신할 것을 허락한 경우, B의 기명날인은 대행에 해당하며 그 어음 · 수표상의 효력은 회사 A에게 귀속된다. 반대로 B가 이러한 허락 없이 대표이사 A의 기명날인을 한 경우는 위조로서 무효가 되며, 다만 그러한 대행이 허용된 것처럼 보이는 외관을 회사 A가 형성한 경우에는 표현대리가 문제될 수 있다.

Ⅴ. 어음 · 수표의 위조와 변조

어음 · 수표는 거래에서 신속성과 유통성을 확보하기 위해 문언 그 자체에 법적 효력을 부여하는 증권이다. 그러나 바로 형식주의에 기초한 이러한 문언성은 악용될 여지도 있다. 대표적인 것이 위조와 변조이다. 두 경우 모두 "진정하지 않은 증권"이라는 점에서는 같지만, 어느 부분이 진정하지 않은가에 따라 구별된다. 이 구별은 어음·수표의 효력과 각 행위자의 책임을 판단하는 출발점이 된다.

1. 위조와 변조의 의의

위조란 권한 없는 타인이 본인의 기명날인이나 서명을 대신하여, 마치 본인이 직접 어음·수표행위를 한 것처럼 가장하는 경우를 말한다. 예컨대 A가 아무 권한 없이 B 명의로 약속어음을 발행하였다면, 이는 B의 발행을 가장한 위조가 된다. 무권대리와 위조는 모두 권한 없는 자의 행위라는 점에서 비슷하지만, 무권대리는 대리행위임을 표시한다는 점에서, 위조와 본질적으로 다르다. 즉, 무권대리는 문면상 "B의 대리인 A"라고 표시하는 반면, 위조는 "B"의 명의 자체를 도용한다.

한편, 변조는 이미 성립된 어음·수표의 문언을 권한 없이 변경하는 것을 말한다. 여기서는 기명날인 또는 서명 자체는 진정하지만, 그 내용이 변형된다. 예컨대 금액을 500만 원에서 1천만 원으로 변경하거나, 만기일을 수정하거나, 수취인란에 새로운 이름을 추가하는 경우가 이에 해당한다. 변조는 단순히 문구를 삭제하거나 추가하는 형태로 이루어지며, 이로 인해 어음·수표 문언의 동일성이 손상되는 경우 어음의 신뢰를 해치게 되므로 그 효과가 문제된다.

그렇다면 "행위자의 명의가 진정하지 않은 경우"(위조)와 "문언의 내용이 달라진 경우(변조)" 중 어느 쪽이 더 심각할까? 법은 두 경우 모두 거래 안전을 해친다고 보되, 책임의 범위와 귀속은 다르게 처리한다.

2. 위조의 효과

(1) 피위조자의 책임

원칙적으로 명의가 도용된 사람, 즉 피위조자는 누구에게도 어음·수표상 책임을 지지 않는다(판례). 이는 그가 실제로 어음·수표행위를 한 사실이 없고, 대행권한을 부여하지도 않았기 때문이다. 따라서 위조의 항변은 물적항변으로서 선의의 소지인에게도 주장할 수 있다. 그러나 거래안전 보호의 관점에서 현실에서는 예외적 책임이 논의된다.

첫째, 추인이 있는 경우이다. 위조된 행위를 사후에 승인하면(민 133조), 즉 본인이 위조된 어음 · 수표행위를 자신의 행위로 받아들이겠다는 의사를 표시하면, 그때부터 자신이 어음 · 수표행위를 한 것으로 보아 책임을 부담하게 된다.

둘째, 표현대리의 법리가 유추적용되는 경우이다. 예컨대, 피위조자가 평소에 도장이나 서명을 관리하지 않아 타인이 쉽게 위조할 수 있었고, 이러한 외관 형성에 귀책사유가 있다면, 피위조자는 선의의 제3자에 대하여 책임을 면하기 어렵다(판례). 이는 위조의 피해자라 하더라도 외관 형성에 일정한 과실이 있는 경우에는, 거래안전 보호를 위하여 예외적으로 책임을 부과하는 취지이다.

(2) 위조자의 책임

위조자는 본인(피위조자)의 이름을 도용해 어음 · 수표행위를 한 자이므로, 그 스스로는 어음 · 수표상의 채무자가 될 수 없다고 보는 견해가 있다. 이는 어음 · 수표의 문언에는 그의 이름이 존재하지 않기 때문이다. 이러한 해석은 어음 · 수표의 문언성 원칙에 충실하다.

그러나 다수설은 위조를 무권대리와 실질적으로 동일한 행위로 보아, 무권대리인의 책임에 관한 규정(어 8조, 수 11조)을 유추적용한다. 즉, 권한 없이 본인을 위하여 어음 · 수표행위를 한 자는 스스로 그 행위의 책임을 진다는 것이다. 또한 일부 학설은 위조자가 스스로 채무부담의 의사로 피위조자의 어음 · 수표행위로 가장한 이상, 그 의사에 기초하여 책임을 인정할 수 있다고 본다. 결국 위조자는 문언에 형식상 나타나지 않더라도, 실질적 유책행위에 따른 책임을 진다고 보아야 한다. 이처럼 학설은 서로 다른 설명방식을 취하지만, 위조자에게도 책임을 귀속시켜야 한다는 점에서는 공통된다.

그렇다면 이처럼 문언에 형식상 존재하지 않는 위조자의 어음 · 수표행위에 대해서도 법이 책임을 인정하는 이유는 무엇일까? 이는 어음 · 수표의 문언을 형식적으로 고수하는 것보다, 필요한 경우에는 어음 · 수표의 유통질서를 보호하고 피해의 회복을 실질적으로 가능하게 하는 것, 즉 거래 안전의 보호라는 어음법 · 수표법의 핵심 이념에 기초한 것이다.

(3) 위조된 어음 · 수표의 효력

위조된 증권이라 하더라도, 이후에 새로운 어음 · 수표행위를 한 자(예: 배서인)는 원칙적으로 그 행위에 따른 책임을 진다. 예를 들어, A의 명의가 위조된 약속어음이 형식상 A → B → C → D로 유통된 경우, B와 C는 위조 사실을 몰랐다 하더라도 어음·수표행위의 독립성 원칙에 따라 선행행위인 A의 발행이 무효이더라도, 자신이 한 배서는 유효하므로 D에게 상환의무를 부담한다.

이는 어음행위의 연쇄적 구조가 각 행위자의 독립된 법률행위로 구성된다는 원리 때문이다. 즉, 위조는 이전 단계의 하자일 뿐, 이후의 후속행위까지 무효로 만드는 것은 아니다. 이러한 어음·수표행위의 독립성 원칙은 거래의 안전을 지키기 위한 구조적 장치라 할 수 있다.

3. 변조의 효과

(1) 변조 전후에 기명날인 또는 서명한 자의 책임

어음·수표의 문언이 변조된 경우, 그 변조 시점이 책임의 범위를 결정한다. 변조 이전에 서명한 자는 원래의 문언에 따라 책임을 지고, 변조 이후에 서명한 자는 변조된 문언에 따라 책임을 진다(어 69조, 수 50조). 예컨대 어음금액이 500만 원에서 1천만 원으로 변경된 경우, 변조 전 배서인 A는 500만 원의 상환의무만을 부담하고, 변조 후 배서인 B는 1천만 원의 상환의무를 부담한다. 이는 변조 전의 배서인이 자신이 기명날인하거나 서명한 문언을 초과하여 책임을 부담할 이유가 없기 때문이며, 변조 후의 배서인은 자신이 기명날인하거나 서명한 문언대로 책임을 부담하는 것이 본인의 의사에 부합한다고 보기 때문이다. 이러한 변조의 항변 역시 물적항변으로서, 선의의 소지인에게도 주장할 수 있다.

변조 전후의 책임 구분은 어음·수표행위의 독립성 원칙을 구체화한 것이다. 즉, 각 행위자는 자신이 실제로 행위한 시점의 문언에 한해 책임을 진다. 법은 이를 명확히 규정함으로써 어음·수표 유통에 있어서의 예측가능성을 보장한다.

(2) 변조자의 책임

변조자의 책임 인정 역시 위조자의 경우와 유사한 논쟁을 낳았다. 변조자의 기명날인 또는 서명이 어음 문면에 존재하지 않는다는 점에서, 문언성 원칙에 비추어 그의 어음·수표상 책임을 부정하는 견해가 있다. 반면, 변조도 권한 없는 자가 타인의 문언을 변경한 것이므로, 무권대리의 법리(어 8조, 수 11조)를 유추적용하여 어음 · 수표상 책임을 인정해야 한다는 견해가 있다.

제 4 관 어음·수표의 실질관계

Ⅰ. 의의

어음 · 수표는 형식주의에 기초한 독립적 증권이지만, 현실의 거래에서는 특정한 실질관계 때문에 교부된다. 이 실질관계는 두 가지 범주로 구분된다. 하나는 원인관계로, 어음 · 수표를 주고받는 당사자 사이의 거래상 대가관계이다. 예컨대 A가 B에게 물건을 매도하고 그 대금을 대신하여 약속어음을 받는 경우, 그 매매계약이 바로 원인관계다. 다른 하나는 자금관계로, 환어음이나 수표에서 발행인과 지급인 사이에 존재하는 자금적 대가관계를 말한다. 예를 들어, A가 은행에 금전을 예치하고 그 은행을 지급인으로 하여 수표를 발행한다면, 그 예금계약이 자금관계에 해당한다.

이처럼 어음 · 수표의 형식주의적 세계 뒤에는 언제나 실질적 배경이 존재한다. 그렇다면 법은 이러한 실질관계를 어디까지 고려할까? 이 문제의 중심에 바로 무인성 원칙이 자리한다.

Ⅱ. 원인관계

1. 무인성

어음 · 수표관계는 원인관계와 독립하여 존재하며, 이를 무인성 원칙이라 한다. 즉, 원인관계가 부존재하거나 무효 · 취소되더라도 어음 · 수표관계에는 영향이 없으며, 어음 · 수표를 양도해도 원인채권은 함께 이전되지 않는다. 무인성에 대해서는 어음 · 수표행위의 특성에서 이미 살펴본 바 있다.

다만, 무인성을 지나치게 강조하면 어음 · 수표행위가 맹목적인 형식주의로 변질될 위험이 있다. 어음 · 수표는 본래 원인채무의 지급수단이라는 점에서, 원인관계와 완전히 단절되어 존재할 수는 없다. 따라서 무인성은 어음 · 수표의 유통성을 높이기 위한 수단이라는 전제 하에, 법은 유통성을 해치지 않는 범위 내에서, 원인관계가 어음 · 수표관계에 영향을 미치는 예외를 인정한다. 이것이 무인성의 완화된 적용, 즉 유통성의 보호와 실질관계의 형평 사이의 조화이다.

2. 원인관계가 어음 · 수표관계에 미치는 효과

첫째, 인적항변의 인정이다. 어음 · 수표상 채무자는 원인관계에서 생긴 사유(예: 원인관계의 부존재, 무효, 취소 등)를 근거로 소지인에 대하여 항변할 수 있다. 단, 이는 당사자 간에만 주장할 수 있고, 선의의 제3자에게는 미치지 않는다. 즉, 유통성은 그대로 보호되면서도, 당사자 간 형평은 유지된다.

둘째, 이득상환청구권이다(어 79조, 수 63조). 어음 · 수표상 권리를 상실한 자가 있음에도 불구하고, 상대방이 원인관계에서 이익을 얻게 된 경우, 그 이득의 반환을 청구할 수 있는 권리이다. 예를 들어, 약속어음이 시효로 소멸해 더 이상 지급을 청구할 수 없게 되었는데, 발행인은 여전히 물품대금을 지급하지 않았다면, 소지인은 이득상환청구로 그 부당이득을 돌려받을 수 있다. 이는 어음 · 수표의 단기시효로 인해 발생할 수 있는 부당이익을 방지하기 위한 안전장치이다.

이 두 제도는 원인관계가 어음 · 수표관계에 어떻게, 그리고 어디까지 반영되는지를 보여주는 대표적인 예로서, 뒤에서 각각 구체적으로 설명한다.

3. 어음 · 수표관계가 원인관계에 미치는 효과

어음 · 수표는 일반적으로 원인채무의 지급수단으로 교부된다. 그런데 지급목적은 원인채무의 "지급에 갈음하는 교부", "지급을 위한 교부", "지급담보를 위한 교부"로 구분되며, 각각 그 법적 효과가 서로 다르다. 즉, 그 교부가 원인채무를 소멸시키는지 여부, 원인채무와 어음 · 수표채무의 행사순서가 달라질 수 있다.

첫째, 원인채무의 "지급에 갈음하는 교부"인 경우는 어음 · 수표의 교부로 원인채무는 즉시 소멸하며, 그에 부수한 담보도 함께 소멸한다. 이 경우는 어음 · 수표가 현금에 준하는 기능을 한 것으로 평가되기 때문이다.

둘째, 원인채무의 "지급을 위한 교부" 또는 "지급담보를 위한 교부"인 경우에는 원인채무와 어음 · 수표채무가 동시에 병존한다. 지급을 위한 교부에서는 채권자는 먼저 어음 · 수표를 행사해야 하고, 지급이 이루어지지 않으면 비로소 원인채권을 청구할 수 있다(판례). 반면 지급담보를 위한 교부에서는 두 채권 중 어느 하나를 선택하여 행사할 수 있다(판례). 이는 지급을 위한 교부에서는 어음 · 수표가 원인채무의 지급수단으로 예정된 반면, 지급담보를 위한 교부에서는 어음 · 수표가 원인채무 이행을 보조하는 담보에 그치기 때문이다. 다만 어음 · 수표는 유통성을 보호할 필요가 있으므로, 일반적인 담보와 달리 원인채권과 어음 · 수표채권 중 어느 것을 먼저 행사할지에 관하여 순서를 제한하지 않는다.

예컨대, A가 물품대금 1억 원의 지급을 위하여 B에게 약속어음을 교부한 경우, 특별한 사정이 없는 한 B는 먼저 그 어음채권을 행사해야 하고, 어음이 부지급된 경우에 한하여 비로소 물품대금 채권을 청구할 수 있다. 반면, A가 지급담보의 취지로 어음을 교부한 경우에는, B는 어음채권과 물품대금채권 중 어느 하나를 선택하여 행사할 수 있다.

그렇다면 현실에서는 어떤 경우가 일반적일까? 판례는 명확한 의사가 없을 때, 원칙적으로 "지급 또는 지급담보를 위한 교부"로 추정한다는 입장이다. 다만 자기앞수표나 지급보증이 된 수표처럼 현금에 준하는 수단은 "지급에 갈음한 교부"로 인정한다(판례). 또한 어음의 주채무자가 원인채무자와 다른 제3자라면, 제3자의 지급의사가 있음을 전제로 하므로 "지급을 위한 교부"로 추정한다(판례).

또한 채권자가 어음금 · 수표금으로 지급을 받으면 원인채무는 소멸하지만, 어음 · 수표의 무인성 원칙으로 인해 원인채무를 먼저 변제받았다고 해서 어음 · 수표채무가 당연히 소멸하는 것은 아니다. 이는 원인채무와 어음채무 사이의 형평을 도모함과 동시에 거래 안전을 확보하려는 법리다. 그 이유는 다음과 같다.

첫째, 어음금 · 수표금의 지급으로 채권자가 이미 만족을 얻은 이상, 다시 원인채무까지 지급받게 하는 것은 부당하므로, 어음금 · 수표금의 지급은 원인채무를 소멸시키는 효력을 가진다.

둘째, 반대로 원인채무가 먼저 변제되었다는 사정만으로 어음 · 수표채무까지 당연히 소멸시킨다면, 이미 유통된 어음 · 수표의 효력이 쉽게 부정되어 거래의 안전이 해쳐질 수 있다.

예컨대, A가 물품대금의 지급을 위하여 B에게 약속어음을 발행한 경우, A

가 어음금을 지급하면 원인채무는 소멸한다. 반면 A가 먼저 물품대금을 지급한 경우에도 그 약속어음은 여전히 효력을 유지하므로, 어음의 유통에 의한 중복지급을 방지하기 위하여 A는 물품대금의 지급 시에 어음의 반환을 청구할 수 있다(판례).

Ⅲ. 자금관계

자금관계란 환어음 또는 수표의 발행인과 지급인 사이에 존재하는 자금상 대가관계를 말한다. 즉, 지급인이 어음 · 수표를 인수하거나 지급하게 되는 근거가 되는 실질관계이다. 예를 들어, 발행인이 은행에 금전을 예치하고 그 은행을 지급인으로 하여 수표를 발행하는 경우, 그 예금계약이 바로 자금관계이다.

어음 · 수표의 무인성에 따라 어음 · 수표의 법률관계는 자금관계로부터 독립한다. 따라서 자금관계가 존재하지 않거나 무효 · 취소되더라도, 어음 · 수표의 효력에는 영향이 없다. 인수하지 않은 지급인이 발행인으로부터 자금을 공급받았다고 하여 당연히 어음금 · 수표금 지급채무가 발생하는 것은 아니며, 반대로 지급보증을 한 은행이 발행인으로부터 자금을 공급받지 않았다고 해서 수표금에 대한 지급책임을 면하는 것도 아니다.

다만 법은 형평의 관점에서 다음과 같은 두 가지 예외를 인정한다. 이것이 무인성의 완화된 적용, 즉 유통성 보호와 실질관계의 균형을 이루려는 제도적 장치이다.

첫째, 인적항변이다. 자금관계의 당사자 사이에서는 자금관계상의 하자(예: 자금 미제공 등)를 이유로 어음 · 수표상 채무에 대하여 인적항변을 할 수 있다.

둘째, 이득상환청구권이다(어 79조, 수 63조). 어음 · 수표상 권리를 상실한 자가 있음에도 불구하고 상대방이 자금관계상 부당이익을 얻은 경우에는, 그 반환을 청구할 수 있다. 예를 들어, 발행인이 은행에 수표자금을 예치하였는데 그 수표가 시효로 소멸되었음에도 은행이 자금을 반환하지 않는 경우, 발행인은 이득상환청구로 그 예치금을 반환받을 수 있다.

제 5 관 어음·수표의 항변

Ⅰ. 유통과 방어권의 균형

어음 · 수표항변이란 어음 · 수표상 채무자가 소지인의 청구를 배척하기 위하여 주장할 수 있는 일체의 사유를 말한다. 민법 일반에 따르면 채무자는 채권이 양도되더라도 양도인에게 주장할 수 있었던 항변을 양수인에게도 주장할 수 있다(민 451조). 다만 양수인 보호를 위하여, 채무자가 채권양도에 대하여 이의 없이 승낙한 경우에는 예외로 한다(민 451조).

그런데 어음 · 수표는 유통을 전제로 한다. 이 일반원칙을 그대로 적용할 경우, 유통의 매 단계마다 항변이 누적되어 누가 소지인이 되더라도 그에게 지급거절이 가능해질 수 있으며, 소지인이 되기 위해서는 과거 단계의 모든 사정을 조사할 필요가 생긴다. 이는 유통성의 붕괴로 이어진다.

그렇다면 유통성을 해치지 않으면서도 채무자의 방어권도 유지할 수 있는 방법은 무엇인가? 해법은 간명하다. 배서양도 시에 인적항변을 절단함으로써(민 515조), 당사자 사이의 개인적 항변은 당사자 사이에서만 유효하고 후속 단계에서 선의로 취득한 소지인에게는 미치지 않게 하는 것이다. 다만 물적항변은 유통성 보호보다 채무자 보호의 필요성이 크므로 절단되지 않는다.

Ⅱ. 항변의 분류

1. 구분

항변은 물적항변과 인적항변으로 나뉜다. 물적항변은 선의 · 악의를 불문하고 모든 소지인에게 주장할 수 있으며, 인적항변은 당사자 사이에서만 유효하고 배서양도 시에는 절단된다. 그렇다면 각 항변의 구체적 유형은 무엇이고 어떠한 범위까지 효력이 미치는가?

2. 물적항변

물적항변은 유통성과 무관하게 항상 주장할 수 있으며, 증권상의 항변과 비증권상의 항변으로 구분된다.

첫째, 증권상의 항변은 문면에서 바로 드러나는 하자를 가리키며, 어음·수표요건 흠결, 만기 미도래, 배서 불연속 등이 그 예이다.

둘째, 비증권상의 항변은 문면에는 드러나지 않지만 채무자 보호가 우선시되는 중대한 하자를 말하며, 의사무능력·제한능력, 위조 및 변조, 무권대리 등이 이에 해당한다. 예컨대 발행인 A의 서명이 위조된 약속어음이 A→B→C로 유통된 경우, A는 C가 선의이더라도 항상 어음상 책임을 부정할 수 있다.

3. 인적항변

인적항변은 원칙적으로 당시자 사이에서만 주장될 수 있고, 배서양도로 절단된다. 어음법 제17조 및 수표법 제22조의 적용 여부를 기준으로 두 가지 범주로 구분된다.

(1) 어음법 제17조 및 수표법 제22조가 적용되는 인적항변

이 조항이 적용되는 인적항변에는 다음과 같은 유형이 포함된다. ① 원인관계의 부존재·무효·취소·해제의 항변, ② 강행규정(민 103조, 104조 등) 위반으로 인한 무효의 항변, ③ 자금관계상 자금 미제공의 항변, ④ 증권 외의 당사자 간 약정에 관한 항변. 인적항변이 절단되려면 다음의 요건을 충족해야 한다.

첫째, 유통을 위한 어음법·수표법상 양도방법(배서 또는 교부)으로 취득한 소지인이어야 한다. 그 밖의 방식에 의한 취득(예: 지명채권양도의 방식)에는 유통성 보호가 필요하지 않기 때문이다.

둘째, 소지인이 "채무자를 해할 것을 알고"(해의) 취득한 경우에는 절단되지 않는다(판례). 소지인이 단순히 악의(항변사실을 아는 것)뿐 아니라 그 취득으로 채무자를 해할 것을 인식해야 한다. 해의는 넓은 의미에서 악의에 포함된다.

셋째, 일단 인적항변이 절단되면, 그 다음부터는 유통성 보호를 위해 이후 취득자가 악의이더라도 절단은 계속 유지된다. 이를 "엄폐물의 법칙"이라고 한다. 예컨대 어음이 A→B→C→D로 유통된 경우 A의 B에 대한 인적항변이 C가 선의로 취득하여 절단되면, D가 해의로 취득하였더라도 절단의 효력은 유지된다.

(2) 어음법 제17조 및 수표법 제22조가 적용되지 않는 인적항변

여기에는 ① 교부흠결, ② 비진의표시 · 통정허위표시 · 착오 · 사기 · 강박 등 의사표시의 흠, ③ 백지보충권 남용 등이 포함된다.

이 경우 절단을 막으려면 소지인의 악의(사실 인식)만으로 충분하고, 어음법 제17조 및 수표법 제22조가 요구하는 해의까지는 요구되지 않는다.

예컨대 어음이 A→B→C로 유통된 경우, A가 작성만 하고 교부는 하지 않았다는 사실(교부흠결)을 C가 알고 취득했다면, A는 C에게 교부흠결 항변을 주장할 수 있다(절단 불성립).

4. 특수한 항변

(1) 융통어음의 항변

융통어음이란 상거래 목적이 아니라 타인의 자금융통을 위하여 발행된 어음이다. 예컨대 A가 B의 자금 사정을 돕기 위하여 B를 수취인으로 하는 약속어음을 발행한 경우, B는 이를 만기 전에 금융기관 등에 넘기고 일정한 이자를 공제한 금액을 받는 방식으로 할인하거나 제3자에 대한 지급에 사용한다.

이 경우 발행인 A가 B로부터 어음을 배서양도 받은 C에게 "이 어음은 융통어음에 불과하다"라는 취지의 항변을 주장할 수 있는지가 문제된다. 판례는 이를 부정한다. 즉, 판례는 소지인의 선의 · 악의와 무관하게, 융통어음이라는 사정은 항변으로서 대항할 수 없다고 본다. 그 근거로 판례는 C에게 A를 해할 의사를 인정하기 어렵다는 점과, A에게 어음상 채무를 부담하려는 의사가 존재한다는 점을 중시한다. 따라서 A는 "융통어음에 불과하다"는 이유만으로 지급을 거절할 수 없다.

결국 판례는 "융통"이라는 사정보다도 유통의 신뢰와 안전을 우선함으로써, 어음법상 형식주의 원칙을 재확인하였다.

(2) 제3자의 항변

원칙적으로 인적항변은 당사자 사이에서만 주장된다. 다만 예외적으로, 채무

자가 “자기 앞 단계 채무자”(전자)가 소지인에 대하여 가질 항변을 원용하여, 자신도 소지인에게 대항할 수 있도록 허용되는 경우가 있다(이른바 “전자의 항변”). 이는 당사자 간 형평을 위해 필요한 경우에, 동일한 어음 · 수표 연쇄관계 내에서 선행 단계에서 이미 발생한 항변, 즉 전자의 항변을 후행 단계에서 원용할 수 있도록 한 것이다.

예컨대 약속어음이 A→B→C로 유통된 경우, C가 발행인 A에게 지급유예를 요청하여 A가 이를 승낙하였음에도, C가 곧바로 B에게 상환청구를 하였다면 어떻게 될까? 이 경우 B는 A가 C에 대하여 가지는 지급유예의 항변을 원용하여, C의 상환청구에 대항할 수 있다(판례). 즉, C의 청구는 허용되지 않는다. 이는 C가 주채무자인 A에게는 지급을 유예해 주면서, 담보책임에 불과한 상환의무를 부담하는 B에게는 곧바로 상환을 강제하는 것은 형평에 반하기 때문이다. 요컨대, 유통의 신뢰를 해치지 않으면서도 거래상 형평을 보완하기 위해 인정되는 예외적 법리라고 할 수 있다.

제2절 어음법·수표법 각론

제1관 어음·수표의 발행

Ⅰ. 의의

1. 개념 및 기재사항

어음 · 수표의 발행은 어음 · 수표상 권리 · 의무관계를 창조하는 법적 출발점이다. 형식적 의미에서 발행이란, 어음 · 수표요건을 모두 갖춘 증권을 작성하여 이를 교부하는 행위를 말한다. 실질적으로 환어음 · 수표의 발행은 "지급의 위탁"을, 약속어음의 발행은 "지급의 약속"을 내용으로 한다는 점에서 서로 구별된다. 발행은 모든 어음 · 수표행위의 기초가 되며, 이를 전제로 인수 · 배서 · 보증 등 부속행위가 차례로 이어진다.

그렇다면 왜 어음과 수표는 단순한 약속이 아니라, 일정한 기재사항을 요구하는 요식증권으로 구성되어 있을까? 이는 유통의 안전성과 법적 확실성을 확보하기 위함이다. 거래 상대방은 문면만을 통해서도 그 증권의 효력을 판단할 수 있어야 하기 때문이다. 이에 따라 발행 시 어음 · 수표에 기재되는 사항은 다음과 같이 구분된다.

- **필요적 기재사항**(어음 · 수표요건) – 유효한 어음 · 수표가 되기 위해 반드시 기재되어야 하는 사항(예: 어음 · 수표문구)
- **유익적 기재사항** – 기재하지 않아도 효력에는 영향이 없지만, 기재하면

기재된 대로 효력이 인정되는 사항(예: 지급장소)

- **무익적 기재사항** – 기재해도 효력이 없고, 어음·수표 자체의 효력에도 영향을 미치지 않는 사항(예: 수표의 만기)
- **유해적 기재사항** – 기재할 경우 어음·수표를 무효로 만드는 사항(예: 조건부 지급의 기재)

2. 효력

발행의 법적 효과는 어음의 종류에 따라 달라진다. 약속어음은 "직접지급의 약속", 환어음은 "지급의 위탁", 수표는 "즉시지급의 위탁"으로 요약된다. 이 세 가지는 형식은 상이하나, 모두 발행을 기점으로 일정한 책임구조를 형성하고, 그 이행을 유통과 신용에 맡긴다는 점에서 공통된 구조를 가진다.

(1) 약속어음

약속어음의 발행은 발행인이 정당한 소지인에게 만기에 지급할 것을 약속하는 행위이다(어 78조). 발행인은 발행과 동시에 주채무자로서 지급의무를 부담한다. 발행인이 지급하면 어음상 권리는 소멸하며, 어음채무 이행의 종결을 의미한다.

(2) 환어음

환어음의 발행은 발행인이 제3자인 지급인에게 일정 금액을 지급할 것을 위탁하는 행위이다(어 1조). 즉, 환어음의 발행인은 "지급위탁자"라는 점에서, 약속어음의 발행인이 "지급의무자"인 점과 가장 크게 구별된다. 이때 지급인은 단순한 위탁의 상대방일 뿐, 그가 인수하기 전에는 아무런 채무를 지지 않는다. 그러나 지급인이 인수하면, 그 즉시 주채무자로 전환된다. 반면 발행인은 지급인이 지급을 거절하면 담보책임으로서 상환의무를 지게 되며(어 9조), 이는 유통성 보호를 위한 법정책임이다.

(3) 수표

수표는 구조상 환어음과 유사하지만, 본질적으로는 지급수단이다. 발행인은 지급인에게 지급을 위탁하지만, 수표에는 인수 제도가 없으므로 지급인이 주채무자로 전환되는 경우는 존재하지 않는다(수 4조). 지급인은 반드시 은행이어야 하며(수 3조), 수표는 일람출급증권이다(수 28조). 지급인이 은행으로 한정된다는 점과, 수표를 제시한 날이 곧 만기가 되는 일람출급증권이라는 점은, 수표가 전형적인 지급증권임을 잘 보여준다. 수표에는 지급보증제도(수 55조)가 있어, 지급인이 보증을 하면 지급제시기간 내에 한정하여 지급책임이 발생한다. 발행인은 지급이 이루어지지 않으면 담보책임으로서 상환의무(수 12조)를 지는데, 이는 어음과 마찬가지로 법정책임으로서, 유통성 보호를 위한 장치이다.

Ⅱ. 어음 · 수표요건

1. 의의

어음 · 수표는 단순한 문서가 아니라 "문면이 곧 권리"인 증권이다. 따라서 어음 · 수표의 발행은 일정한 형식을 반드시 갖추어야 하며, 이를 어음 · 수표요건이라 한다. 어음법과 수표법은 이를 엄격한 요식주의로 규율한다. 즉, 법이 정한 필요적 기재사항이 누락되면 어음 · 수표는 자체로 무효가 된다(어 2조 · 76조, 수 2조). 다만 일부 항목(예: 만기, 지급지 등)에 대해서는 법률이 흠결을 보충하도록 규정하고 있다. 이를 흠결보충제도라 하며, 유통의 단절을 방지하기 위한 안전장치이다.

그렇다면 왜 어음 · 수표는 계약서나 영수증과 달리 형식을 그토록 엄격히 요구할까? 이는 유통성의 근본이 문면에 대한 신뢰에 있기 때문이다. 문면이 불명확하면 신용이 흔들리고, 그 결과 유통은 중단된다.

2. 어음 · 수표문구

어음 또는 수표임을 식별할 수 있는 문구의 기재는 필수적 요건이다. 즉, 증권의 본문에 그 증권을 작성한 언어로 환어음, 약속어음, 수표 중 하나의 문구를 명시해야 한다(어 1조 · 75조, 수 1조). 이는 유가증권의 종류를 명확히 표시함으로써, 거래 상대방이 해당 증권이 어음 · 수표인지 단순한 채무증서인지를 즉시 구별할 수 있도록 하기 위함이다.

3. 일정금액의 지급약속 또는 지급위탁

약속어음에는 일정금액에 대한 지급의 약속, 환어음 · 수표에는 지급의 위탁이 필요적 기재사항이다(어 1조 · 75조, 수 1조). 이 부분은 어음 · 수표가 금전채권을 표창하는 증권이라는 점에서 핵심적 기재사항에 해당한다. 그 요건을 보면, 지급의 대상은 금전에 한정되므로 현물지급은 허용되지 않는다. 또한 지급은 무조건적이어야 한다. 조건이 붙는 경우(예: 임대차계약이 유효한 경우에 한하여 지급), 유통성이 훼손되므로 어음 · 수표는 무효가 된다. 즉, 이러한 조건부 기재는 유해적 기재사항에 해당한다. 요컨대 어음 · 수표는 조건 없는 금전 지급의 약속 또는 위탁을 전제로 하는 증권이다.

4. 지급인

환어음과 수표에는 지급인의 기재가 필요하며(어 1조, 수 1조), 약속어음에는 지급인이 예정되어 있지 않다. 특히 수표의 지급인은 반드시 은행이어야 한다(수 3조).

그렇다면 “존재하지 않는 사람”을 지급인으로 기재한 경우에도 어음 · 수표는 유효한가? 판례는 허무인을 지급인으로 기재하더라도 어음은 유효하다고 판단한다. 이는 발행인이 어음의 담보책임을 부담하기 때문이다. 반면 지급인을 선택적으로 기재하는 경우(예: A 또는 B)는 무효이다. 이는 지급인의 불명확성이 유통성을 해치기 때문이다. 한편, 발행인이 자신을 지급인으로 정하는 경우(자기앞환어음 · 자기앞수표)는 허용된다. 특히 자기앞수표는 동일한 은행이 발행인과 지급인이 되므로, 실질적으로 현금에 준하는 취급을 받는다.

5. 만기

(1) 의의

만기는 어음금액이 지급될 날을 의미하며, 어음의 필요적 기재사항이다(어 1조 · 75조). 반면 수표는 일람출급증권이므로, 만기의 기재는 효력이 없는 무익적 기재사항이다(수 28조). 여기서 일람은 제시한다는 의미이고, 따라서 일람출급이란 증권을 제시함과 동시에 지급되어야 한다는 뜻이다. 어음금액을 분할하여 각각 다른 만기를 정하는 것은 무효이다(어 33조). 어음금액을 분할하여 만기를 각각 정하게 되면, 지급청구 및 상환청구에 관한 법률관계가 복잡해져 어음의 유통성이 저해되기 때문이다.

만기는 절대적 어음요건이 아니므로, 만기가 기재되지 않아도 어음은 무효가 아니다. 이 경우 법률에 따라 일람출급어음으로 간주된다(어 2조). 이는 만기 흠결에 대한 법정보충제도로서, 기재 누락으로 인한 유통의 단절을 방지하기 위한 안전장치이다.

(2) 종류

만기는 지급의 시점을 정하는 핵심적 요소이다. 만기의 종류에 따라 지급의 시점과 법적 효과가 달라진다. 그렇다면 어음의 만기는 구체적으로 어떻게 정해질까? 어음의 경우 다음 네 가지 유형만 허용된다(어 33조). 다음 표는 이를 한눈에 보여준다.

유형	예시	특징
확정일출급	“2026년 3월 3일 지급”	특정 날짜를 만기로 정하는 형태
발행일자후정기출급	“발행일로부터 1개월 후 지급”	발행일을 기준으로 일정기간이 지난 날을 만기로 정하는 형태
일람출급	“일람 즉시 지급”	소지인이 어음을 제시하는 즉시 지급되는 형태
일람후정기출급	“일람 후 1개월 후 지급”	제시 후 일정기간이 지난 날을 만기로 정하는 형태

이 네 가지 형태는 만기가 단순한 날짜가 아니라, 어음에서 언제까지 대금을 지급하지 않아도 되는지, 즉 지급을 유예하는 기간을 어떻게 설정할 것인지를 정하는 장치임을 보여준다. 이러한 의미에서 만기는 어음이 창출하는 신용기간의 핵심 요소라 할 수 있다. 예컨대 확정일출급은 장래의 확정된 시점에 지급할 것을 약정하는 방식이고, 일람출급은 증권의 제시와 동시에 지급할 것을 전제로 한다. 따라서 어떤 만기 방식을 택하느냐에 따라 어음이 주로 신용공여를 목적으로 하는 수단인지, 아니면 즉시적인 지급을 위한 지급수단인지 그 성격이 달라진다.

6. 지급지

지급지는 어음·수표에서 지급이 이루어질 법정 지급장소를 뜻하며, 필요적 기재사항이다(어 1조·75조, 수 1조). 예컨대 "서울특별시"가 지급지라면, 지급제시는 서울시 내에 지급인의 영업소·주소·거소에서 이루어진다(민 516).

지급장소는 지급지 내 구체적인 장소를 지정한 것으로, 주로 "○○은행 ○○지점" 형식으로 기재된다. 이는 지급인의 영업소·주소·거소 외의 장소, 주로 은행에서 지급이 이루어지기를 원하는 경우에 사용되며, 이러한 지급방식을 제3자방지급이라 한다(어 4조·27조·77조, 수 8조). 이는 실무상 대부분의 어음에서 사용되며, 거래 편의와 지급의 신속성을 위한 장치다. 지급지 없이 지급장소가 기재되어 있는 경우, 그 지급장소가 지급지를 보충한다(판례).

만약 지급지 및 지급장소의 기재가 누락된 경우에는, 유통의 단절을 방지하기 위하여 법률이 자동으로 지급지를 보충한다. 환어음은 지급인의 명칭에 부기된 장소를 지급지로 보고(어 2조), 수표는 환어음과 동일하나 지급인의 명칭에 부기된 장소가 없을 경우 발행지를 지급지로 보며(수 2조), 약속어음은 지급인이 존재하지 않으므로 발행지를 지급지로 본다(어 76조).

7. 수취인

수취인은 지급을 받을 사람이다. "수취인 A"는 기명식 어음·수표, "수취인 A가 지시하는 자"는 지시식 어음·수표이다(어 1조·75조). 다만 어음·수표는 법률상 원칙적으로 지시증권이므로(어 11조, 수 14조), 기명식으로 발행되더라도 배서에 의한 양도가 가능하다. 수취인은 어음의 필요적 기재사항이지만(어 1조·75조), 수표의 경우에는 필요적 기재사항이 아니다(수 1조). 따라서 수표는 소지인출급식(무기명식), 즉 특정한 수취인을 지정하지 않고 소지인에게 지급하는 방식으로도 발행할 수 있다. 한편 발행인이 자신을 수취인으로 지정한 경우(자기지시환어음)는 유효하며(어 3조), 이는 약속어음의 경우에도 같다.

8. 발행일

발행일은 어음·수표의 필요적 기재사항이다(어 1조·75조, 수 1조). 발행일은 단순한 날짜가 아니라, 모든 어음·수표관계의 기준 시점이다. 일람출급의 경우 지급제시기간 계산의 기준이 되고, 발행일자후정기출급어음에서는 만기 계산의 출발점이 된다. 문면상 발행일이 실제 발행일과 다르더라도 어음·수표는 유효하다. 이는 문언성 원칙에 따르면 되기 때문이다. 선일자와 후일자는 실제 발행일이 문면상 발행일보다 앞인지 또는 뒤인지를 기준으로 한 구분이다.

- **선일자** – 실제 발행일이 문면상 발행일에 비해 앞선 경우(예: 실제는 2026. 3. 3.이나 문면에는 2026. 4. 3.)
- **후일자** – 실제 발행일이 문면상 발행일에 비해 뒤인 경우(예: 문면에는 2026. 2. 3.이나 실제는 2026. 3. 3.)

이 경우 만기나 제시기간 산정의 기준은 문언성 원칙에 따라 문면상 발행일로 한다. 왜 문면을 기준으로 삼을까? 이는 거래의 안정성과 예측가능성을 보장하기 위한 형식주의의 한 표현이다. 다시 말해, 증권의 문면만으로 권리관계를 판단할 수 있어야 유통성이 보장될 수 있기 때문이다.

다만, 선일자수표의 경우에는 문면상 발행일 이전이라도 지급제시 및 지급이 가능하다(수 28조). 이는 수표가 만기가 일람출급인 전형적인 즉시지급증권이어서, 실제로 발행된 이후에는 문면상 발행일과 관계없이 언제든지 지급제시를 할 수 있도록 한 규정이다.

9. 발행지

발행지는 어음·수표가 발행된 장소로서 필요적 기재사항이다(어 1조·75조, 수 1조). 다만 국내거래의 경우에는 발행지의 기재가 없더라도 유효하다고 보지만(판례), 국제어음·수표에서는 준거법을 판단하는 기준이 된다. 즉, 발행지의 기재는 국제거래에서 적용법을 결정하는 연결점의 역할을 한다.

10. 발행인의 기명날인 또는 서명

마지막으로 발행인의 기명날인 또는 서명은 어음·수표의 필요적 기재사항이다(어 1조·75조, 수 1조). 이는 모든 어음·수표행위에 공통되는 가장 기본적인 형식요건이다. 발행인의 선택적 기재(예: A 또는 B)는 어음·수표관계를 불명확하게 만들기 때문에 무효이다. 반면 중첩적 기재(예: A 및 B)는 허용된다. 이 경우 양자는 공동발행인으로서 합동책임을 진다(어 47조, 수 43조).

Ⅲ. 백지어음 · 수표

1. 의의

어음 · 수표는 완진한 형식을 갖추어야 효력이 발생한다. 그러나 실제 거래에서는 모든 사항을 즉시 확정하기 어려운 경우가 있다. 이때 발행인이 일부 사항(금액, 만기 등)을 나중에 보충할 것을 예정하고 교부하는 증권이 바로 백지어음 · 수표이다. 즉, 발행인이 기명날인 또는 서명을 제외한 일부 요건을 사후에 보충할 의사로 공백으로 남겨둔 미완성의 어음 · 수표를 말한다. 발행 당시에는 금액이나 만기 등이 확정되지 않아 완전한 어음 · 수표로서의 효력은 없다. 다만, 그 공백이 나중에 보충권한에 따라 적법하게 보충되면 비로소 완전한 어음 · 수표로 완성된다.

그렇다면 아직 완성되지도 않은 증권이 왜 거래의 현장에서 자주 사용될까? 이는 백지어음 · 수표라는 결제 · 담보 수단이 제공하는 신속성과 편의성 때문이다. 예컨대 물품대금이 정산 중인 상황에서 매수인이 매도인에게 일정한 담보를 제공해야 할 때, 금액이 미정이라도 우선 백지어음을 신속하고 편리하게 교부해 두면 물품거래의 연속성이 유지된다.

2. 요건

백지어음 · 수표가 성립하려면 다음 요건이 충족되어야 한다.

첫째, 기명날인 또는 서명을 제외한 요건의 전부 또는 일부를 의도적으로 공백으로 남겨두었을 것을 요한다.

둘째, 발행인이 상대방에게 백지를 보충할 권한을 부여했어야 한다. 이는 원칙적으로 발행인의 의사에 따르나, 백지어음 · 수표의 문면상 외관에 비추어 볼 때 소지인이 보충권이 있다고 믿는 것이 정당한 경우에는, 보충권이 인정될 수도 있다. 발행인은 자신이 작성하여 교부한 백지어음 · 수표에 관하여 보충권의 수여가 없었다는 점을 입증하지 못하면 책임을 면할 수 없다(판례). 이는 어음 · 수표의 유통성을 보호하기 위한 해석이다.

셋째, 백지어음 · 수표가 성립하려면 반드시 기명날인 또는 서명이 있어야 한다. 기명날인 또는 서명이 없는 경우에는 무효로서, 백지어음 · 수표로서 성립할 수 없다.

3. 효력

백지어음 · 수표는 보충이 이루어진 후에만 권리를 행사할 수 있다(판례). 예컨대 백지가 보충되지 않은 상황에서 지급제시는 적법한 지급제시가 아니다. 다만, 백지가 보충되지 않은 상태에서 지급제시를 해도, 이는 권리 위에 잠자고 있지 않다는 것을 보여준 것이므로, 시효중단의 효력은 생긴다(판례).

다만, 보충 전의 백지어음에 대한 거래가 전면적으로 불가능한 것은 아니다. 판례는 유통성 보호의 원칙에 따라, 백지어음이라도 배서에 의한 양도 또는 민법 제450조에 따른 지명채권양도가 가능하다고 본다. 이는 실무에서 어음이 금액이나 만기 등이 확정되기 전에 결제 · 담보 수단으로 먼저 양도되는 경우가 적지 않다는 거래 현실을 반영하여, 금액 등이 확정되기 전이라도 증권이 이전되어야 할 실질적 필요성을 인정한 것이다.

4. 백지보충권

백지보충권은 보충권자가 백지어음 · 수표를 완성할 수 있는 권한이다. 이 권한은 통상적으로 발행인과의 약정에 의해 수여되며, 그 범위는 발행인과 보충권자 간의 합의로 정해진다.

보충권이 적법하게 행사되면, 그때부터 증권은 완전한 어음 · 수표로 완성되고(완성효), 소지인은 어음상의 권리를 행사할 수 있다. 보충의 효력은 소급되지 않고 장래를 향해 발생한다(비소급효). 즉, 보충 이전의 행위에는 영향을 미치지 않고, 보충된 시점부터 보충의 효력이 생긴다는 뜻이다. 이는 거래의 안정성과 예측가능성을 보장하기 위한 것이다. 예컨대 보충되지 않은 상태에서 주채무자에게 한 지급제시는, 이후에 보충이 이루어졌다고 하더라도 적법한 지급제시로 소급하여 효력이 발생하는 것은 아니다.

아울러 보충 전의 어음 · 수표행위(배서 등)는 보충 시가 아니라 행위 시를 기준으로 성립한다. 따라서 행위자의 능력 등도 모두 행위 시점 기준으로 판단한다(판례). 이는 배서 등과 같은 어음·수표행위는 그 행위 시의 의사와 형식에 기초하여 독립적으로 이루어지는 법률행위이므로, 그 성립 여부를 보충 시점을 기준으로 사후적으로 판단하게 되면 거래의 안정성이 해쳐질 수 있기 때문이다.

5. 백지보충권의 남용

그렇다면 보충권자가 약속된 범위를 넘어 백지를 임의로 채운다면 어떻게 될까? 이를 보충권의 남용이라 한다(어 10조, 수 13조). 예를 들어 1억 원을 한도로 보충하기로 합의했는데 2억 원으로 보충했다면, 이는 부당보충으로서 보충권의 남용에 해당한다. 그러나 이러한 부당보충은 어음·수표의 문면상으로는 확인될 수 없기 때문에, 선의의 제3자에게까지 발행인의 책임을 제한한다면 백지어음·수표의 거래가 마비될 우려가 있다. 이에 법은 보충권 남용을 인적항변으로 제한한다. 즉, 발행인과 보충권자 사이에서는 항변이 가능하지만, 남용에 관여하지 않은 선의·무중과실의 소지인에게는 그 사유를 주장할 수 없다. 결국 이는 발행인의 책임과 어음·수표 유통의 안전 사이에서 균형을 도모한 결과이다.

예컨대, A는 B에게 물품대금 담보로 금액란을 비워 둔 백지약속어음을 교부하면서, 보충금액을 최대 1억 원으로 한정하였다. 그러나 B는 이를 위반하여 2억 원으로 금액을 보충하였다. 이 경우 A는 B에 대하여 보충권 남용을 이유로 1억 원을 초과하는 부분에 대한 책임을 면할 수 있다. 그러나 위 어음을 B로부터 배서양도 받은 C가 보충권 남용 사실을 알지 못하였고 중과실도 없는 경우에는, A는 C에게 보충권 남용을 이유로 책임을 제한할 수 없고 문언에 기재된 2억 원 전액에 대하여 책임을 진다.

보충권을 남용한 자나 그 이후에 어음·수표행위를 한 자는 선의·악의를 불문하고 보충된 문언에 따라 책임을 진다. 이는 어음·수표의 독립성 원칙이 유통성 확보를 위해 얼마나 강력하게 작용하는지를 보여주는 대표적인 사례이다. 예를 들어, 백지약속어음이 A → B → C → D로 유통된 경우, B가 1억 원의 어음금액 보충권을 남용해서 2억 원으로 기재했다면 이후에 이를 취득하여 D에게 배서양도한 C는 자신의 선의·악의와 무관하게 독립성 원칙에 따라 D에 대하여 2억 원의 상환의무를 부담한다.

제2관 어음·수표의 인수·지급보증

Ⅰ. 환어음의 인수

1. 인수의 의의

환어음에서 지급인은 처음에는 단순한 지급위탁의 상대방에 불과하다. 그런데 지급인이 어음에 "인수한다"는 뜻을 기재하고 기명날인 또는 서명을 하면, 상황이 달라진다. 이때부터 지급인은 직접 어음금의 지급을 책임지는 주된 채무자가 된다. 이처럼 인수는 지급인이 스스로 지급책임을 부담한다고 약속하는 행위이며, 이는 환어음에만 인정되는 제도이다.

그렇다면 수표에서도 이러한 인수를 인정하면 수표의 지급안정성이 강화되지 않을까? 법은 오히려 반대의 길을 택한다. 수표는 지급수단으로서 즉시성과 단순성이 본질이므로, 지급인의 신용을 결합시키는 인수를 허용하면 수표가 어음처럼 신용수단으로 변질될 위험이 있다. 이에 따라 수표의 인수는 금지된다(수 4조).

결국 인수는 환어음의 신용증권적 성질을 지탱하는 핵심 제도이며, 수표는 인수를 배제함으로써 지급수단으로서의 즉시성과 단순성을 유지한다.

2. 인수제시

인수제시는 소지인이 환어음을 지급인에게 제시하여 "이 어음을 인수할 의사가 있는가?"를 묻는 행위이다. 즉, 지급인에게 지급의사가 있는지를 미리 확인하는 절차로서, 아직 지급 자체를 청구하는 단계는 아니다.

소지인뿐 아니라 단순 점유자도 인수제시를 할 수 있다(어 21조). 여기서 소지인은 배서의 연속에 의해서 어음상 권리가 있다고 추정되는 자를 의미하는 것으로 이해된다(어 16조). 점유자는 단순히 어음을 현실적으로 소지한 자를 말한다. 점유자도 인수제시를 할 수 있는 이유는 인수제시가 권리행사가 아니라 단순히 지급인의 인수 의사를 확인하는 절차이기 때문이다. 따라서 소지인에 해당하는지 여부는 지급 단계에서 비로소 문제가 된다.

인수제시는 만기의 전날까지 해야 하며, 만기일에는 인수가 아니라 지급제시만 가능하다(어 21조). 지급인은 판단을 유보하기 위하여 다음 날에 다시 제시할 것을 요구할 수 있다(어 24조). 이는 자금관계나 내부사정을 확인할 필요가 있어, 인수 여부를 즉시 결정하기 어려운 경우를 대비한 규정이다.

왜 인수 여부를 미리 확인할 필요가 있을까? 이는 상환청구권의 발생시점과 직결되기 때문이다. 만기의 지급거절이 있는 경우 소시인이 상환청구를 할 수 있는 것과 마찬가지로, 인수거절이 있으면 지급인이 장차 지급의무를 이행하지 않을 것이 명확해지므로, 아직 만기가 도래하지 않았더라도 소지인은 곧바로 배서인 · 보증인 등 상환의무자에게 상환청구를 할 수 있다(어 43조). 즉, 인수제시는 지급불이행의 위험을 사전에 점검하기 위한 절차이다.

3. 인수의 요건

인수가 유효하려면 지급인의 인수 의사와 기명날인 또는 서명이 명확히 드러나야 한다. 인수문구를 기재하고 기명날인 또는 서명하면 정식인수가 되고, 인수문구 없이 단순히 기명날인 또는 서명만 하여도 약식인수가 된다(어 25조). 다만 약식인수는 반드시 어음의 앞면에 하여야 한다. 어음의 뒷면에 기명날인 또는 서명을 하면 그것은 인수가 아니라 백지식배서로 간주되기 때문이다(어 13조). 백지식배서는 피배서인을 기재하지 않고, 배서인이 기명날인 또는 서명만 한 배서를 말하며, 이에 관해서는 뒤에서 자세히 살펴본다.

지급인은 어음금액의 일부만 인수할 수도 있다(어 26조). 어음금액의 일부만을 인수하더라도, 그 범위 내에서는 지급인이 확정적인 어음상 채무를 부담하게 되므로 유통성 제고에 도움이 된다. 예컨대 지급인이 1억 원의 어음금액 중 5천만 원만 인수한 경우에도, 그 범위 내에서는 확정된 채무가 성립한다. 또한 지급인은 어음의 문언을 변경하여 인수할 수도 있다. 이 경우 독립성의 원칙에 따라 인수인은 변경된 문언에 따라 책임을 부담한다(어 26조). 다만 조건이 붙은 인수는 허용되지 않으며, 이는 인수거절로 본다(어 26조). 이는 불확정한 인수가 어음의 유통성을 저해한다고 보기 때문이다. 즉, 인수란 조건 없는 약속으로서의 확정된 지급의사이다.

4. 인수 또는 인수거절의 효력

인수를 한 지급인은 어음상의 주채무자가 된다(어 28조). 이에 따라 소지인은 지급인에게 직접 청구할 수 있게 된다. 반대로 지급인이 인수를 거절하면, 지급인이 만기에도 지급을 거절한 가능성이 높으므로, 어음의 신용은 본질적으로 훼손된다. 이 경우 소지인은 만기를 기다리지 않고 곧바로 발행인 · 배서인 등에게 상환청구를 할 수 있다(어 43조). 이와 같이 인수거절은 지급불이행의 위험에 대한 조기경보 장치의 효과를 갖는다.

Ⅱ. 수표의 지급보증

1. 의의

수표의 본질은 지급의 즉시성이다. 그런데 은행이 지급을 거절할 가능성도 있기 때문에, 지급안정성에 대한 거래 상대방의 신뢰를 확보할 필요가 생긴다. 이를 보완하기 위한 장치가 바로 지급보증제도이다. 지급보증이란 형식적으로는 지급인이 수표의 앞면에 지급보증의 뜻을 기재하고 기명날인 또는 서명하는 행위를 말하며(수 53조), 실질적으로는 지급인이 지급제시기간 내에 수표가 제시될 경우 그 지급을 이행할 것을 약속하는 행위이다.

다만 수표의 지급보증은 인수와 달리 주채무적 성격을 가지지 않는다. 그 이유는 지급보증이 수표의 지급제시기간 내에서만 효력을 가지며, 그 기간이 지나면 효력을 상실하기 때문이다(수 55조). 참고로 수표의 지급제시기간은 발행일로부터 10일이다(수 29조).

왜 인수가 아니라 지급보증이라는 별도의 형식을 두었을까? 이는 수표의 본질이 신용수단이 아니라 지급수단이기 때문이다. 따라서 지급보증은 수표의 지급제시기간인 10일이라는 단기간에만 효력을 가진다. 결국 인수는 환어음의 신용을 강화하는 장치인 반면, 지급보증은 수표의 지급을 보완하기 위한 장치이다.

한편 지급보증과 보증은 구별된다. 지급보증은 지급인이 자기 명의로 독립적이고 1차적인 지급의무를 부담하는 것인 반면, 보증은 다른 수표행위자의 채무를 전제로 한 종속적이고 2차적인 지급의무를 부담하는 것이다.

2. 지급보증의 요건

수표의 지급보증은 환어음의 인수보다 더 엄격한 형식요건이 요구된다. 수표의 앞면에 반드시 ① "지급보증한다"는 문구, ② 지급보증일자, ③ 지급인의 기명날인 또는 서명이 있어야 한다(수 53조). 지급보증문구가 없는 약식지급보증은 인정되지 않는다. 지급보증일자는 필요적 기재사항으로, 지급보증이 수표의 지급제시기간 내에 이루어졌는지를 판단하기 위한 기준이 된다.

또한 지급보증은 무조건적이어야 하며, 지급보증인이 수표의 내용을 변경한 경우 그 변경은 없는 것으로 간주되고, 원래의 문언에 따라 책임을 진다(수 54조). 이는 지급보증의 형식성과 단순성을 확보하기 위한 것이다. 독립성 원칙에 따르면 수표행위는 독립된 것이므로 변경된 문언에 따른 책임을 져야 하지만, 지급보증은 유통 과정에서 반복되는 행위가 아니라 지급 단계에서 단기간에만 효력을 가지는 예외적 제도이다. 따라서 이 경우에는 유통성 보호를 위한 독립성을 우선하기보다는, 지급보증의 형식성과 단순성을 중시하여 거래의 혼란을 방지하려는 취지가 관철된다.

3. 지급보증 또는 지급보증거절의 효력

지급보증을 한 은행은 지급보증채무를 부담한다. 다만 소지인이 지급제시기간 내에 제시했을 때에만 지급의무가 발생한다(수 55조). 이와 같이 한시적인 채무이지만, 지급보증은 지급안정성을 높여 특히 기업 간 결제에서 현금과 유사한 효과를 갖는다.

한편, 지급보증을 거절하더라도 상환청구권은 발생하지 않는다(수 39조). 그 이유는 다음과 같다. 수표는 일람출급증권이므로 발행일로부터 10일의 지급제시기간 내에 언제든 제시할 수 있고, 그 제시에 대하여 지급거절이 실제로 발생했을 때에 상환청구가 가능하기 때문이다. 따라서 지급보증거절은 신용상의 문제를 야기할 수는 있으나, 그 자체로 상환청구권 등 법적 효과를 발생시키지는 않는다.

제3관 어음·수표의 보증

Ⅰ. 의의

형식적으로 보면, 어음 · 수표의 보증은 보증인이 어음 · 수표의 문면에 기명날인 또는 서명 등 보증요건을 갖추어 이를 교부하는 행위를 말한다. 어음 · 수표의 보증은 상대방의 승낙이 없어도 보증인의 단독행위로 성립한다(판례). 이는 어음 · 수표보증이 특정 상대방과의 합의를 통해 채무를 부담시키는 제도가 아니라, 보증인이 자신의 신용을 증권에 부가하여 유통의 신용을 강화하려는 행위로 평가되기 때문이다. 민법상 보증이 계약인 것과 다른 점이다.

실질적으로는, 어음 · 수표의 보증은 어음 · 수표상 채무의 이행을 담보하기 위한 행위로서 유통의 안전판 역할을 한다. 보증의 목적은 명확하다. 어음금 · 수표금의 확실한 지급을 담보하여 거래의 신뢰와 유통성을 강화하는 것이다. 환어음의 인수, 수표의 지급보증이 각각 지급인의 신용확보를 위한 장치라면, 어음 · 수표보증은 제3자의 신용을 보강하는 장치이다.

앞서 본 것처럼 어음 · 수표보증은 성립 방식에서는 민법상 보증과 차이를 가진다. 그렇다면, 그 효력 면에서는 민법상의 보증과 같은 의미일까? 외관상 유사해 보이지만, 그 법적 성격은 본질적으로 다르다.

민사보증은 피보증채무에 종속되어, 피보증채무가 무효이거나 취소되면 보증채무도 함께 소멸한다(부종성의 원칙). 그러나 어음 · 수표보증은 유통성 보호를 위하여 독립성 원칙에 따라, 피보증채무가 무효이거나 취소되더라도 보증채무는 유효하게 존속한다(어 32조, 수 27조). 어음 · 수표의 보증은 민사보증의 부종성 원칙을 일정 부분 배제하고, 유통성과 신속성의 보호를 위해 독립성을 강화한 제도임을 의미한다. 요컨대 민사보증이 주채무에 종속된 보조적 장치라면, 어음 · 수표보증은 거래 신용을 독자적으로 지탱하는 제도이다. 이와 같은 차이는 어음법과 수표법이 단순한 채권법이 아니라, 신용과 유통을 중심으로 거래질서를 규율하는 법임을 보여준다.

Ⅱ. 어음 · 수표보증의 요건

1. 당사자

어음 · 수표보증은 누구나 할 수 있다. 제3자는 물론이고 어음 · 수표상의 다른 채무자도 보증할 수 있다(어 30조, 수 25조). 다만, 수표의 지급인은 보증인이 될 수 없다(수 25조). 왜냐하면 수표는 지급수단임에도 불구하고 지급인의 보증은 실질적으로 인수가 되어 수표의 본질과 충돌하기 때문이다. 피보증인은 어음 · 수표상 채무자이면 충분하다. 즉, 발행인 · 배서인 · 인수인 등 누구라도 보증의 대상이 될 수 있다.

2. 방식

보증의 방식은 그 형식에 따라 정식보증과 약식보증으로 나뉜다. 정식보증은 "보증한다"는 문구와 피보증인의 이름을 기재하고, 보증인이 기명날인 또는 서명하는 방식이다(어 31조, 수 26조). 반면 약식보증은 보증문구나 피보증인 없이 앞면에 기명날인 또는 서명만 한 경우를 말한다. 이때 피보증인이 기재되어 있지 않으면, 그 보증은 발행인을 위한 것으로 간주된다(어 31조, 수 26조).

그렇다면, 뒷면에 기명날인 또는 서명만 되어 있다면 어떨까? 그 경우는 보증이 아니라, 앞서 설명한 바와 같이 백지식배서로 간주된다(어 13조, 수 16조). 따라서 약식보증은 반드시 앞면에 기명날인 또는 서명이 있어야 한다. 한편, 지급인이나 발행인의 기명날인 또는 서명만 있는 경우는 보증이 될 수 없다. 지급인의 경우 인수에 해당하고, 발행인의 경우 발행에 해당하기 때문이다(어 1조 · 75조, 수 1조).

3. 조건부보증

보증에 조건을 붙일 수 있을까? 그 효력에 관하여는 법률에 명문의 규정이 없다. 판례와 다수설에 따르면, 보증에 조건이 붙어 있더라도 어음 · 수표상 채무의 이행 가능성을 높여 유통성 보호에 기여한다는 점에서 이를 유익적 기재사항으로 본다.

Ⅲ. 어음 · 수표보증의 효력

1. 합동책임

보증인은 피보증인과 함께 소지인에게 합동책임을 진다(어 32조 · 47조, 수 27조 · 43조). 이는 소지인이 보증인과 피보증인 중 누구에게든 직접 전액의 이행을 청구할 수 있는 책임 형태로서, 연대책임과 유사하지만 이행의 효과 범위에서 구별되며, 이에 관해서는 뒤에서 자세히 살펴본다. 이는 민법상의 보증과 가장 뚜렷이 구별되는 점이다.

민사보증에서는 보증인이 채권자의 청구를 받으면 최고 · 검색의 항변권을 행사하여, "먼저 피보증인에게 청구하고 그 재산에 집행하라"고 주장할 수 있다(민 437조). 이와 같이 보증인의 책임이 피보증인의 채무 이행을 전제로 하는 구조를 보증채무의 보충성이라고 한다. 그러나 연대책임 성격의 합동책임을 지는 어음 · 수표보증에서는 이러한 항변이 인정되지 않는다. 왜 이렇게까지 보증인에게 무거운 책임을 지우는가? 이는 어음과 수표의 신속한 유통과 지급의 확실성을 보장하기 위한 것이다.

2. 보증채무의 독립성 · 부종성

어음 · 수표의 보증채무는 한편으로는 피보증채무에 종속되면서도, 다른 한편으로는 독립된 채무로서의 성격을 가진다. 이 두 원칙은 상반되는 것처럼 보이지만, 어음 · 수표의 유통성과 책임의 형평성을 확보하기 위해 함께 작동한다.

우선, 어음 · 수표행위 독립성의 원칙에 따라, 보증인의 보증행위는 피보증채무의 하자와 무관하게 그 자체로 독립적인 효력을 갖는다(어 32조, 수 27조). 앞서 본 바와 같이 피보증채무가 무효이거나 취소되더라도 보증채무는 유효하게 존속한다. 이는 유통성 보호의 핵심적 표현이다. 이 원칙이 없으면, 피보증채무의 하자가 보증채무에 영향을 미쳐 유통의 신속성과 안전이 훼손될 위험이 있다. 다만 문면상 형식적 하자는 예외로 한다. 피보증인의 서명이 누락되거나 필수사항이 기재되지 않은 경우처럼 문면에서 즉시 인식 가능한 결함에 대해서까지 유통 보호를 우선시할 필요는 없기 때문이다.

예를 들어, 약속어음이 A → B → C → D로 유통된 경우, E가 배서인 B의 상환의무를 보증하였는데, B의 배서가 C의 강박에 의한 것이어서 취소되었더라도 독립성 원칙에 따라 E의 보증은 유효하므로, E는 여전히 보증채무를 부담한다. 다만 무권리자인 C로부터 어음을 양수받은 D가 E에 대해서 보증채권을 행사하기 위해서는 선의취득의 요건을 갖추어야 한다.

반면, 효력 면의 독립성과는 달리, 보증인은 부종성의 원칙에 따라 피보증인과 동일한 범위의 책임을 진다(어 32조, 수 27조). 따라서 보증채무는 보선절차, 이전, 소멸 등에서 피보증인의 채무에 종속되는 측면이 있다. 예를 들면 피보증인의 채무가 지급, 상계, 면제, 혼동, 시효 등으로 소멸하면, 보증인의 책임도 함께 소멸한다. 이는 책임 면에서 보증인과 피보증인 사이의 형평의 원칙에 따른 것이다. 위 사례에서 B가 어음을 선의취득한 D에게 상환의무를 이행하였다면, E의 보증채무도 함께 소멸한다.

즉, 보증채무는 유통 측면에서는 독립적으로 기능하지만, 책임 측면에서는 피보증인의 운명을 따른다. 이러한 구조는 어음법과 수표법이 "유통성 보호"와 "책임의 형평성"이라는 두 가치를 조화롭게 구현하려는 입법정신을 반영한다.

3. 피보증인 항변의 원용

보증인은 피보증인이 가질 수 있는 항변을 원용할 수 있다. 예를 들어, A가 B에게 매매대금을 지급하기 위해 약속어음을 발행하고, C가 A를 피보증인으로 보증한 경우를 생각해 보자. 그런데 이후 매매계약이 취소되었다면 어떻게 될까? 판례는 보증인 C도 피보증인 A가 B에 대하여 가지는 인적항변(매매계약 취소)을 원용할 수 있다고 본다. 이미 매매계약이 취소되어 B의 대금채권이 소멸되었음에도 불구하고 B가 여전히 C에게 보증채무의 이행을 요구하는 것은 신의성실의 원칙에 반하는 권리남용이 되기 때문이다. 이는 앞에서 설명한 보증채무가 책임 면에서는 피보증채무에 종속된다는 점이, 피보증인의 인적항변을 보증인이 원용할 수 있는 형태로 나타난 것이다.

4. 보증인의 구상권

보증인이 보증채무를 이행하면, 피보증인과 그 전자인 채무자에 대한 어음·수표상의 권리를 취득한다(어 32조, 수 27조). 이는 보증채무를 이행한 보증인이 피보증인 등에게 그 이행으로 인하여 부담한 급부 상당액을 회수하기 위해 구상하여 청구할 수 있음을 명확히 한 규정이다. 특히 보증인이 자신의 피보증인뿐만 아니라 그 전자인 어음 · 수표상의 채무자에 대해서도 직접 권리를 취득할 수 있도록 한 것은, 보증인의 회수 가능성을 높여서 보증 제공을 유인하고, 나아가 어음 · 수표의 유통을 원활하게 하려는 취지에서 이해할 수 있다.

제4관 어음·수표상 권리의 이전

Ⅰ. 의의

1. 배서의 의의

어음 · 수표는 단순한 문서가 아니라, 그 문면에 기재된 내용 자체가 권리의 발생 · 이전 · 행사를 직접 결정하는 증권이다. 따라서 어음 · 수표의 권리이전은 원칙적으로 당사자 사이의 합의만으로 이루어지는 것이 아니라, 문면에 일정한 형식의 기재가 이루어짐으로써 비로소 완성된다. 다만 예외적으로는 민법상 지명채권의 양도방식에 의한 이전도 허용된다. 이러한 점에서 어음 · 수표의 전형적이고 원칙적인 권리이전 방식은 배서이다.

형식적으로 배서는 어음 · 수표의 문면에 양도한다는 뜻을 담은 배서문구와 피배서인을 기재하고, 배서인이 기명날인 또는 서명하여 이를 교부하는 행위를 말한다. 그러나 실질적으로 배서는 어음 · 수표상의 권리를 이전하는 동시에, 그 권리의 유통을 가능하게 하는 법률행위이다. 즉 배서는 지시증권으로서 어음 · 수표의 본질적 속성을 구체적으로 실현하는 수단이다. 어음 · 수표는 지시식으로 발행되지 않더라도 법률상 당연히 지시증권으로 취급되므로(어 11조, 수 14조), 배서는 그 원칙적 양도방법이 된다.

그렇다면 왜 지명채권 양도방식이 아니라, 굳이 배서라는 절차를 요구하는가? 이는 배서가 지명채권양도의 방식과 달리 승낙 또는 통지와 같은 대항요건(민 450조)을 필요로 하지 않으므로 신속하고 간이한 양도 방식이어서 유통에 편리할 뿐만 아니라, 단순한 권리이전에 그치지 않고 인적항변의 절단, 선의취득의 인정, 자격수여, 담보책임의 발생 등 유통성 보호를 위한 특유한 효과를 수반하기 때문이다. 결국 배서는 권리를 이전하는 방식일 뿐만 아니라, 어음 · 수표의 신용과 유통성을 구조적으로 강화하는 장치이다.

2. 기타의 권리이전방법

(1) 지명채권 양도방법

어음 · 수표상 권리는 민법 제450조에 따른 지명채권양도의 방식으로도 이전될 수 있다(판례). 다만 이 경우에도 양수인이 어음 · 수표상의 권리를 행사하기 위해서는 어음 · 수표의 소지가 필요하므로, 결국 어음 · 수표의 교부가 요구된다(판례). 즉, 지명채권양도의 방식에 의하더라도 어음 · 수표라는 증권의 존재를 전제로 한 이전구조를 우회할 수는 없다.

그렇다면 배서를 하지 않고 지명채권양도의 방식만으로 어음 · 수표를 유통시키는 것은 어떨까? 그러나 이 경우에는 배서에 수반되는 인적항변의 절단, 선의취득의 인정, 담보책임의 발생과 같은 유통성 보호 효과가 발생하지 않는다. 따라서 지명채권양도의 방식은 이론적으로는 가능하나, 실무에서는 주된 양도방식으로 기능하지 못하며, 유통성 보호의 관점에서는 본질적으로 제한적인 이전방법에 그친다.

(2) 교부

수표는 소지인출급식으로도 발행될 수 있으며(수 1조), 이 경우에는 단순한 교부만으로도 권리이전이 가능하다. 다만 교부만으로는 양도인의 담보책임, 즉 상환의무가 발생하지 않는다. 이는 문면에 행위가 드러나지 않는 자에게는 문언성 원칙상 어음 · 수표책임이 인정되지 않기 때문이다. 반면 어음은 원칙적으로 소지인출급식으로 발행될 수 없으므로, 단순한 교부만으로는 권리가 이전되지 않는다(어 1조).

다만 소지인출급식이 아닌 수표와 어음이라 하더라도, 다음과 같은 경우에는 예외적으로 교부만으로 권리이전이 인정된다. 즉, ① 백지식배서가 된 어음 · 수표(어 14조), ② 소지인출급식배서가 기재된 경우(어 12조), ③ 수취인이 백지인 백지어음 · 수표의 교부가 이에 해당된다. 백지어음 · 수표에 대해서는 앞서 설명한 바 있고, 백지식배서 및 소지인출급식배서에 대해서는 뒤에서 다시 설명하기로 한다. 이와 같은 경우에는 어음 · 수표가 사실상 소지인출급식과 유사한 상태가 되므로, 단순한 교부만으로도 권리이전의 효과가 인정된다. 다만 이 경우에도 교부자는 담보책임을 부담하지 않는다.

3. 배서금지어음 · 수표

발행인이 어음 · 수표의 문면에 "배서금지"라고 기재한 경우, 그 어음 · 수표는 지시증권성을 상실하고 기명증권과 유사한 성질을 갖게 된다(어 11조, 수 14조). 그 결과 배서는 효력이 없으며, 권리이전은 민법상 지명채권 양도방법에 의해서만 가능하다. 이는 발행인이 배서에 수반되는 담보책임, 선의취득의 인정, 인적항변의 절단 등 유통성 보호 효과를 배제하고자 할 때 선택하는 방식이다.

그렇다면 배서금지어음 · 수표와 배서금지배서는 무엇이 다른가? 배서금지배서는 배서인이 후속 배서를 금지함으로써 자신의 피배서인에 대한 담보책임까지만 부담하고 그 이후 소지인에 대한 담보책임을 제한하는 데 그치는 것으로, 어음 · 수표의 지시증권성 자체는 여전히 유지된다. 반면 배서금지어음 · 수표는 발행 단계에서부터 지시증권성이 제거된 것이라는 점에서 본질적인 차이가 있다.

4. 어음할인

어음할인이란 소지인이 만기 전에 어음을 상대방(주로 은행)에 양도하고, 어음금액에서 이자 및 수수료 등을 공제한 금액을 즉시 지급받는 거래를 말한다. 할인은행은 통상적으로 환매청구권을 약정하여, 채무자의 지급불능이나 지급거절 등 사유가 발생한 경우 어음의 양도인에게 환매를 청구할 수 있다. 이로써 어음할인은 유통의 촉진과 자금융통의 신속성을 확보하는 기능을 수행하는 한편, 은행은 환매청구권을 통해 위험을 관리한다. 법적 성질 면에서, 전형적인 어음할인은 어음의 매매에 해당한다. 다만 할인거래가 은행거래약정의 일환으로 이루어지는 경우에는, 어음을 양도하는 형식을 취하더라도 그 실질이 자금의 대여에 가깝다는 점에서, 소비대차로 보는 것이 판례의 입장이다.

Ⅱ. 배서의 요건

1. 일반 요건

배서가 유효하려면, 원칙적으로 배서문구, 피배서인, 배서인의 기명날인 또는 서명이 필요적 기재사항이 된다. 예컨대 "이 어음상의 금액을 ○○에게 지급하여 주십시오"라는 문구가 배서문구의 전형적인 예이다. 보통 뒷면에 인쇄된 배서란을 사용하지만, 앞면에 배서해도 무방하다. 다만 배서인의 기명날인 또는 서명만 기재된 간략백지식배서는 앞면에 할 수 없다(어 13조, 수 16조). 이는 앞면에 기명날인 또는 서명만 있는 경우, 앞서 설명한 약식인수나 약식보증으로 오인될 수 있기 때문에, 이러한 외관상 혼동을 방지하기 위한 것이다.

조건부 배서는 조건을 기재하지 않은 것으로 보아 무익적 기재로 처리되며, 일부배서는 권리의 분할을 초래하여 유통을 저해하므로 배서 자체가 무효가 되는 유해적 기재에 해당한다(어 12조). 이는 문면에 조건이나 분할이 기재되어 있더라도, 그 성취 여부나 권리의 범위를 문면만으로 즉시 확정할 수 없는 경우에는 유통의 명확성과 단순성이 침해된다고 보기 때문에, 그러한 기재의 효력을 배제하려는 형식주의의 구현이다. 한편 조건부 배서와 일부배서가 효과 면에서 차이가 있는 이유는, 전자는 권리의 이전 자체는 명확하나 행사에만 조건을 붙이는 데 그치는 반면, 후자는 권리의 범위 자체를 분할하여 문면만으로 권리의 귀속을 확정할 수 없게 하기 때문이다.

2. 피배서인의 표시방법

(1) 기명식배서

피배서인을 특정하고 배서인이 기명날인 또는 서명하는 정식배서이다. 권리이전뿐 아니라 배서인의 담보책임이 수반된다.

(2) 백지식배서

피배서인을 기재하지 않고, 배서인이 기명날인 또는 서명만 한 배서를 말한다(어 13조). 이는 일반백지식배서와 배서문구의 기재도 없는 간략백지식배서로 구분된다.

백지식배서의 소지인은 자신의 이름으로 피배서인을 보충하여 지급청구를 할 수도 있고(어 14조, 수 17조), 피배서인을 보충하지 않은 채 지급청구를 하는 것도 가능하다. 이와 같이 피배서인을 보충하지 않고 지급청구를 할 수 있는 것은, 최후의 배서가 백지인 경우 어음 · 수표의 점유자를 적법한 소지인으로 추정하는 법리(어 16조, 수 19조)에 근거한다. 결국 백지식배서는 소지인이 피배서인을 보충하지 않더라도 권리를 행사할 수 있게 함으로써, 어음 · 수표가 사실상 소지인출급식증권과 유사하게 기능하도록 하는 효과를 가진다. 이는 어음 · 수표의 유통 과정에서 매번 피배서인을 특정하지 않더라도 권리행사가 가능하도록 하여, 그 결과 어음 · 수표의 유통이 원활해지고 거래의 신속성이 확보된다.

또한, 백지식배서의 경우 소지인은 다음 네 가지 양도방법 중 하나의 방법을 선택할 수 있으며(어 14조, 수 17조), 이로 인해 백지식배서는 유통의 탄력성이 매우 크다. 즉, 소지인은 ① 자기의 이름을 피배서인으로 보충하여 배서로 양도하거나, ② 타인의 이름을 피배서인으로 보충하여 교부만으로 양도하거나, ③ 피배서인을 보충하지 않고 배서로 양도하거나, 또는 ④ 피배서인을 보충하지 않고 교부만으로 양도할 수 있다.

이 경우 소지인이 배서를 하였는지 여부에 따라 담보책임의 발생 여부가 달라진다. 소지인의 배서가 있는 ① · ③의 경우에는 소지인에게 담보책임이 발생하고, 소지인의 배서 없이 교부로만 양도가 이루어진 ② · ④의 경우에는 소지인에게 담보책임이 발생하지 않는다.

결국 백지식배서는 어음 · 수표의 이전을 보다 신속하고 간편하게 하고, 필요에 따라 담보책임을 면하기 위해 사용되는 제도라고 할 수 있다.

(3) 소지인출급식배서

피배서인을 "소지인"으로 기재한 배서로서, 특정된 피배서인이 없으므로 백지식배서와 동일한 효과를 가진다(어 12조).

Ⅲ. 배서의 효력

1. 권리이전적 효력

배서의 가장 기본적이고 본질적인 기능은 권리의 이전이다. 배서가 기재된 어음 · 수표가 교부되면, 그 어음 · 수표상 권리가 배서인으로부터 피배서인에게 이전된다(어 14조, 수 17조). 이때 주목해야 할 점은, 배서가 지명채권의 양도(민 450조)와 달리 통지나 승낙과 같은 대항요건이 필요 없다는 점이다. 따라서 배서는 신속하고 간이한 이전수단이 되어서, 어음 · 수표의 유통성을 제고한다.

배서에 따른 권리이전은 단순히 권리의 귀속을 변경하는 데 그치지 않는다. 배서를 통해 어음 · 수표가 유통되는 과정에서는, 문면에 기재된 권리를 신뢰하고 이를 취득한 자의 보호가 특히 중요해진다. 이에 따라 배서에 인적항변의 절단이라는 효과를 인정한다(어 17조, 수 22조). 즉, 어음 · 수표상 채무자는 배서인에 대해 갖는 인적항변을, 어음 · 수표를 선의로 취득한 피배서인에게는 수상할 수 없다.

예를 들어, 발행인 A가 수취인 B와의 매매계약이 취소되었다는 사정을 이유로 B에게는 지급을 거절할 수 있더라도, B로부터 어음을 배서받아 선의로 취득한 C에게는 그와 같은 항변을 주장할 수 없다. 이는 어음 · 수표의 문면을 신뢰한 선의의 소지인을 보호함으로써, 유통의 안전과 신속을 확보하려는 형식주의의 취지에 따른 것이다. 이처럼 배서는 권리를 이전하는 수단일 뿐만 아니라, 그 이전 과정에서 신뢰를 보호하고 신용을 강화하는 기능을 함께 수행한다.

2. 자격수여적 효력

(1) 의의

배서가 연속된 어음 · 수표를 소지하고 있는 자는 적법한 소지인, 즉 어음 · 수표상 권리를 행사할 정당한 자로 추정된다(어 16조, 수 19조). 이를 자격수여적 효력 또는 권리추정력이라 한다. 즉, 소지인은 자신이 진정한 권리자임을 직접 증명할 필요 없이, 단지 "문면의 배서가 끊기지 않고 이어져 있다"는 사실만으로 권리를 행사하거나 양도할 수 있다.

그렇다면 이러한 추정은 얼마나 강력한가? 추정적 효력에 불과하므로, 채무자가 소지인이 진정한 권리자가 아님을 입증한 경우에는 면책될 수 있다. 그러나 소지인이 진정한 권리자가 아님을 입증할 책임은 채무자에게 있으므로, 이 추정은 실무상 상당히 강한 효력을 가진다.

자격수여적 효력은 다음과 같은 두 가지 중요한 법적 효과를 낳는다. 첫째, 채무자가 배서의 연속을 신뢰하여 소지인에게 지급한 경우, 그 소지인이 진정한 권리자가 아니더라도 채무자는 면책된다(어 40조, 수 35조). 예를 들어, 약속어음이 A → B → C로 유통된 경우, B의 배서가 C의 강박을 사유로 취소되어 C가 진정한 권리자가 아니게 되었더라도, C가 배서의 연속이 기재된 어음을 소지한 상태에서 지급제시를 하였고, A가 그 배서의 연속을 신뢰하여 C에게 지급하였다면, A는 면책된다. 이는 채무자가 어음·수표의 문면만을 기준으로 권리자의 자격을 판단하고 지급할 수 있도록 함으로써, 지급 단계에서의 거래 안전을 확보하기 위한 것이다.

둘째, 자격수여적 효력은 유통 단계에서도 중요한 의미를 가지며, 그 구체적 내용은 선의취득 제도를 통해 실현된다. 즉, 배서의 연속을 신뢰하고 어음·수표를 선의로 양수한 자는, 양도인이 무권리자라 하더라도 선의취득이 인정된다(어 16조, 수 21조). 이에 관해서는 선의취득 부분에서 자세히 살피기로 한다.

이처럼 자격수여적 효력은 지급 단계와 유통 단계 모두에서 거래 안전을 확보하기 위한 장치이다.

(2) 배서의 연속

배서의 연속이란, 어음·수표의 수취인을 출발점으로 하여 각 배서가 문면상 끊김 없이 이어지는 상태를 말한다. 예컨대, A→B, B→C, C→D와 같이 배서가 문면상 단절 없이 이어진 경우에는 자격수여적 효력이 발생한다. 반면 A→B, C→D와 같이 중간이 단절된 경우에는 연속성이 부정된다.

이때 중요한 점은, 배서의 연속 여부는 오직 문면만으로 형식적으로 판단한다는 점이다. 예컨대 A→B, B→C, C→D에서 문면상 표시된 "앞의 B"와 "뒤의 B"가 실질적으로 동일인인지 여부까지는 고려하지 않는다. 이는 유통성 보호를 위하여 문면만을 기준으로 판단하도록 한 형식주의의 전형적 구현이다. 만약 실질적 심사까지 요구한다면, 권리 확인에 시간이 소요되어 유통성은 약해질 수밖에 없다.

또한 백지식배서가 있는 경우에는 피배서인을 보충하지 않아도 연속성이 인정된다(어 16조, 수 19조). 최후의 배서가 백지식인 경우도 마찬가지이다(어 16조, 수 19조). 백지식배서에 배서의 연속을 인정한 것은, 백지식배서를 통해 어음 · 수표의 유통에 탄력성을 부여하려는 취지를 반영한 것이다. 말소된 배서는 배서가 없는 것으로 취급하여 연속성 판단에서 제외한다(어 16조, 수 19조). 이는 문면상 권리 이전의 흔적이 제거된 배서는 연속성 판단에서 제외함으로써 문면의 명확성을 기준으로 연속성을 판단하려는 형식주의의 요청에 따른 것이다.

그렇다면 배서가 불연속이면 소지인은 무권리자가 되는가? 그렇지 않다. 단지 자격수여적 효력, 즉 적법한 소지인이라는 추정력이 부정되는 것일 뿐, 소지인이 자신이 권리자임을 실증하면 권리행사가 가능하다. 즉, 배서의 연속은 "추정력의 관문"이지 "권리 자체의 관문"은 아니다. 또한 배서가 불연속이더라도 배서를 통해 어음 · 수표를 양도하는 것은 가능하며, 이 경우 배서에는 권리이전적 효력과 담보적 효력은 인정되지만, 배서의 연속이 결여되어 있으므로 자격수여적 효력은 인정되지 않는다.

3. 담보적 효력

배서인은 단순히 권리를 넘겨주는 양도인에 그치지 않고, 배서 이후의 모든 소지인에 대하여 인수 또는 지급이 이루어지지 않을 경우 이를 담보하는 상환의무를 부담한다(어 15조, 수 18조). 이를 배서의 담보적 효력이라 한다. 이는 민법상 지명채권 양도와 본질적으로 구별되는 지점이다. 지명채권을 양도할 때 양도인은 양도한 채권의 이행을 담보하지 않는다. 그러나 어음 · 수표에서는 배서가 곧 "지급이 안 될 경우 스스로 대신 책임을 진다"라는 담보의 선언을 의미한다.

배서인의 담보책임은 다음과 같은 의미를 갖는다. 소지인이 지급제시를 했는데 인수 또는 지급이 거절되면, 소지인은 배서인을 포함한 상환의무자에게 상환청구를 할 수 있다. 물론 이는 상환청구에 관한 법정 기간과 절차를 준수한 경우에 한한다. 이는 배서인의 책임이 무한정 확대되는 것을 방지하기 위한 장치이다. 이 제도는 유통 단계의 신용을 강화하는 효과를 갖는다.

다만 예외적으로 배서인은 문면에 일정한 기재를 함으로써 자신의 담보책임을 제한할 수 있다. 대표적인 유형으로는 무담보배서와 배서금지배서가 있으며, 이에 관해서는 아래에서 다시 살펴본다. 다만 이러한 예외 역시 모두 문언에 명시되어야 하며, 문면에 드러나지 않은 숨은 의사는 유통성을 해치므로 법적으로 고려되지 않는다.

Ⅳ. 특수한 배서

1. 무담보배서와 배서금지배서

무담보배서는 배서인이 스스로 "담보책임을 부담하지 아니한다"는 뜻을 기재하는 배서이다(어 15조, 수 18조). 이 경우 배서인은 직접 피배서인을 포함하여, 그 이후의 모든 소지인에 대하여 담보책임을 지지 않는다. 다만 담보책임만이 배제될 뿐, 권리이전적 효력, 자격수여적 효력, 인적항변 절단 등 배서의 다른 효력은 그대로 유지된다. 즉, 무담보배서는 배서의 여러 효력 중 담보책임만을 배제하는 특수한 배서에 해당한다.

배서금지배서는 배서인이 "추가 배서를 금지한다"는 뜻을 기재한 배서이다(어 15조, 수 18조). 이 경우 배서인은 자신의 직접 피배서인에 대해서만 담보책임을 부담하고, 그 이후의 소지인에 대해서는 담보책임을 지지 않는다. 이 역시 담보책임의 범위만 제한될 뿐, 권리이전적 효력이나 자격수여적 효력 등 배서의 다른 효력은 그대로 유지된다. 다만, 발행인이 배서금지의 뜻을 기재한 배서금지어음·수표는 애초에 지시증권성을 박탈하는 것이므로(어 11조, 수 14조), 배서인의 담보책임만 제한하는 배서금지배서와는 구별해야 한다.

예컨대 A는 B에게 약속어음을 발행하고, B는 이를 C에게 배서하여 양도한 후, C가 다시 D에게 어음을 이전하는 경우를 생각해 보자.

B가 C에게 어음을 배서하면서 문면에 "무담보"라고 기재하였다면, B는 C는 물론 그 이후의 소지인인 D에 대해서도 담보책임을 부담하지 않는다. 반면 B가 C에게 배서하면서 "배서금지"라고 기재한 경우에는, B는 C에 대해서만 담보책임을 부담하고 C 이후의 소지인인 D에 대해서는 담보책임을 지지 않는다.

이에 비해 A가 어음 발행 당시 문면에 "배서금지"라고 기재하였다면, 이 어음은 처음부터 지시증권성이 배제된다. 그 결과 B나 C는 배서를 통해 어음을 이전할 수 없고, 권리이전은 민법상 지명채권 양도의 방식으로만 가능하다.

이처럼 무담보배서와 배서금지배서는 배서의 효력 중 담보책임만을 조정하는 장치인 반면, 배서금지어음·수표는 어음·수표의 유통방식 자체를 제한하는 제도라는 점에서 본질적인 차이가 있다.

2. 환배서

환배서는 어음·수표상 채무자(발행인·인수인, 배서인 등)를 피배서인으로 하는 배서를 말한다. 외관으로 보면 채권과 채무가 동일인에게 귀속되는 구조이므로 민법상 혼동(민 507조)이 문제될 수 있으나, 환배서의 경우에는 어음·수표채권을 소멸시키지 않고 계속 유통시키는 데 그 목적이 있으므로, 어음법·수표법은 환배서를 명시적으로 인정하여 채권이 소멸하지 않도록 한다(어 11조, 수 14조). 환배서의 실익은, 새로운 어음을 발행하지 않고 기존 어음을 재활용할 수 있고, 자신의 전자에 대한 신용을 활용할 수 있다는 점에 있다. 예컨대 약속어음이 A→B→C→B로 유통된 경우, B는 A의 주채무와 C의 담보책임을 기초로 이 어음을 다시 유통시킬 수 있다.

환배서는 원칙적으로 일반 배서와 마찬가지로 권리이전적 효력 등 동일한 효력을 가지지만, 다음과 같은 차이가 있다.

첫째, 인적항변의 절단이 인정되지 않는 범위가 있다. 예컨대 약속어음이 A→B→C→B로 유통된 경우, A는 앞의 B에 대한 인적항변을 뒤의 B에게도 주장할 수 있다. 동일인을 상대로 한 인적 관계는 단절할 실익이 없다는 점에서, 인적항변의 속인적 성질을 강조한 것이다(판례).

둘째, 담보적 효력은 원칙적으로 인정되나 예외가 있다. 특히 환배서의 피배서인이 종국적 채무자인 경우, 즉 환어음의 인수인이나 약속어음의 발행인에게 환배서가 이루어진 경우에는, 다른 채무자들은 담보책임을 부담하지 않는다. 이는 종국적 채무자인 주채무자가 상환을 청구하더라도, 최종적으로는 다시 자기 자신에게 귀속되는 지급책임을 면할 수 없으므로 상환의 실익이 없기 때문이다. 예컨대 약속어음이 A→B→C→A로 유통된 경우, B와 C는 A에 대해서 상환의무를 부담하지 않는다.

3. 기한후배서

기한후배서는 어음·수표가 만기 도래 등으로 더 이상 정상적인 유통 단계에 있지 않고, 상환청구 단계에 들어간 이후에 이루어진 배서를 말한다. 이때 어음·수표는 유통을 통해 새로운 신용을 창출하는 단계에 있지 않으므로, 기한후배서는 유통을 위한 배서가 아니라 민법상 채권양도와 유사한 방식으로 기능한다.

이에 따라 기한후배서는 배서의 형식을 취했지만 지명채권양도의 효력만을 가지며(어 20조, 수 24조), 인적항변의 절단, 담보책임, 선의취득과 같은 유통법적 효과는 인정되지 않는다. 따라서 기한후배서에 의한 이전은 지명채권 이전으로서의 권리이전적 효력에 그친다. 또한 문면상 배서가 연속되는 경우에는 소지인이 적법한 권리자로 추정되는 자격수여적 효력은 인정된다. 따라서 배서의 연속을 신뢰하여 소지인에게 지급한 채무자는 면책된다(어 40조, 수 35조). 이는 기한후배서의 경우에도 배서의 연속이 존재하는 한, 지급 단계에서의 거래 안전은 여전히 보호될 필요가 있기 때문이다. 다만 이미 유통 단계가 종료된 이상, 그 추정력이 무권리자로부터의 취득까지 정당화하는 선의취득으로 확장되지는 않는다.

예를 들어 약속어음이 A → B → C로 유통되었고, 만기 후 지급거절이 발생하여 상환청구 단계에 들어간 상태에서 C가 이 어음을 D에게 배서양도하였다면 C의 배서는 기한후배서에 해당한다. 이 경우 D는 B의 C에 대한 인적항변(예: 원인관계의 무효)의 절단을 주장할 수 없으므로, B는 C에 대한 인적항변을 D에게도 주장할 수 있다. D는 C에게 담보책임을 청구할 수 없으며, 만약 B의 C에 대한 배서가 무효인 경우 D가 선의라 하더라도 선의취득은 인정되지 않는다. 다만 배서가 연속된 경우 D는 적법한 소지인으로 추정되므로, 배서의 연속을 신뢰하여 D에게 지급한 A는 면책된다.

기한후배서 해당 여부는 문언성에 따라 원칙적으로 문면을 기준으로 형식적으로 판단한다. 따라서 문면상 상환청구 단계에 들어간 이후의 배서만이 기한후배서로 평가된다. 다만 배서일자가 실제로 언제 기재되었는지는 실질적으로 판단하는데, 이는 날짜의 소급 기재를 통해 기한후배서의 규율을 회피하는 것을 방지하기 위한 것이다(판례).

4. 추심위임배서

추심위임배서는 권리이전이 목적이 아니라, 피배서인에게 어음 · 수표상의 권리를 행사할 대리권한만 수여하기 위한 배서이다. 즉, 피배서인은 양수인이 아니라 대리인에 불과하다.

공연한 추심위임배서는 어음 · 수표에 배서를 하면서 추심문구(추심위임의 뜻을 적은 문구)를 기재한 경우이다(어 18조, 수 23조). 추심위임배서는 그 목적이 권리양도가 아니라 추심위임에 있으므로, 배서의 효력 중에서도 추심을 위한 자격수여적 효력만 인정된다. 즉, 배서의 연속이 있는 경우 피배서인이 어음 · 수표의 적법한 추심대리인으로 추정된다는 의미이다.

한편, 숨은 추심위임배서는 배서의 당사자는 실질적으로는 추심위임을 목적으로 하지만 형식상으로는 일반 배서의 방식을 취한 경우를 말한다. 이 경우 대외적으로는 어음 · 수표상의 권리가 양도된 것으로 취급되지만, 내부적으로는 피배서인이 추심의 목적 범위 내에서만 권리를 행사할 수 있다(신탁적 양도설).

5. 입질배서

입질배서는 어음상의 권리를 이전하기 위한 것이 아니라, 어음 자체에 질권을 설정하기 위해 하는 배서이다. 수표는 즉시지급증권이므로 담보로 존속할 시간적 여지가 없어 입질배서가 인정되지 않는다.

공연한 입질배서는 어음에 배서를 하면서 입질문구(질권설정의 뜻을 적은 문구)를 기재한 경우이다(어 19조). 공연한 입질배서는 형식상 일반 배서는 아니지만, 피배서인이 어음의 질권자가 되므로 질권설정에 필요한 범위에서 배서의 효력이 인정된다. 즉 피배서인은 어음상의 권리를 이전받는 것은 아니지만, 질권자로서 자신의 명의로 직접 어음상의 권리를 행사할 수 있다. 이 때문에 어음채무자가 배서인에 대하여 가지는 인적항변은 질권자인 피배서인에게 대하여는 절단되고(어 19조), 배서인은 피배서인에게 담보책임을 부담한다. 또한 피배서인은 질권에 관하여 선의취득도 할 수 있다. 다만 입질배서에는 권리이전적 효력이 없으므로, 피배서인은 어음을 다시 양도하기 위한 배서를 할 수 없다(어 19조).

예를 들어, A가 B에게 약속어음을 발행하고, B가 자금 조달을 위해 이 어음을 은행 C에 담보로 제공하면서 어음에 배서를 하고 "입질"이라고 기재한 경우, B는 어음상의 권리를 C에게 양도한 것이 아니라 질권을 설정한 것이다. 따라서 C는 질권자로서 만기 시에 직접 A에게 지급청구를 할 수 있고, A가 B에 대하여 가지는 인적항변(예: 원인관계의 무효)을 선의의 C에게는 주장할 수 없다. 한편, C는 어음상의 권리를 이전받은 것이 아니라 질권만을 취득한 것이므로, 이 어음을 다시 D에게 양도하기 위한 배서를 할 수는 없다.

한편, 숨은 입질배서는 배서의 당사자는 실질적으로는 입질을 목적으로 하지만 형식상으로는 일반 배서의 방식을 취한 경우를 말한다. 이 경우 대외적으로는, 즉 어음 외부의 제3자에 대해서는 어음상의 권리가 양도된 것으로 취급되지만, 내부적으로는 피배서인이 입질의 목적 범위 내에서만 권리를 행사할 수 있다(신탁적 양도설).

Ⅴ. 선의취득

1. 의의

무권리자로부터 어음 · 수표를 양수한 사람이 선의로 이를 취득했다면 그에게 완전한 권리를 인정하는 제도가 선의취득이다. 즉, 선의취득이란 배서의 연속과 점유라는 형식적 자격을 신뢰하여, 선의로 어음 · 수표를 양수한 자가 그 어음 · 수표상의 권리를 취득하는 것을 말한다(어 16조, 수 21조). 이는 전자의 권리로부터 파생되는 승계취득이 아니라, 문면과 점유에 대한 신뢰를 기초로 한 원시취득으로서, 취득자는 무권리자 또는 양도상의 하자에 영향을 받지 않고 완전한 권리를 취득한다. 반면, 민법의 일반원칙상 무권리자로부터의 채권양수는 효력이 없으며, 이는 진정한 권리자 보호가 우선되기 때문이다.

그렇다면 왜 무권리자로부터 어음 · 수표를 양수받은 사람에게까지 권리를 인정하는가? 그 이유는 어음 · 수표의 생명이 유통성에 있고, 유통성은 문면을 신뢰한 자가 보호될 때 비로소 확보될 수 있기 때문이다. 배서가 연속된 어음 · 수표를 점유한 자는 적법한 소지인으로 추정되고(어 16조, 수 19조), 이러한 문면의 표시를 신뢰하여 어음을 양수한 자를 보호함으로써, 어음 · 수표 거래의 안전과 신속을 도모하려는 것이다.

요컨대 선의취득은 "연속된 배서"와 "점유"라는 형식적 자격에 공신력을 부여함으로써, 문면 자체가 거래 신뢰의 기준이 되도록 하는 어음·수표제도의 구조적 핵심을 이룬다.

2. 요건

(1) 어음법적 또는 수표법적 양도방법에 의한 취득

선의취득은 어음·수표의 유통을 보호하기 위한 제도이므로, 어음법 또는 수표법이 예정한 유통방식에 따라 취득한 경우에만 성립한다. 즉, ① 배서와 교부에 의한 취득, ② 최종 배서가 백지식배서인 경우의 교부, ③ 소지인출급식 수표의 교부에 의한 취득에 한하여 선의취득이 인정된다. 반면 이미 유통성을 상실한 단계에서 이루어지는 기한후배서나, 권리이전이 아니라 대리권 부여를 목적으로 하는 추심위임배서의 경우에는 선의취득이 인정되지 않는다. 이는 유통성 보호의 필요성이 없는 경우에는 선의취득이라는 강한 공신력을 부여할 이유가 없기 때문이다.

(2) 배서의 연속

선의취득의 출발점은 언제나 배서의 연속이다. 배서가 중간에서 단절된 경우에는 소지인이 적법한 소지인으로 추정되지 않으므로, 선의취득의 전제가 사라진다. 왜 문면의 연속성만으로 소지인을 보호하는가? 이는 어음·수표가 전전유통되는 과정에서 각 단계의 실질적 권리관계를 일일이 확인하는 것이 현실적으로 불가능하다는 상거래의 특성을 고려한 것이다. 따라서 배서의 연속이라는 형식적 자격을 기준으로 소지인을 적법한 권리자로 신뢰하도록 하고, 그에 기초하여 어음·수표를 양수한 자를 보호함으로써 유통의 안전과 신속을 확보하려는 것이 선의취득 제도의 취지이다.

(3) 선의취득의 적용범위

선의취득은 적용 유형에 따라 크게 두 가지 경우로 나누어 논의된다. 첫째는 양도인이 무권리자인 경우이고, 둘째는 양도인이 권리자이지만 양도행위 자체에 하자가 있는 경우이다. 둘째에도 선의취득이 적용되는지는 논란이 있으나, 무권대리의 경우 이를 긍정한 판례가 존재한다.

첫째, 양도인이 무권리자인 경우이다. 이는 선의취득이 인정되는 전형적인 사례이다. 예컨대 A가 B에게 발행한 어음을 분실하였고, 이를 습득한 C가 B의 배서를 위조하여 그 어음을 D에게 배서양도한 경우를 생각해 보자. 이 경우 C는 무권리자이지만, D가 배서의 연속과 점유를 신뢰하여 선의 · 무중과실로 어음을 취득하였다면, D는 선의취득에 의해 완전한 권리를 취득한다.

둘째, 양도인이 권리자이지만, 그 양도행위에 하자가 있는 경우이다. 여기에는 양도인의 제한능력, 의사표시의 하자, 대리권 또는 처분권의 흠결 등이 포함된다. 예컨대 A가 B에게 발행한 어음을, B의 무권대리인 C가 D에게 배서양도한 경우를 생각해 보자. 이 경우 배서행위에는 대리권 흠결이라는 하자가 존재한다. 그럼에도 불구하고 판례는, D가 배서의 연속과 점유를 신뢰하여 선의 · 무중과실로 어음을 취득한 경우에는 선의취득을 인정한다. 민법에서는 원칙적으로 무권대리에 의한 채권양수에 대하여 선의취득을 인정하지 않는다. 이는 진정한 권리자 보호를 중시하는 민법의 기본 구조에 따른 것이다. 그러나 어음 · 수표법에서는 유통성 보호가 보다 중시되므로, 판례는 무권대리에 의한 배서의 경우에도 선의취득을 인정하고 있다.

이와 같이 어음 · 수표의 선의취득은, 무권리자에 의한 양도뿐만 아니라 양도행위에 하자가 있는 경우까지 포괄함으로써, 민법에 비해 그 적용범위가 넓게 인정된다. 이는 어음 · 수표의 선의취득이 진정한 권리자 보호보다 유통성과 거래안전을 제도적으로 우선시한 결과임을 보여준다.

(4) 선의 · 무중과실

어음 · 수표 취득자가 선의 및 무중과실이어야 한다. 즉, 취득자가 양도인의 무권리 또는 양도행위의 하자를 알았거나, 통상의 거래관념상 요구되는 주의를 조금만 기울였다면 알 수 있었던 경우에는 보호되지 않는다. 악의 · 중과실 여부는 어음 · 수표를 취득한 시점을 기준으로 판단한다.

여기서 중요한 원칙이 바로 엄폐물의 법칙이다. 일단 선의취득이 성립하면, 그 이후의 양수인이 악의라 하더라도 권리는 유효하게 승계된다. 예컨대 어음이 A→B→C→D로 유통된 경우, C가 어음을 취득할 당시 선의 · 무중과실로 선의취득을 했다면, 설령 D가 악의라 하더라도 D는 유효하게 취득한다. 이는 선의취득의 효력이 후속 취득자에게까지 미친다는 이른바 엄폐물의 법칙으로 설명되며, 선의취득이 원시취득으로서 새로운 권리상태를 형성한다는 점에서 그 법리적 근거를 가진다.

(5) 취득에 관한 경제적 이익

취득자가 자기의 계산으로 어음 · 수표를 취득하여 그 권리로부터 직접적인 경제적 이익을 얻을 수 있는 자이어야 한다. 예를 들어, 추심위임배서의 피배서인은 배서인의 계산으로 추심만 함으로써 독립된 경제적 이익을 향유하지 않는 단순한 대리인에 불과하므로 선의취득도 인정되지 않는다. 취득에 관한 경제적 이익이 없는 경우에는, 선의취득이라는 강한 보호를 부여할 실질적 필요성이 없다는 점에서 그 적용이 배제된다.

3. 효과

선의취득의 효과는 매우 강력하다. 선의취득자는 원시취득자로서 완전한 권리를 취득하고, 종전의 권리자는 그 권리를 상실한다.

다만 여기서 주의할 점은, 선의취득은 권리의 귀속에 관한 문제이지, 어음 · 수표상의 항변이 모두 배제된다는 의미는 아니라는 점이다. 어음 · 수표항변은 각 어음 · 수표행위자가 채무를 부담하는지에 관한 문제이고, 선의취득은 진정한 권리자와 양수인 중 누가 권리를 취득하는지를 정하는 문제로서, 양자는 구별된다. 따라서 선의취득이 인정되었다고 하여 모든 항변이 배제되는 것은 아니다. 먼저, 어음법 · 수표법상 인적항변은 선의의 소지인에게 대항할 수 없다는 법리에 따라, 선의취득자가 상대방이 되는 경우에도 인적항변은 주장될 수 없다. 반면 물적항변은 소지인의 선의 · 악의를 묻지 않고 주장할 수 있으므로, 선의취득자가 물적항변을 배제할 수 없다.

예를 들어, 약속어음이 A→B→C→D로 유통된 경우, B가 분실한 어음을 C가 B의 배서를 위조한 후 D에게 배서양도했고 D가 이를 선의 · 무중과실로 취득하였다면, D는 선의취득에 의해 완전한 권리취득자가 된다. 이 경우 A는 주채무를 부담하고, C는 상환의무를 부담한다. 그러나 B는 분실자로서 위조라는 물적항변을 주장할 수 있으므로, B는 D에게 상환의무를 부담하지 않는다. 이는 선의취득이 권리의 귀속을 확정하는 제도에 머물며, 어음 · 수표상의 항변이 어느 범위까지 주장될 수 있는지는 별도로 인적항변 · 물적항변의 법리에 따라 판단된다는 점을 잘 보여준다.

제5관 어음 · 수표상 권리의 행사

Ⅰ. 지급제시

1. 의의

지급제시(presentment for payment)는 소지인이 어음 · 수표를 채무자에게 제시하여 지급을 청구하는 행위이다. 이는 인수제시와 달리 실제 금전의 지급을 청구하는 단계로서, 어음 · 수표상 권리를 행사하기 위해 요구되는 핵심적 절차이다. 어음 · 수표거래에서 지급제시가 권리행사의 관문이 되는 이유는, 어음 · 수표상의 채무가 본질적으로 추심채무이기 때문이다. 어음 · 수표가 유통된 경우 채무자는 누구에게 지급해야 하는지를 사전에 알 수 없으므로, 소지인이 직접 어음 · 수표를 제시함으로써 자신이 정당한 권리자임을 표시할 필요가 있다.

따라서 지급제시가 없는 한 채무자에게는 지급의무가 현실적으로 발생하지 않으며, 지급제시는 소지인의 권리를 현실화하기 위한 필수적 절차라 할 수 있다.

2. 지급제시의 요건

(1) 당사자

어음법은 어음의 소지인만이 지급제시를 할 수 있다고 명시하고 있으며(어38조), 수표법에도 명문의 규정은 없으나, 지급제시는 소지인만이 할 수 있다는 점에서 동일하게 해석된다. 여기서 소지인이란, 배서의 연속에 의해 적법한 소지인으로 추정되는 자(자격수여적 효력)를 말하며, 배서의 연속이 단절된 경우라도 실질적인 권리자임을 입증한 자 역시 소지인에 해당한다. 지급제시의 상대방은 어음 · 수표의 종류에 따라 달라진다. 환어음인 경우 지급인(또는 인수인), 약속어음인 경우 발행인, 수표인 경우 지급인(또는 지급보증인)이다.

(2) 지급제시기간

지급제시기간은 지급제시가 이루어져야 하는 기간을 말한다. 이는 단순한 기한 문제가 아니라, 상환청구권의 존부 등 어음·수표상의 권리관계에 중대한 영향을 미치는 기준이다.

1) 어음

정기출급어음(확정일 · 발행일자후정기 · 일람후정기)의 지급제시기간은 "지급할 날(만기) 및 그 날 이후의 2거래일"이다(어 38조). 한편, 일람출급어음의 지급제시기간은 발행일로부터 1년이며, 발행인은 그 기간을 단축하거나 연장할 수 있고, 배서인은 단축할 수 있다(어 34조). 지급제시기간을 연장하면 주채무자의 책임에는 영향이 없지만, 상환의무자에게 상환의무 발생 여부의 불확실성을 장기간 지속시키므로 배서인이 일방적으로 연장하는 것은 허용되지 않는다.

왜 일람출급어음만 별도의 규정을 둘까? 일람은 제시한 날이 곧 만기이므로, "만기 + 2일"을 그대로 적용하면 소지인이 고의로 제시를 미루는 방식으로 지급제시기간을 사실상 무한대로 늘릴 수 있기 때문이다. 이를 방지하기 위해, 일람출급어음에 대해서는 별도의 지급제시기간으로서 발행일로부터 1년이라는 제한이 설정되어 있다.

2) 수표

수표의 지급제시기간은 발행일로부터 10일이다(수 29). 수표는 지급수단이므로 신속성이 본질이어서, 어음보다 매우 짧은 지급제시기간을 둔다. 이때의 발행일은 실제 발행일이 아니라 문면에 기재된 발행일을 의미한다(수 29조).

또 하나 흥미로운 점은 다음 규정이다. 선일자수표는 실제 발행일이 문면상 발행일보다 앞선 경우인데, 문면상 발행일 이전에도 지급제시가 가능하다(수 28조). 왜 문언성에 대해 이러한 특칙을 두고 있을까? 이는 수표가 어음과 달리 신용수단이 아니라 즉시지급수단이라는 점을 고려하여, 실제로 발행된 이후에는 문면상 발행일에 의해 지급제시가 제한되지 않도록 하기 위한 것이다.

(3) 지급제시의 장소

어음·수표는 추심채무이므로, 지급제시는 원칙적으로 어음·수표의 문면에 기재된 지급지 내의 지급제시 상대방의 영업소·주소·거소(민 516조)에서 하여야 한다. 특정한 은행지점(예: ○○은행 ○○지점)이 지급지 내 지급장소로 기재된 제3자방지급의 어음·수표인 경우라면, 그 장소에서 지급제시를 하여야 하며, 다른 장소에서의 제시는 원칙적으로 유효한 지급제시로 인정되지 않는다. 현대 실무에서는 대부분 은행 간 시스템을 통해 처리되며, 이를 담당하는 기관이 바로 어음교환소이다. 이는 은행들이 서로 어음·수표를 교환하여 상호 채권·채무를 집단적으로 상계·정산하는 시스템이다.

(4) 지급제시의 방법

지급제시는 형식적으로 유효하게 작성된 어음·수표의 원본 자체를 실제로 제시하여야 한다(판례). 따라서 백지보충이 이루어지지 않은 백지어음·수표, 등본이나 사본의 제시, 사진이나 전자이미지와 같이 증권의 원본이 아닌 경우에는 유효한 지급제시로 인정되지 않는다. 이는 어음·수표가 문면에 권리가 화체된 증권이므로, 원본의 점유와 제시를 통해서만 채무자에게 정당한 지급청구가 가능하기 때문이다.

3. 지급제시의 효과

지급제시가 이루어졌음에도 불구하고 지급이 이루어지지 않으면, 그때부터 채무자에게 이행지체가 발생한다. 반대로 만기 이후 지급제시가 없으면 이행지체는 발생하지 않는다. 또한 지급제시가 없는 경우에는, 채무자는 공탁에 의하여 채무를 면할 수 있다(어 42조).

또한 지급제시는 배서인·보증인 등 상환의무자에 대한 상환청구권을 보전하는 기능을 한다(어 53조, 수 39조). 지급제시기간 내에 적법한 지급제시가 이루어지지 않으면, 배서인·보증인 등 상환의무자에 대한 상환청구권은 소멸한다. 왜 상환청구권은 이렇게 엄격하게 지급제시를 요구하는가? 이는 상환의무자가 본래 자기채무가 아니라 타인의 지급거절을 담보하는 지위에 있으므로, 그 책임의 존속 범위를 명확히 할 필요가 있기 때문이다. 법은 지급제시기간을 그 기준점으로 삼아, 상환의무자의 책임과 어음·수표의 유통성 보호 사이의 균형을 도모하고 있다.

다만 주채무자(약속어음의 발행인, 환어음의 인수인)에 대한 청구권은, 그가 담보책임자가 아니라 종국적 지급의무자라는 점에서 지급제시의 흠결과 무관하게 유지된다.

4. 지급제시의 면제

지급제시는 어음법 · 수표법상 강행규정이 아니므로, 당사자 사이의 특약에 의하여 이를 면제할 수 있다. 이를 지급제시 면제특약이라 한다. 그러나 지급제시 면제특약이 누구를 상대로 체결되었는지에 따라 그 법적 효과는 달라진다.

주채무자에 대한 지급제시 면제특약이 있는 경우에는, 지급제시가 없어도 주채무자는 만기 도래와 동시에 이행지체에 빠진다. 이는 지급제시가 있어야 지체가 발생하는 요건을 당사자 사이의 특약으로 배제하였기 때문이다.

한편, 특정 상환의무자에 대하여 지급제시 면제특약을 둔 경우에는, 지급제시가 없더라도 그 상환의무자에 대한 상환청구권만은 소멸하지 않는다. 반면, 지급제시 면제특약의 당사자가 아닌 다른 상환의무자에 대해서는, 적법한 지급제시가 없는 한 상환청구권이 소멸한다.

Ⅱ. 지급

1. 의의

어음 · 수표상 채무관계에서 지급은 권리관계를 종결시키는 핵심절차이다. 누가 지급하면 전체 채무가 소멸하는가? 이 질문이 이해의 출발점이 된다. 주채무자가 지급하면 어음 · 수표상 채무는 전부 소멸한다. 주채무가 지급으로 소멸한 이상, 이를 담보하기 위한 상환의무가 존속할 이유는 없다. 환어음 또는 수표의 지급인은 주채무자는 아니지만 지급권한을 가진 자이므로, 그의 지급 역시 채무 전체를 소멸시킨다.

반면 상환의무자의 상환이행은 그 자신과 이후의 자(후자)의 책임만 소멸시킬 뿐, 전체 채무를 소멸시키지 않는다. 예컨대 A→B→C→D→E로 유통된 약속어음에서 C가 E에게 상환하면 C와 D의 상환의무는 사라지나, A의 주채무와 B의 상환의무는 남는다. 이는 상환의무가 본래 주채무를 대신하여 이행하는 책임이 아니라, 자신의 후자에 대하여 부담하는 담보책임에 그치기 때문이다. 이러한 구조는 상환의무를 이행한 자가 자신의 전자에게 재상환청구를 할 수 있도록 하기 위한 것이다.

2. 지급시기

(1) 어음

1) 만기의 지급

정기출급어음(확정일 · 발행일자후정기 · 일람후정기)의 지급할 날에 이루어지는 지급이 만기의 지급이다. 나아가 만기 후 지급제시기간 중에 이루어지는 지급도 만기의 지급으로 본다. 일람출급어음은 발행 후 지급제시기간 내에 일람(지급제시)한 때에 지급하는 것이 만기의 지급이다. 지급제시기간 내에 지급제시를 받으면 채무자는 즉시 지급해야 한다. 만기의 지급에는 선의지급의 면책력이 인정된다(어 40조). 선의지급의 면책력은, 만기에 지급을 하는 자는 사기 또는 중대한 과실이 없는 한 면책된다는 것을 의미하며(어 40조), 이에 관해 뒤에서 자세히 살펴본다.

2) 만기 전의 지급

채무자는 기한의 이익을 포기하고 기한 전에 변제할 수 있는 것이 원칙(민 468조)이나, 어음은 만기 전에 어음을 유통시킬 경제적 이익이 있으므로 소지인은 만기 전에 지급을 받을 의무가 없다(어 40조). 소지인이 동의하는 경우 만기 전의 지급이 가능하지만, 선의지급의 면책력은 적용되지 않는다(어 40조). 이는 만기 전에는 어음의 유통이 계속될 가능성이 있으므로, 유통성 보호를 전제로 한 선의지급 면책 규정을 적용할 수 없고, 지급한 자가 진정한 권리자에게 다시 지급해야 하는 이중지급의 위험을 부담하게 되기 때문이다. 한편, 일람출급어음은 발행 후 언제든지 지급제시 및 지급이 가능하므로 만기 전의 지급이라는 개념이 없다.

예컨대 A가 6개월 후 지급하는 약속어음을 발행한 경우를 생각해 보자. 만기 전에 C가 문면의 외관상 적법한 소지자로서 A에게 어음을 제시하자, A는 이를 진정한 권리자의 제시로 오인하여 선의 · 무중과실로 C에게 지급하였다. 그러나 해당 어음은 배서의 연속이 위조된 것이었고, 적법한 소지자 B는 여전히 별도로 존재하였다. 이 경우 A의 지급은 만기 전 지급에 해당하므로 선의지급의 면책력은 인정되지 않으며, A는 B에게 다시 지급해야 한다.

3) 만기 후의 지급

주채무자는 만기 후에도 어음채무를 부담하므로, 그 지급은 만기의 지급과 동일한 효력을 가진다. 따라서 선의지급의 면책력이 적용된다. 다만, 환어음의 지급인이 만기 후에 지급하는 것은 지급위탁의 취지에 반하므로, 그 지급은 발행인의 계산으로 인정되지 않고, 선의지급의 면책력이 적용되지 않는다.

(2) 수표

수표는 본질적으로 일람출급증권이므로 지급제시기간 내에 제시된 때의 지급이 만기의 지급에 해당한다. 지급제시를 받으면 지급인은 즉시 지급해야 한다. 만기의 지급에는 선의지급의 면책력이 인정된다(수 35조). 수표에는 어음과 같은 의미의 만기일 개념이 존재하지 않고 발행 직후부터 지급제시가 가능하므로, 만기 전 지급이라는 개념 자체가 성립하지 않는다.

그렇다면 지급제시기간 경과 후의 지급은 어떠한가? 지급위탁이 취소되지 않은 한 지급인은 발행인의 계산으로 지급할 수 있으며(수 32조), 이 경우에도 선의지급의 면책력이 인정된다. 이는 수표가 단기의 지급제시기간과 즉시 지급성을 특징으로 하기 때문이다. 이는 수표의 경우 지급제시기간 경과 후에도 지급위탁이 존속하는 한 지급이 발행인의 계산으로 이루어지는 반면, 환어음에서는 지급인의 만기 후 지급이 발행인의 계산으로 인정되지 않는다는 점에서 중요한 차이가 있다.

(3) 지급의 유예

지급유예는 소지인의 동의가 있는 경우에만 허용된다. 방식에 따라 법적 효과가 달라진다.

첫째, 지급유예 특약은 어음·수표상 문면에 드러나지 않으므로 인적항변에 불과하다.

둘째, 어음의 만기 변경은 변조에 해당하므로 모든 어음관계자의 합의가 있을 때만 유효하다.

셋째, 어음개서는 지급유예를 위하여 종전 어음을 소멸시키고, 만기를 변경한 새 어음을 발행하는 방식이다.

이러한 구별은 어음·수표의 유통 과정에서 제3자를 포함한 여러 이해관계자가 결합된다는 점에서, 유통안전과 거래신뢰를 확보하기 위한 제도적 장치이다.

3. 지급의 방법

어음·수표는 상환증권성을 가지므로(어 39조, 수 34조), 채무자는 증권의 반환과 동시에 지급할 의무를 부담하며, 지급과 증권의 반환은 동시이행관계에 있다. 채무자는 일부지급을 할 수 있고, 소지인은 이를 거절할 수 없다. 이 경우 상환청구권은 지급되지 않은 잔액에 대해서만 발생하며, 지급된 일부에 대해서는 발생하지 않는다. 채무자는 일부지급 사실을 증권에 기재하게 하고 영수증의 교부를 청구할 수 있다. 이러한 기재가 있는 경우에는 물적항변이 되어 후속 취득자를 비롯한 모든 소지인에게 대항할 수 있으나, 기재가 없는 경우에는 일부지급을 받은 소지인과의 인적항변에 그친다.

4. 선의지급과 조사의무

(1) 선의지급의 면책력

만기에 지급을 하는 자는 사기 또는 중대한 과실이 없는 한 면책된다(어 40조). 선의지급의 면책력은 어음·수표의 유통성을 보호하는 핵심 기능이다. 수표법 제35조 제1항은 "사기 또는 중대한 과실"을 직접 규정하지 않지만, 통설은 어음법과 동일한 기준을 적용한다. 배서의 연속이 인정되는 어음·수표의 소지인은 적법한 소지인으로 추정되며(어 16조, 수 19조), 지급하는 자는 이를 신뢰하여 지급한 경우 선의지급의 면책력을 인정받는다.

(2) 조사 요건

면책력을 인정받기 위해서는 지급하는 자가 어음·수표의 형식적 유효성을 확인해야 한다. 즉, 배서의 연속, 필요적 기재사항의 구비 여부, 자신의 기명날인·서명의 진정성 등을 조사해야 한다. 그러나 실질적 유효성, 예컨대 소지인이 최후의 피배서인과 실제로 동일인인지, 다른 사람의 기명날인·서명이 위조되었는지까지 조사할 의무는 없다. 이는 지급자가 외관상 적법한 소지인에게 신속히 지급할 수 있도록 하기 위한 것으로, 지급 단계에서까지 실질적인 권리관계를 일일이 조사하도록 하면 결과적으로 어음·수표의 유통성이 현저히 저해되기 때문이다. 다만 소지인이 무권리자라고 의심할 만한 특별한 사정이 있는 경우에는, 예외적으로 실질적 유효성에 대한 조사의무가 인정된다(판례).

(3) 사기 또는 중과실

사기란 단순히 소지인이 무권리자임을 알고 있는 것만으로는 부족하고, 무권리자임을 용이하게 입증할 수 있는 방법이 있음에도 이를 알면서 고의로 지급하는 경우를 의미한다. 중과실은 약간의 주의만 기울이면 무권리자임을 쉽게 알 수 있고 그 사실을 입증할 수 있었음에도 그러한 기본적 조사마저 게을리한 경우를 말한다. 이처럼 엄격한 요건이 요구되는 이유는, 만기에 지급하는 자가 소지인이 무권리자라는 점을 알고 있더라도 소송에서 이를 입증할 수 없는 한 지급을 거절하기 어려운 지위에 있고, 어음·수표의 유통성 보장을 중시하는 정책적 필요성 때문이다.

5. 횡선수표

횡선수표는 앞면에 평행선 두 줄이 그어진 수표로서, 지급인은 은행 또는 자신의 거래처에게만 지급할 수 있다(수 37조·38조). 이는 분실·절취 등으로 인한 부정한 현금화를 방지하기 위한 지급제한 장치이다. 지급인은 지급제한에 대한위반으로 인한 손해에 대하여 수표금액을 한도로 손해배상책임을 부담한다(수 38조).

Ⅲ. 상환청구

1. 의의

상환청구란 어음·수표가 지급제시기간 내에 지급이 거절되거나, 만기 전이라도 지급가능성이 현저히 감소한 경우에, 소지인이 자신의 전자에게 어음·수표금액 및 기타 비용의 지급을 청구하는 것을 말한다. 그 취지는 어음·수표의 유통성을 보호하고 소지인의 어음·수표상 권리를 담보하기 위해, 주채무자를 제외한 어음·수표행위자에게 담보책임으로서의 상환의무를 부담시키는 것에 있다.

2. 당사자

(1) 상환청구권자

상환청구권의 최초 행사자는 최후의 소지인이다(어 43조, 수 39조). 또한 상환의무를 실제로 이행하고 어음·수표를 환수한 자도 새로운 소지인이 되어 자신의 전자에게 다시 상환을 청구할 수 있는데, 이를 재상환청구라고 한다(어 47조, 수 43조).

(2) 상환의무자

주채무자를 제외한 어음·수표행위자가 상환의무자가 된다. 환어음인 경우 발행인·배서인·보증인, 약속어음인 경우 배서인·보증인, 수표인 경우 발행인·배서인·보증인이 상환의무자가 된다. 다만 담보책임을 지지 않는 특수한 배서인(예: 공연한 추심위임배서인)은 상환의무자가 아니다.

상환의무자는 법에서 정한 특유한 형태의 합동책임을 지는데(어 47조, 수 43조), 이는 연대책임과 유사하지만 이행의 효과 범위에서 구별된다. 즉, 소지인은 상환의무자 중 누구에게든 직접 전액의 이행을 청구할 수 있는 책임 형태이다. 그런데, 연대채무의 경우에는 한 채무자의 이행이 다른 채무자들의 채무까지 소멸시키지만, 상환의무의 경우에는 상환의무자 1인의 이행은 그 자 및 그보다 뒤에 있는 상환의무자의 채무만을 소멸시킨다(판례). 왜 합동책임은 연대채무와 달리 한 사람의 이행이 전체 채무를 소멸시키지 않을까? 이는 상환의무가 주채무자를 대신하여 채무 전부를 부담하는 것이 아니라, 각 상환의무자가 자기 뒤에 있는 자에 대하여만 담보책임을 지는 구조이기 때문이다.

3. 상환청구의 요건

상환청구는 실질적 요건과 형식적 요건을 모두 충족해야 한다.

(1) 실질적 요건

상환의무는 담보책임이므로 지급거절이 요건이다. 따라서 원칙적으로 지급제시기간 내의 적법한 지급제시에도 불구하고 지급이 거절되어야 한다. 지급거절에는 지급인의 부재 등으로 인하여 객관적으로 지급을 받을 수 없는 상태도 포함된다. 다만 불가항력인 경우에는 지급제시 없이 상환청구가 가능하다(어 54

조, 수 47조). 불가항력의 경우에는 지급제시가 객관적으로 불가능하기 때문이다.

한편 일정한 경우에는 만기 전에 상환청구가 가능하다. 수표와 일람출급어음처럼 발행 후 언제든지 지급제시가 가능한 경우에는 만기 전 상환청구가 문제되지 않는다. 그러나 일람출급이 아닌 어음에서는 만기 전이라도 지급가능성이 현저히 감소한 경우 상환청구가 가능하다. 그 구체적 유형은 다음과 같다(어 43조). ① 적법한 인수제시에도 인수가 거절된 경우, ② 지급인 또는 인수인의 파산, 지급정지, 강제집행이 주효하지 않은 경우, ③ 인수제시를 금지한 발행인이 파산한 경우가 이에 해당한다.

①의 경우에는 지급인이 장차 지급의무를 이행하지 않을 것이 이미 명확해져, 만기까지 기다려 다시 지급제시를 하는 것이 무의미하기 때문이다. 또한, ②의 사유는 지급인의 지급능력이 객관적으로 상실되거나 현저히 저하된 경우로서, 만기 전이라도 상환청구를 허용할 필요성이 크기 때문이다. 그리고 ③의 사유는, 인수제시가 금지된 어음은 발행인의 신용만을 기초로 유통되는데, 발행인이 파산한 경우에는 만기 시 지급가능성이 현저히 감소하기 때문에 만기 전 상환청구를 인정하려는 것이다.

이처럼 만기 전 상환청구가 허용되는 공통된 이유는, 만기까지 기다리면 사실상 지급이 불가능해질 위험이 명백한 경우에 그 손해를 미연에 방지하려는 데 있다.

(2) 형식적 요건

상환청구가 인정되기 위해서는 인수거절증서 또는 지급거절증서가 작성되어야 한다(어 44조, 수 39조). 이는 인수거절 또는 지급거절의 존재를 객관적으로 증명하기 위한 절차적 요건이다. 이러한 거절증서는 인수제시기간 또는 지급제시기간 내에 작성해야 한다(어 44조, 수 40조). 이는 상환의무자가 인수제시기간 또는 지급제시기간을 넘어서까지 불확정적인 담보책임에 노출되지 않도록 하기 위한 제한이다. 전쟁, 내란, 지진 등의 불가항력으로 인수제시 · 지급제시 또는 거절증서 작성이 불가능한 경우에는 제시기간 및 작성기간이 연장된다(어 54조, 수 47조). 다만 소지인의 개인적 사정(질병 등)은 불가항력 사유가 아니다.

거절증서 작성의 면제도 가능하다. 발행인 · 배서인 · 보증인은 어음 · 수표이 문면에 “무비용상환”, “거절증서 불필요” 등의 문구와 함께 기명날인 또는 서명을 함으로써 거절증서 작성의 면제를 할 수 있다(어 46조, 수 42조). 이는 거절증서의 작성 없이도 상환청구에 응하겠다는 취지의 의사표시이다. 거절증서 작성에 드는 비용과 시간을 줄이려는 경우에 작성면제가 이용된다.

작성면제의 효력범위를 보면, 발행인이 거절증서 작성의 면제를 한 경우에는 상환관계 전반에 관한 의사표시로서 모든 상환의무자에게 그 효력이 미치나, 배서인 · 보증인이 면제한 경우에는 자기 담보책임에 관한 의사표시에 불과하여 면제한 당사자에 대해서만 효력이 있다. 다만, 상환의무자가 아닌 약속어음의 발행인도 작성면제를 할 수 있는지에 대해서는 논란이 있다. 이는 약속어음의 발행인이 주채무자일 뿐 상환의무자는 아니므로, 상환청구 절차에 관한 의사표시를 할 수 있는지 문제되기 때문이다.

4. 상환청구의 절차

(1) 통지의무

상환청구권자는 상환의무자에게 인수거절 또는 지급거절 사실을 통지해야 한다(어 45조, 수 41조). 이는 상환의무자가 상환이행을 준비할 수 있도록 하기 위한 절차적 보호장치이다. 통지는 최후의 소지인이 자신의 직전자 및 그 보증인에게 하며, 통지를 받은 배서인은 다시 그 직전자 및 그 보증인에게 통지하는 방식으로 이어진다. 이를 순차통지주의라고 한다. 예를 들어 환어음이 A → B → C → D로 유통된 경우, 최후의 소지인 D는 자신의 직전자인 C와 그 보증인에게 지급거절 사실을 통지하고, C는 다시 B와 그 보증인에게, B는 다시 A에게 통지함으로써 통지가 순차적으로 상환의무자 전원에게 전달된다. 환어음 및 수표에서는 발행인이 최종의 상환의무자이므로, 순차통지의 경로를 통하여 결국 발행인에게도 통지가 도달하도록 함으로써 상환의무를 부담할 수 있는 모든 자에게 지급거절 사실이 전달되도록 해야 한다.

통지는 기간제한이 있다. 소지인은 거절증서 작성일(작성면제 시에는 제시일) 또는 그로부터 4거래일 이내에 통지해야 하고, 배서인은 통지를 받은 날 또는 그로부터 2거래일 이내에 통지해야 한다(어 45조, 수 41조). 통지의무 위반은 상환청구권을 소멸시키지는 않지만, 상환의무자가 제때 대응하지 못함으로써 손해를 입은 경우에는 그 손해에 한하여 배상책임이 인정된다(어 45조, 수 41조). 이는 상환을 위한 실질적 · 형식적 요건이 이미 충족된 이상, 손해배상에 의한 보호로 충분하고 상환청구권 자체를 소멸시킬 필요까지는 없다고 본 입법적 선택에 기초한다.

(2) 상환의 청구

소지인은 상환의무자 중 1인 또는 복수, 또는 모든 상환의무자에게 직접적 · 동시적으로 상환청구를 할 수 있다(어 47조, 수 43조). 이는 상환청구 단계에서는 소지인이 상환의무자들 중 누구에게 상환청구를 하느냐는 점이 문제되지 않음을 보여준다. 이는 최종적으로 상환책임을 부담할 자(예: 환어음 발행인)가 정해져 있는 이상, 상환의무자들 사이의 순서를 따질 실익이 없고, 소지인의 입장에서는 순서와 무관하게 상환자력이 있는 자에게 직접 상환을 청구하는 것이 합리적이기 때문이다. 예를 들어 A→B→C→D 구조라면, D(소지인)는 반드시 C를 거칠 필요 없이 B에게도 직접 상환청구를 할 수 있다. 상환의무자가 지급하는 경우, 그는 어음 · 수표 및 거절증서 등의 교부를 청구할 수 있다(어 50조, 수 46조). 이는 이중지급을 방지하고 재상환청구를 가능하게 하기 위해서이다.

5. 재상환청구

재상환청구는 상환의무자가 상환을 이행하여 어음 · 수표를 환수한 후, 다시 자신의 전자에게 상환을 요구하는 절차이다. 즉, 상환이행 → 증권 환수 → 재상환청구의 순서로 절차가 진행된다. 재상환청구를 통하여 상환의무자들 사이의 부담관계가 정리되고, 최종적으로 상환책임을 부담할 자에게 상환의무가 귀속됨으로써 상환관계가 종결된다. 재상환청구를 위해서는 환수한 어음 · 수표 및 거절증서 등을 재상환의무자에게 교부해야 한다(어 50조, 수 46조). 이는 이중지급을 방지하고 재상환청구를 가능하게 하기 위한 것이다.

제6관 복본과 등본

Ⅰ. 복본

복본은 동일한 어음 · 수표상의 권리를 표창하는 여러 통의 증권, 즉 하나의 권리에 대응하는 여러 장의 어음 · 수표를 말한다. 왜 복본이 필요할까? 원격지에 어음을 송부해서 인수를 받아야 하는 경우, 그 처리 기간 동안에도 소지인은 해당 어음을 계속 유통시킬 필요가 있다. 이때 한 통은 인수를 위해 지급인에게 보내고, 다른 통은 유통용으로 활용할 수 있다.

상법은 복본 제도를 지급인이 존재하는 환어음과 수표에만 인정하고 있으며, 수표 중에서도 소지인출급식 수표에는 복본이 금지된다(수 48조). 소지인출급식 수표가 복본으로 여러 장 존재하면, 누가 정당한 권리자인지 판단하기 어렵기 때문이다. 복본은 발행인만이 만들 수 있다(어 64조, 수 48조). 복본으로 인한 이중 유통의 위험은 최종 상환책임자인 발행인에게 귀속되므로, 다른 행위자에게는 복본 작성이 허용되지 않는다. 그리고 환어음과 수표의 복본 본문 중에 번호를 붙여야 하며, 그렇지 않은 경우는 각각 별개의 환어음 및 수표로 본다(어 64조, 수 48조).

복본은 여러 장이지만 표창하는 권리는 단일하다. 따라서 어음의 제시나 상환청구도 복본 중 한 통으로만 하면 충분하며, 채무자가 복본의 한 통에 대해 지급하거나 상환의무를 이행한 경우에는 채무를 전부 면한다(어 65조, 수 49조). 이를 복본일체의 원칙이라고 한다.

다만 이에 대한 예외도 있다. 예컨대 환어음의 인수인이 여러 통의 복본에 대해 인수한 경우, 지급 시에 모든 복본을 환수하지 않으면, 환수되지 않은 복본의 소지인에 대한 독립된 책임을 면할 수 없다(어 65조). 이는 인수인이 여러 통의 복본에 인수함으로써 스스로 책임을 확대한 경우에, 회수되지 않은 복본 소지인의 신뢰를 보호하기 위한 것이다.

Ⅱ. 등본

등본은 원본을 그대로 옮겨 적은 것으로, 외형상 사본에 불과하지만 법은 이를 배서 · 보증에 사용할 수 있는 특별한 효력을 가진 증권으로 본다. 등본 제도는 어음에만 적용되며(어 67조), 수표에는 적용되지 않는다. 수표는 본질적으로 즉시 지급을 예정한 증권으로서 장기간 유통을 전제로 하지 않기 때문에, 어음처럼 유통 중 분실에 대비한 등본의 필요성이 낮기 때문이다.

소지인은 누구든 원본에 기초하여 등본을 작성할 수 있다(어 67조). 다만 등본에는 반드시 원본의 보유자를 기재해야 한다(어 68조). 이는 등본이 배서 · 보증에 사용된 경우, 등본의 정당한 소지인이 원본 보유자에게 원본의 교부를 청구할 수 있도록 하기 위함이다.

등본은 원본과 동일한 방식으로 배서 또는 보증이 가능하다(어 67조). 다만 등본과는 별도로 원본이 배서양도된 경우, 그 원본을 선의로 취득한 자가 선의취득으로 보호되어 등본 소지인의 권리가 침해될 위험이 있다. 이에 대비하여 등본 작성 전에 행한 원본의 최후 배서 뒤에 "이후의 배서는 등본에만 효력이 있다"는 문구를 기재하면, 그 이후의 배서는 무효가 된다(어 68조).

한편 등본은 어음 자체가 아니므로 인수나 지급 청구는 반드시 원본으로 해야 한다. 따라서 등본에 의해 배서양도 받은 자는 원본 보유자에게 원본의 교부를 청구한 뒤(어 68조), 그 원본으로 인수나 지급을 청구할 수 있다.

제7관 어음·수표의 소멸시효

Ⅰ. 의의

어음 · 수표상 권리도 일반 채권과 마찬가지로 시효에 의해 소멸한다. 다만 어음 · 수표에는 일반 채권보다 훨씬 짧은 시효가 적용된다. 왜 단기 시효가 설정되어 있을까? 어음 · 수표는 유통성을 핵심 가치로 하는 증권이므로, 어음 · 수표상 채무자는 인적항변의 제한, 선의취득으로 인한 권리 상실 가능성, 상환의무 등 일반 채무자보다 훨씬 엄격한 책임을 부담한다. 어음법 · 수표법은 이러한 엄격한 책임을 부과하는 대신, 신속한 권리 행사와 조속한 정산을 유도하기 위하여 단기 시효를 두고 있다. 즉 어음법 · 수표법은 채무자에게 엄격한 책임을 부과하는 대신 단기 시효를 두어, 유통의 안전을 확보하면서도 채무자가 장기간 불확실한 책임에 놓이지 않도록 하고 있다.

Ⅱ. 시효기간

어음 · 수표상 권리는 그 상대방과 기능에 따라 서로 다른 시효를 가진다. 이는 주채무자에 대한 청구권, 상환청구권, 재상환청구권이 각각 서로 다른 책임 구조와 기능을 가지기 때문이다.

어음의 경우, 주채무자(환어음의 인수인, 약속어음의 발행인)에 대한 청구권은 만기 후 3년의 시효에 걸린다. 이에 비해 상환청구권은 거절증서 작성일(작성 면제 시에는 만기일)로부터 1년, 재상환청구권은 어음을 환수한 날 또는 소송상 청구일(제소일)로부터 6개월이다(어 70조).

수표의 경우에는 구조가 다르다. 지급보증인에 대한 청구권은 지급제시기간 내에 제시하지 않으면 바로 소멸하고(수 55조), 적법한 제시가 있는 경우에는 지급제시기간 경과 후 1년의 시효가 적용된다(수 58조). 상환청구권은 지급제시기간 경과 후 6개월, 재상환청구권은 수표 환수일 또는 소송상 청구일로부터 6개월이다(수 51조).

상환청구권 · 재상환청구권의 시효가 초단기로 규정된 것은, 이들이 주채무가 아니라 담보책임을 묻는 권리이므로 책임관계를 신속히 정리하도록 강제하려는 입법적 선택에 따른 것이다.

보증인에 대한 권리의 시효기간은, 그들이 담보하는 피보증권리(주채무청구권, 상환청구권 등)의 시효와 동일하게 적용된다. 이는 보증인의 책임이 어디까지나 주채무 · 상환관계를 보조하는 담보적 성질, 즉 부종성을 가지는 점을 반영한 것이다.

Ⅲ. 시효중단

청구, 압류 · 가압류 · 가처분, 승인 등과 같은 시효중단사유가 발생하면 시효의 진행은 멈추고, 중단사유 종료 후 새로이 시효가 진행된다(민 168조 · 178조). 이러한 민법상의 시효중단 규정은, 어음법 · 수표법에 특별한 규정이 없는 한, 어음 · 수표상 권리에도 그대로 적용된다.

여기에 더하여, 어음 · 수표에는 특유의 시효중단사유로서 소송고지가 인정된다(어 80조, 수 64조). 소송고지란 소송당사자 일방이 소송결과에 이해관계가 있는 제3자에게 소송계속을 알리는 제도로서, 고지받은 자는 일정한 범위에서 판결의 효력을 받게 된다(민소 84조 · 86조).

어음 · 수표에서 소송고지는 재상환청구권의 초단기 시효로 인한 불이익을 완화하는 기능을 한다. 예컨대 환어음이 A → B → C → D로 유통된 경우, 배서인 C가 소지인 D의 상환청구 소송에서 패소하여 상환의무를 이행하게 되는 상황을 생각해 보자. 이때 C가 자신보다 앞선 A와 B에게 소송고지를 하면, 장차 행사할 재상환청구권에 관하여 시효중단의 효력을 확보할 수 있다. 이는 시효가 6개월에 불과한 재상환청구권이 시효로 소멸하는 위험을 방지하기 위한 것이다.

다만 유의할 점이 있다. 시효중단의 효력은 고지받은 자 등 그 사유가 미친 당사자에게만 미친다(어 71조, 수 52조). 즉, 상대적 효력만 인정된다. 이는 어음 · 수표상의 각 채무가 원칙적으로 서로 독립하여 존재하는 구조이기 때문이다. 하나의 중단사유가 전체 채무자에게 파급되는 절대적 효력은 채택되지 않는다.

Ⅳ. 시효완성

어음 · 수표상 채무가 원칙적으로 독립하여 존재하는 것과 마찬가지로, 시효완성도 각 채무자별로 독립적으로 발생한다. 예컨대 약속어음이 A → B → C → D로 유통된 경우, 소지인 D의 C에 대한 상환청구권이 시효로 소멸하더라도, D의 주채무자 A에 대한 지급청구권이나 B에 대한 상환청구권은 여전히 유효하다.

그러나 한 가지 중요한 예외가 있다. 주채무자에 대한 청구권이 시효로 소멸하면, 이를 담보하는 상환청구권 · 재상환청구권도 함께 소멸한다. 이는 상환청구권 · 재상환청구권이 본질적으로 주채무자에 대한 청구권의 이행을 담보하기 위한 부종적 권리이기 때문이다. 주채무 자체가 소멸하였음에도 담보책임만을 존속시키는 방식은 논리적으로도, 거래안전의 관점에서도 정당화될 수 없다. 따라서 주채무의 소멸은 담보적 책임의 소멸을 필연적으로 수반한다.

제 8 관 이득상환청구권

Ⅰ. 의의

이득상환청구권은 어음 · 수표상 권리가 보전절차의 하자 또는 단기 소멸시효의 완성으로 소멸한 경우, 소지인이 발행인 또는 인수인 등 어음 · 수표상 채무자가 실질관계에서 얻은 이익의 한도 내에서 그 반환을 청구할 수 있는 권리이다(어 79조, 수 63조). 왜 이러한 제도가 필요할까? 어음 · 수표는 엄격한 보전절차와 매우 짧은 시효를 특징으로 하므로, 소지인이 절차를 준수하지 못하거나 권리를 제때 행사하지 못하면 권리를 상실하기 쉽다. 그러나 실질관계에서는 발행인 또는 인수인이 이미 대가를 수령하여 상당한 경제적 이익을 얻고 있는 경우가 적지 않다. 이러한 경우까지 형식적 절차의 흠결이나 단기 시효의 경과만을 이유로 소지인에게 손해를 전가하는 결과는 형평에 반한다.

따라서 어음 · 수표상 권리는 소멸하였으나 실질관계에서 이익의 불균형이 남아 있는 경우를 시정하기 위하여 이득상환청구권이 마련되었다. 이는 어음 · 수표상 권리에 요구되는 형식성과 신속성을 유지하면서도 그로 인한 과도한 불이익을 조정하기 위한 최종적 형평장치로서, 법률이 특별히 인정한 권리이다.

Ⅱ. 이득상환청구권의 요건

이득상환청구권은 형평을 근거로 어음 · 수표상 권리의 소멸 이후에만 예외적으로 인정되는 제도이므로, 어음 · 수표의 엄격한 형식성과 단기 시효를 우회하여 권리를 행사하려는 남용을 방지하기 위해 그 성립요건이 엄격하게 제한된다.

1. 당사자

판례에 따르면, 어음 · 수표상 권리가 소멸할 당시의 정당한 소지인이 이득상환청구권의 권리자가 된다. 반면 실질관계(원인관계 또는 자금관계)에서 이득을 얻은 자가 의무자가 되며, 주로 발행인 또는 인수인이 이에 해당한다.

2. 권리의 존재와 소멸

이득상환청구권이 성립하려면, 소멸 이전에 어음 · 수표상 권리가 유효하게 성립 · 존재했어야 한다. 따라서 백지어음 · 수표의 경우에는 백지보충이 이루어져 완전한 어음 · 수표가 된 후에야 이득상환청구권이 인정된다(판례). 그리고 그 어음 · 수표상 권리가 보전절차의 흠결 또는 소멸시효의 완성으로 소멸해야 한다(어 79조, 수 63조). 이때 소지인의 귀책사유는 문제되지 않는다. 이는 귀책사유 없는 소지인을 보호하려는 것이 아니라, 실질관계에서 발생하는 이익의 불균형을 시정하려는 데 그 목적이 있기 때문이다.

3. 구제수단의 부존재

소지인에게 이익의 상환을 받을 다른 구제수단이 존재하지 않아야 한다. 즉, 이득상환청구권은 다른 구제수단이 없는 경우에만 인정되는 최후수단적 권리이다. 단순히 어음 · 수표상 채무를 면했다는 사정만으로 이익을 인정하면, 보전절차와 단기 시효의 준수라는 어음 · 수표법의 핵심 규율이 약화되어, 이득상환청구권이 예외가 아니라 사실상 대체적 청구수단으로 기능할 위험이 있다. 이와 관련하여 학설과 판례의 입장이 대립한다.

통설은 다른 구제수단을 어음 · 수표상 권리로 한정한다. 예컨대 환어음이 A → B → C로 유통된 경우, 소지인 C의 B에 대한 상환청구권은 소멸했지만 A에 대한 상환청구권은 남아 있다면 이를 행사하면 되므로, 이득상환청구권은 인정되지 않는다.

반면에 판례는 다른 구제수단의 범위를 넓게 해석해서, 어음 · 수표상 권리

뿐 아니라 민법상 구제수단까지 포함된다고 본다. 즉, 원인관계상 채권이 존재한다면 이는 이미 구제수단이 존재하는 것이므로, 이득상환청구권은 성립하지 않는다는 입장이다. 예컨대, 위 사례에서 B가 C에게 어음을 배서양도한 이유가 C가 B에게 물품을 공급하고 보유하던 물품대금채권의 지급을 위해서였고, C의 B에 대한 상환청구권이 소멸했더라도 그 물품대금채권이 존속하는 경우라면, C는 B에 대해서 이를 행사하면 되므로 이득상환청구권은 인정되지 않는다. 이처럼 판례는 이득상환청구권을 최후수단으로서 엄격하게 한정하고 있다.

4. 채무자의 이익

이득상환청구권이 성립하려면, 어음 · 수표상 채무자가 실질관계에서 이익을 얻어야 한다(어 79조, 수 63조). 여기서의 이익은 엄격한 보전절차나 단기 시효의 완성으로 단순히 어음 · 수표상 채무를 면하는 데서 생기는 이익을 의미하는 것이 아니라, 실질관계에서 채무자가 현실적으로 취득한 경제적 이익을 의미한다(판례).

예를 들어, 약속어음의 발행인 A가 소멸시효 완성으로 어음채무를 면하게 된 경우를 생각해 보자. 이때 A가 얻은 이익은 면책된 어음금액 자체가 아니라, 원인관계에서 수취인 B로부터 공급받은 급부(예: 물품)이다. 따라서 이 경우 이득상환청구의 대상이 되는 이익은 B로부터 공급받은 물품의 가액이다.

Ⅲ. 이득상환청구권의 양도 및 행사

이득상환청구권은 그 법적 성질이 지명채권이므로, 권리가 발생한 이후에는 언제든 양도할 수 있으며, 그 양도는 민법상 지명채권의 양도방식에 따른다(판례). 따라서 어음 · 수표와 달리 선의취득은 인정되지 않는다. 또한 이득상환청구권은 어음 · 수표상 권리가 아니므로, 배서연속에 따른 자격수여적 효력도 없고, 행사 시에 어음 · 수표의 소지도 필요하지 않다(판례). 따라서 권리자는 권리의 발생요건을 스스로 입증해야 한다.

한편 이득상환의무자는, 이득상환청구권 발생 전에 소지인에게 주장할 수 있었던 항변사유를, 발생 후에도 그대로 주장할 수 있다(판례). 이는 지명채권에는 항변절단이 발생하지 않는다는 민법의 일반원칙이 적용되기 때문이다. 이득상환청구권은 특별한 단기시효 규정이 없는 지명채권이므로, 일반채권과 동일하게 10년의 소멸시효가 적용된다(민 162조).

제9관 어음·수표의 말소·훼손·상실

Ⅰ. 어음·수표의 말소·훼손

어음·수표의 말소란 기명날인·서명 또는 기타 기재사항이 제거되는 경우를 말하고, 훼손은 절단·찢김 등으로 증권 자체가 물리적으로 손상되는 경우를 말한다. 문제는 이러한 말소·훼손이 누구의 의사와 권한에 따라 이루어진 것인지이다.

민약 말소·훼손의 권한이 없는 자가 임의로 기재를 제거하거나 증권을 훼손하였다면 이는 변조에 해당한다. 이 경우 변조 이전에 어음·수표행위를 한 자는 변조 전의 문언에 따라, 변조 이후에 행위를 한 자는 변조 후의 문언에 따라 책임을 진다(어 69조, 수 50조). 즉, 말소·훼손은 단순한 외관상의 문제가 아니라, 각 당사자의 책임 범위를 직접적으로 좌우한다. 변조의 효과에 관해서는 앞서 설명한 변소의 법리가 그대로 적용된다.

반면 말소·훼손이 권한 있는 자에 의해 이루어진 경우에는, 이는 변조가 아니라 정당한 말소로서 말소된 부분을 제외한 상태로 효력이 인정된다. 예컨대 어음·수표법상 어음·수표행위자가 행위 도중 의사를 번복하여 기재를 말소한 경우나, 배서인이 상환의무를 이행한 뒤 자기 배서 및 이후의 배서를 말소한 경우에는 정당한 말소로 인정된다(어 50조, 수 46조). 이 경우 말소된 부분은 처음부터 존재하지 않았던 것처럼 취급되며, 이는 변조가 아니라 정당한 정리에 불과하기 때문이다.

Ⅱ. 어음·수표의 상실

1. 의의

어음 · 수표의 상실은 단순한 분실 · 도난뿐 아니라, 말소 · 훼손의 정도가 중대하여 더 이상 증권으로서의 외관과 기능을 유지할 수 없는 경우까지 포함하는 넓은 개념이다. 어음 · 수표가 상실되면 증권의 제시 · 반환을 전제로 하는 상환증권성이 유지될 수 없어, 권리행사가 사실상 불가능해진다. 예를 들어 분실된 어음이 선의의 제3자에게 양도되면, 원래의 소지인은 권리를 행사하기 어려워지는 반면 제3자는 선의취득을 주장할 수 있다. 이러한 위험 때문에 공시최고와 제권판결이라는 제도가 존재한다.

상실되었는데도 권리는 여전히 존재한다고 말하는 이유는 무엇일까? 그 이유는 어음 · 수표상 권리가 증권의 문언에 결부되어 있기는 하지만, 증권의 상실만으로 권리까지 소멸시키는 것은 형식주의에 지나치게 치우친 결과가 된다. 이에 법은 공시최고와 제권판결을 통해 상실된 증권을 대체함으로써 권리의 존속과 행사를 가능하게 하고 있다. 즉, 증권이 사라지더라도 어음 · 수표상 권리는 원칙적으로 존속하며, 다만 이를 행사할 증권이 없어 법적 · 실무적 어려움이 발생하는 상태에 불과하다고 이해할 수 있다.

이러한 문제를 해결하기 위해, 즉 상실된 증권을 대체하여 권리행사를 가능하게 하기 위해 민사소송법은 공시최고절차(민소 475조~481조)와 제권판결(민소 485조~497조)을 마련하고 있다. 미완성증권인 백지어음 · 수표의 상실에도 이 절차가 적용된다(판례).

2. 공시최고절차

공시최고는 어음 · 수표의 점유를 자기 의사에 반해 상실한 자가 법원에 신청하여, "증권을 가진 사람은 일정 기간 내에 신고하라"고 공시하는 절차이다. 공시기간 내에 신고가 있으면 이해관계가 충돌하므로, 원칙적으로 제권판결 단계로 나아갈 수 없고, 신고가 없으면 제권판결 단계로 넘어간다. 공시최고는 분실된 증권의 소지인을 공적으로 확인하기 위한 일종의 "찾기 절차"이며, 법원은 일정한 기간을 정하여 이를 공시한다.

3. 제권판결

공시최고기간 동안 누구도 권리를 주장하지 않으면 법원은 제권판결을 선고한다(민소 485조). 제권판결의 핵심 효과는 다음과 같다.

첫째, 제권판결이 선고되면 그 시점부터 해당 어음·수표는 증권으로서의 효력을 상실하고(민소 496조), 이후에는 선의취득이 더 이상 인정되지 않는다.

둘째, 증권 대신 제권판결정본으로 어음·수표상 권리를 행사할 수 있다(민소 497조). 즉, 제권판결은 증권의 제시·반환을 요구하는 어음법·수표법의 형식적 요건을 판결정본으로 대체함으로써, 소지인에게 증권을 소지한 것과 동일한 형식적 지위를 회복시켜 주는 절차이다.

그러나 여기서 중요한 쟁점이 하나 있다. 제권판결취득자와 제권판결 이전의 선의취득자 사이의 우열 관계는 어떻게 될까? 제권판결취득자 우선설(판례)은 제권판결의 취지상 권리신고를 하지 않은 자는 보호되지 않으며, 제권판결로 증권의 효력이 상실된 이상 선의취득자도 더 이상 권리를 행사할 수 없다고 본다. 반면 선의취득자 우선설(다수설)은 제권판결은 형식적 지위를 회복시키는 데 그치는 효력에 불과한데, 선의취득자가 공시최고 사실을 알기 어렵다는 점을 고려하면 선의취득을 보호해야 한다고 본다. 결국 판례는 절차적 안정성과 확정력을 중시하는 반면, 다수설은 공시최고 절차의 현실적 한계와 선의취득자 보호를 중시한다고 평가할 수 있다.

예컨대 A가 발행한 약속어음을 소지하던 B가 이를 분실하였고, B는 공시최고를 거쳐 제권판결을 받았다고 하자. 한편 그 이전에 분실된 어음은 C에게 양도되었고, C는 어음의 분실 사실이나 공시최고 절차를 알지 못한 채 이를 선의로 취득하였다. 이 경우 판례에 따르면, 권리신고를 하지 않은 C는 제권판결로 어음이 무효가 된 이상 더 이상 어음상 권리를 행사할 수 없다. 반면 다수설은, C가 공시최고 사실을 알기 어려운 상황에서 선의로 어음을 취득한 점을 중시하여, C를 선의취득자로 보호하고 어음상 권리의 행사를 인정해야 한다고 본다.

3rd Edition
An Introduction to Commercial Law

제6편 회 사 법

박영사

제1절 서 설

제1관 회사의 의의

회사는 공동기업의 한 형태이다. 먼저 큰 틀에서 보자. 기업이란 상인이 인력과 자본을 결합하여 조직한 경제적 단위체이고, 공동기업은 여러 사람이 자본과 인력을 함께 투자하여 개인기업보다 더 큰 규모로 사업을 운영하는 구조를 말한다. 예컨대 A가 혼자 편의점을 운영하는 것은 개인기업이지만, A와 B가 자본과 인력을 함께 투자해 보다 큰 매장을 운영하면서 이익과 손실을 나누기로 했다면, 이는 어떠한 법적 형태를 취하느냐에 따라 조합이나 회사 형태의 공동기업이 될 수 있다.

공동기업의 법적 형태로는 민법상 조합(민 703조), 상법상 익명조합(상 78조), 합자조합(상 86조의2) 등이 존재하지만, 우리 법제에서 실무상 중심적 지위를 차지하는 공동기업 형태는 상법상 회사이다.

상법상 회사는 상행위나 그 밖의 영리활동을 목적으로 상법 제3편(회사)에 따라 설립된 법인이다(상 169조). 회사의 종류는 합명회사, 합자회사, 유한책임회사, 주식회사, 유한회사 다섯 가지이며, 이 가운데 실무에서 압도적으로 많이 활용되는 형태는 주식회사이다.

실제 현장에서는 다른 형태의 회사가 더 적합해 보이는 경우조차도 주식회사 형태를 선택하는 일이 드물지 않다. 그 이유는 대체로 다음과 같은 구조적 장점에서 찾을 수 있다. 주식회사는,

- 다수인의 소액 출자를 통해 대규모 자금 조달이 가능하고,
- 주주가 유한책임만 부담함으로써 위험이 분산되며,
- 소유와 경영이 분리되어 전문적인 경영이 가능하기 때문이다.

예를 들어, IT 스타트업이 초기에는 몇 명의 창업자가 함께 시작하더라도, 벤처캐피털 등으로부터 반복적으로 자금을 유치하고, 향후 상장을 염두에 둔다면 대부분 주식회사 형태를 택하게 된다.

따라서 본서는 모든 종류회사를 두루 다루기보다는, 주식회사를 기준으로 삼아 설명하고자 한다. 다만 주식회사를 제외한 나머지 회사 유형이 어떤 특징을 가지고 있는지, 그리고 주식회사와 어떻게 구별되는지는 뒤에서 "제6관 회사의 분류"에서 개괄적으로 검토한다.

현실에서 이처럼 주식회사 형태에 편중된 회사제도의 운용이, 다양한 기업활동의 실태를 충분히 반영한 결과라고 볼 수 있는지, 아니면 규범적 관점에서 재검토가 필요한 현상인지? 현재의 이러한 편중은 제도적 효율성과 누적된 관행이 결합된 결과로서, 반드시 개별 기업의 경제적 실질에 대한 합리적 선택의 산물이라고만 보기는 어렵다. 예컨대 소규모 가족기업이나 전문직 공동사무소에서도 관행적으로 주식회사 형태가 채택되는 경우가 적지 않은데, 이는 주식회사 중심의 제도적 선택이 실제 기업활동의 실질과 항상 정확히 부합하는 것은 아님을 시사한다.

제 2 관 회사법의 의의

회사법은 본질적으로 "회사를 어떻게 만들고, 어떻게 운영하며, 이해관계자 사이의 이익을 어떻게 조정할 것인가"를 규율하는 법이다. 형식적으로는 상법 제3편(회사)이 회사법의 중심을 이룬다. 그러나 현실의 회사 운영에 관한 실질적 규율은 상법 밖에도 광범위하게 분산되어 있다. 예를 들어 상장회사인 은행의 경우, 기본적인 조직 · 기관에 관해서는 상법이 적용되지만, 증권의 발행 · 공시는 자본시장법, 은행업 인허가와 건전성 규제는 은행법, 회계감사는 외부감사법의 적용을 받는다.

외국 입법례에서는 회사법이 상법과 분리된 단행법의 형태를 취하는 경우가 많지만, 우리나라에서는 상법의 일부로 편입되어 있다. 다만 회사법이 조직법적 성격을 강하게 띠는 만큼, 장기적으로는 이를 상법에서 분리하여 독립된 회사법 체계로 구성해야 한다는 논의도 지속적으로 제기되고 있다. 회사를 중심으로 한 조직법이 이렇게까지 방대해졌다면, 회사법을 상법과 분리된 독립법으로 구성하는 편이 이론적·실무적으로 더 타당하지 않을까? 입법기술과 체계정합성 측면에서 독립된 회사법의 필요성이 꾸준히 제기되고 있으나, 상법과의 연계성과 기존 실무 관행을 함께 고려해야 한다는 점에서 아직은 과도기적 논의 단계에 머물러 있다.

제3관 회사법의 법원

회사법이 어디에, 어떤 형태로 존재하는지를 정리하면 다음과 같다.

• **성문법** – 일반법으로 상법 제3편(회사)과 상법 시행령이 기본 틀을 제공한다. 특별법으로 자본시장법, 금융지주회사법, 은행법, 보험업법, 공정거래법, 외부감사법 등은 특정 업종이나 상황에 대해 회사에 관한 별도의 규율을 둔다. 이 경우에는 특별법이 우선하고, 그 다음에 상법이 적용된다. 예컨대 금융지주회사에 대해 금융지주회사법이 상법보다 더 엄격한 지배구조 규제를 두고 있다면, 해당 부분에서는 그러한 특별법 규정이 상법 규정보다 우선하여 적용된다.

• **상관습법** – 회사법 분야는 입법·개정이 매우 활발하다. 실제 거래관행이 일정한 관습으로 정착되기 전에, 입법을 통해 곧바로 성문법에 흡수되는 경우가 많다. 그 결과, 상관습법이 구체적인 법 적용 국면에서 독자적으로 적용되는 비중은 크지 않은 편이다.

• **자치법규** – 회사의 정관과, 정관의 위임에 따른 각종 규정(이사회 규칙 등)은 회사 내부에서 강력한 규범력을 갖는다. 이는 작성·동의한 당사자뿐 아니라 이후에 참여하는 주주·이사 등 회사기관도 구속한다는 점에서 "법규"적 성격을 가진다. 다만 회사 외부의 제3자에게 직접 효력을 미치지 않는다는 점에서 이를 "자치"법규라 부른다.

자치법규가 상법상의 강행규정에 위반되는 부분은 무효이고, 그러한 경우를 제외한 영역에서는 사적 자치의 표현으로서 성문법이 미리 정한 기본 규칙보다 우선 적용될 수 있다. 결국 강행규정에 위반되지 않는 범위에서만 자치법규가 상법의 기본 규율을 수정할 수 있다는 점에서, 회사법은 공익적 규율과 사적 자치를 절충하는 구조를 취하고 있다.

종합하면, 회사법의 적용 순서는 대체로 다음과 같은 단계로 이해할 수 있다. ① 정관 등 자치법규(단, 강행규정 위반 부분은 무효) ② 회사에 관한 특별법 ③ 상법 제3편(회사) 및 상법 시행령 ④ 상관습법 ⑤ 민법.

이는 상법 제1조, 즉 "상사에 관하여 본법에 규정이 없으면 상관습법에 의하고, 상관습법이 없으면 민법에 의한다"를 회사법 영역에 맞게 구체화한 법규 적용의 층위 구조이다. 예컨대 정관이 상법상 허용된 범위 내에서 이사 선임 절차를 달리 정하고 있다면 먼저 정관을 따르고, 정관과 상법이 모두 침묵하는 쟁점(예: 이사회 운영 세부절차)에 대해서는 상관습법과 민법의 일반 원리를 차례로 적용하는 식이다.

제 4 관 회사법의 특성

Ⅰ. 단체성

회사는 "사람들의 결합체"이자 "자본의 결합체"이다. 회사법은 이 결합체의 조직과 경영, 그리고 회사를 둘러싼 이해관계자들의 이익조정을 다루는 단체법적 성격을 갖는다. 회사를 둘러싼 이해관계자는 주주, 경영자, 채권자, 종업원, 소비자, 거래처, 지역사회, 국가 등으로 매우 다양하다. 이들 사이의 이해관계는 때로는 조화되지만, 자주 충돌한다. 회사법은 특히 다음과 같은 축에서의 이익충돌을 조정한다.

- **주주 사이의 이익조정** – 지배주주가 존재하면, 지배주주가 자신의 이익을 위해 회사자원을 이용하거나 소수주주의 희생을 초래할 위험이 존재한다. 이에 대해 회사법은 소수주주권(예: 주주총회 소집청구, 이사 해임청구, 대표소송 등)을 통해

지배주주의 전횡을 견제하는 장치를 마련하고 있다. 예컨대 지배주주가 자신이 지배하는 다른 회사에 유리하게 거래조건을 설정하여 현재 회사에 손해를 끼치는 이른바 자기거래가 문제가 되는 경우, 소수주주는 대표소송 등을 통해 이사의 책임을 추궁할 수 있다.

- **주주와 채권자 사이의 이익조정** − 주주는 유한책임을 전제로 회사 가치 증대와 배당증가·주가상승을 추구하며, 때로는 위험이 큰 사업을 선호하게 된다. 채권자는 원금과 이자 회수에 초점을 두므로, 회사의 재무건전성 악화를 강하게 경계한다.

회사법은 투자 위험도, 즉 특정 사업의 위험 수준이 허용 범위를 넘어서는지 여부를 직접 규율하기보다는, 자본감소·합병 등 구조적 변화가 있을 때 채권자의 이해를 보호하는 채권자보호절차, 그리고 사채 관련 규정 등을 통해 채권자의 지위를 담보한다. 예를 들어 회사가 자본을 감소시키거나 합병을 통해 재무구조를 근본적으로 변경하려 할 때, 채권자에게 공고·최고를 하여 이의 있는 채권자는 담보를 요구하거나 변제를 청구할 수 있도록 하는 절차가 마련되어 있다.

- **주주와 경영자 사이의 이익조정** − 주식회사에서는 소유(주주)와 경영(이사 등)이 분리된다. 이때 경영자가 회사를 위하여 성실히 경영하기보다는 자신의 보수·지위를 우선시하는 이른바 "대리인 비용"(agency cost) 문제가 발생할 수 있다. 회사법은 이에 대응하여 이사의 선관주의의무(상 382조), 충실의무(상 382조의3) 등을 두어 경영자의 재량행사를 통제하고, 위반 시 책임을 묻는 구조를 마련하고 있다. 예컨대 경영자가 자신의 보수나 지위 유지를 위해 회사에 불리한 인수합병을 추진한 경우 이사는 선관주의의무 및 충실의무 위반으로 손해배상책임을 질 수 있다.

이처럼 회사법은 "개별 당사자의 쌍무관계"보다는 "회사라는 단체와 그를 둘러싼 여러 집단" 간의 관계를 중심으로 법률관계를 설계한다는 점에서 단체법적 색채가 강하다. 회사법이 "단체법"이라면, 개별 계약관계에 초점을 맞추는 민법·상법 일반과의 관계 설정은 어떻게 이해해야 할까? 회사법은 개별 계약에 관한 민법·상법의 일반 규율을 전제로 하면서, 회사라는 조직과 집단관계의 특성을 반영하여 그 위에 추가적인 특별 규율을 두는 법으로 이해할 수 있다.

Ⅱ. 강행성과 임의성

1. 문제의 제기

회사의 정관, 주주총회 결의, 주주 간 계약이 상법의 규정과 달리 정한 경우, "그러한 합의가 어디까지 허용되는가?"라는 문제가 제기된다. 이는 곧 회사법 규정이 강행규정인지, 아니면 임의규정인지의 문제이다.

예를 들어, 상법은 주주의 책임을 원칙적으로 유한책임으로 정하고 있다(상 331조). 그렇다면 정관으로 "주주는 회사채무에 무한책임을 진다"거나, "주주는 회사채무를 연대하여 변제할 책임을 진다"고 정한 경우는 유효한가? 주주의 유한책임은 주식회사의 본질적 요소이므로 위 규정은 강행규정에 해당한다고 해석한다. 따라서 위와 같은 정관 규정은 모두 상법상 주주의 유한책임 원칙에 반하므로 무효로 보게 된다. 한편, 이러한 회사법상 한계에도 불구하고, 지배주주가 특정 채권자에게 회사채무에 대한 무한책임을 부담하기로 개별적으로 약정한 경우까지도 무효로 보아야 할까? 이는 회사법상의 주주책임 문제와는 구분되는 사적 자치 차원의 문제이며, 그 자체로 상법의 강행규정에 위반된다고 보기는 어렵다.

결국 회사법 규정이 강행규정인지 임의규정인지 여부는, 개별 규정의 문언뿐 아니라 그 규율 목적과 제도적 기능을 고려하여 판단해야 한다.

2. 회사법에 대한 관점의 대립과 실무적 정리

이와 관련하여 회사법 규정의 강행성·임의성을 둘러싸고 이론적으로는 크게 두 가지 관점이 대립해 왔다.

- **규범적 회사법관** – 회사를 다자 간 이해조정이 필요한 단체적 조직으로 보고, 소수주주·채권자 보호를 위해 회사법 규정을 원칙적으로 강행규정으로 이해한다.
- **계약적 회사법관** – 회사를 이해관계자 간 계약의 집합으로 보고, 자율적 계약설계를 폭넓게 인정하며 회사법 규정을 원칙적으로 임의규정으로 보는 관점이다. 이 견해에 따르면 상법은 일종의 "표준계약조항 모음집"으로 기능한다.

우리 판례는 상반되는 두 관점 중 어느 하나를 일률적으로 채택하지 않고,

다음과 같은 절충적 해석 태도를 취하고 있다. 소수주주 · 채권자 보호 등 공익적 · 보호적 기능이 강한 영역은 강행규정성을 인정하는 반면, 당사자 사이의 이해조정이 가능한 영역에서는 정관 · 계약에 의한 수정 가능성을 인정한다.

예를 들어 앞서 본 것처럼 상법 제331조는 주주가 회사에 대해서는 유한책임만 부담한다는 점에서는 강행규정이지만, 지배주주가 특정 채권자에게 개인적으로 회사채무에 대한 무한책임을 부담하기로 약정하는 것까지 금지하는 취지는 아니라는 식으로, 조문별 · 상황별로 강행성 · 임의성을 나누어 파악한다.

제 5 관 회사의 개념요소

Ⅰ. 의의

상법상 회사는 "영리를 목적으로 하는 법인"이다(상 169조). 통상적으로 영리성 · 법인성이 회사의 핵심 개념요소로 거론되고, 여기에 사단성이 추가 요소로 논의된다. 이 세 요소가 어떻게 결합되느냐에 따라, 회사와 다른 공동조직 형태(조합, 재단 등)와의 경계가 설정된다. 영리성 · 법인성 · 사단성이라는 추상적 키워드가, 실제 회사법 쟁점에서는 어떤 방식으로 기준점으로 기능할까? 이 세 요소는 개별 규정을 해석할 때 회사라는 제도의 본질적 한계를 상기시키는 준거 틀로 작용한다.

Ⅱ. 영리성

1. 회사의 영리성 의미

상법상 회사는 영리를 목적으로 하지 않으면 성립할 수 없다(상 169조). 여기에서 영리성이란 단순히 이익을 추구하는 것에 그치지 않고, 그 이익을 사원에게 배분할 목적까지 포함한다는 뜻이다. 이익 추구는 회사가 대외적 사업활동을 통해 이익을 얻으려는 것이고, 이익 배분은 그 이익을 배당하거나 잔여재산분배 등의 방식으로 사원에게 귀속시키려는 것을 말한다. 주식회사에서는 영업 중에는 이익배당(상 462조), 청산 시에는 잔여재산분배(상 538조)를 통해 영리성이 구현된다.

이에 비해 상법 제4조 및 제5조가 규정하는 상인의 영리성은 이익 추구만을 요건으로 하고, 이익 배분까지는 요구하지 않는다. 법적 개념으로서 상인은 자신의 영업으로 이익을 얻으면 그것으로 충분하며, 그 이익을 본질적으로 타인에게 배분할 목적으로 설계된 개념은 아니기 때문이다. 따라서 회사도 상법상 상인에 해당하지만, 회사의 영리성은 일반 상인의 영리성과 달리 이익 배분을 본질적 요소로 한다.

이익배분 구조를 본질로 하는 회사에게 사회적 책임이나 공익 기여를 요구하는 것은, 영리성 개념과 충돌하지는 않을까? 영리성을 회사의 본질로 파악한다고 해서 어떠한 공익활동도 할 수 없다는 뜻은 아니다. 오늘날 기업의 사회적 책임(CSR)이 강조되는 상황에서, 회사가 이익의 일부를 공익목적에 사용하거나 기부하는 행위는 오히려 장기적으로 회사의 평판, 시장에서의 신뢰 등 무형의 이익을 가져오는 것으로 이해된다. 예를 들어, 회사가 이익의 일부를 지역사회 장학금으로 기부하는 행위는 단기적으로는 비용이지만, 장기적으로는 기업이미지 제고와 우수인력 확보 등 간접적 이익을 통해 결국 주주이익에도 기여할 수 있다는 점에서 영리성과 모순되지 않는다고 이해된다. 요컨대 영리성은 이익추구·이익배분을 의미할 뿐, 이익의 활용방식에 대한 가치판단까지 선결하는 개념은 아니므로 사회적 책임 논의와 직접 충돌하지 않는다. 다만 정치자금법 등 별도의 규제가 적용되는 영역에서는 그러한 한계를 고려해야 한다.

2. 사회적 책임과 이해관계자주의

전통적으로 통설은 회사가 추구하는 이익을 주주의 이익으로 이해하여, 이른바 주주우선주의(shareholder primacy)를 전제로 해 왔다. 그러나 최근에는 종업원·채권자·소비자·지역사회 등 다양한 이해관계자의 이익을 함께 고려해야 한다는 이해관계자주의(stakeholder theory)가 부각되고 있다.

- **주주우선주의** – 주주 이익 극대화를 회사의 1차적 목표로 삼는 입장
- **이해관계자주의** – 주주뿐 아니라 다른 이해관계자의 이익도 균형 있게 고려해야 한다는 입장

두 이론은 회사의 사회적 책임, 예컨대 무리한 인력감축, 환경오염, 불공정

거래 관행 등의 문제를 둘러싸고 서로 다른 해석을 낳는다. 예컨대 기업이 단기적인 주가 상승을 위해 대규모 구조조정을 단행하는 경우, 주주우선주의 관점에서는 비용 절감에 따른 이익 증대를 긍정적으로 볼 수 있지만, 이해관계자주의 관점에서는 종업원·지역사회에 미치는 부정적 영향까지 함께 고려해야 한다는 문제가 제기된다. 다만 이해관계자주의를 채택한다고 하더라도, 구체 사안에서 어느 이해관계자의 이익을 우선할 것인지는 여전히 판단의 기준과 한계를 둘러싼 논쟁을 남긴다.

법원이 이사의 책임을 판단할 때, 주주우선주의와 이해관계자주의 중 어느 관점을 전제로 하고 있다고 보는 것이 현실에 가깝다고 할까? 판례는 명시적으로 어느 한 이론을 채택한다고 선언하지 않으면서도, 구체적 사안에서 주주이익과 다른 이해관계자 이익을 함께 고려하는 방향으로 점진적 조정을 시도하고 있다고 평가된다.

Ⅲ. 법인성

1. 회사의 법인격

회사는 독립한 법인격을 가진다(상 169조). 이는 회사와 그 구성원(사원)을 분리하여 권리·의무의 귀속주체를 회사로 통일하고, 회사의 재산·책임과 사원의 재산·책임을 구분하며, 회사가 자신의 이름으로 소송·거래를 할 수 있게 하는 기능을 갖는다. 따라서 일반적으로 사원의 개인 채권자는 회사재산에 직접 강제집행을 할 수 없고, 회사의 채권자도 사원의 개인재산에 임의로 집행할 수 없다. 예를 들어, 주주 A가 보유한 개인 아파트에는 원칙적으로 회사채권자가 강제집행을 할 수 없고, 반대로 A의 개인채권자는 회사가 보유한 공장이나 기계에 직접 집행할 수 없다.

다만, 합명회사·합자회사와 같이 무한책임사원이 존재하는 인적회사에서는 그 무한책임사원이 회사의 채권자에 대해 직접·연대·무한책임을 지므로(상 212조·269조), 위와 같은 재산·책임의 구분이 그대로 적용되지는 않는다. 이러한 점을 고려하여 외국 입법례 중 독일의 합명회사와 합자회사처럼 인적회사에 대해서는 법인격을 부여하지 않는 경우가 있다. 회사에 법인격을 부여할 것인지는 회사 형태와 책임구조를 어떻게 설계할 것인가에 관한 입법정책의 문제임을 알 수 있다.

법인격이 독립적이라는 말은 결국 회사와 사원 사이에 재산·책임의 분리라는 결과를 의미하는데, 이는 누구를 보호하는 대신 누구에게 위험을 전가하는 구조일까? 법인격은 사원의 책임을 제한함으로써 투자자의 위험을 경감시키는 기능을 가지는 반면, 그에 따른 위험의 일부는 회사의 채권자에게 이전된다. 이에 따라 회사법은 자본금 제도, 책임재산의 유지, 공시와 감독 등 다양한 채권자 보호장치를 두어, 책임제한으로 인한 위험 이전을 제도적으로 조정하고 있다.

2. 법인격 부인의 법리

법인격은 회사제도의 핵심 장치이지만, 다음과 같은 상황에서는 예외적으로 회사의 법인격이 부인되기도 한다. 즉, 회사가 외형만 회사일 뿐, 실질적으로는 특정 사인의 개인기업에 불과한 경우, 법인격이 채무면탈·법률회피의 수단으로 남용되는 경우 등이 이에 해당한다.

이때 법원은 회사의 법인격을 그대로 인정하면 신의성실의 원칙에 반하거나 권리남용이 된다고 보아, 회사와 그 배후자(주주 등)를 특정 법률관계에서 실질적으로 동일시하고, 회사채무를 배후자의 채무로 보아 직접 책임을 지우는 법리를 발전시켰다. 이것이 이른바 법인격부인론이다. 예컨대 A가 실질적으로 지배하는 회사 B가 과다한 채무를 부담하고 있는 상황에서, 채권자들을 해할 목적으로 A가 새로운 회사 C를 설립한 뒤 B의 영업재산을 모두 C로 이전하고, B를 사실상 껍데기만 남긴 채 도산에 이르게 한 경우에는, 법원은 신설회사 C(및 배후자인 A)에게 B의 채무에 대한 책임을 물을 수 있다.

법인격부인론의 근거에 대해서 상법에 명문의 규정은 없으나, 판례는 민법상 신의성실의 원칙 및 권리남용 금지(민 2조)에 기초하여 이를 인정한다. 다음과 같은 두 가지 경우가 대표적인 적용 요건이다.

- **법인격의 형해화** – 회사가 형식만 회사일 뿐 사실상 특정 주주의 개인기업에 불과한 경우(예: 주주의 재산과 회사재산이 혼융되는 경우)
- **법인격의 남용** – 도산을 회피하기 위해 새로운 회사를 설립하고 사업재산을 이전하는 등, 법인격을 채무면탈 수단으로 사용하는 경우

법인격부인의 효과는 특정 법률관계에서 회사와 배후자를 실질적으로 동일시하여, 거래 상대방이 회사뿐 아니라 배후자에게도 직접 책임을 물을 수 있도록 하는 방식으로 나타난다. 다만 이는 물적회사의 기본 원칙인 사원의 간접·개별·유한책임을 예외적으로 부인하는 것이므로, 법적 안정성 차원에서 엄격하고 보충적으로만 인정되어야 한다는 데에 이론·실무 모두 대체로 의견을 같이 한다. 이러한 관점에서는 법인격부인론이 간접·개별·유한책임 제도 자체를 잠식하는 것은 아니라고 본다.

Ⅳ. 사단성

1. 사단으로서의 회사

회사는 기본적으로 사람들의 결합체, 즉 넓은 의미의 사단에 속한다. 이 점에서 재산의 결합체인 재단과 구별된다. 다만 구성원의 개성이 얼마나 중시되는지를 기준으로 보면, 주식회사·유한회사·유한책임회사와 같은 물적회사는 투자자의 인적 요소가 상대적으로 약하고 자본 요소가 중심인, 좁은 의미의 사단에 가까운 성격을 가지며, 합명회사·합자회사와 같은 인적회사는 무한책임사원이 경영에 직접 관여하는 점에서 인적 요소가 강한, 조합에 가까운 성격을 가진다.

과거 상법은 회사의 법적 성격을 규정하는 과정에서 "회사는 사단이다"라는 규정을 두고 있었다. 이는 회사를 단순한 재산의 집합이 아니라, 일정한 목적을 위해 결합한 사람들의 조직체로 이해하려는 전통적인 사고에 기초한 것이다. 그러나 이후 1인 회사의 등장과 확산으로, 회사가 반드시 복수의 사원으로 구성된 사단이라는 설명은 현실과 조화를 이루기 어렵게 되었다. 이에 따라 2011년 상법 개정에서는 "회사는 사단"이라는 문언이 삭제되었다.

그러나 이러한 문언 삭제에도 불구하고, 회사가 기본적으로 사람의 결합체라는 인식 자체는 여전히 유효하며, 사단성은 회사의 조직 구조와 의사결정 구조를 이해하는 데 중요한 이론적 준거를 제공한다. 예컨대 주주총회에서 이사의 선임 여부를 다수결로 결정하는 방식 자체가, 개별 주주의 의사가 아니라 "사단으로서의 회사의 의사"를 형성하는 장치라는 점에서 사단성이 드러난다. 즉, 실제로는 사원 수와 무관하게 회사 내부 의사결정 구조를 다수결·기관결정으로 설계하는 점에서, 사단적 요소는 여전히 회사 이해에 중요한 단서가 된다.

2. 1인 회사

1인 회사란 사원이 1인뿐인 회사를 말한다. 형식상 주주가 여럿이더라도 실질적으로 1인이 모든 지분을 보유한 경우를 포함한다는 것이 판례의 입장이다.

• **인정 범위** – 사원이 유한책임을 지는 회사(주식회사 · 유한회사 · 유한책임회사)에서는 1인 회사가 허용된다. 반면 합명회사 · 합자회사처럼 무한책임사원이 있는 인적회사는 설립 · 존속 모두 2인 이상의 사원을 요구하므로 1인 회사가 허용되지 않는다(상 178조 · 227조 · 269조).

• **필요성** – 개인기업을 회사 형태로 운영하려는 경우, 모회사가 100% 출자하여 완전자회사를 두려는 경우 등에서 1인 회사는 경제적 효율성을 가진다. 예를 들어 지주회사 A가 특정 사업을 분리하여 자회사 B로 운영하려는 경우, A가 B의 지분 100%를 보유하는 1인 회사 구조를 취하면, 지배구조와 책임구조를 단순하게 유지하면서도 B에 대해 독립된 법인격을 부여하여 그 사업에서 발생하는 위험을 A의 책임으로부터 분리할 수 있다. 이를 통해 기업집단 전체의 위험관리 측면에서 효율성을 확보할 수 있다.

다만, 1인 회사가 사원이 유한책임을 지는 방식과 결합되면, 영업주가 책임을 과도하게 회피하는 수단이 될 위험이 있어, 법인격부인론이 적용될 가능성이 상대적으로 높다고 이해된다. 그렇다고 해서 1인 회사라는 사실만으로 곧바로 법인격이 부인되는 것은 아니며, 여전히 개별 사안에서의 남용 여부의 판단이 필요하다.

또 한 가지 실무상 중요한 점은, 상법의 여러 규정이 복수의 사원을 전제로 설계되어 있어 1인 회사에 그대로 적용하면 형식과 실질이 지나치게 괴리될 수 있다는 점이다. 즉, 실질적으로는 단일한 주주의 의사에 따라 회사의 의사가 형성됨에도 불구하고, 형식상으로는 복수의 주주가 존재하는 경우를 전제로 한 소집 · 결의 등의 절차가 그대로 요구되는 문제가 생긴다.

이러한 괴리를 전제로 하여, 판례는 1인 회사의 특성을 고려한 완화된 태도를 취하고 있다. 예컨대 주주총회 소집통지에 하자가 있더라도 1인 주주가 실제로 출석하여 의결에 참여하였다면 그 하자는 치유된다고 보고, 나아가 실제로 주주총회를 개최한 적이 없더라도 1인 주주가 의사록을 작성한 경우에는 그 내용의 결의가 있었던 것으로 판단한다. 이러한 태도는, 실질적으로는 1인 주주의 의사에 따라 회사가 움직이는 상황에서 형식적인 소집절차 위반만을 이유로 결의의 효력을 부정하는 것은 불합리하다는 판례의 현실인식을 반영한다.

이는 1인 회사에서는 절차 그 자체보다는 실질적으로 누구의 의사가 반영되었는가를 더 중시하는 방향으로 상법 규정을 해석하고 있음을 보여준다. 즉, 절차의 형식적 준수를 중시하는 전통적인 회사법 관점과, 실질적인 의사형성을 중시하는 관점 사이에서, 1인 회사에 관해서는 후자 쪽으로 한 걸음 더 기운 해석이 이루어지고 있다고 볼 수 있다. 전통적인 회사법이 절차의 형식적 준수를 중시하는 이유는, 복수의 이해관계인이 존재하는 회사에서 의사결정의 정당성과 예측가능성을 확보하고, 소수주주 및 채권자 보호를 제도적으로 담보하기 위해서이다.

제6관 회사의 분류

Ⅰ. 상법상 회사

1. 의의

실무에서 가장 자주 접하는 회사 형태는 주식회사이지만, 다른 회사 형태의 기본 구조까지 함께 이해해 두면 “왜 결국 주식회사를 택하는가?”라는 질문에 더 선명하게 답할 수 있다. 상법상 회사는 다섯 가지, 즉 합명회사, 합자회사, 유한책임회사, 주식회사, 유한회사로 구분된다.

이들 회사 형태는 다음 세 가지 핵심 요소를 기준으로 서로 다른 조합을 이루어 각자의 고유한 특성을 띠게 된다. 첫째, 사원의 책임 형태이다. 유한책임과 무한책임, 간접책임과 직접책임, 개별책임과 연대책임이 있다. 둘째, 소유와 경영의 분리 여부이다. 소유와 경영이 일치하는 경우와 소유와 경영이 분리된 경우가 있다. 셋째, 지분(또는 주식) 양도의 자유 여부이다. 자유로운 양도가 가능한 경우와 양도에 동의가 필요해서 양도자유가 제한되는 경우가 있다.

먼저, 책임 개념을 간단히 정리해 두면 전체 체계를 파악하기가 훨씬 수월해진다.

• **유한책임** – 사원이 자신의 출자액을 한도로 책임을 지는 형태

• **무한책임** – 사원이 자신의 전 재산으로도 회사 채권자에 대해 책임을 지는 형태

• **간접책임** – 사원은 회사에 대해 출자책임만 지고, 회사 채권자에 대해서는 회사재산으로만 책임을 지는 형태

• **직접책임** – 사원이 회사 채권자에게 직접 변제책임을 지는 형태

• **개별책임** – 각자가 자신의 채무만 이행하면 되는 책임 형태

• **연대책임** – 여러 사람이 전부에 대해 책임을 지되, 그 중 1인이 전부를 이행하면 나머지 채무도 소멸하는 책임 형태(민 413조)

이제 이러한 핵심 요소들을 기준으로 각 회사 형태가 전체 체계상 어디에 해당하는지를 살펴보는 것이 다음 단계이다. 예를 들어, 소규모 카페를 공동으로 운영하려는 A와 B가 모든 채무에 대해 공동으로 책임을 부담하고, 경영에도 직접 참여하기로 하는 경우 합명회사가 자연스러운 선택이지만, 다수 투자자에게서 자금을 모아 전문경영인에게 운영을 맡기려 한다면 주식회사 형태가 더 알맞다.

그렇다면 결국 회사 형태의 선택은 사업 내용보다 책임 구조와 지배 구조에 의해 좌우된다고 이해해도 될까? 실제로 업종 · 규모 · 자금조달방식이 모두 책임 구조와 지배 구조와 얽혀 있으므로, 회사 형태의 선택은 곧 책임과 지배를 어떻게 설계하고 배분할 것인가에 대한 선택으로 이해할 수 있다.

2. 합명회사

합명회사는 무한책임사원만으로 구성되는 회사이다. 합명회사 사원은 회사 채권자에 대하여 직접 · 연대 · 무한책임을 진다(상 212조). 회사재산으로 채무를 모두 변제하지 못하면, 채권자는 사원 개인에게 연대하여 직접 이행할 것을 청구할 수 있다. 이 책임 형태로부터 다음과 같은 특징이 자연스럽게 도출된다.

• **소유와 경영 일치** – 사원이 기업 위험을 전적으로 부담하므로, 소유와 경영은 일치하는 것이 원칙이다. 각 사원이 원칙적으로 업무를 집행하고 회사를 대표한다(상 200조 · 207조).

• **사원의 개성 중시** – 사원이 회사와 사실상 밀접하게 결합된 지위를 차지하므로, 사원 상호 간 인적 신뢰가 중시된다. 사원이 자신의 지분을 양도하려면 다른 사원 전원의 동의가 필요하다(상 197조).

요컨대 합명회사는 조합에 법인격을 부여한 형태에 가깝고, 소규모 · 신뢰 중심의 비공개 기업에 적합한 구조라고 볼 수 있다. 무한책임이라는 상당히 무거운 부담에도 불구하고 합명회사가 여전히 활용되는 이유는 무엇일까? 높은 수준의 인적 신뢰와 소규모 구조를 전제로 하는 경우, 외부 이해관계자에게 강력한 대외적 신용을 확보하는 무한책임 형태가 오히려 장점으로 작용할 여지가 있다.

3. 합자회사

합자회사는 무한책임사원과 유한책임사원이 함께 존재하는 회사이다. 책임 형태를 기준으로 보면 인적회사와 물적회사의 중간 형태에 해당한다.

• **무한책임사원** – 회사채권자에 대하여 직접 · 연대 · 무한책임을 진다(상 269조 · 212조). 업무집행과 대표도 원칙적으로 이들이 맡는다(상 273조).

• **유한책임사원** – 출자액을 한도로 책임을 지는 점에서는 유한책임이지만, 그 한도 내에서는 회사채권자에 대하여 직접 · 연대책임을 진다는 점에서 독특한 구조를 가진다(상 279조). 다만 업무집행 · 대표는 할 수 없고(상 278조), 주로 자본제공자 · 감시자의 지위에 머문다(상 277조). 예를 들어 A와 B가 무한책임사원으로 회사를 운영하고, C가 유한책임사원으로 1억 원을 출자한 경우, C는 회사채권자에 대하여 최대 1억 원까지만 책임을 지지만, 그 범위 내에서는 무한책임사원과 동일하게 직접 · 연대책임을 진다.

지분 양도에서도 이중 구조가 그대로 드러난다.

• **무한책임사원** – 기업 위험과 책임을 전적으로 부담하므로, 지분을 양도하려면 모든 사원의 동의가 필요하다(상 269조 · 197조).

• **유한책임사원** – 무한책임사원 전원의 동의만 있으면 양도할 수 있다(상 276조).

결국 합자회사는 "위험과 경영을 직접 부담하는 무한책임사원 + 자본을 출자하는 유한책임사원"이라는 이중 구조로 이해하면 된다. 합자회사는 무한책임과 유한책임을 결합함으로써, 어떤 절충적 정책목표를 달성하려는 제도라고 볼 수 있을까? 경영과 위험을 감수하는 핵심 사원에게는 강한 책임을 부과하면서도, 투자자에게는 유한책임을 부여해 자본 유치를 용이하게 하려는 절충적 설계로 볼 수 있다.

4. 주식회사

주식회사는 간접·개별·유한책임 구조의 사원(주주)으로 이루어진 회사이다. 주주는 자신이 인수한 주식의 인수가액을 한도로 회사에 대해 출자책임만 지고, 회사채권자는 주주에게 직접 책임을 물을 수 없다(상 331조). 예컨대 상장회사 A에 지분 0.1%를 가진 소액주주 수천 명과 지분 30%를 가진 대주주 1인이 함께 존재하더라도, 이들 모두는 출자액의 범위 내에서만 책임을 지며, 회사 채권자는 오직 A의 재산을 통해서만 변제를 받게 된다.

이러한 책임 행태는 두 가지 중요한 결과를 낳는다.

- **소유와 경영의 분리** – 주주는 주주총회를 통해서 주요 사항에 대한 의사결정에 참여하고(상 361조), 일상적인 경영은 이사회와 대표이사가 담당한다(상 389조·393조). 감사 또는 감사위원회는 경영을 감시하는 기관으로 기능한다(상 409조·415조의2).
- **지분(주식) 양도의 자유** – 주주의 인적 개성은 중시되지 않으므로, 원칙적으로 주식은 자유로이 양도할 수 있다(상 335조).

결국 "주식회사는 다수 투자자 + 전문경영인 구조를 전제로 하는 전형적인 물적회사"에 해당한다고 평가된다. 그렇다면 주식회사의 유한책임과 주식양도의 자유가 결합될 때, 자본시장에서의 위험 분산과 지배력 집중은 어떤 구조로 나타나게 될까? 주식회사의 유한책임과 주식양도의 자유는 다수가 투자자로서 참여함으로써 위험 분산을 가능하게 하는 동시에, 특정 투자자가 주식 보유를 집중함으로써 지배력을 형성할 수 있는 구조를 낳는다. 이러한 긴장 관계를 조정하기 위하여 회사법은 소수주주 보호 규정과 지배구조 규제를 두고 있다.

5. 유한회사

유한회사는 간접·개별·유한책임을 지는 사원으로 구성된다는 점에서 주식회사와 공통된다. 다만 전제로 하는 기업 형태가 "소수 사원을 전제로 한 폐쇄회사"라는 점에서 차이가 있다. 주요 특징만 추려보면 다음과 같다.

- **책임 구조** − 사원은 출자액을 한도로 유한책임을 지되, 설립·자본금 증가 과정에서 자본에 일정한 결손이 발생한 경우에는 출자액을 넘어서 그 결손을 전보할 책임을 지는 예외가 있다(상 550조·593조).

- **기관 구조** − 사원총회가 최고 의사결정기관이고, 이사가 업무를 집행하고 회사를 대표한다(상 562조·564조). 이사회는 예정되어 있지 않고, 감사도 임의기관이다(상 568조).

- **지분 양도** − 기본적으로는 지분을 자유롭게 양도할 수 있으나(상 556조), 정관으로 이를 제한하는 것이 일반적이라는 점에서 주식회사와는 실제 거래관행 및 제도 운용방식에 차이가 있다.

즉, 유한회사는 "소수 사원 + 간소한 기관구조 + 유한책임"을 결합하여, 폐쇄형 회사에 적합하도록 설계된 형태라고 이해할 수 있다. 같은 유한책임 구조라면, 소규모 법인은 왜 주식회사보다 유한회사를 택하도록 유인되는가? 공시·기관구성·절차 측면에서 부담이 상대적으로 적어, 폐쇄형 가족기업 또는 벤처기업에서 실무상 효율성이 높게 평가되기 때문이다. 예를 들어 가족 3인만 출자하여 운영하는 소규모 제조업체의 경우, 이사회나 감사를 필수적으로 두어야 하는 주식회사보다, 사원총회와 이사만으로 운영되는 유한회사 형태가 비용과 절차 면에서 더 효율적일 수 있다. 다만 주식회사 역시 소규모회사에 대해서는 공시·기관구성·절차를 간소화하는 규정을 두고 있으므로(상 383조 등), 이러한 점을 고려하면 주식회사와 유한회사 사이의 실무상 차이가 항상 크게 나타난다고 보기는 어렵다.

6. 유한책임회사

유한책임회사는 2011년 개정 상법에서 새롭게 도입된 회사 유형으로, 대외적으로는 물적회사, 대내적으로는 조합(파트너십)에 가까운 구조를 가진다는 점에서 기존 회사형태와 뚜렷하게 구별된다.

- **책임 구조** − 사원은 간접·개별·유한책임을 진다(상 287조의4·287조의23).

- **경영 구조** − 정관으로 사원 또는 제3자를 업무집행자로 정하고(상 287조의12), 그가 회사를 대표한다(상 287조의19). 사원총회·이사회·감사 등 주식회사에

서 예정된 전통적 기관을 반드시 둘 필요는 없다.

• **지분 양도** – 사원의 지분 양도는 원칙적으로 다른 사원의 동의를 필요로 한다(상 287조의8). 다만 업무집행자가 아닌 사원이 지분을 양도하는 경우에는 업무집행자인 사원 전원의 동의만으로 가능하다(상 287조의8). 즉, 지분 이동 자체는 허용하되, 회사 내부의 인적 신뢰관계가 훼손되지 않도록 통제하는 구조이다.

이러한 구조적 특성으로 인해 유한책임회사는 다음과 같은 기업에 적합하다. 즉, 소규모·폐쇄적 구조를 유지하면서도, 유한책임의 장점을 누리고, 사원 간 합의를 통해 내부 규율과 운영 방식을 비교적 자유롭게 설계할 수 있는 계약 자치를 중시하는 경우－예컨대 스타트업, 벤처캐피털, 전문직 파트너십 운영체, 가족기업－가 그러하다. 이러한 점에서 조합과 주식회사 사이에 위치하는 중간적 회사 형태로 설계되었다고 볼 수 있다.

유한회사와 주식회사가 이미 존재하는데, 왜 굳이 유한책임회사가 별도로 도입될 필요가 있었을까? 시장에서는 유한책임은 유지하되 조합처럼 유연하게 운영할 수 있는 기업 형태에 대한 수요가 있었고, 법제는 이에 대응해 외국의 유사 제도와 경쟁할 수 있는 유연한 법적 형태를 제공하려는 정책적 의도가 반영되었다고 이해할 수 있다.

Ⅱ. 강학상 회사

1. 인적회사·물적회사

먼저 인적회사와 물적회사라는 기본적 구분은 앞서 살펴본 다섯 가지 회사 형태의 위치를 직관적으로 파악하는 데 도움이 된다. 첫째, 인적회사는 사원의 개성과 상호 신뢰를 기초로 조직되는 회사이다. 사원이 채권자에 대하여 무한책임을 부담하고, 사원 수가 적으며, 경영에 직접 참여한다(소유와 경영의 일치). 둘째, 물적회사는 출자된 재산을 기초로 조직되는 회사이다. 사원이 채권자에 대하여 유한책임을 부담하고, 사원 수가 많으며, 투자자와 경영자가 분리된다(소유와 경영의 분리).

각 회사 형태는 인적회사와 물적회사를 기준으로 대체로 다음과 같이 분류된다.

- 합명회사 – 전형적인 인적회사
- 합자회사 – 인적회사에 물적요소가 가미된 형태
- 주식회사 – 전형적인 물적회사
- 유한회사 – 물적회사에 인적요소가 가미된 형태
- 유한책임회사 – 물적회사와 인적회사 요소가 절충된 중간형

인적회사와 물적회사의 구분은 단순한 학설상의 분류일까, 아니면 구체적 해석에 실제로 영향을 미치는 분류일까? 사원의 책임 범위, 지분 양도의 자유, 기관구성 등에서 해석 방향을 정하는 기준으로 작용하므로, 비록 강학상 분류라 하더라도 실무적으로 중요한 함의를 가진다. 실제로 판례와 통설은 회사가 인적회사에 가까운지, 또는 물적회사에 가까운지에 따라 동일한 법문에 대해서도 서로 다른 해석 태도를 취하고 있다. 예컨대 지분 양도의 제한과 관련하여, 인적회사에서는 사원의 인적 신뢰 보호를 중시하여 양도 제한 규정을 엄격하게 해석하는 반면, 물적회사에서는 자본의 유통성과 투자 회수를 고려하여 지분 양도의 자유를 원칙으로 해석하는 경향이 뚜렷하다.

2. 폐쇄회사 · 공개회사 · 상장회사

주식회사는 주식의 소유가 외부에 어느 범위까지 개방되어 있는지를 기준으로 구분된다. 폐쇄회사는 주주의 수가 적고, 정관으로 주식양도를 제한하며, 회사 정보가 광범위하게 공시되지 않는 회사를 말한다. 반면 공개회사는 기업공개를 통해 다수 일반 투자자에게 주식을 분산시키고, 주식 양도가 자유로우며, 정보공시가 광범위하게 이루어지는 회사이다.

주식회사에 관한 규정은 원칙적으로 전형적인 물적회사로서의 공개회사를 상정하고 설계되어 있다. 따라서 주주가 소수인 폐쇄회사에 이러한 규정들을 그대로 적용할 것인지, 아니면 필요한 범위에서 수정 · 보완할 것인지는 회사법 이론과 실무에서 중요한 논점이 된다.

한편, 주권이 증권시장에 상장되면 상장회사가 되고(상 542조의2), 상장회사에 대해서는 지배구조 · 공시 · 자금조달 등에 관해 별도의 특례가 적용된다. 상장은 자본시장과의 접목을 통해 회사의 공개성이 한 단계 더 강화된 상태라고 이해하면 충분하다. 예컨대 가족 4인이 전부의 주식을 보유하고 주식양도도 가족 간에

만 허용하는 A회사는 폐쇄회사에 가깝고, 증권시장에 상장되어 불특정 다수의 일반 투자자가 주식을 매매하는 B회사는 공개·상장회사에 해당한다.

같은 주식회사라도 폐쇄회사와 상장회사가 전혀 다른 세계처럼 보이는 이유는 무엇일까? 법적 형태는 동일하지만, 소유 분산, 정보공시, 자본시장 규율의 강도가 현저히 달라, 실질적으로는 서로 다른 규범적 환경 속에서 작동하기 때문이다.

3. 모회사·자회사·지주회사

주식의 소유를 통하여 다른 회사를 지배하는 구조 역시 회사법에서 중요한 의미를 갖는다. 어떤 회사가 다른 회사를 주식 소유 등으로 사실상 지배하는 경우, 전자를 지배회사, 후자를 종속회사라고 부른다. 상법은 지배회사·종속회사 전반에 대한 일반 규율을 두고 있지는 않고, 기업집단 규율의 중심은 공정거래법에 있다. 다만 상법도 일정한 범위에서 모회사·자회사 관계를 전제로 한 규정을 두고 있다.

한 회사가 다른 회사의 발행주식총수의 50%를 초과하는 주식을 보유하면, 전자는 모회사, 후자는 자회사가 된다(상 342조의2). 이때 자회사가 모회사의 주식을 취득하는 것은 원칙적으로 금지된다(상 342조의2). 이는 주식의 상호소유를 허용할 경우, 자본금이 실질적인 재산적 기초 없이 장부상으로만 중복 계상되는 이른바 자본금 공동화 현상(空洞化), 즉 실질적으로는 자본이 형성되지 않는 현상이 발생할 우려가 있기 때문이다. 예컨대 A회사가 B회사 주식의 60%를 보유하여 B가 A의 자회사가 된 상황에서, B가 A로부터 출자받은 자금을 다시 사용하여 A 주식을 취득한다면, 상호소유에 해당하는 자본금 부분은 실질적 담보 기능을 상실한 채 형식적으로만 존속하게 된다.

한편, 국내회사의 주식을 소유함으로써 그 회사의 사업을 지배하는 것을 주된 사업으로 하는 회사를 지주회사라고 하며(공정거래법 2조), 이는 공정거래법상 별도의 규율 대상이 된다. 순수지주회사·사업지주회사 구분 등 세부 논의도 주로 공정거래법 영역에서 전개된다.

지배회사·종속회사 및 지주회사에 대한 규제가 왜 회사법이 아니라 공정거래법을 중심으로 전개될까? 규제의 초점이 기업 내부의 이해조정보다 시장 경쟁질서의 유지와 경제력 집중의 방지에 있기 때문에, 공정거래법이 중심이 되고 회사법은 이러한 구조를 전제로 한 보완 규범으로 기능하는 것으로 이해할 수 있다.

4. 소규모회사

상법은 자본금이 10억 원 미만인 주식회사에 대하여 일정한 절차를 간소화하는 특칙을 두고 있다. 주요 예는 다음과 같다. 이사는 1명 또는 2명만 두는 것도 허용되고(상 383조), 감사는 선임하지 않을 수 있으며(상 409조), 주주총회는 주주 전원의 동의가 있으면 소집절차 없이도 개최할 수 있다(상 363조). 예컨대 자본금 5억 원 규모의 스타트업 A는 상법상 소규모회사에 해당하므로, 이사를 1명만 두거나 감사 선임을 생략하는 것이 가능하다.

결국, 소규모회사는 "주식회사의 기본 틀은 유지하되, 절차적 부담을 완화한 형태"로 이해하면 된다. 즉, 자본조달과 책임구조는 그대로 두되, 과도한 절차비용을 완화하여 창업기업·중소기업의 운영을 장려하려는 정책적 배려로 이해하는 것이 타당하다.

제 7 관 회사의 능력

Ⅰ. 권리능력

1. 의의

권리능력이란 권리·의무의 주체가 될 수 있는 능력을 말한다. 회사는 법인으로서 자연인과 마찬가지로 권리능력을 가진다. 회사는 영리 추구를 기본 목적으로 하므로 소유권, 채권 등과 같은 재산권의 주체가 될 수 있고, 상호권의 주체도 된다. 다만, 회사의 법인격은 복잡한 거래관계를 사원이 아니라 회사라는 하나의 주체에 귀속시키기 위한 법기술적 수단이므로, 권리능력이 무제한적으로 인정되는 것은 아니다.

2. 제한

(1) 성질에 의한 제한

회사는 관념적 실체로서 자연인이 아니므로, 신체 · 생명 · 친족관계 · 상속관계처럼 인간의 본질적 요소와 직접 결부되는 영역에서는 권리의무의 주체가 될 수 없다. 반면, 경쟁회사가 허위사실을 유포하여 회사의 명예 · 신용이 훼손된 경우, 회사는 자신의 명예 · 신용을 침해받은 것으로 보고 손해배상을 청구할 수 있다. 즉, 이와 같은 범위 내에서는 인격권의 주체가 될 수 있다. 또한, 지배인 · 상업사용인과 같이 인적 성질이 본질적 요소인 직위는 회사가 직접 수행할 수 없다.

(2) 법령에 의한 제한

회사 위험을 통제하거나 공익을 보호하기 위하여 법은 회사의 권리능력을 제한하기도 한다.

첫째, 다른 회사의 무한책임사원이 될 수 없다. 회사가 다른 회사의 무한책임사원이 되면, 그 회사의 도산으로 인하여 연쇄적인 도산 위험에 처할 수 있으므로 상법은 이를 금지한다(상 173조). 반대해석상 유한책임사원이 되는 것은 허용된다. 예컨대 주식회사 A가 합명회사 B의 무한책임사원이 되는 것을 허용하면, B가 도산했을 때 A의 모든 재산이 B의 채권자에 대한 책임재산이 되고, 다시 A의 채권자에게 그 위험이 전가되어 연쇄적 도산 위험이 확산될 수 있다. 반면 A가 B의 유한책임사원에 그치는 경우에는, 책임이 출자액으로 한정되어 이러한 위험의 전이가 상대적으로 제한된다.

둘째, 청산 중 회사의 제한이다. 회사가 청산 중에는 본래 영업이 아니라 청산 목적을 달성하기 위한 범위 내에서만 권리능력이 인정된다(상 245조 등).

셋째, 개별 산업이나 영업 분야를 규율하는 특별법상의 제한이다. 특정 업종을 규율하는 법률이나 공법 규정이 회사의 일정 행위를 금지하는 경우, 그 규정이 효력규정인지(위반행위가 무효), 단속규정인지(위반행위는 유효, 다만 과태료 등의 제재 부과)의 해석에 따라 권리능력의 제한 여부가 달라진다. 전자의 경우에는 권리능력이 제한되지만, 후자의 경우에는 제한되지 않는다는 것이 판례의 입장이다.

(3) 목적에 의한 제한

정관상 목적은 회사의 필수적 기재사항이자 등기사항이다(상 289조 · 317조). 그렇다면 정관에 기재된 목적이 회사의 권리능력 자체를 제한할까?

통설은 거래의 신속 · 안전이라는 관점에서 권리능력 자체는 넓게 인정해야 한다고 보고, 정관 목적은 주로 이사 등의 내부 권한을 제한하는 기준으로 기능한다고 이해한다. 이는 목적을 벗어난 행위라 하더라도, 제3자와의 거래효과는 유효로 보고, 내부적으로 이사에게 책임을 묻는 방향이다.

판례는 형식상 정관 목적 범위 내로 회사의 권리능력이 제한된다고 하면서도, 다음과 같이 목적 범위를 실질적으로 넓게 인정한다. 즉, 정관 목적의 수행에 필요한 직접 · 간접 모든 행위는 목적 범위 내에 포함하고, 판단기준은 행위자의 주관이 아니라 행위의 객관적 성질이다. 예컨대 정관상 회사 목적이 "부동산 임대업"인 회사가 임대사업을 위해 은행 대출을 받으며 채무인수나 보증을 하는 것은 통상적으로 목적 범위 내의 행위로 보지만, 회사의 목적 수행과 객관적으로 관련성이 없는 보증을 제공하는 경우에는 목적 외 행위로 평가될 여지가 크다.

결국 통설과 판례는 회사 목적이 회사의 권리능력을 과도하게 제한해서는 안 된다는 점에서 실질적으로 수렴하고 있다.

Ⅱ. 의사능력 및 행위능력

회사가 권리능력을 가진다면, 그 권리를 행사하고 의무를 부담하는 의사표시를 포함한 제반 행위는 어떻게 이루어질까? 자연인과 달리 회사는 스스로 계약서를 작성하거나 구두로 의사표시를 할 수 없지만, 법은 회사가 의사능력 · 행위능력을 가진 것으로 간주한다. 이를 전제로 회사가 독립된 실체라는 점을 강조하는 이론을 법인실재설이라고 한다.

다만 회사의 실제 의사표시를 포함한 제반 행위는 회사의 기관, 특히 대표기관을 통하여 이루어진다. 대표이사의 계약체결 행위는 대표이사 개인의 행위가 아니라 회사 자신의 행위로 본다. 행위 당사자는 회사이고, 대표이사는 회사의 일부인 기관에 해당한다. 예를 들어, "A회사의 대표이사 B" 명의로 체결된 납품계약에서 계약 당사자는 B라는 개인이 아니라 A이고, 채무불이행 시에 책임을 지는 주체도 A이다.

이러한 대표관계는 대리관계와 차이가 있다. 대리관계에서는 행위당사자가 대리인이고 본인은 법률효과만 귀속받는 반면에, 대표관계에서는 본질적으로 행위 자체를 회사의 행위로 본다. 이와 같이 이론상 차이는 분명하지만, 양자는 모두 기능적으로 "타인을 통해 법률행위가 실현된다"는 점에서 유사하므로, 민법은 법인의 대표에 관하여 대리에 관한 규정을 준용하도록 하고 있다(민 59조). 실무에서는 대표관계와 대리관계를 엄격히 구별하기보다는 대표권의 범위 및 남용 여부가 주요 쟁점이 된다.

Ⅲ. 불법행위능력

회사에 권리능력 · 행위능력이 인정된다는 것은, 동시에 회사가 불법행위를 할 능력도 인정된다는 뜻이다. 회사 대표기관이 업무집행 과정에서 불법행위로 인하여 제3자에게 손해를 가한 경우, 그 불법행위는 회사의 불법행위로 본다. 이는 역시 법인실재설의 연장선상에 있다. 입법자는 회사의 불법행위로 인한 피해자 보호를 강화하기 위하여 다음과 같은 책임구조를 마련하고 있다.

대표기관의 업무집행으로 인해 손해가 발생한 경우에, 회사는 대표기관과 함께 연대하여 손해배상책임을 진다(상 210조 · 389조 등). 즉, 피해자는 회사와 대표기관 중 어느 일방에게든, 또는 양자에게 동시에 책임을 물을 수 있다. 예컨대 A회사의 대표이사 B가 A의 제품에 관해 허위 · 과장 광고를 하여 소비자에게 손해를 입힌 경우, 그 광고행위는 B의 업무집행 과정에서 이루어진 것이므로 A와 B가 함께 손해배상책임을 진다.

다만 이러한 연대책임 규정은 불법행위에 한정되며, 단순한 채무불이행에까지 대표기관의 연대책임을 당연히 확장하지는 않는다. 또한 대표기관이 업무범위를 벗어나 순수한 개인적 불법행위를 한 경우에는, 회사가 아니라 대표기관 개인이 민법상 일반 불법행위책임(민 750조)을 진다.

나아가 회사의 대표기관이 아닌 일반 사용인이 그 사무집행과 관련하여 제3자에게 손해를 가한 경우에는, 사용인이 직접 불법행위책임을 지고, 회사는 사용자책임(민 756조)에 따라 함께 책임을 진다. 예를 들어 A물류회사 직원 B가 업무 중 과실로 고객의 물건을 파손한 경우, B는 민법상 불법행위책임을 지고, A는 그 직원의 사용자로서 사용자책임의 요건을 충족하는 경우 함께 손해배상책임을 진다.

결국 회사의 불법행위능력은 다음과 같이 요약할 수 있다.

- **업무와 관련된 대표기관의 불법행위** – 회사와 대표기관이 함께 책임
- **업무와 관련된 일반 사용인의 불법행위** – 사용인과 회사(사용자)가 함께 책임

제 2 절 주식회사

제 1 관 주식회사의 개념

Ⅰ. 의의

상법은 주식회사의 개념을 조문에서 직접 정의하고 있지는 않다. 다만 학설과 실무에서는 일반적으로 다음 세 가지 요소를 갖춘 회사를 주식회사라고 이해한다. 즉, ① 주주의 출자로 일정한 자본금을 갖추고, ② 그 자본금이 균등한 단위의 주식으로 분할되며, ③ 각 주주는 인수한 주식가액을 한도로 회사에 대해서 유한책임만 부담하는 회사이다. 이 세 요소(자본금 · 주식 · 유한책임)는 주식회사의 기본적 개념요소이며, 이하의 논의 역시 주로 이들 요소에 대한 법적 규율을 중심으로 전개된다.

예를 들어, 합명회사에서는 사원이 회사채무에 대하여 무한책임을 지지만, 주식회사에서는 A가 1,000만 원을 출자하였다면 회사가 사업 실패로 인하여 거액의 채무를 남기고 파산했다고 하더라도, 그 1,000만 원만 상실할 뿐, A의 다른 재산(예: 주택, 예금)은 회사의 책임재산이 아니므로 회사채권자의 강제집행 대상이 되지 않는다.

Ⅱ. 자본금

1. 의의

주식회사에는 무한책임사원이 존재하지 않으므로, 회사채권자를 보호하기 위해서는 회사채무의 변제를 위한 최소한의 재산적 기초가 확보될 필요가 있다. 이를 위해 상법은 주주의 출자에 의해 일정한 자본의 형성을 상제하고, 이를 자본금이라고 한다.

여기서 자본금은 다음과 같은 의미를 갖는다. 회사가 현실적으로 보유하고 있는 재산액이 아니라 최소한 이 정도의 재산은 유지되어야 한다고 규범적으로 예정된 최소재산이다. 따라서 재무상태표상 순자산(자산에서 부채를 공제한 잔액)과 자본금은 일치하지 않을 수 있다. 순자산이 자본금보다 적어진 경우 이를 자본잠식이라 하며, 이는 회사의 재무건전성이 실질적으로 훼손되었음을 보여주는 중요한 지표가 된다. 예컨대 A회사의 자본금이 1억 원으로 등기되어 있지만, 사업부진으로 인하여 자산이 8천만 원, 부채가 5천만 원인 경우 순자산은 3천만 원에 불과하여, A는 이미 자본잠식 상태에 이르게 된다.

과거에는 최저자본금 5천만 원을 요구하는 규정이 있었으나, 창업 촉진을 위하여 2009년 개정으로 폐지되었다. 현재 쟁점은 자본금의 절대액보다는 자본금을 얼마나 충실하게 유지하고 보호하는가에 있다.

2. 자본금의 산정

자본금은 원칙적으로 발행된 주식을 기준으로 산정되며, 주식의 형식에 따라 산정 방식이 달라진다.

첫째, 액면주식은 1주의 금액(액면금액)을 정관과 주권에 기재하는 주식이다(상 289조 · 356조). 이 경우 자본금은 발행주식의 액면총액, 즉 "발행주식총수 × 1주 액면금액"이다(상 451조).

둘째, 무액면주식은 1주의 금액을 정하지 않고, 주권에는 주식 수만 기재하는 주식이다(상 329조). 이 경우 자본금은 발행가액 중 자본금으로 계상할 금액의 합계로서, 발행가액의 2분의 1 이상을 자본금으로 계상하여야 한다(상 451조).

요컨대 액면주식은 발행주식의 액면총액이 자본금이 되고, 무액면주식은 발행가액 중 일정 부분을 자본금으로 계상하는 방식이다.

3. 수권자본금 제도

회사를 설립할 때 자본금을 전부 한 번에 확정 · 납입해야 하는지는 입법정책의 문제이다. 대표적인 입법형태는 다음과 같다. 먼저, 확정자본금제도는 정관에 자본금 총액을 기재하고, 설립 시에 그 전부에 해당하는 주식을 인수 · 납입해야 하는 제도이다. 이에 비해 수권자본금제도는 정관에 장차 발행할 수 있는 주식(발행예정주식)의 총수만 기재하고, 설립 시에는 그 일부만 인수 · 납입한 뒤, 나머지는 필요시에 신주발행을 통하여 단계적으로 조달하는 제도이다.

우리 상법은 수권자본금제도를 취하고 있다. 정관에는 발행예정주식총수와 설립 시의 발행주식총수를 기재하여야 하고(상 289조), 설립 시에는 발행하는 주식 전부를 인수 · 납입해야 하며(상 295조 · 305조), 설립 후에는 발행예정주식의 범위 내에서 이사회 결의만으로 수시로 신주를 발행할 수 있다(상 416조). 예를 들어, 정관에 발행예정주식총수를 100만 주로 정해 두고, 설립 시에는 그 중 20만 주만 발행 · 납입받은 뒤, 이후 자금이 필요해질 때마다 나머지 80만 주 범위 안에서 이사회 결의로 신주를 발행하는 방식이 수권자본금제도의 전형적인 활용이다.

다만 발행예정주식총수를 증액하려면 정관변경 절차를 거쳐야 한다(상 434조). 이는 주주보호 차원에서 엄격히 통제된다. 왜 신주발행은 이사회 결의로 가능하지만, 발행예정주식총수의 증액은 정관변경을 요구할까? 전자는 이미 예정된 범위 내에서의 자본조달 방식의 실행이고, 후자는 그 범위를 벗어나 기존 주주가 보유한 지분의 비율이 낮아질 수 있는 상태를 새로이 허용하는 것, 즉 주주의 지분 희석 자체를 가능하게 하기 때문이다.

4. 자본금에 관한 3원칙

자본금 제도의 구조와 기능은 전통적으로 다음 세 가지 원칙을 통해 설명된다.

(1) 자본금 확정의 원칙

자본금 규모를 확정하고 이를 공시함으로써, 채권자가 회사의 자본력과 신용을 예측할 수 있도록 하는 원칙이다. 다만 우리 상법은 수권자본금제도를 채택하고 있어, 이 원칙은 설립 단계에서는 엄격하게 관철되지만, 설립 이후 단계까지 동일한 강도로 적용되지는 않는다.

먼저, 설립 시에 발행주식총수가 정관에 기재되고(상 289조), 이에 상응하는 자본금액을 등기하여야 하며(상 317조), 설립 시에 발행하는 주식 전부가 인수・납입되어야 한다(상 295조 · 305조). 이에 비해 설립 후에 증가할 자본금이 정관에 기재되지 않고, 자본금 증가는 실제로 인수되고 납입된 신주에 한하여 효력이 발생하며(상 423조), 발행되지 않은 수권주식 부분은 잠재적 자본에 머문다.

결국 설립 단계에서는 자본금을 명확히 확정・공시하되, 이후에는 실제 납입을 전제로 유연하게 운용한다는 절충적 구조이다.

(2) 자본금 충실의 원칙

자본금이 단순한 관념적 수치에 그치지 않고, 그에 상응하는 재산이 실제로 회사에 귀속・유지되어야 한다는 원칙이다. 이를 위하여 상법은 다음과 같이 규율한다. 우선, 출자는 충실히 이행되어야 한다. 즉, 금전출자는 전액 납입되어야 하고, 현물출자는 전부 이행되어야 하며(상 295조 · 305조 · 421조 · 425조), 액면 미달의 발행을 금지하거나 제한한다(상 330조 · 417조). 또한, 출자가 상환되는 것을 제한한다. 이를 위하여 자기주식 취득을 제한하고(상 341조), 이익배당을 제한하는(상 462조) 등의 방식으로 출자된 자본의 사실상 상환을 엄격히 규제한다. 이러한 자본금 충실의 원칙은 회사채권자 보호를 위한 자본유지 규율의 핵심이다.

(3) 자본금 불변의 원칙

정하여진 자본금은 임의로 감소시킬 수 없고, 자본금 감소 시에는 엄격한 절차를 요구하는 원칙이다. 자본금을 쉽게 감소시킬 수 있다면, 자본금 확정 및 자본금 충실의 원칙이 무력화될 우려가 있기 때문이다. 이를 위하여 자본금 감소 시에는 원칙적으로 주주총회 특별결의와 채권자보호절차(공고 · 최고 등)를 거쳐야 한다(상 438조 · 439조). 반면에 자본금 증가는 원칙적으로 이사회 결의만으로 가능하다(상 416조). 그 결과, 자본금 불변의 원칙은 실질적으로 자본금 감소 제한의 원칙으로 이해된다. 왜 자본금 감소는 엄격한 보호절차를 요구하면서, 증가는 비교적 자유로울까? 전자는 채권자 위험을 증가시키지만, 후자는 오히려 채권자 입장을 강화시키기 때문이다.

Ⅲ. 주식

주식은 일반적으로 두 가지 의미를 지닌다.

첫째, 자본금의 구성단위이다. 주식회사의 자본금은 균등한 단위의 주식으로 분할되므로, 각 주주가 보유한 주식 수가 곧 회사에 대한 지분 비율을 나타낸다. 이처럼 지분을 세분하여 단위화함으로써 양도·분할이 용이해진다.

둘째, 주주권(사원권)의 단위이다. 주식 1주는 그에 상응하는 의결권, 이익배당청구권, 잔여재산분배청구권 등 주주권의 집합체이자, 주주권이 결합된 단위이다. 주식의 종류와 수에 따라 주주권의 내용과 범위가 달라진다.

요컨대 "주식 = 자본금의 단위 + 권리의 단위"라는 이원적 성격을 갖는다. 예를 들어 A가 어떤 회사의 주식 500주를, B가 같은 회사의 주식 5,000주를 가지고 있다면, B는 A보다 10배 많은 지분을 가지고 있을 뿐 아니라, 그만큼 더 많은 의결권과 이익배당을 행사할 수 있다.

Ⅳ. 유한책임

주주는 인수한 주식가액을 한도로 회사에 대하여 책임을 부담한다(상 331조). 이를 주주의 유한책임이라고 한다. 보다 정확히 말하면, 이는 회사채권자에 대한 직접채무가 아니라 회사에 대한 출자이행책임에 불과하다. 이와 같은 유한책임의 성질상, 정관이나 주주총회 결의로 주주의 책임을 임의로 가중할 수는 없다. 다만 개별 주주가 회사채무에 대하여 별도로 보증을 하거나, 채권자와 직접 채무를 부담하는 약정을 체결하는 것은 사적 자치의 범위에서 허용된다(판례).

유한책임 형태는 경영에 직접 관여하지 않는 다수 투자자로부터 자금을 조달하기에 적합하다. 투자자는 "최악의 경우 출자액만 상실한다"는 위험의 범위를 예측할 수 있기 때문이다. 반면 회사의 사업실패로 인한 손실이 회사채권자에게 전가될 수 있다는 점에서, 자본금충실 규정, 공시제도, 이사의 책임, 법인격부인론 등의 보완장치가 병존한다. 만약 유한책임만 있고 자본금충실 규제나 이사의 책임, 공시제도가 없다면, 발기인이나 지배주주가 형식적으로만 자본금을 갖춘 뒤 회사 이름으로 과도한 채무를 부담하고 손실은 채권자에게 전가시키는 결과가 될 수 있다.

제 2 관 주식회사의 설립

Ⅰ. 의의

1. 특징

회사 설립에 관한 현대적 기본 원리는 법이 정한 일정한 요건을 갖추면 누구나 회사를 설립할 수 있다는 점이다. 이를 준칙주의라고 한다. 이는 허가주의처럼 행성청의 재량적 허가를 전제로 하지 않고, 법정요건 충족과 설립등기만으로 회사의 성립을 인정하는 방식이다. 준칙주의는 왜 현대 기업환경에서 허가주의보다 선호될까? 기업 활동의 자유와 예측가능성을 높여서 자본조달과 창업을 활성화하기 때문이다. 예를 들어, 허가주의 하에서는 A가 회사를 설립하려 해도 행정청의 재량 판단에 따라 허가가 부여되지 않을 수 있지만, 준칙주의 하에서는 상법이 정한 요건(정관작성, 최소자본금, 등기 등)만 갖추면, A뿐 아니라 다른 누구라도 동일하게 회사를 설립할 수 있다

다만 주식회사는 다른 회사형태에 비하여 설립절차가 현저히 복잡하다. 그 이유는 다음과 같이 요약된다. 첫째, 모든 주주가 유한책임사원이다. 회사채권자 보호를 위해 출자에 상응하는 재산적 기초가 실제로 형성되었는지를 확인할 필요가 있다. 둘째, 소유와 경영이 분리된다. 이사·감사 등 기관을 구성하여야 하고, 그 선임과 권한배분의 적정성을 확인할 필요가 있다. 셋째, 다수 이해관계자의 참여이다. 특히 모집설립의 경우 일반 공중으로부터 주식을 인수받으므로, 설립행위의 공정성과 투명성을 담보할 필요가 있다. 인적회사에서와 같이 "정관작성 + 설립등기" 정도로는 충분하지 않고, 자본·기관·조사 측면의 요건을 엄격하게 요구하는 이유가 여기에 있다.

이에 따라 주식회사의 설립은 대체로 다음과 같은 단계로 진행된다. 즉, ①

정관의 작성, ② 주식발행사항의 결정, 주식의 인수 및 출자의 이행(자본금 형성), ③ 이사·감사 등 기관의 구성, ④ 설립경과의 조사, ⑤ 설립등기가 요구된다. 주식회사 설립단계에서의 강화된 규율은, 결국 누구의 이익을 보호하기 위한 것일까? 주주의 유한책임 형태 하에서, 정보가 약한 회사채권자와 일반 투자자를 보호하기 위한 장치로 이해해야 한다.

2. 설립유형

주식회사의 설립방식에는 두 가지 유형이 있다. 첫째, 발기설립은 설립 시 발행하는 주식의 총수를 발기인만이 인수하는 방식이다. 둘째, 모집설립은 발기인이 일부만 인수하고, 나머지는 외부 투자자(모집주주)를 모집하여 인수시키는 방식이다.

실무상 주식회사 설립의 대부분은 발기설립의 형태를 취한다. 설립의 초기 단계에서 불특정 다수의 일반투자자를 모으는 것은 현실적으로 쉽지 않고, 모집설립은 공모절차·공시의무 등 추가적인 규제가 결합되어 절차가 훨씬 복잡하기 때문이다. 따라서 발기설립을 기본형, 모집설립을 예외적 형태로 이해하는 것이 현실을 잘 반영한다. 이처럼 모집설립이 절차적으로 더 엄중하게 규율되는 이유는 무엇일까? 설립 단계에서부터 일반 투자자의 자금이 유입되므로, 공시·공정성·투명성의 요구 수준이 한층 높아지기 때문이다.

3. 발기인·발기인조합·설립 중의 회사

(1) 발기인

발기인은 실질적으로는 회사설립을 기획·주도하는 자를 의미하지만, 상법은 발기인 해당 여부에 관하여 형식적 기준을 채택한다. 곧, 정관에 기명날인 또는 서명한 자를 발기인으로 본다(상 289조). 실제로 설립과정에 얼마나 관여했는지는 발기인 지위의 인정 여부에 직접적인 영향을 미치지 않는다. 이는 설립과정에서 책임 주체를 외형상 명확히 하여, 법적 책임의 귀속을 분명히 하고 분쟁을 예방하기 위한 입법적 선택이다. 발기인이 아니면서도 실질적으로 설립에 관여한 자는 유사발기인으로서 일정한 책임을 질 수 있다(상 327조).

발기인은 주식회사에서만 인정되는 개념으로, 1인으로도 족하고(상 288조),

정관에 기명날인 또는 서명한 발기인은 1주 이상을 반드시 인수하여야 한다(상 293조).

(2) 발기인조합

발기인이 수인인 경우, 이들 사이에는 설립할 회사의 목적, 각자의 인수주식 수, 비용 분담 등을 둘러싸고 명시적 또는 묵시적인 계약관계가 형성된다. 이는 민법상 조합계약의 일종으로 이해되며, 이 집합체를 발기인조합이라고 한다. 발기인조합은 어디까지나 발기인 상호 간의 내부관계를 규율하는 개념에 그친다. 발기인조합 구성원들이 외부와 행하는 법률행위는, 일반적으로 "설립 중의 회사" 명의로 이루어지며, 그 효과도 설립 중의 회사로 귀속된다.

만약 발기인조합이라는 개념이 없으면, 어떤 문제가 생길까? 발기인 사이의 비용·위험 분담이 불명확해져 설립 실패나 손해 발생 시 책임 귀속을 둘러싼 분쟁이 확대될 수 있다.

(3) 설립 중의 회사

주식회사 설립과정에서는 이미 여러 가지 권리·의무관계가 발생한다. 예컨대, 설립사무소 임차계약의 체결, 설비 구입계약의 체결, 자문계약의 체결 등이 대표적이다. 이때 이러한 계약상 권리·의무를 누구에게 귀속시킬 것인지가 문제된다.

이를 해결하기 위하여, 학설·판례는 "설립 중의 회사"라는 개념을 인정한다. 즉, 설립 중의 회사는 정관이 작성되고, 최소 1주 이상의 주식이 인수된 시점부터 설립등기까지 존재하는 형성 중의 단체이자 미완성 단체를 말한다. 사단으로서의 실체는 있으나, 성립등기를 마치기 전이므로 법인격은 아직 인정되지 않는다. 이에 따라 설립 중의 회사는 "권리능력 없는 사단"으로서, 회사설립이라는 목적 범위 내에서 제한적으로 권리능력이 인정된다. 설립등기가 이루어지면, 설립 중의 회사에 귀속되어 있던 권리·의무는 성립 후 회사에 당연히 승계된다.

발기인은 설립 중의 회사의 기관으로서 이를 대표하는 지위에 선다. 따라서 발기인이 "○○주식회사 설립 중 대표발기인 ○○○"와 같은 명의로 계약을 체결한 경우, 그 효과는 발기인 개인이 아니라 설립 중의 회사에 귀속되고, 설립등기와 함께 성립 후 회사로 승계된다고 본다. 이는 설립단계에서 제3자를 보호하고, 설립 전후의 법률관계를 일관되게 연속적으로 정리하기 위한 법기술적 장치이다.

만약 설립 중의 회사라는 개념이 없다면, 설립 전 체결된 계약의 상대방은 누구에게 권리를 행사해야 할까? 발기인 개인에게만 책임을 물어야 하고 설립 후 회사와의 연속성이 단절되므로, 제3자의 법적 지위가 불안정해진다.

Ⅱ. 설립절차

설립의 각 단계가 지니는 기능과 정책적 취지를 파악하면, 개별 규정의 의미도 보다 입체적으로 드러난다. 이하에서는 주식회사 설립절차의 전체 구조와 핵심 사항을 중심으로 정리한다.

1. 의의

주식회사의 설립절차란, 회사의 조직·재산·기관이라는 실체를 형성하고, 마지막으로 설립등기를 통해 법인격을 부여하는 일련의 절차를 말한다. 일반적인 흐름은 다음과 같다.

① 정관의 작성 － 회사의 기본 규범 확정

② 주식발행·인수 및 출자의 이행 － 자본금 형성

③ 기관의 구성 － 경영을 담당할 기관의 설치

④ 설립경과의 조사 － 설립절차의 적법성과 공정성 검사

⑤ 설립등기 － 회사 성립의 최종 단계

발기설립과 모집설립 모두 이 기본 구조는 같지만, 모집설립에서는 외부 투자자의 참여로 인하여 청약·배정·창립총회 등 추가적인 절차가 존재한다. 왜 주식회사 설립은 정관작성과 설립등기만으로 족하지 않고, 출자·기관구성·조사라는 여러 단계를 요구할까? 이미 살펴 본 바와 같이, 이는 유한책임이라는 강력한 법적 보호를 부여하는 대신, 자본·지배구조·절차의 건전성을 사전에 확보하려는 데 그 취지가 있다.

2. 정관의 작성

(1) 정관의 의의

발기인은 설립의 첫 단계로 정관을 작성하여, 각 발기인이 기명날인 또는 서명하여야 한다(상 289조). 정관은 실질적으로 회사의 조직과 운영을 규율하는 기본적 규범, 즉 회사의 근본규범이며, 형식적으로는 그 규범 내용을 기재한 서면이다. 설립 시 작성되는 정관을 원시정관이라 하고, 그 이후 변경이 이루어진 경우 그 정관을 설립 후 정관이라고 한다.

정관은 회사 내부에 자치적으로 제정된 규범으로서, 이를 제정·변경한 주주뿐 아니라 이후에 참여하는 주주 및 회사기관도 구속한다. 다만 회사 외부의 제3자에 대해서는 정관으로 대항할 수 없고, 상법의 강행규정을 위반하는 정관규정은 무효이다. 정관이 단순한 내부 규칙을 넘어 자치법규적 효력을 가진다고 보는 이유는 무엇일까? 회사라는 단체의 조직과 의사결정을 안정적으로 통일·형성하기 위한 공통 규범으로 기능하기 때문이다.

(2) 정관의 기재사항

정관의 기재사항은 절대적 기재사항, 상대적 기재사항, 임의적 기재사항으로 나뉜다. 어느 범주에 속하느냐에 따라서 기재 흠결의 법적 효과가 달라진다.

1) 절대적 기재사항

절대적 기재사항은 정관에 기재되지 않으면 정관 자체의 효력이 부인되는 사항을 말하며(상 289조), 다음과 같은 요소를 포함한다.

- **목적** – 회사가 영위하려는 사업내용으로서, 외부인이 이를 통해 사업의 개요를 예측할 수 있을 정도로 구체적으로 기재되어야 한다. 예컨대 "각종 사업"과 같이 지나치게 포괄적으로만 기재하는 것은 부적절하고, "소프트웨어 개발업, 정보시스템 자문업, 데이터 분석 서비스업" 정도로, 외부인이 대략적인 사업 분야를 이해할 수 있을 수준의 구체성이 요구된다.
- **상호** – 회사가 영업상 사용하는 명칭으로서, 주식회사라는 문자를 사용하여 사원의 책임 형태를 공시해야 한다(상 19조).
- **발행예정주식총수** – 장래 발행 가능한 주식 수의 상한으로, 지분 희석

가능성과 직결되므로 반드시 정관에 기재해야 한다.

• **액면주식을 발행하는 경우 1주의 금액** – 액면금액은 자본금의 기본 단위이며, 1주 금액은 100원 이상이고 균일해야 한다(상 329조).

• **회사 설립 시 발행하는 주식의 총수** – 설립 시 실제로 발행하는 주식수로, 설립 당시 자본금 및 물적 기초의 크기를 나타낸다.

• **본점의 소재지** – 회사의 주된 영업소이자 회사의 주소이다(상 171조).

• **공고방법** – 회사가 주주 · 채권자 등 이해관계자에게 공시를 하는 수단이다.

• **발기인의 인적사항** – 발기인의 성명 · 주민등록번호 · 주소(법인인 경우 상호 · 법인등록번호 · 본점소재지)를 기재하여, 누가 설립에 관한 책임을 부담하는지 명확히 한다.

2) 상대적 기재사항

상대적 기재사항은 정관에 기재하지 않아도 정관 자체의 효력에는 영향이 없지만, 그 사항의 효력을 인정받기 위해서는 정관에 기재되어야 하는 사항을 말한다. 대표적인 예가 변태설립사항이다(상 290조).

변태설립사항은 자본금 충실을 침해할 우려가 큰 사항들이므로, 정관에 반드시 기재된 경우에만 효력이 인정된다. 다음과 같은 네 가지 유형이 있다.

• 발기인이 받을 특별이익과 그 수익자의 성명

• 현물출자를 하는 자의 성명, 그 목적 재산의 종류 · 수량 · 가격 및 이에 대하여 부여할 주식의 종류 · 수

• 회사 성립 후에 양수할 것을 약정한 재산의 종류 · 수량 · 가격과 그 양도인의 성명

• 회사가 부담할 설립비용과 발기인이 받을 보수액

예를 들어 발기인 A가 자신이 보유한 토지를 1억 원으로 평가하여 현물출자하고 1만 주를 배정받으려는 경우, 토지 · 가격 · 주식 수 · A의 성명 등을 정관에 기재해야만 그 평가와 배정이 유효하게 인정된다.

이들은 모두 출자의 목적재산이나 회사가 부담할 비용의 가액에 대한 평가를 부풀릴 유인이 크고, 그 결과 실제로 회사에 귀속되는 자본보다 과대하게 자본금이 형성되는 위험, 즉 자본금 충실의 원칙을 잠탈할 위험이 높은 항목이다.

이는 발기인의 자기거래 · 자기이익을 외부에 공시하여, 투자자와 채권자가 위험을 인식 · 감시할 수 있도록 하기 위함이다. 따라서 정관에 기재되지 않은 변태설립사항은 무효로 본다.

3) 임의적 기재사항

임의적 기재사항은 정관에 기재하지 않아도 정관의 효력에 영향이 없고, 그 사항 자체의 성립 · 실현에도 장애가 되지 않는다. 다만 일단 정관에 기재되면 정관의 규범력이 미치는 사항을 말한다. 예를 들어, 정기주주총회의 소집시기, 이사회 운영에 관한 세부 규칙 등 강행법규에 반하지 않는 회사 조직 · 운영에 관한 규정들이 이에 속한다.

정관에 기재된 사항은 변경 시마다 정관변경절차(주주총회 특별결의)가 요구되므로, 불필요한 세부사항까지 과도하게 정관에 기재하는 것은 바람직하지 않다. 실무에서는 가능한 한 세부 운영규정을 정관이 아니라 이사회 규칙 등 하위규범에 남겨두려는 경향이 있다. 즉, 변경의 탄력성을 확보하기 위해 상위규범인 정관에는 조직 · 운영의 근간이나 기본 구조만을 두려는 것이다.

3. 주식발행사항의 결정

정관에는 설립 시 발행주식총수, 그리고 액면주식을 발행하는 경우 1주의 금액을 반드시 기재해야 한다. 이 밖에 ① 주식의 종류와 수, ② 액면주식의 경우 액면금액 이상의 주식을 발행할 때 그 수와 금액, ③ 무액면주식을 발행하는 경우 발행가액 및 그 중 자본금으로 계상할 금액 등 구체적인 주식발행조건은, 정관에 달리 정함이 없는 한 발기인 전원의 동의로 결정한다(상 291조).

설립 단계에서는 각 발기인의 이해관계가 직접적으로 관여되므로, 신주발행 시(상 416조 · 391조)와 달리 주식발행조건은 이사회의 다수결이 아니라 발기인 전원 일치로 결정된다. 왜 설립 단계에서는 이러한 엄격한 합의방식을 요구할까? 이 단계에서는 아직 회사기관이 완성되지 않았고, 자본구조의 설계 자체가 발기인의 핵심 이해관계에 해당하기 때문이다.

4. 주식의 인수와 출자의 이행

(1) 발기설립

발기인은 서면으로 주식을 인수하여야 하고(상 293조), 설립 시 발행하는 주식 전부를 인수한 때에는 지체 없이 각 주식에 대한 인수가액의 전액을 납입하여야 한다(상 295조). 이를 전액납입주의라고 한다. 예를 들어 설립 시 발행주식총수가 2만 주이고, 1주의 인수가액이 5,000원이라면 발기인 전원은 합계 1억 원(2만 주 × 5,000원)을 전액 납입해야 하며, 일부만 납입한 상태에서는 회사가 성립할 수 없다.

납입금은 지정된 은행 기타 금융기관에 보관되며, 보관을 맡은 금융기관은 납입금보관증명서를 발급하고, 그 증명한 보관금액에 관하여 회사에 대하여 책임을 부담한다(상 318조). 현물출자의 경우 발기인은 납입기일에 출자목적인 재산을 인도하고, 권리의 설정 · 이전에 필요한 서류를 교부하여야 한다(상 295조).

(2) 모집설립

모집설립에서는 외부 투자자가 주식청약서에 의하여 주식인수의 청약을 하고(상 302조), 발기인이 이를 배정한다. 주식청약서에는 정관의 요지, 변태설립사항, 주식발행조건 등 회사에 관한 중요한 정보와 주식인수에 관한 사항이 기재되어, 모집주주가 충분한 정보를 바탕으로 투자 결정을 할 수 있도록 한다(상 302조). 모집설립에서 주식청약서 내용에 대한 정보공시가 특히 강조되는 이유는 무엇일까? 발기인과 일반 투자자 사이의 정보 비대칭을 완화하고, 설립 단계에서부터 공정한 모집을 보장하기 위해서다.

주식인수인은 배정받은 주식 수에 따라 인수가액의 전액을 납입하여야 하고(상 303조 · 305조), 납입을 해태한 모집주주에 대하여는 실권절차가 적용되고, 그럼에도 불구하고 납입이 이행되지 않은 경우 발기인은 다시 그 주식에 대한 주주를 모집할 수 있다(상 307조). 이는 모집주주의 인적 개성이 중시되지 않고, 자본참가자로서의 역할이 본질적으로 고려된다는 점을 반영한다.

(3) 가장납입

가장납입은 주식인수인이 외형상으로는 주식대금을 납입한 것처럼 보이나,

실질적으로는 자본금이 형성되지 않은 경우를 가리킨다. 이는 설립 시뿐만 아니라 신주발행 시에도 문제될 수 있다. 여기에는 통모가장납입과 위장납입이 포함된다. 가장납입은 자본금 충실의 원칙을 정면에서 훼손하는 행위로서, 민사 · 형사 양 측면에서 엄격한 제재가 가해진다.

1) 통모가장납입

통모가장납입은 납입금보관자(금융기관)와 통모하여 실제 납입 없이 납입금보관증명서를 발급받는 유형이다. 이 경우 금융기관은 증명한 보관금액에 관하여 회사에 책임을 지며(상 318조), 발기인은 자신에게 귀책사유가 있는 경우 회사에 대한 불법행위책임(상 322조)을 부담한다. 예를 들어 발기인 A가 실제로는 전혀 입금하지 않았으면서, 은행과 미리 공모하여 "1억 원이 입금되었다"는 내용의 납입금보관증명서를 발급받은 경우가 통모가장납입에 해당한다.

2) 위장납입

위장납입이란 발기인이 제3자로부터 자금을 차입하여 이를 납입한 후, 회사 성립등기 직후 즉시 인출하여 차입금을 상환하는 방식을 말한다. 예를 들어 A가 B로부터 1억 원을 단기로 차입하여 회사계좌에 입금하고 납입금보관증명서를 발급받은 뒤, 설립등기 직후 그 1억 원을 다시 인출하여 곧바로 B에게 상환하는 경우가 위장납입의 전형적인 사례이다.

통설은 위장납입을 자본금 충실의 원칙을 잠탈하는 탈법행위로 보아 무효라고 이해한다. 반면 판례는 형식상 납입이 이루어진 이상 주식인수인의 납입의무는 소멸한다고 본다. 다만 회사는 주주에 대하여 납입금 상당액의 반환을 청구할 수 있고, 발기인은 자신에게 귀책사유가 있는 경우 회사에 대한 불법행위책임(상 322조)과 납입가장죄(상 628조)에 따른 형사책임을 부담한다고 판시한다. 그렇다면 판례가 위장납입에서 형식상 납입의 효력은 인정하면서도, 회사로 하여금 주주에게 다시 납입금 반환을 청구하도록 한 이유는 무엇일까? 이는 대외적으로는 회사의 성립과 주식발행이라는 단체법적 질서의 안정을 유지하면서, 대내적으로는 자본금충실을 회복하려는 절충적 접근으로 이해할 수 있다.

5. 기관의 구성

회사의 업무는 자연인인 주주가 직접 수행하는 것이 아니라, 회사기관을 통해 이루어진다. 따라서 설립과정에서 기관을 구성하는 것은 소유와 경영의 분리를 제도적으로 출발시키는 의미를 가진다.

발기설립의 경우, 출자가 이행되면 발기인은 인수주식 수에 비례한 의결권 기준 과반수로 이사와 감사(또는 감사위원회 위원)를 선임한다(상 296조 · 415조의2).

모집설립의 경우에는 출자가 이행되면 발기인은 지체 없이 창립총회를 소집하고(상 308조), 창립총회에서 이사와 감사를 선임한다(상 312조). 창립총회의 결의요건은 출석 의결권의 3분의 2 이상이면서 인수된 주식총수의 과반수라는 가중요건이 적용된다(상 309조). 발기설립에서는 발기인이 출자비율에 따라 과반수로 이사를 선임하지만, 모집설립에서는 불특정 다수의 모집주주가 참여하므로 창립총회에서 보다 무거운 요건 아래 이사를 선임하도록 한 것이다.

그렇다면 왜 설립 이후의 이사 선임방식인 주주총회 보통결의(상 368조)보다 모집설립 시에 창립총회 결의요건을 더 엄격하게 설정했을까? 회사 출발단계에서의 기관 구성이 이후 지배구조의 방향을 좌우하므로, 초기 결정에 대해 보다 강한 정당성과 합의를 요구하기 때문이다.

6. 설립경과에 대한 조사

이 단계는 설립과정의 적법성과 공정성을 사후적으로 점검하는 마지막 안전장치로 기능한다.

먼저 내부조사이다. 발기설립의 경우 이사와 감사는 취임 후 지체 없이 설립에 관한 모든 사항이 법령 또는 정관에 위반되는지 여부를 조사하여 발기인에게 보고하여야 한다(상 298조). 모집설립의 경우 이사와 감사는 창립총회에 보고한다(상 313조). 이사와 감사 전원이 이해관계자에 해당하는 경우에는, 공증인이 설립사항에 대한 조사 및 보고를 담당한다(상 298조).

변태설립사항에 대해서는 외부전문가 조사 제도가 있다. 자본금 충실과 직결되는 변태설립사항에 관하여는 검사인 · 공증인 · 감정인의 조사를 요구하는 별도의 절차가 마련되어 있다(상 298조 · 299조 · 299조의2 · 310조). 이는 내부조사의 자기통제만으로는 변태설립사항의 평가 및 절차의 공정성을 보장하기 어렵기 때문에, 외부전문가의 감시를 제도적으로 강제하기 위한 것이다. 법원(발기설립의 경우) 또는 창립총회(모집설립의 경우)는 부당한 변태설립사항이 있는 경우 이를 변경할 권한을 가진다(상 300조 · 314조).

설립단계에서 법원 · 검사인 · 공증인 · 감정인을 동원하는 방식을 규정한 이유는 무엇일까? 발기인과 초기 이해관계자의 자기거래나 과대평가를 억제하여, 자본금이 실질적으로 충실한 상태에서 회사가 출발하도록 하기 위해서다. 예컨대 발기인 A가 공시지가 5억 원인 토지를 10억 원으로 평가하여 현물출자를 시도하는 경우, 검사인 · 공증인 · 감정인이 조사를 통해 이러한 과대평가를 시정하도록 한 것이 변태설립사항 조사제도의 핵심 기능이다.

7. 설립등기

위와 같은 절차를 거쳐 회사의 실체가 형성되면, 마지막으로 설립등기를 하여야 한다. 설립경과에 대한 조사가 종료된 날로부터 2주 내에 자본금, 목적, 상호, 본점소재지 등 법정사항을 등기하여야 한다(상 317조). 설립등기는 창설적 효력을 가지므로, 등기를 마침으로써 비로소 회사가 성립한다(상 172조). 이때부터 출자자는 주주가 되고, 회사와 주주 및 채권자 사이의 회사설립에 따른 법률관계가 설립등기 시점을 기준으로 확정된다. 예를 들어 정관 작성과 출자, 기관구성, 설립조사를 모두 완료하고 2026년 3월 10일에 설립등기를 마쳤다면, 그 날부터 비로소 회사가 성립하고, 그 전날까지는 설립 중의 회사로 취급된다.

또한 설립등기 후에는 주식인수인이 주식청약서의 하자를 이유로 인수의 무효를 주장하거나, 사기 · 강박 · 착오를 이유로 인수를 취소하는 것이 제한된다(상 320조). 이미 성립한 회사와 다수 이해관계인의 법률관계를 보호하고, 설립단계의 불안정성이 성립 이후 단계까지 계속 이어지는 것을 방지하기 위해서다. 즉, 이는 설립 후 법률관계의 안정을 도모하기 위한 입법적 선택으로 볼 수 있다. 다만 의사능력, 미성년자 등 제한능력자의 경우에는 설립단계의 안정성보다 의사무능력자, 제한능력자에 대한 보호가 더 중요하다고 보아, 그 취소를 제한하는 규정을 두고 있지 않다.

Ⅲ. 설립에 관한 책임

주식회사 설립과정에서는 자본금 형성, 변태설립사항의 평가, 기관구성 등 여러 단계가 유기적으로 맞물린다. 그만큼 하자가 발생할 여지가 많고, 이해관계자의 신뢰 보호가 핵심적인 정책목표로 작용한다. 이러한 맥락에서 상법은 설립에 관여한 여러 주체에게 일정한 책임을 부과하고 있으며, 설립이 유효하게 성립한 경우와 성립하지 못한 경우로 나누어 규율한다.

1. 발기인의 책임

(1) 회사가 성립한 경우

주식회사가 일단 설립등기를 마치면, 발기인의 책임은 크게 ① 자본금 충실의 확보와 ② 설립과정의 적법성 보장이라는 두 가지 범주로 정리된다.

1) 인수 · 납입담보책임

설립 시 발행된 주식의 인수 · 납입에 흠결이 있으면, 회사 성립 이후라도 발기인은 그 결함을 스스로 보전해야 한다. 상법은 이를 다음의 두 가지 책임으로 구분한다.

먼저 인수담보책임이다. 설립 후 인수되지 않은 주식이 있거나, 주식인수의 청약이 취소된 경우 발기인은 그 주식을 공동으로 인수한 것으로 본다(상 321조). 발기인 전원은 의제된 주식인수인이 되며, 그 지분은 공유로 취급된다.

다음으로 납입담보책임이다. 설립 후 납입이 완료되지 않은 주식이 있으면 발기인은 연대하여 그 납입을 완결하여야 한다(상 321조). 다만 납입을 이행하더라도 주주가 되는 것은 아니며, 발기인은 당초의 주식인수인에게 구상권을 행사할 수 있다.

예컨대 설립 시 발행주식 총 2만 주 중 1,000주가 인수되지 않았거나 그에 대한 납입이 이루어지지 않은 사실이 설립 후에 밝혀진 경우, 모든 발기인 A, B, C는 그 1,000주를 공동으로 인수한 것으로 보고(인수담보책임), 그 인수가액 전액을 연대하여 납입해야 한다(납입담보책임).

여기서 중요한 점은 설립등기가 이미 이루어진 이상, 회사와 제3자에게는 정해진 자본금이 실제로 존재한다는 신뢰가 형성된다는 것이다. 따라서 인수 · 납입의 결함은 설립 전 단계의 문제에 그치는 것이 아니라, 발기인이 부담해야 할 사후적 위험으로 전환된다. 발기인의 담보책임은 회사와 제3자의 신뢰를 보호하기 위한 것이므로 무과실책임으로 이해되며, 총주주의 동의로도 면제할 수 없다.

그렇다면 왜 발기인의 인수·납입담보책임에서는 과실 여부가 문제되지 않을까? 자본금은 제3자 신뢰의 기초이므로, 책임을 과실에 연동시키면 자본금의 확정성이 훼손되기 때문이다. 다만 인수·납입의 결함이 중대해서 애초에 회사를 성립시켜서는 안 되는 수준에 이르면, 이는 더 이상 담보책임의 문제가 아니라 설립무효의 영역으로 넘어가게 된다.

2) 손해배상책임

발기인이 설립사무를 처리하면서 임무를 해태한 경우에는 회사에 대하여 연대하여 손해배상책임을 진다(상 322조). 이는 고의 또는 과실을 요건으로 하는 책임, 즉 과실책임이다. 예컨대 주식의 납입 미완료의 사실을 알면서도 또는 과실로 알지 못한 채 설립등기를 진행한 경우가 이에 해당한다.

제3자의 보호가 문제되는 경우에는 책임요건이 강화되어, 발기인에게 악의 또는 중과실이 있을 때에만 제3자에 대한 연대책임이 인정된다(상 322조). 이는 회사 내부관계에서는 비교적 넓은 책임을 인정하되, 외부 거래관계에서는 발기인이 제3자에게 직접적인 임무를 부담하고 있지 않음에도 불구하고 제3자의 신뢰를 보호하기 위해서 부과하는 책임이라는 점을 고려하여 발기인에게 과도한 부담을 지우지 않으려는 절충적 선택으로 볼 수 있다.

한편 발기인이 제3자에 대하여 민법 제750조가 규정하는 고의 또는 과실에 의한 불법행위를 범한 경우에는, 그에 따른 손해배상책임을 부담하는지는 별개의 문제이다. 발기인의 임무해태로 인한 회사 및 제3자에 대한 책임과 불법행위책임의 분리 구조는 이사 책임에 관한 그것과 사실상 동일하며, 후자에 대해서는 이사 책임의 부분에서 다시 설명하기로 한다.

(2) 회사가 불성립한 경우

설립절차에 착수하였으나 설립등기에 이르지 못하면 회사는 성립하지 않는다. 이 경우에는 회사 성립을 전제로 요구되는 인수·납입담보책임은 문제가 되지 않으므로, 상법은 발기인의 책임을 비교적 간단한 방식으로 정리한다. 즉, 회사가 성립하지 못한 경우 발기인은 설립행위에 관하여 연대하여 책임을 지며, 이때 회사의 설립에 관하여 지급한 비용은 발기인이 부담한다(상 326조). 이는 발기인이 주식인수인이 납입한 금액을 연대하여 반환하여야 하고, 설립비용 등 설립을 위해 지출한 비용 전부를 부담해야 한다는 의미이다. 이러한 책임은 발기인이 설립 중 회사의 기관으로서 주식인수인과 채권자 등에 대하여 부담하는 무과실책임이다.

예를 들어 발기인 A와 B가 회사를 설립하기 위해 사무실 임차계약을 체결하고, C로부터 주식을 인수받아 일부 납입까지 받았으나, 결국 설립등기에 이르지 못하고 설립을 포기한 경우, A와 B는 C에게서 받은 금액을 반환하고, 임차료 · 인허가비용 등 설립비용을 연대하여 부담해야 한다.

결국 설립 중 회사의 기관으로 기능하였던 발기인이 회사 불성립이라는 결과에 대하여 전면적으로 책임을 지는 구조이다. 그렇다면 회사가 성립하지 못한 경우에도 발기인에게 무과실 연대책임을 지우는 이유는 무엇일까? 이는 설립에 참여한 제3자와 주식인수인을 보호하기 위한 마지막 책임주체로 발기인을 상정하고 있기 때문이다.

2. 이사 · 감사 · 검사인 · 공증인 · 감정인의 책임

설립과정에서는 자본금 충실과 절차 적법성에 대한 제도적 통제가 필요하다. 이를 위해 상법은 이사 · 감사 및 검사인 · 공증인 · 감정인에게도 조사의무를 부과하고, 이를 위반한 경우 일정한 책임을 인정한다.

이사 및 감사는 설립과정에서 임무를 해태한 경우 회사 및 제3자에 대한 손해배상책임을 진다(상 323조). 회사에 대해서는 과실책임이, 제3자에 대해서는 악의 · 중과실을 요하는 책임이 인정된다.

검사인이 악의 또는 중과실로 인하여 임무를 해태하면 회사 또는 제3자에 대해 손해배상책임을 진다(상 325조). 검사인은 법원이 선임한 자로서 회사와 계약관계는 없지만, 상법이 정책적으로 그 책임을 인정하고 있다.

공증인 및 감정인의 책임에 대해서는 상법상 규정이 없다. 그러나 설립 중 회사와 위임관계에 있으므로, 이사와 감사의 책임 규정(상 323조)을 유추적용하여 그에 따른 책임을 진다.

이들 주체는 설립과정에서 변태설립사항의 과대평가 등을 통제하는 안전장치의 역할을 수행하며, 이러한 안전장치가 실제로 작동하도록 하기 위해 일정한 책임을 부담하는 것이다.

3. 유사발기인의 책임

유사발기인은 발기인은 아니지만 이와 유사한 외관을 가진 자를 가리킨다. 주식청약서 등 주식모집에 관한 서면에 자신의 성명과 설립 찬조의 뜻을 기재할 것을 승낙한 자는, 실질적으로 발기인으로 인식될 수 있으므로, 상법은 이들에게 발기인과 동일한 책임을 지우고 있다(상 327조). 이러한 기재만으로 유사발기인의 책임이 인정되며, 상대방의 신뢰 여부를 요건으로 하지 않는 점이 특징이다.

다만 유사발기인은 실제 설립사무를 처리한 것이 아니므로, 임무해태책임(상 322조)은 부담하지 않고, 자본금 충실과 관련된 인수·납입담보책임(상 321조), 회사 불성립 시의 설립비용 등 책임(상 326조)만을 부담하는 것으로 해석된다.

예컨대 주식모집서에 "이 회사 설립을 찬조한다"는 취지와 함께 유명인 A의 성명이 기재되어 있는 경우, A는 정관에 기명날인 또는 서명한 발기인도 아니고 또한 실제로 설립사무를 처리하지 않았더라도 외관상 발기인과 유사한 지위에 서게 된다. 따라서 A는 상법상 유사발기인으로서 인수·납입담보책임 등 발기인에 준하는 책임을 부담하게 된다.

Ⅳ. 설립의 하자

1. 의의

설립절차가 형식상 완료되어 설립등기까지 마쳤음에도 불구하고, 그 과정에 중대한 하자가 있는 경우가 문제된다. 주식회사는 전형적인 물적회사이므로, 사원의 개성보다 거래안정과 제3자 신뢰를 중시한다. 이 때문에 설립하자를 다투는 방법이 다른 회사에 비해서 보다 엄격하게 제한된다.

설립절차에 경미한 하자가 있다는 이유만으로, 성립한 회사를 쉽게 무효로 할 수 있다면, 어떠한 법적 문제가 발생할 것인가? 다수의 주주·채권자·근로자·계약상대방 등과 관련된 기존의 법률관계가 일시에 불안정한 상태에 놓이게 된다. 이러한 혼란을 방지하기 위하여, 상법은 설립무효의 소만을 인정하고 그 원인 역시 중대한 객관적 하자로 한정한다. 다른 유형의 회사에 인정되는 설립취소의 소(상 184조)는 주식회사에 대해서는 적용되지 않는다.

2. 설립무효의 소

(1) 제소권자와 기간

설립무효의 소는 아무나 제기할 수 있는 것이 아니라, 주주 · 이사 · 감사에게만 제소권이 인정된다(상 328조). 이는 설립무효의 소가 단체법적 법률관계로서 회사 설립 전체의 효력을 다투는 소라는 점을 고려하여, 설립과 직접적인 이해관계를 가지는 자로 원고적격을 제한한 것이다. 제소기간은 회사성립일로부터 2년이며(상 328조), 이는 단순한 소멸시효가 아니라 제척기간으로 이해된다. 일정기간이 지나면 설립하자를 더 이상 문제 삼지 않고, 법률관계의 안정을 우선시하겠다는 입법적 선택이다. 예를 들어 회사가 2025년 3월 10일 설립등기를 마쳤다면, 설립무효의 소는 2027년 3월 10일까지 제기해야 하고, 그 이후에는 설령 중대한 하자가 뒤늦게 발견되더라도 설립무효를 주장할 수 없다.

(2) 절차적 특징

주식회사 설립무효의 소에 관해서는, 합명회사 설립무효의 소에 관한 규정을 준용한다(상 328조). 주요 내용은 다음과 같다. ① 본점소재지 지방법원의 전속관할이고(상 186조), ② 소 제기 즉시 공고해야 하며(상 187조), ③ 수개의 소는 병합심리를 해야 하고(상 188조), ④ 심리 중에 하자가 보완되면 청구기각이 가능하며(상 189조), ⑤ 확정 시에는 본점 · 지점에서 등기해야 한다(상 192조).

그렇다면 왜 설립무효 소송의 제기는 즉시 공고하도록 했을까? 이는 채권자 · 투자자 등 이해관계인이 자신의 위험을 인지하고 거래를 계속할지 여부 등에 대한 적절한 대응을 스스로 판단할 수 있도록 하기 위함이다. 또한 수개의 소를 병합심리하고, 하자 보완 시에 청구기각을 허용하는 제도 역시 소송으로 인한 혼란을 최소화하려는 취지이다. 즉, 병합심리는 설립무효를 둘러싼 분쟁을 하나의 절차로 정리하여 장기화 · 중복화를 방지하려는 취지이고, 하자 보완 시 청구기각은 설립하자가 치유된 경우까지 회사 설립을 무효로 하는 결과를 가급적 피하고자 하는 취지이다. 요컨대 설립무효 소송이 회사의 존립 자체를 문제 삼는 분쟁이라는 점을 전제로, 분쟁의 존재는 공개하되 그 파급효과는 절차적으로 관리하려는 정책적 고려를 반영한 것이다.

(3) 무효원인

설립무효의 원인은 "중대한 객관적 하자"로 제한된다. 전형적인 예는 다음과 같다. ① 정관이 전혀 작성되지 않았거나, 발행예정주식총수나 설립 시 발행주식총수와 같은 절대적 기재사항에 중대한 흠결이 있는 경우, ② 주식 인수·납입이 현저히 부족하여 사실상 자본금이 성립하지 않은 경우, 예컨대 정관에 자본금이 10억 원으로 기재되어 있으나 실제 납입이 1억 원에 불과한 경우, ③ 그 밖에 설립절차의 본질을 훼손하는 정도의 중대한 결함이 있는 경우 등이 이에 해당한다.

반대로 주식인수인의 의사무능력, 제한능력 등 주관적 하자는 설립무효의 원인이 되지 않는다. 예컨대 주식인수인이 의사무능력을 이유로 자신의 인수를 무효라고 주장할 수 있는 사정이 있더라도, 주식회사는 물적회사로서 사원의 개성이 중시되지 않고 회사의 설립·존속에 관한 이해관계자의 신뢰 보호가 중시되므로, 이러한 문제는 발기인의 인수·납입담보책임(상 321조)을 통해 해결하도록 한 것이다.

또한 경미한 절차상 하자 역시 설립무효 사유가 되지 않는다. 설립무효제도는 어디까지나 예외적으로 인정되는 제도이며, 회사설립 법률관계의 안정과 제3자 보호가 우선된다는 점이 강조된다.

(4) 판결의 효력

판결의 효력은 원고가 승소한 경우와 패소한 경우로 구분할 수 있다.

원고가 승소한 경우, 설립무효의 판결은 소송 당사자뿐 아니라 제3자에게도 미친다(상 328조·190조). 이러한 대세효는 판결이 소송당사자에게만 미친다는 대인효의 원칙(민소 218조)에 대한 예외로서, 회사설립과 관련된 다수 이해관계자의 법률관계를 획일적으로 처리하기 위한 것이다.

아울러 설립무효의 판결은 판결 이전의 법률관계에는 영향을 미치지 않는다(상 328조·190조). 이와 같은 비소급효는, 당초부터 효력이 발생하지 않는다는 무효의 일반적 효과에 대한 예외로서, 이미 성립한 회사의 법률관계에 대한 거래 안전을 보호하려는 취지이다. 이러한 비소급효로 인해서, 회사의 성립 시부터 설립무효의 판결이 확정될 때까지 회사가 존속하게 되고, 이러한 "사실상의 회사"는 해산에 준하여 청산절차를 거치게 된다(상 193조). 예를 들어 설립무효 판결이 2027년 1월 1일에 확정되었다 하더라도, 그 이전인 2026년에 회사가 체결한 매매계약이나 그에 따른 대금수수는 유효로 남고, 회사는 판결 이후 해산에 준하는 청산절차를 거치게 된다.

한편, 원고의 패소 시에는 원고에게 악의 또는 중과실이 있는 경우, 회사에 대한 손해를 연대하여 배상할 책임을 부담한다(상 328조 · 191조). 설립무효 소송이 회사의 신용과 거래에 미치는 부정적 영향을 고려하여, 남소를 억제하고 회사의 신용과 거래 안전을 보호하기 위한 기능을 가진 규정이다.

제 3 관 주식과 주주

제 1 항 주 식

Ⅰ. 주식의 의의

1. 개념

주식은 주식회사의 주주가 회사에 대하여 가지는 지분이다. 이 지분은 통상 다음 두 가지 측면에서 이해된다.

첫째, 자본금의 구성단위이다. 주식회사의 자본금은 수개의 주식으로 분할되어 있고, 주주는 보유 주식 수에 비례하여 회사에 대한 지분을 가진다. 자본금이 동일한 단위의 여러 부분으로 나뉘어 있기 때문에, 지분의 양도 · 분할 · 집중이 용이하다.

둘째, 주주권의 단위이다. 주식 1주는 그에 상응하는 의결권, 이익배당청구권, 잔여재산분배청구권 등 권리의 집합체를 의미한다. 이와 같은 권리가 주주권이고, 이를 유가증권의 형식으로 표창한 것이 주권이다. 의결권 · 소수주주권 등 회사의 지배에 관한 권리를 일반적으로 공익권, 이익배당청구권 · 잔여재산분배청구권 등 재산적 권리를 자익권이라고 부른다.

요컨대 주식은 "자본금의 일부이자, 권리의 집합체"라는 이원적 성격을 가진다. 예를 들어 자본금이 1억 원이고, 1주의 금액이 5,000원인 회사라면 발행주식총수는 2만 주가 되고, 각 주주는 자신이 가진 주식 수에 비례하여(예: A가 2,000주를 보유한 경우 전체의 10%) 의결권·배당청구권 등 주주권을 행사하게 된다.

2. 주식의 불가분성

주식은 자본금의 최소 구성단위이므로, 그 단위 미만으로 법률상 분할할 수 없다. 이를 주식의 불가분성 또는 주식불가분의 원칙이라고 한다.

자본금 측면에서 보면, 액면주식을 채택한 회사에서는 1주의 액면금액이 100원 이상이어야 하고(상 329조), 100원 미만의 단위로 주식을 세분할 수 없다.

나아가 주주권 측면에서 보면 두 가지 문제가 제기된다. 하나는 단주의 문제이고, 다른 하나는 주주권의 분할양도 문제이다.

먼저, 1주 미만의 단위인 이른바 단주는 원칙적으로 허용되지 않는다. 단주가 독립된 주식으로 인정되면, 1주 단위로 부여된 주주권의 행사 주체와 범위가 불명확해지기 때문이다. 예를 들어 A가 1주만 보유하고 있는 상황에서 그 1주의 1/2만을 B에게 양도하기를 원하더라도, 법률상 0.5주는 독립된 주식으로 인정되지 않으므로, 이러한 방식의 양도는 허용되지 않는다. 다만, 단주가 불가피하게 발생하는 경우가 있다. 예컨대 구주 5주를 신주 1주로 병합하는 비율로 주식병합(상 440조)을 하는 경우, 어떤 주주가 구주 1주만 가지고 있다면 0.2주의 단주가 발생한다. 이 경우 회사가 단주를 자기주식으로 취득하고 그 대가를 주주에게 지급하는 등의 별도의 정리 규정을 두고 있다(상 341조의2 등).

다음으로, 1주의 주주권 중 공익권만 제3자에게 양도하는 등 권리를 분할해서 이전하는 것도 허용되지 않는다. 경제적 이해관계를 수반하지 않는 의결권 행사는 의사결정의 왜곡 위험이 있기 때문이다. 예컨대 A가 보유한 1주에 관한 의결권만을 B에게 넘기고, 이익배당청구권은 자신이 그대로 보유하는 식으로 권리를 분리·이전하는 것은 허용되지 않는다.

3. 주식의 공유

1주의 주식을 수인이 공동으로 소유하는 것을 주식의 공유라고 한다. 상법은 이를 허용하되, 회사와의 관계를 명확히 하기 위해 몇 가지 특칙을 둔다.

첫째, 공동인수인의 연대책임이다. 즉, 수인이 주식을 공동으로 인수한 경우, 그들은 주식대금 납입에 관하여 연대책임을 진다(상 333조). 이는 자본금 충실을 확보하기 위한 규정이다.

둘째, 주주권 행사자의 지정이다. 즉, 공유자는 주주권을 행사할 자 1인을 정해야 한다(상 333조). 회사의 입장에서는 누가 주주로서 권리를 행사하는지를 명확히 할 필요가 있기 때문이다. 예컨대 1주를 A, B, C 세 사람이 함께 소유하는 경우, 회사 입장에서는 매번 A, B, C 모두에게 의결권 행사 여부를 확인하는 것이 비현실적이므로, A, B, C가 미리 주주권을 행사할 자로 B를 정해 두면 회사는 B를 상대로만 의결권 행사 여부를 확인하면 된다.

셋째, 통지 및 최고의 상대방이다. 주주권 행사자가 정해지지 않은 때에는 공유자 중 1인에 대한 통지 · 최고로 족하다(상 333조). 모든 공유자별로 개별 통지 · 최고의무를 부과하면 회사에게 과도한 부담이 되기 때문이다.

결국 회사는 개별 공유자가 아니라 공유자를 대표하여 주주권을 행사하는 자를 중심으로 주주와의 법률관계를 처리하면 충분하다. 공유자들 사이의 내부적 지분비율이 다르더라도, 회사는 이를 고려하여야 할까? 상법은 회사와 주주 사이의 관계에서는 연대책임과 대표자 1인을 기준으로 법률관계를 규율할 뿐이고, 공유자들 간 지분비율 차이는 회사와의 법률관계와는 무관한 그들의 내부관계이다.

Ⅱ. 주식의 분류

1. 액면주식과 무액면주식

주식이 자본금과 어떠한 관계를 가지는지는, 회사가 액면주식을 택했는지, 무액면주식을 택했는지에 따라 달라진다.

(1) 액면주식

액면주식은 정관으로 정한 1주의 금액인 액면금액을 주권에 표시하는 주식이다(상 289조 · 356조). 액면금액은 모든 주식에서 균일해야 하고, 1주 액면금액은

100원 이상이어야 한다(상 329조). 이 경우 자본금은 원칙적으로 발행주식의 액면총액이며, 발행가액이 이를 초과하는 부분은 자본준비금을 계상한다(상 451조).

- 자본금 = 발행주식총수 × 1주 액면금액

예를 들어, 액면금액이 1주당 5,000원이고 발행주식총수가 2만 주인 경우, 자본금은 1억 원(5,000원 × 2만 주)이 된다. 이때 신주를 1주당 7,000원에 발행하면, 액면금액 5,000원은 자본금에, 나머지 2,000원은 자본준비금으로 계상된다.

자본금 충실의 원칙상, 설립 시에는 액면금액 미만으로 발행하는 것이 금지되고, 성립 후에는 엄격한 요건 아래에서만 액면미달발행이 제한적으로 허용된다(상 330조 · 417조).

다만 오늘날에는 액면금액이 반드시 주식의 실제 가치나 발행가액을 반영하는 것은 아니어서, 액면 그 자체의 경제적 의미는 상당히 약화되었다. 그렇다면 액면금액은 단지 장부상의 숫자에 불과한가, 아니면 여전히 자본금충실 규제의 기준으로서 의미를 가지는가? 현실 가치와는 괴리가 있지만, 자본금의 형성 · 유지 · 변동을 판단하는 법적 기준으로서 여전히 중요한 역할을 한다. 예컨대 주식의 발행가액, 자본금 감소, 배당가능 여부 등의 규율 기준으로 기능하며, 자본금 충실 원칙을 실질적으로 지탱한다.

(2) 무액면주식

무액면주식은 1주의 금액, 즉 액면금액이 정해져 있지 않고, 주권에는 몇 주권인지 주식 수만 표시되는 주식이다(상 329조). 예컨대 "100주권"이라고만 적힌다. 주주는 발행주식총수 대비 자신이 보유한 주식 수 비율에 따라 지분을 파악한다.

이 경우 자본금은 발행가액 중 자본금으로 계상한 금액의 합계이며, 그 금액은 발행가액의 50% 이상이어야 한다(상 451조). 어느 범위까지를 자본금으로 계상할지는 원칙적으로 이사회가 정하며, 나머지는 자본준비금으로 계상된다(상 451조). 예를 들어, 회사가 무액면주식을 1주당 10,000원에 발행하면서 그 중 6,000원을 자본금으로, 4,000원을 자본준비금으로 계상하기로 결정한 경우, 자본금 계상비율은 발행가액의 60%가 된다(상법상 최소한 50% 이상이어야 한다).

무액면주식에는 액면 자체가 존재하지 않으므로, 액면미달발행의 금지 · 제한 규정은 적용될 수 없다. 대신 발행가액 중 얼마를 자본금으로 계상할 것인지를 중심으로 자본금 충실 여부를 통제한다. 그렇다면 무액면주식 제도는 자본금 충실 규제를 완화하는 제도일까, 아니면 규율의 형식을 전환하여 보다 유연한 자본 관리를 가능하게 하는 제도일까? 이는 자본금 충실 규제가 폐지되거나 약화된 것이 아니라, 규율의 기준이 액면금액에서 자본금 계상비율로 전환된 것으로 이해하는 것이 타당하다.

(3) 선택 및 전환

회사는 액면주식과 무액면주식 중 하나를 선택해야 하며, 양자를 병존시킬 수 없다(상 329조). 동일 회사 내에 서로 다른 자본금 구성 방식이 공존하면, 자본금 구조가 과도하게 복잡해질 수 있기 때문이다. 다만 정관에 따라 액면주식을 무액면주식으로, 또는 그 반대로 전환하는 것은 허용된다(상 329조). 이 경우에는 정관변경과 신주권의 교부 등의 절차를 거쳐야 하고(상 329조 · 442조), 전환으로 인해 자본금 총액 자체가 변동될 수 없다는 점에서 자본금충실 원칙은 유지된다(상 451조).

만약 회사가 액면주식에서 무액면주식으로 전환하면, 기존 주주의 경제적 지위에는 어떤 변화가 생길까? 주식 수와 지분 비율은 유지되므로 실질적 경제 지위는 변하지 않으며, 자본금 구성 및 회계 처리 방식만이 달라지는 것이 핵심이다.

2. 기명주식과 무기명주식

주권과 주주명부에 주주의 성명이 기재되는지 여부에 따라 주식은 기명주식과 무기명주식으로 나뉜다. 기명주식은 주주의 성명이 주권과 주주명부에 기재되어 있는 주식이다. 회사의 통지 · 최고는 원칙적으로 주주명부상의 주소로 하면 충분하다(상 353조). 회사는 주주를 특정할 수 있어 지배구조와 공시의 투명성을 확보하기 용이하다. 이에 비해 무기명주식은 주주의 성명이 기재되지 않는 주식으로서 주권의 점유자가 곧 주주로 취급된다. 무기명주식은 과거에는 양도 편의성 면에서 장점이 있었으나, 기명주식 역시 주권의 교부만으로 양도가 가능하게 됨에 따라 이러한 장점은 크게 희석되었다.

무기명주식은 회사가 누가 실제 주주인지를 파악하기 어렵게 만들고, 자금

세탁 · 탈세 · 범죄악용의 우려가 크다는 점에서 비판을 받아 왔다. 이러한 문제의식 하에 2014년 상법 개정으로 무기명주식 제도는 폐지되었고, 현재는 기명주식만 인정된다.

Ⅲ. 종류주식

1. 의의와 구조

주식회사의 기본 원칙은 주주평등의 원칙에 있다. 주주는 보유 주식 수에 비례하여 동일한 내용의 주주권을 행사하고, 이 전제 아래에서 "1주 = 1의결권, 같은 종류의 주식에는 동일한 내용의 이익배당 · 잔여재산분배"가 이루어진다. 그러나 현실의 자본조달과 지배구조 설계에서는 훨씬 더 다양한 조합이 필요하다. 이를 위해 상법은 일정한 범위 내에서 주주평등의 원칙에 대한 예외를 허용하는데, 그 도구가 바로 종류주식이다.

상법은 다음과 같은 사항에 관하여 내용이 다른 주식을 종류주식으로 인정한다(상 344조). 구체적으로 ① 이익배당 · 잔여재산분배에 관한 종류주식(상 344조의2), ② 의결권 배제 · 제한에 관한 종류주식(상 344조의3), ③ 상환주식(상 345조), ④ 전환주식(상 346조)이 종류주식에 해당한다. 이는 이른바 종류주식 법정주의의 표현이다. 주주평등의 원칙에 대한 예외이므로, 법이 열거한 유형에 한하여 인정하는 것이다. 회사가 종류주식을 발행하는 경우 정관에 그 내용과 수, 즉 종류별 발행예정주식총수를 정해야 하고(상 344조), 이는 등기 · 주권 · 주주명부 등에서 공시된다(상 317조 · 352조 · 356조 등).

정관에 다른 정함이 없더라도, 종류주식에 관하여는 ① 신주의 인수, ② 주식의 병합 · 분할 · 소각, 또는 ③ 회사의 합병 · 분할로 인한 신주의 배정에 관하여 특수하게 정할 수 있다(상 344조). 따라서 정관에 규정이 없더라도, 종류주식별로 신주인수권을 다르게 배정하거나, 주식의 병합 · 분할 · 소각의 비율을 다르게 정하거나, 합병 · 분할 시 신주를 다르게 배정하는 것이 가능하다. 이는 종류주식이 본질적으로 권리 내용의 차이를 전제로 발행되는 주식이어서, 동일한 취급을 전제로 하는 주주평등의 원칙이 그대로 적용되기 어렵기 때문이다.

다만, 회사가 위와 같은 특수한 정함, 정관 변경, 합병 · 분할, 또는 주식의 교환·이전 등으로 특정 종류주주에게 불리한 효과를 발생시키려는 경우, 일반 주주총회 결의 외에 그 종류주주만으로 구성된 종류주주총회의 특별결의가 추가로 필요하다(상 435조·436조). 이는 주주평등의 예외를 허용하되, 그 예외의 적용으로 인해 특정 종류주주에게 불리한 변경을 할 때에는 그들에게 별도의 승인권을 부여하는 방식이라고 정리할 수 있다.

주주평등의 원칙이 그렇게 중요하다면, 왜 애초에 종류주식 같은 예외를 두었을까? 자본시장에서 투자자 유형과 위험 선호가 다양해짐에 따라, 단일한 보통주 방식만으로는 충분한 자본조달과 세밀한 지배구조 설계가 어렵기 때문이다. 종류주식은 이러한 현실적 요구를 법적으로 제도화한 장치이다.

2. 이익배당 또는 잔여재산분배에 관한 종류주식

회사는 이익배당 또는 잔여재산분배에 관하여 내용이 다른 주식을 발행할 수 있다. 이 경우 정관에는 배당·분배의 재산 종류(금전, 주식, 현물 등), 재산가액의 결정방법, 배당·분배의 조건 등을 구체적으로 정해야 한다(상 344조의2).

이러한 종류주식은 실무에서는 대체로 다음과 같이 구분된다.

- **보통주** – 배당·분배에 관하여 기준이 되는 주식
- **우선주** – 보통주보다 유리한 지위(우선적 배당·분배, 고배당률·분배율 등)를 갖는 주식
- **후배주** – 보통주보다 후순위에 있는 주식
- **혼합주** – 배당에서는 우선, 잔여재산분배에서는 후순위 등 복합적 권리구조를 가진 주식

우선주에 대해서는 특히 다음과 같은 점을 정관에서 정할 수 있다.

- **참가적 우선주 / 비참가적 우선주** – 정관에서 정한 우선배당조건에 따른 배당을 받은 후, 그 다음에 보통주와 함께 잔여이익 배당에 참가할 수 있는지 여부
- **누적적 우선주 / 비누적적 우선주** – 어느 연도에 우선배당조건에 미달하는 배당만 받은 경우, 그 부족분을 다음 연도로 이월하여 받을 수 있는지 여부

예컨대 정관에서 "보통주는 연 3% 범위 내에서 배당하고, 우선주는 연 5%의 확정배당을 한 후, 그 해의 잔여이익에 관하여는 보통주와 동일하게 배당에

참가한다"라고 정한 경우, 우선주는 이익배당에 있어서 우선 · 참가적 지위를 가진다.

다만 어떠한 방식이든 배당은 배당가능이익 범위 내에서만 이루어져야 한다(상 462조). 종류주식은 이러한 제한 하에서 배당의 순서 · 강도 · 조건을 조정하는 수단일 뿐이다. 한편, 잔여재산분배에 관한 종류주식은 회사의 청산 상황에서만 의미를 가지므로, 기업의 정상적인 존속 단계에서는 상대적으로 활용 빈도가 낮다.

우선주로 높은 배당을 보장하면, 왜 모든 투자자가 우선주만 원하지 않을까? 우선주는 대개 의결권이 제한되거나 배제되고, 일정 시점 이후 회사 또는 해당 주주의 선택에 따라 상환되거나 보통주로 전환되는 등 권리의 존속과 내용이 조건부로 설계되는 경우가 많다. 결국 투자자는 배당의 안정성과 지배 · 참여 구조 전반에 대한 관여 가능성 사이에서 선택을 하게 되며, 종류주식은 이러한 선택을 제도적으로 가능하게 하는 수단이다.

3. 의결권의 배제 · 제한에 관한 종류주식

(1) 의의

회사는 의결권이 없거나 특정 사항에 관하여 의결권이 제한되는 주식을 발행할 수 있다(상 344조의3). 예컨대 모든 안건에 대해 의결권이 배제되는 주식, 특정 안건(예: 이사 선임)에 관하여만 의결권이 제한되는 주식 등이 여기에 해당한다. 이 경우 정관에는 의결권을 행사할 수 없는 사항과, 의결권의 행사 또는 부활에 관하여 조건을 정한 경우 그 조건을 기재해야 한다. 이는 1주 1의결권이라는 기본 원칙에 대한 예외이므로, 상법은 이를 무제한 허용하지 않고 일정한 제한을 두고 있다.

특히, 의결권이 없는 종류주식의 총수는 발행주식총수의 4분의 1을 초과할 수 없고, 이를 초과하면 회사는 지체 없이 초과한 종류주식의 소각 등 필요한 시정조치를 취해야 한다(상 344조의3). 이는 소수의 의결권 있는 주식만으로 회사를 지배하는 구조, 이른바 의결권의 편중지배를 방지하기 위한 취지이다.

나아가 상법이 명시하지 않은 유형은 의결권 배제 · 제한의 종류주식으로 인정되지 않는 것이 원칙이다. 상법은 차등의결권주식(예: 일부 주식에 5개의 의결권을 부여하는 경우)이나 부분의결권주식(예: 일부 주식에 0.1개의 의결권을 부여하는 경우)을 별도로 규정하지 않고 있다. 종류주식 법정주의에 비추어, 이러한 유형은 허용되지 않는다는 해석이 일반적이다.

그렇다면 벤처기업처럼 창업자의 지배권 보호가 중요한 경우, 차등의결권을 도입하고자 하더라도 상법상 허용되지 않는다면 어떤 수단을 활용할 수 있을까? 현행 상법은 전통적인 1주 1의결권 구조를 유지하면서도, 의결권 없는 종류주식·우선주·전환주식 등을 활용한 우회적 구성을 허용하는 입법 태도를 취하고 있다. 예를 들어 벤처기업이 초기 투자자에게는 의결권이 없는 대신 높은 배당률이 보장되는 우선주를 발행하고, 창업자에게는 의결권이 있는 보통주를 집중시키는 방식으로 자본구조를 형성하는 경우가 많다. 나아가 초기에는 의결권이 없는 우선주로 투자하되, 기업이 성장하거나 일정한 조건이 충족되면 보통주로 전환할 수 있도록 하는 전환주식을 발행함으로써, 투자자에게는 향후 지배참여 가능성을, 창업자에게는 초기 단계에서의 지배권 안정을 동시에 확보할 수도 있다. 이때 투자자는 배당의 안정성과 장래의 전환 가능성을, 창업자는 경영지배권의 유지를 각각 중시하는 선택을 하게 된다.

(2) 효과와 예외

의결권배제·제한의 종류주식은 원칙적으로 주주총회 소집통지를 받을 권리가 없고(상 363조), 그 안건에 관하여 의결권도 행사할 수 없다. 하지만 의결권이 없다는 이유만으로 일반 주주권이 전면 부정되는 것은 아니다.

먼저, 배당청구권, 잔여재산분배청구권, 대표소송 제기권, 장부열람·등사청구권 등 재산적·감시적 권리는 그대로 존속한다. 또한, 법이 특별히 총주주의 동의를 요구하는 경우, 예컨대 이사·감사의 책임면제에 관한 총주주의 동의(상 400조·415조)에서는 의결권 없는 종류주식을 가진 주주도 총주주에 포함된다. 이는 회사에 중대한 영향을 미치는 사항에서는 의결권 유무와 관계없이 모든 주주의 이해가 직접적으로 관련되어 있다는 점을 반영한 것이다. 의결권이 없는 주식인데도 어떤 경우에는 총주주에 포함해서 동의를 요구하는 것은 모순이 아닌가? 의결권 부여 여부는 통상적인 경영 의사결정에의 참여를 조정하는 장치일 뿐, 의결권의 포기 또는 제한이 주주의 근본적 이해관계에까지 미치는 것을 예정한 것은 아니다. 따라서 회사의 존립이나 주주의 기본적 지위에 중대한 영향을 미치는 사항에 대해서는, 의결권 유무와 관계없이 모든 주주를 다시 참여시키는 방향으로 이해하는 것이 타당하다.

4. 상환주식

(1) 개념과 기능

상환주식은 발행 시부터 장래에 회사가 그 주식을 취득하여 소각할 것이 예정되어 있는 주식이다. 상환은 배당가능이익을 재원으로 하여 이루어지고, 상환 후에는 해당 주식이 소각되므로 지분 구조가 다시 조정된다(상 345조). 예컨대 회사가 5년 뒤 상환을 예정한 상환우선주를 발행하여 일시적으로 자기자본을 확충한 뒤, 향후 이익이 충분히 누적되면 배당가능이익을 재원으로 해당 상환우선주를 상환·소각하는 방식으로 지분 구조를 조정할 수 있다.

경제적 실질만 보면, 일정 시점에 원금을 돌려주는 점에서 사채와 유사하지만, 주식의 형식을 취하며 배당가능이익이 있어야만 상환이 가능하다는 점에서 사채와 구별된다. 즉, 상환주식은 일시적으로 자기자본을 확대했다가, 일정 시점 이후 배당가능이익을 활용해 자기자본을 축소하는 수단이라고 요약할 수 있다.

(2) 기본 구조

상법은 상환주식에 관하여 크게 두 가지 유형을 예정한다(상 345조). 회사상환주식은 회사가 정한 기간·조건에 따라 상환 여부를 결정할 수 있는 주식으로서 상환권이 회사에 있다. 이에 비해 주주상환주식은 주주가 정해진 기간·조건에 따라 회사에 상환을 청구할 수 있는 주식으로서 상환청구권이 주주에게 있다.

정관에는 상환가액, 상환기간·청구기간, 상환방법 등 주요 사항을 정하여야 한다(상 345조). 상환은 자본금 충실에 직접 영향을 미치는 행위이므로 정관 기재사항으로 엄격히 통제하는 것이다. 또한 상환은 배당가능이익 범위 내에서만 이루어져야 하는데(상 345조), 이는 자본금충실의 원칙을 훼손할 우려를 방지하기 위한 것이다. 회사가 상환의 대가로 현금을 지급하는 대신 유가증권이나 기타 자산을 교부하는 것도 허용되지만, 그 장부가액 역시 배당가능이익을 초과할 수 없다(상 345조).

상환에 따라 주식이 소각되더라도 자본금 자체는 감소하지 않는다. 채권자 보호가 핵심인 자본감소절차(상 438조)를 거치지 않는 대신, 상환 재원을 배당가능이익으로 엄격히 한정함으로써 채권자를 간접적으로 보호하는 효과가 생긴다.

5. 전환주식

(1) 의의

전환주식은 일정한 조건 하에서 다른 종류주식으로 전환할 수 있는 권한이 부여된 주식이다(상 346조). 실무에서는 의결권 없는 우선주를 일정 시점 이후 보통주로 전환할 수 있도록 설정하는 경우가 대표적이다. 전환주식은 이러한 구조를 통해서 자본조달의 유연성을 높인다는 장점이 있다. 투자자는 초기에는 이익배당에서 우선적 지위에 있는 우선주를 취득하고, 이후에는 의결권이 있는 보통주로 전환하여 지배에 참여할 수 있다는 기대를 가질 수 있기 때문이다.

예를 들어 의결권이 제한된 우선주를 발행하면서, 상장 후 3년이 지나면 주주의 청구에 따라 1:1 비율로 보통주로 전환할 수 있다고 정하는 경우, 투자자는 초기에는 배당에 집중하고, 이후에는 전환권을 행사함으로써 의결권이 있는 보통주 주주로 전환하여 지배에 참여할 수 있게 된다.

(2) 방식과 절차

전환의 대상은 원칙적으로 다른 종류주식이다. 이익배당 · 잔여재산분배, 의결권 배제 · 제한, 또는 상환에 관한 종류주식으로 전환할 수 있고, 보통주 역시 전환의 대상이 될 수 있다는 것이 일반적 견해이다. 전환주식도 상환주식과 마찬가지로 다음의 두 종류가 있다(상 346조). 회사전환주식은 회사가 전환 여부를 결정할 권한을 가지는 주식이고, 주주전환주식은 주주가 전환을 청구할 수 있는 주식이다.

정관에는 전환의 조건 · 기간과 전환으로 발행될 주식의 종류와 수 등을 구체적으로 정해야 한다(상 346조). 또한 회사전환주식은 정관에서 정한 일정한 사유가 있는 경우에만 전환이 가능하므로(상 346조), 그 전환사유 역시 정관에 기재해야 한다.

(3) 전환의 효과

회사전환주식의 경우 전환사유가 발생하면 회사의 결정과 통지에 따른 주권 제출기간이 끝난 때에, 주주전환주식의 경우 주주가 청구하면 그 청구 시에 전환의 효과가 발생한다(상 350조). 전환의 효과가 발생하면, 종전 주식은 소멸하고, 전환 후 주식이 새로 발행된 것으로 보며, 주주는 그 신주를 기준으로 곧바로 주주권을 행사할 수 있다. 전환으로 발행될 주식 수는 종류주식별 발행예정주식 총수 범위 내에서 미리 확보되어야 하고, 전환기간 중에는 그 몫만큼 다른 방식의 발행이 제한된다(상 346조).

발행가액 측면에서는, 전환으로 발행되는 신주의 발행가액 총액이 종전 주식의 발행가액 총액과 같아야 하며(상 348조), 이 제한 내에서 전환조건(전환비율 등)이 정해진다. 이는 자금조달을 위해 무리한 조건으로 전환주식을 발행함으로써 자본금충실의 원칙을 훼손하는 것을 방지하려는 것이다.

한편, 자본금과의 관계를 액면주식을 기준으로 보면, 전환조건이 1:1보다 크거나 작으면 자본금이 증가하거나 감소할 수 있고, 자본금 감소가 수반되는 경우는 일반적 자본감소와 마찬가지로 채권자보호절차(상 439조)를 거쳐야 한다.

마지막으로, 전환 전 주식에 설정된 질권은, 질권의 물상대위 원칙에 따라서 전환 후 주식에도 그대로 미친다(상 339조). 전환으로 인해 담보가 무력화되는 것을 방지하기 위한 장치이다.

제2항 주 주

Ⅰ. 주주의 의의

주주는 주식회사의 사원이다. 주식회사의 사원 지위는 주식을 인수하거나 양수함으로써 취득하며, 이 지위를 통해 회사의 이익·손실과 지배구조에 간접적으로 참여하게 된다. 주주의 책임은 간접·개별·유한책임이라는 점에 특징이 있다. 즉, 주주는 자신이 인수한 주식의 인수가액을 한도로, 개별적으로 회사에 대해 책임을 진다(상 331조). 또한 회사채권자에 대해서는 직접 책임을 지지 않고, 회사라는 법인을 매개로 한 간접책임만을 부담한다. 예를 들어 A회사가 10억 원의 채무를 부담하고 파산하더라도, 주주 B가 1,000만 원어치 주식을 인수하여 이미 전액 납입을 마친 경우, B는 그 1,000만 원을 초과하여 A의 채권자에게 직접 책임을 지지 않는다.

이처럼 책임이 제한되기 때문에, 주식회사에서는 소유와 경영의 분리가 구조적 원칙으로 자리 잡는다. 주주는 출자를 통해 회사의 소유에 참여하지만, 일상적 경영은 이사 등 기관에게 맡겨진다. 나아가 주주의 인적 개성은 상대적으로 중시되지 않으므로, 주주는 원칙적으로 주식을 자유롭게 양도할 수 있다(상 335조). 주주가 교체되더라도 회사의 존속과 활동에 지장이 없도록 설계된 구조이다.

사원이면서도 회사채권자에게 직접 책임을 지지 않는 존재가 바로 주주라면, 사원이라는 개념은 인적회사에서와 어떻게 다를까? 주식회사의 사원은 더 이상 인적 결합체의 무한책임을 부담하는 구성원이 아니라, 자본 제공자이자 투자자로서의 성격이 중심이라는 점을 전제로 이후의 논의를 이해할 필요가 있다.

Ⅱ. 주주평등의 원칙

1. 의의

주주평등의 원칙은 회사와 주주 간의 법률관계에서 모든 주주는 보유 주식 수에 비례하여 평등하게 취급되어야 한다는 원칙이다. 주식평등의 원칙이라고도 하며, 두 표현은 실질적으로 동일한 의미로 사용된다. 이 원칙은 두 층위로 나누어 볼 수 있다. 비례적 평등이란 더 많이 출자한 주주는 그에 비례하여 더 많은 의결권과 이익배당을 가지되, 동일한 1주에는 동일한 권리와 의무가 부여된다는 것을 의미한다. 이에 비해 종류별 평등은 같은 종류의 주식 간에는 평등이 요구되고, 다른 종류의 주식 간에는 정관이 정하는 범위에서 차등이 허용된다는 의미이다. 결국 주주평등의 원칙은 "출자액에 따른 평등"이라는 자본주의 회사법의 기본 원리가, 주주와 회사 간 법률관계에서 구체화된 것이라고 이해할 수 있다.

2. 근거

왜 출자액에 비례하는 평등이 요구되는가? 유한책임을 지는 주주 사이에서는 각자의 출자액에 따라 권리와 부담이 배분되는 것이 공정하기 때문이다. 성문법상 근거도 다수 존재한다. 구체적으로는 ① 1주마다 1개의 의결권을 인정하고(상 369조), ② 주식 수에 따라 이익배당을 하며(상 464조), ③ 주식 수에 따라 잔여재산 분배를 하고(상 538조), ④ 주식의 종류에 따라 별도의 종류주주총회를 인정하는 점에서 그 근거를 찾을 수 있다(상 435조).

판례는 주주평등의 원칙을 회사법의 기본원칙이자 강행규정으로 이해한다. 따라서 회사와 특정 주주 사이의 계약으로 이를 임의로 배제하는 것은 허용되지 않는다.

3. 내용

주주평등의 원칙은 회사와 주주 사이의 법률관계에서 적용된다. 다시 말해, 회사는 주주를 그가 가진 주식 수에 따라 평등하게 취급해야 한다. 반면, 주주 상호 간 또는 주주와 제3자 사이에는 직접 적용되지 않는다. 예를 들면, 회사가 일부 주주에게만 우월한 권리나 이익을 부여하는 약정을 체결한 경우를 생각해 보자. 특별한 사정이 없는 한 이러한 약정은 다른 주주들에게 인정되지 않는 이익을 특정 주주에게만 부여하는 것이므로, 주주평등의 원칙에 반하여 무효로 된다.

판례는 다음 사안에서 주주평등의 원칙 위반을 인정하였다. 즉, 회사가 직원들을 대상으로 유상증자를 실시하면서 "퇴직 시 출자손실금을 전액 보전해주겠다"고 약정한 경우, 해당 직원들에게는 투하자본 회수가 사실상 보장됨으로써, 다른 주주에게는 없는 우월한 지위를 부여하는 결과가 된다고 보아, 주주평등의 원칙 위반에 따른 무효라고 판단하였다.

그렇다면 회사가 일부 주주에게 일정한 차이를 두는 모든 경우가 곧바로 금지되는 것일까? 주주평등의 원칙에 대한 예외는 원칙적으로 법률이 예정한 경우에 한하여 인정되며, 법률상 근거 없이 특정 주주에게 우월한 법적 지위를 부여하는 차등은 허용되지 않는다. 결국 문제는 단순한 차등의 존재 여부가 아니라, 그 차등이 출자액에 따른 비례적 평등이나 종류별 평등이라는 주주평등의 구조를 법률상 허용된 범위를 넘어 훼손하는지 여부에 있으며, 이에 대한 판단은 개별 사안의 구체적 사정을 종합하여 이루어진다.

4. 예외

주주평등의 원칙은 회사법의 기본원칙이자 강행규정이지만, 그 적용이 모든 상황에서 동일한 방식으로 관철되는 것은 아니다. 상법은 주주평등의 원칙을 유지하는 것을 전제로 하되, 지배력 남용의 방지나 소수주주 보호 등 특정한 정책적 필요가 인정되는 경우에 한하여 법률로 명시적인 예외를 두고 있다. 대표적인 예는 다음과 같다.

첫째, 종류주식이다. 회사는 이익배당, 잔여재산 분배, 의결권, 상환, 전환 등에 관하여 서로 다른 내용을 가진 주식을 발행할 수 있다(상 344조 이하). 이는 투자자의 위험 · 수익 선호의 다양성과 회사의 자본조달 필요에 맞추어 주주권을 탄력적으로 구성할 수 있도록 한 것이다. 다만 같은 종류주식 상호 간에는 여전히 평등이 유지되어야 한다.

둘째, 감사 선임 시의 의결권 제한이다. 특정 주주가 보유하는 일정 비율 이상의 주식에 관하여 감사의 선임 시 또는 해임 시 의결권을 제한하는 규정(상 409조 · 542조의12)은 주주평등의 원칙에 대한 입법적 예외에 해당한다. 이는 지배주주가 감사의 선임 또는 해임에 대한 과도한 영향력 행사를 통해 감사의 감시기능을 형해화하는 것을 방지하고, 감사의 독립성을 확보하기 위한 장치이다.

결국 주주평등의 원칙 자체는 유지하되, 특정한 정책적 상황에서는 오히려 예외를 통해 지배력 남용을 견제하는 것이 더 공정한 결과를 가져온다고 보아 이러한 예외를 설정한 것이다.

Ⅲ. 주주의 권리

1. 의의

주주의 권리는 주주가 회사에 대해 가지는 권리의 총체를 의미한다. 이를 이해하기 위해 두 단계로 나누어 보는 것이 편리하다.

- **포괄적 · 추상적 의미의 주주권** – 이는 주주라는 지위 자체에 내재한 권

리의 집합체를 가리킨다. 이익배당청구권이나 잔여재산분배청구권과 같은 추상적 권리는 주주라는 지위에 결부된 권리로서, 주주가 아닌 자에게 분리하여 양도하거나 담보로 제공할 수 없다. 예컨대 향후 발생할 수 있는 이익배당청구권 자체만을 분리하여 양도할 수는 없다. 이 점에서 주주권은 주식과 분리되지 않으며, 앞서 본 주식의 불가분성과 연결된다.

- **구체화된 개별 권리** – 추상적인 주주권이 주주총회 결의 등 일정한 요건을 거치면, 개별적인 채권으로 구체화된다. 대표적인 것이 이익배당청구권이다. 추상적인 이익배당청구권은 주주총회의 이익배당결의를 통해 비로소 지급액이 확정되고 청구할 수 있는 구체적 이익배당청구권으로 변한다. 이렇게 구체화된 이익배당청구권은 일반 채권과 동일하게 양도되거나 담보로 제공될 수 있다.

예컨대 2025사업연도에 이익이 발생하더라도, 2026년 정기주주총회에서 이익배당결의가 이루어지기 전까지는 개별 주주에게 "2025사업연도분 배당금 ○원을 지급하라"는 구체적 청구권은 발생하지 않는다.

이처럼 주주권이라는 말은 문맥에 따라 추상적 권리의 총체를 가리키기도 하고, 개별적·구체적 권리를 가리키기도 한다는 점을 감안할 필요가 있다. 배당결의 전과 후에 이익배당청구권의 법적 성질이 달라진다는 점은, 회사법상 주주의 지위에서 발생하는 권리관계가 주주총회 결의를 통해 채권법상 권리로 구체화되는 구조를 잘 보여주는 예라고 할 수 있다.

2. 종류

(1) 자익권과 공익권

자익권과 공익권은 권리행사의 목적을 기준으로 한 구분이다. 자익권은 주주가 회사로부터 경제적 이익을 확보하기 위하여 행사하는 권리이다. 이익배당청구권(상 462조), 잔여재산분배청구권(상 538조), 신주인수권(상 418조) 등이 여기에 속한다. 반면에 공익권은 회사의 지배나 경영에 관여하거나 감시하기 위하여 행사하는 권리이다. 주주총회 소집요구권(상 366조), 의결권(상 369조), 설립무효의 소제기권(상 328조) 등이 그 예이다. 결국 자익권은 투하자본의 회수·증식을 위한 권리이고, 공익권은 회사의 경영과 지배구조에 관여하기 위한 권리라고 이해하면 된다.

(2) 단독주주권과 소수주주권

단독주주권과 소수주주권은 행사에 필요한 주식 보유 요건을 기준으로 구분한다.

1) 단독주주권

단독주주권은 1주의 주식만을 보유한 주주도 단독으로 행사할 수 있는 권리이다. 자익권은 모두 단독주주권에 속한다. 공익권 중에서도 의결권(상 369조), 설립무효의 소 제기권(상 328조) 등 일부는 단독주주권이다. 즉, 1주만 보유한 주주도 행사할 수 있는 권리가 무엇인지를 확인하는 것이 단독주주권 논의의 핵심이다.

2) 소수주주권

소수주주권은 일정한 비율 이상의 주식을 보유해야만 행사할 수 있는 권리이다. 이러한 요건을 두는 이유는 무엇일까? 공익권 중에서도 특히 경영 감시나 구조 변경과 같이 회사에 큰 영향을 미치는 권리는, 그 행사가 남용되는 것을 막기 위하여 일정한 정도 이상의 이해관계를 가진 주주에게만 부여하는 것이 합리적이기 때문이다.

소수주주권의 보유비율 요건은 한 명의 주주가 단독으로 충족해도 되고, 여러 주주가 주식을 합산해서 충족해도 된다. 대표적인 예로는 다음과 같은 것들이 있다. ① 대표소송 제기권은 발행주식총수의 1% 이상(상 403조), ② 주주총회 소집청구권은 발행주식총수의 3% 이상(상 366조), ③ 해산판결 청구권은 발행주식총수의 10% 이상이어야 한다(상 520조). 예를 들면 발행주식총수가 100만 주인 회사에서, 대표소송을 제기하기 위한 1% 요건은 1만 주 이상을 의미하고, 주주총회 소집청구를 위한 3% 요건은 3만 주 이상을 의미한다.

한편, 상장회사는 규모가 크고 지분이 널리 분산되어 있다. 이 경우 비상장회사와 같은 비율요건을 그대로 적용하면, 소수주주권이 사실상 행사되기 곤란해질 수 있다. 이러한 점을 고려하여 상법은 상장회사에 관하여 별도의 특칙을 두고 있다(상 542조의6~542조의7). 그 핵심 내용만 정리하면 다음과 같다.

첫째, 보유비율 요건을 완화하는 대신, 원칙적으로 6개월 이상 계속 보유할 것을 요구한다. 이는 권리 행사만을 위한 단기 취득을 견제하기 위한 것이다. 예를 들어, 일반적으로 주주총회 소집청구권은 발행주식총수의 3% 이상의 보유가 필요하지만, 상장회사의 경우 6개월 전부터 계속하여 1.5% 이상을 보유하면 된다. 예컨대 위 사례의 회사가 상장회사라면, 주주총회 소집청구권은 6개월 전부터 계속 1.5% 이상(1만 5,000주 이상)을 보유한 주주에게 인정된다. 다만 집중투표와 관련된 소수주주권에는 6개월 보유요건이 적용되지 않는다.

둘째, 정관으로 상장회사의 소수주주에게 유리하게, 즉 보유비율 또는 기간 요건을 완화하는 것은 허용된다.

셋째, 상장회사의 주주가 특칙과 일반규정 중 어느 쪽 요건을 충족하더라도 소수주주권을 행사할 수 있다.

(3) 고유권과 비고유권

고유권은 정관이나 주주총회 결의로도 배제하거나 제한할 수 없는 주주의 권리이고, 비고유권은 정관이나 주주총회 결의에 의해 배제·제한이 가능한 권리이다. 다만, 현행 상법상 주주의 권리는 대체로 강행규정에 의해 규율된다. 법률에서 정한 예외적 사유를 제외하면, 정관이나 주주총회 결의로 주주권을 임의로 박탈하거나 제한하는 것은 허용되지 않는다. 이 때문에 실무와 학설에서는 주주의 권리를 거의 모두 고유권에 포함시키는 경향이 있고, 고유권과 비고유권의 구별은 이론적 의미에 비해 실제적인 구별 실익은 크지 않은 개념 구분으로 평가된다.

3. 주주의 정보취득권

주주가 주주권을 실효성 있게 행사하기 위해서는 회사의 조직·경영에 관한 정보가 필수적이다. 이에 따라 상법은 주주의 정보취득권을 여러 조항에서 인정하고 있다. 대표적인 정보취득권은 다음과 같다. ① 정관·주주총회의사록·주주명부·사채원부의 열람·등사청구권(상 396조), ② 이사회의사록의 열람·등사청구권(상 391조의3), ③ 재무제표·영업보고서의 열람·교부청구권(상 448조), ④ 회계장부의 열람·등사청구권(상 466조·542조의6) 등이 이에 해당한다.

앞에서 열거한 세 가지는 모두 단독주주권이고, 회계장부 열람·등사청구권만 소수주주권으로 규정된다. 회계장부 열람·등사청구권을 소수주주권으로 정한 이유는, 구체적 회계정보의 민감성과 그 행사로 인한 회사 경영에 대한 영향력이 크다는 점을 고려했기 때문이다. 정보취득권이 충분히 보장되지 않는다면, 소수주주권이나 대표소송 제도는 형식적으로는 존재하더라도 실질적으로 작동하기 어렵다. 주주의 정보취득권은 단순히 다른 권리에 부수되는 권리가 아니라, 소수주주권과 대표소송을 비롯한 각종 주주권이 실제로 행사되기 위한 전제이자 기초가 되는 권리로 이해할 필요가 있다.

Ⅳ. 주주의 의무와 책임

1. 출자의무

주주는 주식인수인으로서 인수가액 전부를 납입할 의무를 부담한다(상 295조 등). 엄밀히 말하면 이는 주식인수인의 의무이지만, 주주가 되는 과정에서 부담하는 기본적 의무라는 점에서 일반적으로 주주의 출자의무라고 부른다. 이 출자의무를 이행하면, 주주는 그 외에는 원칙적으로 추가적인 책임을 부담하지 않는다. 이것이 유한책임 형태의 핵심이다.

출자는 원칙적으로 인수가액 전액을 금전으로 납입하는 방식으로 이루어진다. 이와 관련하여 자주 문제되는 쟁점만 정리하면 다음과 같다.

• **신주발행 시 상계 출자의 허용** − 신주발행 시, 신주의 인수인이 회사의 동의를 얻으면 회사에 대한 채권과 납입채무를 상계하는 방식으로 출자가 가능하다(상 421조). 이는 실질적으로 회사가 채권자에게 채권을 출자로 전환할 수 있도록 허용하는 제도로, 회사의 입장에서는 채무조정의 수단이 될 수 있다. 다만 회사설립 단계에서는 상계에 의한 납입이 허용되지 않는다. 이는 초기 자본금 충실의 원칙을 특히 엄격하게 확보하려는 취지이다. 예컨대 회사가 유상증자를 하면서 A가 1,000만 원 상당의 신주를 B회사로부터 인수하는 대신, A의 B회사에 대한 금전채권 1,000만 원과 상계하기로 합의한 경우, 이는 상법이 허용하는 상계에 의한 출자로 볼 수 있다.

• **대물변제를 통한 출자의 제한** − 회사에 특정 재산을 이전하는 방식으로 납입을 갈음하는 것은 허용되지 않는다. 이러한 납입은 사실상 현물출자에 해당하므로, 현물가액의 과대평가 방지를 위해 요구되는 현물출자의 요건과 절차에 따라야 한다(상 290조 · 295조 · 299조 · 422조). 예컨대 A가 B회사에 1,000만 원을 납입

해야 할 의무를 부담하면서, "현금 대신 자신이 소유한 기계를 이전하는 방식으로 납입을 갈음하자"고 제안한 경우, 이는 대물변제를 통한 납입으로서 현물출자 절차를 거치지 않으면 적법한 출자로 인정되지 않는다.

- **노무나 신용에 의한 출자의 제한** – 주식회사는 물적 기초를 중시하는 물적회사이므로, 노무나 신용만을 출자대상으로 하는 것은 허용되지 않는다.

2. 지배주주의 충실의무

지배주주는 회사의 경영과 조직에 대해 지배적 또는 이에 준하는 영향력을 행사할 수 있는 주주를 말한다. 일반적으로 50% 이상의 지분(우호세력의 지분을 포함)을 보유한 주주는 주주총회에서 사실상 결정권을 행사할 수 있고, 이를 통해 이사 선임 등 회사의 핵심 사항에 지배적 영향력을 미칠 수 있다. 이 경우, 다수결 원리에 따라 지배주주가 자신의 이익을 중심으로 결정을 일방적으로 관철할 경우 소수주주의 이익이 침해될 위험이 크다.

이러한 우려를 고려하여, 이사가 충실의무를 부담하는 것처럼, 지배주주도 충실의무를 부담한다고 해석하는 것이 일반적인 견해이다. 이에 따르면 지배주주가 충실의무를 위반하면 책임을 지게 되며, 그 책임의 범위와 내용은 이사의 책임(상 399조 · 401조)을 유추적용하여 판단하게 된다. 이는 지배주주가 형식상 주주에 불과하더라도, 회사의 경영과 조직에 대하여 실질적인 지배력을 행사하는 경우에는 그 영향력에 상응하는 책임을 부과하려는 현대 회사법의 경향을 반영한 것으로 이해할 수 있다.

Ⅴ. 주주지위의 상실

주식회사에는 임의퇴사 제도가 없고, 주주지위 상실은 사망 · 양도 · 소각 · 단주처리 · 해산 등 법률이 정한 사유에 따른다. 주주 지위는 주식을 보유하고 있는지에 의해 결정되고, 그 상실 역시 법이 정한 사유와 절차에 따라 이루어진다는 점에서, 계약이나 정관으로 임의로 변경할 수 없는 성격을 가진다.

당사자 사이에서 주주권을 행사하지 않겠다는 취지의 계약을 체결하거나, 주주가 일방적으로 주주권 포기의 의사표시를 한다고 해서 곧바로 주주 지위가 소멸하는 것은 아니다. 판례는 이러한 계약이나 의사표시는 회사와의 관계에서 주주 지위의 상실사유가 아니라고 본다. 다만, 당사자 사이에서는 채권계약으로서 효력이 있으므로, 그 주주가 공익권을 행사하면 계약위반 책임이 문제될 수 있다. 그러나 그러한 사정만으로 공익권 행사의 회사법적 효력(예: 의결권 행사 결과)까지 부인되지는 않는다(판례).

예를 들어 A가 B와의 사이에서 "앞으로 의결권을 행사하지 않겠다"는 내용의 계약을 체결하였다 하더라도, A가 실제 주주총회에서 의결권을 행사하면 그 의결은 회사에 대해서 유효하다. 다만 A는 B에 대하여 계약위반 책임을 질 수 있을 뿐이다.

한편, 주식회사는 물적회사이므로 주주를 제명하는 제도는 인정되지 않으며, 폐쇄회사라 하더라도 특정 주주를 제명하여 주주 지위를 박탈하는 것은 허용되지 않는다(판례).

제 3 항 주권과 주주명부

Ⅰ. 주권

1. 의의

주권은 주식을, 보다 정확히는 주주권을 표창하는 유가증권이다. 주권을 통해서 주주라는 사실을 용이하게 증명할 수 있고, 주권의 교부만으로 주식을 양도할 수 있으므로(상 336조) 주식의 유통을 쉽게 해 주는 기능을 한다.

유가증권으로서 주권은 대체로 다음과 같은 성격을 가진다. ① 권리행사에는 소지가 요구되지 않고, 주식의 이전에만 소지가 요구되는 불완전증권이고, ② 이미 존재하는 주식을 나중에 표창하는 비설권증권이며, ③ 주권의 문언보다 실질적인 주주권 내용이 기준이 되는 비문언증권이고, ④ 일정한 기재사항이 정해져 있는 요식증권이지만, 대표이사의 기명날인·서명과 같은 본질적 기재사항이 아닌 한 일부 흠결이 있더라도 주권 자체의 효력은 부인되지 않으며, ⑤ 기초가 되는 주식 자체가 무효이면 주권도 무효가 되는 요인증권이다.

실무에서는 거래의 편의성과 거래의 안전성을 종합적으로 고려하여 주권의 발행 여부가 결정된다. 주권이 있는 경우에는 주식의 유통과 권리 증명이 용이한 반면, 주권이 없는 경우에는 선의취득의 위험은 줄어들지만 거래는 상대적으로 불편해진다. 이러한 점을 고려하여, 예를 들어 A가 주식을 장기간 보유할 예정이고 단기매매 계획이 없다면, 분실 · 도난의 위험을 줄이기 위해 주권을 발행받지 않거나 주권불소지를 선택할 수 있다. 반대로 B처럼 단기매매를 자주 하는 투자자는 주권을 실제로 교부하면서 신속하게 양도하려는 유인이 크다.

주권의 형태는 다음과 같이 나뉜다. 기명주권과 무기명주권은 주주의 성명이 기재되는지에 따른 구분이다. 무기명주권은 과거에 허용되었으나, 주주 파악의 곤란, 자금세탁 및 범죄악용 우려 등으로 2014년 상법 개정을 통해 폐지되었다. 액면주권과 무액면주권은 1주의 금액이 기재되어 있느냐에 따른 구분이다(상 329조). 그리고 단일주권과 병합주권은 주권 1매가 1주를 표창하는지, 여러 주를 표창하는지에 따른 구분이다(예: 오십주권은 병합주권이다).

그렇다면 위와 같은 실무상의 선택은 주주 지위의 성립과도 연결되는 것일까? 다시 말해, 주권이 반드시 있어야만 주주가 될 수 있을까, 아니면 주권 없이도 주주가 될 수 있을까? 이 질문은 뒤에서 볼 주권불소지 제도와 전자등록 제도를 이해하는 핵심 출발점이 된다.

2. 주권의 발행의무, 효력발생시기

(1) 발행의무

주권의 발행이란 회사가 법정 기재사항을 갖춘 서면을 작성하여 이를 주주에게 교부하는 행위를 말한다. 회사는 성립한 후 또는 신주의 납입기일이 도래한 후 지체 없이 주권을 발행해야 한다(상 355조).이는 회사 설립 시에는 회사의 성립 시를 기준으로 하고, 설립 후 신주발행의 경우에는 신주의 납입기일을 기준으로 한다는 의미이다. 대표이사는 회사의 상호 등을 포함한 기본 사항을 주권에 기재해야 한다(상 356조). 주권발행의무를 둔 근본 이유는 주식의 양도에 주권의 교부가 요구되기 때문이다(상 336조).

반대로 회사는 성립 전 또는 신주의 납입기일 전에는 주권을 발행하지 못하며, 이를 위반하여 발행된 주권은 무효이다(상 355조). 이는 아직 주식을 취득할 수 있는 권리에 불과한 단계, 즉 이른바 권리주의 유통을 막아 투기적 거래와 투자자 혼란을 방지하려는 데 그 취지가 있다.

(2) 효력발생시기

주권은 언제부터 유가증권으로서의 효력을 갖는가? 이와 관련하여 전통적으로 세 가지 견해가 대립해 왔다. 작성시설은 회사가 주권을 작성한 때부터, 발행시설은 회사가 작성한 주권을 누구에게든 교부한 때부터, 교부시설은 회사가 작성한 주권을 주주에게 교부한 때부터 각각 효력이 생긴다고 본다.

판례는 교부시설을 취한다. 즉, 회사가 주권을 작성하여 진정한 주주가 아닌 제3자에게 교부한 경우에는 아직 유가증권으로서의 효력이 발생하지 않는다. 이 해석은 거래의 안전보다는, 주주가 자신의 귀책사유 없이 주주권을 상실하지 않도록 보호하려는 데 그 취지가 있다. 즉, 유통시장 보호와 실질적 주주 보호 사이에서 후자에 조금 더 무게를 둔 선택이라고 이해할 수 있다.

예를 들어, 회사가 진정한 주주인 A가 아니라 아직 주주명부에 올라 있지 않은 B에게 주권을 작성하여 교부한 경우를 상정해 보자. 교부시설에 따르면, 이러한 주권은 아직 유가증권으로서의 효력이 발생하지 않으므로, B를 신뢰하고 주권을 양수한 제3자인 C에게까지 선의취득 효과가 미치지는 않는다. 주주 A의 귀책사유 없이 A의 주주권이 유가증권의 유통 과정에서 소멸되는 것을 막기 위한 선택이다.

3. 주권불소지 제도

주주는 주주명부에 기재되어 있기만 하면, 주권이 없어도 회사에 대해 주주권을 행사할 수 있다. 반면 주권을 소지하고 있을 경우 분실·도난 시 제3자가 이를 선의취득할 위험이 있다. 주권불소지 제도는 이러한 위험을 줄이기 위한 장치이며, 그 내용은 다음과 같다.

주주는 정관에 달리 정함이 없는 한, 주권 발행 전후를 불문하고 회사에 주권불소지의 뜻을 신고할 수 있다(상 358조의2). 아직 주권이 발행되지 않았다면 회사는 더 이상 그 주주에 대하여 주권을 발행할 수 없고(상 358조의2), 이를 위반하여 발행한 주권은 효력이 없다. 이 경우 선의취득 문제도 발생하지 않는다. 이미 발행된 주권이 있는 경우, 주권불소지 신고 시 기발행 주권을 회사에 제출해야 하며, 회사는 제출된 주권을 무효로 하거나 명의대서대리인에게 임치하여야 한다(상 358조의2).

이후 언제든지 주주는 다시 회사에 주권의 발행 또는 반환을 청구할 수 있다(상 358조의2). 이는 주식을 양도하거나 질권을 설정하려면 여전히 주권의 교부가 필요하기 때문이다(상 336조·338조). 예를 들어 장기보유를 예정한 주주가 분실·도난 위험을 피하기 위해 회사에 주권불소지를 신고하고, 주권을 회사에 제출해 두었다가, 몇 년 뒤 은행 대출을 받으면서 그 주식을 담보로 제공할 필요가 생기면 다시 회사에 주권의 반환 또는 발행을 청구할 수 있다.

요컨대 주권불소지 제도는 주권 없이 주주권을 행사하고, 필요할 때에 다시 주권의 반환 또는 발행을 허용함으로써, 선의취득 위험을 줄이고 주주의 선택권을 넓혀 주는 제도이다.

4. 주권의 점유와 상실

(1) 주권의 점유

주권의 점유자는 적법한 소지인으로 추정된다(상 336조). 이를 가리켜 주권의 자격수여적 효력이라고 한다. 이 점을 신뢰하고 주권 점유자로부터 주권을 양도받은 선의의 양수인은 법이 정한 요건을 충족하는 경우 주권을 선의취득할 수 있다(상 359조). 다만, 주권의 점유자라는 이유만으로 곧바로 회사에 대해 주주권을 행사할 수 있는 것은 아니다. 회사 관계에서 주주권을 행사하려면 주주명부상 명의개서가 필요하고, 주권의 점유자는 그 전 단계에서 명의개서를 청구할 수 있는 자격을 갖는다고 이해하면 된다.

그렇다면 누가 진정한 주주인가, 즉 주주로서의 지위가 누구에게 귀속되는지를 판단함에 있어, 회사는 주권 점유자와 주주명부 중 어느 기준에 따라야 할까? 주권은 유통관계에서는 권리자임을 표시하는 외관으로 기능하고, 회사에게는 주주명부가 최종 기준이라는 점을 구분해서 이해할 필요가 있다.

(2) 주권의 상실과 제권판결

주주는 주주명부에 적법하게 기재되어 있기만 하면, 주권을 분실하더라도 회사와의 관계에서는 여전히 주주권을 행사할 수 있다. 그러나 분실된 주권이 시장에서 유통되면 제3자가 이를 선의취득할 수 있으므로, 상실된 주권을 법적으로 무효화할 필요가 있다. 이를 위해 공시최고와 제권판결 절차를 둔다(상 360조, 민소 475조~497조).

예를 들어 주주 A가 분실로 인해 주권을 상실한 상태에서, 아무런 조치를 취하지 않은 채 방치하면, 그 주권을 습득한 B가 증권시장에서 C에게 양도하고, 선의의 C는 상법상 요건을 갖추어 주권을 선의취득할 수 있다. A가 이러한 위험을 차단하려면, 즉시 공시최고와 제권판결 절차를 밟아 분실된 주권을 법적으로 무효화해야 한다. 따라서 주권을 상실한 주주는 법원에 공시최고를 신청하고, 공시최고기간 동안 권리신고가 없으면 법원은 제권판결을 선고하여 상실된 주권을 무효화한다. 제권판결이 내려지면 상실된 주권은 더 이상 선의취득의 대상이 되지 못하고, 주주는 제권판결을 얻어야만 회사에 대하여 주권의 재발행을 청구할 수 있다(상 360조).

따라서 제권판결은 유통 중인 주권을 법적으로 소멸시키고, 새로운 주권을 발행할 수 있게 해주는 제도로 이해할 수 있다. 주주명부상 주주가 보호된다면, 굳이 제권판결이 필요가 없는 것 아닌가? 문제는 회사와 주주 관계가 아니라 시장 내 제3자와의 관계이고, 제권판결은 유통 중인 종이 주권과 주주명부상 권리자의 불일치를 해소하는 기능을 한다.

5. 전자등록 제도

(1) 의의

정보통신기술 발전을 반영하여 상법은 주권을 발행하는 대신 전자등록기관의 전자등록부에 주식을 등록하는 방식을 허용한다(상 356조의2). 이른바 주식의 무권화 흐름이다. 회사는 정관이 정하는 바에 따라, 주권 발행 대신 전자등록기관(유가증권 등의 전자등록업무를 담당하는 기관)의 전자등록부에 주식을 등록할 수 있다(상 356조의2). 특히 거래소 상장주식은 전자등록이 의무이며, 이 경우 더 이상 종이 주권을 발행할 수 없다(전증 25조).

전자등록 제도의 정책적 목적은, 주권의 발행·보관·양도 과정에서 발생하는 비용 절감, 분실·도난에 따른 선의취득 위험의 제거, 대량·고빈도 거래를 전산시스템으로 신속하게 처리하는 것이다. 전자등록 제도가 자리 잡으면, 전통적인 주권 관련 이론(선의취득, 제권판결 등)은 더 이상 의미가 없는 것 아닐까? 상장회사 및 대규모 비상장회사에서는 그 비중이 감소하지만, 비전자등록 회사에서는 여전히 유효한 논점이다.

(2) 전자등록의 효력

전자등록을 택한 경우, 주식의 양도 및 질권 설정 방식은 다음과 같이 변경된다(상 356조의2, 전증 35조). 주식의 양도는 전자등록부 상에서 계좌 간 대체의 전자등록을 해야 효력이 발생한다. 또한 주식의 질권 설정은 전자등록부 상에서 질권 설정의 전자등록을 해야 효력이 발생한다.

전자등록부에 주식을 등록한 자는 그 등록 주식에 대한 적법한 권리자로 추정되고, 이를 선의·무중과실로 신뢰하고 등록에 따라 권리를 취득한 자는 그 권리를 적법하게 취득한다(상 356조의2). 이는 전통적 주권 제도의 "주권 점유자 추정 + 선의취득" 구조를 전자등록 방식에 기능적으로 이식한 것이다.

다만, 전자등록부는 주주명부와 동일한 것은 아니다(전증 37조). 전자등록은 종이 주권에 갈음하는 장치이고, 주주명부는 회사가 누가 주주권을 행사하는지를 확정하기 위한 장부이다. 따라서 전자등록부에 주식 양도가 등록되면 양도·입질의 효력은 발생하지만, 그 자체로 당연히 주주명부상 명의개서의 효과까지 생기는 것은 아니다. 주주가 주주권을 행사하려면 여전히 주주명부상 명의개서를 거쳐야 한다.

6. 주권의 선의취득

(1) 의의

주권의 선의취득이란, 주권의 양도인이 무권리자(절취자, 습득자, 무권대리인 등)라 하더라도 양수인이 일정 요건을 충족하는 선의의 취득자인 경우, 그 양수인에게 주주권을 인정하는 제도이다(상 359조). 이로써 원래의 권리자는 그 주주권을 상실한다. 이 제도의 취지는, 주권을 소지한 자가 적법한 권리자라는 외관을 신뢰한 거래를 보호하여 유통의 안전과 신속성을 확보하는 데 있다.

(2) 요건

주권의 선의취득이 성립하도록 하기 위해서는 다음과 같은 요건이 요구된다.

• **유효한 주권일 것** – 위조된 주권과 같이 처음부터 효력이 없는 주권은 선의취득의 대상이 될 수 없다.

• **양도인이 무권리자일 것** – 절취 또는 습득한 주권의 양도, 무권대리인의 양도 등이 여기에 해당한다(판례).

• **주권의 양도방법에 따른 취득일 것** – 주식양도의 합의와 주권의 교부라는 방식에 따라 취득해야 한다. 주권의 점유자는 적법한 소지인으로 추정되고(상336조), 이러한 외관을 신뢰하고 주권을 교부받은 양수인을 보호하려는 것이 선의취득 제도의 핵심이다. 따라서 지명채권 양도방법에 따른 취득 또는 상속·합병과 같은 포괄승계에 의한 취득에는 선의취득이 적용되지 않는다.

• **양수인이 선의·무중과실일 것** – 종전 소지인이 무권리자라는 사실을 알지 못했고, 통상적 거래 기준에 비추어 이를 충분히 의심할 만한 사정이 있었음에도 불구하고 아무런 조사 없이 취득한 경우에 해당하지 않아야 한다(판례). 악의 또는 중과실 여부는 주권의 취득 시점을 기준으로 판단한다(판례). 취득 후에 비로소 무권리자임을 알게 되었더라도 이미 성립한 선의취득에는 영향을 미치지 않는다.

예컨대 A의 집에서 주권이 도난당하여 절취자 B가 이를 보유하는 동안, 제3자인 C가 B가 진정한 주주라고 신뢰하고 주권을 양도받은 경우를 상정해 보자. C가 통상의 거래 관행에 비추어 특별히 의심할 사정이 없었고, 도난 사실도 몰랐다면, 상법은 C에게 선의취득을 인정하고, 원래의 주주인 A는 더 이상 회사에 대해서 주주권을 주장할 수 없게 된다.

선의취득을 인정하면 원래의 주주는 경우에 따라서는 귀책사유 없이 주주 지위를 상실하게 되는데, 이것은 지나치게 가혹하지 않을까? 상법은 유가증권 유통의 안전과 신속을 위해, 개별 주주 보호보다 시장 전체의 신뢰와 거래 안전에 더 큰 비중을 둔 선택을 하고 있다고 볼 수 있다.

Ⅱ. 주주명부

1. 의의

주주명부는 주주와 주권에 관한 사항을 명확히 하기 위하여, 상법에 따라 회사가 작성 · 비치하는 장부이다(상 352조). 주식의 양도는 원칙적으로 "양도계약 + 주권의 교부"만으로 성립하여 효력이 발생한다(상 336조). 그러나 이러한 양도는 회사에 통지되거나 명의개서가 이루어지지 않는 한 회사로서는 이를 인지할 수 없으므로, 회사 입장에서는 누가 주주로서 주주권을 행사할 수 있는지를 일률적 · 객관적으로 파악할 기준이 필요하다. 이 기능을 수행하는 것이 주주명부와 명의개서 제도이다.

주주명부에는 각 주주의 성명 · 주소 등 법정사항이 기재되고(상 352조), 회사는 이를 본점 또는 명의개서대리인의 영업소에 비치하여 주주와 채권자의 열람 · 등사청구를 허용해야 한다(상 396조). 이는 회사 지배구조의 투명성과 채권자 보호를 함께 겨냥한 장치이다. 그렇다면 주식의 소유관계는 시장에서의 거래를 통해 형성되는데도, 회사는 왜 별도로 주주명부라는 법정 장부를 통해 주주를 확정할까? 이는 뒤에서 살펴보는 대항력 · 추정력 · 면책력이 모두 주주명부라는 공시 제도를 기준으로 작동하기 때문이다.

2. 명의개서

(1) 의의

주주가 변경되었을 때, 새로운 취득자의 성명과 주소를 주주명부에 기재하는 것을 명의개서라고 한다. 주식회사에서는 주식의 양도, 상속, 합병 등으로 주주가 수시로 변동하므로, 회사는 어느 시점에 누가 주주인지를 확정할 필요가 있다. 명의개서는 이 변동 상황을 주주명부에 반영하여 회사와 주주 사이의 관계를 정리하는 절차이다.

(2) 요건

주식의 양수인은 단독으로 회사에 명의개서를 청구할 수 있으며, 양도인의 협조를 요구할 필요가 없다(판례). 예를 들어 A가 B에게 주식을 양도하고 주권을 교부한 경우, B는 A의 협조 없이 주권을 제시하여 회사에 단독으로 명의개서를 청구할 수 있고, 회사는 B의 형식적 자격만을 심사하여 주주명부를 정정하면 된다. 반대로, 양도인은 원칙적으로 회사에 대하여 양수인 명의로 명의개서를 해 달라고 청구할 권리가 없다(판례). 이는 양수인에게 명의개서를 할 것인지, 명의개서 없이 다시 제3자에게 양도할 것인지를 선택할 수 있도록 하기 위한 것이다.

명의개서를 청구할 때, 양수인은 일반적으로 주권을 제시해야 한다는 것이 판례의 입장이다. 이는 양도 시에 주권의 교부가 있었다는 점을 형식적으로 확인하기 위한 것이다. 주권의 점유자는 적법한 소지인으로 추정되므로(상 336조), 주권을 제시한 자는 별도의 입증 없이 형식적 자격을 갖춘 것으로 본다. 따라서 정관으로 주권 제시에 더하여 인감증명서 등 추가 서류 제출까지 요구하는 것은, 주권점유의 자격수여적 효력을 부인하는 것이 되어 무효라는 것이 판례의 입장이다. 실제로 어떤 회사가 정관으로 "명의개서 시 양도인의 인감증명서 제출"을 요구하더라도, 이는 주권점유만으로 적법한 소지인임을 추정하는 상법의 취지에 반하므로, 회사는 인감증명서가 없다는 이유만으로 명의개서를 거절할 수 없다.

회사는 명의개서 청구를 받으면, 청구인의 형식적 자격만 심사하면 되고, 실질적 소유관계까지 조사할 의무는 없다. 회사가 청구인의 형식적 자격을 심사함에 있어 악의 또는 중과실이 없는 한, 설령 그가 실질적 주주가 아니었다는 사실이 나중에 밝혀지더라도 회사는 책임을 지지 않는다. 이는 주주가 계속 변동되는 상황에서 명의개서를 간명하고 신속하게 처리하기 위한 것이다.

그렇다면 회사가 형식적 심사에 따라 명의개서를 처리한 경우, 그로 인해 실질적 주주의 권리가 침해되는 결과가 발생하더라도 이를 어떻게 평가해야 할까? 상법은 회사와 주주 관계의 명확성 및 신속성을 우선시키고, 실질소유자의 보호는 다른 법리(불법행위, 부당이득 등)에 맡기는 방식을 택하고 있다.

(3) 명의개서대리인

회사는 정관이 정하는 바에 따라 명의개서대리인을 둘 수 있다(상 337조). 명의개서대리인은 전자등록기관이나 전국적 점포망을 갖춘 은행이 담당하고(자본 365조), 회사 대신에 명의개서 업무를 대행한다. 이 경우 회사는 주주명부나 그 복본을 명의개서대리인에게 비치하고, 명의개서대리인이 취득자의 성명과 주소를 기재하면 주주명부에 명의개서가 있는 것으로 간주된다(상 396조 · 337조). 이는 주주명부의 관리 및 명의개서를 전문기관에 맡겨, 대규모회사 또는 상장회사에서의 행정 부담과 오류 가능성을 줄이기 위한 제도적 장치이다.

(4) 명의개서 미필주주

주식을 적법하게 취득하였으나 아직 주주명부에 명의개서를 마치지 않은 주주를 명의개서 미필주주라 하고, 그 주식을 실기주라고 한다. 명의개서 미필주주는 실질적으로는 주식의 소유자이지만, 주주명부상 주주가 아니므로 회사에 대하여 주주권을 행사하는 데 일정한 제한을 받는다. 이와 관련한 효과가 바로 주주명부의 대항력 · 추정력 · 면책력이다. 실질적인 소유자가 있음에도, 회사가 명의개서가 되어 있지 않다는 이유로 그의 주주로서의 지위를 법적으로 부정할 수 있는가? 상법은 실질적 소유보다 형식상 명의를 주주 확정의 기준으로 삼는 법제이고, 그 핵심 도구가 바로 주주명부이다.

3. 주주명부 기재 · 불기재의 효력

(1) 의의

주주명부에 주주로 기재되었는지(명의개서가 되었는지) 여부에 따라 다음과 같은 법적 효과가 발생한다. 즉, 명의개서 미필주주에게 불이익으로 작용하는 대항력, 그리고 주주명부상 주주에게 이익으로 작용하는 추정력과 면책력이 인정된다. 판례는 주주가 계속 변동되는 상황에서 법률관계를 간명하게 처리해야 한다는 관점에서 이 세 가지 효력을 해석한다. 이 세 가지 효력은 모두 회사만을 위한 것일까, 아니면 주주와 제3자에게도 의미가 있을까? 대항력 · 추정력은 주주 · 제3자에게도, 면책력은 특히 회사에게 중요한 의미를 가진다.

(2) 대항력

주식의 이전은 취득자가 주주명부에 명의개서를 하기 전에는 회사에 대항하지 못한다(상 337조). 여기서 "대항하지 못한다"는 것은 회사에 대해 자신이 주주임을 주장할 수 없다는 의미로 이해된다. 따라서 주식양도는 양도계약과 주권의 교부만으로 성립하고 효력이 발생하지만, 명의개서 미필주주는 명의개서를 하기 전에는 회사에 자신이 주주임을 주장할 수 없다. 예를 들어 A가 B에게 주식을 양도하고 주권까지 넘겨주었지만, 아직 B의 명의로 명의개서를 하지 않은 상태에서 배당결의가 이루어졌다면, 회사는 주주명부상 주주인 A에게 배당을 할 수 있고, B는 명의개서를 마치기 전까지 회사에 직접 배당을 청구할 수 없다.

판례는 이 대항력을 양수인뿐 아니라 회사에도 구속력이 있는 것으로 이해한다(쌍면적 구속설). 즉, 회사는 원칙적으로 주주명부상 주주에게만 주주권을 인정해야 하고, 특별한 사정(예: 회사가 부당하게 명의개서를 거절한 경우)이 없는 한 실제 소유관계를 따져 명의개서 미필주주에게 주주권을 행사하게 해서는 안 된다는 입장이다. 이로써 회사는 실질 소유자와 주주명부상 주주라는 두 기준 중에서 임의로 선택할 수 있는 것이 아니라, 주주명부상 주주라는 형식적 자격을 기준으로 일관되게 처리해야 한다.

(3) 추정력(자격수여적 효력)

주주명부상 주주는 적법한 주주로 추정되며(판례), 이를 주주명부의 추정력 또는 자격수여적 효력이라고 한다. 주주명부상 주주는 자신의 취득 원인을 일일이 증명하지 않아도, 주주명부의 기재만으로 주주권을 행사할 수 있다. 예를 들어 A가 과거 수차례의 양도·양수 과정을 거쳐 회사 B의 주식을 취득했다 하더라도, 주주명부상 주주로 기재되어 있으면, A는 B에 대해서 그 취득 경위를 일일이 소명할 필요 없이 의결권 행사 또는 배당청구를 할 수 있다.

다만, 이 추정은 반대증거에 의하여 번복될 수 있고, 주주명부가 권리를 새로 창설하는 것은 아니다(판례). 예컨대 절취한 주권을 가지고 부당하게 명의개서를 한 경우, 그 사람은 실질적 주주가 될 수 없다.

한편, 주권 점유에 따른 추정력과 주주명부상의 추정력은 서로 다른 것이다. 주권의 점유자는 회사에 대해 "명의개서를 청구할 수 있는 자격"을 추정 받을 뿐이고, 그 청구가 받아들여져 주주명부상 주주로 기재되어야 비로소 주주명부상의 추정력이 생기고, 회사에 주주권을 행사할 수 있다.

(4) 면책력

회사가 주주에게 통지 또는 최고를 할 때에는, 주주명부에 기재된 주소나 주주가 회사에 통지한 주소로 하면 충분하고, 그 주소가 실제와 달라도 회사는 책임을 지지 않는다(상 353조). 이는 주주명부 면책력이 발현되는 출발점에 해당한다. 예컨대 회사 A의 주주 B가 이사 선임을 위한 주주총회 소집통지를 받고 싶다면, B는 주소를 변경한 경우 A에게 이를 알려야 한다. A가 주주명부상 구 주소로 소집통지를 발송했는데, 실제로는 B가 신 주소에서 통지를 받지 못했다고 하더라도, A는 면책력에 의해 적법한 소집을 한 것으로 취급된다.

판례에 따르면 면책력은 단지 통지·최고에 한정되지 않고 보다 넓은 범위에서 작용한다. 즉, 회사가 주주명부상 주주를 기준으로 주주권의 행사 주체로 인정하여 의결권 행사, 배당 지급 등 주주권 관련 업무를 처리하였다면, 나중에 그가 실질적인 주주가 아니었다는 사실이 드러나도 원칙적으로 회사는 면책된다고 본다. 나아가 판례는 회사가 주주명부상 주주가 더 이상 실질적인 주주가 아니라는 점을 알고 있더라도 명의개서 미필주주가 아니라 주주명부상 주주에게 주주권을 인정해야 면책된다고 해석한다.

이러한 판례의 취지는 회사에 주주권을 행사할 수 있는 자를 주주명부상 주주라는 형식적 자격을 기준으로 획일적으로 판단하여 법률관계의 간명화를 도모하려는 것이다. 이와 같은 이해는 주주명부의 대항력이 회사도 구속해서, 회사가 명의개서 미필주주로 하여금 주주권을 행사하게 해서는 안 된다고 해석한 판례(쌍면적 구속설)와 그 맥락이 같다.

다만, 회사가 주주명부상 주주가 위법하게 명의개서(예: 절취한 주권으로 명의개서)를 하였다는 사실을 알고 있으면서도 그에게 주주권을 인정한 경우에는 면책이 부정될 수 있다. 법률관계의 간명화를 이유로 그러한 위법한 명의개서까지 보호할 필요는 없기 때문이다.

4. 주주명부의 폐쇄 또는 기준일

(1) 취지

주주(또는 질권자)가 계속 변동되는 상황에서, 회사는 일정 시점의 주주를 기준으로 누가 주주권을 행사할 수 있는지를 확정할 필요가 있다. 즉, 주주총회, 이익배당, 신주인수권 부여 등 일정한 권리 행사와 관련하여 특정 시점의 주주를 기준으로 삼아야 하기 때문이다. 이를 위한 제도가 주주명부의 폐쇄와 기준일이다.

(2) 주주명부의 폐쇄

주주명부의 폐쇄는 회사가 일정 기간을 정하여 그 기간 중에는 주주명부의 기재 변경을 정지하는 제도이다(상 354조). 이 기간 동안에는 명의개서를 할 수 없으므로, 폐쇄기간의 초일 현재 주주명부상 주주가 주주로 확정되는 효과가 발생한다.

폐쇄기간은 3개월을 초과할 수 없고, 회사가 폐쇄기간을 정한 때에는 그 기간의 2주간 전에 공고해야 한다(상 354조). 지나치게 장기간 명의개서를 막으면 주식 양도 및 질권 설정이 사실상 제한되므로, 기간 제한과 공고를 통해 실질적인 주주를 보호하려는 취지이다. 예를 들어 회사가 6월 30일에 정기주주총회를 개최하고자 하여, 그 직전 한 달간인 6월 1일부터 6월 30일까지 주주명부를 폐쇄한 경우, 그 기간 동안에는 명의개서가 불가능하므로 6월 1일 현재 주주명부상 주주가 총회에서 의결권을 행사하게 된다.

(3) 기준일

기준일은 주주명부의 기재변경을 정지하지는 않으면서도, 특정한 날 현재의 주주명부상 주주를 주주권 행사자로 보게 하는 기준 시점이다(상 354조). 기준일 이후에도 주주명부의 기재변경은 계속되지만, 이익배당이나 의결권 행사 등과 관련하여 어느 시점을 기준으로 할 것인지를 미리 정해 둠으로써, 실무상 혼란을 줄이려는 장치이다. 기준일은 주주권 행사일에 앞선 3개월 이내의 날로 정해야 하며, 회사가 기준일을 정한 때에는 그 날의 2주간 전에 공고해야 한다(상 354조).

예컨대 "2026년 사업연도의 이익배당은 2026년 12월 31일 현재의 주주에게 지급한다"는 식으로 정한 경우, 2026년 12월 31일 현재의 주주 A가 2027년 1월에 B에게 주식을 양도하였다면, 회사에 대한 이익배당청구권은 B가 아니라 A가 행사할 수 있게 된다. 다만 당사자 사이에서 배당금 귀속에 관한 별도의 약정이나 정산이 이루어질 수도 있다.

5. 전자주주명부

주식의 전자등록 제도(상 356조의2)에 맞추어, 상법은 전자문서 형태의 주주명부인 전자주주명부를 인정한다(상 352조의2). 구체적으로 보면, 회사는 정관이 정하는 바에 따라 전자주주명부를 작성할 수 있고, 여기에는 일반적인 기재사항 외에 주주의 전자우편주소도 기재해야 한다(상 352조의2). 회사나 명의개서대리인의 영업소에서 전자주주명부의 내용을 서면으로 인쇄할 수 있으면, 주주명부를 비치한 것으로 본다(상령 11조).

전자주주명부는 형식만 전자화되었을 뿐, 대항력 · 추정력 · 면책력 등 기본적 효력은 일반적인 주주명부와 동일하다. 전자주주명부와 전자등록부(전자증권법상의 계좌부)는 같은 것일까? 그렇지는 않다. 전자등록부는 전통적인 주권에 대응하는 전자 장부이고, 전자주주명부는 일반적인 주주명부에 대응하는 전자 장부라는 점에서 구분된다.

제 4 항 주식의 양도

Ⅰ. 의의

1. 양도자유의 원칙

주식은 원칙적으로 자유롭게 양도할 수 있다(상 335조). 주식회사는 물적회사로서 사원의 인적 개성이 중시되지 않으며, 주주는 필요할 때 주식을 양도함으로써 투자금을 회수한다. 따라서 주식양도의 자유는 단순한 기술적 규정이 아니라 주주의 근원적 권익에 속한다. 주식양도의 자유가 제한된다면, 주주는 사실상 "출자관계를 이탈할 자유"도 제한되는 것은 아닐까? 바로 이러한 이유 때문에, 상법은 양도 자유를 원칙으로 삼되, 주식의 자유로운 유통이 회사 운영의 안정성이나 기존 주주 간의 이해관계를 중대하게 해칠 우려가 있는 경우 또한 자본금충실의 원칙 유지와 같은 정책적 목표의 달성을 위해 필요한 경우에, 예외적으로 그 제한을 허용한다. 아래에서 살펴볼 각종의 제한 규정은 모두 이와 같은 고려의 산물이다.

2. 주식양도의 요건

주식양도에는 두 가지 요건이 필요하다. 즉, 양도인과 양수인 사이의 양도계약과 주권의 교부가 요구된다(상 336조). 이 두 요소가 주식양도의 효력요건이며, 회사에 대한 대항요건인 명의개서와는 구별된다.

주권의 교부를 요구하는 이유는 무엇일까? 주권을 점유한 자는 적법한 소지인으로 추정되고(상 336조), 이를 신뢰하여 거래한 양수인은 일정한 요건 하에서 주식을 선의취득할 수 있다(상 359조). 즉, "주권의 점유 → 적법한 권리자라는 외관 → 선의취득 가능성"이라는 구조를 통해, 주권 점유는 주식에 대한 적법한 권리자를 증명하는 공시적 기능을 수행한다.

예를 들어 무권리자인 A가 B에게 주식을 양도하면서 주권을 교부하면, 외관상 A가 적법한 주주인 것처럼 보이고, 이때 B는 주권을 보유한 A가 진정한 주주일 것이라는 외관을 신뢰해서 주식을 취득하게 된다. 상법은 이를 전제로 일정한 요건 하에서 B의 선의취득을 인정한다. 요컨대 거래 안전을 제도적으로 뒷받침하기 위하여 상법은 주식 양도에 주권교부를 요구하는 것이다.

3. 주권 교부의 예외

다만, 주권이 발행되지 않아 주권 교부를 요구할 수 없는 경우이거나, 주권 교부를 통한 거래 안전 보호의 필요성이 적은 경우에는 주권을 교부하지 않아도 주식이 이전될 수 있다.

(1) 주권이 발행되지 않은 경우

회사 성립 후 또는 신주의 납입기일 후 6개월이 지나도록 주권이 발행되지 않은 경우, 예외적으로 주권의 교부 없이도 주식을 양도할 수 있다(상 335조). 예를 들어, 회사 A가 1월 1일에 설립되었는데 주권이 발행되지 않은 상태에서 5월 1일(성립 후 4개월)에 주주 B가 C에게 주식을 양도하였다면, 아직 6개월이 지나지 않았으므로 회사 A에 대해서는 그 양도의 효력이 없다. 반면, 9월 1일(성립 후 8개월)에 주주 X가 Y에게 주식을 양도하였다면, 비록 주권이 발행되지 않았더라도 A의 성립 후 6개월이 이미 지났으므로 회사 A에 대해서도 유효한 양도가 된다.

그리고 전자등록된 주식은 애초에 주권을 발행하지 않으므로, 전자등록부에서 계좌 간 대체의 전자등록이 이루어지면 주식양도의 효력이 생긴다(상 356조의 2). 즉, 이러한 전자등록이 주권 교부를 대체하는 기능을 수행한다.

(2) 주권은 있으나 교부를 요구하지 않는 경우

상속, 합병 등과 같은 포괄승계는 권리·의무 전체가 포괄적으로 승계되므로, 주권의 교부 여부와 무관하게 주식이 이전된다. 또한 해제권자가 주식양도계약을 해제하는 의사표시를 하면 주권의 교부와 무관하게 다시 양도인에게 주식이 반환된다(판례).

이러한 경우들에는, 상대방이 주권의 점유라는 외관을 신뢰하여 새로이 거래에 참여한 것이 아니어서 거래안전의 보호와 무관하기 때문에, 권리이전 자체에 주권 교부를 요구할 필요가 상대적으로 약하다고 볼 수 있다. 다만, 이 경우도 취득한 주식을 다시 양도하거나 행사하기 위해서는 결국 주권을 교부받아야 한다. 따라서 권리이전의 효력요건으로서의 주권 교부와, 권리이전 후에 요구되는 주권의 필요성은 구별해서 이해할 필요가 있다.

4. 주식양도의 효과

주식이 양도되면 양도인은 주주의 지위를 상실하고, 양수인은 주주의 지위를 취득한다. 다만, 양도 이전에 이미 구체화된 주주권－예컨대 주주총회 결의에 의해 이미 발생한 이익배당청구권－은 특별한 약정이 없는 한 양수인에게 이전되지 않고 양도인에게 잔존하여 귀속된다는 것이 판례 입장이다. 이는 주주라는 지위의 이전과 이미 발생한 개별적인 청구권의 귀속을 분리하여 파악하는 것으로, 주주권을 시간적으로 구분하여 귀속관계를 정리하는 기능을 가진다.

예를 들어 A회사의 2026 사업연도 결산에 따라 2027년 3월 1일에 배당결의가 이루어졌고, 그 이후인 3월 10일에 주주 B가 그 주식을 C에게 양도한 경우를 상정해 보자. 별도의 약정이 없다면, 이미 발생한 배당청구권은 결의 당시 주주였던 B에게 귀속되고, 이후 주식을 취득한 C는 다음 연도부터의 배당청구권만을 취득한다는 것이 판례의 입장이다.

Ⅱ. 주식양도의 제한

1. 의의

주식양도는 원칙적으로 자유롭지만, 현실의 회사 환경에서는 지배구조 또는 주주구성의 안정성이 중시되는 경우가 많다. 예를 들어, 소수의 주주가 긴밀한 신뢰를 바탕으로 운영하는 폐쇄회사에서, 외부의 제3자가 어느 날 대량의 주식을 취득해서 주주로 참여하는 상황을 생각해 볼 수 있다. 이러한 위험을 통제하기 위해서 상법은 일정한 범위에서 주식양도 제한을 허용한다.

그러나 주식양도제한은 주주의 기본적 권리－출자관계를 이탈할 자유－를 본질적으로 제약하므로, 법률상의 근거가 있는 경우에 한해 인정된다. 상법은 대표적으로 다음과 같은 경우를 규정한다. 구체적으로는 ① 정관에 의한 양도제한, ② 주주 간 약정에 의한 양도제한, ③ 권리주 양도의 제한, ④ 주권발행 전 주식양도의 제한, ⑤ 자기주식 취득제한, ⑥ 주식의 상호소유 제한 등이 있다. 이들 제도는 모두 주식양도의 자유를 원칙으로 하면서, 그 제한이 허용되는 범위와 한계를 법률이 구체화한 장치로 이해할 수 있다.

2. 정관에 의한 양도 제한

(1) 의의

폐쇄회사처럼 인적 결합을 중시하는 회사에서는, 불특정 다수에게 주식이 자유롭게 양도되면 회사 운영이 심각하게 흔들릴 수 있다. 상법은 이를 고려하여, 정관으로 정하는 경우 주식양도에 대해 이사회의 승인을 요하는 방식의 제한을 허용한다(상 335조). 이사회의 승인을 얻으면 양도가 가능하고, 승인 거부 시에도 주주에게는 양도상대방지정청구권 및 주식매수청구권 등 출자금 회수의 통로가 열려 있다. 따라서 정관에 의한 양도제한은, 주주의 양도 자유를 완전히 금지하지 않으면서 주주에게 출자관계를 정리할 수 있는 권리도 함께 보장하는 장치로 이해할 수 있다. 한편 정관에 의한 양도제한 규정은 주식양도 자유의 본질을 훼손하지 않는 범위에서 엄격하게 해석되어야 하며, 이는 주식양도의 자유가 주주의 근원적 권익에 해당하기 때문이다.

(2) 제한의 요건

정관에 의한 양도제한이 유효하기 위해서는 다음과 같은 요건을 충족해야 한다.

첫째, 정관 규정이 있어야 한다. 양도제한은 주주지위의 핵심에 관한 사항이므로, 단순한 이사회 결의나 내부 규칙으로는 부족하고 정관에 명문 규정이 필요하다.

둘째, 정관은 주식양도에 이사회의 승인을 요한다는 취지로 정해야 하며, 이사회 승인 대신 주주총회의 승인을 요구하는 방식은 허용되지 않는다. 주주총회 승인은 이사회 승인에 비하여 보다 엄격한 요건을 요구하는 절차이므로, 주주총회를 양도 승인기관으로 삼는 것은 주식양도 제한 규정을 엄격하게 해석하여야 한다는 원칙에 반한다. 나아가 일정 기간 동안 일률적으로 양도를 금지하거나 주식양도에 주주 전원의 동의를 요구하는 규정은 주식양도 자유의 본질을 침해하므로 무효라는 것이 판례의 태도이다. 다만 이사회가 없는 소규모회사의 경우, 대체기관으로서 주주총회의 승인을 거치도록 정할 수 있다(상 383조).

셋째, 공시가 필요하다. 양도제한은 주주의 지위에 미치는 영향이 크므로, 투자자도 이를 미리 인식할 수 있어야 한다. 따라서 등기해야 하고(상 317조), 주식청약서 및 주권에 기재가 요구된다(상 302조 · 356조).

(3) 승인 청구

양도인 또는 양수인이 주식양도에 대한 승인을 서면으로 청구하면, 이사회는 승인 여부를 결정해야 하고, 법정기간 내에 회답하지 않으면 승인으로 간주하는 규정도 두고 있다(상 335조의2 · 335조의7). 이는 주주가 주식양도의 가능 여부에 관하여 장기간 불확실한 상태에 놓이지 않도록 하기 위한 장치이다. 이사회가 양도를 승인하면 해당 주주는 자유롭게 주식을 양도할 수 있다. 반면에 이사회가 승인을 거부하면 주주는 어떠한 권리를 행사할 수 있을까?

(4) 승인거부 시 주주의 권리

이사회가 승인을 거부하더라도, 주주가 사실상 출자관계를 이탈할 수 없는 상태에 놓이지 않도록 상법은 두 가지 선택지를 부여한다.

1) 양도상대방 지정청구권

주주는 승인거부 통지를 받은 날부터 20일 내에 회사에 양도상대방의 지정을 청구할 수 있다(상 335조의2). 이는 주식양도의 승인이 거절된 경우 회사로 하여금 적절한 양수인을 지정하도록 요구하는 권리이다. 이사회는 양도상대방을 지정하여 통지해야 하고, 지정된 양도상대방이 매수청구 및 가액결정의 절차를 거쳐서 주식을 양수하게 된다(상 335조의3~335조의5). 이 규정에 따르면 양도가액은 주주와 지정된 양도상대방 간의 협의로 결정하고, 협의가 되지 않으면 법원이 공정한 가액으로 결정한다. 또한 법정기한 내에 이러한 조치 및 절차가 없으면, 결국 이사회 승인이 있는 것으로 간주된다.

예를 들어, A회사 주주 B가 C에게 1주당 1만 원에 주식을 양도하려 하였는데, 주식양도가 정관상 이사회 승인사항이라서 승인을 청구하였으나, 이사회가 이를 거부하였다고 하자. 이 경우 B는 거부통지 시부터 20일 내에 "그렇다면 회사가 적절한 제3의 양수인을 정해 달라"는 취지로 양도상대방 지정청구를 할 수 있고, 이사회가 이를 매수할 D를 지정하면 법정의 절차를 거쳐서 B는 C 대신 D에게 주식을 양도하게 된다.

2) 주식매수청구권

주주는 위 청구와 선택적으로, 승인거부 통지를 받은 날부터 20일 내에 회사에 자기의 주식을 회사가 매수해 줄 것을 청구할 수 있다(상 335조의2). 이 경우 회사는 정해진 기간 내에 주식을 매수해야 하고, 매수가액은 우선 당사자 사이의 협의로 정하되, 협의가 되지 않으면 법원이 공정한 가액을 정하게 된다(상 335조의6 · 374조의2). 이와 같이, 양도제한과 동시에 주주에게 출자관계를 정리할 수 있는 공정한 출구를 마련한 것이 이 제도의 핵심 구조이다.

(5) 승인 없는 양도의 효력

정관이 이사회 승인을 요하는 것으로 규정하고 있다면, 승인 없이 이루어진 주식양도는 회사에 대하여 효력이 없다(상 335조). 따라서 양수인은 회사에 대해 주주임을 주장할 수 없고, 회사도 이를 임의로 유효한 양도로 취급해서는 안 된다. 다만, 모든 주주가 동의한 경우에는 다른 주주들의 이해관계가 모두 반영된 것으로 보아 유효로 본다. 정관에 의한 양도제한의 취지가 양도 과정에서 다른 주주들의 이해관계를 보호하려는 것에 있으므로, 전원 동의가 있으면 그 목적이 달성되었다고 볼 수 있기 때문이다.

한편, 승인 없는 양도라 하더라도 양도인과 양수인 사이에서는 채권적 효력이 인정된다. 회사에 대한 대항력은 없지만, 당사자 사이의 약정 자체를 무효로 볼 필요는 없고, 회사에 대해서만 효력이 부인되면 양도제한의 목적은 충분히 달성된다고 볼 수 있다.

3. 주주 간 주식양도의 제한

주주들 사이에서 서로에게만 양도한다거나 특정 기간 동안은 외부에 양도하지 않는다는 식의 약정을 두는 경우가 있다. 이러한 약정은 회사 내부의 지배구조나 주주 구성의 특수성에서 비롯되지만, 주식양도의 자유를 전면적으로 제한할 위험도 동시에 내포한다. 다만, 이러한 약정은 회사에 대하여 효력을 가지지 않는다. 상법은 주식 양도제한을 허용하되, 이에 관한 정관규정, 등기, 주식청약서 기재, 주권 기재 등의 공시를 전제로 한다(상 335조 · 317조 · 356조). 따라서 단지 주주들 사이의 약정만으로는 회사에 대항할 수 없고, 상법이 정한 정관 등에 의한 양도제한 규정을 대신할 수도 없다.

그렇다면 주주들 상호 간에는 어떻게 될까? 판례는 이 부분에 대해 제한의 정도를 기준으로 합리적 한계를 설정한다. 출자금 회수 가능성이 사실상 전면적으로 배제되는 약정은 주주 간에도 무효로 본다. 예컨대, "회사 설립 후 5년간 주식양도의 절대적 금지"는 주식양도의 자유를 본질적으로 침해하므로 무효로 보아야 한다. 반면, 일정한 범위 내의 제한으로서 여전히 출자금 회수 가능성이 인정되는 약정은 당사자 사이에서는 유효하다고 본다. 예를 들어 "회사 설립 후 2년 동안은 제3자에게 양도하기 전에 먼저 기존 주주들에게 같은 조건으로 매수 기회를 부여한다"는 우선매수권 약정은, 여전히 출자금 회수 가능성을 전면적으로 배제한 것으로 평가되지 않으므로 주주들 사이에서는 유효하다고 볼 수 있다.

정리하면, 주주 간 양도제한 약정은 회사를 구속하지 않고, 그 자체가 출자금 회수 가능성을 본질적으로 박탈하지 않는 한도 내에서만 당사자 간에서 효력이 인정된다.

4. 권리주 양도의 제한

권리주는 회사성립 전 또는 신주발행 전에 존재하는 주식인수인의 지위, 즉 장차 주식을 취득할 수 있는 권리를 말한다. 상법은 이 권리주의 양도가 회사에 대하여는 효력이 없다고 규정한다(상 319조). 이렇게 엄격하게 금지하는 이유는 무엇일까? 회사설립 단계나 신주발행 단계에서 권리주가 자유롭게 유통될 경우 단기차익을 노린 투기적 거래가 증가하고, 실제 주식인수인을 회사가 명확히 파악하기 어려워져 회사설립 또는 신주발행 절차의 진행에 혼란이 발생할 우려가 크기 때문이다.

그래서 상법은 회사의 상대방을 원래의 주식인수인으로 한정한다. 회사는 여전히 양도인(원래의 주식인수인)을 상대방으로 하여 회사설립 및 신주발행 절차를 진행해야 하고, 양수인을 주식인수인으로 취급할 수 없다는 것이 판례의 입장이다.

다만, 여기서도 당사자 사이의 채권관계는 구분된다. 권리주의 양도는 회사에 대해서만 효력이 없을 뿐, 양도인과 양수인 사이에서는 채권적 효력이 인정된다. 당사자 사이의 약정 자체를 무효로 볼 필요는 없고, 회사에 대해서만 효력이 부인되면 양도제한의 목적은 충분히 달성된다고 볼 수 있다. 따라서 회사성립 또는 신주발행이 완료된 후에는, 양수인이 양도인에게 주식의 이전을 청구할 수 있다.

즉, 회사의 관점에서는 주식인수인을 명확하게 확정하여 회사설립 또는 신주발행 절차의 안정성을 확보하되, 양도인과 양수인 사이의 내부적 이해관계는 회사성립 또는 신주발행 완료 후 주식의 이전청구를 통해 사후적으로 조정하도록 한 법리라고 이해할 수 있다.

5. 주권발행 전 주식양도의 제한

(1) 의의

회사는 성립 후 또는 신주의 납입기일 후 지체 없이 주권을 발행해야 하고(상 355조), 이를 위반하면 과태료 대상이 된다(상 635조). 그럼에도 불구하고 회사가 주권을 발행하지 않은 경우에도 주식양도가 가능한지가 문제된다. 주식양도에는 원칙적으로 주권의 교부가 필요하므로(상 336조), 주권이 발행되지 않은 상태에서는 주식양도가 원칙적으로 허용되지 않는다. 주권이 발행되지 않은 상태에서는 회사가 적법한 주주를 형식적으로 확정하기 어려워 개별 사안마다 실질적인 권리관계에 대한 판단을 요구받게 되므로, 이러한 처리 부담과 법률관계의 불안정을 방지하기 위해 주권발행 전 주식양도를 원칙적으로 제한한 것으로 이해할 수 있다.

그렇다면 회사가 주권을 발행하지 않는 동안에는 주주는 전혀 양도를 할 수 없는가? 이렇게 보면 주주는 장기간 출자금 회수의 기회를 박탈당하게 된다. 이를 조정하기 위해 상법은 6개월을 기준으로 주권발행 전 주식양도에 관한 효력을 달리 규율하고 있다(상 335조).

(2) 6개월 경과 전 양도

회사성립 후 또는 신주의 납입기일 후 6개월이 지나기 전에는, 주권발행 전 주식양도는 회사에 대하여 효력이 없다(상 335조). 즉, 회사는 이를 유효한 양도로 인정할 수 없고, 양수인은 회사에 주권발행을 청구할 수 없다. 판례는 더 나아가, 설령 회사가 양수인에게 주권을 발행하더라도 그 주권은 효력이 없다고 본다.

다만, 이 경우에도 양도는 당사자 사이에서는 유효하다고 본다(판례). 회사에 대한 대항력은 없지만, 당사자 간 약정 자체를 무효로 볼 정도의 위법성은 아니라고 본 것이다. 따라서 회사가 향후 양도인에게 주권을 발행하면 양수인은 양도인에게 주권의 교부를 청구할 수 있다(판례).

상법은 이와 같이 일정 기간 동안 회사에 대한 효력을 제한함으로써, 주권이 발행되지 않은 초기 단계에서 회사가 실질적인 권리관계를 일일이 판단하여 주주를 확정하여야 하는 부담을 완화하고 있다.

(3) 6개월 경과 후 양도

회사성립 후 또는 신주의 납입기일 후 6개월이 지나면, 비록 주권이 발행되지 않았더라도 당사자 간의 합의만으로 주식양도가 가능하고, 그 양도는 회사에 대하여도 효력이 있다(상 335조). 이 경우 회사에 대항하기 위해서는 권리이전 사실을 입증하여 그에 기초해 명의개서를 청구해야 한다. 결국, 초기 6개월 동안에는 주권이 발행되지 않은 상태에서 회사가 주주를 형식적으로 확정하기 어려운 점을 고려하여 주권발행 전 주식양도를 엄격히 제한하되, 그 기간이 경과한 후에는 주주에게 출자금 회수의 가능성을 보장하기 위해 주권 없는 양도도 허용하는 체계로 이해할 수 있다.

예컨대 A회사가 설립된 지 3개월밖에 경과되지 않았을 때 주권이 발행되지 않은 상태에서 주주 B가 C에게 주식을 양도하였다면, 회사는 여전히 B를 주주로 취급하고, C에게는 주주권을 인정하지 않는다. 다만 B와 C 사이의 양도계약 자체는 유효하므로, 회사 성립 후 6개월이 경과한 이후에는, C는 그 계약에 기초하여 회사에 명의개서를 청구할 수 있고, 명의개서가 이루어지는 때부터 비로소 해당 양도는 회사에 대하여 효력을 가지게 된다.

6. 자기주식의 취득제한

(1) 의의

자기주식의 취득은 회사가 자신이 발행한 주식을 다시 취득하는 행위를 의미한다. 외관상 주식양도의 한 유형에 해당하나, 취득자가 회사 자신이라는 점에서 일반적인 주식양도와는 본질적으로 구별된다. 2011년 상법 개정 이전에는 자기주식의 취득은 사실상 출자금의 반환이라는 관점이 강하였고, 이는 자본금충실 원칙에 반한다는 이유로 엄격히 제한되었다. 예컨대 회사가 자본금으로 자기주식을 취득한다면 외부 채권자 입장에서는 회사 자본금이 감소한 것과 동일한 효과가 발생하기 때문이다.

다만, 배당가능이익을 재원으로 하는 자기주식취득은 종전과 같은 출자금 반환으로서의 전면적·원칙적 금지 규제를 유지할 필요성이 상대적으로 낮다. 배당가능이익으로 자기주식을 취득하는 경우에는, 그 실질이 주주에게 이익을 환급한다는 점에서 이익배당과 본질적으로 다르지 않기 때문이다. 이러한 인식의 변화를 반영하여, 2011년 상법 개정 이후 현행 제도는 ① 배당가능이익을 재원으로 하는 경우와 ② 그 외 제한적 목적의 경우로 구분하여 자기주식취득을 허용하고 있다.

(2) 배당가능이익을 재원으로 하는 자기주식취득

배당가능이익은 원칙적으로 주주에게 환급이 허용되는 이익 부분이므로, 이

범위 내에서 자기주식을 취득하는 것은 자본금충실 원칙 및 채권자 보호와 직접적으로 충돌하지 않는다. 이에 따라 상법은 다음 요건 하에 자기주식 취득을 허용한다(상 341조).

- **결의요건** – 회사는 사전에 주주총회(정관이 이사회로 정한 경우 이사회) 결의를 통해서 취득할 주식의 종류·수, 총 취득가액, 취득기간(1년 이내)을 정해야 한다. 상장회사는 이사회 결의만으로도 가능하다(자본 165조의3).
- **취득재원** – 취득은 반드시 배당가능이익 범위 내에서만 가능하다. 결산 결과 배당가능이익이 부족할 우려가 있는 경우 취득은 금지되고, 이를 위반한 경우 해당 이사는 연대하여 손해배상책임을 진다(상 341조).
- **주주평등의 원칙 준수** – 특정 주주만을 대상으로 선택적으로 자기주식 취득을 하는 방식은 주주평등의 원칙에 반하여 허용되지 않는다.

(3) 배당가능이익과 무관한 자기주식취득

상법은 다음과 같이 회사의 조직재편이나 권리행사의 과정 등에서 불가피한 경우에 한하여 배당가능이익 여부와 관계없이 자기주식을 취득할 수 있도록 규정한다(상 341조의2). 구체적으로, ① 회사의 합병, 다른 회사의 영업 전부의 양수로 인한 경우, ② 회사의 권리 실행을 위한 경우, ③ 단주의 처리, ④ 주주의 주식매수청구권 행사에 따른 취득 등이 이에 해당한다. 이러한 취득은 배당가능이익이 무관하므로 자본금충실의 원칙과의 긴장이 발생할 수 있고, 주주평등 원칙이 침해될 우려도 있으나, 해당 제도의 운영상 불가피한 목적에 엄격히 한정된 예외로서 허용되는 것으로 이해된다. 또한 무상취득과 같이 자본금충실 원칙과 직접적 관련성이 없는 경우에는 해석상 허용된다.

(4) 자기주식의 지위

자기주식은 의결권이 인정되지 않는다(상 369조). 회사가 자기 지분을 이용해 스스로 의결권을 행사한다면, 회사가 자기 자신에게 권리를 행사하는 구조가 되어, 그 결과 의결권 구조가 본래의 주주 구성과 괴리될 우려가 있다. 또한 이익배당청구권과 같은 자익권(주주 개인의 재산적 이익을 내용으로 하는 권리)은 그 행사 결과로 인한 이익이 결국 회사 내부에서 순환하므로 실질적 의미가 없고, 소수주주권 등 공익권 역시 그 성질상 인정되지 않는다. 그렇다면 자기주식은 주식인지에 대한 의문이 생길 수 있다. 형식상 주식의 외관을 유지하고 있으나, 실질적으로는 주주권이 정지된 상태의 주식으로 이해하는 것이 적절하다.

(5) 자기주식의 처분

자기주식은 처분의무가 있는 것은 아니며(상 342조), 처분 여부는 원칙적으로 이사의 경영판단에 맡겨진다. 다만 장기 보유가 자본금충실 원칙과 충돌할 소지가 있다는 점에서, 일부에서는 처분의무 도입을 제안하는 입법론도 존재한다. 자기주식을 처분하는 경우 실무상 핵심 쟁점은 처분가격의 적정성과 처분상대방 선정의 공정성이다.

만약 회사가 경영권 방어를 목적으로 우호세력에게 자기주식을 현저히 저가로 처분한다면, 어떠한 법리가 적용될 것인가? 특정 주주에게 현저히 유리한 조건으로 처분하는 경우에는 지배구조의 공정성과 주주평등 원칙이 훼손될 우려가 있다. 이에 대해서는 ① 자기주식의 처분을 신주발행에 준하여 보고 그 법리를 유추적용해야 한다는 견해(다수설)와, ② 이사의 선관주의·충실의무 위반 책임에 의한 통제로 충분하다는 견해가 대립한다.

(6) 위법한 자기주식취득

상법이 정한 절차 및 요건을 위반한 자기주식취득은 자본금충실 원칙에 정면으로 반한다. 이에 관하여는, 자기주식취득 규제의 근본 목적이 거래안전 보호보다 자본금충실 원칙 및 채권자 보호에 있으므로 이를 절대적으로 무효로 보아야 한다는 입장(절대적 무효설)과, 원칙적으로는 무효이되 거래안전 보호를 위하여 선의의 상대방에 대해서는 유효로 보아야 한다는 입장(상대적 무효설)이 대립한다. 판례는 절대적 무효설을 취한다.

7. 주식의 상호소유 제한

(1) 의의

주식의 상호소유란 두 개 이상의 회사가 서로 상대방 회사의 주식을 소유하는 구조를 말하며, 상법은 이를 자본공동화의 위험과 지배구조의 왜곡이라는 관점에서 규율한다. 자본의 공동화(空洞化)는 외형과 달리 실질적으로는 자본이 형성되지 않는 현상을 가리킨다. 상호소유에는 크게 두 가지 유형이 존재한다. 직접적 상호소유는 A회사가 B회사의 주식을, B회사가 다시 A회사의 주식을 각각 소유하는 형태를 말한다. 이에 비해 간접적 상호소유는 A → B → C → A와 같이 여러 회사를 경유하는 방식으로 결과적으로 상호 지분관계가 형성되는 경우를 의미한다. 상법은 주로 직접적 상호소유를 규제 대상으로 삼고 있으며, 순환출자와 같은 간접적 상호소유는 공정거래법에서 별도로 규율하고 있다.

상호소유가 문제되는 이유는 다음과 같다.

첫째, 자본의 공동화가 발생할 수 있다. 상호 신주발행 등의 방식으로 장부상 자본금이 증가하더라도, 그에 상응하는 순재산의 실질적 증가는 수반되지 않아 자본금충실의 원칙에 반하고 자본금의 채권자 보호기능이 약화될 수 있다. 예컨대 회사 A가 회사 B의 신주발행에 참여하여 주주가 되고, B가 그 신주 납입대금 전부를 다시 A의 신주발행에 참여하는 데 사용하는 경우를 보자. 이 경우 A와 B 모두 장부상 자본금은 증가하지만, A가 납입한 자금이 결국 A 자신에게로 환류되는 구조이므로 회사 집단 전체로 보면 순재산이 증가한 것으로 평가할 수 없다. 요컨대 장부상 자본금은 증가하였으나, 그 납입대금은 회사 간에 순환했을 뿐 회사 집단 외부에서 유입된 새로운 책임재산은 존재하지 않게 되고, 그 결과 자본금이 예정하는 채권자 보호 기능은 실질적으로 약화된다.

둘째, 의결권 집중 효과가 발생할 수 있다. 동일한 지배주주가 상호소유 지분을 활용하면, 실제 출자액을 초과하는 지배력을 행사하게 되는 결과가 초래될 수 있다. 가령 회사 A와 회사 B가 상호소유관계에 있는 경우, A의 지배주주는 자신이 직접 보유한 주식의 의결권뿐 아니라 B가 보유한 A 주식의 의결권까지 사실상 활용하게 되는 상황이 발생할 수 있다.

이러한 위험을 고려하여 상법은 상호소유를 다음과 같은 이원적 구조로 규제하고 있다.

- 모회사와 자회사 간 상호소유 – 원칙적 금지(강한 규제)
- 모자회사가 아닌 회사 간 상호소유 – 의결권 제한(완화된 규제)

(2) 모자회사 간의 상호소유

다른 회사의 발행주식총수의 50%를 초과하는 지분을 보유하는 회사는 모회사, 그 상대방인 다른 회사는 자회사로 본다(상 342조의2). 나아가 상법은 모회사와 자회사가 합하여 발행주식총수의 50%를 초과하는 지분을 보유하는 상대방, 그리고 자회사가 발행주식총수의 50%를 초과하여 지분을 보유하는 상대방(이른바 손자회사)도 자회사로 의제하여 규율한다(상 342조의2).

자회사는 원칙적으로 모회사의 주식을 취득할 수 없으며(상 342조의2), 이를 위반한 주식취득은 자본금충실의 원칙에 반하여 절대적 무효이다. 예를 들어 A회사가 B회사 발행주식총수의 60%를 보유하고 있다면, A는 B의 모회사, B는 A의 자회사가 된다. 이 경우 자회사인 B는 원칙적으로 A의 주식을 새로 취득할 수 없고, 이를 위반하여 A 주식을 매수하였다면 그 취득은 절대적 무효가 된다.

다만 다음과 같이 회사의 조직재편이나 권리행사의 과정에서 불가피한 경우에 한하여 예외적으로 취득이 허용된다(상 342조의2). 즉, ① 회사의 합병, 다른 회사 영업의 전부양수, 주식의 포괄적 교환 또는 이전으로 인한 경우, ② 회사의 권리를 실행함에 있어 그 목적을 달성하기 위하여 필요한 경우에는 상호소유가 허용된다. 다만, 이 경우에도 자회사는 취득한 모회사 주식을 6개월 이내에 처분해야 하고(상 342조의2), 그 기간 동안 보유하는 모회사 주식에 대하여는 의결권이 없다(상 369조).

(3) 모자회사가 아닌 회사 간의 상호소유

모자관계가 형성되지 않은 회사 간 상호소유는 원칙적으로 허용되나, 의결권 제한을 통해 지배력의 부당한 확대를 차단한다. 즉, ① 회사, ② 모회사와 자회사, ③ 자회사가 다른 회사의 주식을 발행주식총수의 10%를 초과하여 보유하는 경우, 그 다른 회사가 보유하고 있는 그 회사 또는 모회사의 주식에 대해서는 의결권이 인정되지 않는다(상 369조). 만약 상호 간에 발행주식총수의 10%를 초과하는 서로의 주식을 보유하게 되면, 결국 의결권이 상호 제한되는 결과가 된다(판례). 다만, 이익배당청구권 등 재산적 권리는 유지되며, 제한은 의결권이라는 공익적 권한에 한정된다.

예컨대 A회사가 B회사 주식의 12%를 보유한 경우를 보자. 이때 B가 A회사 주식의 8%를 보유하고 있다면, A가 B 주식을 10% 초과 보유하고 있으므로 B가 보유한 A회사 주식에 대해서는 의결권이 인정되지 않는다. 반면 B가 A회사 주식의 11%를 보유하게 되면, A와 B가 서로 상대방 회사의 주식을 각각 10%를 초과하여 보유하게 되므로, 양 회사 모두에서 상대방 주식에 대한 의결권이 제한되는 결과가 된다(의결권 상호제한).

(4) 주식취득의 통지의무

어느 회사가 다른 회사의 발행주식총수의 10%를 초과하여 주식을 취득한 경우, 그 회사는 지체 없이 그 사실을 상대 회사에 통지해야 한다(상 342조의3). 이를 주식취득 통지의무라 한다. 이 통지의무의 취지는, 다른 회사가 어느 회사에 의한 10% 초과 주식취득 사실을 인식한 상태에서 향후 주식 취득이나 지배구조와 관련된 의사결정을 할 수 있도록 하기 위한 데 있다. 특히 상호소유에 따른 의결권 제한이나 추가 규제의 발생 여부를 사전에 판단할 수 있는 정보적 기반을 제공하는 기능을 가진다. 이 통지의무를 위반한 경우, 통지 없이 취득한 주식에 대하여는 의결권이 인정되지 않는다고 해석된다. 이는 상호소유 규제의 실효성을 확보하기 위한 제재적 해석이다.

제 5 항 주식의 담보

Ⅰ. 담보설정의 자유와 제한

주식은 재산적 가치와 양도성을 가지는 권리이므로, 원칙적으로 다른 재산권과 마찬가지로 담보로 제공될 수 있다. 주식에 대한 담보 방식은 크게 질권설정과 양도담보로 나누어 볼 수 있다. 다만 상법은, 주식에 대한 담보설정에는 주권의 교부가 전제된다는 점과, 이러한 담보설정이 회사의 자본구조나 지배구조에 일정한 영향을 미칠 수 있다는 점을 고려하여 몇 가지 제한을 두고 있다.

첫째, 주권 발행 전의 제한이다. 담보설정을 위해서는 주권의 교부가 필요하므로, 주권이 발행되기 전에는 담보설정의 자유가 제한된다. 주식인수로 인한 권리, 즉 권리주의 양도는 회사에 대하여 효력이 없는 것과 마찬가지로(상 319조), 권리주를 목적으로 한 질권 설정(이른바 입질)이나 양도담보 역시 회사에 대하여는 효력이 없다. 또한 회사 성립 후 또는 신주의 납입기일 후 6개월이 경과하기 전에는, 주권발행 전 주식의 양도가 회사에 대하여 효력이 없는 것과 동일하게(상 335조), 그 주식에 대한 입질이나 양도담보도 회사에 대하여 효력이 없다. 그러나 6개월이 경과하면 주권발행 전 주식의 양도에 회사에 대한 효력이 인정되고(상 335조), 판례는 이를 근거로 해당 주식에 대한 입질이나 양도담보 역시 회사에 대하여 효력이 있다고 본다.

둘째, 자기주식을 질권의 목적으로 받는 경우의 제한이다. 회사는 원칙적으로 발행주식총수의 5%를 초과하여 자기주식을 질권의 목적으로 받을 수 없다(상 341조의3). 회사가 자기주식을 과도하게 질권의 목적으로 취득하게 되면, 사실상 시장에서 자기주식을 흡수하는 것과 유사한 효과가 발생하여 자본금충실의 원칙이 약화되고 지배구조가 왜곡될 우려가 있기 때문이다. 이에 따라 상법은 일정한 상한을 두되, 회사의 조직재편이나 권리행사의 과정에서 불가피한 경우에 한하여 예외적으로 자기주식을 질권의 목적으로 받을 수 있도록 허용한다(상 341조3 · 342조의2). 즉, ① 회사의 합병이나 다른 회사 영업의 전부양수로 인한 경우, ② 회사의 권리를 실행함에 있어 그 목적을 달성하기 위하여 필요한 경우가 이에 해당한다.

Ⅱ. 주식의 입질

1. 입질방법

질권의 설정, 즉 입질의 방법은 공시방식에 따라 약식질과 등록질로 구분된다. 등록질은 주주명부를 통한 공시로 인해 질권설정 사실이 외부에 드러나 질권설정자의 신용에 영향을 미칠 수 있으므로, 실무에서는 약식질이 주로 이용된다.

약식질은 질권설정에 관한 당사자 간의 합의와 주권의 교부만으로 성립한다(상 338조). 질권자가 회사나 제3자에게 질권을 대항하기 위해서는 계속하여 주권을 점유하고 있어야 한다(상 338조). 약식질에서는 이와 같은 주권의 점유 자체가 공시 기능을 수행한다. 따라서 회사는 실제로 주권을 점유하고 있는 자를 통해 질권의 존재를 간접적으로 파악하게 된다.

등록질은 질권설정의 합의와 주권의 교부에 더하여, 질권자의 성명과 주소를 주주명부에 기재하고, 주권에도 질권자의 성명을 기재하는 방식으로 이루어진다(상 340조). 다만 주주명부에 기재가 있으면 회사에 대하여 등록질의 효력을 주장하기에 충분하므로, 주권에 질권자의 성명을 기재하지 않더라도 등록질의 효력에는 영향이 없다고 해석한다. 한편 등록질권자 역시 회사나 제3자에 대한 대항을 위해서는 계속하여 주권을 점유해야 한다는 점에서는(상 338조), 약식질과 다르지 않다. 다만 등록질은 주주명부 기재라는 추가적인 공시를 통하여, 회사가 실권자의 존재를 보다 명확하게 인식할 수 있도록 한다는 점에서 약식질과 구별된다.

2. 질권의 효력

주식에 질권이 설정되면, 질권자는 민법상 일반 질권과 마찬가지로 유치권 · 우선변제권 · 물상대위권을 가진다(민 355조 · 335조 · 329조 · 342조). 다만 상법은 주식이라는 권리의 특성을 고려하여, 질권의 효력에 관하여 몇 가지 특칙을 두고 있다.

첫째, 물상대위에 관한 특칙이다. 물상대위란 질권의 목적물이 멸실 · 훼손되더라도 그 교환가치를 대표하는 것이 존재하는 경우, 그 위에 질권이 존속하는 것을 말한다(민 342조). 주식의 경우에도 소각 · 병합 · 분할 · 전환 등으로 종전 주식이 소멸하거나 변경되더라도, 그 대신 주주가 취득하는 금전이나 주식에 질권의 효력이 미친다(상 339조). 이는 주식이 그 내용과 형태를 다양하게 변형할 수 있는 권리라는 점을 반영한 것이다. 따라서 주주가 주식매수청구권을 행사하여 받는 매수대금 역시 주식의 교환가치로 보아 질권의 효력이 미친다고 해석된다.

둘째, 자익권에 관한 특칙이다. 등록질의 경우, 회사로부터 지급받는 이익배당, 주식배당, 잔여재산분배에 대하여도 질권의 효력이 미친다(상 340조 · 462조의2). 이는 이러한 권리들이 주식의 과실 또는 변형물에 해당한다는 점을 전제로, 질권의 담보가치를 실질적으로 보전하려는 취지이다. 이에 반해 약식질에 관해서는 상법에 명문의 규정이 없다. 다만 잔여재산분배청구권은 회사 해산 시 주식의 변형물에 해당하므로 질권의 효력이 미친다고 보아야 하고, 이익배당 등 다른 자익권에 대해서까지 질권의 효력이 미치는지 여부는 해석상 논의의 대상이 된다.

셋째, 공익권에는 질권의 효력이 미치지 않는다. 의결권과 같은 공익권은 여전히 주주인 질권설정자가 행사하며, 질권자는 주식의 교환가치를 우선적으로 확보하는 데에 그친다. 질권자가 회사의 의사결정에 관여하는 것은 담보권으로서의 질권의 본질인 교환가치 확보의 범위를 벗어나는 것으로 이해된다.

Ⅲ. 주식의 양도담보

주식의 양도담보는 채무자가 자신의 주식을 채권자에게 이전하여 채무를 담보하고, 채무를 이행하면 다시 그 주식을 반환받기로 하는 담보 방식이다. 외형상으로는 완전한 주식양도의 형식을 취하지만, 실질은 담보에 있다는 점에서 소유권이전담보의 한 유형으로 이해된다.

주식의 양도담보 역시 공시방법에 따라 약식양도담보와 등록양도담보로 구분할 수 있다. 약식양도담보는 양도담보설정에 관한 합의와 주권의 교부만으로 성립하며, 명의개서를 수반하지 않는다. 이에 반해 등록양도담보는 위와 같은 요건에 더하여, 양도담보권자를 주주명부상 주주로 기재하는 명의개서가 이루어지는 형태이다. 이 경우 외형상으로는 담보권자가 주주로 나타나게 된다.

양도담보권자는 담보권자로서, 질권자와 마찬가지로 유치권·우선변제권·물상대위권을 가진다. 다만 회사와의 관계, 특히 주주권의 행사 여부는 약식양도담보와 등록양도담보 사이에서 차이가 있다. 등록양도담보의 경우 양도담보권자가 주주명부상 주주이므로, 이익배당청구권과 같은 자익권은 물론 의결권과 같은 공익권도 행사할 수 있는 것이 원칙이다. 반면 약식양도담보에서는 명의개서가 이루어지지 않으므로, 양도담보권자는 회사에 대하여 주주로 취급되지 않는다. 이 점에서 그 지위는 약식질권자와 유사하다는 것이 판례의 입장이다.

예를 들어 A가 은행 B로부터 1억 원을 대출받으면서 자신이 보유한 C회사 주식 1,000주를 담보로 제공하는 경우를 보자. A가 이 주식에 관하여 입질을 설정한 경우, 주주명부상 주주는 여전히 A이고, B는 질권자로서 우선변제권 등의 담보권을 가지되 의결권과 같은 공익권은 행사할 수 없다. 반면 등록양도담보를 설정한 경우에는 주주명부상 주주가 B로 변경되고, B는 채무불이행이 발생하지 않은 단계에서도 형식상 주주로서 의결권 등 공익권을 행사할 수 있다. 다만 양도담보의 실질이 담보 목적의 소유권 이전이라는 점에서, 당사자 사이의 약정에 따라 주주권 행사가 제한되는 것이 통상적이다.

제 6 항 주식의 소각·병합·분할

Ⅰ. 주식의 소각

1. 의의

주식의 소각은 회사가 존속하는 상태에서 특정 주식을 법적으로 소멸시키는 행위를 말한다. 소각된 주식에 관하여 주주는 더 이상 주주로서의 지위를 갖지 않으며, 소각 방식에 따라 자본금이 함께 감소하기도 한다. 이 점에서 주식소각은 회사 해산으로 모든 주식이 일괄적으로 소멸하는 경우와 구별된다. 또한 단지 주권만을 무효화하는 제권판결(민소 487조 이하)과도 다르다. 제권판결은 주권을 상실한 자를 보호하기 위하여 기존 주권의 효력을 부인하고 새로운 주권의 재발행을 가능하게 할 뿐, 주식 자체를 소멸시키는 절차는 아니다.

주식소각은 여러 기준에 따라 구분할 수 있다. 회사의 일방적 결의에 기초하여 이루어지는 소각을 강제소각이라 하고, 회사와 주주 간의 합의에 따라 이루어지는 소각을 임의소각이라 한다. 상법 제343조 규정하는 주식소각은 강제소각에 해당한다. 또한 소각에 수반하여 주주에게 회사재산이 환급되는 경우를 유상소각, 재산 환급 없이 주식만 소멸하는 경우를 무상소각이라 한다.

주식소각은 외형상 발행주식총수가 감소한다는 점에서 자본금감소와 유사해 보인다. 그러나 모든 주식소각이 곧바로 자본금감소로 이어지는 것은 아니므로, 어떤 경우에 자본금이 함께 감소하는지를 구분하여 살펴볼 필요가 있다.

2. 종류

실무상 문제되는 주식소각의 유형은 다음과 같이 세 가지로 정리할 수 있다.

첫째, 자본금감소를 위한 주식소각이다. 이는 발행주식총수를 줄이기 위하여 주식을 소각하는 경우로서(상 343조), 자본금감소에 관한 일반 규정이 그대로 적용된다. 채권자보호절차 등 감자 절차가 수반되는 전형적인 감자소각에 해당한다.

주식소각은 회사·주주·채권자의 이해관계가 첨예하게 교차하는 영역이며, 특히 자본금감소를 수반하는 소각은 채권자 보호와 직접 연결되므로 그 요건과 절차에 엄격한 기준을 적용하는 것이 입법정책의 기본 방향이다.

둘째, 회사가 이미 취득하여 보유하고 있던 자기주식을 소각하는 경우이다. 이 경우에는 이사회 결의만으로 소각할 수 있고(상 343조), 자본금감소에 관한 규정은 적용되지 않는다. 그 결과 발행주식총수는 감소하지만 자본금은 그대로 유지될 수 있다. 예컨대 자본금 10억 원, 액면금액 5,000원, 발행주식총수 20만 주인 회사가 이익잉여금으로 자기주식 2만 주를 취득한 후 이를 소각하면, 발행주식총수는 18만 주로 줄어들지만 자본금 10억 원과 주당 액면금액 5,000원에는 변동이 없다.

셋째, 상환주식에 관하여 회사가 상환을 실행하는 경우이다(상 345조). 이 경우 회사는 상환 과정에서 상환주식을 취득하고, 이어서 이를 소각하게 되며, 상환·취득·소각이 하나의 연속된 절차로 이루어진다.

3. 효력

주식소각이 적법하게 이루어지면, 소각된 주식 수만큼 발행주식총수는 감소한다. 자본금감소를 위한 소각인 경우에는 자본금도 그에 따라 감소하지만, 자본금감소와 무관한 소각(예: 자기주식 소각)에서는 자본금에 변동이 없다. 특히 액면주식의 경우, 자본금감소와 무관한 소각이 이루어지면 발행주식의 액면총액과 자본금이 일치하지 않게 되는 경우도 발생할 수 있다.

자본금감소를 위한 주식소각에 하자가 있는 경우에는 감자무효의 사유(상 445조)가 된다. 또한 자본금감소와 직접 연결되지 않는 주식소각에 하자가 있는 경우에도, 그 성질에 반하지 않는 한 감자무효에 관한 규정을 유추적용한다.

Ⅱ. 주식의 병합

1. 의의

주식의 병합은 여러 개의 주식을 합쳐 보다 적은 수의 주식으로 만드는 행위를 말한다(예: 10주를 1주로 병합). 그 결과 발행주식총수는 감소하고, 각 주주의 주식 수는 비례적으로 줄어든다. 액면주식의 경우에는 병합과 동시에 주식의 액면금액을 증가시켜 자본금이 감소하지 않도록 할 수도 있고, 반대로 병합을 자본금감소의 수단과 결합시킬 수도 있다. 따라서 주식병합은 발행주식총수만을 조정하는 기술적 수단이 될 수도 있고, 자본금감소를 수반하는 구조조정 수단으로 기능할 수도 있다.

주식병합은 일반적으로 모든 주식을 대상으로 비례적으로 이루어진다는 점에서, 특정 주식만을 소멸시키는 주식소각과 구별된다. 또한 주식병합 자체는 회사 재산을 외부로 환급하지 않으므로 회사 재산의 총량에는 변동이 없고, 발행주식총수만 조정된다는 점에서도 유상소각과는 성격을 달리한다.

2. 방법

주식병합이 자본금감소의 한 방식으로 활용되는 경우에는 자본금감소에 관한 일반 규정이 적용된다. 이에 따라 채권자보호절차, 공고 및 최고 등 감자절차를 거쳐야 한다. 병합 과정에서는 병합 전 주권을 회수하고, 병합 후 새로운 주권을 교부하여야 한다(상 440조). 다만 주권을 제출하기 어려운 주주에 대해서는 상법이 별도의 신주권 교부 절차를 마련하고 있다(상 442조).

또한 병합 과정에서는 단주(1주 미만의 지분)가 발생할 수 있는데, 이 경우 회사는 단주를 모아 매각하고 그 매각대금을 종전 주주에게 지분 비율에 따라 분배하는 방식으로 처리한다(상 443조). 단주에 관한 규정은 주식병합과 주식분할 모두에서 공통적으로 기능하는 조정장치이다.

3. 효력

주식병합이 적법하게 이루어지면 발행주식총수는 감소한다. 자본금감소를 위한 병합인 경우에는 자본금도 함께 감소하고, 자본금을 유지한 채 단지 주식 수만 줄이는 병합도 가능하다.

주식병합 전후의 주식은 법적 동일성을 유지한다는 것이 판례의 입장이다. 즉, 병합 전 주식에 부착되어 있던 권리는 병합 후 주식에 그대로 승계된다. 주식에 설정된 질권 역시 병합 후 주식에 그대로 존속한다(상 339조).

자본금감소를 위한 주식병합에 하자가 있는 경우에는 감자무효의 사유(상

445조)가 된다. 또한 자본금감소와 직접 연결되지 않는 주식병합에 하자가 있는 경우에도, 그 성질에 반하지 않는 한 감자무효에 관한 규정을 유추적용한다(판례).

Ⅲ. 주식의 분할

1. 의의

주식의 분할은 하나의 주식을 여러 개의 주식으로 나누어 발행주식총수를 증가시키는 행위를 말한다(예: 1주를 10주로 분할). 이 경우 모든 주주의 주식 수는 비례적으로 증가하지만, 자본금과 회사재산의 총량은 변하지 않는다. 실무에서는 주가가 지나치게 높아 소액투자자의 접근이 어렵고 거래가 경직되는 경우에, 유통의 편의를 도모하기 위하여 주식분할이 활용되는 사례가 많다. 즉, 유통단위를 세분화함으로써 시장 유통성을 제고하는 데 그 주요 목적이 있다.

예컨대 1주당 시가가 100만 원에 이르는 주식 1주를 10주로 분할하면, 이론상 분할 후 1주의 시가는 10만 원 수준으로 조정되어 소액투자자도 보다 쉽게 매매에 참여할 수 있고 거래 경직성도 어느 정도 해소될 수 있다. 다만 회사의 전체 가치와 기존 주주의 지분율에는 변동이 없으므로, 경제적 실질은 그대로 유지된다.

주식분할의 의미는 액면주식과 무액면주식을 구분하여 이해할 필요가 있다. 액면주식의 분할은 발행주식총수가 증가하면서도 자본금이 유지되어야 하므로, 그에 상응하여 주당 액면금액이 감소한다. 예컨대 액면금액 5,000원인 1주를 액면금액 500원인 10주로 분할하는 방식이다. 이때 분할 후 1주의 액면금액은 100원 미만이 될 수 없다(상 329조의2 · 329조). 이에 비해 무액면주식은 액면금액 개념 자체가 없으므로, 분할의 결과 주식 수만 증가하고 자본금은 그대로 유지된다.

주식분할과 주식병합은 모두 주식의 수를 조정하는 제도라는 점에서 공통되지만, 그 효과와 법적 성격에는 중요한 차이가 있다. 주식분할은 원칙적으로 주식 전체를 대상으로 비례적으로 이루어진다는 점에서 주식병합과 공통점을 가진다. 다만 주식병합이 발행주식총수를 감소시키는 제도인 데 반해, 주식분할은 발행주식총수를 증가시키는 제도라는 점에서 그 방향이 정반대이다. 또한 주식분할은 자본금이나 회사재산에 변동을 초래하지 않는 반면, 자본금감소를 수반시킬 수도 있는 주식병합과도 구별된다.

결국 주식분할 이후에도 각 주주의 경제적 지위는 원칙적으로 변하지 않는다. 주식 수는 증가하지만 회사의 가치와 지분율이 동일하게 유지되기 때문이다. 다만 유통단위, 거래량, 투자자 구성 등은 실질적으로 변화할 수 있다. 이처럼 주식분할은 주식의 단위를 조정하는 제도일 뿐, 회사 가치나 주주의 실질적 지분을 재분배하는 제도는 아니다. 이러한 점을 전제로 상법은 자본금과 권리관계의 연속성을 유지하면서, 유통의 편의와 시장 접근성을 제고할 수 있도록 주식분할 제도를 설계하고 있다.

2. 방법

주식분할에는 주주총회의 특별결의가 필요하다(상 329조의2). 주식분할은 자본금감소를 수반하지 않으므로, 감자에 관한 절차는 요구되지 않는다. 특히 액면주식을 분할하는 경우에는 주당 액면금액을 감소시키는 내용의 정관변경이 필요하다. 또한 분할 결과 발행주식총수가 정관상 발행예정주식총수를 초과하게 되는 경우에는, 발행예정주식총수에 관한 규정도 함께 변경하여야 한다.

주식분할에 따라 기존 주권을 회수하고 새로운 주권을 교부하여야 한다(상 329조의2 · 440조). 주권 제출이 곤란한 주주에 대해서는, 주식병합의 경우와 마찬가지로 별도의 신주권 교부 절차가 적용된다(상 329조의2 · 442조). 다만 무액면주식의 경우에는 주권에 액면금액을 기재할 필요가 없으므로, 기존 주권을 그대로 둔 채 추가 신주만 교부하는 방식으로 처리할 수 있다.

또한 분할 과정에서는 단주(1주 미만의 지분)가 발생할 수 있는데, 이 경우 회사는 단주를 모아 매각하고 그 매각대금을 종전 주주에게 지분 비율에 따라 분배하여야 한다(상 329조의2 · 443조). 단주에 관한 규정은 주식병합과 주식분할 모두에서 공통적으로 기능하는 조정장치이다.

3. 효력

주식분할이 이루어지면 발행주식총수는 증가하지만 자본금은 변하지 않는다. 액면주식의 경우에는 발행주식총수가 증가하는 만큼 액면금액이 감소하므로, 발행주식의 액면총액과 자본금은 계속하여 일치한다. 무액면주식의 경우에는 단순히 주식 수만 증가할 뿐 자본금에는 아무런 변동이 없다.

주식분할 전후의 주식은 법적 동일성을 유지한다. 즉, 분할 전 주식에 부착되어 있던 권리는 분할 후 주식에 그대로 승계된다. 주식에 설정된 질권 역시 분할 후 주식에 그대로 존속한다(상 339조).

제 7 항 주식매수선택권

Ⅰ. 의의

주식매수선택권(stock option)이란, 회사의 설립·경영·기술혁신 등에 일정한 기여를 하였거나 장래에 기여할 가능성이 있는 이사·집행임원·감사·피용자 등이, 미리 정해진 행사가액으로 장래에 회사의 주식을 인수 또는 취득할 수 있는 권리를 말한다(상 340조의2). 이하에서는 이를 간단히 선택권, 그 부여를 받은 자를 선택권자라 한다.

선택권의 가장 큰 특징은, 주식을 취득할 수 있는 권리의 설정과 그 권리가 실제로 실현되는 시점이 분리되어 있다는 점에 있다. 즉, 행사가액은 현재 확정되지만, 실제 주식의 취득은 장래에 선택권을 행사할 때 이루어진다. 회사 가치가 상승하면 실제 취득 시점의 주가가 행사가액을 상회하게 되고, 그 차액이 곧 선택권자의 이익이 된다. 이와 같은 구조 하에서 선택권자는 회사의 중장기적 가치, 특히 주가를 상승시키는 방향으로 행동할 유인을 갖게 된다.

그렇다면 회사는 동일한 보상 비용을 현금 보수(보너스) 대신 굳이 선택권의 형태로 지급하려는 이유는 무엇일까? 이는 단기적인 성과보상과 달리, 중장기적인 기업가치 상승에 보상의 실현을 연동시키려는 제도로 이해할 수 있다.

예를 들어, 비상장 스타트업 A가 개발팀장 B에게 연간 3,000만 원 상당의 추가 보상을 제공하려 한다고 가정해 보자. 이를 전액 현금으로 지급하면 B는 즉시 보상을 확정적으로 취득하지만, 이후 회사 가치의 변화와는 무관하게 보상은 이미 실현된 상태가 된다. 반면, 동일한 가치를 주식매수선택권으로 부여할 경우, B는 회사 가치가 상승할수록 자신의 보상도 함께 증가한다는 구조에 놓이게 된다. 그 결과 선택권자는 단기 성과보다 중장기적인 기업가치와 주가 상승에 더 큰 관심을 가지게 되고, 회사의 성장 방향과 자신의 이해관계가 자연스럽게 결합된다. 선택권은 이와 같이 노무·경영 기여와 회사 가치 상승을 연결하는 중장기적 인센티브 장치로 기능한다.

비상장회사의 주식매수선택권에는 상법 제340조의2부터 제340조의5까지가 적용되며, 상장회사의 경우에는 여기에 더하여 상법 제542조의3과 상법 시행령 제30조가 추가로 적용된다. 상장회사는 자본시장을 통한 공모를 전제로 하는 만큼, 선택권 부여에 관하여 투자자 보호와 공시의 충실성을 확보하기 위해 비상장회사에 비해 보다 구체적이고 엄격한 규율이 이루어져 있다. 동시에 상장회사가 우수 인재를 신속하게 유치·유지할 필요가 있다는 현실도 고려되어, 일정한 범위에서는 제도의 활용 가능성을 높이는 방향으로 규율이 이루어져 있다.

Ⅱ. 요건 및 행사

주식매수선택권은 선택권자에게 상당한 경제적 이익을 제공할 수 있는 제도인 반면, 기존 주주의 입장에서는 지분 희석(dilution)과 직결된다. 따라서 "누구에게, 어떠한 조건으로, 어느 범위까지" 선택권을 부여할 것인지는 주주이익과 밀접하게 연관되며, 상법은 이에 관하여 비교적 엄격한 요건과 절차를 두고 있다.

1. 당사자

선택권을 부여하는 자는 회사이며, 선택권을 부여받을 수 있는 자는 회사에 일정한 기여를 하였거나 장래에 기여할 수 있는 자로 한정된다. 상법은 구체적으로 회사의 설립·경영·기술혁신 등에 기여하거나 기여할 수 있는 이사, 집행임원, 감사 또는 피용자를 선택권 부여 대상으로 규정한다(상 340조의2).

상장회사의 경우에는 여기에 더하여, 대통령령이 정하는 관계회사(모회사·자회사 등)의 이사·집행임원·감사·피용자에게도 선택권을 부여할 수 있도록 허용하고 있다(상 542조의3). 이는 현대 기업집단에서 인력과 기술이 계열회사 전반에 걸쳐 이동·공유되는 현실을 반영한 것이다.

예컨대 상장회사 A가 핵심 기술개발을 대부분 100% 자회사인 연구법인 B

에 맡기고 있는 경우를 생각해 보자. 실질적으로 A의 기술혁신에 기여하는 인력은 B 소속 연구원들이다. 이와 같은 상황에서 선택권 부여 대상을 A 소속 인력으로만 한정한다면, 회사 가치 상승에 핵심적 역할을 수행하는 인력에게는 적절한 인센티브를 제공하기 어렵다. 이러한 점을 고려하여 상법은 일정한 범위 내에서 모회사·자회사 등 관계회사 인력에게도 선택권을 부여할 수 있도록 열어두고 있다.

다만 선택권이 지배주주나 특수관계인의 사익편취 수단으로 악용되는 것을 방지하기 위하여, 일정 지분 이상을 보유하는 주주 등 회사에 지배력을 행사하는 자는 원칙적으로 선택권 부여 대상에서 제외된다(상 340조의2·542조의3, 상령 30조). 예를 들어 최대주주 A가 이미 회사 지분의 70%를 보유한 상황에서 이사회가 A에게 대량의 선택권을 추가로 부여한다면 어떻게 될까? 이는 사실상 지배력 강화와 지분 집중을 위한 수단으로 기능할 위험이 크고, 소수주주의 관점에서는 지배주주에게 저가로 지분을 추가 취득할 수 있는 특혜를 제공하는 것으로 평가될 수 있다.

또한 선택권은 원칙적으로 양도할 수 없다(상 340조의4). 이는 선택권 제도가 선택권자 본인의 중장기적 노무·경영 기여를 유도하기 위한 인센티브 장치이지, 선택권 자체를 독립된 자산으로 유통시키는 것을 예정한 제도가 아니기 때문이다.

2. 부여절차

주식매수선택권은 본질적으로 신주발행 또는 자기주식의 저가 양도를 통하여 특정인에게 경제적 이익을 부여하는 제도이므로, 기존 주주에게는 지분 희석 등 불리한 효과를 가져 올 수 있다. 이러한 점을 고려하여 상법은 "정관 → 주주총회(또는 이사회) → 부여계약"이라는 3단계 통제 구조를 두고 있다.

(1) 정관

우선 정관에 선택권을 부여할 수 있다는 취지와 함께, 법이 요구하는 기본적 사항이 기재되어 있어야 한다(상 340조의3). 이는 선택권 제도의 도입 여부와 그 기본적 기준에 관하여, 사전에 주주 전체의 동의를 확보하도록 한 것이다.

상장회사의 경우에는 정관으로, 선택권자가 사임·사직하거나 고의 또는 중대한 과실로 회사에 중대한 손해를 발생시킨 경우 등 일정한 사유가 발생하면, 이사회 결의로 이미 부여된 선택권을 취소할 수 있다는 규정을 둘 수 있다(상령 30조). 이는 선택권을 단순한 보상수단이 아니라 성과와 책임이 연동된 제도로 운용하기 위한 장치로 이해된다.

(2) 주주총회

구체적인 선택권 부여는 원칙적으로 주주총회의 특별결의에 의하여 이루어진다(상 340조의2). 주주총회는 행사가액, 부여대상, 부여방법, 행사기간 등 선택권의 핵심 요소를 결정한다. 상장회사에 대해서는 예외적으로, 일정한 범위 내에서 이사회가 먼저 선택권 부여를 결의한 후, 이를 사후적으로 최초의 주주총회에서 승인받는 방식도 허용된다(상 542조의3, 상령 30조). 이는 상장회사가 처한 경쟁적 환경에서 신속한 인재 유치와 보상이 필요하다는 현실을 반영한 것이다. 그렇다면 주주총회 결의에서 특히 중요한 쟁점은 무엇일까? 실무상 문제되는 핵심은 행사가액, 부여방법, 행사기간, 재직요건이다.

1) 행사가액

행사가액은 선택권자의 이익과 기존 주주의 지분 희석이 직접적으로 연결되는 지점이다. 행사가액이 지나치게 낮게 정해지면, 회사의 자본이 부당하게 잠식되고 선택권자에게 사실상 숨은 이익제공이 이루어지는 결과가 된다. 예컨대 회사 A의 주식 실질가액이 1주당 1만 원인 상황에서, 특정 임원에게 2,000원의 행사가액으로 선택권을 부여한다고 가정해 보자. 외형상으로는 근로 제공에 대한 보상이라고 설명할 수 있지만, 경제적 실질을 보면 주당 8,000원 상당의 이익을 미리 확정해 주는 것과 다르지 않다. 이는 선택권 제도의 핵심 취지인 기여와 보상의 연계를 약화시킬 우려가 있다.

이러한 문제를 방지하기 위하여 상법은 최소 행사가액 기준을 두고 있다(상 340조의2). 신주발행 방식의 경우에는 행사가액이 부여일 기준으로 주식의 실질가액과 권면액 중 높은 금액 이상이어야 하고, 자기주식 양도 방식의 경우에는 부여일 기준으로 주식의 실질가액 이상이어야 한다. 이후 유·무상증자 등으로 실질가액에 변동이 발생하면, 행사가액도 이에 상응하여 조정할 수 있다(상 340조의

3). 이는 선택권 부여 당시 전제된 주식의 경제적 가치가 이후 자본변동으로 왜곡되지 않도록 하기 위한 조정 장치이다.

2) 부여방법

선택권 행사에 따라 실제로 주식 또는 금전이 제공되는 방식은 세 가지로 구분된다(상 340조의2). 신주교부방식은 선택권자가 행사가액을 납입하면 회사가 신주를 발행하는 방식이고, 자기주식교부방식은 회사가 이미 보유하고 있는 자기주식을 행사가액으로 양도하는 방식이다. 차액정산방식은 행사 시점의 실질가액과 행사가액의 차액을 현금이나 자기주식으로 정산하는 방식이다. 실무에서는 회사의 재무상태와 자본정책에 따라 적절한 방식이 선택된다.

한편 선택권 행사로 발행하거나 양도할 수 있는 주식 수는 원칙적으로 발행주식총수의 10%(상장회사는 15%)를 초과할 수 없다(상 340조의2 · 542조의3, 상령 30조). 이는 선택권의 남용으로 기존 주주의 지분이 과도하게 희석되는 것을 방지하기 위한 상한 규제이다.

3) 행사기간 · 재직요건

선택권은 본질적으로 중장기적 기여에 대한 보상을 전제로 하는 제도이므로, 선택권자는 원칙적으로 주주총회 결의일(상장회사는 주주총회 또는 이사회 결의일)부터 2년 이상 재임 또는 재직한 후에야 이를 행사할 수 있다(상 340조의4 · 542조의3).

다만 상장회사에 대해서는 예외가 인정된다. 선택권자가 사망하거나, 본인의 책임 없는 사유로 퇴임 · 퇴직한 경우(정년에 따른 퇴임 · 퇴직은 제외)에는 2년 미만 재직이라도 선택권을 행사할 수 있다(상령 30조). 이는 선택권자가 예측하거나 통제할 수 없었던 사정을 고려한 조정 규정이다. 판례는 이러한 예외를 비상장회사에까지 유추적용할 수는 없다고 본다.

한편 선택권을 언제까지 행사할 수 있는지, 즉 최종 행사기간에 관하여 상법은 명문의 규정을 두고 있지 않다. 이에 대해서는 주주총회 결의로 정할 수 있다고 보는 것이 판례의 입장이다.

(3) 부여계약 체결 및 공시

중요한 점은, 주주총회의 결의만으로 선택권이 당연히 발생하는 것은 아니라는 점이다. 선택권은 회사와 선택권자 사이에 개별적인 부여계약이 체결되어야만 비로소 성립한다(상 340조의3). 즉, 주주총회 결의는 선택권 부여의 근거와 한계를 정하는 단계에 그치고, 실제 권리의 발생은 부여계약을 통해 완성된다.

이에 따라 회사는 주주총회의 결의 내용에 따라 선택권자와 부여계약을 체결하고, 그 계약서를 본점에 비치하여 선택권 행사기간이 종료할 때까지 주주에게 열람할 수 있도록 해야 한다(상 340조의3). 선택권은 기존 주주의 지분 희석 등 불리한 효과를 초래할 수 있으므로, 부여계약의 내용에 대한 두명성과 공시는 핵심적인 통제 수단으로 기능한다.

부여계약의 내용이 주주총회 결의와 일부 상이하더라도, 결의의 본질적 내용을 해치지 않는 한 유효하다는 것이 판례의 입장이다. 즉, 개별 계약 단계에서의 세부적인 조정은 허용되고, 다만 주주총회가 승인한 기본 구조나 핵심 조건을 변경할 정도의 차이는 허용되지 않는다.

3. 행사

선택권을 행사하려는 자는 상법이 정한 방식에 따라 청구서 2통을 회사에 제출하여야 한다(상 340조의5 · 516조의9). 선택권은 형성권이므로, 적법한 행사 의사표시가 회사에 도달하는 순간 효력이 발생하며, 회사의 별도의 승낙은 필요하지 않다. 실무적으로는, 신주교부방식의 경우 선택권 행사와 함께 신주인수 절차가 진행되고, 자기주식교부방식이나 차액정산방식의 경우에는 이에 상응하는 자기주식 교부 또는 현금 지급 절차가 이루어진다. 이처럼 선택권의 행사는 단순한 권리 행사에 그치지 않고, 회사의 자본구조나 재무상태에 직접적인 영향을 미치는 절차로 연결된다.

제 8 항 지배주주에 의한 소수주식의 전부취득

Ⅰ. 의의

상법은 발행주식총수의 95% 이상을 보유한 지배주주가 나머지 소수지분을 정리할 수 있도록 하는 지배주주의 강제매수 제도를 두고 있으며, 이에 대응하여 소수주주가 출자관계를 정리할 수 있도록 하는 소수주주의 강제매도 제도도 함께 마련하고 있다.

이 두 제도는 다음과 같은 실익을 가진다. 먼저 지배주주의 입장에서는, 복잡한 지배구조를 단순화하고 소수주주 관리에 수반되는 비용, 분쟁 위험, 소송 위험을 줄일 수 있다. 이미 지분 95%를 보유하여 회사의 지배권을 사실상 완전히 장악한 상황에서도 굳이 강제매수 제도가 마련된 이유가 여기에 있다.

한편 소수주주의 입장에서도, 회사의 의사결정에 실질적인 영향력을 행사하기 어려운 상태에서 강제매도를 통해 공정한 가액을 지급받고 출자관계를 정리할 수 있는 기회를 확보하게 된다. 소수지분의 고착으로 인해 발생할 수 있는 경제적·법적 불이익을 해소할 수 있다는 점에서 이 제도는 소수주주 보호의 기능도 함께 수행한다.

궁극적으로 이 제도는 초고도 지분집중 상황에서 기업의 지배구조를 일괄적으로 정리할 수 있도록 허용하되, 그 과정에서 필연적으로 제기되는 매수가액 산정의 공정성 문제를 어떻게 통제할 것인가라는 정책적 고민의 산물로 이해할 수 있다.

Ⅱ. 지배주주의 매도청구권

1. 의의

지배주주는 경영상 목적을 위하여 필요한 경우 회사의 소수주주에게 주식을 매도하라고 청구할 수 있다(상 360조의24). 이는 지배주주가 일방적으로 청구만 하면 계약이 성립하는 강력한 형성권으로서, 소수주주는 정해진 절차에 따라 자신의 의사와 관계없이 매도의무를 부담하게 된다.

2. 요건

(1) 행사 주체

상법은 발행주식총수의 95% 이상을 자기의 계산으로 보유한 자를 지배주주로 본다(상 360조의24). 여기에는 다음과 같은 합산 규칙이 적용된다. 즉, 명의와 무관하게 자금 부담과 손익 귀속이 지배주주에게 있다면 그 지분은 합산되며,

모회사 · 자회사가 보유한 지분도 합산된다. 또한 개인이 과반수의 지배력을 가진 회사가 보유한 주식 역시 그 개인의 지분으로 합산된다.

(2) 경영상 목적

매도청구권은 경영상 목적 달성을 위해 필요한 경우에 한하여 행사할 수 있다. 문제는 경영상 목적의 범위이다. 단순히 특정 소수주주를 배제하려는 지배주주의 주관적 사정만으로도 경영상 목적이 인정될 수 있을까? 입법 취지와 문언을 종합하면, 이는 정당한 경영상 목적이라고 보기 어렵고, 기업 운영의 합리화 또는 지배구조의 단순화 등 객관적으로 인정될 수 있는 필요성이 요구된다고 이해함이 타당하다.

(3) 주주총회의 승인

매도청구권을 행사하려면 사전에 주주총회의 승인을 받아야 하며, 주주총회 소집통지에는 다음 사항이 포함되어야 한다(상 360조의24). 즉, ① 지배주주의 주식 보유 현황, ② 매도청구의 목적, ③ 매매가액의 산정 근거 및 적정성에 관한 공인된 감정인의 평가, ④ 매매가액 지급보증 등에 관한 사항이다.

이 단계에서 매매가액 그 자체가 확정되는 것은 아니다. 다만 절차적 투명성과 공정가액 산정의 기초가 제시되어야 한다. 예컨대 회사 A의 지배주주가 소수주식의 강제매수를 추진하면서, 주주총회 소집통지에 단순히 "지분 95% 이상 확보를 위해 소수지분을 매수할 계획"이라고만 기재하고, 감정평가 결과나 산정 근거를 전혀 제시하지 않았다면 어떨까? 이 경우 소수주주로서는 제시될 매매가액이 공정한지 여부를 판단할 최소한의 자료조차 확보하지 못하게 된다. 이 때문에 상법은 감정인의 평가와 산정 근거를 미리 주주에게 제시하도록 요구함으로써, 매도청구권 행사에 관한 지배주주의 재량을 절차적으로 통제하고 있다.

(4) 매도청구의 절차

주주총회 승인을 받은 지배주주는 소수주주 전원에게 동일한 조건으로 매도청구를 하여야 한다. 이는 주주평등원칙의 적용이다. 예를 들어 지배주주 Z가 A · B · C 세 명의 소수주주 중, 자신과 이해관계가 가까운 A에게는 1주당 2만원을 제시하면서, 나머지 B와 C에게는 1주당 1만 5,000원을 제시하는 방식으로 매도청구를 한다면 어떨까? 이는 경제적으로 동일한 지위에 있는 소수주주 사이에 부당한 차별을 두는 결과가 되며, 주주평등의 원칙에 반한다.

또한 지배주주는 매도청구에 앞서 1개월 전에 공고 및 개별 통지를 하여야 한다(상 360조의24).

3. 효과

매도청구권은 형성권이므로, 지배주주가 적법하게 매도청구를 하는 순간 매매계약이 성립한다. 소수주주는 매도청구를 받은 날부터 2개월 이내에 주식을 매도하여야 하고(상 360조의24), 지배주주가 매매대금을 지급하면 그 시점에 주식이 이전된 것으로 본다(상 360조의26). 소수주주가 매매대금의 수령을 거부하거나 소수주주가 불명한 경우에는 공탁으로 충분하며, 이 경우에도 공탁일에 주식은 지배주주에게 이전된다(상 360조의26).

매매가액은 우선 매도청구를 받은 소수주주와 매도를 청구한 지배주주 간의 협의로 정하는 것이 원칙이다. 다만 협의가 매도청구일로부터 30일 이내에 성립되지 않으면, 어느 당사자든 법원에 가액결정을 청구할 수 있다(상 360조의24). 법원은 회사의 재산상태와 그 밖의 제반 사정을 종합적으로 고려하여 공정가액을 산정한다(상 360조의24). 이는 지배주주의 우월적 지위로 인한 가액 결정의 왜곡을 방지하기 위한 사법적 조정 장치이다. 결국 공정가액이란, 지배주주의 구조조정 필요성과 소수주주의 투자 보호 사이에서 형성되는 균형점이라고 이해할 수 있다.

Ⅲ. 소수주주의 매수청구권

지배주주가 존재하는 회사에서는 소수주주에게도 반대 방향의 권리가 인정된다. 즉, 소수주주는 언제든지 지배주주에게 자신의 주식을 매수할 것을 청구할 수 있다(상 360조의25). 이 제도는 지배주주의 강제매수권에 상응하는 제도로서, 지배주주에게 인정된 구조조정 권한이 소수주주에게 일방적으로 불리하게 작동하지 않도록 하는 대응적 통제장치로 기능한다.

소수주주의 매수청구권 역시 형성권이므로, 매수청구가 적법하게 이루어지는 순간 매매계약이 성립한다. 지배주주는 매수청구를 받은 날부터 2개월 이내에 주식을 매수하여야 한다(상 360조의25). 매매가액의 결정과 주식 이전 방식은 지배주주의 매도청구권과 동일하게 규율되어 있다(상 360조의25 · 360조의26). 따라서 ① 당사자 사이의 협의, ② 협의 불성립 시 법원의 공정가액 결정, ③ 매매대금의 지급 또는 공탁에 따른 주식 이전이라는 구조가 그대로 적용된다.

소수주주의 매수청구권은 다음과 같은 특징을 가진다.

첫째, 개별적 행사가 가능하다. 소수주주는 주주총회의 결의 없이 단독으로 매수청구를 행사할 수 있으며, 일부 소수주주만 행사하더라도 무방하다.

둘째, 경영상 목적이 요구되지 않는다. 지배주주의 매도청구권과 달리, 소수주주는 매수청구를 위해 별도의 경영상 목적을 제시할 필요가 없다. 그렇다면 왜 소수주주에게는 경영상 목적과 같은 요건이 요구되지 않을까? 이는 소수지분 보유자는 회사 경영에 실질적으로 참여하기 어렵고, 경영진이나 지배주주와의 정보 비대칭도 훨씬 크기 때문에, 소수주주 보호라는 정책적 필요성이 더 강하게 작용하기 때문이다.

예컨대 회사 A에서 지배주주가 사실상 모든 경영을 좌우하는 상황을 가정해 보자. 소수주주 B는 회사의 내부 정보에 접근할 수 있는 통로가 거의 없고, 배당정책이나 주요 투자결정에도 실질적인 영향을 미치기 어렵다. 이러한 상황에서 지배주주의 의사에 따라 회사가 고위험 사업에 진출하거나 계열사 간 내부거래가 확대되는 것을 보게 된다면, B는 소수주주로서 상당한 불안을 느낄 수 있다. 이때 B가 별도의 경영상 목적을 입증하지 않더라도, 언제든지 지배주주에게 자신의 주식을 매수해 달라고 청구할 수 있도록 한 것이 바로 소수주주의 매수청구권이다. 이는 불리한 지배구조에 강제로 머물러야 하는 상황에서 소수주주에게 인정되는 최소한의 탈출구라고 평가할 수 있다.

제 4 관 주식회사의 기관

제 1 항 의 의

회사는 법인격을 가진 독립된 권리주체이다. 그러나 법인은 자연인과 달리 정신적 · 육체적 작용능력을 갖지 않으므로, 스스로 의사를 형성하거나 외부와 거래행위를 할 수 없다. 그렇다면 회사의 의사는 누구에 의해 형성되며, 회사는 누구를 통해 외부와 법률관계를 맺는가? 이와 같은 근본적인 문제의식에서 주식회사의 기관제도가 출발한다.

주식회사는 일정한 자연인 또는 합의체를 법정기관으로 두고, 그 기관을 통하여 의사를 형성하고 이를 외부에 표시하며, 그 효과를 회사 자체의 의사로 귀속시키는 구조를 취한다. 이는 사원(출자자)이 곧 회사의 의사결정 주체인 인적회사와 구별되는 점이다. 주식회사는 물적회사로서 자본의 제공자(주주)와 회사의 의사를 형성 · 집행하는 주체가 제도적으로 분리되어 있으며, 이러한 의미에서 주식회사의 기관은 통상 타인기관으로 설명된다.

1. 기관의 분화

그렇다면 주식회사에서 각 기관은 어떠한 기능을 수행하는가? 기능적 관점에서 보면, 주식회사의 기관은 크게 다음과 같은 세 축으로 분화되어 있다.

첫째, 의사결정기관으로서의 주주총회와 이사회이다. 주주총회는 회사의 기본적 체계와 방향을 결정하는 최고 의사결정기관으로서, 이사 · 감사의 선임 · 해임, 정관변경, 영업양도 · 합병과 같은 구조변경 등 회사 운영의 근간을 이루는 사항을 결정한다(상 382조 · 374조 · 433조). 그러나 모든 경영상 의사결정을 주주총회에 맡기는 것은 현실적으로 비효율적이다. 이에 상법은 업무집행의 중심을 이사회에 두고, 이사회가 회사의 중요한 경영사항을 결정하고 그 집행을 감독하도록 규율한다(상 393조). 즉, 주주총회가 회사의 방향을 정하는 기관이라면, 이사회는 그 방향에 따라 구체적인 경영을 설계 · 관리하는 기관이라고 할 수 있다.

주주가 회사의 주인이라면, 왜 주주가 직접 경영하지 않을까? 주식회사 제도는 다수의 주주가 자본을 결합하여 회사를 구성하는 구조를 전제로 하므로, 모든 주주가 경영에 관여하는 것은 현실적으로 불가능하고 비효율적이다. 이에 따라 주주는 소유자로서의 지위를 유지하되, 경영 판단과 업무집행은 전문성과 책임을 갖춘 이사회에 집중시키는 구조를 취한다. 이것이 주식회사의 기본적 지배구조이다.

둘째, 집행기관으로서의 대표이사(또는 대표집행임원)이다. 상법은 이사회 자체를 업무집행기관으로 규정하고 있지만(상 393조), 회의체인 이사회가 일상적인 업무를 직접 수행하는 데에는 한계가 있다. 이 때문에 회사의 의사를 외부에 실질적으로 구현하는 중심적 기관은 대표이사이다. 대표이사는 이사회의 결정을 집행하고, 회사의 명의로 법률행위를 함으로써 회사의 외부적 법률관계 형성에서 핵심적인 역할을 수행한다. 집행임원제도를 채택한 회사에서는 대표집행임원이 이 기능을 담당한다(상 408조의5). 이는 이사회가 감독에 집중하고, 경영 집행은 전문경영진에게 위임하려는 지배구조의 분화를 제도적으로 반영한 것이다.

셋째, 감사기관으로서의 감사 또는 감사위원회이다. 감사는 이사의 직무집행과 회사 회계의 적정성을 감시하는 기관이다(상 409조). 일정 규모 이상의 회사에서는 감사위원회가 이를 대신한다(상 415조의2). 한편 이사회 자체에도 감독 기능이 부여되어 있으므로(상 393조), 주식회사 내부에는 이사회, 감사(또는 감사위원회), 주주총회로 이어지는 다층적 상호 견제구조가 형성된다. 이러한 구조는 이사회의 상시적 감독, 감사기관의 독립적 감시, 그리고 주주총회의 사후적 통제를 통해, 소유와 경영의 분리가 초래하는 정보 비대칭과 이해상충 문제를 완화하기 위한 제도적 장치로 이해할 수 있다.

2. 회사 규모에 따른 차등

모든 회사에 동일한 기관구성을 요구해야 할까? 상법은 회사의 규모, 공시 필요성, 주주 구성 등을 고려하여 기관구성을 일률적으로 강제하지 않고, 일정한 범위에서 차등을 허용하고 있다.

먼저, 상장회사에 대한 규율 강화이다. 상장회사는 자본시장에서 불특정 다수의 투자자를 상대로 자금을 조달하는 구조를 가지므로, 정보의 투명성과 내부 견제장치의 확보가 특히 중요하다. 이에 따라 상법은 상장회사에 대하여 보다 엄격한 지배구조 규율을 적용한다. 예컨대 일정 비율 이상의 사외이사를 두도록 하고(상 542조의8), 자산 규모에 따라 상근감사 또는 감사위원회를 설치하도록 한다(상 542조의10 · 542조의11). 이는 소유와 경영의 분리로 인해 발생하는 이해상충과 정보비대칭의 문제를 제도적으로 완화하기 위한 장치이다.

다음으로, 소규모회사에 대한 규율 완화이다. 소규모회사는 지배주주가 명확하고 이해관계자의 범위도 상대적으로 한정되어 있으므로, 상법은 기관구조에 관한 여러 특례를 인정한다. 이사회나 대표이사를 두지 않고 1~2명의 이사만으로 업무를 집행할 수 있고(상 383조), 감사기관의 설치도 면제될 수 있다(상 409조). 주주총회 소집절차 역시 간소화된다(상 363조). 이는 소규모회사에 대규모 상장회사와 동일한 지배구조를 요구할 경우, 그 비용이 실익을 초과할 수 있다는 점을 고려한 입법정책이다.

예컨대 가족이 100%의 지분을 보유하는 소규모 비상장회사에서는, 대표이사 1명이 곧 유일한 이사이고 감사를 두지 않는 경우가 적지 않다. 이 회사에서 주주총회는 사실상 가족 구성원 간의 합의 절차에 가깝고, 복잡한 이사회나 위원회 구조를 갖추는 것은 비용 대비 효과가 크지 않다. 반면 수만 명의 주주를 가진 상장회사에서는 소유와 경영이 분리된 상태에서 정보비대칭과 이해상충의 위험이 훨씬 크므로, 사외이사 · 감사위원회 · 사외이사후보추천위원회 등 다층적인 견제장치가 요구된다. 같은 주식회사라 하더라도, 주주의 구성과 자본 형성 방식에 따라 기관구조가 달라질 수밖에 없는 이유이다.

결국 주식회사의 기관 제도는 "누가 회사의 의사를 형성하고, 누가 이를 집행하며, 누가 이를 견제할 것인가"라는 질문에 대한 법적 해답이라 할 수 있다. 그리고 그 해답은 회사의 규모, 주주의 구성, 지배구조의 안정성 등 여러 요소에 따라 달라진다. 상법은 이러한 현실적 차이를 반영하면서도, 기관 간 상호 견제를 통해 회사 운영의 건전성을 확보하려는 기본 방향을 지향하고 있다.

제 2 항 주주총회

Ⅰ. 의의

주주총회는 주주로 구성되는 회사의 기본적 의사결정기관이자, 상법이 정한 필요적 기관이다. 회사의 조직과 구조를 좌우하는 핵심 사항 – 정관변경, 이사 · 감사의 선임과 해임, 영업양도 · 합병 등 – 은 모두 주주총회의 결의를 통해 확정된다. 반면 일상적 · 전문적 경영은 이사회와 경영진이 담당하고, 주주총회는 그 권한 배분의 기준을 설정하고 주요 사항에 대하여 최종적인 승인권을 행사하는 지위에 선다. 이 점에서 주주총회는 회사 내부의 최고 규범적 의사결정기구로서, 비유적으로 “헌법기관적 성격”을 갖는다고 설명된다.

물론 실무에서는 지배주주의 영향력 또는 소수주주의 무관심으로 인해 주주총회가 형식화된다는 비판도 제기된다. 그럼에도 불구하고, 주주총회가 회사 지배구조의 근본적 정당성을 부여하는 최상위 의사결정기구라는 점에는 변함이 없다.

Ⅱ. 주주총회의 권한

1. 의의

주주총회는 상법 또는 정관이 정한 사항에 한하여 결의할 수 있다(상 361조). 이는 주주총회가 회사의 모든 문제를 포괄적으로 처리하는 기관이 아니라, 법과 정관이 정한 범위 내에서만 권한을 행사하는 제한적 기관임을 의미한다. 따라서 주주총회의 권한에 속하지 않는 사항을 결의한 경우, 그 결의는 무효가 된다(판례).

반대로 상법이나 정관이 명문으로 주주총회의 권한으로 정한 사항은 원칙적으로 이사회에 위임할 수 없다. 다만, 기본적인 기준이나 방향만을 주주총회가 정하고, 그 구체적·기술적 사항을 이사회에 맡기는 방식은 허용된다. 이는 주주총회가 핵심적 사항에 관하여 최종적인 결정권을 보유하면서도, 그 집행과 세부 조정은 이사회에 맡기는 권한배분 방식이라고 할 수 있다.

이러한 권한 배분을 관통하는 질문은 다음과 같다. 어떤 문제를 주주총회가 직접 다루고, 어떤 문제를 이사회가 처리해야 하는가? 이에 대한 답은, 주주총회가 주주의 의사에 기초한 최종적 승인과 경영에 대한 사후적 책임 판단의 기능을 담당하는 기관이고, 이사회는 전문성과 신속성을 바탕으로 경영판단을 수행하는 기관이라는 기능적 분업 원리에서 찾을 수 있다.

2. 상법상 권한

상법은 주주총회가 반드시 결정해야 할 몇 가지 핵심적 사항을 명문으로 규정하고 있다. 대표적으로 다음과 같다.

- **구조 변화** – 영업양도(상 374조), 정관변경(상 433조), 자본금 감소(상 438조),

합병(상 522조)

- 기관 구성 – 이사·감사 선임 및 해임(상 382조·409조)
- 재무 감독 – 재무제표 승인(상 449조), 이익배당 결정(상 462조)

이들 사항은 모두 회사의 정체성과 장기적 존속에 직접적인 영향을 미치는 영역이라는 점에서 공통된다. 따라서 이러한 문제에 대해서는 경영진이나 이사회가 아니라, 회사의 궁극적 이해관계자인 주주가 결정을 내리도록 한 것이다.

예를 들어, A회사가 핵심 사업부 전체를 제3자에게 양도하려는 경우를 생각해 보자. 이는 회사의 사업 방향과 자산 구성이 근본적으로 변화하는 결정으로서, 단순한 경영상 판단의 범위를 넘어선다. 주주의 입장에서는 투자 당시 전제했던 회사와 전혀 다른 모습으로 바뀔 가능성이 있기 때문이다. 그래서 영업양도, 합병, 자본금 감소와 같이 회사의 정체성을 좌우하는 사항은 반드시 주주총회의 결의를 거치도록 하고 있다.

3. 정관상 권한

정관으로 주주총회의 권한을 확대할 수 있으며(상 361조), 이는 회사 내부 규율을 스스로 형성할 수 있도록 한 사적자치 원리를 반영한 것이다. 나아가 상법은 개별 조문에서 정관에 의한 조정을 예정하고 있는 경우도 적지 않다. 예컨대 상법 제368조는, 주주총회의 결의는 상법 또는 "정관에 다른 정함이 있는 경우"를 제외하고는 출석한 주주의 의결권의 과반수와 발행주식총수의 4분의 1 이상의 수로써 하도록 규정하고 있다. 이는 결의요건과 같은 핵심 사항에 대해서도 일정 범위 내에서 정관 자치를 허용하고 있음을 보여준다.

그렇다면 정관으로 원래 이사회의 권한으로 법정된 사항을 주주총회의 권한으로 변경할 수 있을까? 이 문제에 대하여는 견해가 나뉜다. 일반적으로는, 기본적인 지배구조를 해치지 않고 강행규정에 위반되지 않는 한, 정관에 의한 권한 배분의 조정은 허용된다는 견해가 우세하다. 이는 주주총회를 회사 내부에서 최상위의 의사형성기관으로 파악하고, 일정한 범위에서 주주의 자치적 결정을 존중하려는 입장이다. 이에 반해, 주식회사의 본질을 소유와 경영의 분리에 두는 견해는 이러한 권한 이전에 신중하다. 이 입장에서는, 이사회에 부여된 법정 권한을 정관으로 주주총회에 귀속시키는 것은 전문경영의 원칙을 잠식할 우려가 있으므로 원칙적으로 허용되어서는 안 된다고 본다.

결국 이는 주주총회를 회사의 최상위의 규범적 의사결정기관으로 파악할 것인지, 아니면 법이 부여한 범위 내에서만 기능하는 제한적 기관으로 볼 것인지에 따라 이론적 결론이 달라지는 문제라 할 수 있다. 통설은 주주총회의 전면적 경영 관여까지 허용하는 것은 아니지만, 그에 이르지 않는 범위에서는 정관 자치에 따른 기관 간 권한 배분의 조정을 긍정하는 경향이 있다.

Ⅲ. 주주총회의 개최

1. 주주총회의 소집

상법은 주주총회의 소집에 관하여 기본적인 사항을 규정하고 있으며, 그 밖의 소집에 관한 구체적 사항은 이사회가 정한다(상 362조).

(1) 소집권자

주주총회의 원칙적 소집권자는 이사회이고(상 362조), 그 소집은 대표이사가 집행한다. 다만 상법은 지배주주의 영향력 아래에서도 주주총회가 실질적인 견제 기능을 수행할 수 있도록, 소수주주 등에게 예외적인 소집권을 인정하고 있다. 즉, 일정 지분을 보유한 소수주주는 이사회에 주주총회의 소집을 청구할 수 있고, 이사회가 이에 응하지 아니하는 경우에는 법원의 허가를 받아 직접 주주총회를 소집할 수 있다(상 366조). 감사 또는 감사위원회 역시 소수주주와 동일한 방식으로 주주총회를 소집할 수 있다(상 412조의3 · 415조의2).

예컨대, 지배주주가 장기간 배당을 전혀 실시하지 않으면서도 경영진 보수만 지속적으로 인상하는 회사 A를 생각해 보자. 이사회가 주주총회 소집 자체를 회피한다면, 소수주주는 단지 불만을 가진 투자자에 머무를 수밖에 없다. 이 경우 일정 지분을 보유한 소수주주가 법원의 허가를 받아 직접 주주총회를 소집할 수 있어야만, 배당정책이나 이사 해임 여부 등을 주주 전체의 논의와 표결에 부칠 수 있다. 소집권을 이사회에만 독점시키지 않는 이유가 여기에 있다.

(2) 소집시기와 소집장소

회사는 매 결산기마다 1회 정기주주총회를 개최하여야 하며, 필요에 따라 임시주주총회를 소집할 수 있다(상 365조). 주주총회의 소집지는 원칙적으로 본점 소재지 또는 그 인근 지역으로 한다(상 364조). 이는 주주가 총회 참석에 과도한 부담을 지지 않도록 하기 위한 최소한의 접근성 확보 규정이다.

한편, 물리적 소집지에서의 현장 총회 없이 전자적 방식으로만 주주총회를 개최할 수 있는지, 이른바 현장대체형 전자주주총회의 허용 여부에 관해서는 그동안 논란이 있었다. 이를 긍정하는 입장에서는 전자적 참여를 통해 주주총회 참석률을 높이고 주주의 의사표현과 의결권 행사가 보다 용이해진다는 점을 강조한다. 반면 부정하는 입장에서는 대면 방식의 현장 총회와 비교할 때 주주의 질문권이 제약되고, 경영진에 대한 견제 기능이 약화될 수 있다는 점을 우려한다.

이러한 논의를 반영하여 2025년 개정 상법은, 회사가 원칙적으로 주주가 소집지에 직접 출석하는 방식으로 주주총회를 개최하도록 명시하면서도(상 364조), 상장회사의 경우 주주의 일부가 소집지에 출석하지 아니하고 원격지에서 전자적 방법으로 결의에 참가할 수 있는 전자주주총회를 병행하여 개최할 수 있도록 규정하였다. 즉, 신설된 상법 제542조의14 및 제542조의15에 따르면, 상장회사는 정관으로 달리 정하지 않는 한 소집지에서의 주주총회와 전자주주총회를 병행하여 개최할 수 있다. 더 나아가 자산 규모 등 일정 요건을 충족하는 상장회사에 대해서는 전자주주총회의 병행 개최를 의무화함으로써, 상장회사의 의사결정 과정에서 공정성과 투명성을 강화하였다. 이 개정 규정은 2027년 1월부터 시행된다. 반면 비상장회사의 경우에는, 주주 간 직접적인 의사소통과 실질적 토론을 통한 의사형성을 중시한다는 점에서, 소집지에서의 현장 총회를 원칙으로 유지하고 있다.

(3) 소집의 통지 · 공고

주주총회의 소집통지는 원칙적으로 총회일 2주 전까지 서면 또는 전자문서로 하여야 하며, 전자문서에 의한 통지는 각 주주의 동의를 필요로 한다(상 363조). 또한 통지서에는 반드시 회의의 목적사항인 의제를 기재하여야 한다(상 363조). 이렇게 엄격한 제한을 두는 이유는 무엇일까? 이는 주주가 사전에 안건의 내용을 충분히 검토하고, 의사결정에 필요한 준비를 할 수 있도록 하기 위한 것이다.

원칙적으로 통지의 대상은 의제이지만, 그 의제에 따라서는 의안까지 통지사항에 포함되어야 하는 경우도 있다. 예컨대 자본금감소와 같이 주주의 재산적 지위에 중대한 영향을 미치는 사항의 경우에는, 의제뿐만 아니라 그 구체적 내용인 의안까지 통지하도록 요구된다(상 438조). 또한 주주가 제안한 의안 역시 통지사항에 포함되어야 한다(상 363조의2). 이는 주주제안권이 형식적인 권리에 그치지 않고, 실제 의사결정 과정에서 실효성을 갖도록 하기 위한 장치이다.

상장회사에 대해서는 통지내용에 관한 보다 강화된 특칙이 적용된다. 원칙적으로 사외이사의 활동 내역과 보수에 관한 사항, 사업개요 등 일정한 공시사항이 포함되어야 한다(상 542조의4). 특히 이사 · 감사의 선임은 의제에 해당하고, 구체적인 후보자는 의안에 해당하지만, 상장회사에서는 반드시 통지 또는 공고된 후보자 중에서만 선임할 수 있다(상 542조의5). 즉, 선임 대상이 되는 이사 · 감사의 후보자 역시 사전에 통지 또는 공고되어야 한다. 이는 지배구조와 관련된 의사결정에서 투명성과 예측가능성을 확보하려는 자본시장 규제의 표현이다.

한편 통지의무가 전면적으로 적용되지 않거나 완화되는 경우도 있다. 먼저 일정한 주주에 대해서는 통지의무가 면제된다. 예컨대 의결권 없는 주주에 대해서는 원칙적으로 통지할 필요가 없고(상 363조), 명의개서가 이루어지지 않은 주주는 의결권을 행사할 수 없으므로 통지의 대상이 되지 않는다. 나아가 회사의 규모나 공시 필요성에 따라 소집통지에 관한 규율은 일정 범위에서 완화된다. 소규모회사의 경우에는 통지기간이 10일로 단축되고, 주주 전원의 동의가 있으면 소집절차 자체를 생략할 수 있으며, 주주총회를 개최하지 않고 서면결의로 갈음하는 것도 허용된다(상 363조). 반면 상장회사의 경우에는 개별 통지 대신 전자공시 또는 신문공고로 소집통지를 대체할 수 있다(상 542조의4).

이처럼 주주총회 소집통지에 관한 규율은, 주주 보호를 통한 의사결정의 정당성 확보라는 요청과, 회사의 절차적 부담을 완화할 필요 사이에서 조정된 결과라고 이해할 수 있다.

(4) 소집의 속행 · 연기 · 철회 · 변경

이미 적법하게 성립된 주주총회는 결의에 따라 속행 또는 연기할 수 있으며, 이 경우에는 별도의 추가 소집절차가 필요하지 않다(상 372조). 이는 동일한 회의가 시간적으로 연장되는 데 불과하기 때문이다. 반면 소집의 철회나 변경은 그 성질이 다르다. 총회의 일시·장소·의제 등 회의의 전제가 변경되는 것이므로, 판례는 최초 소집과 동일한 방식으로 다시 소집통지를 할 것을 요구한다. 이는 주주에게 부여된 예측가능성과 회의 준비권을 실질적으로 보호하기 위한 것이다.

(5) 소집절차의 하자

주주총회의 소집절차에 법령 또는 정관 위반이 있거나 현저한 불공정이 있는 경우에는 결의취소사유가 되고(상 376조), 그 하자가 중대하여 결의가 존재한다고 볼 수 없을 정도에 이르면 결의부존재확인의 대상이 된다(상 380조).

다만 판례는 일정한 경우 소집절차상의 하자가 치유될 수 있음을 인정한다. 즉, 주주 전원이 동의하여 총회에 참석해 결의한 경우, 또는 주주 전원의 위임하에 의사록만을 작성한 경우에는 절차상의 하자가 문제되지 않는다고 본다.

예컨대 A회사가 주주총회 소집통지를 법정기한인 2주 전이 아니라 10일 전에 발송하였다고 하자. 형식적으로는 통지기간 위반에 해당하지만, 모든 주주가 실제로 총회에 출석하여 아무런 이의 없이 결의를 했다면, 주주가 회의 준비의 기회를 박탈당했다고 보기는 어렵다. 그래서 판례는 이러한 경우 소집절차의 하자가 치유된 것으로 본다.

반대로 발행주식총수의 98%를 보유한 지배주주만 참석하고, 나머지 소수주주가 전혀 통지를 받지 못한 경우라면 어떠한가? 총회가 외형상 아무 문제없이 진행되었다 하더라도, 주주 전원의 출석이 아닌 이상 하자는 치유되지 않는다. 이는 절차적 정당성이 단순한 지배력으로 대체될 수 없다는 점을 분명히 한 판례의 입장이다.

2. 주주총회 의제와 의안

(1) 의의

주주총회 의제는 회의의 목적사항을 말하고, 의안은 그 의제의 구체적인 내용을 말한다. 예컨대 이사의 선임은 의제이고, 선임될 이사 후보자의 성명 등은 의안에 해당한다. 상법은 의제를 "회의의 목적사항"(상 363조)으로, 의안을 "의안의 요령"(상 433조) 또는 "의안의 주요내용"(상 438조)으로 표현하고 있다. 의제는 주주총회에서 결의할 수 있는 범위를 설정하는 기능을 가지며, 의안은 해당 의제 아래에서 결의의 구체적 내용을 형성하는 기능을 가진다. 다시 말해, 의제가 "무엇을 결의할 것인가"를 정한다면, 의안은 "그 문제에 관하여 어떠한 내용으로 결의할 것인가"를 구체화하는 것이다.

의제와 의안의 차이는 다음과 같이 정리할 수 있다. 첫째, 의제는 주주총회 소집 시 필수적인 통시사항이지만(상 363조), 원칙적으로 의안은 통지사항이 아니다. 이는 의제가 주주총회에서 다룰 사안의 범위를 정하는 핵심 사항인 반면, 의안은 총회 과정에서 논의 · 수정 · 대체될 수 있는 유동성을 전제로 하는 구체적 제안이기 때문이다. 다만 일정한 경우에는 의안도 예외적으로 통지사항이 됨은 이미 살펴본 바와 같다.

둘째, 주주총회는 소집통지에 기재된 의제에 한하여 결의할 수 있다. 통지되지 않은 의제에 대해서는 결의할 수 없고, 의제를 변경하려면 소집에 준하는 절차를 다시 거쳐야 한다는 것이 판례의 입장이다. 이렇게 엄격한 제한을 두는 이유는 무엇일까? 이는 의제의 중요성에 비추어, 주주에게 사전에 의제를 인식하고 총회 참석 여부 및 의결권 행사 방향을 판단할 기회를 보장하기 위해서이다.

이에 반해 의안은 원칙적으로 주주총회를 구속하지 않는다. 따라서 당해 주주총회에서 새로운 의안을 제안하거나, 이미 통지된 의안을 수정하는 것도 가능하다. 예컨대 정관변경이라는 의제가 통지된 경우, 그 구체적 변경 내용인 의안은 총회 과정에서 수정 · 대체될 수 있다. 다만 의안도 예외적으로 주주총회를 구속하는 경우가 있다. 앞서 본 것처럼, 상장회사가 이사 또는 감사를 선임하는 경우에는 통지 또는 공고된 후보자 중에서만 선임할 수 있다(상 542조의5).

(2) 주주제안권

주주총회의 의제와 의안은 원칙적으로 이사회가 주주총회의 소집을 결의하면서 정한다. 그러나 상법은 이사회가 안건을 사실상 독점하는 구조를 완화하기 위하여, 소수주주에게도 의제 또는 의안을 제안할 수 있는 권한을 부여하고 있다. 이것이 주주제안권이다. 주주제안권은 소수주주를 회사의 의사형성 과정에 실질적으로 참여시키기 위한 제도적 장치라 할 수 있다.

주주제안의 대상에는 의제와 의안이 모두 포함된다(상 363조의2). 주주는 주주총회 개최 6주 전까지 서면 또는 전자문서로 제안해야 하며, 이 경우 이사는 이를 이사회에 보고해야 한다. 또한 제안자의 청구가 있으면, 주주총회에서 그 제안 내용을 설명할 기회를 부여해야 한다(상 363조의2).

의제는 주주총회 소집 시 필수적 통지사항이지만(상 363조), 의안은 원칙적으로 통지사항이 아니다. 그러나 주주는 자신이 제안한 의안이 통지사항에 포함되도록 청구할 수 있고(상 363조의2), 이 경우에는 예외적으로 의안도 통지사항이 된다. 예컨대 이사의 선임이라는 의제와 관련하여 주주가 특정인을 후보자로 의안 제안한 경우, 그 후보자에 관한 사항은 통지에 포함되어야 한다.

의제는 주주총회의 결의 범위를 구속하므로, 주주의 입장에서는 의제 제안이 특히 중요하다. 의안은 원칙적으로 총회에서 새로 제안하거나 변경할 수 있으므로 상대적으로 그 중요성이 낮아 보일 수 있다. 그러나 의안이 통지사항에 포함된다는 점, 그리고 상장회사에서는 이사·감사의 선임이 통지 또는 공고된 후보자 중에서만 가능하다는 점(상 542조의5)을 고려하면, 의안 제안 역시 실질적인 의미를 가진다.

이사회는 주주제안을 무제한적으로 거부할 수는 없다. 법령 또는 정관에 위반되는 경우, 반복적이거나 실현 가능성이 없는 제안 등 일정한 사유가 있는 경우에만 정당하게 거부할 수 있다(상 363조의2, 상령 12조).

만약 이사회가 정당한 사유 없이 주주제안을 거부한 경우에는 그 법적 효과가 문제 된다. 이때 의제와 의안에 따라 효과가 달라진다. 의제가 부당하게 거부된 경우에는, 주주총회에서 해당 사항에 대한 결의 자체가 이루어질 수 없으므로 주주총회 결의 하자의 문제가 아니라 이사의 손해배상책임 문제로 귀결된다. 의제의 배제란 처음부터 아무런 결의가 이루어지지 않은 상태를 의미하므로, 이에 대하여 결의의 무효나 취소를 적용하는 것은 개념적으로도 적절하지 않다. 결국 의제의 배제에 대해 무효·취소를 인정하더라도, 이는 의제를 배제당한 주주에게 실질적인 구제를 제공하지 못한다는 점에서 의미를 갖기 어렵다. 반면 의안이 부당하게 거부된 경우에는, 이는 소집절차 또는 결의방법의 하자로 평가되어 주주총회 결의 하자의 문제가 된다. 이러한 차이는 왜 발생할까? 의제의 배제는 결의 자체의 기회를 박탈하는 문제인 반면, 의안의 배제는 이미 상정된 결의 과정의 공정성을 훼손하는 문제로 파악되기 때문이다.

Ⅳ. 주주의 의결권

1. 의의

주주는 주주총회에서 회사의 의사형성에 참여할 수 있는 의결권을 가진다. 의결권은 주주의 공익권 가운데에서도 가장 핵심적인 권한에 해당하므로, 법률에 명문의 근거가 없는 한 정관이나 주주 간 계약으로도 이를 제한할 수 없다. 판례 역시 주주 간 의결권 포기약정을 원칙적으로 효력이 없는 것으로 본다.

결국 회사의 중요한 방향을 누가 정할 것인가라는 질문에 가장 직접적으로 답하는 수단이 바로 의결권이다. 의결권은 자본을 제공한 주주를 단순한 투자자에 그치게 하지 않고, 회사의 기본적 사항에 대하여 최종적으로 의견을 표명할 수 있는 지위를 부여한다. 이러한 점에서 의결권은 소유자로서의 주주 지위가 회사의 의사결정으로 연결되는 핵심적인 매개라고 할 수 있다.

2. 의결권의 원칙과 예외

(1) 1주 1의결권의 원칙

원칙적으로 1주의 주식에는 1개의 의결권이 부여된다(상 369조). 현행 상법은 이른바 복수의결권주식을 인정하지 않으므로, 1주 1의결권의 원칙은 강행규정으로 이해된다(판례). 이 원칙의 핵심은 주주의 투자지분과 의결권을 비례적으로 결합시키려는 데 있다. 다시 말해, 회사에 대하여 자본을 더 많이 제공한 주주일수록 의결권에서도 다수를 차지하는 것이 원칙적으로 정당하다는 사고가 전제되어 있다. 이에 반하여 소수 지분으로 다수의 의결권을 행사하도록 허용할 경우, 자본의 부담과 의사결정의 귀속이 분리되어, 자본 다수와 의사결정 다수가 괴리되는 문제가 발생할 수 있다.

(2) 1주 1의결권의 예외

그러나 1주 1의결권의 원칙이 모든 상황에서 예외 없이 관철되는 것은 아니다. 상법은 일정한 경우 회사와 주주의 이익을 보호하기 위하여 의결권을 제한한다. 그렇다면 주주의 의결권이 원칙적으로 존중되어야 한다는 점을 전제로 할 때, 언제 그리고 어떤 기준으로 이를 제한할 수 있는가?

상법상 의결권이 제한되는 유형 중 이미 살펴본 것으로는, ① 의결권이 배제 · 제한되는 종류주식, ② 자기주식, ③ 상호보유주식이 있다. 이들 경우에는 어떠한 의제가 상정되는지와 관계없이 항상 의결권이 인정되지 않는다. 이와는 달리, 특정 의제와 관련하여 주주와 회사 사이에 이해충돌이 발생하는 경우에 한하여 의결권을 제한하는 유형도 존재한다.

1) 특별이해관계인

주주총회 결의에 관하여 특별한 개인적 이해관계를 가지는 주주는 그 의제에 관하여 의결권을 행사할 수 없다(상 368조). 이는 해당 주주가 주주의 지위에서가 아니라, 자신의 개인적 · 직접적인 경제적 이해관계에 따라 의결권을 행사할 경우, 회사 전체의 이익과 충돌할 우려가 크기 때문이다. 구체적으로는, 재무제표와 관련하여 이사 · 감사의 책임을 추궁하는 의제에서 그 책임의 대상이 되는 이사 · 감사인 주주, 영업양도 결의에서 영업의 양수인인 주주 등이 특별이해관계인에 해당한다.

이 경우 의결권 제한은 해당 의제에 한정된다. 그럼에도 불구하고 특별이해관계인이 의결권을 행사한 경우에는, 결의방법에 하자가 있는 것으로 보아 결의취소사유가 된다(상 376조). 예컨대 회사 A가 이사 B에게 거액을 대여한 후, 그 채무를 면제할 것인지 여부를 주주총회에서 결의하는 상황을 생각해 보자. 이때 B는 결의 결과에 따라 자신의 채무가 소멸할 수도 있고 그대로 존속할 수도 있으므로, 더 이상 일반 주주의 관점에서 의결권을 행사한다고 보기 어렵다. 그래서 상법은 이러한 경우 해당 주주가 그 의제에 관하여 의결권을 행사하지 못하도록 하고, 그럼에도 불구하고 B의 의결권 행사로 결의가 이루어졌다면, 이를 결의취소사유로 본다.

2) 감사(또는 감사위원)의 선임 · 해임

감사 또는 감사위원의 독립성을 확보하기 위하여, 발행주식총수의 3%(정관으로 더 낮은 비율로 정하는 것은 가능)를 초과하여 주식을 보유한 주주는, 일정한 회사의 경우 감사 또는 감사위원의 선임 · 해임에 관하여, 그 초과 부분에 관하여 의결권을 행사할 수 없다(상 409조 · 542조의12). 이 규율의 정책적 취지는 분명하다. 감사는 이사의 직무집행을 감시하는 지위에 있으므로, 특정 대주주가 감사의 선임 · 해임권을 사실상 장악하는 경우 그 감시기능은 무력화될 우려가 크다. 따라서 감사를 누구의 영향력으로부터 분리할 것인가라는 문제에 대하여, 법은 대주주의 의결권을 일정 범위에서 제한하는 방식으로 해답을 제시하고 있는 것이다. 의결권 제한의 구체적 내용은 감사기관 부분에서 설펴보기로 한다.

예컨대 최대주주 A가 상장회사 B의 지분 70%를 보유하고 있고, 감사의 선임과 해임이 모두 A의 의사에 따라 결정되는 상황을 상정해 보자. 이 경우 감사가 A 또는 A가 지배하는 경영진을 실질적으로 감시하기는 어렵다. 감사제도는 외형상 존속하더라도, 그 실질적 기능은 약화될 수밖에 없다. 그래서 상법은 일정 비율을 초과하는 주식에 대하여는 감사의 선임 · 해임 시 의결권을 행사하지 못하도록 함으로써, 그 밖의 주주의 의사가 반영될 수 있는 여지를 제도적으로 확보하고 있다.

3) 특별법상의 의결권 제한

은행법 등 특별법은 금융기관의 공공성과 시스템 리스크를 고려하여, 상법과는 별도로 의결권 제한에 관한 특칙을 두고 있다. 예를 들어 은행법은 산업자본이 은행을 지배하지 못하도록, 산업자본이 보유한 은행 지분에 관하여 의결권 행사 한도를 엄격하게 제한하고 있다(은행법 15조 · 16조). 이는 이른바 금산분리 원칙을 구현하는 규정으로서, 특정 산업자본이 금융기관을 지배할 경우 자금배분 및 신용배분이 왜곡되어, 자금과 신용이 시장 전체의 위험과 수익을 기준으로 배분되는 것이 아니라, 특정 기업집단의 이해관계에 따라 선택적으로 배분되는 문제가 발생할 수 있고, 그 결과 금융시스템의 불안정 등 광범위한 사회적 위험이 초래될 수 있다는 정책적 판단을 반영한 것이다.

예를 들면, 대형 제조업 기업집단 A가 은행 B의 의결권을 보유하면서, 그 은행을 통해 계열회사에만 유리한 조건으로 대규모 대출을 집중적으로 실행하는 상황을 생각해 보자. 단기적으로는 기업집단 전체의 이익에 부합하는 것처럼 보일 수 있다. 그러나 장기적으로는 B의 자금 및 신용 배분이 왜곡되고, 건전성이 훼손되며, 나아가 예금자와 채권자 보호에도 중대한 문제가 발생할 수 있다. 이러한 위험을 사전에 차단하기 위하여, 은행법은 산업자본의 은행 지배를 강하게 제한하는 규율을 두고 있는 것이다.

3. 의결권의 행사

(1) 의결권행사의 자유

주주는 자신의 판단에 따라 자유롭게 의결권을 행사할 수 있다. 회사 또는 지배주주가 부당하게 의결권 행사를 방해하거나, 사실상 행사하지 못하도록 하는 경우는 형식적으로는 주주총회가 열렸지만, 실질적으로 특정 주주의 의결권 행사가 봉쇄된 경우 그 결의를 어디까지 인정할 것인지의 문제로 귀결된다. 이 경우는 결의방법이 현저히 불공정한 것으로 평가되어 결의취소사유(상 376조)가 될 수 있다.

(2) 의결권의 행사방법

의결권의 행사방법은 여러 가지가 있으나, 실무에서 특히 중요한 핵심만 정리하면 다음과 같다.

1) 의결권의 불통일행사

주주는 여러 주식을 보유한 경우, 일부 주식에 대해서는 찬성하고 다른 일부에 대해서는 반대하는 방식으로 의결권을 행사할 수 있다. 이를 의결권의 불통일행사라 한다. 다만 이를 위해서는 주주가 미리 회사에 불통일행사의 뜻을 통지하여야 한다(상 368조의2).

불통일행사의 실질적 의미는, 형식상 1인의 주주가 실질적으로는 여러 이해관계인(실질주주)의 의사를 반영하는 경우에 나타난다. 예컨대 수인이 주식을 공유하는 경우, 공유자들은 주주권을 행사할 1인을 정하여야 하는데(상 333조), 그 대표자가 의결권을 행사하는 과정에서 불통일행사의 실익이 발생할 수 있다. 또한 주주가 신탁관계 등으로 타인을 위하여 주식을 보유하고 있는 경우에도 마찬가지다.

반면 이러한 사정이 없는 경우에는 회사는 주주의 의결권 불통일행사를 거부할 수 있다(상 368조의2). 이는 불통일행사가 남용되어 주주총회 결의방식이 과도하게 복잡해지고, 결의의 명확성과 안정성이 훼손되는 것을 방지하기 위한 것이다.

2) 대리행사

주주는 대리인을 통하여 의결권을 행사할 수 있다(상 368조). 의결권 대리행사는 주주가 직접 총회에 출석하지 않더라도 회사의 의사결정에 참여할 수 있도록 하는 대표적인 편의제도이다. 회사는 대리행사가 총회의 진행을 현저히 저해하거나 회사의 이익을 중대하게 해칠 우려가 있는 예외적인 경우에만 이를 제한할 수 있다(판례).

대리행사를 하는 경우, 대리인은 대리권을 증명하는 서면을 총회에 제출하여야 하는데, 이를 위임장이라 한다. 이는 대리권의 존부에 관한 분쟁을 예방하기 위하여 증명방법을 정형화한 것이다. 위임장은 원본이어야 하고, 특별한 사정이 없는 한 사본은 효력이 없다고 본다(판례). 다만 전자문서의 활용이 일반화됨에 따라, 2025년 개정 상법은 위임장을 서면뿐만 아니라 전자문서로 제출하는 것도 허용하였다(상 368조). 이 개정 규정은 2027년 1월부터 시행된다.

상장회사의 경우에는 다수의 주주를 상대로 의결권 대리행사의 위임을 권유하는 이른바 위임장권유가 빈번하게 이루어진다. 자본시장법은 위임장권유가 사실상 주주 간 "표 대결"의 성격을 갖는다는 점을 고려하여, 10명 이상의 상대방에게 의결권의 대리행사를 권유하는 행위 등에 대하여 충분한 정보제공의무와 공시 · 규제체계를 두고 있다(자본 152조~158조).

예컨대 상장회사 A에서 지배주주 측과 경영진 교체를 요구하는 행동주의 주주 측이 각각 일반 투자자들에게 "우리 안건에 찬성해 달라"며 위임장을 요청하는 상황을 생각해 보자. 이 경우 실제 주주총회 이전에 이미 위임장 확보비율에 따라 승패가 사실상 결정될 수도 있다. 자본시장법이 위임장권유를 규율하는 이유는, 이러한 상황이 자칫 "보이지 않는 주주투표 경쟁"으로 변질되는 것을 방지하고, 투자자가 충분한 정보를 바탕으로 위임 여부를 판단할 수 있도록 하기 위함이다.

3) 서면투표 · 전자투표

주주는 실제로 주주총회 장소에 출석하지 않고도 서면 또는 전자적 방법으로 의결권을 행사할 수 있다. 서면투표는 정관에 근거 규정이 있어야 하며, 회사는 소집통지 시에 서면투표용 서면과 참고자료를 함께 제공하여야 한다(상 368조의3). 전자투표는 이사회 결의로 도입할 수 있고, 회사는 전자투표가 가능하다는 점과 함께 필요한 양식 및 참고자료를 통지하여야 한다(상 368조의4).

회사가 서면투표와 전자투표를 모두 채택한 경우, 동일한 주식에 관하여는 둘 중 하나의 방식만 선택할 수 있다(상 368조의4). 이는 동일한 의결권이 이중으로 행사되는 것을 방지하기 위한 것이다.

한편 서면투표와 전자투표는 어디까지나 의결권 행사방식의 다양화를 위한 제도일 뿐, 주주총회 자체를 대체하는 것은 아니다. 따라서 실제 주주총회의 개최를 전제로 한다는 점에서, 소규모회사에서 주주총회 자체를 생략할 수 있도록 허용한 서면결의제도(상 363조)와는 구별된다.

4. 의결권행사에 관한 이익공여의 금지

회사는 주주의 권리행사, 특히 의결권 행사와 관련하여 재산상 이익을 제공할 수 없다(상 467조의2). 이는 의결권이 금전이나 재산적 보상에 의해 왜곡되는 것을 원천적으로 차단하려는 규율이다.

다만 모든 이익 제공이 곧바로 위법이 되는 것은 아니다. 사회통념상 허용되는 범위를 벗어나는 경제적 이익이 제공되어야 위법성이 인정된다. 판례는 주주들에게 각 20만 원 상당의 상품교환권과 골프장 예약권을 제공한 사안에서, 이를 허용 범위를 넘어선 부당한 이익공여로 보았다. 예를 들어, 회사 A가 특정 주주들에게 "이번 주주총회에서 이사 해임안에 반대해 주면 1인당 ○○만 원 상당의 상품권을 지급하겠다"고 제안한다면, 이는 단순한 관례적 기념품의 수준을 명백히 넘어선다. 사실상 의결권을 금전으로 매수하는 것과 다르지 않기 때문이다.

상법이 이러한 이익공여를 원칙적으로 금지하고, 이미 제공된 이익에 대해서도 반환을 명하는 것은, 의결권을 금전적 유인에 따라 좌우될 수 있는 "사적 이해의 대상"이 아니라, 회사의 장래 방향을 결정하는 "주주 공동의 공익적 권능"으로 파악하려는 태도의 반영이라 할 수 있다.

한편 이익공여가 위법으로 평가되기 위해서는, 그 이익이 주주권 행사와 관련성을 가질 것이 요구된다. 이 점에 관하여 상법은 입증책임을 완화하고 있다. 즉, 회사가 특정 주주에게 무상으로 재산상 이익을 제공한 경우에는, 그 이익공여가 주주의 권리행사와 관련된 것으로 추정된다(상 467조의2). 이는 이익공여의 실질과 목적이 사후적으로 파악되기 어렵다는 점을 고려하여, 입증책임을 전환함으로써 규정의 실효성을 확보하려는 장치이다.

위법한 이익공여가 있는 경우, 그에 기초한 주주총회 결의는 결의취소사유가 될 수 있고(판례), 이익을 받은 자는 회사에 그 이익을 반환하여야 한다(상 467조의2). 일반적으로 불법원인급여에 해당하는 경우에는 부당이득반환청구가 제한되지만(민 746조), 상법은 소수주주 보호와 회사재산의 보전을 위하여 예외적으로 반환청구를 허용하는 특칙을 둔 것이다.

더 나아가 회사가 이익의 반환을 청구하지 않는 경우에는, 주주가 대표소송을 통하여 회사 명의로 반환을 청구할 수 있다(상 467조의2). 이는 이익공여의 폐해가 회사 내부의 이해관계에 따라 묵인되거나 은폐되는 것을 허용하지 않겠다는 강한 정책적 의지를 보여주는 규정이라 할 수 있다.

5. 주주총회의 의사진행 및 의사록

주주총회의 의사진행은 의장이 담당한다. 의장은 회의의 질서를 유지하고 의사의 진행, 즉 발언과 표결 등을 정리하는 권한을 가지며(상 366조의2), 이러한 권한의 행사에 현저한 편파성이 있는 경우에는 결의취소사유가 될 수 있다. 의장은 정관에 다른 정함이 없으면 주주총회에서 선임하고(상 366조의2), 소수주주가 법원의 허가를 받아 직접 주주총회를 소집한 경우에는 법원이 의장을 선임할 수 있다(상 366조). 후자는 그와 같은 상황에서는 특히 의사진행의 공정성과 중립성을 제도적으로 확보할 필요가 크기 때문이다.

주주총회의 의사는 반드시 의사록으로 작성되어야 하며, 의장과 출석 이사가 기명날인 또는 서명하여야 한다(상 373조). 의사록은 주주총회 결의의 존재와 내용을 사후적으로 확인하는 핵심 자료로서, 주주 · 채권자 등 이해관계인 사이의 법적 분쟁에서 중요한 증거로 기능한다.

6. 주주총회의 결의

주주총회에서의 결의는 주주총회라는 단체의 의사표시를 말하고, 의결은 개별 주주가 찬성 또는 반대의 방식으로 표시하는 개별적 의사표시를 말한다. 주주총회에서 토론 과정 중에 주주들의 찬성 · 반대 의견이 표명되었다고 하더라도, 가부에 관한 의결이 이루어지지 않았다면 주주총회의 결의로 인정되지 않는다(판례).

개별 주주의 의결이 법이 정한 일정한 다수 요건에 도달해야 비로소 주주총회의 결의가 성립한다는 점에서, 주주총회의 의사형성은 다수결 원리를 기초로 한다. 이때 문제는, 어떤 사항에 대하여 어느 정도의 다수 찬성을 요구할 것인가 이며, 이에 따라 주주총회 결의는 몇 가지 유형으로 나뉜다.

먼저 보통결의는 주주총회의 원칙적인 결의방식이다. 정관에 달리 정함이 없는 한, ① 출석한 주주의 의결권의 과반수 찬성과 ② 발행주식총수의 4분의 1 이상의 찬성이라는 두 요건을 모두 충족하여야 한다(상 368조).

이에 비해 회사의 조직이나 주주의 지위에 중대한 변화를 가져오는 사항에 대해서는 특별결의라는 강화된 결의요건이 요구된다(상 434조). 특별결의는 ① 출석한 주주의 의결권의 3분의 2 이상 찬성과 ② 발행주식총수의 3분의 1 이상 찬성이라는 두 요건을 모두 필요로 한다. 정관변경(상 433조), 영업양도(상 374조), 합병(상 522조), 자본금 감소(상 438조) 등이 그 대표적인 대상이다. 이들 사항은 회사의 기본 구조나 주주의 권리관계에 중대한 영향을 미치므로, 단순 다수결보다 높은 수준의 주주 합의를 요구하는 것이다.

마지막으로 특수결의는 가장 엄격한 결의형식에 해당한다. 예컨대 발기인 · 이사 · 감사의 책임을 면제하기 위해서는 주주 전원의 동의가 필요하다(상 324조 · 400조 · 415조). 또한 창립총회의 결의는 ① 출석한 주식인수인의 의결권의 3분의 2 이상과 ② 인수된 주식총수의 과반수라는 요건을 모두 충족하여야 한다(상 309조). 이는 회사의 성립 단계나 책임구조 자체에 직접적인 영향을 미치는 사항이므로, 통상적인 주주총회 결의보다 현저히 가중된 동의 요건을 요구하는 것이다.

한편 결의요건을 계산함에 있어, 의결권이 없는 주식은 발행주식총수에 산입되지 않고, 의결권을 행사할 수 없는 주식은 출석한 주주의 의결권 수에 산입되지 않는다(상 371조). 이는 실제로 의사결정에 참여할 수 있는 주주를 기준으로 정족수를 산정하는 것이 합리적이라는 점을 전제로 한 규율이라고 이해할 수 있다. 이러한 규정이 없다면, 이론적으로는 의결권이 없는 주식이 발행주식총수의 대다수를 차지하는 경우, 주주총회에서 결의를 성립시키는 것이 불가능해질 수 있다.

Ⅴ. 반대주주의 주식매수청구권

1. 의의

회사의 구조를 근본적으로 변경하는 결의는 주주의 지위와 투자 전제에 중대한 영향을 미친다. 그렇다면 이러한 결의에 동의할 수 없는 소수주주는 어떤 선택을 할 수 있을까? 상법은 이에 대한 해답으로 주식매수청구권을 마련하고 있다. 주식매수청구권이란 구조변경에 반대하는 주주에게 회사에 대하여 자신의 주식을 매수해 달라고 요구할 수 있도록 하는 권리로서, 다수결 지배가 초래할 수 있는 불균형을 완화하고 소수주주의 이익을 실질적으로 보호하기 위한 핵심적인 장치이다.

주식매수청구권은 형성권에 해당하므로, 주주가 이를 적법하게 행사하면 회사의 승낙 여부와 관계없이 매매계약이 성립한다(판례). 즉, 이는 단순한 협상권이 아니라, 주주에게 일방적으로 법률관계를 형성할 수 있는 강력한 권능을 부여하는 제도이다.

다만 주식매수청구권은 모든 경우에 인정되는 것이 아니라, 법이 정한 일정한 중요 구조변경에 한하여 예외적으로 허용된다. 구체적으로는 ① 영업양도·영업양수(상 374조의2), ② 합병(상 522조의3), ③ 분할합병(상 530조의11), ④ 주식교환·주식이전(상 360조의5·360조의22) 등이 이에 해당한다. 요컨대, 주식매수청구권은 회사의 동일성이 실질적으로 변경되는 상황에서, 주주에게 그 변화를 수용할 것인지 아니면 출자관계를 정리할 것인지를 선택할 수 있도록 하는 제도라고 이해할 수 있다.

예를 들어, 회사 A가 기존 제조업을 정리하고 플랫폼 사업으로 전환하기 위하여 주요 제조업 부문을 전부 양도하는 결의를 하였다고 가정해 보자. 이 회사의 제조업 역량과 안정성을 전제로 장기투자를 해 온 주주 B의 입장에서는, 더 이상 자신이 처음에 투자했던 회사와 동일한 기업이라고 보기 어려울 수 있다. 이 경우 주식매수청구권은 B에게 "새로운 경영 방향에 동참할 것인지, 아니면 현 시점에서 투자관계를 정리할 것인지"를 선택할 수 있는 현실적인 탈퇴 수단을 제공한다.

한편 정관변경, 자본금 감소, 일반적인 회사분할과 같은 사안에는 주식매수청구권이 인정되지 않는다. 이는 주식매수청구권이 어디까지나 예외적인 탈퇴권으로서, 그 적용 범위를 무제한적으로 확대할 경우 회사 운영의 안정성과 예측 가능성을 심각하게 저해할 우려가 있기 때문이다.

2. 청구권자

주식매수청구권의 청구권자는 주주총회 결의 이전에 회사에 서면으로 반대 의사를 통지한 주주이다(상 374조의2). 이러한 반대통지는 단순한 절차요건에 그치지 않고, 회사로 하여금 구조변경이 이루어질 경우 예상되는 매수청구권의 행사 규모를 사전에 파악하게 하는 기능을 가진다.

의결권이 배제되거나 제한된 종류주식의 주주 역시 주식매수청구권을 가진다(상 374조의2 등). 비록 이들은 주주총회에서 의결권을 행사할 수 없지만, 구조변경으로 인한 경제적 영향의 측면에서는 보통주 주주와 실질적으로 다르지 않기 때문이다. 구조변경으로 회사의 사업구조나 가치평가 체계가 변화하면, 그 영향은 의결권 유무와 무관하게 모든 주주에게 미친다. 이러한 점을 고려하여 상법은, 의결권은 인정하지 않더라도 출자관계를 정리할 기회만큼은 보장해야 한다는 정책적 판단 아래 반대주주의 주식매수청구권을 인정하고 있다.

예컨대, A가 의결권 없는 우선주만을 보유하고 있어 주주총회에서 영업양도나 합병 결의에 찬반의 표를 던질 수는 없다고 하더라도, 그 결과로 회사의 수익구조나 재무상태가 변화하면 A가 받는 경제적 영향은 보통주 주주와 본질적으로 다르지 않다. 이 경우까지 청구권을 배제한다면, 의결권이 없다는 이유만으로 투자금 회수의 기회마저 박탈하는 결과가 되므로, 형평에 반하게 된다.

한편 상장회사에 대해서는 특칙이 마련되어 있다. 단기차익을 노린 투기적 주식취득을 배제하기 위하여, 구조변경에 관한 이사회 결의가 공시되기 이전에 취득한 주식에 한하여 주식매수청구권이 인정된다(자본 165조의5, 자본령 176조의7).

3. 행사절차

회사는 주주총회 소집통지에 주식매수청구권의 내용과 행사방법을 명시하여야 한다(상 374조). 주주는 주주총회 결의 이전에 회사에 서면으로 반대 의사를 통지하고, 주주총회 결의일로부터 20일 이내에 매수청구를 하여야 한다(상 374조의

2). 이러한 절차는 영업양도 · 영업양수에서의 주식매수청구권에 관한 규정이지만, 합병 · 분할합병 · 주식교환 · 주식이전에 대해서도 동일하거나 이에 준하는 내용이 규정되어 있다. 이와 같은 단계적 절차는 회사와 주주 모두에게 구조변경으로 인한 권리관계의 변동과 경제적 부담의 범위를 사전에 검토할 수 있는 기회를 부여한다는 점에서 중요한 의미를 가진다.

4. 효과

주식매수청구권이 행사되면, 우선 회사의 매수의무가 발생한다. 회사는 매수청구기간 종료일부터 2개월 이내에(상장회사의 경우 1개월 이내) 해당 주식을 매수하여야 한다(상 374조의2, 자본 165조의5). 매수가액이 아직 확정되지 않은 경우에도, 기한이 도래하면 지체책임이 발생한다는 점에서 주식매수청구권은 강행적인 보호수단으로 기능한다는 것이 판례의 입장이다.

그러나 주주와 회사 사이에서 가장 첨예하게 이해가 충돌하는 지점은 매수가액의 결정이다. 매수가액은 원칙적으로 회사와 주주 간의 협의로 정하지만, 협의가 성립하지 않는 경우에는 매수청구기간 종료일부터 30일 이내에 회사 또는 주주가 법원에 가액결정을 청구할 수 있다(상 374조의2). 법원은 회사의 재산상태와 그 밖의 제반 사정을 종합적으로 고려하여 공정가액을 산정한다(상 374조의2). 정책적으로 보면, 매수가액은 소수주주의 투자회수 보호와 회사의 재무적 안정성 사이에서 형성되는 조정점에 해당한다. 매수가액이 지나치게 높으면 회사의 존속과 경영에 부담을 주고, 반대로 지나치게 낮으면 주식매수청구권 제도의 보호 기능이 형해화된다. 이처럼 주식매수청구권은 다수결에 따른 구조변경을 허용하되, 그로 인한 불이익이 소수주주에게 일방적으로 귀속되는 것을 방지하는 장치로 이해할 수 있다.

Ⅵ. 종류주주총회

1. 의의

종류주주총회는 특정 종류주주의 승인 없이는 그 종류주주에게 손해가 발생할 수 있는 결의의 효력을 인정하지 않겠다는 기본 원리를 제도화한 절차이다.

회사가 종류주식을 발행한 경우, 보통주 다수가 소수의 종류주주를 일방적으로 희생시키는 것을 방지하기 위한 안정장치로 기능한다(판례). 종류주주총회는 주주총회와는 별도의 결의절차이지만, 독립된 회사기관으로 보기는 어렵고, 특정 결의에 관하여 종류주주가 동의 여부를 통해 그 효력 발생을 차단할 수 있도록 하는 절차로 이해된다. 이는 그 기능이 거부권과 사실상 유사하다는 의미에서, 거부권적 동의절차라고 설명된다.

2. 결의 필요사항

다음과 같은 경우에는 종류주주총회의 결의가 필요하다. 즉, ① 정관변경으로 특정 종류주주에게 손해가 발생하는 경우(상 435조), ② 정관이 특정 종류주식에 관하여 특수한 규정을 두는 경우(상 436조), ③ 합병 · 분할 · 분할합병 · 주식교환 · 주식이전 등에서 특정 종류주주에게 손해가 발생하는 경우(상 436조)가 이에 해당한다.

판례는 여기서 말하는 "손해"를 폭넓게 해석하여, 형식상 평등해 보이더라도 실질적으로 불리한 경우를 포함시킨다. 이는 다수결의 외형을 띤 차별을 방지하려는 해석론이다. 예를 들어, 배당은 우선하되 의결권이 없는 종류주식과 보통주가 병존하는 회사에서, 정관을 변경하여 "앞으로는 우선주에 대한 배당률을 보통주와 동일하게 한다"고 정한 경우를 생각해 보자. 형식적으로는 모든 주주에게 동일한 배당률을 적용하는 규정처럼 보이지만, 종전보다 높은 배당을 전제로 투자한 우선주 주주에게는 명백한 불이익이 된다. 판례가 손해를 형식이 아니라 실질에 따라 판단하겠다고 한 이유가 여기에 있다. 이러한 경우에는 우선주 종류주주총회의 결의 없이는 정관변경의 효력이 발생할 수 없다.

3. 결의요건

종류주주총회의 결의요건은 ① 출석한 종류주주의 의결권의 3분의 2 이상 찬성, ② 그 종류의 발행주식총수의 3분의 1 이상 찬성이라는 두 요건이다(상 435조). 주주총회에서는 의결권이 없는 종류주식이라 하더라도, 종류주주총회에서는 의결권을 행사할 수 있다(상 435조). 이는 종류주주총회가 해당 종류주주에게 발생할 수 있는 경제적 불이익에 대응하기 위한 절차이므로, 주주총회에서의 의결권 유무와 무관하게 의결권을 인정하는 것이 종류주주총회 제도의 취지에 부합하기 때문이다.

4. 흠결의 효과

종류주주총회의 결의가 필요함에도 이를 거치지 않은 경우, 판례는 주주총회 결의 자체에는 하자가 없다고 본다. 다만, 그 결의의 효력 발생을 위해 필요한 특별요건인 종류주주총회 결의가 충족되지 않았으므로, 효력이 발생할 수 없다는 입장을 취한다(이른바 특별요건설). 이는 주주총회 결의의 안정성을 유지하면서도, 동시에 소수 종류주주에 대한 보호를 도모하려는 해석으로 이해할 수 있다.

Ⅶ. 주주총회 결의의 하자

주주총회 결의는 다수의 이해관계자가 관여하는 단체적 법률행위이므로, 민법상 무효·취소의 일반 법리만으로는 법률관계의 안정성을 충분히 확보하기 어렵다. 이에 상법은 결의의 하자를 유형별로 구분하고, 그 다툼의 방식도 결의취소의 소, 결의무효확인의 소, 결의부존재확인의 소, 부당결의취소·변경의 소로 한정하고 있다. 결의의 하자는 크게 소집절차나 결의방법과 관련된 절차하자와 결의 내용 자체에 관한 내용하자로 나뉜다.

1. 소의 사유

(1) 결의취소의 소

주주총회의 소집절차나 결의방법이 법령 또는 정관에 위반되었거나 현저히 불공정한 경우, 또는 결의의 내용이 정관을 위반한 경우가 이에 해당한다(상 376조). 예컨대 소집절차의 하자, 의결권 없는 주주의 의결 참여, 결의방법의 현저한 불공정 등이 대표적인 취소사유이다.

(2) 결의무효확인의 소

결의의 내용이 법령을 위반한 경우에는 결의무효확인의 소로 다투게 된다(상 380조). 주주총회의 권한을 넘는 결의(상 361조), 배당가능이익을 초과하는 배당결의(상 462조) 등이 그 전형적인 예이다.

(3) 결의부존재확인의 소

결의가 있었다고 볼 수 없을 정도로 중대한 절차적 하자가 있는 경우에는 결의부존재확인의 소가 인정된다(상 380조). 대다수 주주에게 소집통지가 이루어지지 않은 경우, 실제로는 주주총회가 개최되지 않았는데도 의사록만 작성된 경우 등이 이에 해당한다.

(4) 부당결의취소·변경의 소

이는 특별이해관계인의 의결권이 배제되는 제도(상 368조)를 전제로, 그 특별이해관계인을 보호하기 위한 구제수단이다(상 381조). 즉, 결의의 내용이 특별이해관계인인 주주에게 현저히 부당하고, 만약 그가 의결권을 행사했더라면 결의를 저지할 수 있었던 경우에 한하여 인정된다.

이들 소의 구별은 다음과 같이 이해할 수 있다. 소집통지 기일을 이틀 정도 위반한 경우라면, 이는 절차상의 하자에 그치므로 결의취소의 소의 대상이 된다. 반면, 애초 주주총회의 권한에 속하지 않는 사항－예컨대 이사가 자신의 사적 채무를 면제해 달라는 청원을 결의한 경우－처럼 지배구조의 기본 원칙을 정면으로 위반한 결의는 결의무효확인의 소의 대상이 된다. 나아가 실제로는 주주총회 자체가 열리지 않았는데도 누군가 임의로 의사록을 작성하여 결의가 있었던 것처럼 가장한 경우라면, 이는 하자가 있는 결의의 문제를 넘어 결의의 존재 자체가 부정되므로 결의부존재확인의 소로 다투게 된다.

결국 판단의 출발점은 "결의가 존재하는가"이고, 그 다음 단계에서 절차상의 문제인지, 내용상의 중대 위법인지에 따라 소의 유형이 구분된다고 정리할 수 있다.

2. 소의 당사자

주주총회 결의의 하자를 다투는 소는 그 성질이 서로 다르므로, 누가 원고가 될 수 있는지도 유형별로 구분된다.

먼저, 결의취소의 소는 주주·이사·감사가 원고가 된다(상 376조). 이 소는 결의가 무효 또는 부존재에 이를 정도로 중대하지는 않은 하자를 대상으로 하므로, 그 남용을 방지할 필요가 있다. 이에 따라 상법은 결의와 직접적인 이해관계를 가지는 자로 원고를 한정하고 있다.

다음으로, 부당결의취소·변경의 소는 특별이해관계가 있는 주주만이 원고가 될 수 있다(상 368조). 이 소는 주주총회 결의로 인해 특정 주주에게만 현저한 불이익이 발생한 경우를 구제하기 위한 제도이므로, 그 침해의 직접 당사자인 특별이해관계 주주에게만 원고적격이 인정된다.

마지막으로, 결의무효확인의 소 및 결의부존재확인의 소는 소의 이익이 있는 자라면 누구든지 원고가 될 수 있다(상 380조). 결의 내용의 법령위반이나 결의 자체의 부존재와 같이 가장 본질적인 하자를 다투는 소는, 원고의 범위를 제한할 합리성이 없기 때문이다. 따라서 주주·이사·감사는 물론이고, 회사의 결의로 이해관계를 가지는 채권자 등도 원고가 될 수 있다.

한편, 주주총회 결의의 효력을 다투는 모든 소에서 피고는 회사이다(판례). 주주총회 결의 하자에 관한 판결은 대세효를 가지므로, 그 결의의 법률효과가 귀속되는 주체인 회사가 피고가 되어야 한다. 주주나 이사, 개별 이해관계자를 피고로 삼지 않는 이유는, 이 소송이 개별 당사자 간의 분쟁이 아니라 주주총회 결의라는 조직법적 행위의 효력을 확정하는 절차이기 때문이다.

3. 제소기간

주주총회 결의의 하자를 다투는 소는 그 기능과 하자의 중대성이 서로 다르므로, 상법은 제소기간도 유형별로 달리 규정하고 있다. 이는 법률관계의 안정성과 하자의 중대성 사이의 균형을 고려한 입법적 선택이다.

먼저, 결의취소의 소와 부당결의취소·변경의 소는 비교적 중대성이 낮은 절차상 또는 내용상의 하자를 대상으로 하므로, 법률관계를 조속히 확정할 필요가 크다. 이에 따라 상법은 결의일로부터 2개월 이내라는 단기의 제척기간을 두고 있다(상 376조·381조). 회사에는 주주·채권자·종업원 등 다수의 이해관계가 얽혀 있으므로, 결의의 효력이 장기간 불확정 상태로 남는 것을 허용할 수 없다는 정책적 판단이 반영된 것이다.

반면, 결의무효확인의 소와 결의부존재확인의 소는 결의 내용의 법령위반이나 실질적으로 결의가 존재하지 않는 하자를 문제 삼는다. 이러한 하자를 단순히 시간의 경과만으로 용인하는 것은 정당하다고 보기 어렵다. 이 때문에 상법은 이들 소에 대해서는 제소기간의 제한을 두지 않는다. 즉, 중대한 하자가 있는 결의에 대하여는 그 효력을 언제든지 부인할 수 있어야 한다는 관점이 우선하는 것이다.

4. 판결의 효력

주주총회 결의 하자를 다투는 소에 관한 판결의 효력은, 소의 유형을 불문하고 동일하다(상 376조 · 380조 · 381조). 그렇다면 판결은 누구에게, 그리고 언제부터 영향을 미치는가? 이를 분명히 하기 위해, 결의취소의 소를 예로 들어 원고의 승소와 패소의 경우로 나누어 살펴본다.

(1) 원고의 승소

주주총회 결의에 대한 하자소송의 판결은 대세효를 가진다. 즉, 판결의 효력은 소송 당사자에 한정되지 않고, 모든 주주 · 회사 및 제3자에게 미친다(상 376조 · 190조). 이는 판결의 효력이 원칙적으로 당사자에게만 미친다는 민사소송법의 기본 원칙(민소 218조)에 대한 명시적인 예외이다.

이와 같은 예외를 인정하는 이유는 무엇인가? 주주총회 결의는 단순한 개별 법률행위가 아니라, 회사 조직 전체를 구속하는 단체법적 행위이며, 이를 전제로 다수의 후속 법률관계가 연쇄적으로 형성된다. 동일한 결의에 대하여 상이한 법률효과가 발생하는 것을 허용한다면, 회사 조직질서는 심각한 불안정에 놓이게 된다. 따라서 판결의 효력을 대세적으로 인정함으로써, 조직법적 안정성을 확보하려는 것이다.

또한 이러한 판결에는 소급효가 인정된다. 이는 주주총회 결의가 회사의 조직과 운영에 관한 주요 사항에 대하여 주주의 집단적 의사를 형성 · 표현하는 핵심적 절차라는 점에서, 그 하자가 사후적으로 확인된 경우에는 처음부터 적법한 의사형성이 존재하지 않았던 것으로 평가할 필요가 있기 때문이다. 확정판결은 결의 시점으로 소급하여 효력을 발생시키므로, 취소된 결의를 전제로 이루어진 후속 행위는 원칙적으로 무효가 된다. 예컨대, 취소된 결의에 따라 선임된 이사가 다시 대표이사를 선임한 경우, 그 대표이사의 법률행위 역시 원칙적으로 무효로 평가된다(판례).

다만, 거래의 안전을 도외시할 수는 없다. 이에 상법은 표현대표이사 제도(상 395조), 상업등기부의 부실등기에 관한 규정(상 39조) 등을 통해 선의의 제3자를 보호한다. 이는 주주총회 결의의 적법성을 확보하려는 요청과 거래안전을 조화시키기 위한 제도적 장치이다.

예를 들어, 취소된 주주총회 결의로 선임된 대표이사 A가 금융기관 B와 통상적인 조건으로 대출계약을 체결한 경우를 생각해 보자. 원칙적으로는 A의 대표이사 선임 자체가 소급하여 무효가 되므로, 그에 기초한 법률행위도 문제될 수 있다. 그러나 거래상대방인 B가 상업등기부를 확인하여 A를 적법한 대표이사로 신뢰한 경우까지 모두 무효로 본다면, 제3자는 언제나 주주총회 결의의 하자 여부가 사후적으로 문제될 수 있다는 점을 염두에 두고 거래해야 하며, 이는 거래질서를 심각하게 위축시킬 것이다. 이러한 결과를 방지하기 위해, 상법은 일정한 요건 아래에서 선의의 제3자를 보호하고 있는 것이다.

(2) 원고의 패소

한편, 하자소송에서 패소한 원고에게 악의 또는 중과실이 있는 경우에는, 회사에 대하여 연대하여 손해배상책임을 부담한다(상 376조 · 191조). 이 규정은 주주총회 결의 하자소송이 회사의 정상적인 운영을 저해하는 수단으로 남용되는 것을 방지하려는 취지에서 마련된 것이다. 기업지배구조에서 소송은 중요한 견제장치이지만, 동시에 비용과 불확실성을 수반한다. 따라서 상법은 결의의 위법성을 시정하기 위한 정당한 소송제기는 보호하되, 회사에 불필요한 혼란을 초래하는 남용적 소송에 대해서는 책임을 묻는 균형 잡힌 입법 태도를 취하고 있다고 이해할 수 있다.

제 3 항 이사·이사회·대표이사

Ⅰ. 이사

1. 의의

(1) 개념

상법상 이사란 이사회의 구성원으로서 회사의 업무집행에 관한 의사결정에 참여하고, 다른 이사의 직무집행을 감독할 권한과 의무를 가진 자를 말한다. 이하에서는 상법 제382조가 예정하고 있는 이러한 상법상 이사를 편의상 단순히 “이사”라고 부른다. 이사는 반드시 주주총회에서 선임되어야 하고(상 382조), 상업등기부에 이사로 등기되어야 한다(상 317조). 이러한 이유로 상법상 이사는 흔히 등기이사라고도 불린다.

이에 비해 회사 내에서 상무이사, 전무이사 등의 직함을 사용하며 실질적으로 업무를 수행하더라도, 주주총회에서 이사로 선임되거나 상업등기부에 등기되지 않았다면 상법상 이사에 해당하지 않는다. 이러한 자를 관행상 비등기이사라고 부르지만, 그 명칭과 달리 이사로서의 법적 지위와 책임을 전제로 하는 것은 아니다. 예를 들어, A회사의 전무이사로 불리는 사람이 실제로는 주주총회에서 이사로 선임된 사실도 없고 등기도 되어 있지 않다면, 그는 상법상 이사가 아니라 회사 내부의 직책을 가진 임원에 그친다.

(2) 회사와 법률관계

이사는 회사와 위임관계에 있다(상 382조). 따라서 민법상 수임인과 마찬가지로 선관주의의무(민 681조)에 따라 회사의 업무를 처리하여야 한다. 한편 이사가 이사회의 구성원으로서 의사결정과 감독 기능을 수행함과 동시에, 회사의 일상적 업무까지 직접 수행하는 경우에는 그 범위에서 근로자로서 회사와 고용관계에 서게 된다(판례). 이 경우 이사는 회사에 대하여 위임관계상의 수임인이자 근로계약상의 피용자라는 이중적 지위를 갖는다.

이처럼 수임인으로서의 지위와 근로자로서의 보호 필요성이 동시에 문제되는 경우, 어느 한쪽을 일률적으로 우선시키기보다는 구체적 사안에 따라 양자를 조화롭게 해석하는 접근이 요구된다. 예컨대 A회사의 영업본부장이자 이사인 B를 상정해 보자. B는 이사회의 일원으로서 영업정책을 결정·감독하는 지위에 있으면서도, 출근의무를 부담하고 근무시간과 인사평가의 적용을 받으며 급여를 지급받는 등 근로자적 성격도 함께 가진다. 이 경우 퇴직금이나 부당해고와 관련해서는 근로기준법상의 보호 여부가 문제될 수 있는 반면, 위법한 영업정책의 승인으로 회사에 손해를 끼친 경우에는 이사로서의 손해배상책임이 문제된다. 이처럼 동일한 인물이라 하더라도, 어떤 법률문제가 문제되는지에 따라 서로 다른 법리가 적용되는 것이다.

(3) 이사의 종류

상법이 전제하는 이사의 기본 유형은 다음과 같다(상 317조). 사내이사는 회사의 상무, 즉 일상적인 업무집행에 종사하는 이사이다. 이에 비해 사외이사는 회사의 상무에 종사하지 않는 이사로서, 경영진 및 지배주주로부터의 독립성을 확보하기 위하여 일정한 결격사유가 적용된다(상 382조·542조의8). 한편 비상근이사는 회사의 상무에 종사하지 않는 이사를 말한다. 예컨대 A회사에서 상무에 종사하는 이사가 계열회사인 B회사에서는 상무에 관여하지 않으면서 이사로만 재직하는 경우, 그 이사는 B회사에서는 비상근이사에 해당한다.

사외이사와 비상근이사는 모두 상무에 종사하지 않는다는 점에서는 공통되지만, 제도의 취지와 법적 규율은 다르다. 사외이사는 독립성 확보가 핵심 목적이므로, 대주주·임원과의 특수관계 여부 등에 관하여 엄격한 자격 제한이 적용된다. 반면 비상근이사는 단지 상무에 종사하지 않는다는 사실상 지위에 주목한 개념일 뿐, 사외이사와 같은 독립성 요건이 예정되어 있지는 않다.

그렇다면 사외이사를 별도로 두고 그 독립성을 강조하는 입법정책의 초점은 어디에 있을까? 이는 소유와 경영이 분리된 회사 구조에서, 경영진과 지배주주에 대한 내부적 견제 장치를 마련함으로써 이사회가 실질적인 감시 기능을 수행하도록 하려는 데 있다. 즉, 사외이사는 이사회의 구성원으로서 경영에 참여하면서도, 내부 이해관계로부터 일정한 거리를 유지하는 "내부의 외부자"로 기능하는 것이 기대된다.

이러한 취지를 더욱 분명히 하기 위하여, 2025년 개정 상법은 상장회사가 선임하는 사외이사의 명칭을 "독립이사"로 변경하고, 그 독립성과 업무집행 감독 기능을 한층 강화하였다(상 542조의8 등). 이 개정 규정은 2026년 7월부터 시행된다. 이하에서는 서술의 편의를 위하여, 특별히 독립이사로 구별할 필요가 없는 한 사외이사라는 표현을 사용하기로 한다.

2. 이사의 권한

이사의 권한은 기본적으로 이사회 구성원으로서 행사하는 권한과, 이사 개인이 단독으로 행사하는 권한으로 나누어 볼 수 있다.

먼저 이사는 이사회의 구성원으로서 회사의 업무집행에 관한 중요한 사항을 결의하고, 다른 이사의 직무집행을 감독할 권한을 가진다. 다만 소규모회사의 경우 상법은 이사의 수를 1명 또는 2명으로 둘 수 있도록 허용하고 있고(상 383조), 이 경우에는 이사회를 구성할 수 없으므로, 정관이나 법률이 정한 범위 내에서 이사 1인 또는 2인이 이사회와 대표이사의 기능을 겸하게 된다.

한편 이사는 이사회의 구성원이라는 지위와는 별도로, 법이 직접 부여하는 단독 권한을 가지기도 한다. 예컨대 이사회 소집권(상 390조), 설립무효의 소 제기권(상 328조), 검사인 선임청구권(상 298조) 등은 이사가 개별적으로 행사할 수 있는 권한이다. 그렇다면 일부 권한은 왜 이사회가 아니라 이사 개인에게까지 직접 부여되어 있는 것일까? 이는 회사 내부에서 문제가 발생한 경우에도, 이사 개개인이 최소한의 안전장치로 기능할 수 있도록 한 제도적 취지에 기인한다.

이를 구체적인 사례로 생각해 볼 수 있다. 다수의 이사가 지배주주와 긴밀하게 연결되어 있어 이사회가 사실상 기능을 상실한 A회사에서, 소수에 해당하는 이사 B가 A의 설립과정에 중대한 하자가 존재한다고 판단하는 경우를 가정해 보자. 만약 이사가 이사회 결의 없이는 아무런 조치도 취할 수 없다면, 이사회 다수의 소극적 태도로 인해 법적 시정수단은 사실상 봉쇄되고 만다. 이러한 사태를 방지하기 위하여, 설립무효의 소 제기나 검사인 선임청구와 같은 일부 권한은 이사 1인에게도 직접 부여되어 있다. 이는 내부 지배구조가 왜곡된 상황에서도 최소한의 견제와 구제 수단이 작동하도록 하기 위해 마련된 제도적 장치로 이해할 수 있다.

3. 선임

(1) 선임기관

이사는 원칙적으로 주주총회에서 선임된다(상 382조). 이는 강행규정이므로, 정관으로 제3자에게 이사 선임권을 부여하더라도 그 효력은 인정되지 않는다. 다만 설립 시에는 아직 주주총회가 구성되어 있지 않으므로 예외가 인정된다. 즉, 발기설립의 경우에는 발기인이 이사를 선임하고(상 296조), 모집설립의 경우에는 창립총회에서 이사를 선임한다(상 312조).

그렇다면 이사 선임권을 반드시 주주총회에 귀속시키는 이유는 무엇일까? 이사는 주주의 재산인 회사를 경영·관리하는 기관이므로, 주주는 이사 선임을 통하여 간접적으로 회사의 지배구조를 형성하고 통제할 수 있어야 하기 때문이다.

(2) 이사후보추천

비상장회사에서는 통상 이사회가 주주총회를 소집하면서 이사후보를 정하고, 그 내용을 주주총회 소집통지에 포함한다.

소수주주는 주주제안권(상 363조의2)을 행사하여 자신이 추천하는 이사후보를 의안으로 제안할 수 있으며, 이 경우 회사는 그 내용을 소집통지에 포함하여야 한다. 주주제안권이 행사되지 않은 경우에도, 주주총회 회의장에서 이미 통지된 의안을 수정하거나 새로운 의안을 제안하는 방식으로 이사후보를 추가 추천하는 것 자체는 허용된다.

상장회사의 경우에는 여기에 더하여 공개성과 투명성을 강화하기 위한 특칙이 적용된다. 즉, 주주총회 소집의 통지·공고 시에 이사후보에 관한 사항(성명 등)을 반드시 포함하여야 하고(상 542조의4, 상령 31조), 주주총회는 그 통지·공고된 후보 중에서만 이사를 선임할 수 있다(상 542조의5). 따라서 상장회사에서 소수주주가 이사후보를 추천하려면 주주제안권을 통하여 사전에 후보를 제시하여야 하며, 주주총회 회의장에서 즉석으로 후보를 제안하는 것은 허용되지 않는다.

한편 자산총액 2조 원 이상의 상장회사는 사외이사후보를 추천하기 위하여 사외이사후보추천위원회(사추위)를 설치하여야 하고, 그 위원 중 사외이사가 과반수가 되도록 구성하여야 한다(상 542조의8, 상령 34조). 주주총회는 사추위가 추천한

후보 중에서 사외이사를 선임하여야 하며, 사추위는 주주제안권에 따라 주주가 제안한 사외이사 후보를 추천 후보에 포함시켜야 한다(상 542조의8, 상령 34조).

그렇다면 상장회사에서 이사후보추천 구조를 이처럼 엄격하게 규율하는 이유는 무엇일까? 이는 다수의 소액주주가 존재하여 주주구성이 광범위하게 분산된 구조에서, 이사 선임 과정을 보다 투명하게 만들고 지배주주나 경영진 중심의 폐쇄적인 후보추천 관행을 완화하기 위한 데 그 목적이 있다.

(3) 투표방식

1) 단순투표제

단순투표제는 선임할 이사별로 주주가 자신이 보유한 주식 수만큼 의결권을 행사하여(찬성 또는 반대) 투표하는 방식이다. 이사 후보마다 별도의 주주총회 결의가 이루어지는 셈이므로, 선임할 이사 수만큼 결의가 반복된다. 각 결의에서 보통결의 요건을 충족한 후보가 해당 이사로 선임된다. 상법은 원칙적으로 단순투표제를 전제로 하여 이사 선임을 규율하고 있다. 이 방식에서는 발행주식총수의 50%를 초과하여 보유하는 주주가 존재할 경우, 사실상 모든 이사를 자신의 의사에 따라 선임할 수 있게 된다.

2) 집중투표제

집중투표제는 2인 이상의 이사를 선임하는 경우, 주주에게 1주마다 선임할 이사의 수와 동일한 수의 의결권을 부여하고, 이를 하나 또는 여러 후보에게 자유롭게 집중하여 행사할 수 있도록 하는 제도이다(상 382조의2). 예컨대 이사 3인을 선임해야 하고 후보가 A, B, C, D 네 명인 경우, 10주를 보유한 주주는 총 30개의 의결권을 특정 후보 1인에게 전부 집중하여 투표할 수 있다.

이 경우 주주총회는 하나의 결의만을 하고, 투표 결과에 따라 최다득표자부터 순차적으로 이사에 선임된다. 위 예에서는 득표수가 많은 상위 3인이 이사로 선임된다.

집중투표제 하에서는 발행주식총수의 50%를 초과하여 보유하는 주주가 있더라도, 항상 모든 이사를 자신의 선호에 따라 선임할 수 있는 것은 아니다. 이러한 점에서 집중투표제는 지배주주의 영향력을 완화하고 이를 견제하는 장치로 기능한다. 다만 이는 주주가 1주마다 가지는 의결권의 수를 집중하여 행사할 수 있도록 한 것에 불과하므로, 기본적으로는 여전히 1주 1의결권 원칙을 전제로 하고 있으며, 그 예외로 이해하지는 않는다.

이를 구체적인 사례로 설명할 수 있다. 이사 3인을 선임하는 회사에서 지배주주 D가 전체 의결권의 60%를 보유하고, 나머지 40%를 소수주주들이 나누어 보유하고 있다고 가정하자. 단순투표제에 따르면 D는 사실상 3인 모두를 자신의 측근으로 선임할 수 있다. 그러나 집중투표제를 활용할 경우, 소수주주들은 자신들이 보유한 의결권을 합산하여(40%×3=120%) 특정 후보 1인에게 집중함으로써, 소수주주 측 이사를 최소 1명 확보할 수 있다.

집중투표제가 적용되기 위해서는 다음과 같은 요건이 충족되어야 한다(상 382조의2 · 542조의7, 상령 33조). 첫째, 정관에 집중투표제를 배제하는 규정이 없어야 한다. 둘째, 소수주주에 의한 집중투표 청구가 있어야 한다. 셋째, 그 청구 내용이 본점에 비치되어 주주가 열람할 수 있도록 되어야 하고, 주주총회 의장은 의결에 앞서 집중투표 청구가 있었음을 고지하여야 한다.

나아가 자산총액 2조 원 이상의 상장회사가 정관으로 집중투표제를 배제하거나, 배제된 정관을 변경하려는 경우에는 발행주식총수의 3%(정관으로 더 낮은 비율로 정하는 것은 가능)를 초과하는 주주의 초과분 의결권을 제한하는 특칙이 추가로 적용된다(상 542조의7). 더 나아가 2025년 개정 상법은 이러한 유형의 상장회사에 대하여 소수주주 보호를 한층 강화하기 위하여, 정관으로도 집중투표제를 배제할 수 없도록 하여 집중투표제를 필수 제도로 채택하였다. 이 개정 규정은 2026년 9월부터 시행된다.

결국 집중투표제는 1주 1의결권 원칙을 유지하면서도 소수주주의 영향력을 실질적으로 제고할 수 있는 제도이다. 각 주주가 보유하는 의결권의 총량은 비례적으로 유지하되, 그 행사 방식을 조정함으로써 소수주주가 특정 후보에게 의결권을 집중할 수 있도록 구성되어 있기 때문이다.

(4) 이사의 수 · 임기 · 자격

1) 이사의 수

원칙적으로 이사는 3인 이상이어야 한다(상 383조). 이는 이사회를 회의체로 구성하고, 결의 과정에서 가부동수가 발생하는 상황을 피하기 위한 최소한의 제도적 요건이다. 다만 소규모회사의 경우에는 예외적으로 이사를 1명 또는 2명으로 둘 수 있으며(상 383조), 이 경우에는 이사회를 두지 않는 대신 이사가 이사회의 기능을 겸한다.

상장회사에서는 이러한 기본 규율 위에 사외이사 제도가 추가적으로 적용된다. 원칙적으로 이사 수의 4분의 1 이상을 사외이사로 두어야 하고, 자산총액 2조 원 이상인 상장회사의 경우에는 사외이사가 3명 이상이면서 이사회 과반수를 구성하여야 한다(상 542조의8, 상령 34조). 2025년 개정 상법은 사외이사의 독립성과 업무집행에 대한 감독기능을 강화하기 위하여, 이미 살펴본 바와 같이 사외이사의 명칭을 "독립이사"로 변경하고, 상장회사에서의 의무선임 비율을 종전의 4분의 1 이상에서 3분의 1 이상으로 확대하였다. 이 개정 규정은 2026년 7월부터 시행된다.

그렇다면 상장회사에서 사외이사의 최소 비율을 법정화한 것은 어떠한 기능을 기대한 것일까? 이는 이사회 내부에 일정 규모 이상의 독립적인 감시세력을 확보함으로써, 지배주주나 경영진의 자기 보호적 의사결정을 견제하려는 데 그 취지가 있다.

2) 이사의 임기

이사의 임기를 설정할지 여부는 원칙적으로 회사의 자율에 맡겨져 있다. 다만 임기를 정하는 경우에도 그 기간은 3년을 초과할 수 없다(상 383조). 임기를 정하지 않았다고 하여 당연히 3년의 임기가 인정되는 것은 아니며(판례), 이사가 연임을 통하여 결과적으로 3년을 초과하는 기간 동안 이사직을 유지하는 것도 허용된다.

1회의 연속된 임기를 3년으로 제한하면서도 연임 자체는 금지하지 않은 이유는 무엇일까? 이는 이사회 구성이 일정한 주기마다 주주총회의 평가와 심사를 받도록 하면서도, 회사의 상황에 따라 주주가 연임을 통하여 이사회의 연속성과 안정성을 선택할 수 있도록 한 입법적 선택으로 이해할 수 있다.

3) 이사의 자격

원칙적으로 이사 자격에는 특별한 제한이 없다. 다만 몇 가지 예외적인 제한은 인정된다. 정관으로 주주만이 이사가 될 수 있도록 정할 수 있고, 정관에 이사가 보유하여야 할 주식 수(이른바 "자격주")를 규정한 경우에는, 이사는 그 주식을 감사에게 공탁하여야 한다(상 387조).

제한능력자(미성년자 등)도 이사가 될 수 있다는 것이 일반적인 해석이다. 법인이 이사가 될 수 있는지 여부에 관해서는 학설상 다툼이 있다. 법인이 대표자를 통하여 업무를 수행하면 충분하므로 이를 허용하여야 한다는 견해와, 이사는 인적 책임과 판단이 중시되는 지위이므로 법인을 이사로 인정하는 것은 부적절하다는 견해(다수설)가 대립한다.

사외이사의 경우에는 자격 제한이 특히 엄격하다. 회사의 상무에 종사하는 이사, 최대주주 및 그 특수관계인 등 일정한 자는 사외이사가 될 수 없으며, 이미 사외이사로 선임된 이후에도 이러한 사유가 발생하면 그 지위를 유지할 수 없다(상 382조). 상장회사의 경우에는 여기에 더하여 제한능력자 등도 사외이사가 될 수 없다는 추가적인 제한이 적용된다(상 542조의8, 상령 34조).

그렇다면 사외이사에게만 별도의 자격요건과 결격사유를 두는 이유는 무엇일까? 이는 단순히 이사 전체의 전문성과 적격성을 제고하려는 데에 그치는 것이 아니라, 핵심적으로는 독립성 확보에 있다. 즉, 이해상충의 가능성이 큰 인물을 제도적으로 배제함으로써, 사외이사가 실질적인 감시·견제 기능을 수행할 수 있도록 하려는 데 그 주된 목적이 있다.

4. 종임

(1) 일반적 종임사유

이사의 종임은 전형적으로 임기만료에서 발생한다. 이사는 회사와 위임관계에 있으므로(상 382조), 민법상 위임의 종료사유가 준용된다. 이에 따라 이사의 사임, 사망, 파산, 성년후견개시의 심판 등은 이사의 지위를 종료시키는 사유가 된다(민 689조~690조).

다만 이사가 부득이한 사유 없이 회사에 불리한 시기에 사임한 경우에는, 위임의 일반원칙에 따라 그로 인한 손해를 회사에 배상하여야 한다(민 689조). 이는 이사 개인의 사정과는 별개로, 회사 경영의 연속성을 보호하기 위하여 사임의 자유를 일정 범위에서 제한하려는 취지로 이해할 수 있다.

(2) 해임결의

이사는 언제든지 주주총회의 특별결의로 해임될 수 있다(상 385조). 선임은 보통결의로 하면서 해임은 특별결의로 요구하는 구조를 취한 것은, 해임이 지나치게 용이하게 이루어지는 것을 방지하고 경영자 지위의 안정성을 일정 부분 확보하려는 취지에 기초한 것이다.

다만 임기를 정한 이사를 정당한 이유 없이 임기 만료 전에 해임한 경우에는, 이사는 회사에 대하여 해임으로 인한 손해배상을 청구할 수 있다(상 385조). 이 규정의 취지는 주주의 회사 지배권 확보와 이사의 경영자 지위 안정이라는 양 당사자의 이익을 조화시키는 데에 있으며, 이는 판례도 일관되게 확인하고 있다. 여기서 손해는 통상적으로 잔여 임기 동안 지급받을 수 있었던 보수 상당액을 의미한다. 이사가 해임 후 다른 회사에 취임하여 보수를 받은 경우에는, 그 보수는 손해배상액에서 중간수입으로 공제된다(판례).

정당한 이유의 존재 여부는 객관적으로 판단된다. 직무상 부정행위나 법령·정관 위반은 전형적인 정당한 사유에 해당한다. 반면, 단순한 인간적 갈등이나 주관적인 신뢰 상실만으로는 원칙적으로 정당한 이유가 되지 않는다는 것이 판례의 입장이다.

(3) 소수주주의 해임청구

소수주주 보호를 위한 별도의 장치로서 소수주주의 해임청구 제도가 인정된다. 이사가 직무상 부정행위 또는 법령·정관 위반의 중대한 사실이 있음에도 불구하고, 주주총회에서 그 해임이 부결된 경우에는 소수주주가 그 결의일로부터 1개월 내에 법원에 이사의 해임을 청구할 수 있다(상 385조·542조의6, 상령 32조). 이는 지배주주의 의사에 종속되지 않는 제3의 중립적 판단기관인 법원을 통하여, 중대한 위법행위를 저지른 이사를 배제할 수 있도록 한 제도라는 점에서 의의가 있다.

이를 구체적인 사례로 설명할 수 있다. 예컨대 이사 A가 회사 자금을 반복적으로 사적 용도로 사용한 정황이 감사보고서를 통해 드러났음에도, 지배주주가 이를 엄호하여 주주총회에서 해임안이 부결된 경우를 가정해 보자. 이때 일정 지분을 보유한 소수주주는 법원에 이사 해임을 직접 청구할 수 있으며, 법원이 A의 행위를 법령 위반으로 판단하면 해임 판결을 선고할 수 있다.

다만 해임청구는 엄격한 요건 아래에서만 허용된다. 단순한 업무상 과실이나 경미한 임무해태만으로는 요건이 충족되지 않고, "직무상 부정행위 또는 법령·정관 위반의 중대한 사실"이 요구된다. 그렇다면 이러한 엄격한 요건은 어떠한 입법적 고려에서 비롯된 것일까? 이는 이사 지위를 과도하게 불안정하게 만들 경우 장기적·독립적인 경영 판단이 위축될 우려가 있으므로, 위법행위가 명백하고 중대한 경우에 한하여 최종적인 안전장치로 작동하도록 한 것으로 이해할 수 있다.

또한 이사 해임안이 주주총회에 상정되었다가 부결된 사실이 선행요건이 되므로, 소수주주는 통상적으로 주주제안권(상 363조의2)을 행사하여 해임안을 의제로 상정할 필요가 있다. 나아가 상장회사의 경우에는 회사가 이사 해임에 관한 주주제안을 거부할 수 있는 특칙이 존재하므로(상령 12조), 소수주주의 해임청구권이 가지는 규범적 의미에 비해 실제 작동 범위는 일정한 한계를 가질 수밖에 없다.

(4) 결원 시 조치

이사의 종임으로 이사 수가 법정 또는 정관상 최소한의 수에 미달하게 되는 경우에는, 회사의 업무수행이 중단되는 사태를 방지하기 위한 보완장치가 마련되어 있다. 즉, 임기의 만료나 사임으로 퇴임한 이사는 새로 선임된 이사가 취임할 때까지 이사의 권리와 의무를 그대로 유지한다(상 386조). 다만 퇴임이사로 하여금 계속 직무를 수행하게 하는 것이 불가능하거나 부적당한 경우에는(판례), 법원은 이사·감사 또는 기타 이해관계인의 청구에 따라 일시적으로 이사의 직무를 수행할 임시이사를 선임할 수 있다(상 386조). 결국 상법은 원칙적으로 퇴임이사 제도를 통해 업무수행의 공백을 메우되, 임시이사 선임은 그에 대한 보완적 수단으로 기능한다. 퇴임이사와 임시이사는 모두 권한과 책임의 범위 면에서 본래의 이사와 동일하게 취급된다. 이러한 점에서, 회사의 상무에 속하는 행위만을 할 수 있는 직무대행자(상 408조)와는 명확히 구별된다.

(5) 직무집행정지 및 직무대행자선임의 가처분

이사의 지위가 소송으로 다투이지고 있는 동안, 해당 이사가 계속 직무를 수행할 경우 회사에 중대한 손해가 발생할 우려가 있을 수 있다. 이를 방지하기 위한 잠정적인 보전수단이 직무집행정지 및 직무대행자 선임의 가처분이다.

이사 선임에 관한 주주총회 결의에 대한 무효확인·취소의 소 또는 이사 해임의 소가 제기된 경우, 법원은 당사자의 신청에 따라 가처분으로 해당 이사의 직무집행을 정지시키고, 별도의 직무대행자를 선임할 수 있다(상 407조). 다만 이러한 조치는 해당 이사가 직무를 계속 수행함으로써 회사에 현저한 손해가 발생하거나 급박한 위험이 초래될 우려가 있는 경우 등 예외적인 상황에서만 허용된다(민사집행법 300조). 예컨대 이사 A의 선임결의에 중대한 하자가 있다는 이유로 주주가 무효확인 소를 제기하였고, 그 사이 A가 계속 직무를 수행할 경우 회사에 중대한 손해가 발생할 우려가 있는 경우를 생각해 볼 수 있다.

가처분이 인용되면 해당 이사는 더 이상 직무를 수행할 수 없고, 대신 선임된 직무대행자가 회사의 통상적인 업무 범위 내에서 필요한 업무를 수행한다. 가처분의 존재는 이해관계인의 신뢰 보호를 위하여 등기하여야 한다(상 407조). 직무집행이 정지된 이사가 이후에 한 행위는 선의의 제3자에 대하여도 절대적으로 무효가 되며, 이는 가처분이 이후 취소되더라도 소급하여 유효로 회복되지 않는다(판례). 이는 직무집행정지 사실이 등기를 통해 공시되어 제3자의 신뢰 보호가 문제되지 않는다고 본 것이다.

직무대행자의 권한은 원칙적으로 회사의 상무, 즉 통상적인 업무에 한정된다. 이는 직무대행자 선임이 가처분이라는 잠정적 보전처분에 기초한 제도이므로, 회사의 조직과 경영에 중대한 영향을 미치는 행위까지 허용하는 것은 적절하지 않다는 점을 고려한 것이다. 다만 가처분명령에서 별도로 허용되었거나 법원의 허가를 받은 경우에는 그 범위를 초과하는 행위도 가능하다(상 408조). 그럼에도 불구하고 직무대행자가 권한 범위를 넘어 행위를 한 경우에도, 회사는 선의의 거래상대방에 대하여 책임을 부담한다(상 408조). 이는 거래 안전과 제3자의 신뢰 보호를 우선하려는 데 그 취지가 있다.

5. 이사의 보수

이사의 보수는 원칙적으로 이사의 업무수행에 대한 대가이다. 비록 위임관계는 무상이 원칙이지만(민 686조), 주식회사 이사가 실질적으로 회사의 경영을 담당하는 현실을 고려하면 보수를 지급하는 것이 통상적이다. 판례도, 실제 업무 수행이 거의 없는 명목상의 이사라 하더라도, 이사로서 책임과 의무를 부담하는 이상 일정한 요건을 충족하면 보수청구권이 인정된다고 본다.

이사의 보수는 정관에 그 금액을 정하지 않은 경우에는 주주총회 결의로 정하여야 한다(상 388조). 이는 보수 결정을 이사회나 대표이사에게 전적으로 맡겨둘 경우, 이사가 스스로에게 과도한 보수를 책정할 위험이 있으므로, 이를 통제하여 회사・주주・채권자의 이해를 보호하려는 취지이다. 이와 관련하여 주주총회에서 이사 보수를 결의할 때, 이사인 주주는 그 결의에 특별이해관계인이 되므로 의결권을 행사할 수 없다(상 368조).

다만 정관 또는 주주총회 결의에서 이사 전체 보수의 총액이나 상한만을 정하고, 그 범위 내에서 이사별 구체적인 보수액의 배분을 이사회나 대표이사에게 위임하는 방식은 허용된다. 이는 보수 결정의 민주적 통제와 경영의 탄력성을 조화시키려는 해석으로 이해할 수 있다.

한편 형식적으로 정관이나 주주총회 결의요건을 갖추었다고 하여 언제나 이사 보수가 유효한 것은 아니다. 이사의 업무 내용과 보수 사이에는 합리적인 비례관계가 유지되어야 하며, 이를 현저히 벗어나는 경우에는 위법으로 평가될 수 있다(판례).

이를 구체적인 사례로 설명할 수 있다. 예컨대 경영권 분쟁의 결과 퇴진이 예정된 기존 경영진이 퇴임 직전에, 자신의 성과와 무관하게 거액의 퇴직보수를 지급하는 기준을 졸속으로 마련하고, 우호 지분을 동원하여 주주총회에서 이를 통과시킨 경우를 생각해 볼 수 있다. 이 경우 형식적으로는 주주총회 결의를 거쳤다고 하더라도, 보수액이 회사의 규모나 이사의 기여도에 비추어 현저히 불균형하다면, 이는 단순한 경영상 판단의 범위를 넘어 주주 및 채권자의 이익을 침해하는 위법행위로서 무효가 될 수 있다는 것이 판례의 태도이다.

Ⅱ. 이사회

1. 의의

이사회는 이사 전원으로 구성되어, 회사의 업무집행에 관한 중요한 사항을 결정하고 이사의 직무집행을 감독하는 필요적 상설기관이다. 이사회는 회의체이므로 의사결정 권한은 가지지만 스스로 업무를 집행하지는 않으며, 구체적인 업무집행은 대표이사가 담당한다.

다만 소규모회사에서 이사의 수가 1명 또는 2명에 불과한 경우에는 이사회를 구성할 수 없으므로, 상법은 이러한 상황에 대비하여 다음과 같은 대체적 장치를 마련하고 있다(상 383조). 첫째, 이사회 결의가 요구되는 사항을 주주총회 결의로 대체할 수 있다. 예컨대 정관에 따라 주식양도에 이사회의 승인이 필요한 경우, 이를 주주총회 결의로 대체한다. 둘째, 이사회의 소집 및 결의방법 등에 관한 이사회 관련 규정의 적용을 배제한다. 셋째, 이사(대표이사를 선임한 경우에는 대표이사)가 이사회의 권한을 대신하여 행사한다. 예컨대 감사가 임시주주총회의 소집을 청구하는 경우, 그 청구 상대방은 이사회가 아니라 이사(대표이사를 선임한 경우에는 대표이사)가 된다.

2. 이사회의 권한

(1) 업무집행에 관한 의사결정권

이사회는 회사 운영에 관한 중요한 사항을 결정하는 기관이며(상 393조), 상법은 이사회의 권한에 관하여 여러 규정을 두고 있다. 이러한 규정들을 기준으로 이사회의 권한을 다음과 같이 유형화할 수 있다.

첫째, 상법에서 이사회의 권한으로 명시적으로 규정된 사항들이 있다. 이에 해당하는 것으로는 중요자산의 처분·양도, 대규모 재산의 차입, 지배인의 선임·해임, 지점의 설치·이전·폐지 등 회사의 업무집행에 관한 사항(상 393조), 주주총회의 소집(상 362조), 주식양도제한에 있어서 양도의 승인(상 335조), 사채의 발행(상 469조) 등이 있다.

둘째, 대표이사의 선임(상 389조), 신주발행(상 416조)과 같이 원칙적으로는 이사회의 권한에 속하지만, 정관으로 이를 주주총회의 권한으로 귀속시킬 수 있는 사항도 존재한다. 이는 회사의 지배구조 유형에 따라, 경영 관련 핵심사항을 어느 범위까지 주주총회가 직접 관여할 것인지를 선택할 수 있도록 한 것이다.

셋째, 본래 주주총회의 권한이지만 정관으로 이사회에 위임할 수 있는 사항도 있다. 재무제표의 승인(상 449조의2), 자기주식의 취득(상 341조) 등이 그 예이다.

특히 일정 규모 이상의 상장회사에서는 신속하고 기민한 의사결정을 위하여 이러한 권한 위임이 실무상 중요하게 활용된다.

이와 같은 명문의 규정이 없는 경우에 관하여 판례는 이사회 권한을 열거주의가 아닌 포괄주의로 이해한다. 즉, 상법이 주주총회의 권한으로 명시적으로 규정한 사항을 제외한 나머지 업무집행에 관한 의사결정은 원칙적으로 모두 이사회의 권한에 속한다는 것이다. 이는 이사회가 회사의 상시적·전문적인 경영판단을 담당하는 기관인 반면, 주주총회는 비상시적·집합적 의사결정기관으로서 업무집행 전반을 담당하기에는 구조적 한계가 있다는 점을 함께 고려한 해석이다.

한편 이사회는 상법이나 정관에서 그 권한으로 특별히 열거한 사항에 대하여는 이를 대표이사에게 위임할 수 없다고 본다(판례). 이는 회사에 관한 중요사항에 대한 의사결정을 이사회에 유보함으로써, 경영의 기본 방향과 구조에 대한 책임 있는 판단을 확보하려는 취지이다. 다만 일상적인 업무집행에 관한 의사결정은 특별한 사정이 없는 한 대표이사에게 묵시적으로 위임된 것으로 본다(판례). 이사회가 모든 세부 사항까지 일일이 결의하는 것은 현실적으로 불가능하므로, 회사의 존립과 방향에 중대한 영향을 미치는 사항은 이사회가 직접 결정하고, 일상적인 업무는 대표이사가 전담하는 방식으로 역할 분담이 이루어져 있다.

이를 구체적인 사례로 설명할 수 있다. 예컨대 신규 공장 설립 여부, 대규모 인수·합병, 주요 영업부문의 매각 등은 회사의 장래를 좌우하는 중대한 사항이므로 이사회가 직접 결의하여야 한다. 반면 기존 거래처와의 연간 공급계약 갱신, 통상적인 직원의 채용이나 이동, 보편적인 마케팅 전략의 실행 등은 일상적 업무에 해당하므로, 별도의 이사회 결의가 없더라도 대표이사가 묵시적으로 위임받아 처리할 수 있다.

(2) 직무집행에 관한 감독권

이사회는 단순히 의사결정만을 담당하는 기관이 아니라, 업무집행이 적정하게 이루어지고 있는지를 점검하고 견제하는 기능도 수행한다. 즉, 이사회는 이사의 업무집행을 감독한다(상 393조). 구체적으로는 이사회는 이사, 특히 대표이사의 업무집행을 감시하여, 위법하거나 부당한 행위 또는 회사의 이익을 침해할 우려가 있는 업무집행에 대하여 이를 시정하거나 제한할 수 있다. 이사회의 이사에 대한 감독권은 상위기관으로서 우월적 지위에서 행사되는 적법성감사 및 타당성감사에 해당하며, 이 점에서 수평적 지위에서 원칙적으로 적법성감사를 수행하는 감사 또는 감사위원회의 감사권과 구별된다.

이러한 감독권이 실효적으로 행사될 수 있도록, 상법은 이사회 또는 이사에게 정보에 대한 접근권과 취득권을 인정하고 있다. 즉, 이사는 대표이사에게 다른 이사나 피용자의 업무집행 현황에 관한 보고를 요구할 수 있고, 이사는 3개월에 1회 이상 이사회에 업무집행 전반을 보고해야 한다(상 393조). 이 보고에는 기업비밀도 포함되며, 이사는 재직 중은 물론 퇴임 후에도 이를 누설할 수 없다(상 382조의4).

업무집행에 관한 의사결정권과 달리, 직무집행에 관한 감독권은 대표이사에게 위임할 수 없다. 감독의 직접적인 대상이 바로 대표이사이기 때문이다. 만약 감독권까지 대표이사에게 위임된다면, 이사회가 수행해야 할 견제기능은 형해화되고 말 것이다. 이러한 점에서 감독권의 비위임성은, 대표이사가 스스로의 직무집행을 통제하는 구조를 배제하고, 업무집행과 그 감독을 서로 다른 기관에 귀속시킴으로써 내부 통제의 실효성을 확보하기 위한 제도적 장치로 이해할 수 있다.

이를 구체적인 사례로 살펴볼 수 있다. 예컨대 대표이사가 특정 계열사와 반복적으로 비정상적인 조건의 거래를 하고 있다는 의혹이 제기된 경우, 이사회는 해당 거래내역, 회계자료, 내부보고서의 제출을 요구하여 그 적정성을 점검할 수 있다. 이처럼 감독의 대상이 대표이사인 이상, 감독권을 다시 대표이사에게 맡긴다는 것은 제도의 취지상 허용될 수 없다. 그렇게 된다면 감독받아야 할 자가 스스로를 감독하는 결과가 되어, 이사회 제도의 존재이유 자체가 약화되기 때문이다.

3. 이사회의 운영

이사회는 단순한 의사결정기관에 그치지 않고, 일정한 절차에 따라 소집되고 결의되며 그 내용이 기록되는 조직적 의사결정체이다. 이사회의 운영에 관한 규율은 궁극적으로 이사회 의사결정의 투명성 · 적법성 · 책임성을 확보하는 데 그 목적이 있다.

(1) 소집

이사회를 언제, 누가, 어떠한 절차로 소집할 수 있는지가 명확히 규율되어야만 이사회 의사결정의 투명성과 적법성, 나아가 책임성이 담보될 수 있다.

원칙적으로 각 이사는 이사회를 소집할 수 있는 권한을 가지며, 이사회의 결의로 특정 이사를 소집권자로 지정할 수도 있다(상 390조). 다만 소집권자가 정당한 이유 없이 이사회 소집 요구를 거절하는 경우에는, 다른 이사가 직접 이사회를 소집할 수 있다(상 390조). 또한 감사나 집행임원도 일정한 경우 이사회 소집을 요구할 수 있는데(상 412조의4 · 408조의7), 이는 이사회 소집권이 특정 이사에게 사실상 집중될 경우, 그 이사의 의사에 따라 이사회가 소집되지 않아 감독 · 의사결정 기능이 공허해질 수 있다는 점을 고려하여, 이사회가 형해화되는 것을 방지하고 그 기능을 실질적으로 활성화하려는 제도적 장치로 이해할 수 있다.

소집 절차에 관하여는, 소집권자가 회의일을 정한 후 원칙적으로 회의일 1주 전까지 각 이사 및 감사에게 그 사실을 통지하여야 한다(상 390조). 감사는 이사회에서 의견진술권과 보고의무를 가지는 점에서(상 391조의2), 이사회의 감독체계에 편입된 기관이므로 소집 통지의 대상이 된다. 한편 이사 및 감사 전원의 동의가 있는 경우에는 소집절차를 거치지 아니하고도 즉시 이사회를 개최할 수 있다(상 390조). 또한 이사는 최소 3개월에 1회 이상 이사회에 업무집행에 관하여 보고하여야 하므로(상 393조), 이사회는 일회적 · 임의적으로 운영되는 기관이 아니라 정기적이고 지속적인 운영을 전제로 하는 기관임이 분명하다.

(2) 결의

이사회 결의는 회사의 주요 의사결정을 형성하므로, 정족수 · 의결권 · 결의방식에 관한 요건이 모두 충족되어야 한다. 이는 단순한 절차요건이 아니라, 의사결정의 투명성 · 적법성 · 책임성을 확보하기 위한 제도적 장치이다.

1) 결의요건

이사는 1인당 1표의 의결권을 가지며, 직무집행정지의 가처분을 받은 이사는 표결에 참여할 수 없다(상 407조). 이사회 결의는 의사정족수와 의결정족수라는 이중 요건을 충족하여야 성립한다(상 391조). 의사정족수는 이사 과반수의 출석이며, 의결정족수는 출석이사 과반수의 찬성이다. 따라서 이사가 과반수에 미달하여 출석한 경우나, 찬반이 가부동수인 경우에는 결의가 성립하지 않는다(판례).

정관으로 결의 요건을 강화하는 것은 허용되지만(상 391조), 이를 완화하는 것은 허용되지 않는다(판례). 나아가 가부동수인 경우 이사회 의장이나 대표이사에게 결정의결권(casting vote)을 인정하는 정관 규정은, 특정 이사에게 사실상 복수 의결권을 부여하는 것과 동일한 효과를 가지므로 무효이다. 예컨대 이사 4인이 모두 출석하여 2대 2로 찬반이 갈린 사안에서, 정관으로 의장이 최종 결정을 하도록 정해 둔 경우 이는 의장에게 2표의 의결권을 부여하는 결과가 된다.

아울러 다음과 같은 사항에 대해서는 보다 엄격한 결의요건이 요구된다. 즉, 회사기회 이용의 승인(상 397조의2), 자기거래의 승인(상 398조), 감사위원의 해임(상 415조의2) 등은 이사 총수의 3분의 2 이상의 찬성을 요한다. 전자는 이사와 회사 간의 이해상충 위험이 특히 큰 영역이라는 점에서, 후자는 회사의 감시기구인 감사위원의 독립성을 보호할 필요성이 크다는 점에서, 기업재산 보호와 지배구조의 투명성이 강하게 요청되기 때문이다.

2) 의결권의 제한

주주총회와 마찬가지로, 이사회에서도 특별한 이해관계가 있는 이사는 의결권을 행사할 수 없다(상 391조·368조). 여기서 특별이해관계란 이사 개인의 경제적 이해관계를 의미하며, 이사가 회사와 자기거래를 하는 경우(상 398조)가 그 전형적인 예이다. 다만 대표이사의 선임·해임 결의에서 그 대상자인 이사는 특별이해관계인에 해당하지 않는다는 것이 판례의 입장이다. 이 경우 문제되는 이해관계는 개인적 이익이 아니라 회사 지배구조의 구성에 관한 공익적 사안에 해당하기 때문이다.

상법은 제한된 의결권은 출석한 주주의 의결권 수에 산입하지 않는다고 규정하고 있다(상 391조·371조). 이에 따라 판례는, 제한된 의결권은 의사정족수 산정에서는 출석 여부만을 기준으로 하여 분모와 분자에 모두 포함되지만, 의결정족수 산정에서는 분모와 분자에서 모두 제외된다고 해석한다. 이는 특별이해관계인의 출석 자체는 허용하여 이사회 기능의 마비를 방지하되, 자기 사건에 스스로 의결하는 것은 차단하려는 절충적 해석으로 이해할 수 있다.

이를 사례로 살펴보자. 이사 4인(A, B, C, D) 중 A가 회사와의 자기거래 상대방에 해당하여 특별이해관계인인 경우를 가정한다. 이사회에서 자기거래 승인 안건을 심의하면서 A, B, C가 출석하여 모두 찬성한 경우, 의사정족수와 의결정족수는 서로 다르게 산정된다. 먼저 의사정족수와 관련해서는, 전체 이사 4명 중 3명이 출석하였으므로 출석요건은 충족된다. 반면 의결정족수와 관련해서는 특별이해관계인인 A의 의결권이 배제되므로, 출석이사는 B와 C 두 명으로 산정되고 그 두 명 모두가 찬성한 것으로 평가된다.

다만 자기거래의 승인에는 단순한 출석이사 전원의 찬성만으로는 부족하고, 이사 총수의 3분의 2 이상의 찬성이 요구된다(상 398조). 이 사례에서 이사 총수를 4명으로 본다면 3분의 2 이상의 찬성 요건을 충족하지 못하게 되고, 반대로 특별이해관계인 A를 제외하여 이사 총수를 3명으로 본다면 3분의 2 이상의 찬성 요건을 충족하게 된다. 이와 같이 이사 총수의 산정 범위에 따라 결론이 달라질 수 있으므로, 이 점을 둘러싸고 해석상 논의가 전개되고 있다.

3) 결의방법

이사회 결의는 회의체로서의 심의 과정을 본질로 하므로, 그 행사 방식에도 일정한 제약이 따른다. 무엇보다 직접 출석의 원칙이 적용된다. 이사회 결의는 토론과 의견 교환을 전제로 하므로, 서면결의는 원칙적으로 허용되지 않는다. 다만 정관에 규정이 있는 경우에는 원격통신수단에 의한 회의는 허용된다(상 391조). 또한 이사회는 인적 특성과 개별 이사의 판단능력이 중시되는 기관이므로, 의결권의 대리행사는 허용되지 않는다(판례).

이사는 각 안건에 대하여 찬반 의사를 명확히 표시하여야 하고, 반대하는 이사와 그 반대 사유는 의사록에 기재되어야 한다(상 391조의3). 이러한 기재는 단순한 절차적 요건에 그치지 않고, 향후 법령 또는 정관을 위반하는 결의가 문제되는 경우 이사 개인의 책임 범위를 판단하는 중요한 근거로 기능한다. 그렇다면 반대 의견과 그 사유까지 의사록에 기재하도록 한 이유는 무엇일까? 이는 사후적으로 문제되는 결의에 대하여 누가 어떠한 판단을 하였는지를 분명히 하여, 책임 추적의 가능성을 확보하고 나아가 이사들로 하여금 보다 신중하고 독립적인 판단을 하도록 유도하려는 취지에서이다.

(3) 의사록

이사회는 의사록을 작성할 의무를 부담한다. 의사록은 단순한 회의기록이 아니라, 이사회 의사결정의 적법성과 책임성을 사후적으로 점검·통제하기 위한 핵심적인 제도적 장치이다. 의사록에는 이사회 안건, 심의의 경과 요령, 결의 결과, 반대하는 이사와 그 반대 사유를 기재하고, 출석한 이사 및 감사가 기명날인 또는 서명하여야 한다(상 391조의3). 여기서 특히 반대한 이사와 그 사유까지 기록하도록 한 점은 중요하다. 이러한 점에서 의사록은 단순한 형식적 문서가 아니라, 준법경영과 내부통제를 실질적으로 뒷받침하는 기능을 수행한다.

4. 이사회결의의 하자

이사회 결의의 효력에 관하여는 상법에 명문의 규정이 존재하지 않는다. 따라서 이사회 결의의 효력 판단은 민법상 일반적인 무효 법리에 따라 이루어진다는 것이 판례의 입장이다. 이에 따르면, 이사회 결의에 절차적 하자가 있든 내용적 하자가 있든, 하자 있는 결의는 원칙적으로 무효로 평가된다. 이사회 결의의 무효는 소를 제기하지 않더라도 주장할 수 있으며, 그 주장 방법에 특별한 제한도 없다. 또한 이사회 결의에 대한 무효확인의 판결은 민사소송법상 기판력의 일반원칙에 따라 당사자 사이에서만 효력이 미칠 뿐, 대세적 효력을 가지지 않는다(판례).

그렇다면 이사회 결의에 대하여는 왜 주주총회 결의와 달리 취소의 소 등과 같은 별도의 구제제도가 마련되어 있지 않을까? 이는 주주총회 결의와 이사회 결의의 법적 성격과 기능이 서로 다르기 때문이다.

주주총회 결의는 다수의 주주가 관여하는 단체적 법률행위로서, 회사의 기본적 사항에 관한 법률관계를 형성·변경하고 그 효력이 주주와 회사, 나아가 제3자에게까지 광범위하게 미친다. 이러한 성격상 민법상 일반 무효·취소 법리에만 맡길 경우 법률관계의 안정성이 훼손될 우려가 있으므로, 상법은 결의의 하자를 유형별로 구분하고 그 다툼의 방식도 소송 형태로 한정하여 엄격하게 통제하고 있다.

이에 반해 이사회 결의는 회사 경영의 집행 과정에서 이루어지는 내부적 의사결정으로서, 주주총회 결의에 비해 대외적 파급력과 법률관계 안정성에 대한 요청이 상대적으로 크지 않다. 이러한 점에서 이사회 결의에 대해서까지 그 다툼의 방식을 소송 형태로 제한하기보다는, 민법상 일반적인 무효 법리에 따라

소 이외의 방법으로도 그 효력을 다툴 수 있도록 한 것으로 이해된다.

5. 이사회 내 위원회

(1) 의의

이사회는 정관에 따라 위원회를 설치할 수 있다(상 393조의2). 위원회는 이사회로부터 특정 기능에 대하여 분담을 받아서, 전문성 · 신속성 · 독립성을 제고하기 위한 제도로서 일정한 범위 내에서 이사회의 기능을 대행하는 준이사회적 기관이다. 특히 감사위원회가 설치된 경우에는 감사를 둘 수 없으므로, 감사위원회가 감사 제도를 대체한다(상 415조의2).

또한 상장회사 중 자산총액 2조 원 이상인 경우에는 사외이사후보추천위원회와 감사위원회를 반드시 설치하여야 한다(상 542조의8 · 542조의11, 상령 34조 · 37조). 이는 대규모 상장회사에서 지배구조의 투명성을 제고하고 외부감시 기능을 실질화하기 위한 제도적 장치로 이해할 수 있다.

(2) 구성

위원회는 2인 이상의 이사로 구성한다(상 393조의2). 이는 이사회가 최소 3인의 이사로도 구성될 수 있다는 점을 고려하여, 그보다 적은 인원으로도 위원회 구성이 가능하도록 한 것이다. 다만 감사위원회의 경우에는 그 중요성을 고려하여, 3명 이상의 이사로 구성하고 위원의 3분의 2 이상을 사외이사로 하여야 한다(상 415조의2). 이는 감사위원회의 독립성과 감시기능이 지배주주나 경영진으로부터 실질적으로 확보되도록 하기 위한 것이다. 또한 위원이 퇴임하더라도 위원회의 정족수가 충족될 때까지는 잠정적으로 그 권리와 의무를 유지한다(상 386조 준용).

(3) 권한 및 운영

이사회는 다음의 사항을 제외하고는 그 권한의 대부분을 위원회에 위임할 수 있다(상 393조의2). 즉, ① 주주총회의 승인을 요하는 사항의 제안, ② 대표이사의 선임 및 해임, ③ 위원회의 설치와 위원의 선임 및 해임, ④ 그 밖에 정관에서 정한 사항은 위원회에 위임할 수 없다. 한편, 위원회의 소집, 결의방법, 의사록 작성 등 운영에 관한 사항은 이사회에 관한 규정을 준용하여 처리한다(상 393

조의2).

(4) 결의의 효력

위원회가 그 권한 범위 내에서 결의한 사항은 별도의 승인절차 없이 곧바로 이사회 결의와 동일한 효력을 가진다. 다만 이사회에 의한 수정(변경)결의는 허용된다. 즉, 위원회는 결의된 사항을 각 이사에게 통지하여야 하고, 통지를 받은 이사는 이사회의 소집을 요구할 수 있으며, 이사회는 위원회 결의사항을 다시 결의할 수 있다(상 393조의2). 이 경우 이사회에서 수정결의가 이루어지면, 위원회 결의는 그 효력을 상실한다.

다만 감사위원회의 결의는 이러한 수정결의의 대상에서 제외된다(상 415조의2). 이는 감사위원회의 독립성과 감사기능을 실질적으로 보장하려는 제도 설계에 따른 것이다.

결국 이사회 내 위원회 제도는 이사회 내부에 기능적 분업과 독립적 통제 구조를 도입함으로써, 현대 회사에서 요구되는 전문성과 책임성을 조화롭게 구현하기 위한 지배구조 장치로 평가할 수 있다.

Ⅲ. 대표이사

1. 의의

대표이사는 회사 내부적으로는 업무집행을 담당하고, 외부적으로는 회사를 대표하는 주식회사의 필수적 상설기관이다. 회사는 법인격을 가지더라도 스스로 의사표시를 할 수 없고, 이사회는 의사결정기관에 그치므로, 회사의 의사를 실제로 실행할 주체가 필요하다. 이러한 점에서 대표이사는 주주총회와 이사회가 형성한 회사의 의사를 구체적인 행위로 실현하여, 대외적으로 회사의 의사를 완성하는 최종 실행자로 기능한다.

이를 예로 들어 설명할 수 있다. 이사회가 "신규 공장을 ○○지역에 설립한다"는 의사결정을 한 경우, 그 결정을 실행하기 위하여 토지를 매입하고, 공사도급계약을 체결하며, 금융기관과 대출계약을 체결하는 일련의 행위는 모두 대표이사의 업무집행에 속한다. 즉, 주주총회와 이사회가 무엇을 할 것인지를 결정한다면, 대표이사는 그 결정을 어떻게 실행할 것인지를 구체화하여 대외적으로 회사의 의사를 실현하는 역할을 담당한다.

한편 소규모회사의 경우에는 이사를 1명 또는 2명만 두는 것이 허용되므로(상 383조), 이 경우에는 별도의 대표이사를 반드시 둘 필요가 없다. 또한 회사가 집행임원제도를 채택한 경우에는 대표이사를 둘 수 없고, 그 기능은 대표집행임원이 수행한다(상 408조의5). 이처럼 상법은 기업의 규모와 운영 방식에 따라 대표 기능을 수행하는 기관을 선택할 수 있도록 함으로써, 회사 조직구조에 일정한 유연성을 부여하고 있다.

2. 선임 및 종임

(1) 선임

대표이사는 원칙적으로 이사회 결의로 선임된다. 다만 정관에서 대표이사를 주주총회에서 선임하도록 정한 경우에는 주주총회가 그 선임권을 행사한다(상 389조). 대표이사는 이사 신분을 전제로 하므로, 이사 아닌 자를 대표이사로 선임할 수는 없으며, 그 밖의 별도의 자격 제한은 존재하지 않는다.

대표이사의 수에는 법정 제한이 없으므로, 실무에서는 복수 대표이사 제도가 널리 활용된다. 또한 소규모회사의 경우에는 이사를 1명 또는 2명만 둘 수 있는데(상 383조), 이 경우 각 이사가 당연히 회사를 대표한다. 다만 정관으로 특정 이사를 대표자로 지정하는 것도 허용된다.

(2) 종임

대표이사는 위임관계에 기초한 직위이므로, 그 종임은 민법상 위임의 종료사유에 따라 이루어진다(민 689조~690조). 즉, 임기만료, 사임, 사망, 파산, 성년후견개시의 심판 등이 대표이사의 종임사유에 해당한다. 대표이사는 이사직을 전제로 하므로 이사 지위를 상실하면 대표이사직도 함께 상실하지만, 반대로 대표이사직을 상실하였다고 하여 이사직까지 당연히 상실하는 것은 아니다.

대표이사는 정당한 사유가 없더라도 해임될 수 있다. 다만 대표이사 해임에 관하여 상법상 이사 해임 시의 손해배상청구권(상 385조)이 유추적용되는지 여부에 대해서는 견해가 대립한다. 판례는 이를 부정하는 반면, 통설은 이를 긍정하는데, 이는 해당 규정의 입법 목적을 보수의 보장으로 볼 것인지 여부에 대한 이해 차이에서 비롯된다. 다만 판례 역시 대표이사 해임과 동시에 이사직까지 상실한 경우에는, 이사로서 상법 제385조에 따른 손해배상청구권을 행사할 수 있다고 본다.

예들 들면, 대표이사를 3년의 임기로 선임하면서, 특별한 성과에 문제가 없는 한 임기를 보장한다는 취지로 고액의 보수계약을 체결한 후, 1년 만에 지배주주의 경영전략 변경만을 이유로 대표이사를 해임하고 동시에 이사직까지 박탈한 경우를 가정해 보자. 이 경우 판례에 따르면 대표이사직 해임 자체는 언제나 가능하지만, 이사직 해임에 관해서는 상법 제385조에 따른 손해배상청구권을 행사할 수 있다.

한편 대표이사의 결원이 발생한 경우, 상법은 회사의 업무 공백을 방지하기 위하여 이사에 관한 규정을 준용한다. 즉, 이사 부분에서 살펴본 퇴임이사 규정과 임시이사 제도가 대표이사에게도 준용된다(상 389조 · 386조).

3. 업무집행권

대표이사는 회사 내부에서 업무집행권을 가진다. 이는 주주총회나 이사회가 형성한 의사결정을 현실의 행위로 구현하는 권한으로서, 단순한 집행에 그치지 않고 구체적인 실행 방식의 결정까지 포함한다. 이러한 대표이사의 업무집행권은 다음과 같이 단계적으로 파악할 수 있다.

첫째, 주주총회나 이사회가 일정한 사항을 결의한 이후의 세부적인 실행 사항은, 특별한 사정이 없는 한 대표이사에게 당연히 위임된 것으로 본다. 이는 의사결정기관이 개별적 집행단계까지 모두 구체화하는 것이 현실적으로 불가능하다는 점을 전제로 한 것이다.

둘째, 이사회의 중요한 업무에 관한 결정권 중에서도 상법이나 정관에서 이사회의 권한으로 열거되지 않은 사항은, 이사회 결의를 통해 대표이사에게 위임할 수 있다. 이 경우 대표이사는 이사회로부터 위임받은 범위 내에서 해당 업무를 집행하게 된다.

셋째, 일상적인 업무에 관한 의사결정권은, 이사회가 명시적으로 그 권한을 유보한 경우를 제외하고는 대표이사에게 묵시적으로 위임된 것으로 간주된다(판례). 다만 해당 업무가 일상적 업무에 해당하는지는 금액 규모, 거래의 위험성, 해당 회사의 거래관행 등을 종합하여 사실적으로 판단하여야 한다. 예컨대 수십억 원 규모의 건물을 무상으로 증여하는 약정은 일상적 업무로 보기 어렵다는 것이 판례의 입장이다. 반면 일정 규모 이하의 물품 구매나 통상적인 인력 채용과 같은 행위는, 특별한 사정이 없는 한 일상적 업무에 해당하는 것으로 이해된다.

그렇다면 대표이사에게 이처럼 폭넓은 업무집행권을 부여하는 것은 회사의 관점에서 위험한 측면이 있지는 않을까? 이러한 위험을 통제하기 위하여, 상법은 이사회의 감독권, 업무 위임에 대한 제한, 대표권에 대한 제한, 그리고 대표이사의 책임을 추궁하는 제도 등을 병행하여 두고 있다.

4. 대표권

(1) 의의

대표이사는 회사 명의로 재판상 및 재판외의 모든 행위를 할 수 있는 포괄적인 대표권을 가진다(상 389조 · 209조). 대표권은 개별적인 위임을 전제로 하지 않고 법이 직접 부여하는 법정 권한이며, 특정한 대표행위가 회사의 영업에 속하는지 여부는 그 행위의 객관적 · 외형적 성질을 기준으로 판단된다. 또한 대표권에 대한 제한은 선의의 제3자에게 대항할 수 없는데, 이는 대표권의 정형성과 포괄성, 그리고 외관법리를 통하여 거래의 안전을 보장하려는 상법의 기본원칙에 기초한 것이다.

그렇다면 이처럼 폭넓게 인정되는 대표권은 회사 내부통제를 약화시키는 위험한 권한일까, 아니면 거래의 안전과 신속을 확보하기 위한 불가피한 제도일까? 대표권은 후자의 관점에서 이해되어야 한다. 대표권은 대표이사가 내부적 의사결정 절차를 거치지 않고도 회사를 대외적으로 구속할 수 있다는 남용 위험을 전제로 하면서도, 외부 거래관계에서는 회사가 그 책임을 부담하도록 함으로써 거래의 신뢰와 안전을 확보하려는 법정 권한으로 이해할 수 있다. 즉, 대표권은 내부통제의 실패 위험을 외부 거래관계로 전가하지 않으면서, 회사가 스스로 대표자를 통하여 형성한 외관과 신뢰에 대한 책임을 지도록 하는 제도적 장치이다.

(2) 대표권의 제한

1) 의의

대표권은 제한할 수 있으나, 그 제한은 회사 내부에서만 효력을 가질 뿐 선의의 제3자에게는 대항할 수 없다(상 389조 · 209조). 대표권의 제한을 위반하여 이루어진 대표행위는 전단적 대표행위라 하며, 그 효력은 당사자관계, 행위의 유형, 그리고 거래안전이 요청되는 정도에 따라 달리 평가된다. 이때 원칙적으로 선의의 제3자는 대표이사와 직접 거래한 상대방을 의미하며, 상대방의 악의에 대한 입증책임은 회사에게 있다(판례).

2) 소송 관련

이사와 회사 간의 소송에서는 대표이사가 회사를 대표할 수 없고, 감사 또는 감사위원회가 회사를 대표한다(상 394조 · 415조의2). 이는 대표이사가 이사로서 동일한 기관 구성원에 속하거나 밀접한 이해관계를 가질 수 있다는 점에서, 이사의 이익을 편향적으로 고려할 위험을 차단하고 소송을 공정하게 수행하기 위한 제도적 장치이다. 다만 이미 퇴임한 이사를 상대로, 재직 중의 사유를 근거로 제기하는 소송과 같이 실질적인 이해상충의 가능성이 없는 경우에는, 예외적으로 대표이사가 회사를 대표할 수 있다고 본다(판례).

대표이사가 이러한 대표권 제한을 무시하고 소송을 수행한 경우, 그 소송행위는 전단적 대표행위로서 원칙적으로 무효이다. 나아가 소송행위는 거래행위와 달리 실체적 진실의 규명이 핵심이므로, 거래안전을 이유로 그 효력을 유효로 치유할 여지도 없다.

3) 주주총회 결의 관련

대표권 행사가 가능하더라도, 그 이전에 주주총회 결의가 요구되는 경우가 있다. 이는 대표권의 범위를 제한하는 것이 아니라, 대표권 행사를 위하여 사전에 충족되어야 할 절차적 전제요건을 부과하는 경우라는 점에서 의미를 가진다. 따라서 이는 엄밀한 의미의 대표권 제한은 아니나, 대표권 행사를 사전에 통제한다는 점에서 실질적으로는 대표권이 제한되는 효과를 가지므로, 대표권 제한의 문제로 접근하는 것이 일반적이다. 이 점은 아래에서 살펴볼 이사회 결의의 경우에도 마찬가지로 이해할 수 있다.

주주총회 결의의 요구는 법률에 의해 직접 요구되는 경우와, 정관 등 회사의 내부규정에 따라 요구되는 경우로 구분하여 판단하여야 한다.

영업양도(상 374조)와 같이 상법에서 명시적으로 주주총회 결의를 요구하는 경우, 해당 결의 없이 이루어진 전단적 대표행위는 원칙적으로 무효이다. 이는 이러한 결의가 단순한 내부적 통제장치에 그치지 않고, 주주의 의사결정권을 보장하기 위하여 대외적 효력을 가지는 법정 요건으로 기능하기 때문이다. 다만 판례는 예외를 인정하여, 회사가 주주총회 결의가 있었던 것과 같은 외관을 형성하였거나 이를 용인한 경우에는, 이를 신뢰하여 거래한 제3자에 대하여 그 무효를 주장할 수 없다고 본다.

이를 예로 들어 설명할 수 있다. 회사의 전체 매출 중 80%를 차지하는 주력 사업부를 제3자에게 양도하는 계약은 사실상 회사의 근간을 변경하는 행위에 해당한다. 이 경우 대표이사와 이사회만의 결의로 거래가 이루어진다면, 투자자 입장에서는 자신이 투자한 회사가 전혀 다른 성격의 회사로 변동되는 결과를 초래할 수 있다. 이에 상법은 영업양도에 대하여 주주총회의 승인을 요구하고, 이를 결여한 경우에는 거래의 효력 자체가 문제될 수 있도록 강한 통제장치를 두고 있다.

한편 정관 등 내부규정에서 대표권 행사에 앞서 주주총회 결의를 요구하는 경우도 있다. 그러나 이는 법률상 요구되는 결의가 아니라 회사 내부의 자율적 규율에 불과하므로, 이를 위반한 전단적 대표행위는 선의의 제3자에게 대항할 수 없다. 그렇다면 법률이 요구한 결의와 정관이 요구한 결의는 왜 대외적 효력에서 다르게 취급될까? 전자는 주주와 채권자 보호를 목적으로 한 법정 통제장치인 반면, 후자는 회사가 스스로 설정한 내부 통제장치에 불과하기 때문이다.

예컨대 정관에서 부동산 처분에 대하여 주주총회의 승인을 요하도록 정하고 있더라도, 대표이사가 이를 거치지 않고 매매계약을 체결한 경우 외부의 선의의 매수인은 그러한 내부 규정을 알기 어렵다. 만약 이 경우까지 계약의 효력을 부인할 수 있다면, 거래 상대방은 매번 정관까지 확인하여야 하고, 상법상 대표이사 제도는 사실상 기능을 상실하게 된다. 이러한 이유로 법률이 요구한 주주총회 결의와 회사가 자율적으로 요구한 주주총회 결의는 대외효력에서 구별된다.

4) 이사회 결의 관련

대표이사의 대표권 행사가 이사회 결의를 요하는 경우, 그 결의를 결여한 전단적 대표행위의 효력은 해당 결의 요건이 내부적 제한인지, 또는 법률에 의한 외부적 제한인지에 따라 달리 평가된다.

먼저 이사회 결의 요구가 정관 등 내부규정에 근거한 것에 불과한 경우에는, 이는 내부적 통제장치에 해당하므로 전단적 대표행위는 회사 내부적으로는 문제될 수 있으나, 회사는 그 무효를 선의의 제3자에게 주장할 수 없다. 내부 규율의 흠결을 외부의 거래 상대방에게 전가할 수 없다는 거래안전의 원칙이 우선되기 때문이다.

반면 이사회 결의가 상법에 의해 요구되는 경우에는, 그 효력이 행위의 유형에 따라 달라진다. 외부 유통과 제3자의 신뢰 보호가 본질적인 사채발행(상 469조)이나, 이해관계자 사이의 법률효과가 획일적으로 확정되어야 하는 신주발행(상 416조)의 경우에는, 이사회 결의의 흠결이 있더라도 대표행위는 선의 · 악의를 불문하고 유효로 본다. 이에 비해 회사의 내부적인 재산의 처분에 가까워 거래안전이 문제되지 않는 준비금의 자본금 전입(상 461조) 등은, 이사회 결의를 결여한 전단적 대표행위라면 무효로 평가된다.

이를 구체적으로 보면, 대표이사가 이사회 결의 없이 준비금을 자본금으로 전입하여 등기를 한 경우, 이는 회사의 내부 재무구조를 변경하는 행위에 해당하므로 제3자의 신뢰 보호보다는 회사 내부의 의사결정 절차를 엄격히 준수할 필요성이 더 크다. 반면 사채나 신주는 다수의 투자자에게 광범위하게 유통되는 유가증권이므로, 이사회 결의의 흠결을 이유로 언제든지 무효를 주장할 수 있게 된다면 시장에서의 신뢰는 심각하게 훼손될 수 있다. 이러한 차이가 전단적 대표행위의 효력에 관한 유형별로 차등화된 취급으로 나타난다.

다만 중요자산의 처분(상 393조)과 같이 회사이익의 보호와 거래안정 간의 조정이 동시에 요구되는 경우에는, 대표행위는 원칙적으로 무효로 보되, 상대방이 선의인 경우에는 회사가 그 무효를 주장하지 못한다고 하는 절충적인 결론이 도출된다.

(3) 대표권의 남용

대표권은 본래 회사의 이익을 위하여 행사되어야 한다. 그러나 대표이사가 자신의 채무를 변제하기 위하여 회사 명의로 어음을 발행하는 경우와 같이, 대표권을 회사의 이익이 아니라 자기 자신 또는 제3자의 이익을 위하여 행사하는 경우가 있는데, 이를 대표권의 남용이라 한다(판례).

대표이사의 행위가 객관적·외형적으로 대표권의 범위 내에 속하는 경우에는, 원칙적으로 그 유효 여부는 대표이사의 주관적 의도와 무관하게 판단된다. 이는 외부의 거래상대방이 대표이사의 내심을 일일이 확인할 수 없다는 점을 고려하여, 객관적·외관적 기준에 따라 거래안전을 우선적으로 보호하려는 상법의 기본 이념에 기초한 것이다.

다만 판례는 예외적으로, 대표행위의 상대방이 대표이사의 사적 목적을 알았거나, 과실로 이를 알지 못한 경우에는 해당 대표행위를 무효로 본다. 이는 민법 제107조를 유추적용한 결과이다.

이를 예로 들어 설명할 수 있다. 대표이사가 개인적으로 부담한 채무를 변제하기 위하여 채권자에게 회사 명의의 약속어음을 발행한 경우를 생각해 보자. 외형상으로는 회사가 채무를 부담하는 어음행위이지만, 실질적으로는 회사의 이익과 무관하게 대표이사 개인의 채무를 정리하기 위한 행위에 해당한다. 이때 채권자가 대표이사의 사적 목적을 알았거나 알 수 있었던 사정이 있다면, 이는 대표권의 남용에 해당하여 회사는 어음금에 대한 지급책임을 부담하지 않는다.

5. 공동대표이사

(1) 의의

대표이사는 원칙적으로 단독으로 회사를 대표할 수 있다(각자대표의 원칙). 그러나 회사는 대표이사를 선임하면서, 수인의 대표이사에게 공동으로만 대표행위를 하도록 정할 수 있는데, 이를 공동대표이사 제도라 한다(상 389조). 이는 대표권의 범위를 축소하는 제한이라기보다, 대표권의 행사방식을 조정·통제하기 위한 장치로 이해된다. 정책적으로는 대표권 남용을 방지하려는 목적이 강하다.

대표이사가 여러 명 존재한다고 하여 곧바로 공동대표가 되는 것은 아니다.

따라서 공동대표를 두고자 하는 회사는, 대표이사 선임 결의와 함께 해당 대표이사들이 공동으로 대표권을 행사한다는 점을 명시적으로 결의하여야 한다.

(2) 적용범위

공동대표의 적용 범위는 회사가 외부에 대하여 의사표시를 하는 능동대표에 한정된다. 즉, 회사 명의로 외부에 의사를 표시하는 경우, 예컨대 계약 체결의 의사표시는 공동으로 이루어져야 한다.

반면 거래 상대방으로부터 의사표시를 수령하는 수동대표에는 공동대표가 적용되지 않는다. 이 경우 거래 상대방은 공동대표이사 중 어느 한 사람에게만 의사표시를 하면 충분하다(상 389조·208조). 의사표시의 수령은 대표권 남용의 우려가 상대적으로 크지 않다는 점이 이러한 구별의 근거가 된다.

(3) 대표권의 위임

그렇다면 공동대표이사 중 1인이 다른 공동대표이사에게 대표권을 위임할 수 있을까? 판례는 포괄적인 대표권 위임은 허용되지 않는다고 본다. 이는 포괄적 위임이 허용될 경우, 공동대표제의 취지가 무력화되고 사실상 단독대표제를 회복하는 결과가 되기 때문이다.

다만 개별 사안별로 거래를 특정하여 대표권을 위임하는 것은 허용된다. 이러한 구별은 공동대표제의 안정성을 유지하면서도, 개별 거래에서는 실무상 효율성을 확보하려는 균형적 접근으로 이해할 수 있다.

(4) 단독대표행위

공동대표이사가 단독으로 대표행위를 한 경우, 원칙적으로 그 행위는 무효이다. 이는 상대방의 선의·악의를 불문한다. 공동대표제는 대표권 행사를 사전에 통제하기 위한 제도이므로, 그 통제 장치를 잠탈한 행위에 대하여 거래안전을 이유로 효력을 인정할 수 없기 때문이다. 다만 이러한 단독대표행위는 무권대리에 준하는 행위로서 사후적으로 추인될 수 있으며(민 130조), 다른 공동대표이사 전원이 이를 추인한 경우에는 비로소 그 하자가 치유되어 유효로 된다(판례).

문제는 공동대표이사의 단독대표행위에 대하여 선의의 제3자를 어디까지 보호할 것인가이다. 판례는 상업등기제도와 실제 거래관행을 조화시키기 위하여 다음과 같은 기준을 제시하고 있다. 먼저 공동대표 사항이 등기되어 있지 않은 경우에는, 회사는 단독대표행위를 이유로 선의의 제3자에게 그 무효를 주장할 수 없다(상 37조). 이에 비하여 공동대표 사항이 등기되어 있는 경우에는, 원칙적으로 제3자는 이를 확인하여야 하므로 회사는 선의의 제3자에게도 대항할 수 있다고 해석된다(상 37조의 반대해석). 그러나 판례는 거래의 신속성과 반복성을 고려할 때, 매 거래마다 등기부 확인을 요구하는 것은 과도하다고 보고, 이러한 경우에도 표현대표이사에 관한 법리(상 395조)를 유추적용하여 선의의 제3자를 보호한다.

이를 예로 들어 설명할 수 있다. 공동대표 사항이 등기부에 기재되어 있음에도 불구하고, 거래 상대방이 통상적인 거래관계 속에서 대표이사 A와만 수차례 계약을 체결해 온 경우를 생각해 보자. 이와 같이 회사가 대표이사 A에게 사실상 단독대표와 동일한 외관을 부여해 온 사정이 있다면, 판례는 그 외관을 신뢰한 선의의 거래상대방을 보호하기 위하여 표현대표이사 법리를 유추적용한다.

6. 표현대표이사

(1) 의의와 적용범위

회사가 대표권이 없는 자에게도 대표권이 있는 것처럼 보이는 외관을 부여한 경우, 그 외관을 신뢰한 선의의 제3자에 대하여 회사는 책임을 진다(상 395조). 예컨대 대표권이 없음에도 불구하고 사장 · 부사장 · 전무 · 상무 등 통상적으로 대표권이 있는 것으로 인식되는 직함을 사용한 이사가 이에 해당한다. 이러한 법리를 표현대표이사 제도라 하며, 거래 상대방이 외관을 신뢰하여 법률행위를 한 경우 그 신뢰를 보호하려는 외관법리의 구체적 발현이라는 점에서 의의를 가진다.

다만 표현대표이사 제도는 거래안전 보호를 목적으로 하는 제도이므로 그 적용 범위에는 한계가 있다. 즉, 불법행위에는 적용되지 않는데, 이는 불법행위가 외관에 대한 신뢰를 전제로 성립하는 것은 아니기 때문이다. 또한 소송행위에도 적용되지 않는다. 소송에서는 거래의 신속성과 안전보다는 실체적 진실의 발견과 절차적 공정성이 우선되기 때문이다.

(2) 요건

표현대표이사가 인정되기 위해서는 다음의 세 가지 요건이 충족되어야 한다.

첫째, 대표권 외관의 존재가 필요하다. 여기서 외관이란 단순한 직함의 존재만을 의미하는 것이 아니라, 통상적으로 대표권이 있는 것으로 인식되는 명칭이어야 하고, 그 명칭이 사용된 행위 역시 대표이사의 권한 범위에 속하는 것이어야 한다. 예컨대 "경리담당이사"와 같이 통상적으로 대외적 계약체결 권한을 수반하지 않는 업무의 성격상 대표권과 일반적으로 연결되지 않는 직함은, 그 자체로는 대표권 외관이 인정되기 어렵다는 것이 판례의 입장이다. 반면, 대외적 거래를 주도하는 "영업담당이사", "해외사업본부장" 등과 같이 영업상 계약 체결과 밀접하게 연관된 직함은, 회사의 규모와 거래 관행에 따라 대표권 외관이 인정될 여지가 있다. 결국 표현대표이사 해당 여부는 직함의 명칭뿐 아니라 실제 직무 내용과 관행적 인식을 종합하여 판단하여야 한다는 점이 중요하다.

둘째, 그 외관 형성에 관하여 회사의 귀책사유가 있어야 한다. 즉, 회사가 해당 직함의 사용을 명시적으로 승인하였거나, 이를 묵인·용인한 경우에는 외관책임이 인정된다. 반대로 행위자가 회사의 관여 없이 임의로 직함을 사용하였고, 회사가 이를 과실 없이 인지하지 못한 경우에는 책임이 부정된다(판례). 다만 회사가 직함 사용의 사실을 알지 못한 데 중대한 과실이 있는 경우에는, 외관 형성에 대한 귀책성이 인정되어 표현대표이사 책임이 성립할 수 있다.

셋째, 거래 상대방은 그 외관을 신뢰한 선의의 제3자이어야 하며, 선의에 더하여 중과실이 없어야 한다. 판례는 특히 대규모 회사의 경우 전무·상무 등 임원이 통상적으로 대표권을 가지지 않는다는 점을 전제로, 상대방이 아무런 확인 없이 이를 신뢰하였다면 중과실이 인정될 수 있다고 본다. 이는 표현대표이사 제도의 보호 범위를 무제한적으로 확장할 경우, 회사 내부의 권한질서와 지배구조가 침해될 수 있다는 점을 고려한 판단이다.

(3) 효과

요건이 충족되면 표현대표행위는 실제 대표권의 행사와 동일한 효과를 가진다. 즉, 표현대표이사가 체결한 계약으로부터 발생하는 권리·의무는 당연히 회사에 귀속되며, 회사는 이를 부인할 수 없다. 이 제도의 핵심은 회사 내부의 권한질서가 적법하게 준수되었는지 여부가 아니라, 회사가 스스로 형성한 대표권 외관을 신뢰한 제3자를 보호할 필요가 있는지에 따라 회사가 책임 주체로 귀속된다는 데 있다. 다시 말해, 표현대표이사 책임은 내부관계가 아니라 외부거래관계의 신뢰 보호를 중심으로 작동하는 제도이다.

(4) 표현대표이사의 유추적용

표현대표이사 법리는 그 문언에 한정되지 않고, 판례에 의해 유추적용되는 영역이 인정되고 있다. 이는 이 제도의 목적이 형식적인 대표권의 존부보다, 회사가 형성한 외관을 신뢰한 거래 상대방의 보호에 있기 때문이다. 유추적용이 문제되는 대표적인 경우는 다음과 같다.

먼저, 대표이사의 선임이 무효이거나 취소된 경우를 들 수 있다. 원칙적으로 이러한 경우 그 대표이사가 행한 대표행위는 무효이다. 그러나 거래안전의 관점에서 판례는 선의의 제3자를 보호하기 위하여 표현대표이사 법리를 유추적용한다. 예컨대 주주총회 결의의 하자를 이유로 대표이사 선임이 사후적으로 무효로 확정되었더라도, 그 대표이사가 재직기간 동안 일관되게 대표이사 명함을 사용하며 은행이나 거래처와 계약을 체결해 왔다면, 그 대표행위에 대하여 회사의 책임을 인정한다는 것이다.

다음으로, 공동대표이사가 단독으로 대표행위를 한 경우에도 표현대표이사 법리가 유추적용된다. 이 점에 대해서는 앞서 살펴본 바와 같다. 나아가 표현대표이사가 자신의 명의가 아니라 대표이사의 명의를 사용하여 대표행위를 한 경우에도 유추적용이 인정된다. 이 경우 표현대표이사의 명칭에는 대표권을 대행할 수 있는 권한까지 포함되어 있는 것으로 오인될 수 있으므로, 거래안전 보호의 관점에서 회사의 책임을 인정하는 것이 타당하다고 본다.

이와 같은 유추적용은 모두 선의의 거래상대방 보호가 회사 내부의 권한질서나 절차준수보다 우선되는 경우에 한하여 이루어진다. 판례는 이를 통해, 회사 내부의 권한 배분이나 절차 위반을 우선적으로 고려하기 보다는, 거래의 반복성·신속성·예측가능성을 중시하는 방향으로 표현대표이사 제도를 해석·운용하고 있다.

7. 대표이사의 불법행위책임

대표이사가 업무집행과 관련하여 타인에게 손해를 가한 경우, 회사는 대표이사와 연대하여 그 손해를 배상할 책임을 부담한다(상 389조·210조). 이는 대표이사의 행위가 회사의 기관으로서 이루어지는 기관행위에 해당하므로, 그 행위의 법적 효과가 회사에 직접 귀속된다고 보기 때문이다.

예컨대 대표이사가 영업활동의 일환으로 거래처를 방문하여 계약 체결을 강요하는 과정에서 부당한 강압이나 위법한 수단이 사용된 경우, 그 행위는 계약 체결이라는 회사 업무와 밀접한 관련성을 가진다. 이 경우 불법행위는 대표이사 개인의 행위이면서 동시에 회사의 기관행위로 평가되므로, 회사 역시 대표이사와 함께 손해배상책임을 부담하게 된다.

다만 대표이사의 행위가 업무집행과 무관하거나, 그 범위를 명백히 일탈한 경우에는 회사는 책임을 부담하지 않는다. 이 경우에는 대표이사 개인만이 민법상 불법행위책임을 부담하게 된다(민 750조).

Ⅳ. 이사의 의무

이사는 회사의 업무를 집행하는 핵심 기관으로서, 회사의 이익을 위하여 적정한 절차와 기준에 따라 직무를 수행하여야 한다. 상법은 이를 위해 이사에게 선관의무와 충실의무라는 기본 의무를 부과하고(상 382조·382조의3), 개별 영역에서 보고의무, 비밀유지의무, 감시의무, 내부통제 관련 의무 등으로 이를 구체화하고 있다. 또한 경업·겸직금지, 회사기회유용 금지, 자기거래 제한과 같은 이해상충 방지 규율을 통하여, 이사가 회사의 자원과 기회를 사익을 위하여 이용하는 것을 예방한다. 이하에서는 먼저 선관의무와 충실의무 및 그 관계를 정리한 다음, 경영판단의 원칙과 각 개별 의무의 내용 및 효과를 순차적으로 살펴본다.

1. 선관의무와 충실의무

(1) 의의

상법은 이사에게 선관의무와 충실의무라는 일반적·추상적 의무를 부과한다(상 382조·382조의3). 이는 이사의 직무수행 전반을 관통하는 기본 원칙으로서, 이후 규정되는 비밀유지의무(상 382조의4), 경업 및 겸직금지의무(상 397조), 자기거래 제한(상 398조) 등은 이러한 기본 의무가 개별 영역에서 구체화된 모습으로 이해할 수 있다.

그렇다면 이 의무의 상대방은 누구인가? 이 문제는 2025년 개정 상법을 기준으로 구분하여 살펴볼 필요가 있다. 개정 상법은 공포 즉시 시행되고 있다.

개정 상법 이전에는, 관련 규정의 문언과 체계를 근거로 이사의 의무 상대방은 회사에 한정된다는 것이 판례의 확립된 입장이었다. 먼저, 이사는 회사를 위하여 선량한 관리자의 주의로 직무를 수행해야 한다(상 382조, 민 681조). 예컨대 이사는 업무집행에 앞서 이용 가능한 범위에서 필요한 정보를 수집·검토하고 합리적인 절차에 따라 의사결정을 하여야 하며, 다른 이사의 업무집행에 대해서도 감시의무를 부담한다. 이와 같은 선관주의의무를 위반한 경우 이사는 회사에 대하여 손해배상책임을 부담한다.

다음으로, 이사는 법령과 정관에 따라 자신의 직무를 회사의 이익을 위하여 수행하여야 한다(상 382조의3). 이 규정은 이사의 직무수행이 단순히 형식적 적법성에 그쳐서는 안 되고, 그 방향과 목적이 회사의 이익을 향하여야 함을 명확히 한 것이다. 이로써 상법은 이사의 직무수행에 있어 누구의 이익을 기준으로 판단할 것인가라는 문제를 정면으로 제기한다. 그렇다면 회사의 이익과 이사 개인의 이익이 충돌하는 경우, 이사는 어떠한 기준에 따라 행동해야 하는가? 충실의무는 바로 이 질문에 대한 규범적 해답이다. 이사는 사적 이익이나 제3자의 이익을 우선하여서는 안 되며, 이를 위반한 경우 역시 회사에 대한 손해배상책임을 부담한다.

예컨대, 이사가 회사의 납품업체를 선정하면서 가격이나 품질 면에서 객관적으로 불리한 조건임을 알면서도, 자신이 지분을 보유한 회사와 거래를 체결한 경우를 생각해 볼 수 있다. 이 경우 이사는 형식적으로는 회사에 필요한 계약을 체결하였다고 주장할 수 있으나, 실질적으로는 회사의 이익보다 자신의 경제적 이해관계를 우선시한 것이므로 충실의무 위반에 해당할 수 있다.

그런데 2025년 상법 개정을 통해 충실의무의 상대방이 확대되었다. 현행 상법 제382조의3은, 이사가 충실의무를 부담하는 상대방을 회사에 한정하지 않고 "주주"를 포함하도록 규정하고, 이사는 직무 수행에 있어 총주주의 이익을 보호하며 전체 주주의 이익을 공평하게 대우하여야 한다고 명시한다. 이는 회사의 이익과 주주의 이익이 반드시 일치하지 않는 경우, 나아가 지배주주와 일반주주 사이에 이해충돌이 발생하는 경우에 특히 중요한 의미를 가진다.

종래 계열회사 간 합병이나 적대적 M&A 국면에서, 지배주주의 경영권 강화 또는 방어를 위한 의사결정이 회사의 이익을 위한다는 명분 아래 이루어지면서, 그 결과 일반주주가 손해를 입는 경우가 적지 않다는 비판이 제기되어 왔다. 개정 상법 제382조의3은 이러한 문제의식을 제도적으로 반영한 것으로 이해할 수 있다.

다만 이하에서는 서술의 편의를 위하여, 충실의무의 상대방을 특별히 구분할 필요가 없는 한 회사라는 표현으로 통칭하기로 한다.

(2) 선관의무와 충실의무의 관계

선관의무와 충실의무가 서로 동일한 법적 성격을 가지는지, 아니면 구별되는 의무인지에 관하여는 학설상 논쟁이 존재한다. 동질설(다수설)은 충실의무를 선관의무의 특수한 강조 규정으로 이해한다. 즉, 이사가 "회사 이익을 위하여 선량한 관리자의 주의로 직무를 수행하여야 한다"는 하나의 규범 아래에 두 의무가 포괄된다는 관점이다. 반면 이질설은 두 의무가 요구하는 행위의 성질 자체가 다르다고 본다. 선관의무가 이사의 판단과 관리가 합리적인 수준에 도달했는지를 평가하는 의무라면, 충실의무는 이해상충 상황에서 사익 추구를 금지하기 위한 이익충돌 통제 규범이라는 것이다. 즉, 선관의무는 판단의 방법과 과정을, 충실의무는 판단의 동기와 방향을 규율하는 의무로 파악된다.

이러한 논쟁은 단순한 개념 구분에 그치지 않는다. 적극적인 직무판단 과정에서 발생한 실수나 판단 착오와, 고의적으로 개인에게 유리한 방향으로 회사를 이용한 행위에 대한 책임을 동일한 기준으로 평가할 수 있는가? 이 질문은 곧 선관주의의 기준과 충실의무의 기준이 동일한지 여부, 나아가 손해배상책임이 어떠한 법정책적 의미를 가져야 하는지와 직결된다.

예컨대 충분한 정보수집 없이 성급하게 투자를 결정하여 손해가 발생한 경우에는, 이사가 요구되는 주의 수준을 다하였는지가 핵심 쟁점이 되므로 선관의무 위반 여부가 문제된다. 반면 이사가 경쟁회사와 공모하여 회사의 거래처를 이전시키거나, 자신의 이해관계를 위하여 회사 자산을 이용한 경우에는, 이사가 회사가 아닌 누구의 이익을 위하여 행동하였는지가 중심 쟁점이 되며, 이는 전형적인 충실의무 위반의 문제로 평가된다.

결국 선관의무와 충실의무를 어떻게 구분하거나 결합하여 이해할 것인가는, 이사 책임의 성격과 범위를 어떠한 기준에 따라 설정할 것인지라는 규범적 선택의 문제에 직접적인 영향을 미친다.

(3) 경영판단의 원칙

1) 의의

선관주의의무는 그 성질상 추상적이다. 따라서 이사가 의사결정을 한 후 불리한 결과가 발생하였다는 사정만으로 곧바로 과실을 인정할 수 있는지가 문제된다. 바로 이 지점에서 경영판단의 원칙(business judgement rule)이 등장한다. 이 원칙은 다음과 같은 문제의식에서 출발한다.

"회사는 본질적으로 위험을 수반하는 경제활동을 수행한다. 그렇다면 이사가 사후적으로 불리한 결과가 발생할 가능성을 두려워하여 의사결정을 회피한다면, 과연 회사와 주주의 이익은 보호될 수 있는가?"

경영판단의 원칙은 이사의 책임 판단에서 결과가 아니라 의사결정의 과정에 주목한다. 즉, 사후적 성패가 아니라 사전적 관점에서 합리적인 판단 절차가 이루어졌는지를 기준으로 책임 여부를 판단하도록 하는 법리이다. 판례는 이 원칙을 과실책임을 중과실책임으로 완화하는 제도로 이해하지 않고, 책임 판단의 기준을 결과 중심에서 절차 중심으로 전환하는 원칙으로 파악한다.

2) 내용

판례는 경영판단의 원칙이 적용되기 위한 요건을 다음과 같이 제시한다. 즉, ① 의사결정에 앞서 이용 가능한 범위 내에서 충분한 정보의 수집과 검토가 이루어졌는지, ② 그 정보에 기초하여 회사의 최대 이익을 위하여 합리적인 판단을 하였다고 믿을 만한 사정이 있는지, ③ 그 판단 내용이 현저히 불합리하지 않은 것으로서, ④ 통상의 이사를 기준으로 할 때 합리적으로 선택할 수 있는 범위 안에 있는 것인지이다. 결국 핵심은 해당 결정이 사후적으로 옳았는지가 아니라, 당시의 정보와 절차를 기준으로 합리적인 판단이었는지에 있다.

예컨대 이사회가 신규 사업 진출을 결정하면서 외부 재무자문, 시장조사, 법률검토를 거쳐 수차례 논의를 진행한 후 투자를 집행하였으나, 이후 예상하지 못한 경기침체로 손실이 발생한 경우를 생각해 보자. 이 경우 결과적으로 손해가 발생하였다는 사정만으로 곧바로 이사의 과실을 인정하기는 어렵고, 당시의 정보 수집과 의사결정 절차가 합리적이었는지가 쟁점이 된다.

반면, 계열사의 요청만을 신뢰하여 실질적인 사업성 검토 없이 거액의 자금을 지원하였다가 회수가 불가능해진 경우라면, 형식적으로는 경영상 판단처럼 보이더라도 절차적 정당성이 결여된 것으로 평가되어 경영판단의 원칙 적용이 부정될 수 있다.

또한 판례는 이사의 의사결정이 원칙적으로 충분한 정보에 기초하여 합리적으로 이루어진 것으로 추정된다고 본다. 따라서 이사의 책임을 주장하는 자가 이러한 추정을 번복하여야 할 입증책임을 부담한다.

3) 예외

판례에 따르면 경영판단의 원칙은 다음과 같은 경우에는 적용되지 않는다.

첫째, 법령 위반행위는 경영판단의 범주에 포함되지 않는다. 예컨대 재무제표를 고의로 조작하는 분식회계나 경쟁회사와의 담합행위는, 아무리 회사를 위한 전략적 선택이라고 주장하더라도 애초에 선택 가능한 합법적 대안이 아니므로 경영판단의 보호영역 밖에 있다.

둘째, 이사가 주주총회 또는 이사회 결의에 따랐다는 사정만으로는 책임이 면제되지 않는다. 이는 이사의 독립적인 판단의무가 단순한 결의 추종보다 우선하기 때문이다.

결국 경영판단의 원칙은 이사의 의무체계와 함께 회사법의 핵심적 목적, 즉 주주이익과 회사가치의 장기적 보호라는 정책적 목표와 긴밀하게 연결된다. 과도한 책임 추궁은 이사의 경영활동을 위축시키는 반면, 책임 없는 재량의 확대는 회사자산의 사적 유용을 초래할 위험이 있다. 경영판단의 원칙은 이러한 긴장 관계 속에서, 이사의 독립적·전문적 의사결정권 보장과 주의·충실의무에 대한 통제를 조화시키는 기준으로 기능한다.

2. 보고의무

이사는 회사의 경영 및 운영에 관한 정보를 적시에 이사회와 감사기관에 제공할 의무를 부담한다. 보고의무는 단순한 형식적 통지에 그치는 것이 아니라, 이사회와 감사기관이 업무집행을 실질적으로 감독하고 필요한 통제·시정조치를 취할 수 있도록 정보를 제공하는 의무로 이해된다. 이러한 보고의무는 선관주의의무가 정보 영역에서 구체화된 모습이며, 이를 위반한 경우 이사는 손해배상책임을 부담할 수 있다.

상법은 이사에게 다음과 같은 보고의무를 부과하고 있다. 먼저, 이사는 3개월에 1회 이상 자신의 업무집행 상황을 이사회에 보고하여야 한다(상 393조). 이는 이사가 개별적으로 업무를 집행하더라도, 그 판단과 집행이 이사회의 지속적인 감시와 통제 아래 놓여 있음을 제도적으로 명확히 한 것이다. 다음으로, 감사 또는 감사위원회가 영업에 관한 보고를 요구한 경우, 이사는 이에 응하여야 한다(상 412조 · 415조의2). 나아가 이사는 회사에 현저한 손해가 발생할 우려가 있는 사실을 인지한 경우에는, 지체 없이 감사 또는 감사위원회에 보고하여야 한다(상 412조의2 · 415조의2).

예컨대 특정 사업부에서 대규모 손실이 이미 발생하고 있음에도, 담당 이사가 "곧 회복될 것"이라는 주관적 판단에 따라 이를 이사회와 감사기관에 알리지 않은 채 추가 투자를 계속 집행한 결과 손실 규모가 급격히 확대된 경우를 생각해 볼 수 있다. 이 경우 문제되는 것은 개별 투자결정의 적정성 여부에만 그치지 않는다. 위험 정보를 적시에 공유하지 않아 이사회와 감사기관이 필요한 통제조치를 취할 기회를 상실하였다는 점에서, 이는 곧 보고의무 위반의 문제로 연결된다.

3. 기업비밀유지의무

오늘날 기업의 핵심 경쟁력은 유형자산뿐 아니라 전략, 기술, 고객정보 등 다양한 무형자산에 의해 좌우된다. 이사는 직무 수행 과정에서 이러한 정보에 광범위하게 접근하게 되므로, 그 보호 여부는 곧 회사의 이익과 직결된다. 이러한 점을 고려하여 상법은 이사의 기업비밀유지의무가 재임 중에 한정되지 않고, 퇴임 이후에도 계속됨을 명시하고 있다(상 382조의4).

기업비밀유지의무는 단순한 윤리적 요청에 그치지 않는다. 이는 회사의 영업상 이익을 보호하고, 공정한 경쟁질서를 유지하기 위한 제도적 방어장치로 기능한다. 따라서 이를 위반한 경우에는 선관주의의무 위반으로서 이사는 회사에 대한 손해배상책임을 부담하게 된다.

예컨대 이사가 퇴임한 후 경쟁회사로 이직하면서, 재직 중 관리하던 주요 고객명단이나 가격정책 자료를 그대로 반출하여 경쟁회사의 영업활동에 활용한 경우를 생각해 볼 수 있다. 이는 단순한 인적 이동의 문제를 넘어, 회사의 영업비밀을 침해하는 행위로 평가될 수 있으며, 기업비밀유지의무 위반에 해당할 수 있다.

4. 감시의무

(1) 의의

이사는 자신의 업무만 수행하면 되는가, 아니면 다른 이사의 업무집행까지 감시해야 하는가? 판례는 후자를 택한다. 즉, 이사는 다른 이사의 업무집행에 대하여도 감시의무를 부담한다. 이는 이사회가 가지는 감독기능(상 393조)을 실질화하기 위한 장치로서, 선관주의의무가 회사 내부에서 수평적으로 작동하는 모습이라고 설명할 수 있다. 감시의무는 단순히 사후적으로 문제를 지적하는 소극적 의무가 아니라, 위험 신호를 인지하고 대응을 요구하는 적극적 감독책임이다.

(2) 감시의무의 적용범위

감시의무는 이사의 직위나 근무형태에 따라 일률적으로 축소되는 것은 아니다. 대표이사는 회사 전체 업무를 총괄하는 지위에 있으므로, 다른 모든 이사의 업무집행을 감시할 의무를 부담한다. 업무집행 사내이사의 경우에도 업무분장은 집행범위를 정하는 데 그칠 뿐, 감시범위를 제한하는 사유가 되지 않는다(판례). 또한 사외이사나 비상근이사는 직접 업무를 집행하지 않더라도, 이사로서 감시의무 자체는 동일하게 적용된다는 것이 판례의 입장이다.

법이 감시의무를 모든 이사에게 원칙적으로 동일하게 부과하는 이유는 명확하다. 특정 이사에게만 감시책임을 집중시킬 경우, 다른 이사들이 감시의무를 소극적으로 인식하게 되어 내부 통제가 분산 · 약화될 우려가 있고, 그 결과 회사 내부의 통제체계가 실질적으로 작동하지 않기 때문이다.

다만 판례는, 감시의무의 존재 자체는 동일하더라도 요구되는 주의의 정도는 이사의 역할과 전문성에 따라 달라질 수 있음을 인정한다. 예컨대 업무집행이사는 사외이사에 비하여 더 높은 수준의 주의를 요구받는다. 예를 들어 재무

담당이사가 반복적으로 결산기한을 어기고 내부감사에서 지속적인 지적을 받고 있음에도, 이사회가 추가 설명을 요구하거나 개선계획의 이행 여부를 점검하지 않은 채 이를 수년간 방치한 경우를 생각해 보자. 이후 대규모 분식회계가 드러난다면, 이는 위험을 인지하고도 사실상 방치한 것으로 평가되어 감시의무 위반이 문제될 수 있다.

반대로 다수의 임직원이 장기간 공모하여 정교하게 서류를 조작하고, 외부 전문가까지 속일 정도의 고도의 은폐행위가 이루어진 경우라면, 동일한 손해가 발생하였더라도 이사에게 요구되는 주의의 정도와 책임의 범위는 달리 평가될 수 있다.

(3) 내부통제시스템

기업 규모의 확대와 의사결정 구조의 복잡화에 따라, 감시의무는 단순한 보고 청취나 개별 위법행위의 발견·대응에 그치지 않고, 내부통제시스템을 구축하고 이를 체계적으로 유지·운영할 의무로까지 확장되고 있다. 판례는 특히 대규모 회사의 경우 내부통제체계의 구축이 감시의무의 필수적 내용에 해당한다고 본다.

아울러 자산총액 5천억 원 이상인 상장회사는 준법통제기준과 준법지원인 제도를 갖추어야 한다(상 542조의13, 상령 39조·40조). 준법지원인은 상근하여야 하고 법적 전문성을 갖추어야 하며, 무엇보다 직무의 독립성이 보장되어야 한다. 만약 준법지원인이 영업업무를 직접 수행하게 되면, 감시의 대상이 동시에 감시자가 되는 자기감시의 문제가 발생하여 제도의 취지가 훼손될 수 있다. 예컨대, 준법지원인이 영업본부장을 겸직하는 등 매출 압박과 준법 감시를 동시에 부담하는 구조에 놓일 경우, 내부통제 기능은 형식화되고 준법리스크는 과소평가되기 쉽다. 이러한 구조적 결함은 사후에 위법행위가 드러났을 때, 단순한 개인의 과실을 넘어 이사회 전체의 감시의무 해태로 귀결될 수 있다.

5. 경업·겸직금지의무

(1) 의의

이사는 회사의 전략과 핵심 의사결정에 관여하는 지위에 있으므로, 그 지위를 이용하여 회사의 이익과 충돌하는 활동을 해서는 안 된다. 이러한 이해충돌의 위험을 사전에 차단하기 위하여 상법은 이사에게 경업금지와 겸직금지의무를 부과하고 있다(상 397조). 이 의무는 단순한 형식적 직업 제한이 아니라, 이사가 자기 또는 제3자의 이익을 위하여 회사의 이익을 희생시키지 않도록 하는 충실의무의 구체적 작동형태라는 점에서 의미를 가진다. 결국 회사를 위하여 봉사하여야 할 이사가, 동시에 회사와 경쟁하는 위치에 설 수 있는가? 이에 대하여 상법은 원칙적 금지, 예외적 승인이라는 입장을 취한다.

(2) 요건

1) 경업 또는 겸직

경업이란 이사가 자기 또는 제3자의 계산으로 회사의 영업부류에 속하는 거래를 하는 경우를 말한다(상 397조). 예컨대 IT 플랫폼 회사를 경영하는 이사가 별도의 법인을 설립하여 동일한 유형의 플랫폼 서비스를 제공하는 스타트업을 운영하는 경우, 이는 경업에 해당할 수 있다. 여기서 중요한 것은 형식적인 명의가 아니라, 실질적인 경제적 효과, 즉 자금의 출연 주체와 손익의 귀속이다. 예컨대 이사가 가족이나 차명 명의의 회사를 내세워 사업을 운영하더라도, 실제로 자금을 출연하고 이익을 귀속받는 주체가 이사라면 경업에 해당할 수 있다. 또한 이사가 직접 상인으로 경업하는 경우뿐 아니라, 다른 상인에 소속된 형태로 경업하는 경우도 포함된다는 것이 판례의 입장이다.

겸직이란 이사가 동종영업을 하는 다른 회사의 무한책임사원 또는 이사로 취임하는 것을 의미한다(상 397조). 이는 단순한 주식 보유나 자문·고문 역할과는 법적으로 구별된다.

2) 이사회의 승인

다만 이사회의 승인이 있는 경우에는 경업 또는 겸직이 허용된다(상 397조). 이때 승인 대상인 이사는 특별이해관계인에 해당하므로, 해당 결의에 참여할 수 없다(상 391조·368조). 한편 소규모회사로서 이사의 수가 1인 또는 2인에 불과한 경우에는 이사회가 존재하지 않으므로, 주주총회가 승인기관이 된다(상 383조).

이사회의 승인은 경업 또는 겸직에 절차적 정당성을 부여하는 데 그치며, 회사에 손해를 입혀도 된다는 의미는 아니다. 따라서 경업 또는 겸직으로 인하여 회사에 손해가 발생한 경우, 손해배상책임이 당연히 면제되는 것은 아니다. 상법은 이사 책임의 면제를 주주 전원의 동의에 의해서만 가능하도록 하는 강행규정을 두고 있기 때문이다(상 400조).

(3) 효과

경업·겸직금지의무를 위반하였다고 하여, 이사와 제3자 사이의 거래 자체가 곧바로 무효가 되는 것은 아니다. 상대방이 선의인지 악의인지 역시 문제되지 않는다. 이는 회사와 이사 사이의 충실의무 위반이, 이사와 제3자 사이의 거래 효력에 직접 영향을 미치게 되면 거래안전이 심각하게 훼손될 수 있기 때문이다.

다만 회사는 이에 대한 내부적·사후적 대응수단을 가진다. 우선 해당 이사는 법령 위반을 이유로 해임 대상이 될 수 있으며, 회사에 손해가 발생한 경우에는 손해배상청구가 가능하다.

나아가 상법은 회사에게 개입권을 인정한다. 즉, 회사는 이사회 결의를 거쳐, 이사가 자기의 계산으로 한 거래라면 이를 회사의 계산으로 한 것으로 볼 수 있고, 제3자의 계산으로 한 거래라면 그로부터 발생한 이익을 회사에 귀속시키도록 청구할 수 있다(상 397조). 예컨대 이사가 자신의 계산으로 유망한 부동산을 매입하였는데, 그 거래가 회사의 사업과 밀접하게 관련된 것으로 평가되는 경우, 회사는 일정 기간 내에 개입권을 행사하여 해당 거래의 경제적 이익을 회사에 귀속시킬 수 있다.

개입권은 형성권에 해당하며, 그 행사기간은 거래가 이루어진 날로부터 1년이다. 다만 이는 거래의 경제적 효과의 귀속을 이사에서 회사로 변경하는 것에 그칠 뿐, 거래 명의 자체를 변경하는 효력까지 가지는 것은 아니다.

6. 회사기회유용 금지의무

(1) 의의

경업금지의무가 회사와의 직접적인 경쟁행위를 규율하는 데 초점을 둔다면, 회사기회유용 금지의무는 보다 미묘한 질문에서 출발한다. 이사가 회사의 정보, 인맥, 네트워크, 전략 등을 활용하여 새로운 사업기회를 발견하였다면, 그 기회는 누구에게 귀속되는가? 이에 대하여 상법은 명확한 입장을 취한다. 즉, 그 사업기회는 회사에 속하며, 이사는 이를 자기 또는 제3자를 위하여 이용할 수 없다(상 397조의2).

회사기회유용은 충실의무 위반의 전형적인 유형으로서, 이사가 회사에 귀속될 경제적 가치를 사적으로 취득하는 행위라는 점에서, 넓게는 회사재산의 경제적 횡령으로 이해할 수 있다.

(2) 요건

1) 사업기회

상법은 회사의 사업기회를 두 가지 유형으로 정의한다(상 397조의2). 첫째, 이사가 직무 수행 과정에서 알게 되었거나 회사의 정보를 이용하여 획득한 기회이다. 이는 회사의 비용과 자원에 의해 형성된 정보·기회라는 점에서, 회사의 영업부류에 속하는지 여부와 무관하게 보호된다. 둘째, 회사의 현재 또는 장래 사업과 밀접하게 연관된 기회이다. 이는 회사의 영업부류에 속하는 사업기회로서, 전형적으로 회사가 스스로 이용할 가능성이 있는 영역이다. 이처럼 회사기회유용은 경업금지와 일정 부분 겹치는 측면이 있다. 그러나 경업금지가 경쟁행위의 존재 자체를 중심으로 판단하는 데 비해, 회사기회유용은 해당 사업기회가 원래 누구에게 귀속되어야 하는지를 기준으로, 그 기회를 이사가 사적으로 이용하였는지를 판단한다는 점에서 구별된다.

사업기회로 인정되기 위해서는, 그 기회가 회사에 귀속될 가능성이 있는 경제적 기회라는 점이 핵심이다. 예컨대 물류회사를 경영하던 이사가 회사 명의로 진행하던 신규 배송플랫폼 사업타당성 조사를 통해 매우 수익성 있는 비즈니스 모델을 발견한 뒤, 이를 회사가 아니라 자신의 개인회사에서 먼저 실행한 경우를 생각해 볼 수 있다. 이 기회는 회사의 기존·장래 사업과 밀접하게 연관되고, 회사의 자원에 의해 탐색된 것이므로, 이를 사적으로 취득한 행위는 전형적인 회사기회유용에 해당할 수 있다.

2) 회사의 이익가능성

사업기회가 보호되기 위해서는, 그 기회가 현재 또는 장래에 회사의 이익으로 실현될 가능성이 있어야 한다(상 397조의2). 이는 단순한 윤리적 비난의 문제가 아니라, 회사와 이사 사이에 실질적인 이익충돌 가능성이 존재하는 경우만을 규율 대상으로 삼기 위한 요건이다.

3) 이용행위

이사가 해당 사업기회를 자기 또는 제3자의 이익을 위하여 사용하였는지가 회사기회유용 성립의 핵심 요소이다(상 397조의2). 기회를 단순히 인식하거나 검토한 것만으로는 부족하고, 그 기회를 사적으로 현실화하거나 이용한 행위가 요구된다.

4) 이사회의 승인

이사회의 승인이 있는 경우에는 회사기회를 이용할 수 있다(상 397조의2). 이사회는 해당 사업기회가 회사에 귀속되는 것이 바람직한지, 아니면 이사의 이용을 허용하는 것이 회사에 더 이익이 되는지를 종합적으로 판단하여 승인 여부를 결정한다. 이때 이사회 결의는 보통결의보다 강화된 요건인 재적 이사의 3분의 2 이상의 찬성을 요하며(상 397조의2), 승인 대상인 이사는 특별이해관계인에 해당하므로 결의에 참여할 수 없다(상 391조·368조). 소규모회사로서 이사가 1~2명인 경우에는 주주총회가 승인기관이 된다(상 383조).

다만 이사회의 승인은 회사기회 이용에 절차적 정당성을 부여하는 데 그칠 뿐, 회사에 손해를 끼쳐도 된다는 의미는 아니다. 이 점은 경업금지의 경우와 동일하다. 나아가 상법은 명시적으로, 이사회의 승인을 받은 경우에도 회사에 손해가 발생하면 승인한 이사와 회사기회를 유용한 이사가 연대하여 책임을 진다고 규정한다(상 397조의2). 이때 이사 또는 제3자가 얻은 이익은 회사의 손해로 추정된다(상 397조의2).

(3) 효과

회사기회유용 금지의무를 위반하였다고 하여, 해당 거래의 사법상 효력이 곧바로 부인되는 것은 아니다. 상대방의 선의·악의 역시 문제되지 않는다. 이 점에서 회사기회유용 금지 위반의 효과 구조는 경업금지 위반의 경우와 동일하다.

다만 회사는 내부적·사후적 구제수단을 가진다. 해당 이사는 법령 위반을 이유로 해임 대상이 될 수 있고, 회사에 손해가 발생한 경우 손해배상청구가 가능하다. 이때 손해액 산정과 관련하여 특별한 추정규정이 적용된다. 즉, 이사 또는 제3자가 얻은 이익을 회사의 손해로 추정한다(상 397조의2). 이는 회사에 발생한 손해가 통상적으로 이미 현실화된 손해가 아니라, 이사가 회사기회를 유용하지 않았다면 회사가 장래에 얻을 수 있었던 이익이 실현되지 못한 데서 발생하는 손해, 즉 일실이익에 해당하여 그 입증이 곤란하다는 점을 고려한 입법적 선택이다.

한편, 경업금지 위반의 경우와 달리, 회사기회유용에 대해서는 개입권 제도가 적용되지 않는다. 회사기회유용에서는 문제의 핵심이 회사에 귀속되어야 할 사업기회를 이사가 선취함으로써 발생한 손해를 어떻게 평가·보전할 것인가에 있다. 이러한 점에서 상법은 회사기회유용의 경우 개입권을 두는 대신, 손해배상책임과 이익추정 규정을 통하여 규율하는 방식을 취하고 있다.

7. 자기거래 금지의무

(1) 의의

이사의 직무는 회사의 이익을 우선하여 수행할 것을 전제로 한다. 그럼에도 이사가 회사와 직접 거래를 하게 되면, 자신의 사적 이익을 우선하여 거래조건을 설정하거나 회사의 이익을 희생할 유인이 구조적으로 발생한다. 이러한 위험을 통제하기 위하여 상법은 이사 등과 회사 사이의 거래를 자기거래로 파악하고, 이를 원칙적으로 제한한다(상 398조). 다시 말해, 자기거래 금지의무는 단순한 형식적 제약이 아니라, 이사가 회사의 이익을 희생하여 자기 또는 제3자의 경제적 이익을 추구하는 것을 방지하기 위한 충실의무의 구체적 작동형태이다.

결국, 회사를 위해 의사결정을 해야 하는 이사가 그 회사와 거래의 당사자가 될 수 있는가? 상법은 이에 대하여 원칙적 금지, 예외적 승인이라는 답을 제시한다.

(2) 요건

1) 자기거래

자기거래 금지의 대상은 단순히 이사 개인에 한정되지 않고, 경제적 연계관계나 지배구조를 통하여 회사 자원을 우회적으로 사익화할 가능성이 있는 이해관계자 전반으로 확대되어 있다. 구체적인 범위는 다음과 같다(상 398조).

① 이사 및 주요주주

주요주주란, 누구의 명의이든지 자기의 계산으로 의결권 없는 주식을 제외한 발행주식총수의 10% 이상을 소유하거나, 또는 이사 · 집행임원 · 감사의 선임과 해임 등 회사의 주요 경영사항에 대하여 사실상 영향력을 행사하는 주주를 말한다(상 542조의8).

② 이사 또는 주요주주의 배우자 및 직계존비속

③ 이사 또는 주요주주의 배우자의 직계존비속

④ 위 ①~③의 자가 단독 또는 공동으로 의결권 있는 발행주식총수의 50% 이상을 가진 회사 및 그 자회사

⑤ 위 ①~③의 자가 위 ④의 회사와 합하여 의결권 있는 발행주식총수의 50% 이상을 가진 회사

자기거래의 대상은 이사 등이 자기 또는 제3자의 계산으로 회사와 체결하는 거래 전반이며, 거래의 유형이나 반복성, 영업과의 관련성은 본질적 요건이 아니다. 다만 이익충돌의 가능성이 없는 거래, 예컨대 이사 등의 회사에 대한 무상증여나 이미 존재하는 채무의 이행행위 등은 금지대상에서 제외된다(판례). 또한 자본거래도 자기거래에 포함될 수 있으며, 판례는 제3자배정 방식의 신주인수 역시 자기거래에 해당한다고 본다.

예를 들어, 회사가 보유한 유휴 부동산을 이사가 시가보다 현저히 낮은 가격으로 매수하는 경우나, 이사가 자신의 개인 채무에 대하여 회사를 연대보증인으로 세우는 경우는 모두 이사와 회사 사이의 이해상충이 전면적으로 드러나는 전형적인 자기거래에 해당한다.

2) 이사회의 승인

다만 이사회의 승인이 있으면 자기거래를 할 수 있다(상 398조). 이때 결의요건은 강화되어 재적 이사 3분의 2 이상의 찬성이 필요하다. 승인 대상인 이사는 특별한 이해관계가 있는 자에 해당하므로 그 결의에 참여할 수 없다(상 391조 · 368조). 소규모회사로서 이사가 1~2명인 경우에는 주주총회가 승인기관이 된다(상 383조).

다만 이사회의 승인은 자기거래에 대한 절차적 정당성을 부여할 뿐, 그 자체로 책임을 면제하는 효과를 가지지는 않는다. 이는 경업금지 및 회사기회유용

규정과 동일한 구조이며, 이사 책임의 면제는 원칙적으로 주주 전원의 동의가 있어야만 가능하다(상 400조).

3) 거래의 공정성

상법은 자기거래의 내용과 절차가 공정할 것을 명시적으로 요구한다(상 398조). 따라서 이사회 승인을 받았더라도, 거래가 경제적 · 절차적으로 공정하지 않다면 그 승인은 실질적 정당성을 인정받기 어렵다. 즉, 승인과 공정성은 병렬적 요건으로서 모두 충족되어야 한다.

(3) 효과

자기거래 금지의무 위반의 효과는 상대적 무효이다(판례). 이는 경업금지나 회사기회유용 위반의 효과와 구별되는 중요한 특징이다. 회사가 거래의 직접 당사자인 이상, 회사는 자기거래를 부인할 수 있고, 거래 상대방인 이사 등은 회사의 무효 주장을 다툴 수 없다. 다만 거래에 제3자가 개입한 경우에는, 회사가 그 제3자가 승인 없는 자기거래임을 알았거나 중과실로 알지 못하였다는 점을 입증해야만 제3자에 대하여 무효를 주장할 수 있다. 이는 거래 안전과 회사 보호 사이의 조화를 도모하기 위한 장치이다.

예컨대, 이사가 이사회 승인 없이 회사 소유 부동산을 자신에게 매도한 경우, 회사는 그 거래를 무효로 주장하여 부동산의 반환을 구할 수 있다. 다만 이 무효는 자기거래의 직접 당사자에 대하여만 주장할 수 있는 상대적 무효이므로, 그 부동산이 다시 제3자에게 양도된 경우, 회사가 그 제3자에게까지 무효를 주장하려면, 제3자의 악의 또는 중과실을 입증해야 한다.

자기거래 금지 위반은 정당한 해임사유가 되며, 회사에 손해가 발생한 경우 손해배상책임이 인정된다. 또한 주요주주 등도 업무집행지시자에 해당하는 경우에는 이사와 동일한 책임을 부담한다(상 401조의2).

(4) 상장회사 특칙

상장회사는 다수의 투자자가 참여하고 지분구조가 분산되어 있으며, 경영과 소유의 분리가 뚜렷한 경우가 많다. 이러한 구조적 특성으로 인해 경영진이나 지배주주와 회사 사이의 이해상충이 발생할 가능성이 크고, 그 결과 자기거래가 회사와 일반주주의 이익을 침해할 위험도 상대적으로 크다. 이에 상법은 투자자

보호, 지배구조의 투명성을 확보하기 위하여 자기거래에 관하여 다음과 같은 특칙을 두고 있다.

1) 신용공여

상장회사는 주요주주 및 그의 특수관계인, 이사, 업무집행지시자(상 401조의2), 집행임원, 감사 등을 상대로 한 신용공여를 이사회 승인 여부와 관계없이 금지한다(상 542조의9). 이는 회사의 자금이 특정 개인의 사익 실현에 사용되는 것을 원천적으로 차단하기 위한 규정이다. 다만 회사의 자본금충실성을 해칠 우려가 없는 예외적인 경우, 예컨대 복리후생을 위한 신용공여 등은 제한적으로 허용된다(상 542조의9).

2) 자산총액 2조 원 이상인 상장회사

자산총액 2조 원 이상인 상장회사는 일정한 자(최대주주 및 그의 특수관계인, 또는 그 상장회사의 특수관계인으로서 대통령령으로 정하는 자)를 상대방으로 하거나 그를 위하여 일정 규모 이상의 거래(신용거래는 제외)를 하려면 이사회의 승인을 받아야 한다(상 542조의9, 상령 35조).

다만 약관에 의해 정형화된 거래나, 이사회에서 승인한 거래총액의 범위 내에서 이루어지는 일상적 거래에 대해서는 이사회 승인을 요구하지 않는다(상 542조의9). 이는 대규모 회사에서 이익상충의 위험이 낮은 영역에 대해서까지 과도한 절차 부담을 지우지 않기 위한 예외로 이해할 수 있다.

Ⅴ. 이사의 책임

1. 의의

이사는 회사와의 위임관계에 기초하여 선관의무(상 382조, 민 681조)와 충실의무(상 382조의3)를 부담한다. 따라서 이사가 이러한 의무를 위반하여 회사에 손해를 발생시키면, 원칙적으로 손해배상책임을 지게 된다. 상법은 이사의 책임을 회사에 대한 책임과 제3자에 대한 책임으로 구분하여 규율하고 있으며, 이사와 동일하거나 이에 준하는 영향력을 행사하는 업무집행지시자 등의 책임도 별도로 다루고 있다.

그렇다면 이사의 책임은 어디까지 미치는가? 경영상 판단의 실패 역시 모두 책임으로 귀결되는가? 상법은 이에 대하여, 경영판단과 위법행위를 구별하는 방식을 통하여 체계적인 해답을 제시하고 있다.

2. 회사에 대한 책임

(1) 의의

이사는 고의 또는 과실로 법령이나 정관을 위반하거나, 자신의 임무, 즉 선관의무나 충실의무를 해태한 경우, 회사에 대하여 연대하여 손해배상책임을 진다(상 399조). 이러한 경우 이사의 행위는 민사상 손해배상책임에 그치지 않고, 경우에 따라서는 업무상배임죄(형법 356조)나 특별배임죄(상 622조)의 구성요건에 해당할 여지도 있다.

판례는 이사의 회사에 대한 책임을 위임계약상 채무불이행책임으로 파악한다. 즉 민법이 기본적으로 적용되고, 상법 제399조는 이사의 지위와 직무의 특수성을 반영하여 그 책임을 명확히 한 특칙으로 이해된다.

(2) 요건

이사의 회사에 대한 책임은 크게 다음 두 가지 유형에서 발생한다.

1) 법령 또는 정관 위반

법령 또는 정관 위반은 임무해태보다 그 위법성이 명확하고 중대하므로, 상법은 이를 별도의 책임발생 사유로 규정하고 있다.

예컨대 회사 전체 매출의 70%를 차지하는 핵심 사업부를, 이사회 결의만으로 특정 계열회사에 양도한 경우를 생각해 볼 수 있다. 이는 주주총회 특별결의(상 374조)를 요하는 영업양도를 임의로 진행한 것으로서, 그 결과가 회사에 이익이 되었는지 여부와 무관하게 법령 위반 그 자체가 책임의 출발점이 된다. 이러한 경우에는 경영판단의 원칙이 적용되지 않는다. 법령이나 정관의 준수 여부는 사전적으로 명확히 판단될 수 있기 때문이다.

법령 · 정관 위반 사실은 이사 책임을 주장하는 원고가 입증해야 한다. 다만 이사가 책임을 면하려면 자신의 무과실을 입증해야 한다. 이는 이사가 법령과 정관의 내용을 알고 있다는 합리적 추정을 전제로 하는 것이다.

2) 임무해태

임무해태란 이사가 선관주의 또는 충실의무를 다하지 않은 경우를 말한다. 예컨대 충분한 정보수집 없이 관계회사에 대한 자금지원을 승인한 경우, 또는 내부통제·정보보고체계를 구축하거나 점검하려는 노력을 전혀 하지 않은 경우 등이 이에 해당한다(판례).

그렇다면 경영상 판단의 실패는 모두 임무해태에 해당하는가? 이 지점에서 경영판단의 원칙이 작동한다. 임무해태가 문제되는 영역에서는 경영판단의 원칙이 적용되므로, 이사의 의사결정은 원칙적으로 충분한 정보에 기초한 합리적 판단이라는 추정을 받는다(판례). 따라서 원고가 이사의 과실을 입증하여 이 추정을 번복해야 한다. 즉, 경영판단 영역에서는 의무 위반의 입증책임이 원고에게 있다는 점이 핵심이다.

경영판단의 원칙에 관한 구체적인 내용은 앞서 살펴본 바와 같으므로, 여기서는 반복하지 않기로 한다.

(3) 효과

1) 책임의 발생

법령·정관 위반 또는 임무해태가 인정되면, 해당 이사는 회사에 대하여 손해배상책임을 진다. 위반한 이사가 수인인 경우에는 연대책임을 부담한다(상 399조). 또한 문제된 행위가 이사회 결의에 의해 이루어진 경우, 그 결의에 찬성한 이사 역시 연대책임을 진다(상 399조). 판례는 이를 엄격하게 해석하여, 찬성 이사가 다수여서 자신의 반대 여부와 무관하게 결의가 통과되었을 것이라는 주장은 허용되지 않는다고 본다. 나아가 의사록에 반대 의사를 기재하지 않은 이사는 찬성한 것으로 추정된다(상 399조). 이 추정으로 인해 입증책임은 전환되며, 책임을 면하려면 이사가 스스로 반대 사실을 입증해야 한다.

2) 책임의 면제 또는 제한

이사의 책임은 원칙적으로 주주 전원의 동의가 있으면 면제할 수 있다(상 400조). 여기에는 의결권 없는 주주도 포함되며, 묵시적 동의도 가능하다는 것이 판례의 입장이다. 다만 전원 동의라는 요건으로 인해, 이 제도는 소규모 폐쇄회사를 제외하면 현실적으로 활용되기 어렵다. 이러한 점을 고려하여 상법은 다음과 같은 완화 장치를 두고 있다.

첫째, 결산승인에 따른 면제이다. 정기주주총회에서 재무제표 등 결산서류(상 447조)가 승인된 후 2년이 경과하면, 별도의 결의가 없는 한 부정행위가 아닌 범위에서 그 결산서류에 관련된 이사의 책임은 면제된 것으로 간주된다(상 450조). 이는 결산확정의 안정성을 확보하기 위한 제도적 장치이다.

예를 들어, 통상적인 범위를 다소 벗어나는 손실이 발생하였더라도, 주주총회에서 이사들의 설명과 감사보고를 바탕으로 재무제표를 승인하고, 이후 2년간 별다른 문제제기가 없었다면, 특별한 부정행위가 없는 한 그 결산과 관련된 통상의 경영판단에 대해서는 더 이상 과거 책임을 묻지 않도록 선을 긋는 기능을 한다고 이해할 수 있다.

둘째, 책임감경 제도이다. 이사의 책임이 과도하게 무거울 경우, 경영상의 도전 자체를 회피하는 부작용이 발생할 수 있다. 이를 고려하여 2011년 상법 개정으로 책임감경 규정이 도입되었다. 정관에 따라 회사는 최근 1년간 보수액의 6배(사외이사는 3배)를 초과하는 부분에 대하여 이사의 책임을 감경할 수 있다(상 400조). 다만 이사의 고의 또는 중과실로 인한 위반행위와 같이 귀책성이 중한 경우, 그리고 경업금지 · 겸직금지 · 회사기회유용금지 · 자기거래금지 위반과 같이 사익추구적 성격이 강한 위반행위는 감경 대상에서 제외된다(상 400조).

3) 소멸시효

이사의 회사에 대한 손해배상책임은 위임계약상 채무불이행책임으로서, 일반채권과 마찬가지로 10년의 시효기간이 경과하면 소멸한다(판례).

3. 제3자에 대한 책임

(1) 의의

이사가 업무집행과 관련하여 제3자에게 손해를 끼친 경우, 원칙적으로는 민법 제750조의 불법행위책임이 문제된다. 다만 불법행위책임이 성립하기 위해서는 고의 또는 과실 외에도, 제3자에 대하여 일정한 행위를 하지 않을 주의의무가 존재함에도 이를 위반하였다는 점이 인정되어야 한다. 이사가 제3자와 직접 거래행위를 하는 경우, 예컨대 영업담당이사가 거래처와 물품 구매계약을 체결하는 경우에는, 거래의 당사자로서 일정한 주의의무를 부담할 수 있다.

그러나 이사는 제3자와 직접 거래관계에 서는 경우가 아닌 한, 회사에 대하여 선관주의의무와 충실의무를 부담할 뿐, 회사 외의 제3자에 대하여 일반적으로 그러한 주의의무를 부담한다고 보기는 어렵다. 따라서 이사의 직무집행으로 제3자에게 손해가 발생하였다고 하여, 그 자체만으로 민법상 불법행위책임이 곧바로 인정되는 것은 아니다.

다시 말하면, 이사는 기본적으로 회사에 대해서만 선관주의의무와 충실의무를 부담하며, 회사 이외의 제3자에 대하여는 임무해태 책임을 부담하지 않는 것이 상법 체계상 자연스럽게 도출된다. 하지만 현대 주식회사의 기업활동이 이사의 직무집행을 매개로 외부와 직접 연결되며, 그 과정에서 제3자의 신뢰와 거래안전이 기업활동 전반에 중대한 영향을 미친다는 점에서, 이사의 임무해태로 인한 제3자에 대한 책임 문제가 중요하게 부각된다.

이에 따라 상법 제401조는, 이사가 고의 또는 중과실로 임무를 게을리하여 제3자에게 손해를 끼친 경우, 예외적으로 제3자에 대한 손해배상책임을 인정하고 있다. 판례는 이를 민법상 불법행위책임(민 750조)과는 구별되는, 법이 특별히 창설한 독자적인 법정책임으로 이해한다. 즉, 불법행위책임과 상법 제401조의 책임은 병존할 수 있으나, 그 성립요건과 법적 성격은 서로 다르다.

상법 제401조는 단순히 이사의 잘못에 대한 제재를 목적으로 하는 규정이 아니다. 그 입법 취지는 보다 넓다. 주식회사 제도의 핵심 요소인 외부 신뢰를 보호하고, 이사의 충실한 직무수행을 유도하며, 회사와 제3자 사이의 정보·지위·통제능력의 비대칭을 조정하려는 데에 있다. 다시 말해, 회사 내부의 통제기제만으로는 충분히 보호되기 어려운 제3자의 신뢰를, 이사에게 부과된 고도의 책임을 통해 외부적으로 보완하려는 특별책임제도라고 이해할 수 있다.

(2) 요건

1) 책임의 원인

이사는 고의 또는 중과실로 선관의무 또는 충실의무를 위반한 경우, 그로 인하여 제3자에게 발생한 손해에 대하여 책임을 진다(상 401조). 여기서 말하는 임무해태에는 법령·정관 위반도 포함되나, 단순한 계약상 채무불이행은 포함되지 않는다. 문제는 이사의 임무해태가 어떤 방식으로 제3자에게 현실화되는가이다.

판례가 인정한 전형적인 사례로는 다음과 같은 경우를 들 수 있다. ① 회사의 재무상태에 비추어 채무이행이 곤란함을 충분히 예견할 수 있었음에도, 이를 숨기고 제3자와 계약을 체결한 경우, ② 대표이사가 임직원의 중대한 부정행위를 인지하고도 사실상 방치하여, 그 결과 제3자에게 손해가 발생한 경우, ③ 대표이사가 제3자를 기망하여 대출 등을 받는 과정에서 제3자에게 손해를 입힌 경우 등이 이에 해당한다.

예컨대 대표이사가 재무제표에 반영되지 않은 거액의 우발채무가 존재함을 알고 있으면서도, 이를 고의로 은폐한 채 은행에 "재무구조가 건전하다"는 취지로 설명하여 대출을 받은 뒤, 회사가 파산하여 은행이 대출금을 회수하지 못한 경우를 생각해 볼 수 있다. 이 경우 은행은 회사뿐 아니라, 상법 제401조에 따라 대표이사 개인에 대해서도 손해배상을 청구할 수 있다.

그리고 이사의 회사에 대한 책임과 마찬가지로, 제3자에 대한 책임에서도 경영판단의 원칙이 적용된다(판례). 즉, 이사의 의사결정은 원칙적으로 충분한 정보에 기초하여 합리적으로 이루어졌다는 추정을 받으며, 이와 달리 고의 또는 중과실이 있었음을 원고가 입증하지 않는 한 그 책임은 쉽게 인정되지 않는다.

이와 관련하여 상법 제401조에 따른 책임은, 과실을 요건으로 하는 민법상 불법행위책임과 달리, 고의 또는 중과실을 책임의 성립요건으로 요구한다는 점에서 그 인정 기준이 한층 엄격하다. 이는 상법 제401조의 책임이, 회사에 대한 내부적 책임과 구별되는 제3자 보호를 위한 예외적 · 보충적 책임이라는 점을 고려하여, 이사의 책임 범위를 고의 또는 중과실이 있는 경우로 제한한 입법적 선택으로 이해할 수 있다.

2) 제3자의 손해

여기서 제3자에는 회사채권자, 주주, 기타 이해관계자가 모두 포함된다. 손해의 범위 역시 직접손해에 한정되지 않고, 간접손해도 포함된다는 것이 판례의 입장이다.

직접손해란 이사의 임무해태로 인하여 제3자에게 직접적으로 발생한 손해를 말한다. 예컨대 이사가 기망행위로 허위의 물건을 제3자에게 매도한 경우, 그로 인한 손해는 제3자에게 직접 귀속되는 직접손해에 해당한다. 반면 간접손해는 먼저 회사에 손해가 발생하고 그 결과로 제3자가 입게 되는 손해를 의미한다.

예를 들어 이사의 임무해태로 회사 재산이 감소하고, 그로 인해 회사가 채무를 이행하지 못하여 채권자가 변제를 받지 못한 경우, 채권자가 입은 손해는 회사 손해를 매개로 발생한 간접손해로 설명된다.

제3자가 주주인 경우에도 이러한 구분은 그대로 적용된다. 우선 주주에게 직접손해가 발생하는 경우는 상법 제401조의 손해에 포함된다는 데 이론이 없다. 예컨대 이사가 회사 재무상태의 악화를 부실공시하거나 이를 은폐한 상태에서, 이를 알지 못한 투자자가 주식을 매수하였다가 이후 부실이 공표되어 주가가 급락한 경우, 그 주가 하락으로 인한 손해는 주주에게 직접 발생한 손해로 평가된다(판례).

문제는 주주의 간접손해이다. 즉, 이사의 임무해태로 회사 재산이 감소하고, 그 결과 주가가 하락함으로써 주주가 입은 손해를 상법 제401조로 구제할 수 있는지 여부에 관하여는 판례와 학설이 대립한다.

부정설(판례)은, 회사 재산 감소라는 동일한 기초사실을 두고 채권자보다 주주가 먼저 구제되는 결과는 자본금충실의 원칙 및 이해관계인 보호질서에 반한다고 본다. 이러한 경우 회사 · 채권자 · 주주 사이의 손해배분 질서가 붕괴될 위험이 크다는 것이다. 이에 반해 긍정설(통설)은, 주주의 간접손해가 상법 제401조에 의해 구제되지 않을 경우 주주에게 허용된 다른 구제수단이 지나치게 제한적이라는 점을 근거로 든다. 주주는 상법 제403조에 따른 대표소송을 통해 회사의 손해를 회복할 수 있으나, 이는 소수주주권 요건 등으로 인해 실제로 활용하기가 쉽지 않다는 점이 강조된다.

(3) 효과

1) 책임의 발생

임무해태가 인정되면, 해당 이사는 제3자에 대하여 손해배상책임을 진다. 위반 이사가 여러 명인 경우에는 연대책임을 부담한다(상 401조). 또한 문제가 된 행위가 이사회 결의에 의해 이루어진 경우에는, 그 결의에 찬성한 이사 역시 연대책임을 진다(상 401조 · 399조). 나아가 의사록에 반대 의사를 기재하지 않은 이사는 찬성한 것으로 추정된다(상 401조 · 399조). 이 추정으로 인해 입증책임은 전환되며, 책임을 면하려면 이사가 스스로 반대 사실을 입증해야 한다.

2) 소멸시효

이사의 제3자에 대한 손해배상책임은 상법이 특별히 인정한 법정책임으로서, 일반채권과 마찬가지로 10년의 시효기간이 경과하면 소멸한다(판례).

4. 업무집행지시자 등의 책임

(1) 의의

우리 회사법의 현실에서는, 지배주주나 모회사 경영진 등이 이사의 지위에 있지 않으면서도 회사의 중요한 업무집행에 실질적으로 관여하는 경우가 적지 않다. 예컨대 명예회장, 모회사 CEO가 이사회 외부에서 이사에게 특정 거래를 지시하고, 이사는 그 지시에 따라 결의와 집행을 형식적으로 수행하는 구조가 이에 해당한다. 이사는 아니지만 실질적으로는 이사보다 더 강한 영향력을 행사하며 회사의 업무를 좌우하는 경우에도, 그 자에게 이사와 동일한 책임을 물을 수 있을까? 상법은 이에 대해 명확한 답을 제시한다.

상법 제401조의2는 이른바 유사이사(de facto director) 제도를 도입하여, 업무집행지시자, 무권대행자, 표현이사에게 이사와 동일한 책임을 부과한다. 즉 이들은 형식적 의미의 이사는 아니지만, 회사에 대한 책임(상 399조), 제3자에 대한 책임(상 401조), 대표소송의 대상(상 403조)에 있어서 이사와 동일하게 취급된다. 이는 지배구조의 형식과 무관하게, 실질적으로 회사의 운영을 좌우한 자에게 책임을 귀속시키려는 제도이다.

상법 제401조의2의 취지는 다음과 같이 요약할 수 있다. 회사 운영을 실질적으로 지배·집행하는 자가, 형식적 직함을 이유로 책임을 회피하지 못하도록 함으로써 이사 책임제도를 실효화하려는 것이다. 다시 말해, 사실상 회사의 경영을 지배하는 자 중심의 지배구조에서 발생할 수 있는 책임 공백을 메우고, 회사 및 거래상대방의 신뢰를 보호하기 위한 정책적 안전장치라 할 수 있다.

(2) 요건

1) 주체

상법 제401조의2는 다음 세 가지 유형을 규율 대상으로 한다.

- **업무집행지시자** – 업무집행지시자는 회사에 대한 지배적 영향력을 배경

으로, 이사에게 업무집행을 지시하는 자를 말한다. 자연인은 물론, 지배적 주주인 법인도 포함된다(판례). 여기서 핵심은 영향력에 기초한 지시와 이사의 수동적 집행이다. 즉, 명목상 이사가 아니라 지시자가 실질적인 의사결정 주체인 경우가 이에 해당한다.

예컨대 비상장회사의 지배주주가 이사로 등기되어 있지는 않지만, 이사회 개최 진에 "이번 거래는 반드시 승인해야 한다"는 취지로 구체적인 조건까지 지시하고, 등기이사들이 사실상 그 지시에 따라 결의만 형식적으로 하는 구조라면, 그 지배주주는 업무집행지시자로 평가될 수 있다.

• 무권대행자 – 무권대행자는 이사의 명의를 사용하여 실제로 회사의 업무를 집행하는 자를 말한다(상 401조의2). 판례는 명의상 이사가 누구인지보다, 실질적으로 업무를 수행한 자가 누구인지를 중시한다. 명목상의 이사는 존재하지만, 실질적인 계약 교섭과 집행을 제3자가 담당했다면 그 제3자가 무권대행자에 해당할 수 있다.

예를 들어, 지배주주가 명목상의 이사를 내세운 채 스스로 계약조건을 정하고 협상·체결까지 모두 진행한 뒤, 단지 이사의 명의만을 이용하여 업무를 처리한 경우, 그 지배주주는 무권대행자로 평가될 수 있다.

• 표현이사 – 표현이사는 이사가 아님에도 불구하고 회장·사장·부사장·전무·상무 등 업무집행권자로 오인될 만한 명칭을 사용하여 회사의 업무를 집행한 자를 말한다(상 401조의2). 표현이사에 해당하는지 여부는 회사에 대한 영향력의 크기와는 무관하다(판례). 직함 자체가 외관상 권한을 형성하기 때문이다.

또한 이 표현이사 규정은 제3자 보호가 아니라, 그러한 직함을 사용하여 실제로 업무를 수행한 자에게 이사와 동일한 개인적 책임을 부과하는 데 목적이 있다. 따라서 회사의 귀책이나 제3자의 신뢰 여부는 요건이 아니다. 예컨대 등기이사는 아니지만 전무이사 명함을 사용하며 대외적으로 계약을 체결해 왔다면, 그 자는 상법상 표현이사로서 이사와 동일한 책임을 부담할 수 있다.

2) 상법 제399조·제401조·제403조 요건의 충족

업무집행지시자·무권대행자·표현이사라고 하여 곧바로 이사책임이 발생하는 것은 아니다. 상법 제401조의2는 이들에게 이사 책임 규정을 동일하게 적용한다는 의미일 뿐이다. 따라서 실제 책임을 묻기 위해서는, 회사에 대한 책임

요건(상 399조), 제3자에 대한 책임요건(상 401조), 대표소송의 요건(상 403조)이 각각 충족되어야 한다. 즉, 유사이사는 이사로 "간주"될 뿐, 무조건적·절대적 책임을 부담하는 지위는 아니다.

(3) 효과

1) 이사로서의 책임 부담

업무집행지시자 등은 자신이 지시한 업무(업무집행지시자), 또는 스스로 집행한 업무(무권대행자·표현이사)에 관하여 이사와 동일한 책임을 진다(상 401조의2). 이는 실질적으로 회사의 경영과 업무를 좌우한 자가 형식적 직함의 부재를 이유로 책임을 회피하지 못하도록 하기 위한 것이다.

2) 연대책임

회사 또는 제3자에게 손해배상책임을 부담하는 이사와 업무집행지시자·무권대행자·표현이사는 연대책임을 진다(상 401조의2). 예컨대 지배주주가 "부실 계열사에 100억 원을 지원하라"고 지시하고, 대표이사가 이사회 결의를 거쳐 대여를 실행한 뒤 회수가 불가능해진 경우, 회사는 업무집행지시자인 지배주주와 대표이사 모두에게 상법 제399조 또는 제401조에 따른 연대책임을 물을 수 있다.

3) 책임 면제·감경 여부

상법 제401조의2는 업무집행지시자 등의 책임에 관하여 별도의 면제·감경 규정을 두고 있지 않다. 이에 대하여는, 명문의 규정이 없는 이상 면제·감경은 허용되지 않는다는 견해와, 이사의 책임 면제·감경에 관한 상법 제400조를 유추적용할 수 있다는 견해가 대립하고 있다.

Ⅵ. 이사에 대한 주주의 직접감독

1. 의의

주주는 원칙적으로 주주총회에서 의결권을 행사할 뿐, 회사의 일상적 업무집행에는 직접 관여하지 않는다. 이는 주식회사제도의 기본 구조인 소유와 경영의 분리에 기초한다. 그렇다면 이사의 업무수행이 적절한지 여부는 누가 통제할까? 통상적으로는 이사회와 감사(또는 감사위원회)가 사전에 감시·통제하고, 문제가 발생하면 회사가 이사에게 손해배상책임을 추궁하는 방식으로 제도가 설계되어 있다.

그러나 현실의 지배구조에서는 이러한 내부 통제가 항상 원활하게 작동하지는 않는다. 이사들 사이의 인적 유대, 지배주주와 경영진 사이의 밀접한 관계, 동료 임원 간의 상호 비호문화 등으로 인해, 이사에 대한 사전적 감시나 사후적 책임추궁이 사실상 마비되는 경우도 적지 않다. 예컨대 지배주주가 이사·감사의 선임에 결정적인 영향력을 행사하는 회사에서, 이사가 지배주주에게 유리한 부당거래를 반복하더라도 감사가 실질적인 문제 제기를 하지 못하는 상황을 떠올릴 수 있다.

이러한 경우에는 회사기관 내부의 통제만으로는 충분하지 않다. 바로 이 지점에서 주주가 직접 개입할 수 있는 통로가 필요해진다. 이에 상법은 주주에게 두 가지 직접적 통제수단을 부여한다. 하나는 사전적 조치로서 이사의 위법한 업무집행을 중지시키기 위한 유지청구권이고, 다른 하나는 사후적 소치로서 회사를 대신하여 이사의 책임을 추궁하는 대표소송이다. 이 제도들은 단순히 소수주주 보호를 위한 권리에 그치지 않는다. 이사의 권한행사에 대한 최종적인 안전판으로서, 주주가 행사하는 직접적인 감독 장치라는 점에서 회사법적 의의를 가진다.

2. 유지청구권

(1) 의의

소수주주는 일정한 요건 아래 이사의 업무집행을 유지(중지)할 것을 청구할 수 있다(상 402조). 여기서 "유지"란 현상 유지를 의미하는 것이 아니라, 문제되는 행위의 이행을 중지시키는 것을 의미한다. 즉, 이사가 법령 또는 정관에 위반되는 행위를 하여 회사에 회복하기 어려운 손해를 발생시킬 우려가 있는 경우, 그 행위가 실행되기 전에 주주가 미리 개입하여 "그 행위를 멈추라"고 요구할 수 있는 제도이다.

이 점에서 유지청구권은 이미 발생한 손해를 사후적으로 회복하는 제도가 아니라, 손해 발생 자체를 예방하기 위한 사전적 통제수단이라는 점에 핵심적 특징이 있다. 그 법적 성질은 대표소송과 미친가지로 공익권이자 소수주주권으로 이해된다.

(2) 요건

1) 청구권자

유지청구권의 1차적 행사 주체는 감사(또는 감사위원회)이다(상 402조 · 415조의2). 감사는 이사의 업무집행을 감시하는 기관이므로, 유지청구 요건이 충족되면 이를 행사해야 할 직무상 의무를 부담하고, 이를 게을리한 경우에는 감사 자신이 임무해태 책임을 질 수 있다.

아울러 일정한 지분요건을 충족하는 소수주주도 유지청구권을 행사할 수 있다(상 402조 · 542조의6, 상령 32조). 이는 회사 기관인 감사가 제 역할을 하지 못하는 경우를 대비하여, 주주가 직접 제동을 걸 수 있도록 한 구조이다.

2) 청구대상

유지청구의 대상이 되는 행위는 다음 두 가지 요건을 모두 충족해야 한다(상 402조).

첫째, 법령 또는 정관에 위반되는 행위이어야 한다. 여기에는 선관의무 · 충실의무 위반, 즉 임무해태도 포함된다. 이때 이사의 고의 · 과실 여부는 문제되지 않는다. 유지청구의 목적은 책임을 묻는 데 있는 것이 아니라, 위법한 행위 자체를 중지시켜 손해를 예방하는 데 있기 때문이다.

둘째, 회사에 회복할 수 없는 손해가 생길 염려가 있어야 한다. 여기서 회복할 수 없는 손해란 법률상 절대적 불가역성에 한정되지 않는다. 회복에 과도한 시간과 비용이 소요되거나, 현실적으로 원상회복이 극히 곤란한 경우도 포함된다. 핵심적인 영업부문의 헐값 처분이나 기업가치를 중대하게 훼손할 우려가 있는 부실한 인수 · 합병 등은 전형적인 예에 해당한다.

예컨대 회사의 핵심 기술이나 브랜드를 보유한 자회사를, 지배주주가 사실상 지배하는 다른 회사에 시가의 절반 수준으로 매각하려는 경우를 생각해 볼 수 있다. 일단 거래가 종결되면 제3자의 권리관계가 복잡하게 얽혀 사후적 원상회복은 거의 불가능해진다. 이러한 상황이 바로 유지청구권이 작동해야 할 전형적인 국면이다.

3) 청구방법

유지청구권은 반드시 소송의 형태로 행사해야 하는 것은 아니며, 다음 두 가지 방식이 가능하다.

첫째, 이사에 대한 의사표시(통지) 방식이다. 주주 또는 감사가 이사에게 문제되는 행위를 중지하라는 뜻을 통지하는 방식이다. 이 방식은 행위를 법적으로 구속력 있게 중지시키는 효력은 없다.

둘째, 통지 여부와 관계없이, 이사를 피고로 유지청구의 소를 제기할 수 있다. 이 소는 회사이익을 위한 소송이므로 판결의 효력은 회사에 미치며, 넓은 의미에서 대표소송의 일종으로 보아 대표소송의 절차규정(상 403조~406조)을 유추적용한다.

다만 여기서 자연스럽게 다음과 같은 문제가 제기된다. 소를 제기한 경우 재판이 끝날 때까지 기다리는 사이에 해당 행위가 이미 완료되어 버리는 것은 아닌가? 바로 이 점에서 가처분 제도의 활용이 중요해진다.

(3) 효과

유지청구는 그 성질상, 본안판결이 선고되기 전에 청구 대상 행위가 이미 완료되어 버릴 위험이 크다. 따라서 실효성을 확보하기 위해서는 가처분(민사집행법 300조 등)에 의한 임시적 중지명령을 병행하는 것이 일반적이다. 가처분을 통해 판결 선고 전까지 문제되는 행위를 정지시켜 두어야, 유지청구의 소가 실제 의미를 갖게 된다.

실무에서는 예컨대 주주가 "문제되는 M&A 계약의 체결 또는 이행을 금지해 달라"는 내용의 유지청구의 소와 함께 가처분을 신청하고, 법원이 이를 인용함으로써 본안판결이 선고될 때까지 시간적 여유를 확보하는 방식이 자주 활용된다. 본안판결이 인용되면, 해당 행위를 해서는 안 된다는 유지의무가 이사에게 부과되고, 이를 위반한 경우 손해배상책임이 발생한다. 이와 같이 유지청구권은 가처분을 수반할 때 비로소 실효성을 갖는다.

한편, 주주 또는 감사가 단순한 의사표시(통지)의 형태로 유지청구를 한 경우에도 법적 효과는 발생한다. 이사가 이를 수령하면, 해당 청구가 정당한지 여부를 판단할 선관의무를 부담하게 되며, 정당한 유지청구임에도 이를 무시하고 행위를 강행한 경우 그로 인한 손해에 대해 배상책임을 진다.

다만 유지청구가 있었다는 사실 자체가 곧바로 해당 행위의 위법성을 추정하는 것은 아니다. 따라서 이사가 유지청구를 무시하고 행위를 강행하였다고 하더라도, 그로 인해 해당 거래의 사법상 효력(계약의 유효·무효 등)이 곧바로 영향을 받지는 않는다. 만약 이를 이유로 거래 자체를 무효로 본다면, 선의의 거래상대방에게 과도한 위험을 전가하여 거래안전과 법적 안정성을 심각하게 해칠 수 있기 때문이다.

결국 유지청구는 외부 거래관계에는 원칙적으로 영향을 미치지 않되, 내부적으로는 이사에 대한 책임을 통해 통제를 실현하는 구조를 취한다. 이는 회사 내부의 통제 문제를 외부 거래관계에 부당하게 전가하지 않도록 균형을 맞춘 제도적 선택이라고 평가할 수 있다.

3. 대표소송

(1) 의의

대표소송이란 소수주주가 회사 이익을 위하여 이사의 회사에 대한 책임을 추궁하는 제도이다(상 403조). 이는 이사에 대한 책임추궁이 이사들 사이의 인적 유대나 동료 임원의 비호 등으로 인해 회사 내부에서는 쉽게 제기되지 않는 현실을 고려한 장치다.

예를 들어, 이사가 지배주주가 소유한 다른 회사와 계속해서 시가보다 현저히 유리한 조건의 거래를 체결하여 회사에 손해를 끼치더라도, 이사회·감사가 사실상 문제 제기를 하지 않는 경우가 있을 수 있다. 이때 회사가 스스로 권리를 행사하지 않는다면, 결국 소수주주가 대표소송을 통해 해당 이사의 책임을 직접 추궁하는 수밖에 없다.

그렇다면 회사의 권리를 행사하지 않는 회사를 대신하여, 누가 회사의 권리를 행사할 수 있을까? 상법은 일정한 요건을 갖춘 소수주주에게 그 역할을 부여한다. 대표소송은 주주의 이사에 대한 직접적인 감독수단인 동시에, 이사의 위법·부당한 업무집행으로 인한 회사 손해를 사후적으로 회복하기 위한 제도이다.

대표소송권의 법적 성질은 공익권이다. 소송을 제기하는 주주 개인의 이익이 아니라 회사 전체의 이익을 위한 것이기 때문이다. 형식상 주주는 자신의 이름으로 소를 제기하지만, 실질적으로는 회사의 대표기관이 행사했어야 할 회사의 권리를 대행하는 구조다. 따라서 판결의 효과는 회사에 귀속되고, 다른 주주들은 그 반사적 이익을 누리게 된다. 또한 일정 지분을 갖춘 소수주주에게만 부여된다는 점에서 소수주주권의 한 유형으로 이해할 수 있다.

(2) 요건

1) 당사자

원고(제소권자)는 일정 비율 이상의 주식을 가진 소수주주이다(상 403조). 제소 당시의 요건을 충족하였다면, 소송 도중에 지분율이 요건 미만으로 감소하더라도 소송 자체는 유효하다(상 403조). 만약 소송 진행 중 주식양도가 사실상 금지된다면, 주주는 소송 제기와 동시에 유동성 위험을 부담하게 되고, 이는 대표소송 제도의 활용을 크게 위축시킬 수 있기 때문이다.

다만 소송 진행 중 주식 전부를 처분하여 더 이상 주주가 아니게 된 경우에는 달리 본다(상 403조). 예컨대 소송 제기 당시에는 5% 지분을 가진 주주였으나, 소송 도중 지분을 전부 처분하여 회사를 완전히 떠난 경우를 상정할 수 있다. 이때까지도 그에게 회사를 위한 소송 수행을 계속 맡기는 것은, 더 이상 회사 이해관계인이 아닌 자에게 회사의 중요한 권한을 부여하는 결과가 되므로 허용되지 않는다는 취지다. 주주의 지위를 상실한 경위가 자발적인지(임의양도) 여부는 묻지 않는다(판례).

피고는 회사에 책임을 지는 이사 또는 이사였던 자이다. 이사 재직 중의 행위로 인한 책임뿐 아니라, 퇴임 후에 문제되는 책임도 포함된다. 또한 상법은 이사와 동일한 책임을 부담하는 자, 즉 업무집행지시자 · 무권대행자 · 표현이사(상 401조의2), 집행임원(상 408조의9)도 대표소송의 피고가 될 수 있도록 규정하고 있다.

2) 이사의 책임

대표소송의 대상은 이사의 회사에 대한 책임이다(상 403조). 여기서 이사의 책임은 상법상 손해배상책임에 한정되지 않고, 이사가 회사에 부담하는 채무 전반을 포괄하는 개념으로 이해된다. 따라서 손해배상책임(상 399조), 자본금충실책임(상 428조) 등 이사책임 규정에 기초한 책임은 물론이고, 이사와 회사 사이의 개별 계약(매매 · 대출 등)에서 발생하는 채무까지 포함된다. 후자의 경우에도 회사 내부

사정상 책임추궁이 방치될 가능성이 크기 때문이다. 또한 책임 발생 시점은 재임 중에 한정되지 않으며, 퇴임 후에 문제되는 책임도 대표소송의 대상이 될 수 있다.

3) 주주의 소제기 청구

주주는 먼저 회사에 대하여 "이사의 책임을 추궁하는 소를 제기해 달라"고 청구해야 한다(상 403조). 여기서 회사는 구체적으로 감사(또는 감사위원회)를 의미한다(상 394조 · 415조의2). 회사가 이 청구를 받은 날부터 30일 내에 소를 제기하지 않으면, 주주는 회사를 위하여 대표소송을 제기할 수 있다(상 403조).

다만 예외가 있다. 그 기간을 기다리는 사이에 회사에 회복할 수 없는 손해가 생길 염려가 있는 때(예: 이사가 자신의 책임재산을 급속히 처분하여 집행이 곤란해질 우려가 있는 경우)에는, 주주는 30일을 기다리지 않고 즉시 대표소송을 제기할 수 있다(상 403조).

요컨대 대표소송은 회사가 먼저 책임추궁에 나서는 것이 원칙이고, 회사가 그 권한을 행사하지 않거나, 회사의 책임추궁을 기다릴 수 없을 정도로 급박한 사정이 있는 경우에 주주가 비상수단으로 대행하는 제도라고 이해할 수 있다.

(3) 절차

대표소송은 주주에게 회사의 권리를 대행하여 행사할 수 있는 강력한 권한을 부여하는 제도인 만큼, 그 행사 과정이 남용되거나 형식화되거나, 나아가 회사의 이익에 반하는 방향으로 왜곡되는 것을 방지하기 위한 절차적 통제장치가 함께 마련되어 있다. 이러한 장치들은 대표소송이 무분별한 남소의 수단으로 전락하는 것을 막는 데 그치지 않고, 회사 또는 주주와 이사 사이의 공모에 의해 회사의 권리가 형해화되거나 방기되는 사태를 예방하기 위한 기능까지 담당한다.

먼저, 이사가 대표소송을 제기한 주주의 악의(회사를 해할 것을 알면서 소를 제기한 사정)를 소명하여 법원에 신청한 경우, 법원은 상당한 담보의 제공을 명할 수 있다(상 403조 · 176조). 이 담보는 소송이 기각된 뒤, 대표소송 수행 과정에서 이사가 입은 손해에 대하여 원고 주주가 부담할 수 있는 배상책임을 담보하는 기능을 가진다. 이는 대표소송의 남용을 예방하기 위한 전형적인 제도적 장치다.

예컨대 경쟁회사의 지배주주와 결탁한 주주가 회사를 압박하거나 혼란에 빠

뜨릴 목적으로 근거가 빈약한 대표소송을 반복적으로 제기하는 경우를 상정할 수 있다. 이때 법원이 담보제공을 명하면, 해당 주주는 패소 시에 담보가 실제 손해배상에 사용될 수 있다는 위험을 부담하게 되므로, 대표소송이 정당한 권리행사 범위를 벗어나 남용되는 것을 억제하는 효과가 있다.

다음으로, 회사가 주주의 소제기청구에 따라 소를 제기한 경우이든, 주주가 직접 대표소송을 제기한 경우이든, 법원의 허가 없이는 소의 취하, 청구의 포기·인락·화해를 할 수 없다(상 403조). 이는 회사가 소를 제기한 경우 감사와 이사가 공모하여 소를 형식적으로만 진행한 뒤 취하하는 상황이나, 주주가 제기한 소송에서 주주와 이사가 공모하여 이사에게 유리한 방식으로 소를 종결시키는 상황을 방지하기 위한 것이다. 즉, 대표소송이 외형만 갖춘 "형식적 소송"으로 전락하는 것을 차단하려는 취지이다.

나아가 주주와 이사가 공모하여 회사에 유리한 주장이나 증거를 의도적으로 제출하지 않거나, 고의로 패소하는 방향으로 소송을 수행하는 등, 형식상 대표소송의 외관을 갖추었으나 실질적으로는 회사의 권리를 방기하는 방식으로 판결을 받게 한 경우에는, 회사 또는 다른 주주는 그 확정판결에 대하여 재심의 소를 제기할 수 있다(상 406조). 이는 대표소송이 회사의 이익을 회복하기 위한 수단이 아니라, 회사에 불리한 판결을 의도적으로 확정시켜 손해를 고착화하는 도구로 전락하는 것을 방지하기 위한 최종적 안전장치로 이해할 수 있다.

(4) 효과

대표소송의 실질적 당사자는 회사이므로, 판결의 효력은 회사에 직접 귀속된다. 이하에서는 원고승소와 원고패소의 경우로 나누어 살펴본다.

원고승소의 경우, 이사가 회사에 대한 책임을 부담한다는 판결이 확정되면, 회사는 그 판결에 기초하여 이사에 대한 집행을 진행함으로써 회사 재산의 회복과 손해의 전보를 도모할 수 있다. 대표소송을 수행한 주주는 소송비용과 그 밖에 소송 수행으로 지출한 비용 중 상당한 금액의 지급을 회사에 청구할 수 있다(상 405조). 이는 원고승소의 경우 그로 인한 이익이 회사에 귀속되기 때문이다. 이 경우 그 비용을 지급한 회사는, 소송을 야기한 이사에게 구상권을 행사할 수 있다(상 405조).

예컨대 대표소송을 통해 이사가 회사에 50억 원의 손해배상을 하도록 하는 판결이 확정된 경우, 회사는 해당 금액을 회수하여 재무구조를 개선할 수 있고, 소송을 주도한 주주는 인지·송달료, 감정료 등 상당한 소송비용을 회사로부터 보전받을 수 있다. 이 경우 회사는 그 비용을 소송의 원인을 제공한 이사에게 구상함으로써, 대표소송에 따른 최종적 비용 부담이 회사에 귀속되지 않도록 할 수 있다.

반면 원고패소의 경우, 패소한 주주는 악의가 아닌 한 회사에 대하여 손해배상책임을 부담하지 않는다(상 405조). 일반적으로는 고의 또는 과실로 부당한 소를 제기하면 불법행위책임이 문제될 수 있다(판례). 그러나 대표소송에 이러한 일반 원칙을 그대로 적용하면, 주주들이 소 제기에 과도하게 위축될 우려가 있다. 이에 상법은 주주의 책임을 "악의"의 경우로 한정하였다.

여기서 말하는 악의란, 회사를 해할 것을 알면서도 승산이 없거나 현저히 부실한 소송을 제기·수행하는 경우를 의미한다. 단순히 법원의 판단이 달라 패소한 경우나, 법리 또는 사실관계에 다툼의 여지가 있는 사안에서 성실하게 소송을 수행한 경우까지 악의로 평가되지는 않는다. 그렇지 않으면 대표소송을 제기하는 주주는 항상 거액의 손해배상 위험을 부담하게 되어, 제도 자체가 사실상 사문화될 수 있기 때문이다.

결국 대표소송 제도는, 한편으로는 남용을 억제하면서도, 다른 한편으로는 선의의 주주가 위축되지 않고 적극적으로 소를 제기할 수 있도록 하는 균형 위에서 설계된 제도라고 평가할 수 있다.

4. 다중대표소송

2020년 상법 개정으로 우리 법제에도 이른바 다중대표소송 제도가 도입되었다. 현행 상법은 그 중 모회사 주주가 자회사를 위하여 제기하는 대표소송, 즉 이중대표소송을 명문으로 규정하고 있다(상 406조의2). 일반적으로 모회사 주주가 자회사를 위해 제기하는 대표소송을 이중대표소송이라 하고, 손자회사(2단계 자회사)를 위해 제기하는 경우를 삼중대표소송이라 한다. 더 나아가, 이와 같이 지배관계가 다층적으로 형성된 기업집단에서 하위 회사들을 위해 제기되는 대표소송 전반을 통틀어 다중대표소송이라고 부른다.

그렇다면 왜 굳이 모회사 주주에게 자회사를 위한 소송권까지 부여해야 할까? 이는 기업집단의 지배구조 현실과 밀접하게 관련된다. 자회사 단계에서는 주식이 모회사 또는 지배주주에게 집중되어 소수주주의 존재 자체가 미미하거나 배제된 경우가 많고, 그 결과 내부에서 경영진에 대한 실질적인 책임추궁이 이루어지기 어려운 구조가 형성된다. 나아가 이사회 역시 모회사 또는 지배주주의 영향 아래에서 독립적으로 책임추궁을 하지 못하는 상황이 빈번히 발생한다. 이러한 구조에서는 자회사 이사의 위법·부당한 행위가 존재하더라도, 자회사 차원에서 책임을 묻는 것이 사실상 기대되기 어렵다. 그러나 자회사 가치의 훼손은 결국 모회사 가치의 하락으로 이어지고, 이는 모회사 주주의 이익을 직접적으로 침해한다는 점에서, 모회사 주주는 실질적인 이해관계인이라 할 수 있다.

예를 들어, 상장회사 A가 비상장인 100% 자회사 B를 두고 있고, B의 이사들이 B의 자산을 지배주주와 특수관계에 있는 회사에 반복적으로 헐값에 양도한다고 가정해 보자. B에는 실질적인 소수주주가 존재하지 않고, B 이사회 역시 스스로 책임을 추궁하지 않는다면, 그 손해는 결국 A의 주주들에게 전가된다. 그럼에도 B 차원에서는 이사 책임을 묻는 절차가 작동하지 않는 공백이 발생한다. 이때 A의 소수주주에게 B를 위한 이중대표소송을 허용함으로써, 이러한 책임 공백을 메우려는 것이 바로 제도의 취지이다.

이중대표소송의 기본 구조는 다음과 같다. 모회사의 소수주주는 자회사에 대하여 자회사 이사의 책임을 추궁하는 소를 제기해 달라고 청구할 수 있다(상 406조의2). 자회사가 이 청구를 받은 날부터 30일 이내에 소를 제기하지 않으면, 모회사의 소수주주는 자회사를 위하여 직접 대표소송을 제기할 수 있다(상 406조의2). 즉, 지배구조상 상위단계에 있는 모회사 소수주주에게 하위단계 회사(자회사)의 이사에 대한 책임을 대신 추궁할 수 있는 통로를 부여함으로써, 기업집단 구조에서 발생하는 감독 공백을 보완하려는 것이다.

다중대표소송은 지배관계가 다층적이라는 점을 제외하면, 그 기본 성질과 구조는 일반적인 대표소송과 다르지 않다. 따라서 소제기 청구, 요건, 절차, 판결의 효과, 비용과 책임에 관한 규정 등은 대표소송에 관한 규정이 그대로 적용되거나 준용된다(상 406조의2).

정리하면, 다중대표소송은 단순히 주주의 권한을 확장한 제도가 아니다. 이는 기업집단이라는 현실적 지배구조 하에서 이사 책임의 사각지대를 줄이고, 집단의 전체 차원에서의 감독 기능을 실질화하기 위한 현대적 회사법적 장치로 이해할 수 있다.

Ⅶ. 집행임원

1. 의의

상법상 이사회는 회사의 업무집행기능과 감독기능을 모두 담당하는 기관이다. 그러나 이사회는 회의체기관에 불과하므로 개별적인 업무집행행위의 주체가 될 수 없고, 실제로는 업무집행자에 대한 의사결정과 감독을 중심으로 기능한다. 그렇다면 현대 기업처럼 업무 규모가 방대하고 고도의 전문성이 요구되는 상황에서, 이사회가 업무집행과 감독을 동시에 담당하는 구조는 과연 적절한가? 이러한 문제의식에 대한 제도적 해답이 바로 집행임원제도이다.

집행임원을 둔 경우 회사는 더 이상 대표이사를 둘 수 없고(상 408조의2), 대표권은 대표집행임원이 행사한다. 즉, 집행임원제도는 종래 대표이사 · 사내이사 · 비등기이사가 분산적으로 수행하던 업무집행기능을, 이사회와는 별도로 설치된 집행임원이라는 회사기관에 집중시킨 제도라고 이해할 수 있다. 이에 따라 이사회는 감독과 전략적 의사결정에 집중하고, 집행임원은 그 결정을 전제로 일상적 · 전문적 업무집행을 책임지는 지배구조가 형성된다.

특히 이 제도는 종래 실무에서 광범위하게 활용되던 비등기이사를 공식적인 회사기관으로 제도화한 성격을 가진다. 예컨대 전통적인 지배구조에서 대표이사 아래에 상무 · 전무 등 비등기이사가 각 사업부를 담당하여 업무를 집행하던 회사를 떠올려 보자. 이 회사가 집행임원제도로 전환하면, 종전의 상무 · 전무에 해당하는 인물들이 집행임원으로 선임되어, 이사회로부터 직접 권한을 위임받아 각 사업부의 집행을 책임지는 구조로 재편된다. 이에 따라 집행임원은 법적으로는 이사가 아니지만, 선임 · 임기 · 의무 · 책임 등 여러 측면에서 사실상 이사에 준하는 지위를 갖게 된다.

다만 현실적으로는 집행임원제도가 기존 대표이사 중심 구조와 비교하여 운영상 차별성이 크지 않다는 평가도 존재한다. 비등기이사 역시 표현이사의 책임

(상 401조의2)을 부담하고 있고, 대표이사 체제 하에서도 내부적 업무분장을 통해 집행과 감독을 일정 부분 분리할 수 있기 때문이다. 이러한 사정으로 인해, 우리 기업 실무에서 집행임원제도의 채택은 아직까지 매우 제한적인 수준에 머물러 있다.

2. 집행임원설치회사

(1) 설치절차

회사는 집행임원을 둘 수 있으며(상 408조의2), 이에 따라 집행임원을 둔 회사를 집행임원설치회사라고 한다. 집행임원의 설치 여부는 이사회가 결정한다(상 408조의2).

(2) 이사회

집행임원설치회사에서 이사회는 집행임원에게 업무집행권한을 위임하고, 그 집행을 감독하는 역할을 수행한다(상 408조의2). 이사회의 권한은 구체적으로 ① 집행임원 및 대표집행임원의 선임·해임, ② 집행임원의 업무집행 감독, ③ 집행임원과 회사 간 소송에서 회사를 대표할 자의 선임, ④ 업무집행에 관한 의사결정의 위임(다만 상법상 이사회 권한사항은 제외), ⑤ 복수 집행임원 간 직무 분담 및 지휘·명령관계의 설정, ⑥ 보수의 결정(정관 또는 주주총회 결의가 없는 경우) 등이다.

즉, 이사회는 업무집행에 직접 관여하지 않고, 집행임원을 통하여 간접적으로 관여하는 감독기관으로 기능하게 된다. 예를 들어 대규모 설비투자나 신규 사업진출과 같은 중요 사항은 이사회가 심의·결정하되, 그 이후의 구체적인 공장 건설, 인력 채용, 영업 전략의 수립과 실행은 해당 분야를 담당하는 집행임원이 중심이 되어 수행하는 구조가 된다.

3. 집행임원

(1) 집행임원의 선임·종임 등

집행임원은 이사회가 선임하며(상 408조의2), 인원 수에는 제한이 없다. 각 집행임원은 독립적으로 권한을 행사한다. 집행임원은 이사와 겸직할 수 있으나, 이 경우 감독과 집행의 분리라는 제도적 취지가 약화될 수 있다는 점은 유이할 필요가 있다.

집행임원의 임기는 원칙적으로 2년 이내로서(상 408조의3), 이사의 임기보다 짧게 설정되어 있다. 이는 이사회의 감독기능을 실질화하기 위한 장치이다. 예컨대 특정 집행임원이 반복적으로 성과를 내지 못하거나 내부통제상 문제가 드러나는 경우, 이사회는 임기 만료를 계기로 성과와 책임을 종합적으로 평가하여, 해당 집행임원의 교체 또는 재선임 여부를 판단함으로써 감독기관으로서의 견제기능을 보다 신속하고 실효적으로 행사할 수 있다.

집행임원의 보수는 정관 또는 주주총회에서 정하며, 이에 관해 정함이 없는 경우에는 이사회가 정한다(상 408조의2).

(2) 집행임원의 권한

집행임원은 ① 회사의 업무집행(상 408조의4), ② 정관 또는 이사회 위임에 따른 업무집행 관련 의사결정(상 408조의4), ③ 이사회 소집청구권(또는 소집권)(상 408조의7) 등의 권한을 가진다. 즉, 집행임원은 회사 업무집행의 실질적 책임자로서 독자적인 법적 지위를 가진다.

예를 들어, 어느 집행임원이 자신이 담당하는 사업부에서 중대한 손실 발생 가능성을 인지한 경우, 단순히 대표집행임원에게 보고하는 데 그치지 않고, 직접 이사회 소집을 청구하여 위험 상황과 대응 방안을 이사회 차원에서 논의하도록 요구할 수 있다.

(3) 집행임원의 의무 · 책임 · 감사

1) 의무

집행임원의 의무는 이사의 의무와 거의 동일하다. 집행임원과 회사 사이에는 위임관계가 성립하므로(상 408조의2), 집행임원은 선관주의의무(민 681조)를 부담하고, 충실의무(상 382조의3) 등 이사의 의무에 관한 규정이 준용된다(상 408조의9).

2) 책임

집행임원도 이사와 마찬가지로 회사 및 제3자에 대하여 고도의 책임을 부담한다. 즉, 집행임원이 임무를 해태한 경우에는 회사에 대하여 연대하여 손해배상책임을 지고, 악의 또는 중과실로 임무를 해태한 경우에는 제3자에 대하여도 연대하여 손해배상책임을 진다(상 408조의8). 또한 이사의 책임감경(상 400조), 업무집행지시자 등의 책임(상 401조의2), 유지청구(상 402조), 대표소송(상 403조~406조)에 관한 규정이 준용된다(상 408조의9).

이에 따라 집행임원은 형식상 이사는 아니지만, 손해배상책임의 부담이나 대표소송의 대상이 된다는 점에서는 사내이사와 거의 동일한 수준의 책임을 진다. 종래 비등기이사가 관행적으로 업무를 수행하면서도 법률상 지위와 책임이 불명확하였던 것과 대비하면, 집행임원은 책임이 명문화된 업무집행자로 제도화되었다고 평가할 수 있다.

다만 차이점도 존재한다. 이사의 경우 임무해태가 이사회 결의에 의한 것이라면, 그 결의에 찬성한 이사 역시 연대하여 손해배상책임을 부담하지만(상 399조·401조), 집행임원에 대해서는 이에 상응하는 규정이 존재하지 않는다. 이는 집행임원이 회의체기관으로서 공동의 의사결정을 하는 구조가 아니라, 각자가 개별적으로 업무를 집행하는 기관이라는 점에서 책임 귀속의 방식이 다르기 때문이다.

3) 감사

감사는 집행임원의 직무를 감사하며, 언제든지 집행임원에게 영업에 관한 보고를 요구하거나 회사의 업무 및 재산상태를 조사할 수 있다(상 408조의9·412조).

4. 대표집행임원

집행임원을 설치한 회사는 대표이사를 둘 수 없고, 그 대신 대표집행임원을 둔다(상 408조의2). 복수의 집행임원이 있는 경우에는 이사회 결의로 대표집행임원을 선임해야 하며, 단일 집행임원인 경우에는 그가 당연히 대표집행임원이 된다(상 408조의5).

예를 들어 A(영업), B(생산), C(재무) 세 명의 집행임원이 있는 회사라면, 이사회는 이들 중 한 명(예: 재무를 총괄하는 C)을 대표집행임원으로 선임하여 대외적으로 회사를 대표하게 하고, 나머지 집행임원들은 각자의 담당 영역에서 집행권을 행사하도록 할 수 있다.

대표집행임원의 해임 역시 이사회가 결정한다(상 408조의2). 대표집행임원은 외부적으로 회사를 대표하며, 상법에 별도의 규정이 없는 경우에는 대표이사에 관한 규정이 준용된다(상 408조의5).

제 4 항 감사제도

Ⅰ. 의의

회사의 감사제도는 회사 내부의 통제와 외부 투자자 · 채권자 보호를 위한 핵심 장치이다. 상법과 외부감사법은 이러한 목적을 달성하기 위하여 이사회의 감독기능을 포함한 여러 층위의 감사제도를 마련하고 있는데, 이를 큰 틀에서 정리하면 몇 가지 기준에 따라 구분할 수 있다. 이하에서는 다른 부분과의 중복을 피하기 위하여, 감사(감사위원회), 외부감사인, 검사인을 중심으로 살펴본다.

1. 업무감사 · 회계감사

감사의 내용은 통상 업무감사와 회계감사로 나누어 설명된다. 업무감사는 회사의 업무집행이 법령 · 정관에 적합한지, 그리고 회사의 이익을 위하여 합리적 · 타당하게 이루어지고 있는지를 점검하는 것이다. 반면 회계감사는 회사의 회계가 공정하고 타당한 회계원칙에 따라 표시되어 있는지를 확인하는 감사로서, 넓은 의미에서는 적법성에 대한 업무감사의 한 유형으로 이해할 수 있다.

결국 "이사가 회사의 일을 어떻게 처리하고 있는가?"라는 관점에서 이루어지는 것이 업무감사이고, "그 처리 결과가 재무제표에 어떻게 반영되어 있는가?"라는 관점에서 이루어지는 것이 회계감사라고 정리할 수 있다. 예컨대 이사가 대규모 설비투자를 결정한 경우, 업무감사는 그 결정이 절차상 적법하고 회사의 이익에 비추어 합리적인지를 점검하는 데 초점이 맞추어지고, 회계감사는 그 투자비용과 감가상각이 재무제표에 적정하게 반영되었는지를 확인하는 데 중점을 둔다.

2. 내부감사 · 외부감사

감사는 그 주체에 따라 내부감사와 외부감사로도 구분된다. 내부감사는 회사 내부기관이 수행하는 감사이고, 외부감사는 회사와 독립된 외부 주체가 수행하는 감사이다.

먼저 내부적 통제로서, 이사회와 감사(또는 감사위원회)는 업무와 회계를 중심으로 상시적인 감사를 수행한다. 주주총회는 이사의 선임・해임, 재무제표 승인 등을 통해 간접적인 방식으로 업무 및 회계에 대한 통제를 한다. 일반주주는 신주발행무효의 소(상 429조) 등을 통해, 소수주주는 대표소송(상 403조), 회계장부 열람・등사청구(상 466조) 등을 통해 이사에 대한 사후적 통제를 행사한다. 준법지원인은 내부통제시스템의 일환으로서 준법통제기준의 준수 여부를 점검한다.

다음으로 외부적 통제로서, 검사인은 회사 설립절차 등 특정 사안을 조사하기 위하여 법원이 선임하는 임시적 조사기관이다. 또 하나의 외부적 통제로서, 외부감사법에 따라 일정한 주식회사가 외부감사인의 회계감사를 받아야 한다. 이는 회사와 이해관계를 가지지 않는 제3자가 재무정보의 신뢰성을 검증함으로써, 투자자와 채권자를 보호하려는 제도이다.

정리하면, 감사제도는 "누가, 무엇을, 어느 수준에서 통제할 것인가"를 다층적으로 설계한 구조라고 할 수 있다. 그리고 이러한 감사체계 가운데, 상법상 회사 내부의 핵심적인 감사기관이 바로 감사(또는 감사위원회)이다.

Ⅱ. 감사

1. 의의

감사는 회사의 업무감사와 회계감사를 주된 임무로 하는 필요적 상설기관이다. 다만 일정 요건에 해당하는 소규모회사의 경우에는 감사가 임의기관으로 전환되어, 그 설치 여부를 회사가 선택할 수 있다(상 409조). 이는 출자자와 경영자가 동일하거나 밀접하게 결합된 소규모회사에서는 별도의 감사기관을 두는 실익이 상대적으로 크지 않다는 점을 반영한 것이다. 이러한 예외를 제외하면, 회사는 감사 또는 감사위원회 중 어느 하나를 반드시 두어야 하며, 감사위원회를 설치한 경우에는 감사를 둘 수 없으므로 양자는 병존할 수 없다(상 415조의2). 감사는 이사회로부터 독립된 기관으로서, 이사회와 병렬적으로 회사의 내부통제 기능을 담당하는 기관이라고 이해할 수 있다.

감사는 반드시 상근일 필요는 없다. 그러나 자산총액 1천억 원 이상인 상장회사는 주주총회 결의에 따라 상근감사 1인 이상을 두어야 한다(상 542조의10, 상령

36조).

2. 감사의 선임 · 종임 등

감사는 주주총회의 보통결의로 선임한다(상 409조). 이때 발행주식총수의 3%(정관으로 더 낮은 비율로 정하는 것은 가능)를 초과하여 주식을 보유한 주주는, 그 초과 부분에 대해서는 의결권을 행사할 수 없다(상 409조 · 542조의12). 이는 지배주주의 영향력을 제한함으로써 감사의 독립성과 공정성을 제도적으로 확보하려는 장치이다. 예컨대 어느 회사의 감사 선임과 관련하여 의결권 제한의 기준 비율이 법령 또는 정관에 따라 발행주식총수의 3%로 정해져 있는 경우, A 주주가 10%의 주식을 보유하고 있더라도 감사의 선임과 관련해서는 3%까지만 의결권을 행사할 수 있고, 그 초과 부분에 대해서는 의결권이 제한된다.

감사의 수에는 상법상 제한이 없다. 또한 상법의 일반 규정은 감사의 자격에 관하여 특별한 제한을 두고 있지 않다. 다만 자산총액 1천억 원 이상인 상장회사의 상근감사에 대해서는 별도의 자격 제한이 적용된다. 예컨대 제한능력자나 회사의 경영에 사실상 영향력을 행사하는 주요주주 등은 상근감사가 될 수 없고, 이미 취임한 경우에도 그 지위를 유지할 수 없다(상 542조의10, 상령 36조). 이는 상장회사 상근감사에게 요구되는 책임성과 독립성을 강화하기 위한 규정이다.

감사는 회사 및 자회사의 이사, 지배인 또는 기타 사용인의 직무를 겸직하지 못한다(상 411조). 이는 자신이 집행한 업무를 스스로 감사하는 상황, 즉 자기감사를 방지하기 위한 것이다. 같은 취지에서 감사는 집행임원을 겸직할 수도 없다고 해석된다.

감사의 임기는 취임 후 3년 내의 최종 결산기에 관한 정기주주총회 종결 시까지이다(상 410조). 이는 이사의 임기와 비교하여 지나치게 길지도, 짧지도 않은 기간으로 설정된 것으로, 감사가 빈번한 재선임 여부에 대한 고려로부터 벗어나 독립적으로 직무를 수행하면서도, 장기간 권한이 고착되는 것을 방지하려는 취지를 반영한 것이다.

감사의 보수는 정관 또는 주주총회 결의로 정한다(상 415조 · 388조). 만약 이사회나 대표이사가 일방적으로 감사의 보수를 정할 수 있다면, 감사의 독립성이 훼손될 우려가 있기 때문이다.

감사는 회사와 위임관계에 있으므로(상 415조 · 382조), 종임사유 역시 원칙적으로 이사와 동일하다. 감사는 주주총회에서 자신의 해임 의안이 상정된 경우, 그 해임에 관하여 의견을 진술할 수 있다(상 409조의2). 이는 해임 절차에서 감사의 방어권을 보장하고, 감사의 독립성을 제도적으로 보호하기 위한 장치이다. 감사의 해임에 있어서도 상장회사의 경우에는 발행주식총수의 3%(정관으로 더 낮은 비율로 정하는 것은 가능)를 초과하여 주식을 보유한 주주는, 그 초과 부분에 대해서는 의결권을 행사할 수 없다(상 542조의12). 상장회사의 경우 해임에 있어서도 동일한 규제를 두는 것은, 지배주주가 해임을 수단으로 감사를 압박하거나 통제하는 것을 방지하려는 취지에 따른 것이다. 또한 감사의 직무집행정지 및 직무대행자 선임에 관해서는 이사에 관한 규정을 준용한다(상 415조 · 407조).

3. 감사의 권한

(1) 업무감사권

감사는 이사의 직무집행을 감사한다(상 412조). 이 권한에는 회사의 회계가 적정하게 처리되고 있는지를 확인하는 회계감사와, 이사의 행위가 법령 · 정관에 위반되는지를 점검하는 적법성감사가 포함된다.

그렇다면 감사는 이사의 경영상 판단이 합리적인지, 또는 효율적인지까지도 평가할 수 있을까? 이는 타당성감사의 문제로서, 감사가 타당성감사를 할 수 있는지 여부를 둘러싸고 논의가 있다. 다수설은 감사의 타당성감사는 명문의 근거가 있는 경우에 한하여 인정된다고 본다. 명문으로 타당성감사가 인정되는 대표적인 예로는 주주총회에 제출될 의안 및 서류에 대한 타당성감사가 있다(상 413조). 또한, 재무제표 및 영업보고서와 관련하여서도 일정한 범위에서 타당성감사를 명시적으로 요구하고 있는데, 감사는 ① 대차대조표 또는 손익계산서의 작성에 관한 회계방침의 변경이 타당한지 여부와 그 이유, ② 이익잉여금의 처분 또는 결손금의 처리가 회사의 재무상태나 그 밖의 사정에 비추어 현저하게 부당한 경우에는 그 뜻을 감사보고서에 기재하도록 되어 있다(상 447조의4).

이 견해에 따르면, 명문의 근거가 없는 일반적인 경영판단의 영역에까지 감사가 타당성감사를 수행하는 것은 허용되기 어렵다. 감사가 경영판단의 타당성까지 일상적으로 평가하게 되면, 이사의 경영판단과 충돌이 불가피하고, 이는 회사기관 간 권한분배의 원칙에 반하게 되기 때문이다. 즉, 경영판단에 대한 1차적 책임과 감독은 경영을 담당하는 이사회에 맡기는 것이 상법이 예정한 지배구조에 부합한다는 관점이다.

(2) 업무감사 관련 권한

감사가 실효성 있는 감사를 수행하기 위해서는 단순한 문서 열람에 그쳐서는 충분하지 않다. 이에 상법은 감사가 이사의 업무집행 전반을 실질적으로 점검할 수 있도록 다음과 같은 구체적인 권한을 부여하고 있다.

① 이사에게 보고를 요구하거나 회사의 업무 및 재산상태를 직접 조사할 권한(상 412조)

② 모회사의 감사가 자회사에 대하여 보고를 요구하고, 필요한 경우 자회사의 업무 및 재산상태를 조사할 수 있는 권한(상 412조의5). 예컨대 자회사에서 반복적으로 대손이 발생하여 기업집단 전체의 재무구조에 부담을 주고 있는 경우, 모회사의 감사는 자회사 경영진에게 부실채권 관리실태에 관한 보고를 요구하고, 필요하다면 자회사를 직접 방문하여 채권관리절차를 조사할 수 있다.

③ 감사업무 수행을 위해 회사 비용으로 전문가의 조력을 받을 권한(상 412조)

④ 이사회 출석 · 진술권(상 391조의2)

⑤ 이사회 또는 주주총회에 대한 소집청구권(또는 소집권)(상 412조의4 · 412조의3 · 366조)

⑥ 이사의 위법행위에 대한 유지청구권(상 402조)

⑦ 회사설립무효의 소를 비롯한 각종 소 제기권(상 328조 · 376조 · 529조 등)

이처럼 감사는 단순히 보고서를 검토하는 수동적 기관에 그치지 않고, 필요할 경우 회의 소집을 요구하고, 나아가 소송을 통해 책임을 추궁할 수 있는 적극적 · 능동적 감독기관으로 이해될 수 있다.

(3) 소송 시 회사대표권

이사와 회사 간의 소송, 특히 대표소송과 같이 이사의 책임을 문제 삼는 소송에서 대표이사가 회사를 대표한다면 어떤 문제가 발생할 수 있을까? 대표이사와 당해 이사 사이의 인적 관계나 이해관계를 고려하면, 공정하고 충실한 소송 수행을 기대하기 어렵다. 이러한 이해상충을 방지하기 위하여, 이사와 회사 간의 소송(대표소송 포함)에서는 대표이사에게 대표권이 없고, 감사가 회사를 대표한다(상 394조).

감사를 두지 않는 소규모회사의 경우에는 법원이 회사를 대표할 자를 선임한다(상 409조). 또한 집행임원설치회사에서는 이사회가 집행임원과 회사 사이의 소송에서 회사를 대표할 자를 선임할 권한을 가진다(상 408조의2). 이는 집행임원설치회사에서 이사회와 집행임원의 관계가 이사 상호 간의 이해상충 관계라기보다는, 감독기관과 업무집행기관 사이의 관계로 파악되기 때문이다. 따라서 이 경우에는 감사가 대표자로 되는 원칙에 따르지 않고, 이사회가 대표자 선임을 주도하는 방식을 취한 것이다.

4. 감사의 의무 · 책임

(1) 의무

감사와 회사는 위임관계에 있으므로(상 415조 · 382조), 감사는 민법상 위임관계에 기초한 선관주의의무를 부담한다(민 681조). 이에 부수하여 직무상 알게 된 회사의 비밀을 보호할 의무도 인정된다(상 415조 · 382조의4).

반면, 이사의 충실의무, 경업 · 겸직금지의무, 회사기회유용금지, 자기거래금지(상 382조의3 · 397조~398조)는 감사에게는 준용되지 않는다. 감사는 원칙적으로 업무집행을 겸직할 수 없고(상 411조), 감사 직무의 성질상 회사와 이해상충을 일으킬 가능성이 상대적으로 크지 않다는 점을 고려한 것이다.

감사는 이사가 법령 또는 정관에 위반한 행위를 하거나 그러한 행위를 할 염려가 있다고 인정하는 경우, 지체 없이 이사회에 이를 보고해야 한다(상 391조의2). 이는 감사가 단순한 사후적 감시자에 그치는 것이 아니라, 위법의 징후를 조기에 발견하여 이사회에 이를 알리고 주의를 환기하는 역할을 담당함을 의미한다.

또한 감사는 이사가 주주총회에 제출할 의안 및 서류를 조사하여, 법령 또는 정관에 위반되거나 현저하게 부당한 사항이 있는지 여부에 관해 주주총회에서 의견을 진술해야 한다(상 413조). 이때 법령 · 정관 위반 여부의 판단은 적법성감사에 해당한다. 이에 비해 현저한 부당성의 판단은 타당성감사의 문제이며, 이는 상법 제413조와 같이 법률이 명시적으로 요구하는 범위 내에서만 인정된다.

감사는 재무제표와 영업보고서에 대한 감사보고서를 작성하여 이사에게 제출해야 하며(상 447조의4), 이는 외부에 공시되는 재무정보의 신뢰성을 확보하기 위한 핵심 절차이다.

아울러 감사는 감사의 실시방법과 그 결과를 기재한 감사록을 작성하고 기명날인 또는 서명해야 한다(상 413조의2). 이는 사후적으로 감사활동의 적정성과 충실성을 검증하기 위한 기본 자료가 된다.

(2) **책임**

감사의 책임 구조는 기본적으로 이사의 책임 구조와 동일하게 이해할 수 있다. 즉 감사도 이사와 마찬가지로, 임무를 해태한 경우 회사에 대하여 연대하여 손해배상책임을 지고, 악의 또는 중과실로 임무를 해태한 경우에는 제3자에 대하여도 연대하여 손해배상책임을 진다(상 414조). 감사와 함께 책임을 지는 이사가 있는 경우에는, 감사와 이사가 연대하여 배상책임을 부담한다(상 414조). 이 점은 상근감사와 비상근감사를 구별하지 않으며, 판례 역시 비상근감사에 대하여 동일한 책임을 인정하고 있다.

판례는 감사의 중과실 여부를 비교적 엄격하게 판단한다. 예컨대 감사가 자신의 도장을 회사에 맡긴 채 실질적인 감사업무를 수행하지 않아, 이사의 분식회계를 장기간 방치한 경우에는 중과실이 인정되어 제3자에 대한 책임이 긍정되었다. 반면, 감사가 결산 관련 감사업무를 실제로 수행하였음에도 불구하고, 회사 내부에서 조직적·교묘하게 이루어진 분식결산을 발견하지 못한 경우에는, 그 은폐 방식이 감사로서 통상 기대되는 주의의무의 범위를 넘어선 것이었다는 이유로 책임이 부정되었다.

앞선 사례는 감사가 형식적으로만 존재하면서 직무를 사실상 방기한 상태라는 점에서, 그 자체가 중과실로 평가된 경우이다. 반대로 후자의 사례는, 통상적이고 합리적인 감사절차를 이행한 경우에는 조직적·은폐적인 위법행위의 결과적 미발견만을 이유로 중과실을 추단하지 않음으로써, 감사에게 요구되는 주의의무의 범위를 직무의 현실적 한계 내에서 설정하고 있음을 분명히 하고 있다. 이러한 판례의 태도는, 감사의 직무 성격과 책임 구조를 전제로 중과실 해당성의 판단을 사실인정 단계에서 엄격하게 운용한 결과로 이해할 수 있다.

또한 이사의 책임면제·경감에 관한 규정은 감사에게도 준용되므로(상 400

조·415조), 감사의 책임 역시 같은 요건 아래에서 면제 또는 경감될 수 있다. 나아가 주주의 대표소송에 관한 규정(상 403조~406조·406조의2)도 감사의 책임에 준용되므로(상 415조), 소수주주는 감사의 책임에 대해서도 대표소송을 제기할 수 있다. 이로써 감사 역시 주주에 의해 직접 통제되는 책임주체로 자리매김하게 된다.

Ⅲ. 감사위원회

1. 의의

회사는 정관에 특별한 규정이 없는 한 감사를 두어야 한다. 다만 정관이 정하는 경우에는 감사 대신 감사위원회를 둘 수 있으며, 이 경우에는 더 이상 감사를 둘 수 없다(상 415조의2). 즉, 상법은 원칙적으로 감사 체제를 예정하면서도, 회사의 선택에 따라 감사위원회 체제로 전환할 수 있도록 하고 있다. 이때 감사가 이사회 외부에 위치한 독립적 감시기관이라면, 감사위원회는 이사회 내부에 설치된 독립적 감시기관이라는 점에서 구조적 차이가 있다.

한편 자산총액이 2조 원 이상인 상장회사는 감사와 감사위원회 중에서 선택할 수 없고, 감사위원회를 반드시 설치해야 한다(상 542조의11, 상령 37조). 이는 회사 규모가 커질수록 단독 감사보다는 감사위원회를 중심으로 한 집단적 감사체계를 통해 감사기능의 독립성과 실효성을 제도적으로 강화하려는 입법정책을 반영한 것이다. 즉, 복수의 이사로 구성된 감사위원회를 통해 상호 견제와 논의를 가능하게 함으로써, 감사기능이 특정 개인의 역량에 과도하게 의존하는 것을 방지하고 구조적 차원의 감시 기능을 확보하려는 데 그 제도적 의의가 있다고 이해할 수 있다. 나아가 상법 제542조의11 및 제542조의12는 이와 같이 설치가 강제되는 감사위원회의 전문성과 독립성을 강화하기 위한 제도적 장치를 두고 있다.

또한 자산총액 1천억 원 이상 2조 원 미만인 상장회사는 원칙적으로 상근감사를 두어야 하나(상 542조의10, 상령 36조), 상근감사 대신 감사위원회를 설치하는 경우에는 상법 제542조의11 및 제542조의12의 요건을 충족해야 한다(상 542조의10). 이는 이 규모의 상장회사에서 감사위원회를 선택하더라도, 상근감사 이상의 전문성과 독립성을 확보하도록 하려는 취지이다.

결국 상법은 감사위원회 제도를 통해 감사기능의 집단화를 도모하되, 자산총액 2조 원 이상인 상장회사에 대하여는 감사위원회의 설치를 의무화하고 상법 제542조의11 및 제542조의12를 통해 그 전문성과 독립성을 강화하는 제도적 장치를 두는 한편, 그보다 규모가 작은 상장회사에 대해서는 선택의 여지를 두되 선택 시에는 동일한 요건을 충족하도록 하는 단계적 구조를 취하고 있다고 볼 수 있다.

감사위원회는 기본적으로 감사와 마찬가지로 회사의 업무감사와 회계감사를 주된 임무로 한다. 또한 감사위원회 역시 이사회로부터 독립된 감시기관으로 이해되며, 회사 내부 통제체계의 핵심적 위치를 차지한다. 다만 감사와 감사위원회 사이에는 중요한 구조적 차이가 존재한다. 감사는 이사회와 분리된 단일기관인 반면, 감사위원회는 이사회 내 위원회(상 393조의2)의 일종이라는 점이다. 이로 인해 감사위원은 모두 이사의 지위를 가지며, 그 중 사내이사는 업무집행에 관여하거나 직접 집행에 참여하기도 한다.

이 지점에서 자연스럽게 다음과 같은 의문이 제기된다. 감사위원이 이사로서 특정 업무집행에 관여하였다면, 이후 감사위원회가 그 업무를 감사하는 것은 결국 자기 업무를 스스로 감사하는 자기감사에 해당하지 않는가? 예컨대 사내이사인 감사위원이 대규모 M&A에 관한 이사회 결의에 참여한 뒤, 이후 감사위원회가 해당 M&A의 절차적 적정성을 감사해야 한다면, 그 감사위원은 자신이 관여한 의사결정을 스스로 평가하는 위치에 서게 된다.

그렇다면 감사위원회가 감사와 마찬가지로 이사회로부터 충분히 독립된 감시기관이라고 볼 수 있을까? 이러한 우려를 고려하여 상법은 감사위원회에 대하여 일정 수 이상의 사외이사로 구성할 것, 그 중 일부는 회계·재무에 관한 전문성을 갖출 것 등을 요구함으로써, 감사위원회의 독립성과 전문성을 제도적으로 보완하고 있다.

결국 감사위원회는 형식상 이사회 내부위원회이지만, 기능과 책임의 측면에서는 감사에 준하는 독립적 감시기관으로 평가된다. 이는 대규모·상장회사를 중심으로 감사기능을 전문화하고 집단화함으로써, 지배구조의 투명성과 책임성을 강화하려는 현대 회사법의 흐름을 반영한 것으로 이해할 수 있다.

2. 감사위원의 임면 등

(1) 임면

감사위원의 임면 방식은 상장회사 여부, 그리고 상장회사인 경우에는 자산총액의 규모에 따라 달라진다. 먼저 다음 두 유형의 상장회사부터 살펴본다. 첫째, 자산총액이 2조 원 이상으로 감사위원회 설치가 의무인 상장회사, 둘째, 자산총액이 1천억 원 이상 2조 원 미만으로서 원칙적으로 상근감사를 두어야 하나 상근감사 대신 감사위원회를 설치한 상장회사이다(상 542조의10, 상령 36조).

이들 회사에서 감사위원은 주주총회의 보통결의로 선임되고, 주주총회의 특별결의로 해임된다(상 542조의12). 해임 시에 특별결의를 요구하는 것은 감사위원이 지배주주나 경영진의 의사에 따라 쉽게 교체되는 것을 방지하기 위한 것이다. 또한 감사위원의 선임・해임에 있어서는 의결권 제한이 적용된다. 즉, 발행주식총수의 3%(정관으로 더 낮은 비율로 정하는 것은 가능)를 초과하여 주식을 보유한 주주는 그 초과분에 대해서는 의결권을 행사할 수 없다(상 542조의12). 이는 지배주주의 영향력을 조절함으로써 감사위원의 독립성과 공정성을 확보하려는 장치이다.

위와 같은 상장회사를 제외한 상장회사 및 비상장회사에서는 감사위원을 이사회 결의로 선임・해임할 수 있다(상 393조의2). 다만 이사회가 감사위원을 해임하는 경우에는 이사 총수 3분의 2 이상의 결의가 필요하다(상 415조의2). 선임보다 해임 요건을 엄격하게 설정한 것은, 감사위원의 직무상 독립성을 실질적으로 보장하려는 취지이다.

감사위원은 이사의 지위를 전제로 하므로, 원칙적으로는 주주총회에서 이사를 선임한 후 그 중에서 감사위원을 선임하게 된다(상 542조의12). 그러나 자산총액 2조 원 이상인 상장회사에서는 예외적으로, 감사위원 중 1명(정관으로 2명 이상으로 정할 수 있으며, 정관으로 정한 경우에는 그에 따른 인원)은 주주총회 결의로 다른 이사들과 분리하여 감사위원이 되는 이사로 선임하여야 한다(상 542조의12). 이를 분리선임이라 한다.

분리선임되는 감사위원은 하나의 주주총회 결의로 이사와 감사위원의 지위를 동시에 취득하게 되며, 이사 선임 단계부터 의결권 제한이 적용된 주주총회 결의를 거치게 된다. 이에 따라 감사위원의 독립성을 감사위원 선임 단계가 아니라 이사 선임 단계에서부터 확보할 수 있게 된다. 분리선임 제도가 도입되기 이전에는, 감사위원이 될 이사를 선임하는 단계에서는 의결권 제한이 전혀 적용되지 않았고, 선임된 이사 중에서 감사위원을 선임하는 단계에서만 의결권 제한이 적용되었다. 이러한 구조에서는 지배주주가 이사 선임 단계에서 사실상 감사위원 인선을 좌우할 수 있다는 한계가 있었다.

이러한 한계를 보완하여 분리선임을 보다 실효적으로 운영하기 위하여, 2025년 개정 상법은 분리선임 대상인 감사위원의 수를 종전 최소 1명에서 2명으로 확대하였다. 이 개정 규정은 2026년 9월부터 시행된다.

(2) 수

감사위원회는 3명 이상의 이사로 구성하여야 하며, 그 중 사외이사가 3분의 2 이상이어야 한다(상 415조의2). 이처럼 사외이사의 비율을 높게 요구하는 것은, 감사위원회가 이사회 내부기구라는 한계를 가지면서도 독립성과 감시기능을 실질적으로 확보하도록 하기 위한 것이다.

(3) 자격

감사위원회가 이사회 내 위원회인 이상, 감사위원은 모두 이사의 자격을 갖추어야 하며, 그 중 사외이사인 감사위원은 사외이사의 자격요건을 충족해야 한다. 여기에 더하여, 감사위원의 전문성과 독립성을 강화하기 위해 다음과 같은 추가 요건이 부과된다.

감사위원회 설치가 의무인 상장회사에서는 감사위원 중 1인 이상이 회계 또는 재무 분야의 전문가여야 하고, 감사위원회의 대표(위원장)는 사외이사여야 한다(상 542조의11, 상령 37조). 또한 사외이사가 아닌 감사위원은 상장회사 상근감사에게 요구되는 선임·유지 요건을 갖추어야 한다(상 542조의11). 이는 상근감사에게 부과되는 독립성·적격성 기준을, 사외이사가 아닌 감사위원에게도 그대로 적용하려는 취지이다.

나아가 자산총액 1천억 원 이상 2조 원 미만의 상장회사가 상근감사 대신에 감사위원회를 설치하는 경우에도, 그 감사위원들은 자산총액 2조 원 이상인 상장회사에 요구되는 감사위원 요건을 그대로 충족하여야 한다(상 542조의10).

(4) 겸직

감사와 달리, 감사위원의 겸직은 원칙적으로 허용된다. 감사위원회는 회의체 기관이고, 그 구성에서 사외이사 비중을 높게 유지함으로써 독립성을 확보하는 구조이므로, 모든 감사위원에게 업무집행과의 완전한 분리를 요구하지는 않는다. 따라서 사내이사도 감사위원이 될 수 있으나(상 415조의2), 전체 감사위원의 3분의 2 이상이 사외이사로 구성되어 있어 감사위원회 전체의 독립성은 제도적으로 담보된다. 이 점에서 감사위원회는 이사회에 완전히 외재적인 감시기관이라기보다는, 사외이사를 중심으로 한 이사회 내부의 감시기관으로 이해할 수 있다.

(5) 임기, 보수, 직무대행 등

감사위원의 임기, 보수, 직무대행 등에 관한 사항은 정관이나 이사회 결의로 정할 수 있으며, 별도의 규정이 없는 경우에는 감사위원이 이사라는 점을 고려하여 이사에 관한 일반 규정이 적용된다. 즉, 감사위원은 감사기능을 남낭하는 특수한 지위의 이사로 파악된다.

(6) 종임

감사위원은 이사이므로, 종임사유 역시 이사와 동일하다. 감사위원의 해임 주체도 선임 주체와 동일하게 구성된다. 다만, 이사회가 감사위원을 해임하는 경우에는 이사 총수 3분의 2 이상의 결의가 필요하다(상 415조의2). 이는 감사위원이 지배주주나 경영진의 영향 아래에서 쉽게 교체되는 것을 방지하기 위한 제도적 장치로 이해된다.

3. 감사위원회의 운영

감사위원회는 이사회 내 위원회이므로, 그 운영방식은 원칙적으로 상법상 이사회 내 위원회에 관한 규정(상 393조의2)을 따른다. 따라서 소집, 결의방법 등 기본적인 절차는 다른 이사회 위원회와 동일한 틀 안에서 이루어진다.

다만 감사위원회에는 중요한 예외가 있다. 이사회 내 위원회에 대해서는 원칙적으로 이사회가 그 결의사항을 다시 취소·변경하는 재결의를 할 수 있지만(상 393조의2), 감사위원회의 결의에 대해서는 이러한 재결의가 허용되지 않는다(상 415조의2). 이는 감사위원회가 단순한 이사회 내부의 보조기구가 아니라, 감시기관으로서 이사회와 일정한 독립성과 대등성을 유지해야 하기 때문이다. 만약 이사회가 감사위원회의 결의를 자유롭게 취소·변경할 수 있다면, 감사기능은 실질을 잃고 형식에 그칠 위험이 크다.

예컨대 감사위원회가 특정 이사에 대한 손해배상청구나 해임 건의가 필요하다고 판단하여 결의했음에도, 이사회가 이를 손쉽게 뒤집을 수 있다면, 감시 대상이 감시기관의 결정을 사실상 무력화하는 결과가 된다. 이는 감사위원회 제도의 존재 이유 자체를 훼손하는 결과로 이어질 수 있다.

감사위원회는 그 결의로 위원회를 대표할 자를 선정해야 하며(상 415조의2), 이 대표감사위원은 감사위원회를 대표하여 대내외적으로 업무를 수행하고, 감사활동을 책임지는 중심점 역할을 담당한다. 특히 자산총액 2조 원 이상으로 감사위원회 설치가 의무인 상장회사에서는, 대표감사위원은 반드시 사외이사여야 한다(상 542조의11, 상령 37조). 이는 감사위원회 내부에서도 핵심적 지위를 사외이사에게 맡김으로써 독립성을 한층 강화하려는 취지이다.

4. 감사위원회의 권한

감사의 권한에 관한 규정은 감사위원회에 준용되므로(상 415조의2), 앞서 살펴본 감사의 권한에 관한 논의는 감사위원회에도 그대로 적용된다.

5. 감사위원회의 의무·책임

마찬가지로 감사의 의무와 책임에 관한 규정도 감사위원회에 준용된다(상 415조의2). 따라서 감사위원회의 의무·책임의 범위와 내용 역시 앞서 검토한 감사의 의무·책임에 관한 설명과 동일하게 이해하면 된다.

Ⅳ. 외부감사인

1. 의의

회사의 회계감사는 원칙적으로 내부기관인 감사(또는 감사위원회)가 담당한다. 그러나 내부감사만으로는 회계정보의 신뢰성에 대한 시장의 기대를 충분히 충족시키기 어렵다는 비판이 지속적으로 제기되어 왔다. 특히 상장회사나 일정 규모 이상의 비상장회사의 경우, 재무정보는 더 이상 회사 내부 이해관계인에 국한된 문제가 아니라, 자본시장 전체의 신뢰와 직결되는 공적 성격을 띤다.

이러한 문제의식에서 도입된 것이 외부감사인 제도이다. 외부감사인은 회사와 인적·경제적으로 독립된 외부전문가인 회계법인 또는 감사반(공인회계사로 구성)으로서, 회사의 재무제표가 공정·타당한 회계기준에 따라 작성되었는지를 감사하고, 그 결과를 외부에 보고하는 역할을 수행한다(외감 4조).

결국 외부감사인 제도는, 내부감사로는 담보하기 어려운 회계정보의 신뢰성을 독립된 전문가의 감사와 그에 상응하는 책임·의무를 통해 제도적으로 확보하려는 장치이다. 즉, 외부감사인은 회계의 기술적 검증자이면서 동시에, 자본시장에서 신뢰를 유지하기 위한 하나의 공적 규범의 담당자로 기능한다고 이해할 수 있다.

정리하면, 외부감사인 제도의 정책적 의의는 다음과 같은 이원적 구조를 통해 내부통제와 외부통제를 결합하는 데 있다고 할 수 있다.

- **감사·감사위원회** – 회사 내부의 상설적 감시기관
- **외부감사인** – 회사와 독립된 외부의 전문적인 감사주체

2. 적용범위

그렇다면 모든 회사가 외부감사를 받아야 할까? 외부감사법은 외부감사를 받아야 할 의무를 모든 회사에 일률적으로 부과하지 않고, 다음과 같이 일정 규모 이상의 회사로 그 적용범위를 한정하고 있다(외감 4조, 외감령 5조).

첫째, 주권상장법인이다. 상장회사의 재무정보는 일반투자자와 자본시장 전체가 활용하는 공적 정보이므로, 외부감사를 통해 그 신뢰성을 확보할 필요가 크다. 여기에는 해당 사업연도 또는 다음 사업연도 중에 주권상장법인이 되려는 회사도 포함된다.

둘째, 직전 사업연도 말 기준으로 자산, 부채, 종업원 수 또는 매출액 등이 대통령령으로 정하는 일정 기준에 해당하는 회사이다. 이 경우 상장 여부와 관계없이 외부감사를 받아야 한다(외감령 5조). 구체적으로는, ① 자산총액이 500억 원 이상인 회사, ② 매출액이 500억 원 이상인 회사, 또는 ③ 자산총액 120억 원 이상, 부채총액 70억 원 이상, 매출액 100억 원 이상, 종업원 수 100명 이상이라

는 네 가지 기준 중에서 두 가지 이상에 해당하는 회사가 이에 포함된다.

3. 외부감사인의 선임

외부감사인은 회사의 외부감사를 담당하는 자로서, 회계법인 또는 공인회계사로 구성된 감사반이 이에 해당한다(외감 2조). 따라서 외부감사인은 조직 형태에 따라 회계법인과 감사반으로 나뉜다. 회사는 원칙적으로 매 사업연도 개시일부터 45일 이내에 해당 사업연도의 외부감사인을 선임하여야 한다(외감 10조). 이는 사업연도 중간이 아니라 초기 단계에서 감사인을 확정함으로써, 재무제표 작성과 주요 회계처리가 이루어지는 전 과정에서 외부감사인이 지속적으로 관여하고 점검할 수 있도록 하기 위한 것이다. 다시 말해, 사후적 확인에 그치지 않고 과정 전반에 대한 통제를 가능하게 하려는 취지이다.

4. 외부감사인의 권한

실질적인 감사업무 수행을 위해 외부감사법은 외부감사인에게 강력한 권한을 부여하고 있다.

첫째, 재무제표의 수령권이다. 회사는 해당 사업연도의 재무제표를 작성하여 법이 정한 기간 내에 외부감사인에게 제출하여야 한다(외감 5조~7조).

둘째, 회계장부 등의 열람·조사권이다. 외부감사인은 회사 및 관계회사의 회계 관련 장부·서류를 열람·복사하거나 회계자료의 제출을 요구할 수 있고, 그 직무 수행을 위하여 특히 필요하다고 인정되는 경우에는 회사 및 관계회사의 업무와 재산상태를 조사할 수 있다(외감 21조). 예컨대 재고자산의 실재 여부를 확인하기 위해 창고를 직접 방문하거나, 공정의 실질을 확인하기 위해 공장을 점검하는 경우를 들 수 있다. 이처럼 외부감사인의 권한은 단순한 서면 확인에 그치지 않고, 거래와 자산의 실체까지 점검할 수 있도록 폭넓게 인정된다.

5. 외부감사인의 의무

외부감사인은 강한 권한에 상응하여 엄격한 의무를 부담한다. 주요 의무는 다음과 같다.

첫째, 감사 실시 및 감사보고서 제출에 대한 의무이다. 외부감사인은 공정·타당하다고 인정되는 회계감사기준에 따라 감사를 실시하여야 하고(외감 16조), 그 결과를 기재한 감사보고서를 작성하여야 한다(외감 18조). 또한 감사보고서는 일정한 기간 내에 회사, 증권선물위원회 및 한국공인회계사회에 제출하여야 한다(외감 23조). 이 감사보고서는 투자자와 채권자가 재무제표의 신뢰성을 판단하는 핵심적인 기초자료가 된다.

둘째, 비밀준수의무이다. 외부감사인은 직무수행 과정에서 알게 된 비밀을 누설하거나 부당한 목적을 위해 이용해서는 안 된다(외감 20조). 예를 들어, 감사인이 감사과정에서 취득한 미공개 재무정보를 이용하여 주식을 거래하는 행위는 명백한 위반에 해당한다.

셋째, 보고·통보·진술·답변의무이다. 외부감사인은 직무수행 중 이사의 직무집행과 관련된 부정행위 또는 중대한 위법사실을 발견한 경우, 이를 감사 또는 감사위원회에 통보하고 주주총회에 보고하여야 한다(외감 22조). 이를 통해 외부감사인은 단순한 재무제표 검증을 넘어, 회사 지배구조 전반의 감시체계에 참여하는 역할을 하게 된다.

한편, 감사 또는 감사위원회가 이사의 직무수행과 관련된 중대한 위법사실을 발견한 경우에는 이를 외부감사인에게 통보하여야 하고, 외부감사인이 회계처리가 회계기준을 위반한 사실을 발견한 경우에도 이를 다시 감사 또는 감사위원회에 통보하여야 한다(외감 22조). 통보를 받은 감사 또는 감사위원회는 회사 비용으로 외부 전문가를 선임하여 위반 사실을 조사하고, 그 결과에 따라 대표이사에게 시정 등을 요구하여야 한다(외감 22조). 이처럼 외부감사인과 감사(감사위원회) 사이에는 상호 통보를 통한 연계적 감시구조가 형성되어 있다.

마지막으로, 외부감사인 또는 그 소속 공인회계사는 주주총회의 요구가 있는 경우 출석하여 의견을 진술하거나 주주의 질문에 답변하여야 한다(외감 24조). 이를 통해 주주는 외부감사인을 매개로 회사 재무정보의 적정성에 대해 직접 확인하고 검증할 수 있는 통로를 갖게 된다.

6. 외부감사인의 책임

외부감사인은 강한 조사권과 높은 전문성을 부여받는 대신, 그에 상응하는 무거운 책임을 부담한다.

먼저, 외부감사인이 그 임무를 게을리하여 회사에 손해를 입힌 경우에는 회사에 대하여 손해배상책임을 진다(외감 31조). 예컨대, 명백한 재무제표 왜곡이나 분식회계가 존재함에도 불구하고, 통상적인 감사절차를 거쳤다면 충분히 발견할 수 있었던 사항을 간과하여 회사가 행정제재를 받거나 신뢰를 상실하게 된 경우가 이에 해당할 수 있다.

다음으로, 외부감사인이 중요한 사항에 관하여 감사보고서에 기재하지 않거나 거짓으로 기재함으로써, 이를 신뢰하고 이용한 제3자에게 손해를 발생하게 한 경우에도 손해배상책임이 인정된다(외감 31조). 예를 들어, 투자자가 감사보고서를 신뢰하여 주식을 취득하였는데, 이후 그 보고서에 중대한 허위 또는 누락이 있었음이 밝혀진 경우, 외부감사인은 해당 투자자에 대해서도 책임을 부담할 수 있다.

또한 외부감사인이 회사 또는 제3자에 대하여 손해배상책임을 지는 경우, 해당 회사의 이사 또는 감사(또는 감사위원회)도 그 책임이 인정된다면 외부감사인과 연대하여 손해배상책임을 진다(외감 31조). 이는 단순히 "감사를 소홀히 한 감사인"만을 책임 주체로 삼는 것이 아니라, 감사인의 경고나 의견을 적절히 반영하지 않고 방치한 회사 내부의 감독기관 역시 공동으로 책임을 부담하도록 함으로써, 감사제도의 실효성을 제도적으로 확보하려는 취지이다.

입증책임에 관해서는 일반적인 원칙과 달리 전환이 이루어진다. 외부감사인 또는 감사에 참여한 공인회계사가 위와 같은 손해배상책임을 면하기 위해서는, 자신이 임무를 게을리하지 않았다는 점을 스스로 증명해야 한다(외감 31조). 이는 감사인의 전문성과 정보우위에 비추어 볼 때 합리적인 책임배분으로 이해된다.

마지막으로, 외부감사인은 이러한 손해배상책임을 실질적으로 담보하기 위하여, 손해배상공동기금의 적립이나 보험 가입 등 필요한 책임보장조치를 취하여야 한다(외감 31조). 이는 개별 회계법인 또는 감사반의 재무상태와 무관하게 피해자에 대한 구제가 현실적으로 이루어질 수 있도록 하기 위한 장치이다.

Ⅴ. 검사인

1. 의의

검사인은 회사 내부의 특정한 사안을 조사하기 위하여 임시로 활동하는 감사기관이다. 즉, 상설기관인 감사 또는 감사위원회와 달리, 지정된 목적과 기간 내에서 특정 사안에 대한 집중적인 조사를 수행한다는 점에서 그 성격이 구별된다.

그렇다면 이미 감사제도가 존재함에도 불구하고, 왜 다시 검사인 제도가 필요할까? 이는 감사의 통상적인 직무범위를 넘어서는 조사가 요구되는 경우가 있기 때문이다. 예를 들어, 회사 설립 과정에서의 자본금 충실 여부나 주주총회 결의의 적법성 자체를 조사하는 문제는, 정기적 · 일반적 업무감사를 전제로 하는 감사의 기능과는 성격을 달리한다. 이러한 영역에서는 보다 중립적이고 목적이 한정된 조사기구가 필요하게 된다.

검사인의 수나 자격에 대해서는 특별한 제한이 없다. 다만 조사 대상과의 이해상충을 방지하기 위하여, 해당 회사의 이사 · 감사 · 사용인은 검사인이 될 수 없다. 이는 자기행위에 대한 조사, 즉 자기감사를 배제하려는 취지이다.

2. 검사인의 선임 · 종임

(1) 선임

검사인은 법원 또는 주주총회가 선임할 수 있으며, 선임기관에 따라 조사 목적과 기능에 차이가 있다.

먼저, 법원은 다음과 같은 경우에 검사인을 선임할 수 있다. ① 회사설립 시 변태설립사항의 조사(상 298조 · 310조), ② 주주총회 소집절차나 결의방법의 적법성 조사(상 367조 · 542조), ③ 액면미달 신주발행 시 회사 재산상태 등 필요사항의 조사(상 417조), ④ 신주발행 시 현물출자 조사(상 422조), ⑤ 회사의 업무상 부정행위 또는 법령 · 정관위반의 중대한 사실이 의심되는 경우 회사의 업무 · 재산 조사(상 467조) 등이다.

다음으로, 주주총회 역시 일정한 경우 검사인을 선임할 수 있다. ① 소수주주 청구로 소집된 주주총회에서 회사의 업무 · 재산을 조사하기 위한 경우(상 366

조), ② 주주총회에서 이사가 제출한 서류나 감사의 보고서를 조사하기 위한 경우(상 367조 · 542조) 등이 이에 해당한다.

특히 법원이 선임한 검사인은 공적 감시기관으로서의 성격이 강하다. 이는 자본금충실이나 절차적 적법성의 확보가 개별 주주에 국한되지 않고, 회사의 재무상태와 의사결정을 신뢰하는 전체 이해관계자 보호와 직결되기 때문이다.

(2) 종임

검사인은 임시적 감사기관이므로 법정 임기가 존재하지 않으며, 원칙적으로 직무의 종료와 함께 종임된다. 다만 직무가 종료되기 전이라도, 법원이 선임한 경우에는 법원이, 주주총회가 선임한 경우에는 주주총회가 각각 해임할 수 있다.

3. 검사인의 권한

검사인의 권한은 선임 사유에 따라 특정 목적에 한정된다. 예컨대 변태설립사항 조사(상 298조)는 발기인이 출자의 대가로 과대평가된 재산을 출자하지 않았는지를 점검하는 데 그 목적이 있다. 이처럼 검사인은 회사의 업무와 회계를 포괄적으로 감사하는 기관이 아니라, 특정 사안을 중심으로 한정된 조사권만을 행사한다는 점에서 감사와 구별된다.

4. 검사인의 책임

검사인의 책임에 관해서는 법원이 선임한 검사인에 대한 명문의 규정이 가장 분명하다. 즉, 변태설립사항을 조사하기 위하여 법원이 선임한 검사인이 악의 또는 중과실로 임무를 해태한 경우에는 회사 또는 제3자에 대하여 손해배상책임을 진다(상 325조). 이는 회사 설립 단계에서 자본금충실 원칙과 설립절차의 적법성을 확보하기 위한 핵심적 장치이다.

이러한 명문 규정이 없는 경우에는 해석의 문제가 남는다. 주주총회가 선임한 검사인의 경우, 회사와 위임관계에 있으므로 선관주의의무(민 681조)를 부담한다고 보는 것이 일반적이다. 반면, 법원이 선임한 검사인(상 325조 제외)은 회사와 계약관계에 있지 않으므로 위임관계로 보기는 어렵다. 그럼에도 불구하고, 법원이 선임한 검사인의 기능이 주주총회가 선임한 검사인과 실질적으로 유사하다는 점에서, 그에 준하는 책임을 인정해야 한다는 견해가 있다. 이에 대하여, 검사인의 공적 기능을 중시하여 상법 제325조에 준하는 책임을 부담시켜야 한다는 견해도 있다.

제 5 관 자본금의 변동

제 1 항 자본금의 증가

Ⅰ. 의의

자본금은 채권자 보호를 위해 회사가 일정한 수준 이상으로 유지해야 할 기준 재산액이다. 이는 회사가 실제로 보유하고 있는 자산 그 자체라기보다는, 법이 규범상으로 인정하는 기준금액으로 이해하는 것이 정확하다. 자본금의 증가는 이러한 기준금액 자체를 증가시키는 것을 말하며, 통상적으로 신주발행을 통해 이루어진다.

자본금과 발행주식의 관계는 주식의 유형에 따라 달리 설명된다. 액면주식의 경우 자본금은 발행주식의 액면총액에 해당하므로(상 451조), 자본금을 증가시키기 위해서는 액면금액을 인상하거나 발행주식총수를 늘려야 한다. 반면 무액면주식에서는 액면금액이라는 개념이 존재하지 않으므로 액면금액의 증가는 불가능하다. 따라서 발행주식총수를 늘리고, 그 발행가액 중 일정 비율 이상(발행가액의 50% 이상)을 자본금으로 계상함으로써 자본금을 증가시킨다(상 451조).

예를 들어, 액면 5,000원 주식 100만 주를 발행하여 자본금이 50억 원인 회사가 추가로 50만 주를 액면 그대로 발행하면, 자본금은 75억 원으로 증가한다. 반면 무액면주식회사에서 주당 1만 원에 50만 주를 발행하면서 그 발행가액 중 60%를 자본금으로 계상하는 경우, 자본금은 30억 원(1만 × 50만 × 60%) 증가하게 된다.

Ⅱ. 신주발행의 의의

1. 개념

신주발행이란 회사 설립 후 정관에서 정한 수권자본의 범위 내에서 새로운 주식을 발행하는 것을 말한다. 그 결과 발행주식총수가 증가하고, 일반적으로 자본금 역시 증가한다. 다만 모든 신주발행이 자본금 증가를 수반하는 것은 아니다. 예컨대 주식분할이나 주식병합에 수반되는 신주발행처럼, 형식상 신주가 발행되더라도 자본금 총액에는 변동이 없는 경우도 있다.

대부분의 신주발행은 자금조달을 목적으로 한다. 이 경우 회사에 유입된 자금은 자기자본으로서, 회사가 존속하는 한 주주에게 반환할 필요가 없는 자금이다. 이에 비해 금융기관 차입이나 사채발행을 통해 조달한 자금은 일정한 조건하에 원리금을 반환해야 하므로 타인자본에 해당한다. 요컨대 신주발행은 자기자본 조달이고, 차입이나 사채발행은 타인자본 조달이라는 점에서 본질적 차이가 있다.

2. 종류

(1) 통상의 신주발행

통상의 신주발행은 자본조달을 목적으로 상법 제416조에 따라 이루어지는 일반적인 신주발행을 말한다. 이 경우 신주인수인은 발행가액을 회사에 납입하고, 회사에는 그만큼 자금이 유입되므로 이를 유상증자라고 한다. 통상의 신주발행은 주식회사의 가장 전형적인 자본조달 수단이다.

이 과정에서 특히 문제되는 것은 주주 보호와 채권자 보호이다. 먼저 주주 보호의 측면을 보면, 기존 주주의 지분비율에 비례하지 않는 방식의 신주발행은 지분비율 감소, 즉 지배권 희석을 초래할 수 있다. 또한 시가보다 현저히 낮은 가액으로 신주를 발행하면, 새로운 인수인에게 경제적 이익이 집중되는 반면 기존 주주의 지분가치는 감소하여 부의 희석이 발생할 수 있다. 특히 실권 방지를 위한 저가발행이 이루어질 경우, 신주인수에 참여하지 못한 주주는 상대적으로 불이익을 입게 된다. 이러한 지배권 및 부의 감소 현상을 통틀어 지분의 희석이라고 한다.

다음으로 채권자 보호의 측면에서는, 액면주식의 경우 액면미달발행이 자본금 충실의 원칙에 반할 위험이 크므로, 상법은 이를 엄격히 제한하고 있다(상 417조).

한편 통상의 신주발행은 회사설립 시의 주식발행과 대비하여 이해할 필요가 있다. 회사설립 단계에서는 “자본금이 실제로 형성되었는가”를 엄격히 통제할 필요가 있으므로, 주식의 전면적 인수·납입, 현물출자에 대한 강한 규제, 액면미달발행의 전면적 금지 등 자본금 충실에 대한 요구가 매우 높다.

이에 비해 통상의 신주발행은 이미 회사가 성립한 이후의 자본조달 과정이므로, 자본조달의 기동성을 고려하여 설립 시보다 규제가 완화되어 있다. 인수 또는 납입되지 않은 부분은 미발행으로 처리할 수 있고(상 423조), 현물출자에 대한 조사도 일정 부분 간소화되며(상 422조), 액면미달발행 역시 엄격한 요건 하에서 예외적으로 허용된다(상 417조). 예컨대 설립 시에는 발행할 주식의 인수·납입이 확인되기 전에는 설립등기 자체가 허용되지 않지만, 통상의 신주발행에서는 발행예정주시 중 일부만 인수·납입되너라도 그 부분은 유효하게 발행된 것으로 인정된다.

이와 같이 통상의 신주발행에 관한 상법의 규율은, 회사설립 단계보다 규제를 완화하여 자본조달의 기동성을 확보하는 한편, 지분희석이나 저가발행으로 인한 주주 보호 문제와 자본금 충실 원칙에 기초한 채권자 보호의 필요를 함께 고려하여, 양자 사이의 조화를 노모하려는 데 그 특징이 있다.

(2) 특수한 신주발행

특수한 신주발행은 특정한 목적을 달성하기 위하여 이루어지는 신주발행으로, 그 목적에 따라 신주인수권자가 미리 정해지고, 자금의 유입이 없는 경우와 자금의 유입이 있는 경우로 나뉜다. 대표적인 예로는, 이익준비금 등 준비금을 자본으로 전입하기 위하여 신주를 발행하는 경우가 있다. 이 경우 주주는 별도의 납입을 하지 않으므로 이를 무상증자라고 한다(상 461조).

또 다른 예로는 전환주식에서 전환권이 행사되면서 기존 주식이 소멸되고, 그에 대응하여 신주가 발행되는 경우를 들 수 있다(상 346조). 이 경우 신주발행의 주된 목적은 자본조달이 아니라 전환의 실현에 있으며, 신주발행은 그 수단으로 기능한다.

제2항 통상의 신주발행

Ⅰ. 신주인수권

1. 의의

신주인수권이란 회사가 신주를 발행하는 경우, 타인에 우선하여 이를 인수할 수 있는 권리를 말한다. 원칙적으로 주주는 자신이 보유한 주식 수에 비례하여 신주인수권을 가진다(상 418조). 다만 정관이 정하는 바에 따라 주주 이외의 제3자에게 신주를 배정할 수도 있다(상 418조). 즉, 주주배정이 원칙이고, 제3자배정 · 일반공모는 예외이다. 주주배정을 원칙으로 하는 것은 지분 희석을 방지하여 기존 주주를 보호하기 위한 것이고, 제3자배정이나 일반공모를 예외적으로 허용하는 것은 자본조달이나 지배구조 재편의 기동성을 확보하기 위한 것이다.

신주인수권은 그 성격에 따라 두 층위로 나누어 설명된다. 추상적 신주인수권은 주주가 지분비율에 따라 신주를 인수할 수 있는 잠재적 권리를 말하고, 구체적 신주인수권은 특정 신주발행에 관하여 이사회가 배정결정을 함으로써 개별 주주 또는 제3자에게 실제로 발생하는 권리를 말한다.

2. 추상적 신주인수권

(1) 의의

추상적 신주인수권은 주주평등의 원칙에 따라, 주주가 보유 주식 수에 비례하여 갖는 잠재적인 신주인수권을 의미한다(상 418조). 이와 같이 신주인수권을 기존 주주에게 부여하는 방식을 주주배정이라고 한다. 추상적 신주인수권은 주주권의 일부이므로, 주식불가분의 원칙상 주식과 분리하여 양도하거나 담보로 제공할 수 없다. 예를 들어, 1,000주를 보유한 주주 A와 500주를 보유한 주주 B가 있는 회사가 신주 300주를 발행하는 경우, A와 B는 각각 200주와 100주의 비율로 신주인수권을 가진다. 이러한 비례적 권리가 바로 추상적 신주인수권의 핵심이다.

(2) 배제 또는 제한

추상적 신주인수권은 법률 또는 정관에 의해 배제되거나 제한될 수 있다. 대표적인 유형은 다음과 같다.

1) 제3자배정

회사는 정관이 정하는 바에 따라 주주 이외의 제3자에게 신주를 배정할 수 있다(상 418조). 이 경우 제3자는 주주보다 우선하여 신주를 인수하게 되므로, 주주의 추상적 신주인수권은 제한된다. 이는 자본조달의 기동성 확보, 전략적 투자자 유치, 협력관계 강화 등을 위해 인정되는 제도이다.

다만 다음과 같은 요건을 충족해야 한다.

첫째, 정관에 근거 규정이 있어야 하고, 부여 대상, 주식의 종류와 수 등이 어느 정도 구체적으로 정해져 있어 예측가능성이 확보되어야 한다.

둘째, 신기술 도입이나 재무구조 개선 등 회사의 경영상 목적을 달성하기 위해 필요한 경우에 한한다(상 418조). 판례는 이 경영상 목적을 비교적 넓게 해석하면서도, 경영권 방어만을 위한 제3자배정은 이에 해당하지 않는다고 본다.

셋째, 회사는 신주의 종류·수 등 일정 사항을 납입기일 2주 전까지 주주에게 통지하거나 공고해야 한다(상 418조). 이는 주주가 사전에 제3자배정의 구체적 내용을 인지하고, 그 적법성에 대하여 대응할 수 있도록 하기 위한 것이다. 이 내용에 하자가 있는 경우, 주주는 신주발행유지청구권 등으로 대응할 수 있다(상 424조).

예컨대 회사가 재무구조 개선을 위해 특정 금융기관에 신주를 제3자배정 하는 경우, 정관에 그 취지가 규정되어 있고 실제로 조달 자금이 부채 상환이나 유동성 개선에 사용된다면 경영상 목적이 인정된다. 반면 특정 경영진이 지배권 강화를 목적으로 우호세력에게만 저가로 신주를 배정하는 경우에는 경영상 목적이 인정되기 어렵다. 이와 같이 경영상 목적이 인정되기 어려운 경우에는, 주주는 신주 발행의 중지를 청구할 수 있다(상 424조).

2) 일반공모증자

상장회사는 정관이 정하는 바에 따라 불특정 다수를 상대로 일반공모 방식으로 신주를 발행할 수 있다(자본 165조의6). 이는 주주배정에 대한 예외로서, 제3

자배정과 마찬가지로 주주 이외의 자가 신주를 인수한다는 점에서는 공통된다. 다만 제3자배정과 달리 경영상 목적 요건이 요구되지 않는다는 점에서 차이가 있다.

이로 인해 일반공모증자가 경영권 방어 수단으로 활용될 여지가 있는지에 관해 해석상 논의가 존재한다. 반면 일반공모증자는 발행공시 등 자본시장법상 엄격한 공시 및 규제의 적용을 받는다(자본 119조 등).

3) 우리사주조합원배정

일정한 상장회사는 발행할 신주의 일정 비율(20%)을 우리사주조합원에게 우선 배정해야 한다(자본 165조의7). 이는 근로자의 재산형성을 지원하고, 이해관계자 자본주의의 관점에서 종업원의 기업참여를 강화하기 위한 제도이다.

4) 종류주식

종류주식의 종류와 수가 정관으로 정해져 있고 이에 따라 회사가 종류주식을 발행하는 경우, 정관에 별도의 정함이 없더라도 주식의 종류에 따라 신주배정에 관해 특수한 내용을 정할 수 있다(상 344조). 예를 들어, 의결권 없는 우선주에 대해 별도의 신주인수권을 인정하거나, 특정 투자자에게 발행된 종류주식에 대해 전환·상환 조건과 연동된 신주인수권 배정 방식을 정하는 것이 가능하다.

5) 현물출자와 신주인수권

신주발행 시 특정 재산을 현물출자로 받는 경우, 그 신주의 인수인은 사실상 해당 재산을 출자할 자로 특정된다. 판례는 신주발행 시 현물출자에 관한 사항에 대해 정관에 규정이 없는 경우 이사회가 이를 결정할 수 있고(상 416조), 이 문언에 따라 이사회 결의만으로 주주의 신주인수권을 제한할 수 있다고 본다. 또한 신주발행의 목적이 특정 재산의 출자를 받는 데 있다면, 다른 주주의 신주인수권을 제한하는 것이 합목적적이라고 해석한다.

예컨대 회사가 특정 특허권을 보유한 A로부터 그 특허를 현물출자받기 위해 신주를 발행하는 경우, 모든 주주에게 현물출자에 대한 참여 기회를 부여할 필요는 없다. 이때 신주인수권은 A에게만 귀속되고, 다른 주주의 추상적 신주인수권은 제한될 수 있다.

(3) 실권주

실권주란 주주가 신주인수 청약을 하지 않거나, 신주인수 후 납입을 하지 않아 결과적으로 권리를 상실하게 된 신주를 말한다(상 419조 · 423조). 실권주는 미발행으로 처리할 수도 있고, 이사회 결의로 제3자에게 배정할 수도 있다(판례).

문제는 당초 주주배정이 현저한 저가발행이었던 경우, 그 실권주를 동일한 조건으로 제3자에게 배정하는 것이 이사의 임무해태에 해당하는지 여부이다. 판례는 실권주의 제3자배정은 주주가 스스로 포기한 부분을 대상으로 하는 것이므로, 별도로 제3자배정의 요건을 갖출 필요가 없고, 발행조건을 변경할 필요도 없다고 본다.

다만 상장회사의 경우 실권주는 원칙적으로 철회해야 하며, 신주가액 조정 등 일정 요건을 충족하는 경우에만 예외적으로 제3자에게 배정할 수 있다(자본 165조의6). 이는 실권주가 대주주 지분 강화를 위한 수단으로 남용되는 것을 방지하려는 취지이다.

3. 구체적 신주인수권

(1) 의의

구체적 신주인수권이란, 신주배정에 관한 이사회 결의에 의해 개별적으로 확정된 신주인수청구권을 말한다. 주주배정의 경우에는 특정 주주에게, 제3자배정의 경우에는 특정 제3자에게 신주의 대상과 수량이 확정된 형태로 부여된다.

이러한 구체적 신주인수권은 채권적 권리로서, 주식과는 독립하여 양도하거나 담보로 제공할 수 있다. 또한 주식이 양도되었다고 하여 그에 수반하여 당연히 이전되는 것은 아니며, 구체적 신주인수권의 귀속 여부는 별도로 판단된다(판례). 이는 추상적 신주인수권이 주주권의 일부로서 주식과 결합되어 있는 것과 대비되는 점이다.

(2) 양도

구체적 신주인수권은 원칙적으로 타인에게 양도할 수 있다. 신주발행이 저가발행인 경우, 기존 주주는 신주인수에 참여하지 않으면 지분 희석이라는 불이익을 입게 되는데, 이때 신주인수권을 양도함으로써 그 손실을 일정 부분 보전할 수 있다.

예를 들어, 시가 10,000원인 주식이 5,000원에 신주로 발행되는 경우, 신주인수권을 행사하면 1주당 5,000원의 경제적 이익이 발생한다. 기존 주주가 신주인수를 원하지 않는다면, 그 신주인수권을 제3자에게 일정 금액을 받고 양도함으로써, 이른바 “저가로 인수할 수 있는 기회”를 금전으로 환가할 수 있다.

양도의 요건은 다음과 같다. 정관 또는 이사회 결의(정관으로 주주총회가 발행사항을 결정하도록 정한 경우에는 주주총회 결의)로 주주가 신주인수권을 양도할 수 있도록 한 경우, 그 양도는 회사에 대하여 유효하다(상 416조). 그러한 정함이 없는 경우에도, 판례는 신주인수권의 양도는 자신의 신주인수권을 처분하는 고유한 권리행사에 해당하므로, 회사에 대하여도 유효하다고 보고, 그 양도방법과 효력은 지명채권 양도(민 450조)에 따른다고 본다.

(3) 신주인수권증서

신주인수권증서는 주주의 신주인수권을 표창하는 유가증권이다. 일정한 사항, 즉 신주인수권증서임을 표시하는 문구 등을 기재한 서면으로 작성되며, 이사가 기명날인 또는 서명해야 한다(상 420조의2).

신주인수권증서에 의해 신주를 청약할 수 있고, 이를 상실한 경우에는 주식청약서에 의해 신주청약을 할 수 있다(상 420조의5). 그리고 신주인수권의 양도는 신주인수권증서의 교부에 의해서만 가능하다(상 420조의3). 따라서 신주인수권증서는 배서 없이 단순한 교부로 양도되는 무기명증권의 성질을 가지며, 그 점유에는 권리추정력이 인정되고 선의취득도 가능하다(상 420조의3 · 336조, 수 21조).

한편 회사는 신주인수권증서를 발행하는 대신, 정관이 정하는 바에 따라 전자등록기관의 전자등록부에 신주인수권을 등록할 수 있으며(상 420조의4), 이 경우에는 주식의 전자등록에 관한 규정(상 356조의2)이 준용된다.

Ⅱ. 신주의 발행

1. 신주발행의 절차

(1) 발행사항의 결정

먼저, 어떤 신주를 어떤 조건으로 발행할 것인지를 정해야 한다. 정관에 다른 정함이 없는 한, 이사회는 ① 신주의 종류와 수, ② 발행가액 및 납입기일, ③ 현물출자의 유무 및 그 내용 등 신주발행에 관한 주요 사항을 결정한다(상 416조).

다만 상법에 특별규정이 있는 경우에는 그에 따른다. 예를 들어 액면미달발행은 주주총회의 특별결의를 요하는 사항이다(상 417조). 또한 정관으로 신주발행사항을 주주총회에서 결정하도록 정한 경우에는 그 정관 규정이 우선한다(상 416조).

이 단계는 이후의 인수·납입·등기 절차 전반의 전제가 되는 출발점이다. 신주의 수, 발행가액, 현물출자 여부에 따라 주주·회사·채권자에게 미치는 효과가 현저히 달라지므로, 이사회는 이 단계에서 특히 신중한 판단을 요구받는다.

(2) 발행가액

1) 의의

발행가액이란 신주인수인이 회사에 납입해야 할 금액을 말한다. 이는 기존 주주의 지분비율과 지분가치, 자본금의 충실성, 그리고 회사에 실제로 유입되는 자기자본의 규모와 직결되므로, 신주발행사항 가운데 가장 핵심적인 요소 중 하나이다.

2) 저가발행

발행가액이 시가보다 낮은 경우를 저가발행이라 한다. 상법은 원칙적으로 시가발행을 강제하지 않으므로, 고가발행과 저가발행 모두 허용된다. 다만 저가발행은 특정 신주인수인에게 경제적 이익을 집중시키고, 기존 주주의 지분가치를 희석시키며, 나아가 자본금 충실에도 영향을 미칠 수 있다.

이러한 점에서, 특히 상장회사의 경우에는 금융위원회 규정에서 신주발행 시에 적용할 할인율에 관한 구체적인 제한을 두고 있다. 즉, 일반공모 및 제3자배정의 경우에는 청약일 이전 일정 기간의 가중산술평균주가를 기준주가로 하여, 그 범위 내에서 상장회사가 정한 할인율을 적용하여 발행가액을 산정하되, 일반공모의 경우에는 할인율을 30% 이내로, 제3자배정의 경우에는 10% 이내로 제한한다(증권의 발행 및 공시 등에 관한 규정 5-18조). 여기서 할인율은 시가에 비해 신주가 저가로 발행되는 비율을 가리킨다.

예를 들어 시가가 10,000원인 상장회사가 특정 제3자에게 6,000원에 신주를 배정하는 경우, 이는 기준주가 대비 40%의 할인율로 신주를 발행하는 것에 해당한다. 이 경우 그 제3자는 6,000원을 납입하고 10,000원의 경제적 가치를 가지는 주식을 취득하게 된다. 기존 주주 입장에서는 자신들의 지분가치 일부가 저가로 이전되는 셈이므로, 경제적으로는 부의 이전이 발생한다. 이와 같이 저가발행은 특정 인수인에게 경제적 이익을 집중시키는 구조를 가지므로, 공정성과 투명성의 관점에서 엄격한 규제를 받는다.

3) 액면미달발행

액면주식회사에서 발행가액과 액면금액의 관계는 다음과 같이 정리할 수 있다.

- 발행가액 = 액면금액 → 액면발행
- 발행가액 > 액면금액 → 액면초과발행(할증발행)
- 발행가액 < 액면금액 → 액면미달발행(할인발행)

이 중 액면미달발행은, 장부상 자본금이 실제로 유입된 자본보다 과대하게 표시될 위험이 있어 자본금 충실의 원칙에 반하는 성격을 가진다. 이에 따라 상법은 액면미달발행을 엄격하게 제한한다. 그 주요 요건은 다음과 같다(상 417조).

첫째, 회사 성립 후 2년이 경과해야 한다.

둘째, 액면미달발행에 관하여 주주총회의 특별결의를 얻고 법원의 인가를 받아야 한다.

셋째, 최저발행가액에 관하여도 주주총회의 특별결의를 거쳐야 하며, 법원은 회사의 현황과 제반 사정을 참작하여 최저발행가액을 변경하여 인가할 수 있고, 필요하면 회사의 재산상태 등을 조사하기 위해 검사인을 선임할 수 있다.

넷째, 법원의 인가를 받은 날로부터 원칙적으로 1개월 내에 신주를 발행해야 한다.

다만, 상장회사의 경우에는 자본시장법에 따라 원칙적으로 법원의 인가를 요하지 않는다(자본 165조의8). 이는 상장회사는 각종 공시규제, 시장의 가격형성기능 작동, 금융당국의 감독이라는 다층적 통제가 이미 작동하고 있으므로, 법원의 사전적 인가를 요구하지 않더라도 자본금 충실과 투자자 보호가 일정 부분 담보된다는 판단에 기초한다.

예컨대 액면 5,000원의 주식을 3,000원에 발행하면, 장부상 자본금은 5,000원씩 증가하지만 실제로 회사에 유입되는 자본은 3,000원에 불과하다. 채권자는 등기부상 자본금을 기준으로 회사의 신용을 판단하는데, 실제 자본유입과 괴리가 발생하면 자본금이 형식적으로 부풀려진 수치가 될 위험이 있다. 이러한 위험을 통제하기 위하여 입법자는 주주와 법원이 공동으로 관여하는 엄격한 절차를 요구하고 있는 것이다.

(3) 공고 및 청약최고

주주배정 방식에서는 "어느 시점의 주주를 기준으로 신주인수권을 부여할 것인지"를 명확히 할 필요가 있다. 이에 회사는 배정기준일을 정하여, 그 날 주주명부에 기재된 자가 신주인수권을 가진다는 뜻과, 신주인수권의 양도가 허용되는 경우에는 그 취지를 배정기준일 2주간 전에 공고해야 한다(상 418조).

이는 신주인수권자의 범위를 명확히 하여 분쟁을 예방하고, 신주인수권의 양도 가능성을 사전에 공개함으로써 거래의 예측가능성을 높이기 위한 장치이다.

배정기준일 공고에 따라 신주인수권자가 확정되면, 회사는 그 주주들에게 신주인수에 관한 청약최고를 해야 한다(상 419조). 주주는 정해진 청약기간 내에 청약을 하지 않으면, 해당 신주에 대한 신주인수권을 상실한다(상 419조).

예를 들어, A회사가 5월 31일을 배정기준일로 공고하고, 6월 10일까지 신주인수 청약을 받겠다고 최고한 경우, 5월 31일 기준 주주였던 B가 그 기한까지 아무런 청약을 하지 않으면 신주인수권을 잃게 된다. 이 경우 회사는 청약되지 않은 신주를 미발행으로 처리하거나 제3자에게 배정할 수 있다. 즉, 배정기준일과 청약기간을 놓치면 권리는 소멸한다는 점을 주주는 유의해야 한다.

(4) 인수

신주발행에서 인수란, 신주인수권자의 청약과 회사의 배정이 결합하여 신주인수계약이 성립하는 단계를 말한다. 청약은 주식청약서로 한다(상 425조·302조). 이는 주식청약에 관한 사항을 기재한 서면으로서 이사가 작성한다(상 402조). 신주인수권증서가 발행된 경우에는 그 증서를 제시하여 청약할 수 있고, 이를 상실한 경우에는 주식청약서로 대체할 수 있다(상 420조의5).

신주인수는 다수의 이해관계자가 관여하는 단체법적 법률관계이므로, 민법 제107조 제1항 단서(진의 아닌 의사표시)에 관한 규정은 적용되지 않는다(상 425조·302조). 따라서 인수인이 스스로 진의가 아님을 알면서 청약했거나, 회사가 그 사정을 알았거나 알 수 있었던 경우에도, 신주인수의 효력은 그대로 유지된다. 이는 개별 당사자의 사적 사정보다 거래의 획일성과 법률관계의 안정성을 중시하는 입법정책이 반영된 결과이다.

(5) 납입

1) 납입의무

이사는 납입기일에 신주인수인으로 하여금 인수가액 전액을 납입하게 해야 한다(상 421조). 신주인수인이 납입을 하지 않으면 별도의 절차 없이 즉시 인수인 지위를 상실한다(상 423조). 통상의 신주발행에서는 설립 시와 달리, 이사가 인수의무 자체를 담보하는 구조는 아니며, 이사의 책임은 아래에서 보는 인수담보책임으로 제한된다.

2) 상계

신주인수인은 회사의 동의가 있는 경우, 자신의 납입채무와 회사에 대한 채권을 상계할 수 있다(상 421조). 예컨대 회사에 1억 원의 매출채권을 가진 채권자 A가 신주를 배정받은 경우, 회사의 동의를 얻어 납입금 1억 원과 자신의 채권 1억 원을 상계함으로써, 실제 현금의 납입 없이 채권을 주식으로 전환할 수 있다. 이는 채무를 자본으로 전환하는 출자전환 방식으로, 기업 구조조정 실무에서 자주 활용된다.

3) 현물출자

납입은 금전뿐 아니라 현물로도 할 수 있다. 다만 현물은 평가 과정에서 과대평가될 위험이 있으므로, 상법은 이를 방지하기 위해 현물출자에 관한 조사절차를 두고 있다. 즉, 이사는 원칙적으로 현물출자 조사를 위해 법원에 검사인 선임을 청구해야 하며, 검사인은 출자현물의 종류와 가액의 적정성을 조사한다(상 422조).

다만 실무상 효율성을 고려하여, 상법은 일정한 경우에는 검사인 조사를 면제하거나 공인된 감정인의 감정으로 이를 대체할 수 있도록 하고 있다(상 422조). 법원은 검사인의 보고 또는 감정인의 결과를 심사하여, 현물출자가 부당하다고 인정되면 그 내용을 변경하여 이사와 현물출자자에게 통고할 수 있고, 이에 불복하는 현물출자자는 주식인수를 취소할 수 있다(상 422조).

예를 들어 실제 가치가 5억 원에 불과한 부동산을 10억 원으로 평가하여 현물출자를 하려는 경우, 이를 그대로 허용하면 자본금이 형식적으로 부풀려져 채권자 보호가 약화된다. 이러한 위험을 방지하기 위해 제3자인 검사인과 법원이 개입하여 평가의 합리성을 점검하도록 한 것이다.

2. 신주발행의 효력발생

신주인수인이 납입(또는 현물출자의 이행)을 완료하면, 납입기일의 다음 날부터 주주의 권리 · 의무를 취득한다(상 423조). 이는 설립 시 설립등기의 창설적 효과로 인해서 설립등기와 동시에 주주 지위가 발생하는 것과 달리, 통상의 신주발행에서는 실제 자본의 유입이 이루어진 시점을 기준으로 주주 지위를 인정하는 것이 제도의 취지에 부합하기 때문에, 납입기일의 익일을 기준으로 주주 지위가 발생함을 의미한다.

그렇다면 발행예정 신주의 일부만 인수 · 납입된 경우에는 어떻게 되는가? 이 경우 인수 · 납입이 이루어진 부분에 대해서는 유효하게 신주발행의 효력이 발생하고, 인수 · 납입되지 않은 부분은 처음부터 발행되지 않은 것으로 본다. 예컨대 100만 주의 발행을 예정하였으나 그중 80만 주만 인수 · 납입되었다면, 80만 주는 유효하게 발행되고, 나머지 20만 주는 발행 자체가 없었던 것으로 처리된다.

이는 설립의 경우와 달리, 통상의 신주발행에서는 “발행하는 전체 주식의 인수 · 납입”을 엄격히 요구하지 않고, 자본조달 과정에서 일정한 탄력성을 인정한 결과로 이해할 수 있다.

3. 신주발행의 등기

(1) 변경등기

발행주식총수, 주식의 종류 · 수, 자본금 등은 상법상 등기사항이므로, 신주를 발행한 경우에는 이에 관한 변경등기를 해야 한다(상 317조 · 183조). 이 변경등기는 회사의 자본구조가 변동되었음을 대외적으로 공시하는 기능을 가지며, 나아가 아래에서 살펴보는 이사의 인수담보책임과도 직접적으로 연결된다.

(2) 이사의 인수담보책임

통상의 신주발행에서 이사가 부담하는 자본금 충실 책임은 원칙적으로 인수담보책임으로 한정된다. 즉, 신주발행으로 인한 변경등기가 이루어진 이후에도 아직 인수되지 않은 주식이 있거나, 주식인수 청약이 취소된 주식이 있는 경우에는, 그 미인수분을 이사들이 공동으로 인수한 것으로 본다(상 428조). 여기서 "인수하지 않은 주식"에는 애초에 인수인 자체가 존재하지 않는 주식뿐만 아니라, 인수는 이루어졌으나 납입이 완료되지 않은 주식도 포함된다.

그렇다면 왜 법은 이러한 책임을 이사에게 지우는 것일까? 인수담보책임은 변경등기를 통해 형성된 발행주식총수 · 자본금 등의 외관을 신뢰한 제3자를 보호하기 위하여, 이사들에게 외관과 실질을 일치시키는 책임을 부과하는 제도이다. 이러한 취지에서 인수담보책임은 회사의 귀책사유나 제3자의 선의 여부와 관계없이 적용되며, 총주주의 동의로도 면제할 수 없다. 따라서 인수되지 않은 주식 부분을 애초에 발행주식총수나 자본금에 산입하여 등기하지 않았다면, 등기로 형성된 외관 자체가 존재하지 않으므로 그 범위에 관하여는 이사의 인수담보책임도 성립하지 않는다.

예컨대, 등기부에는 "발행주식총수 200만 주, 자본금 100억 원"으로 기재되어 있으나, 실제로는 그중 20만 주가 인수 · 납입되지 않았다고 가정해 보자. 채권자는 등기부의 기재를 신뢰하여 회사의 자본력을 평가하였을 것이므로, 사후에 "사실 10억 원 상당은 아직 인수되지 않았다"는 사정을 들어 채권자에 대한 책임을 회피하는 것은 허용되지 않는다. 이와 같은 경우 법은 이사들에게 그 미인수분을 인수한 것으로 보아 책임을 부담시키고 있다.

Ⅲ. 위법 · 불공정한 신주발행

신주발행은 회사의 자본구조와 지배구조에 직접적인 영향을 미치는 행위이므로, 법령 · 정관 위반 또는 현저한 불공정이 있는 신주발행에 대해서는 사전적 · 사후적 구제수단이 마련될 필요가 있다. 이에 상법은 신주발행유지청구권(사전적 구제)과 신주발행무효의 소(사후적 구제)를 규정하고 있다.

1. 신주발행유지청구권

(1) 의의

회사가 법령 또는 정관에 위반하거나, 현저히 불공정한 방법으로 신주를 발행하여 주주에게 불이익이 발생할 염려가 있는 경우, 주주는 회사에 대하여 신주발행의 유지, 즉 그 중지를 청구할 수 있다(상 424조). 여기서 말하는 "유지"는 신주발행의 실행을 허용·유지한다는 의미가 아니라, 그 진행을 중단시키는 것을 의미한다. 이는 위법·불공정한 신주발행으로 인한 손해의 발생을 사전에 방지하기 위한 구제수단으로서, 주주의 자익권에 속한다.

(2) 요건

첫째, 법령 또는 정관에 위반되거나 현저히 불공정한 신주발행이어야 한다. 예컨대 주주의 신주인수권을 침해하는 신주발행이나, 현물출자의 가액을 현저히 과대평가한 신주발행 등이 이에 해당한다.

둘째, 주주에게 직접적인 불이익이 발생할 염려가 있어야 한다. 요구되는 직접적인 불이익이란, 주주의 신주인수권 침해 등과 같은 직접손해이다. 회사에만 손해가 발생하고 그 결과 주주가 간접적으로 손해를 입는 경우에는, 신주발행유지청구가 아니라 위법행위유지청구권(상 402조)의 문제로 처리된다. 이는 위법행위유지청구권이 법령 또는 정관 위반으로 인해 회사에 회복할 수 없는 손해가 생길 염려가 있는 경우를 요건으로 하기 때문이다.

셋째, 신주발행유지청구는 사전적 구제수단이므로, 신주발행의 효력이 발생하기 전까지 행사되어야 한다. 그 방법은 소에 의할 수도 있고, 의사표시의 방식으로도 가능하다.

예를 들어, A회사가 특정 제3자에게 현저히 낮은 가액으로 대규모 신주를 배정하려는 경우, 소수주주 B는 신주발행의 효력이 발생하기 전에 법원에 가처분을 신청하여 신주발행의 중지를 구할 수 있다. 이때 B가 행사하는 권리가 바로 신주발행유지청구권이다.

(3) 효과

유지청구는 소에 의한 방식을 취하더라도 그 성질상 본안판결이 선고되기 전에 청구 대상 행위가 이미 완료될 위험이 크므로, 실효성을 확보하기 위해서는 가처분(민사집행법 300조 등)에 의한 임시적 중지명령을 병행하는 것이 일반적이다. 이에 관해서는 위법행위유지청구권(상 402조)의 효력 부분에서 자세히 살펴본 바 있다. 소에 의한 유지청구에 따라 법원의 유지(중지) 판결 또는 가처분이 있음에도 이를 위반하여 이루어진 신주발행은 무효이며, 이에 대하여는 신주발행무효의 소를 제기할 수 있다. 반면, 소 이외의 방법, 즉 의사표시에 의한 유지청구는 법원의 구속력 있는 중지명령에 해당하지 않으므로, 회사가 이를 받아들이지 않았다고 하여 곧바로 신주발행무효의 소를 제기할 수 있는 것은 아니다. 다만 그 결과 위법·불공정한 신주발행으로 손해가 발생한 경우에는, 주주는 이사에 대하여 손해배상을 청구할 수 있다(상 401조).

2. 신주발행무효의 소

(1) 의의

신주발행의 무효란, 신주발행이 법령 또는 정관에 위반되거나 현저히 불공정하여 그 효력을 인정할 수 없는 경우를 말한다. 이는 신주발행무효의 소에 의해서만 주장할 수 있다(상 429조). 이와 관련하여 다음의 개념들과의 구별이 중요하다.

먼저, 신주발행의 부존재는 하자가 극히 중대하여 신주발행 자체가 존재한다고 볼 수 없는 경우를 말하며, 이는 소의 방법에 한정되지 않고 언제든지 주장할 수 있다(판례). 다음으로, 개별적 주식인수의 무효·취소는 특정 인수계약의 하자, 예컨대 미성년자의 신주인수 청약과 같은 개별 계약관계의 문제로서, 신주발행 전체라는 단체법적 법률관계의 무효와는 구별된다. 신주발행무효의 소는 단체법적 법률관계로서 신주발행 전체의 효력을 다투는 소이다.

(2) 무효원인

상법은 신주발행무효의 원인을 열거하고 있지 않다. 이에 대하여 판례는 해석상, 법령 또는 정관의 중대한 위반이 있거나, 현저히 불공정한 방법에 의한 신주발행으로서 주식회사 제도의 본질이나 회사법의 기본원칙에 반하고, 기존 주주의 이익이나 회사의 경영권에 중대한 영향을 미치며, 거래의 안전, 주주 및 기타 이해관계인의 이익을 고려하더라도 도저히 묵과할 수 없는 정도에 이르는 경우에 한하여 예외적으로 무효를 인정하고 있다.

판례의 구체적인 예로는, 신기술 도입이나 재무구조 개선 등 경영상 필요성이 요구되는 제3자배정임에도 불구하고, 그러한 사유 없이 경영권 분쟁 상황에서 경영권 방어만을 목적으로 제3자배정을 한 경우를 들 수 있다. 이 경우 주주의 신주인수권을 침해하는 것으로 보아 신주발행의 무효가 인정되었다.

또한, 하자가 있는 주주총회 결의에 따라 선임된 이사들이 신주발행을 결의하였고, 이후 그 주주총회 결의가 취소되었으며, 신주발행금지 가처분까지 있었음에도 불구하고, 해당 이사들만 참석한 이사회에서 신주를 발행하여 자신들 측에만 인수하게 한 경우에는, 이사회 결의 및 가처분을 정면으로 위반한 중대한 절차 및 공정성의 하자로서 신주발행의 무효가 인정되었다.

반면, 대표이사가 외형상 대표권의 범위 내에서 신주를 발행하였고, 이사회 결의에 형식적인 하자가 존재하는 정도에 그친 경우에는, 이사회 결의의 하자는 내부 의사결정상의 문제에 불과하여 신주발행 자체의 효력에는 영향을 미치지 않는다고 보아 유효로 인정되었다.

이처럼 판례는 거래의 안전과 이해관계인의 이익을 중시하여 신주발행무효의 인정 범위를 상당히 제한적으로 해석하고 있으며, 무효로 보기 어려운 경우에는 이사의 손해배상책임 등 다른 구제수단을 통한 해결을 도모하고 있다.

(3) 소의 제기 및 절차

신주발행무효의 소의 제기권자는 주주, 이사 또는 감사로 한정되며(상 429조), 단독주주권으로 행사할 수 있다. 이는 신주발행무효의 소가 단체법적 법률관계로서 신주발행 전체의 효력을 다투는 소라는 점을 고려하여, 신주발행과 직접적인 이해관계를 가지는 자로 원고적격을 제한한 것이다. 소의 상대방은 회사이고, 신주발행일로부터 6개월 내에 제기하여야 한다(상 429조). 이는 신주발행과 관련된 법률관계를 조속히 안정시키기 위한 단기 제척기간이다.

(4) 무효판결의 효력

확정된 신주발행무효판결의 효력은 다음과 같다. 우선 대세효로서, 판결의 효력은 소송 당사자뿐 아니라 제3자에게도 미친다(상 430조 · 190조). 이는 신주발행무효와 관련된 다수 이해관계자의 법률관계를 획일적으로 처리하기 위한 것이다. 또한 비소급효로서, 신주발행은 장래를 향하여 그 효력을 상실한다(상 431조). 따라서 신주발행은 무효로 되나, 그 효력은 장래에 한하여 상실되므로 무효판결 이전에 이루어진 신주에 기초한 주주권의 행사는 원칙적으로 유효하게 존속한다. 이는 신주발행무효의 효력이 과거로 소급될 경우 거래 안전을 해칠 우려가 있기 때문이다.

아울러 회사는 무효판결의 취지와 함께 일정 기간 내에 신주의 주권을 회사에 제출할 것을 공고하고, 주주명부상 주주 및 질권자에게 각각 통지하여야 한다(상 431조). 회사는 신주의 주주에게 납입금액을 반환하여야 하며, 그 금액이 판결 시의 회사 재산상태에 비추어 현저히 부당한 경우에는, 법원은 회사 또는 주주의 청구에 따라 반환금액의 증감을 명할 수 있다(상 432조).

예컨대 신주발행 후 상당한 기간이 경과하여 회사의 재정상태가 크게 악화된 상황에서 납입금 전액의 반환을 명할 경우 회사가 사실상 파산에 이를 우려가 있는 때에는, 법원은 회사의 계속기업 가치와 주주 보호 사이의 균형을 고려하여 반환금액에 관하여 적절한 조정을 할 수 있도록 한 것이다.

3. 불공정한 가액으로 인수한 자의 책임

(1) 의의

신주가 현저히 불공정한 가액으로 발행되면, 회사의 입장에서는 자본금 충실성이 훼손되고, 기존 주주의 입장에서는 지분가치가 희석되는 문제가 발생한다. 이와 같은 경우 이사는 회사 또는 주주에 대하여 손해배상책임을 질 수 있다(상 399조 · 401조).

나아가 상법은 이사와 통모하여 불공정한 가액으로 신주를 인수한 자, 이른바 통모인수인에 대하여, 공정한 발행가액과 실제 발행가액의 차액을 회사에 반환할 의무를 부과하고 있다(상 424조의2). 통모인수인의 책임은 자본금 충실을 확보하기 위한 추가출자의무의 성격을 가지며, 주주가 인수가액을 한도로 유한책임을 진다는 원칙(상 331조)에 대한 예외에 해당한다. 이러한 취지에서 회사는 통모인수인의 책임을 면제하거나 감경할 수 없다.

통모인수인의 책임이 주주배정 방식의 저가발행에도 적용되는지에 관하여는 논란이 있었으나, 판례는 이 책임이 유한책임 원칙에 대한 예외라는 점을 중시하여, 그 적용 범위를 제한적으로 해석하고 있다. 즉, 주주배정의 경우에는 기존 주주가 일률적으로 저가 인수의 기회를 가지므로, 통모인수인 책임을 인정하기 어렵다고 본다.

예컨대 시가 10,000원인 주식을 주주 전체에게 5,000원에 균등하게 배정하는 경우, 회사의 자본금 충실성 문제는 발생할 수 있으나, 개별 주주는 시가 10,000원 상당의 주식을 5,000원에 취득히는 이익도 함께 누리게 된다. 반면, 특정 제3자에게만 같은 5,000원의 가액으로 대량의 신주를 배정하는 경우에는, 그 이익이 특정인에게 집중되므로 통모인수인 책임이 문제되는 전형적인 사례가 된다.

(2) 요건

통모인수인의 책임이 인정되기 위해서는 다음과 같은 요건이 필요하다(상 424조의2). 우선, 이사와 신주인수인 사이에 통모가 있어야 한다. 이는 이사가 신주발행가액을 부당하게 낮게 정하고, 특정 인수인과 공모하여 그 이익을 인수인에게 귀속시키는 경우를 의미한다. 단순히 저가발행이 있었다는 사정만으로는 부족하며, 이사와 인수인 사이에 의사의 공통이 존재하여야 한다.

다음으로, 발행가액에 현저한 불공정성이 존재하여야 한다. 즉, 공정한 발행가액에 비하여 실제 발행가액이 현저히 낮아야 한다. 공정한 발행가액은 통상 시가를 기준으로 하되, 시가가 없는 경우에는 회사의 재산상태, 영업성과 등을 종합적으로 고려하여 합리적으로 산정한 가액을 말한다. 예를 들어 공정한 발행가액이 10,000원으로 평가되는 회사에서, 이사가 특정인과 통모하여 그에게만 5,000원에 신주를 배정하였다면, 공정가액과 발행가액의 차액인 5,000원이 회사의 손해이자 통모인수인이 추가로 부담하여야 할 금액의 기준이 된다.

(3) 효과

통모인수인은 공정한 발행가액과 실제 발행가액의 차액 상당액을 회사에 지급할 의무를 부담한다(상 424조의2). 회사는 이 책임을 면제하거나 감경할 수 없으며, 이사는 이에 관하여 손해배상책임을 진다(상 399조 · 401조). 회사가 이사의 책임을 추궁하지 않는 경우에는, 주주는 대표소송을 통해 이사의 책임을 물을 수 있다(상 424조의2). 이 경우 통모인수인과 이사는 해당 손해에 관하여 부진정연대채무를 부담한다. 이는 부당한 저가발행을 통해 발생한 이익을 회사로 환원시키려는 제도로 이해할 수 있다.

제 3 항 자본금의 감소

Ⅰ. 의의

자본금의 감소란 등기부상 자본금의 금액을 줄이는 것을 말한다. 자본금은 회사가 채권자 보호를 위하여 일정 수준 이상 유지하여야 할 이른바 "기준 재산액"이므로, 이를 감소시키는 감자는 채권자 보호와 주주평등의 원칙에 직접적으로 관련되는 민감한 주제이다. 그렇다면 언제, 어떤 방식으로 자본금을 줄이는 것이 허용될까? 이를 이해하기 위해서는 자본금감소의 종류와 절차를 구분하여 살펴볼 필요가 있다.

Ⅱ. 종류

자본금감소는 회사재산의 실질적 변동 여부에 따라 크게 두 가지로 나눌 수 있다.

먼저, 실질상 자본금감소는 자본금감소와 함께 회사재산이 주주에게 환급되는 감자를 말한다. 이를 유상감자 또는 실질감자라고도 한다. 이 경우 자본금 수치만 감소하는 것이 아니라, 그에 상응하는 재산(현금 등)이 회사 밖으로 유출되므로 회사재산에 실질적인 감소가 발생한다. 실질감자는 주로 회사의 실제 사업규모에 비하여 자본금이 과도하게 크다고 판단되는 경우, 예컨대 과거 대규모 증자 이후 사업이 축소되어 더 이상 그 정도의 자본이 필요하지 않게 된 경우 등에 활용된다.

예를 들어, 자본금 100억 원, 순자산 150억 원인 회사가 자본금을 60억 원으로 줄이면서 그 차액 40억 원을 주주에게 환급하는 경우를 생각해 보자. 이 경우 자본금이 40억 원 감소할 뿐만 아니라, 회사의 순재산도 그만큼 줄어든다. 채권자 입장에서는 자신의 채권을 담보하는 회사의 순재산이 축소되는 결과가 되므로, 실질감자에는 특히 엄격한 절차가 요구된다.

이에 반해, 명목상 자본금감소는 자본금은 감소하지만 회사재산이 주주에게 환급되지 않는 감자를 말한다. 이를 무상감자 또는 명목감자라고도 한다. 이 경우 장부상 자본금의 수치만 줄어들 뿐, 회사가 실제로 보유하는 재산에는 실질적인 감소가 발생하지 않는다. 명목감자는 주로 누적된 결손을 보전하기 위한 목적으로 이용되며, 이러한 결손보전 목적의 무상감자를 특히 결손보전감자라고 부른다.

예컨대 자본금 100억 원, 누적 결손 60억 원인 회사가 자본금을 40억 원으로 줄이고, 감소한 60억 원을 결손 보전에 충당하는 경우를 생각해 보자. 이때 회사의 순재산은 이미 40억 원에 불과한 상태였고, 감자를 통하여 "자본금 40억 원 + 결손 0"이라는 장부로 재정비하는 셈이 된다. 채권자 입장에서 보면 회사의 실제 순재산은 감자 이전이나 이후나 동일하므로, 감자 자체가 새로운 재산 유출을 초래하는 것은 아니다. 이 점에서 결손보전감자는 실질감자와 명확히 구별된다.

Ⅲ. 방법

자본금감소의 방법은 액면주식회사와 무액면주식회사로 나누어 살펴볼 필요가 있다.

1. 액면주식

액면주식회사에서 자본금은 발행주식의 액면총액을 의미한다(상 451조). 따라서 자본금을 줄이기 위해서는 액면금액을 감소시키거나, 발행주식총수를 감소시키는 방법을 취하게 된다.

발행주식총수를 줄이는 대표적인 방법으로는 다음과 같은 것이 있다. 먼저, 주식병합은 여러 주식을 하나로 합쳐 그보다 적은 수의 주식으로 만드는 방법이다(상 440조~443조). 액면주식의 경우에는 병합을 자본금감소의 수단과 결합시킬 수 있는데, 예컨대 1주 액면 5,000원인 주식 10주를 병합하여 1주 액면 2만 원인 주식 1주로 만드는 경우에는 병합과 동시에 자본금이 감소하게 된다. 다음으로, 주식소각은 회사 존속 중에 특정 주식을 완전히 소멸시키는 방법이다(상 343조). 예를 들어 회사가 자기주식을 취득한 후 이를 소각하면, 그만큼 발행주식총수가 감소하게 된다.

2. 무액면주식

무액면주식회사에서는 액면금액이라는 개념 자체가 존재하지 않으므로, 액면금액을 줄이는 방식의 감자는 애초에 가능하지 않다. 따라서 무액면주식에서의 자본금감소는 ① 발행주식총수는 그대로 두고 자본금 금액만을 줄이거나, ② 발행주식총수를 줄이면서 자본금 금액도 함께 줄이는 방식으로 이루어진다.

예컨대 발행주식 100만 주, 자본금 100억 원인 무액면주식회사가 자본금을 60억 원으로 줄이되 발행주식총수는 그대로 유지하는 경우를 생각해 보자. 이 경우 1주당 자본금 계상액이 종전의 1만 원에서 6,000원으로 조정되는 효과가 발생한다.

Ⅳ. 자본금감소의 절차

자본금감소는 채권자와 주주의 이해관계에 중대한 영향을 미치므로, 상법은 비교적 엄격한 절차를 요구한다. 다만 결손보전감자와 같은 무상감자는 이미 회사재산이 감소한 상태에서 장부상 수치만을 정리하는 것이므로, 절차가 일정 부분 완화된다.

1. 주주총회

자본금감소 및 그 구체적인 방법에 대해서는 주주총회의 특별결의가 필요하다(상 438조~439조). 자본금감소는 주주에게 주당 자본금의 변화를 가져오고, 실질감자의 경우에는 환급 여부 및 비율에 따라 주주 간 형평 문제, 이른바 불평등감자가 발생할 가능성이 크므로, 높은 찬성요건을 요구하는 것이다. 특히 액면금액을 변경하는 감자의 경우에는, 액면금액이 정관의 기재사항에 해당하므로(상 289조), 정관변경 절차도 함께 필요하다.

다만 결손보전감자는 회사재산의 추가적인 유출이 없고, 누적된 결손을 정리하기 위한 장부상 조정에 불과하므로, 주주총회의 보통결의로도 가능하다(상 438조). 예를 들어 심각한 누적 결손으로 배당 여력이 전혀 없는 회사가 결손보전감자를 통해 자본금과 결손을 정리해 두면, 이후 이익이 발생하였을 때 배당가능이익의 범위를 확대하는 효과를 얻을 수 있다. 이 경우 주주는 당장 현금 환급을 받지는 않지만, 장기적으로는 배당 가능성의 회복이라는 간접적인 이익을 기대할 수 있다.

2. 채권자보호절차

자본금감소는 회사가 유지해야 할 "기준 재산액"을 낮추는 효과를 가지므로, 원칙적으로 채권자보호절차가 요구된다. 다만 결손보전감자는 이미 회사재산이 감소된 상태에서 장부상 자본금 수치를 맞추는 것에 불과하므로, 채권자에게 새로운 위험을 추가하지 않는다고 보아 채권자보호절차를 요구하지 않는다(상 439조).

자본금감소에 따른 일반적인 채권자보호절차는 다음과 같다(상 439조 · 232조). 회사는 감자에 관한 주주총회 결의가 있은 날부터 2주 이내에 공고를 통해 채권자에게 감자에 이의가 있으면 일정 기간(1개월 이상) 내에 이를 제출하도록 알리고, 알고 있는 채권자에게는 개별 최고를 하여야 한다. 사채권자의 경우에는 개별적으로 이의를 제기하는 대신, 사채권자집회의 결의를 통해 이의를 제기하여야 한다. 채권자가 그 기간 내에 이의를 제기하지 않으면, 감자를 승인한 것으로 본다. 반대로 이의를 제기한 채권자에 대해서는 회사가 ① 채무를 변제하거나, ② 상당한 담보를 제공하거나, ③ 상당한 재산을 신탁회사에 신탁하여야 한다.

예를 들어 장기 대출채권 50억 원을 보유한 금융기관이 있는 상황에서 회사가 실질감자를 통해 40억 원을 주주에게 환급하려는 경우, 해당 금융기관은 이의제기를 통해 대출금 상환이나 담보의 제공을 요구할 수 있다. 이러한 절차를 거치지 않은 감자는 채권자 입장에서 보면 채권자의 이의제기권을 배제한 상태에서 자본금을 감소시키고 회사재산을 유출한 것과 실질적으로 동일하게 평가되므로, 채권자보호절차 위반은 감자무효 사유로 평가된다는 점에서 그 중요성이 크다.

3. 주식의 병합 · 소각

자본금감소가 발행주식총수의 감소를 수반하는 경우에는, 주식병합(상 440조~443조)이나 주식소각(상 343조)과 같은 방법을 통하여 그 감소가 구체적으로 실행된다.

Ⅴ. 자본금감소의 효력발생

자본금감소는 앞서 본 바와 같이 주주총회 결의 → 채권자보호절차 → 주식병합 · 소각 등 실행 단계를 거쳐 효력이 발생한다. 자본금감소가 유효하게 이루어진 경우에는 그 결과를 반영하여 자본금 변경등기를 하여야 한다(상 317조 · 183조). 다만 이 변경등기는 자본금감소의 효력을 발생시키는 요건이 아니라, 이미 발생한 자본금감소의 결과를 외부에 공시하는 수단에 불과하다. 즉, 감자의 효력은 감자절차가 적법하게 완료됨으로써 발생하며, 등기와는 직접적으로 연동되지 않는다.

Ⅵ. 감자무효의 소

자본금감소에 중대한 하자가 있는 경우에는, 이를 다투기 위하여 감자무효의 소를 제기할 수 있다. 감자무효는 누구나 주장할 수 있는 것은 아니며, 주주, 이사, 감사, 청산인, 파산관재인, 그리고 감자를 승인하지 않은 채권자에 한하여, 자본금감소로 인한 변경등기가 이루어진 날부터 6개월 내에 소로써만 주장할 수 있다(상 445조). 이는 감자무효의 소가 단체법적 법률관계로서 감자 전체의 효력을 다투는 소라는 점을 고려하여, 감자와 직접적인 이해관계를 가지는 자로 원고적격을 제한한 것이다. 또한 단기 제소기간을 둔 것은, 자본금감소와 관련된 법적 분쟁이 장기간 지속될 경우 회사, 채권자, 주주 사이의 법률관계가 불안정해질 우려가 있으므로, 일정 시점 이후에는 법적 상태를 조속히 확정하려는 데 그 취지가 있다.

감자무효의 원인으로는, 예컨대 채권자보호절차를 거치지 않은 경우, 주주평등의 원칙을 현저히 위반한 불공정 감자인 경우(특정 주주에게만 유리한 감자비율을 설정한 경우 등) 등이 있다.

감자무효 판결의 효력에 관해서는 회사설립무효의 소에 관한 규정을 준용한다(상 446조). 그 주요 내용은 다음과 같다.

먼저, 대세효로서 원고가 승소한 경우 감자무효 판결의 효력은 제3자에게도 미친다(상 190조). 즉, 감자무효의 판단은 소송당사자에 한정되지 않고, 회사와 관련된 모든 이해관계자에게 통일적으로 적용된다. 이는 자본금감소가 다수 이해관계자의 법률관계에 중대한 영향을 미치는 행위이기 때문이다.

다음으로, 감자무효 판결은 원칙적으로 소급효를 가진다. 즉, 감자는 처음부터 효력이 없었던 것으로 취급되며, 그에 따라 이미 이루어진 자본금감소는 원상회복을 전제로 정리된다. 이는 감자를 전제로 형성된 거래관계의 안전보다도, 위법한 자본금감소를 시정하여 정당한 자본구조를 회복하는 데에 더 큰 비중을 둔 결과라고 이해할 수 있다.

다만 항상 무효를 선언하는 것이 타당한 것은 아니다. 즉, 무효의 원인이 되었던 하자가 사후에 보완되었고, 현재의 회사 상황과 제반 사정을 종합적으로 고려할 때 감자를 무효로 되돌리는 것이 오히려 부적절하다고 인정되는 경우에는, 법원은 예외적으로 감자무효의 소를 기각할 수 있다(상 189조).

예를 들어 감자 당시에는 절차상 하자가 존재하였으나, 이후 채권자와의 합의나 추가적 담보제공 등을 통해 이해관계인의 이익이 이미 적절히 조정된 상태에서 뒤늦게 감자무효를 선언할 경우, 회사와 채권자 모두에게 과도한 혼란을 초래할 수 있다. 이러한 경우 법원은 형식적인 하자 여부보다는 현실적인 법적 안정과 거래질서를 더 중시하여, 감자무효를 선언하지 않고 기각판결을 할 수 있는 여지를 가지게 된다.

제6관 사 채

Ⅰ. 의의

1. 사채의 개념

사채(社債)란 회사가 불특정다수인으로부터 자금을 조달하기 위하여, 일정한 조건의 채권(債券)을 집단적·대량적으로 발행함으로써 부담하는 채무를 말한다. 흔히 회사채라고 부른다. 발행회사는 사채의 만기에 원금을 상환하고, 그때까지 약정된 이자를 지급할 의무를 부담한다. 사채는 액면가로 단위화된 유가증권의 일종인 채권의 형태를 취하므로, 이러한 유가증권 형태를 통해 높은 유통성이 확보된다.

사채는 주식과 공통점과 차이점을 모두 가진다. 공통점으로는, 양자가 모두 불특정다수인을 상대로 장기적인 자금을 조달하는 수단이라는 점, 유통성을 확보하기 위하여 유가증권의 형식을 취한다는 점(채권·주권), 다수 투자자의 집단적 의사결정 제도가 존재한다는 점(사채권자집회·주주총회), 그리고 발행절차 면에서도 유사하다는 점을 들 수 있다.

반면 차이점도 분명하다. 사채는 일반채권보다 특별히 우선적인 지위를 가지는 것은 아니지만, 회사 청산 시에 잔여재산분배청구권이 부여되는 주식보다는 통상적으로 먼저 변제를 받는다는 점에서 주식보다 선순위에 위치한다. 또한 회사의 이익 발생 여부와 무관하게 약정된 이자를 지급받는다. 이에 비해 주식은 잔여재산분배청구 시에 가장 후순위에 위치하고, 회사에 배당가능이익이 존재하는 경우에만 이익배당을 받을 수 있다. 대신 주주는 주주총회를 통하여 회사 경영에 참여할 수 있는 반면, 사채권자는 원칙적으로 회사 경영에 관여하지 않는다.

그렇다면 사채와 주식은 항상 명확히 구분되는가? 반드시 그렇지는 않다. 양자의 요소가 혼합된 형태의 증권도 존재한다. 예컨대 의결권 없는 우선주는 배당의 우선성이 중시되고 의결권이 제한된다는 점에서 사채적 성격이 강하다. 또한 전환사채, 신주인수권부사채 등은 채권에 주식적 요소인 전환권·인수권이 결합된 형태로서, 채권과 주식의 경계가 상대화되는 대표적인 사례이다.

2. 사채의 종류

사채는 여러 기준에 따라 구분할 수 있는데, 대표적인 유형은 다음과 같다.

먼저 기명사채와 무기명사채가 있다. 기명사채는 채권(기명채권)에 사채권자의 성명이 기재된 사채이고, 무기명사채는 채권(무기명채권) 상에 사채권자의 성명이 기재되어 있지 않은 사채이다. 양자는 양도방법과 대항요건 등에서 차이가 있다. 사채권자는 원칙적으로 언제든지 회사에 대하여 기명과 무기명 간의 전환을 청구할 수 있다(상 480조).

다음으로 등록사채와 현물사채가 있다. 등록사채는 전자증권법에 따라 전자등록기관에 전자등록된 사채를 말한다. 거래소에 상장된 사채는 반드시 전자등록을 하여야 하며(전증 25조), 이 경우 종이 형태의 채권은 발행될 수 없다. 이에 비해 현물사채는 실제로 종이 채권이 발행되는 사채를 말한다. 오늘날에는 등록사채가 일반적이며, 현물사채는 점차 드물어지는 추세에 있다.

또한 보통사채와 특수사채로도 구분할 수 있다. 보통사채는 특별한 부가권리가 없는 일반적인 사채를 말한다. 특수사채는 사채에 일정한 권리가 부여된 사채로서, 전환사채, 신주인수권부사채, 교환사채, 상환사채 등이 이에 해당한다. 예컨대 전환사채는 일정한 요건 하에서 사채를 주식으로 전환할 수 있는 권리가 부여된 사채이다.

3. 사채권자의 보호

사채권자는 회사에 자금을 대여한 채권자라는 점에서는 일반 채권자와 동일하지만, 다수의 투자자가 집단적으로 채권을 보유한다는 점에서는 주주와도 유사한 성격을 가진다. 문제는 회사의 의사결정 과정에서 주주와 사채권자의 이해관계가 충돌할 수 있다는 점이다.

예를 들어 회사가 재무구조 개선이나 고수익을 기대하며 고위험 투자사업을 추진하려는 경우, 주주는 성공 시 큰 이익을 기대하여 이에 찬성할 가능성이 있다. 반면 사채권자는 사업 실패 시 회사의 상환 능력이 악화될 위험을 우려하여 반대할 가능성이 크다. 이때 주주는 주주총회를 통하여 자신의 의사를 반영할 수 있지만, 사채권자에게 그러한 제도적 통로가 없다면 일방적으로 불리한 지위에 놓일 수 있다.

이러한 이해상충 상황에서 사채권자를 보호하기 위하여 마련된 제도가 바로 사채권자집회, 사채관리회사 등이다. 사채는 이처럼 회사의 재무조달 수단인 동시에 투자자 보호가 중요한 의미를 가지는 영역이므로, 발행 · 유통 · 상환뿐 아니라 사채권자 보호제도를 함께 이해하는 것이 필요하다.

Ⅱ. 사채의 발행과 유통

사채는 어떻게 발행되고, 그 후 투자자들 사이에서 어떻게 거래될까? 이를 이해하기 위해서는 사채의 발행 단계와 유통 단계로 나누어 살펴볼 필요가 있다.

1. 사채의 발행

2011년 상법 개정 이전에는 사채총액 제한 등 사채발행에 관한 법정 제한이 존재하였으나, 개정을 통해 이러한 제한은 폐지되었다. 이는 사채발행의 조건을 원칙적으로 시장기능에 맡기겠다는 취지이다. 다만 사채발행은 불특정다수인을 상대로 하는 집단적 거래이므로, 상장회사의 경우에는 자본시장법상 공모규제(자본 119조 등)가 적용되는 것이 일반적이다.

(1) 발행방법

1) 구분

상법상 사채발행방법은 총액인수와 공모발행으로 구분된다. 실무상으로는 증권회사에 위탁하여 공모를 하는 방식이 전형적이며, 이에 대해서는 관련 자본시장법 규제가 적용된다(자본 119조 등).

2) 총액인수

총액인수는 특정인이 발행회사와 계약을 체결하여 사채의 총액을 인수하는 방식이다(상 475조). 발행 상대방이 특정되어 있으므로 공모발행에 해당하지 않으며, 사채청약서를 작성할 필요도 없다. 예컨대 회사 A가 500억 원 규모의 사채를 발행하면서 증권회사 B와 전액인수계약을 체결한 경우, B는 우선 그 500억 원 전부를 인수한 후 이를 다시 투자자들에게 분산 판매할 수 있다. 발행회사로서는 총액이 확정적으로 인수된다는 점에서 자금조달의 확실성을 확보할 수 있다.

3) 공모발행

공모발행은 불특정다수인을 상대로 사채를 모집하는 방식이다(상 474조). 이 경우에는 사채청약서를 작성하여야 한다. 공모발행은 다시 다음과 같이 나눌 수 있다.

직접공모는 발행회사가 직접 불특정다수인을 상대로 사채를 모집하는 방식이다(상 474조). 다만 비용 부담과 전문성 문제로 실무에서는 흔하지 않다.

위탁모집은 발행회사(위탁회사)가 증권회사 등 수탁회사에 사채모집을 맡기고, 수탁회사가 자기 명의로 사채를 모집하는 방식이다(상 476조). 이 경우 모집총액에 미달한 위험은 발행회사가 부담하며, 수탁회사는 모집 업무만을 대행한다.

위탁인수모집은 수탁회사가 자기 명의로 사채를 모집하되, 모집총액에 미달한 경우 그 잔액을 인수할 의무까지 부담하는 방식이다(상 474조). 발행회사 입장에서는 모집 실패의 위험을 상당 부분 수탁회사에 전가할 수 있다.

(2) 발행절차

사채발행의 기본절차를 단계별로 정리하면 다음과 같다.

첫째, 발행결정 단계이다. 회사는 이사회 결의로 사채발행을 결정한다(상 469조). 자금조달은 회사 경영에 중대한 영향을 미치므로, 이사회가 중심적인 역할을 담당한다. 다만 정관이 정하는 바에 따라, 이사회는 사채의 금액과 종류를 정하여 1년 이내의 기간을 한도로 대표이사에게 발행결정을 위임할 수 있다(상 469조). 이는 시장 상황에 신속히 대응하기 위한 기동성의 확보 장치이다. 소규모회사로서 이사회가 없는 경우에는, 이사회 결의는 주주총회 결의로 대체된다(상 383조).

둘째, 수탁계약 단계이다. 발행회사가 증권회사 등 수탁회사에 사채모집을 위탁하는 경우, 양자 사이에 수탁계약을 체결한다.

셋째, 사채계약 단계이다. 발행회사와 사채청약자 사이에 사채계약이 체결되면서, 개별 사채권자와 회사 사이의 채권관계가 성립한다. 상법상 공모발행의 경우, 청약은 사채청약서에 의한다(상 474조). 다만 총액인수나 위탁인수모집에서 수탁회사가 인수하는 부분에 대해서는, 발행회사와 수탁회사 사이의 인수계약에 의해 사채가 인수되므로 사채청약서가 필요하지 않다(상 475조).

넷째, 납입 단계이다. 사채모집이 완료되면, 이사(수탁회사가 있는 경우에는 수탁회사)는 지체 없이 사채인수인에게 각 사채의 전액 또는 제1회의 납입을 하도록 하여야 한다(상 476조). 총액인수나 위탁인수모집에서 수탁회사가 인수하는 부분에 대해서는 수탁회사가 인수인으로서 그 납입의무를 이행한다.

2. 사채의 유통

(1) 필요성

사채는 만기가 비교적 길고(예: 3년, 5년, 10년), 불특정다수인이 인수하는 경우가 많다. 따라서 사채권자에게는 언제든지 투자금을 회수할 수 있는 유통의 통로가 열려 있어야 한다. 그 수단이 바로 사채의 유통이다. 사채권자는 채권을 제3자에게 양도하거나, 담보로 제공(입질)함으로써 투자금을 회수한다. 예컨대 5년 만기 회사채를 인수한 투자자가 2년째에 자금이 필요해진 경우, 회사에 중도상환을 요구할 수는 없고, 대신 시장에서 해당 채권을 매도하여 현금을 회수하게 된다.

(2) 채권

채권(債券)은 일정한 액면가(예: 1천만 원) 단위로 발행되는 유가증권이다. 채권에는 사채금액, 이율, 만기일, 채권번호 등 일정한 사항을 기재하고, 대표이사가 기명날인 또는 서명을 하여야 한다(상 478조). 다만 오늘날 실무에서는 종이 형태의 채권을 실제로 발행하지 않는 경우가 대부분이며, 전자증권법에 따라 사채를 전자등록기관의 전자등록계좌부에 등록하여 전자적 방식으로 유통시키는 것이 일반적이다(전증 2조).

(3) 사채원부 · 전자등록계좌부

사채원부는 기명사채와 관련하여 사채 및 사채권자에 관한 사항을 기록하는 장부이다(상 488조). 사채원부의 효력은 주주명부의 효력과 같다(상 479조).

전자등록계좌부는 사채에 관한 권리의 발생 · 변경 · 소멸에 관한 정보를 전자적으로 편성한 장부이다(전증 2조). 오늘날의 등록사채는 실질적으로 이 계좌부상 등록을 통하여 양도나 입질이 이루어진다.

(4) 사채의 양도 · 입질

1) 현물사채

무기명사채의 양도와 입질(질권 설정)은 무기명채권에 관한 규정(민 523조 · 351조)에 따라, 양도 또는 입질의 합의와 채권의 교부로 효력이 발생한다. 소지한 사람이 권리자로 취급되므로 유통성은 높지만, 분실이나 도난의 위험도 함께 존재한다.

기명사채의 양도는 지명채권의 양도방법(민 450조)에 따르되, 채권의 교부가 있어야 효력이 발생한다. 다만 회사 및 제3자에게 대항하기 위해서는 사채원부에 취득자의 성명과 주소를 기재하는 명의개서가 필요하며, 그 성명이 채권에 기재되지 않으면 회사 기타 제3자에게 대항할 수 없다(상 479조). 명의개서대리인이 사채원부 복본에 취득자의 성명과 주소를 기재하는 경우에도 명의개서로 인정된다(상 479조 · 337조). 질권 설정의 경우에는 권리질권 규정(민 346조 · 347조)에 따라 합의와 채권의 교부로 성립하며, 회사에 대한 통지 또는 승낙이 있어야 회사에 대항할 수 있다.

2) 등록사채

전자증권법에 따라 전자등록기관의 전자등록계좌부에 등록된 기명 · 무기명사채는, 양도나 입질을 하려면 그 사실을 전자등록 하여야 회사에 대항할 수 있다(전증 35조). 양도는 계좌 간 대체의 전자등록으로, 입질은 질권 설정의 전자등록으로 각각 효력이 발생한다.

요컨대, 종이 채권이 존재하는 현물사채에서는 채권의 교부가 핵심이고, 등록사채에서는 전자등록계좌부의 전자등록이 핵심이라는 점을 대비해 두면 이해가 쉽다.

Ⅲ. 사채의 관리와 상환

사채가 발행되고 유통된 이후에는, 만기까지 이자 지급과 원금 상환이 적정하게 이루어지는지, 그리고 발행회사가 사채권자의 이익을 침해하는 방식으로 행동하지는 않는지를 지속적으로 관리할 필요가 있다. 그러나 개별 사채권자가 각각 회사와 직접 다투기에는 비용 부담과 정보의 비대칭이 크다. 이에 상법은 사채관리회사와 사채권자집회라는 집단적 관리장치를 마련하여, 사채권자의 이익을 제도적으로 보호하고 있다.

1. 사채관리회사

(1) 의의

사채관리회사는 사채권자를 위하여 변제의 수령, 채권의 보전, 그 밖의 사채관리 업무를 수행하는 회사이다(상 484조). 형식상으로는 발행회사와 위임관계에 서 있지만(상 480조의2), 그 기능과 역할에 비추어 보면 실질적으로는 사채권자를 위한 법정대리인으로 이해할 수 있다. 예컨대 발행회사가 일시적인 유동성 위기에 처하여 만기 연장이나 이자지급 유예가 필요한 경우, 개별 사채권자와 일일이 협상하는 것은 현실적으로 곤란하다. 이때 사채관리회사는 사채권자를 대표하여 협상과 집행을 담당하게 된다.

(2) 선임 · 자격 · 종임

발행회사는 필요에 따라 사채관리회사를 선임할 수 있다(상 480조의2). 다만 이는 상법상 의무사항은 아니므로, 모든 사채발행에서 반드시 사채관리회사를 두어야 하는 것은 아니다. 다만 실무에서는 공모사채의 경우 대부분 사채관리회사가 선임된다.

사채관리업무에는 높은 공정성과 전문성이 요구되므로, 은행, 신탁회사, 그 밖에 대통령령이 정하는 자만이 사채관리회사가 될 수 있다(상 480조의3). 반대로 사채인수인이나 발행회사와 특수한 이해관계를 가지는 자 등 대통령령이 정하는 자는 사채관리회사가 될 수 없다(상 480조의3). 이는 사채관리회사가 발행회사나 특정 사채권자의 이해에 치우치는 것을 방지하기 위한 장치이다.

사채관리회사는 사채권자를 위한 관리자로서 업무의 연속성이 중요하므로, 일단 선임된 이후에는 사임이나 해임에 일정한 제한이 있다(상 481조~482조). 사채관리회사가 임의로 자주 교체될 경우, 사채권자 입장에서는 사채관리 업무와 관련한 책임 소재가 불분명해지고 의사결정의 연속성이 흔들릴 수 있기 때문이다.

(3) 권한 및 의무

사채관리회사는 다음과 같은 주요 권한을 가진다. 둘 이상의 사채관리회사가 선임된 경우에는, 그 권한에 속하는 행위는 공동으로 행사하여야 한다(상 485조). 이는 각자의 권한 행사를 통한 신속성과 효율성보다는, 권한 행사의 통일성과 책임의 명확성을 확보함으로써 사채관리의 안정성을 도모하는 것이 전체 사채권자의 이익에 부합한다고 보기 때문이다.

첫째, 대리권이다. 사채관리회사는 사채권자를 위하여 사채의 상환 또는 보전을 위해 필요한 재판상 또는 재판 외의 모든 행위를 할 수 있다(상 484조). 이는 상법이 명시적으로 인정한 법정대리권이다. 다만 사채 전부에 대한 지급유예나 채무불이행에 따른 책임의 면제 등과 같이 사채권자 전체에 중대한 영향을 미치는 사항에 대해서는, 원칙적으로 사채권자집회의 결의가 필요하다(상 484조). 사채관리회사의 재량에만 맡기지 않도록 한 견제장치이다.

둘째, 조사권이다. 사채관리회사는 대리권 행사를 위하여 필요하다고 인정되는 경우, 법원의 허가를 받아 발행회사의 업무 및 재산 상태를 조사할 수 있다(상 484조). 예컨대 지급유예에 응할 것인지 여부를 판단하기 위해서는 발행회사의 재무 상태에 관한 객관적인 정보가 필요하므로, 이러한 조사권이 인정된다.

셋째, 보수·비용청구권이다. 사채관리회사의 보수와 사무처리 비용은 원칙적으로 발행회사와의 계약에 따라 정하되, 약정이 없는 경우에는 법원의 허가를 받아 발행회사에 부담시킬 수 있다(상 507조). 사채관리업무는 사채권자 집단의 이해관계를 일원적으로 조정·관리하는 기능을 수행하고, 그로 인한 이익이 궁극적으로 발행회사에도 귀속된다는 점에서, 그 비용을 발행회사에 부담시키는 것이 합리적이다.

(4) 의무와 책임

사채관리회사는 형식상 사채권자와 직접 위임계약을 체결하는 것은 아니지만, 실질적으로는 사채권자를 위한 법정대리인의 지위에 있다. 따라서 상법은 사채관리회사에게 다음과 같은 의무를 부과한다. 즉, 사채관리회사는 선량한 관리자의 주의로 사채를 관리하여야 하며, 다수의 사채권자 전체를 위하여 공평하고 성실하게 사무를 처리하여야 한다(상 484조의2). 특정 사채권자에게만 유리하게 행동하는 것은 허용되지 않는다.

사채관리회사가 상법 또는 사채권자집회의 결의를 위반하여 사채권자에게 손해를 입힌 경우에는, 사채권자에 대하여 연대하여 손해배상책임을 진다(상 484조의2). 이 경우 연대책임은 사채관리회사가 복수인 경우에 적용된다.

2. 사채권자집회

(1) 의의

사채권자집회는 사채권자의 이익에 중대한 영향을 미치는 사항에 관하여 사채권자들의 집단적 의사를 형성·결정하기 위하여, 해당 종류의 사채권자 전원으로 구성되는 임시적 회의체이다. 이는 회사의 내부기관이 아니라 회사 외부에 설치되는 외부기관에 해당한다.

사채권자집회는 사채의 종류별로만 존재하고, 이를 총괄하는 이른바 통합적 사채권자집회는 존재하지 않는다. 따라서 소집과 결의 역시 사채의 종류별로 이루어진다(상 491조 등). 예컨대 "5년 만기 회사채 제1회"와 "7년 만기 회사채 제2회"는 서로 다른 종류의 사채에 해당하므로, 각각 독립된 사채권자집회가 소집·운영된다.

(2) 권한

사채권자집회는 상법이 정한 사항과 그 밖에 사채권자의 이해에 영향을 미치는 사항에 관하여 결의할 수 있다(상 490조). 대표적인 예로는 ① 자본금감소에 대한 이의 제기(상 439조), ② 합병에 대한 이의 제기(상 530조), ③ 발행회사의 불공정한 행위의 취소를 구하는 소의 제기(상 512조) 등이 있다. 이와 같은 사항은 회사의 자본구조나 채무구조에 중대한 변화를 초래하므로, 개별 사채권자가 아니라 집단으로서의 의사결정이 요구된다.

(3) 소집

사채권자집회의 소집권자는 ① 발행회사, ② 사채관리회사, ③ 소수사채권자이다(상 491조). 여기서 소수사채권자란, 해당 종류의 미상환 사채총액(이미 상환된 부분을 제외한 금액)의 10분의 1 이상을 가진 사채권자를 말한다(상 491조). 소수사채권자는 발행회사 또는 사채관리회사에 대하여 서면 또는 전자문서로 소집을 청구할 수 있으며, 이에 응하지 않는 경우에는 법원의 허가를 받아 직접 집회를 소집할 수 있다(상 491조).

사채권자집회의 소집절차에 관해서는 주주총회 소집에 관한 규정을 준용하되, 무기명사채에 대해서는 공고 방법 등에 관하여 특칙이 적용된다(상 491조의2).

(4) 결의

사채권자집회의 결의에 관한 주요한 사항은 다음과 같다.

1) 의결권

각 사채권자는 자신이 보유한 해당 종류의 미상환 사채금액에 비례하여 의결권을 가진다(상 492조). 이는 주주의 의결권이 주식 수에 비례하는 구조와 유사한 "금액 비례 의결권"이다. 의결권 행사에 관해서는 주주총회의 규정이 준용된다(상 510조).

2) 대표자

사채권자집회는 해당 종류의 미상환 사채총액의 500분의 1 이상을 가진 사채권자 중에서 1인 또는 수인을 대표자로 선임하여, 결의할 사항의 결정을 대표자에게 위임할 수 있다(상 500조). 이는 매번 사채권자집회를 소집하는 데 비용과 시간이 소요된다는 점을 고려하여, 보다 효율적인 의사결정을 도모하기 위한 제도이다. 이에 따라 대표자는 사채권자집회에 갈음하여 결의할 사항을 결정하게 되며, 대표자가 수인인 경우 그 결정은 과반수로 한다(상 500조). 대표자는 사채관리회사가 없고 사채권자집회가 집행자를 별도로 선임하지 않은 경우에는, 사채권자집회의 결의를 집행할 권한도 갖는다(상 501조). 사채권자집회는 언제든지 대표자를 해임하거나 그 위임사항을 변경할 수 있다(상 504조). 이는 대표자에게 필요한 권한을 부여하되, 집단적 통제를 유지하기 위한 장치이다.

3) 결의 요건

사채권자집회의 결의는 주주총회의 특별결의에 관한 규정을 준용하여, 출석 사채권자의 의결권 3분의 2 이상과 전체 사채권자의 의결권의 3분의 1 이상이 찬성하여야 한다(상 495조·434조). 다만 비교적 경미한 사항, 예컨대 사채관리회사의 사임에 대한 동의 등은 출석 사채권자의 의결권 과반수로 의결할 수 있다(상 495조). 또한 주주총회와 마찬가지로 서면투표와 전자투표도 허용된다(상 495조).

4) 결의의 인가

사채권자집회의 결의는 그 자체로 곧바로 효력이 발생하는 것이 아니라, 법원의 인가를 받아야 효력이 생긴다(상 498조). 이는 결의 과정에서 전체 사채권자의 이해가 공정하게 반영되었는지를 사법적으로 통제하기 위한 것이다. 소집자는 결의일로부터 1주일 이내에 법원에 인가를 청구하여야 한다(상 496조). 다만 해당 종류의 사채권자 전원이 동의한 경우에는 법원의 인가를 요하지 않는다(상 498조). 이는 결의로 인해 불이익을 받을 소수 사채권자가 존재하지 않으므로, 사법적 통제를 거칠 필요가 없기 때문이다.

이와 같이 법원의 인가를 요건으로 두고 있으므로, 사채권자집회의 소집이나 결의에 하자가 있는 경우 이를 별도의 소송으로 다투는 제도는 마련되어 있지 않다. 법원은 소집절차나 결의방법이 법령에 위반되었거나, 결의 내용이 현저히 불공정하거나 사채권자 일반의 이익에 반하는 경우에는 인가를 할 수 없다(상 497조). 다만 절차 또는 방법상 하자가 있더라도 결의의 내용과 제반 사정을 종합적으로 고려하여 인가를 할 수 있는 경우도 있다(상 497조).

5) 결의의 효력

사채권자집회의 결의는 법원의 인가를 받은 때에 비로소 효력이 발생하며, 그 효력은 해당 종류의 사채를 가진 모든 사채권자에게 미친다(상 498조). 즉, 집회에 출석하지 않았거나 반대의사를 표시한 사채권자도 결의에 구속된다. 이는 집단적 의사결정의 실효성을 확보하기 위한 것이다.

6) 결의의 집행

사채권자집회의 결의는, 집회에서 집행자를 따로 정한 경우에는 그 집행자가 집행하고, 그렇지 않은 경우에는 사채관리회사가, 사채관리회사가 없는 경우에는 사채권자집회의 대표자가 집행한다(상 501조). 이는 사채권자집회가 결의 집행을 보다 전문적이고 신속하게 수행할 필요가 있는 경우를 대비하여, 사안에 따라 별도의 집행자를 둘 수 있도록 한 것이다. 요컨대, 사채권자집회의 결의 집행은 집행자를 최우선으로 하고, 그 다음으로 사채관리회사, 최종적으로 대표자의 순서로 이루어진다. 집행자 또는 대표자가 사채상환에 관한 결의를 집행하는 경우에는, 기능적으로 사채관리회사와 동일한 사채상환 업무를 수행하므로 사채관리회사의 사채상환에 관한 규정이 준용된다(상 503조). 사채권자집회는 대표자와 마찬가지로 언제든지 집행자를 해임하거나 위임한 사항을 변경할 수 있다(상 504조).

7) 기타

사채권자집회의 의결권, 연기 · 속행, 의사록의 작성 등에 관해서는 주주총회에 관한 규정을 준용한다(상 510조). 발행회사는 사채권자집회의 의사록을 본점에 비치하고, 사채관리회사 및 사채권자에게 영업시간 중 열람할 수 있도록 하여야 한다(상 510조).

(5) 보수 · 비용

사채권자집회의 대표자 또는 집행자에게 지급할 보수와 사무처리 비용은 원칙적으로 발행회사와의 계약에 따라 정하되, 약정이 없는 경우에는 법원의 허가를 받아 발행회사에 부담시킬 수 있다(상 507조). 또한 사채권자집회 운영에 필요한 비용은 발행회사가 부담한다(상 508조). 이는 사채관리회사와 마찬가지로, 사채권자집회 역시 사채권자 집단의 이해관계를 일원적으로 조정하는 기능을 수행하고, 그로 인한 이익이 궁극적으로 발행회사에도 귀속되기 때문이다.

3. 사채의 변제

(1) 사채관리회사가 없는 경우

사채관리회사가 선임되지 않은 경우에는, 사채권자가 직접 발행회사에 대하여 사채의 상환을 청구한다. 이때 원금에 대한 사채금액청구권의 소멸시효는 10년이고, 사채이자청구권의 소멸시효는 5년이다(상 487조).

(2) 사채관리회사가 있는 경우

사채관리회사가 선임된 경우에도, 사채권자는 원칙적으로 직접 발행회사에 변제를 청구할 수 있다. 다만 실무에서는 사채관리회사가 사채권자를 대리하여 변제를 수령하는 방식이 일반적이다. 사채관리회사가 발행회사로부터 변제를 받은 경우의 법리는 다음과 같다.

사채관리회사는 변제를 받은 때에는 지체 없이 이를 공고하고, 알고 있는 사채권자에게는 개별적으로 통지하여야 한다(상 484조). 사채관리회사가 변제를 수령하면, 그 범위 내에서 사채권자의 발행회사에 대한 변제청구권은 소멸하고, 대신 사채관리회사에 대한 지급청구권으로 전환된다. 이 지급청구권의 소멸시효는 10년이다(상 487조).

채권이 발행된 경우에는, 사채권자는 채권을 제시·교환함으로써 지급을 청구하여야 한다(상 484조). 또한 사채관리회사가 둘 이상인 경우에는, 사채관리회사는 사채권자에 대하여 연대하여 지급할 의무를 부담한다(상 485조). 이는 사채관리회사 간의 내부 사정으로 인해 사채권자가 변제를 받지 못하는 위험을 방지하고, 사채권자 보호를 강화하기 위한 것이다.

Ⅳ. 불공정한 행위에 대한 취소의 소

사채가 발행된 이후에 발행회사가 특정 사채권자에게만 유리한 변제나 화해를 하는 경우에는 어떻게 될까? 예컨대 일부 사채권자에게만 원금을 조기 상환하면서 약정 이자 외에 추가 금액(조기상환에 대한 가산금, 위약금 상당액 등)까지 지급하고, 다른 사채권자에게는 그러한 기회를 전혀 부여하지 않는 경우를 생각해 볼 수 있다. 이는 다른 사채권자에게 중대한 불이익을 초래할 수 있다.

이러한 상황을 시정하기 위하여 상법은 발행회사의 불공정한 행위에 대한 취소의 소를 인정하고 있다. 즉, 발행회사가 어느 사채권자에게 한 변제, 화해, 그 밖의 행위가 현저하게 불공정한 경우에는, 사채관리회사가 소로써 그 행위의 취소를 청구할 수 있다(상 511조). 또한 사채권자집회의 결의가 있는 경우에는 대표자 또는 집행자도 취소의 소를 제기할 수 있다(상 512조).

취소의 소가 인용되기 위해서는 객관적 불공정성이 인정되어야 한다. 즉, 문제된 행위가 다른 사채권자에 비하여 현저히 불리한 차별을 초래하는 것이어야 한다. 아울러 주관적 요건도 요구된다. 곧, 변제나 화해 등의 이익을 받은 사채권자가 그 당시 다른 사채권자를 해한다는 사실을 알지 못한 경우에는 취소를 청구할 수 없다(상 511조, 민 406조). 이는 객관적으로 불공정한 행위라 하더라도, 선의의 사채권자를 보호하려는 취지이다.

이 취소의 소에는 법률관계의 안정을 도모하기 위하여 엄격한 제척기간이 적용된다. 즉, 취소권은 소의 제기자 유형에 따라 6개월 또는 1년의 기간 내에 행사하여야 한다(상 511조~512조). 취소의 효력은 모든 사채권자의 이익을 위하여 발생하며(상 511조, 민 407조), 특정 사채권자에게만 유리하게 이루어진 행위를 원상

회복함으로써 전체 사채권자의 이익을 공평하게 조정하는 기능을 수행한다.

V. 특수한 사채

1. 전환사채

(1) 의의

전환사채는 일정한 요건과 절차에 따라 발행회사의 주식으로 전환할 수 있는 권리가 부여된 사채이다. 투자자 입장에서는 기본적으로 사채로서 이자를 수취하면서도, 장래 회사의 주가가 상승할 경우 주식으로 전환하여 그 상승이익을 누릴 수 있다는 점에서 매력이 있다. 회사 입장에서는 전환이 이루어지면 사채원금을 현금으로 상환하지 않고 신주 발행으로 갈음할 수 있고 전환권 부여에 따른 이점으로 인해, 비교적 낮은 이율로 자금을 조달할 수 있다는 장점이 있다.

그렇다면 왜 전환사채에 대해서는 일반 사채보다 엄격한 규제가 가해질까? 전환이 이루어지는 순간 기존 주주의 지분이 희석될 수 있기 때문이다. 이 점에서 전환사채는 단순한 자금조달을 위한 채무수단이 아니라 잠재적인 신주발행을 수반하는 채무수단으로 이해되어야 하며, 상법이 전환사채의 발행을 신주발행과 유사하게 취급하는 이유도 여기에 있다.

(2) 발행

1) 주주배정과 제3자배정

전환사채는 장차 주식으로 전환될 수 있어 기존 주주의 지분율에 직접적인 영향을 미친다. 따라서 원칙적으로 전환사채는 주주에게 그가 보유한 주식 수에 비례하여 배정하는 방식, 즉 주주배정 방식으로 발행되어야 한다(상 513조의2).

다만 회사가 신기술의 도입, 재무구조의 개선 등 일정한 경영상 목적을 달성하기 위하여 외부 투자자에게 전환사채를 발행할 필요가 있는 경우도 있다. 이러한 경우에는 예외적으로 제3자배정이 허용되지만, 전환사채의 액수, 전환조건 등 일정한 사항을 정관에 미리 규정하거나, 그렇지 않은 경우에는 주주총회의 특별결의로 이를 정하여야 한다(상 513조 · 418조). 이때 허용되는 경영상 목적에는 재무구조 개선이나 전략적 제휴 등이 포함되나, 단순한 경영권 방어 목적은 포함되지 않는다는 것이 판례의 입장이다.

2) 발행절차

전환사채의 발행절차는 일반 사채에 비해 한층 엄격하게 규정되어 있다.

먼저 발행사항의 결정 단계이다. 회사는 전환사채를 발행할 수 있으며, 이사회는 전환사채 발행과 관련된 구체적인 사항, 즉 총액, 이율, 전환가액, 전환기간 등 중에서 정관에 규정이 없는 사항을 결정한다(상 513조). 다만 정관에서 이를 주주총회가 결정하도록 정한 경우에는 그에 따른다(상 513조). 전환사채의 발행가액총액은 전환으로 발행될 신주의 발행가액총액과 같아야 한다(상 516조 · 348조). 이는 전환으로 인해 사채권자가 손해를 입거나, 반대로 회사의 자본금 충실이 해쳐지는 것을 방지하기 위한 것이다.

다음은 공고 및 청약최고 단계이다. 주주배정 방식으로 전환사채를 발행하는 경우에는, 전환사채 인수권을 가지는 주주를 확정하기 위하여 공고를 해야 한다(상 513조의2 · 418조). 공고에 따라 기준시점의 주주가 확정되면, 그 주주에게 전환사채 인수를 청약할 것을 최고해야 하며, 주주는 정해진 기한 내에 청약을 해야 한다(상 513조의3). 청약기간 내에 응하지 않으면 전환사채 인수권은 상실된다(상 513조의3 · 419조).

마지막으로 등기 단계이다. 전환사채의 발행은 일반 사채와 달리 등기사항에 해당한다(상 514조의2). 이는 전환사채가 잠재적으로 신주발행을 수반하므로, 신주발행과 마찬가지로 공시를 강화하려는 취지이다.

3) 불공정한 발행에 대한 구제

전환사채가 법령이나 정관에 위반되거나, 현저히 불공정한 조건으로 발행되는 경우에는 기존 주주와 회사에 중대한 불이익이 발생할 수 있다.

상법은 이러한 상황을 방지하기 위하여 신주발행의 유지청구권(상 424조)과 통모인수인의 책임(상 424조의2)을 전환사채의 발행에도 준용하고 있다(상 516조). 즉 전환사채가 법령이나 정관의 위반 또는 현저히 불공정한 조건으로 발행되어 주주가 불이익을 받을 염려가 있는 경우, 주주는 회사에 전환사채 발행의 유지를, 다시 말해 발행을 중지할 것을 청구할 수 있다. 또한 이사와 통모하여 현저하게 불공정한 발행가액으로 전환사채를 인수한 자는 공정가액과 발행가액의 차액을 회사에 반환할 책임을 진다.

아울러 판례는 전환사채 발행에 중대한 하자가 있는 경우, 신주발행무효의 소에 관한 규정(상 429조~432조)을 유추적용하여 전환사채발행무효의 소를 인정하고 있다.

(3) 전환

사채권자는 정해진 전환기간 내에 전환 조건에 따라 전환을 청구할 수 있다(상 513조 · 515조). 전환청구권은 형성권이므로, 사채권자가 적법하게 전환을 청구하면 회사의 승낙과 무관하게 전환의 효력이 발생한다(상 516조 · 350조). 전환의 효력이 발생하면 사채권자는 사채권자 지위를 상실하고 주주가 되며, 이에 따라 회사는 신주발행에 관한 변경등기를 하여야 한다(상 317조 · 183조).

실무에서는 회사의 주가가 전환가액을 상당히 상회하는 경우 전환이 활발하게 이루어지고, 반대로 주가가 전환가액에 미치지 못하는 경우에는 사채로서 만기까지 보유하는 선택이 주로 나타난다. 이처럼 전환사채는 이자수익과 주가상승이익을 선택적으로 결합할 수 있다는 점에서, 채권과 주식의 경계에 위치한 자금조달 수단이라고 평가할 수 있다.

2. 신주인수권부사채

(1) 의의

신주인수권부사채는 일정한 조건 아래에서 사채권자가 회사에 대하여 신주발행을 청구할 수 있는 권리, 즉 신주인수권이 부여된 사채이다. 여기서 신주인수권은 흔히 워런트(warrant)라고 하며, 사채권자가 사전에 정해진 가격과 기간 내에 새로 발행될 주식의 인수를 청구할 수 있는 형성권을 말한다.

전환사채와 비교하면, 전환사채는 사채 자체가 주식으로 전환되는 형태인 반면, 신주인수권부사채는 사채는 그대로 존속시키면서 별도의 대가를 납입하고 신주를 인수할 수 있는 형태라는 점에서 차이가 있다. 즉 전환사채는 사채와 주금 사이의 상계적 성격이 강한 반면, 신주인수권부사채는 기존 채권관계와는 별도로 추가적인 투자기회를 부여하는 방식에 가깝다.

신주인수권의 행사로 신주가 발행되면 기존 주주의 지분이 희석된다는 점에서, 상법은 신주인수권부사채의 발행에 대해서도 전환사채와 마찬가지로 신주발행에 준하는 규제를 가하고 있다.

(2) 종류

신주인수권부사채는 비분리형과 분리형으로 구분된다. 비분리형은 신주인수권이 사채와 일체로 결합되어 있어, 사채를 양도할 때에만 신주인수권도 함께 이전되는 형태로서, 상법이 예정하는 원칙적 형태이다. 반면 분리형은 신주인수권을 사채와 분리하여 독립적으로 양도할 수 있는 형태이다. 이 경우 신주인수권은 별도의 유가증권인 신주인수권증권으로 표창되어 자본시장에서 독자적으로 거래된다. 분리형으로 발행하기 위해서는 원칙적으로 이사회의 결의가 필요하나, 이사회 결의에 갈음하여 주주총회의 결의로 하기로 정한 경우에는 주주총회의 결의가 필요하다(상 516조의2).

(3) 발행

1) 주주배정과 제3자배정

신주인수권부사채 역시 장차 신주발행이 이루어질 가능성을 내포하므로, 원칙적으로 주주에게 그 지분비율에 따라 배정하는 방식이 우선한다(상 516조의11 · 513조의2).

다만 신기술의 도입, 재무구조의 개선 등 일정한 경영상 목적을 위하여 외부 투자자에게 신주인수권부사채를 발행할 필요가 있는 경우에는 제3자배정이 허용된다(상 516조의2 · 418조). 이 경우에도 그 액수, 신주인수권의 내용, 행사기간 등 중요한 사항은 정관에 규정이 없으면 주주총회의 특별결의로 정하여야 하며(상 516조의2), 단순한 경영권 방어만을 목적으로 한 발행은 허용되지 않는다.

2) 발행절차

신주인수권부사채 발행의 기본 구조는 전환사채의 경우와 유사하다.

먼저 발행사항의 결정 단계이다. 회사는 신주인수권부사채를 발행할 수 있고(상 516조의2), 이사회는 발행총액, 부여되는 신주인수권의 내용, 행사기간 등 발행과 관련된 사항 중 정관에 규정이 없는 사항을 결정한다. 다만 정관에서 주주총회가 이를 결정하도록 정한 경우에는 그에 따른다(상 516조의2). 특히 각 신주인수권부사채에 부여된 신주인수권의 행사로 발행될 주식의 발행가액총액은 해당 신주인수권부사채의 금액을 초과할 수 없는데(상 516조의2), 이는 기존 주주의 지분이 과도하게 희석되는 것을 방지하기 위한 장치이다.

다음은 공고 및 청약최고 단계이다. 주주배정 방식으로 발행하는 경우에는, 어느 주주가 신주인수권부사채 인수권을 가지는지를 확정하기 위하여 공고를 하고(상 516조의11 · 513조의2), 그 주주에게 인수 청약을 최고하여야 한다(상 516조의3). 정해진 기한까지 청약을 하지 않으면 인수권은 상실된다(상 516조의3 · 419조).

마지막으로 등기 단계이다. 신주인수권부사채의 발행 역시 일반 사채와 달리 등기사항에 해당한다(상 516조의8). 이는 신주인수권부사채가 잠재적으로 신주발행을 수반하므로, 신주발행과 마찬가지로 공시를 강화하려는 취지이다.

3) 불공정한 발행에 대한 구제수단

신주인수권부사채가 법령이나 정관의 위반 또는 현저히 불공정한 조건으로 발행되는 경우에도 기존 주주에게 중대한 불이익이 발생할 수 있다. 이에 상법은 전환사채의 경우와 마찬가지로 신주발행의 유지청구권과 통모인수인의 책임을 신수인수권부사채 발행에 준용하고 있으며(상 516조의11 · 516조), 판례는 신주인수권부사채 발행에 무효원인이 있는 경우 신주발행무효의 소에 관한 규정을 유추적용하여 신주인수권부사채발행무효의 소를 인정하고 있다.

(4) 신주인수권의 양도

1) 구분

비분리형의 경우 신주인수권은 사채와 불가분적으로 결합되어 있으므로, 신주인수권만을 따로 양도할 수 없다. 이에 반해 분리형 신주인수권부사채에서는 사채와 신주인수권이 분리되어, 신주인수권만을 독립적으로 양도할 수 있다.

2) 신주인수권증권

분리형에서 신주인수권은 신주인수권증권이라는 별도의 유가증권으로 표창된다. 신주인수권증권에는 일정한 사항을 기재하고, 이사가 기명날인 또는 서명하여야 하며, 회사는 이를 발행할 의무를 부담한다(상 516조의5). 신주인수권증권은 무기명증권이므로, 그 교부에 의하여 신주인수권이 양도되고, 점유자는 권리자로 추정되며 선의취득도 인정된다(상 516조의6 · 336조, 수 21조).

(5) 신주인수권의 행사

신주인수권자는 정해진 행사기간 내에 신주인수권부사채에 부여된 내용에 따라 신주인수권을 행사할 수 있다(상 516조의2). 이 경우 원칙적으로 신주발행가액 전액을 납입하여야 한다(상 516조의9). 다만 정관 또는 이사회 결의로, 신주인수권자의 청구에 따라 신주인수권부사채의 상환에 갈음하여 사채발행가액을 주금납입으로 보는 대용납입 방식을 정할 수 있으며(상 516조의2), 이 경우에는 주금납입채무와 사채상환청구권 사이에 상계와 유사한 효과가 발생한다.

신주인수권을 적법하게 행사하고 주금을 납입하면 그때부터 주주 지위가 발생하고(상 516조의10), 회사는 이에 관하여 신주발행의 변경등기를 하여야 한다(상 317조 · 183조).

3. 기타

(1) 이익참가부사채

이익참가부사채는 사채권자가 약정된 이자를 지급받는 것에 더하여, 일정한 조건 아래 회사의 이익배당에도 참가할 수 있는 권리가 부여된 사채이다(상 469조). 이는 고정이자라는 채권적 요소에 이익참가라는 주주적 요소가 결합된 형태로서, 사채와 주식의 중간적 성격을 가진다.

이익참가부사채는 주주의 이익배분 구조에 직접적인 영향을 미치므로, 원칙적으로 주주에게 그 지분비율에 따라 배정하여야 한다. 제3자배정의 경우에는 정관에 규정이 없는 한 주주총회의 특별결의가 필요하다(상령 21조). 이사회는 이익참가부사채의 총액, 이익참가의 조건 등 주요 사항을 결정할 수 있으나, 정관에서 주주총회 결의를 요구하는 경우에는 이에 따라야 한다(상령 21조).

(2) 교환사채 · 상환사채

교환사채와 상환사채는 주식이나 그 밖의 다른 유가증권으로 교환하거나 상환할 수 있도록 구성된 사채를 말한다(상 469조). 교환사채는 사채권자가 회사가 보유하는 주식 등과의 교환을 청구할 수 있는 사채이고, 상환사채는 회사가 보유하는 주식 등으로 상환할 수 있는 사채이다(상령 22조~23조).

여기서 교환 또는 상환의 대상으로 되는 주식에는 발행회사가 보유하는 다른 회사의 주식이나 이미 발행된 자기주식 등이 포함되지만, 발행회사의 신주는 포함되지 않는다. 만약 신주가 포함된다면, 전환사채나 신주인수권부사채와의 구별이 어려워지기 때문이다.

교환사채와 상환사채는 신주발행 요소를 내포하지 않으므로, 그 발행 및 교환 · 상환 조건은 원칙적으로 이사회 결의로 정할 수 있다(상령 22조~23조).

(3) 파생결합사채

파생결합사채는 유가증권, 통화 등 대통령령이 정하는 자산이나 지표의 변동과 연계하여, 미리 정해진 방법에 따라 상환금액 또는 지급금액이 결정되는 사채이다(상 469조). 즉, 회사의 신용위험이나 금리변동뿐만 아니라, 주가, 환율, 각종 지수 등 다양한 기초자산의 변동 위험이 결합된 구조를 가진다.

파생결합사채 역시 신주발행 요소를 포함하지 않으므로, 그 발행 여부와 연계할 기초자산의 종류, 상환 · 지급 구조 등에 관한 사항은 이사회 결의로 정할 수 있다(상령 24조).

제 7 관 정관의 변경

Ⅰ. 의의

정관변경이란 정관에 기재된 사항을 추가 · 수정 · 삭제하는 것을 말한다. 회사는 설립 시 정관을 작성하지만, 이후 사업의 확대, 제도의 변화, 지배구조의 변동 등으로 인해 정관을 그대로 유지하기 어려운 경우가 적지 않다. 그렇다면 정관은 어디까지 변경할 수 있을까?

원칙적으로는 정관에 기재된 사항이라면 모두 변경할 수 있다. 다만 회사법의 기본원칙, 예컨대 주주평등의 원칙 등에 반하는 정관변경은 허용되지 않는다. 정관은 회사의 자치규범이지만, 강행법규를 위반할 수는 없다는 점에서 사적 자치의 한계 내에 놓여 있다.

또한 정관변경은 회사의 자율적 판단에 따라 이루어지기도 하지만, 법령에 의해 정관변경이 필수적으로 요구되는 경우도 있다. 예를 들어 액면주식의 액면금액은 정관의 절대적 기재사항이므로, 그 금액을 변경하려면 반드시 정관을 변경하여야 한다(상 289조). 만약 회사 A가 주식의 액면금액을 5,000원에서 1,000원으로 변경하려는 경우, 액면금액은 정관에 기재되어야 할 사항이므로 정관변경이 없이는 액면금액 변경의 효력이 발생하지 않는다.

Ⅱ. 절차

정관은 회사의 조직과 운영에 관한 기본 규범에 해당하므로, 이를 변경하기 위해서는 엄격한 절차가 요구된다. 그 절차를 단계적으로 살펴보자.

정관변경은 주주총회의 특별결의로 이루어진다(상 433조~434조). 그렇다면 주주는 사전에 무엇을 알아야 할까? 원칙적으로 주주총회 소집통지에는 회의의 목적사항(의제)을 기재하면 충분하고, 의제의 구체적 내용(의안)까지 기재할 필요는 없다(상 363조). 그러나 정관변경의 경우에는 예외적으로, 주주총회 소집통지에는 단순히 정관변경 여부(의제)뿐만 아니라, 변경될 정관 내용의 요지(의안)까지 함께 기재해야 한다(상 433조). 이는 주주가 충분한 정보를 바탕으로 의사결정을 할 수 있도록 하기 위한 투명성 확보 장치이다.

회사가 종류주식을 발행하고 있는 경우에는 한 단계 더 나아간 절차가 요구된다. 정관변경으로 인해 특정한 종류주식 주주에게 불이익이 발생하는 경우에는, 해당 종류주식의 종류주주총회 특별결의가 추가로 필요하다(상 435조). 이는 다수결에 의해 소수 주주가 일방적으로 희생되는 것을 방지하기 위한 보호장치이다.

정관변경 그 자체는 등기사항이 아니지만, 정관변경으로 인해 등기사항에 변동이 생기는 경우에는 변경등기를 해야 한다(상 317조·183조). 예컨대 발행예정주식총수를 변경하는 경우에는, 정관을 변경한 뒤 그 변경된 발행예정주식총수에 관하여 그 내용을 등기하여야 한다.

Ⅲ. 효력

정관변경의 효력은 주주총회 특별결의가 성립한 때에 발생한다는 것이 판례의 입장이다. 즉, 등기는 정관변경의 효력발생요건이 아니다. 다만 등기하여야 할 사항을 등기하지 않은 경우에는, 그 변경을 선의의 제3자에게 대항할 수 없다(상 37조).

또한 정관변경에는 소급효가 인정되지 않는다. 이미 성립된 법률관계까지 소급하여 변경의 효력을 미치게 하면, 회사 법률관계의 안정성이 심각하게 훼손되기 때문이다. 예컨대 2026년 1월 1일에 주식양도가 이루어졌고, 같은 달 1월 10일에 주주총회에서 주식양도 제한 규정을 정관에 새로 신설하였다고 하더라도, 이미 이루어진 1월 1일의 주식양도에는 그 변경된 정관이 소급하여 적용되지는 않는다.

제 8 관 회사의 회계

Ⅰ. 의의

회사의 회계란 회사의 재산상태와 경영성과를 인식·측정하고, 그 결과를 기록·보고·처리하는 일련의 절차를 말한다. 그렇다면 왜 회사 회계에서는 공정성과 투명성이 특히 강조될까? 회사는 주주와 채권자, 종업원, 투자자 등 다양한 이해관계자와 관계를 맺고 있으며, 이들 모두는 회사의 재무적 건전성을 전제로 중요한 의사결정을 내린다. 따라서 회사의 회계는 단순한 내부관리에 그치지 않고, 외부 이해관계자를 보호하기 위한 법적 장치로서 중요한 의미를 가진다. 이러한 인식에 기초하여 상법은 회사의 회계에 관한 기본적인 규율을 두고 있다.

Ⅱ. 회계처리기준

회계를 누가, 어떤 기준에 따라 작성할까? 회사는 상인이므로, 상업장부에 관한 상법 규정에 따라 회계기록을 작성하여야 한다(상 29조~33조). 또한 상법과 대통령령이 정하는 사항 외의 부분에 대해서는, 일반적으로 공정하고 타당하다고 인정되는 회계관행을 기준으로 삼는다(상 446조의2). 이는 법령이 정한 기본 틀을 전제로 하되, 회계의 전문성과 실무 환경의 빠른 변화를 반영하여, 실제 회계 실무에서 확립된 전문적 관행을 보조기준으로 활용하려는 취지이다.

Ⅲ. 회계자료

1. 의의

(1) 재무제표

재무제표는 회사의 재무상태와 경영성과를 수치로 명확하게 표현한 문서이다. 여기에는 대차대조표(재무상태표)와 손익계산서가 포함되고, 여기에 더하여 자본변동표와 이익잉여금 처분계산서(또는 결손금 처리계산서) 중 하나가 포함된다(상 447조, 상령 16조). 외부감사법의 적용대상인 회사의 경우에는 자본변동표와 이익잉여금 처분계산서(또는 결손금 처리계산서)를 모두 포함하여야 하고, 나아가 현금흐름표 및 주석까지 포함된다(상령 16조). 이를 통해 재무제표의 정보제공기능은 한층 강화된다.

외부감사법의 적용대상으로서 지배·종속의 관계에 있는 회사들의 경우, 지배회사는 지배회사와 종속회사의 재무제표를 연결한 연결재무제표를 작성하여야 한다(상 447조, 상령 16조). 법인격 면에서는 각각 독립된 회사라 하더라도, 지배·종속의 관계에 있는 회사들은 경제적 실체로서는 하나의 기업집단을 구성한다고 보아야 하기 때문이다. 연결재무제표는 이러한 기업집단을 단일한 회계단위로 파악하여 재무상태와 경영성과를 종합적으로 표시함으로써, 기업집단 내부거래를 통한 분식회계를 방지하고, 기업집단 차원의 재무정보 투명성을 확보하기 위한 기능을 수행한다.

(2) 영업보고서

영업보고서는 일정 기간 동안의 영업경과와 사업운영에 관한 중요사항을 기재하는 문서이다(상 447조의2, 상령 17조). 재무제표가 숫자를 통해 경영의 결과를 보여주는 데 중점을 둔다면, 영업보고서는 숫자로는 드러나기 어려운 회사의 상황과 경영상 판단을 서술적으로 전달한다는 점에서 기능적 차이를 가진다.

2. 작성 · 감사 · 승인 절차

(1) 작성 및 이사회승인

이사는 매 결산기마다 재무제표 및 영업보고서를 작성하고, 이를 이사회의 승인을 받아야 한다(상 447조 · 447조의2). 외부감사법의 적용대상인 회사의 경우에는 지배회사가 연결재무제표를 작성하여 이사회의 승인을 받아야 하는데(상 447조, 상령 16조), 이는 앞서 설명한 것처럼 기업집단 전체의 실제적 경제 상태를 반영하여 재무정보제공의 정확성을 높이기 위한 것이다.

(2) 감사

1) 내부감사

이사는 정기주주총회일 6주 전까지 재무제표와 영업보고서를 감사에게 제출하여야 한다(상 447조의3). 이는 주주총회의 최종적인 판단에 앞서, 감사가 충분한 기간 동안 회계자료를 검토할 수 있도록 하기 위한 절차이다. 감사는 이를 받은 날부터 4주 이내에 감사보고서를 작성하여 이사에게 제출하여야 한다(상 447조의4).

2) 외부감사

외부감사법이 적용되는 회사는 외부감사인의 회계감사를 받아야 하며, 외부감사인은 그 결과를 기재한 감사보고서를 회사에 제출한다(외감법 23조). 이는 내부감사만으로는 확보하기 어려운 독립적이고 전문적인 감시기능을 보완 · 강화하기 위한 장치이다.

(3) 비치 · 공시

이사는 정기주주총회일 1주 전부터 재무제표, 영업보고서 및 감사보고서를 본점에 5년간, 지점에는 3년간 비치하여야 한다(상 448조). 주주와 채권자는 영업시간 중 언제든지 이를 열람할 수 있고 등본 · 초본의 교부를 청구할 수 있다(상 448조). 이 규정은 회계정보에 대한 접근성을 보장함으로써, 주주와 채권자의 감시기능을 실질적으로 강화하려는 취지이다.

(4) 주주총회승인 · 보고

감사절차가 종료되면, 이사는 재무제표를 정기주주총회에 제출하여 그 승인을 받아야 한다(상 449조). 이에 반해 영업보고서는 승인 대상이 아니라 보고사항에 해당한다(상 449조). 필요하다고 인정되는 경우, 주주총회는 전문가인 검사인을 선임하여 재무제표, 영업보고서 및 감사보고서를 조사하게 할 수 있다(상 367조).

정관이 정하는 경우에는, 재무제표에 대한 주주총회의 승인을 이사회 승인으로 갈음할 수 있다(상 449조의2). 이는 고도의 전문성이 요구되는 재무제표 승인 절차가 주주총회에서 형식적으로 이루어지는 문제를 개선하기 위한 제도이다. 다만 이 경우에도 외부감사인의 적정의견과 감사(또는 감사위원) 전원의 동의가 필수적으로 요구된다(상 449조의2). 이사회가 재무제표를 승인한 경우에도, 이사는 그 내용을 주주총회에 보고하여야 한다(상 449조의2).

주주총회(또는 이사회)의 승인이 있으면 해당 결산기에 관한 재무제표는 확정되며, 이는 이익배당 등 후속 절차의 기초가 된다. 또한 주주총회에서 승인이 이루어진 후 2년 내에 별도의 결의가 없는 경우에는, 회사는 이사와 감사(또는 감사위원)의 책임을 해제한 것으로 본다. 이는 결산확정의 안정성을 보장하기 위한 제도적 장치이다. 다만 이사 또는 감사의 부정행위에 대해서는 책임해제가 인정되지 않는다(상 450조 · 415조의2). 판례에 따르면, 이러한 책임해제의 범위는 재무제표에 기재되었거나, 그 기재로부터 알 수 있는 사항에 한정된다.

(5) 공고

재무제표에 대한 승인이 이루어진 후, 이사는 지체 없이 대차대조표를 공고하여야 한다(상 449조). 이는 회사의 재무상태를 외부에 공개함으로써, 투자자와 채권자 보호기능을 수행하도록 하기 위한 제도이다.

Ⅳ. 준비금

1. 의의

회사는 영업활동을 통해 이익을 얻더라도 그 전부를 배당할 수는 없다. 왜냐하면 장래의 손실이나 재무위기에 대비할 수 있는 안전장치가 필요하기 때문이다. 준비금이란 이와 같이 순자산(총자산－총부채) 중 일부를 배당하지 않고 회사 내부에 유보해 두는 금액을 말한다. 준비금은 회사채권자 보호라는 관점에서 자본금과 유사한 기능을 수행하며, 필요에 따라 자본금으로 전입될 수 있다(상 461

조). 그 결과 회사의 자기자본은 자본금과 준비금의 합계로 구성된다. 예컨대 기업의 업황이 악화되어 큰 손실이 발생하더라도, 충분한 준비금이 확보되어 있다면 이를 통해 결손을 보전하고 재무구조의 안정을 도모할 수 있다. 이러한 준비금은 적립이 법률에 의해 강제되는지 여부에 따라 법정준비금과 임의준비금으로 구분된다.

2. 법정준비금

(1) 종류

상법은 회사의 장기적 건전성을 확보하기 위하여 일정한 준비금의 적립을 강제하고 있으며, 이를 법정준비금이라 한다. 법정준비금에는 이익준비금과 자본준비금이 있다.

이익준비금은 회사가 영업활동을 통해 얻은 이익을 재원으로 적립하는 준비금이다. 회사는 매 결산기마다 이익배당액의 10분의 1 이상을 이익준비금으로 적립하여야 하며, 다만 주식배당의 경우에는 회사 재산이 외부로 유출되지 않으므로 예외로 한다(상 458조). 이익준비금은 자본금의 2분의 1에 이를 때까지 적립하여야 하며(상 458조), 이를 초과하여 적립된 금액은 임의준비금으로 취급된다.

이에 비해 자본준비금은 자본거래에서 발생한 잉여금을 재원으로 하는 준비금이다(상 459조). 예컨대 액면주식을 발행하면서 액면금액을 초과하여 납입된 금액은 실질적으로 회사의 자본과 동일한 성질을 가지므로, 그 전액을 자본준비금으로 적립하여야 한다.

여기서 이익준비금과 자본준비금은 모두 회사에 유보되는 자금이라는 점에서는 공통되지만, 전자는 영업활동의 성과인 이익을 재원으로 하고, 후자는 주식발행 등 자본거래에서 발생한 잉여금을 재원으로 한다는 점에서 그 성격이 구별된다.

(2) 사용

법정준비금은 필요할 경우 결손보전에 사용할 수 있다(상 460조). 여기서 결손이란 결산기 말 현재의 순자산액이 자본금과 법정준비금의 합계액에 미달하는 상태를 말한다. 법정준비금은 이러한 경우 투입되어 회사의 재무적 안정성을 회복하는 기능을 한다.

또한 법정준비금은 자본금으로 전입될 수 있다(상 461조). 이는 준비금 계정의 금액을 자본금 계정으로 이전하는 절차로서, 그 결과 신주가 발행되고 해당 신주는 기존 주식 수에 비례하여 주주에게 배정된다. 이른바 무상증자이다.

다만 법정준비금은 회사의 위험에 대비하기 위한 강제적 유보금이므로, 원칙적으로 이익배당의 재원으로는 사용할 수 없다(상 462조 등).

(3) 감액

한편 법정준비금이 과도하게 적립되면 자본운용의 효율성이 저하될 수 있다. 이에 상법은 법정준비금의 총액이 자본금의 1.5배를 초과하는 경우, 그 초과하는 범위 내에서 주주총회 결의로 준비금을 감액할 수 있도록 규정하고 있다(상 461조의2). 이 경우에는 자본금 감소와 달리 채권자보호절차가 요구되지 않는다. 이는 채권자 보호의 최후보루가 자본금이며, 법정준비금은 이에 대한 보조적 보호수단에 불과하다는 점을 고려한 입법적 선택이다.

3. 임의준비금

임의준비금은 정관 또는 주주총회 결의에 따라 회사가 임의로 적립하는 준비금이다. 법정준비금과 달리 적립 비율이나 한도에 관한 법적 제한은 없다. 회사는 경영상 전략, 재무안정화 계획, 투자확대 필요성 등을 고려하여 다양한 명목의 임의준비금을 설정할 수 있다. 예컨대 장래의 대규모 공장설립을 대비하여 설비투자준비금을 적립하는 경우가 이에 해당한다.

임의준비금은 법정준비금과 달리 이익배당의 재원으로도 활용할 수 있다(상 462조 등). 따라서 회사는 이익의 주주환원 정책과 장기적 재무전략 사이의 균형을 고려하여 임의준비금을 탄력적으로 운용할 수 있으며, 이를 통해 자금의 내부유보와 외부환원 시기를 조절하고, 경영환경 변화에 대응할 수 있는 전략적 유연성을 확보할 수 있다.

Ⅴ. 이익배당

1. 의의

(1) 이익배당의 필요성

회사제도의 핵심은 투자자인 주주로부터 자본을 조달하여 영업활동을 통해 이익을 창출하고, 그 이익을 다시 주주에게 분배하는 구조에 있다. 이러한 점에서 이익배당은 회사의 영리성을 제도적으로 표현하는 수단이자, 주주가 회사에 투자함으로써 기대하는 가장 본질적인 이익이라고 할 수 있다.

다만 이익배당은 회사의 재산이 회사의 운영 영역을 벗어나 주주 개인의 재산으로 이전되는 것을 의미하므로, 과도하게 이루어질 경우 회사의 재무적 안정성과 채권자 보호에 중대한 악영향을 미칠 수 있다. 이에 상법은 자본금충실의 원칙을 기초로 하여, 이익배당에 관하여 일정한 한도와 절차상의 제한을 두고 있다.

(2) 이익배당청구권의 성격

주주는 회사에 대하여 이익배당을 청구할 수 있는 권리를 가진다. 이 권리는 주주의 고유하고 본질적인 권리로서, 회사가 이익을 실현한 경우 그 이익이 주주에게 귀속되도록 하는 제도적 장치로 이해할 수 있다. 다만 이익배당청구권은 그 성립 단계에 따라 다음과 같이 구분된다.

첫째, 추상적 이익배당청구권은 주주권의 한 내용으로서 존재할 뿐, 아직 구체적인 청구권으로 형성되지 않은 단계의 권리이다. 이는 주식에 내재된 권리이므로 주식과 분리하여 양도하거나 담보로 제공할 수 없고, 독립하여 소멸시효의 대상이 되지도 않는다.

둘째, 구체적 이익배당청구권은 주주총회의 이익배당 결의가 이루어짐으로써 비로소 발생하는 권리이다. 이 단계에 이르면 주식과 분리하여 양도하거나 담보로 제공할 수 있으며, 행사하지 않을 경우에는 5년의 소멸시효가 적용된다 (상 464조의2). 예컨대 주주총회에서 1주당 1,000원의 배당을 결의한 경우, 그 시점부터 각 주주는 회사에 대하여 1주당 1,000원의 지급을 구체적으로 청구할 수 있고, 이를 행사하지 않은 채 5년이 경과하면 해당 청구권은 시효로 소멸한다.

2. 이익배당

(1) 요건

1) 배당가능이익

회사가 이익을 자유롭게 배당하도록 허용할 경우, 극단적으로는 자본금까지 잠식되는 결과가 발생할 수 있다. 이를 방지하기 위하여 상법은 이익배당을 배당가능이익의 범위 내에서만 할 수 있도록 규정하고 있다(상 462조).

배당가능이익이란 대차대조표상의 순자산액에서 일정한 항목을 공제한 나머지 금액을 말하며, 이를 초과한 배당은 위법배당이 된다. 이 경우 회사 또는 회사채권자는 주주의 선의·악의를 불문하고 회사에 반환할 것을 청구할 수 있다(상 462조). 공제항목은 ① 자본금, ② 그 결산기까지 적립된 법정준비금, ③ 그 결산기에 적립해야 할 이익준비금, ④ 대통령령으로 정하는 미실현이익이다.

이 중 미실현이익은 자산평가이익처럼 아직 현금화되지 않은 부분으로, 실제 지급능력으로 전환되지 않은 금액이므로 배당재원에서 제외된다.

2) 배당기준

이익배당은 원칙적으로 주식평등의 원칙에 따라 각 주주가 가진 주식 수에 비례하여 이루어진다(상 464조). 다만 정관에 이익배당에 관한 종류주식이 정해져 있는 경우에는, 해당 종류주식에 대하여 다른 주식과 차등하여 배당할 수 있다(상 464조).

또한 판례는 대주주가 스스로 이익배당의 일부를 포기하여 소수주주에게 더 많은 배당이 이루어지도록 하는 형태의 차등배당은 유효하다고 본다. 예컨대 지분 1% 이상의 대주주 전원이 출석하여 자신들에게는 30%, 1% 미만의 소수주주에게는 33%의 배당률을 적용하기로 결의한 경우, 이는 대주주가 자신에게 귀속될 이익의 일부를 포기하여 소수주주에게 이전하는 방식이므로 허용된다.

반면 특정 주주에게만 불이익을 집중시키거나, 대주주에게 일방적으로 유리한 방식으로 차등배당을 하는 경우에는 주주평등의 원칙에 반하여 무효로 판단될 여지가 크다.

(2) 절차

이익배당의 결정은 원칙적으로 주주총회 결의에 의해 이루어진다(상 462조). 이는 재무제표의 승인과 이익배당의 결정이 결산 절차상 밀접하게 연계되어 있기 때문이다. 다만 정관에서 이사회가 재무제표를 승인할 수 있도록 정한 회사의 경우에는, 이사회가 재무제표를 승인하면서 동시에 이익배당을 결의할 수 있다(상 462조 · 449조의2).

배당이 결정되면 회사는 주주총회 또는 이사회 결의일로부터 1개월 내에 이를 지급해야 하며, 구체적 이익배당청구권의 소멸시효는 앞서 본 바와 같이 5년이다(상 464조의2).

(3) 지급방법

이익배당은 원칙적으로 금전으로 지급된다. 즉, 금전배당이 원칙이다. 다만 정관에 근거를 두는 경우, 회사는 금전 이외의 재산으로도 배당할 수 있는데, 이를 현물배당이라 한다(상 462조의4). 또한 회사는 신주를 발행하여 배당하는 주식배당을 할 수도 있다(상 462조의2). 주식배당은 회사 재산이 외부로 유출되지 않고 자본 · 잉여금 항목 간의 내부 이동을 통해 이루어진다는 점에서, 자산 유출을 최소화하면서도 주주에게 배당 효과를 제공하는 수단으로 활용된다.

(4) 위법배당의 효과

위법배당은 크게 두 가지 유형으로 구분할 수 있다.

첫째, 배당가능이익을 초과한 배당이다. 이는 자본금충실의 원칙을 정면으로 침해하는 중대한 위반이므로, 해당 배당은 무효이며 회사는 주주의 선의 · 악의를 불문하고 부당이득반환을 청구할 수 있다. 나아가 회사채권자 역시 회사 재산이 부당하게 유출된 것으로 보아 직접 주주에게 회사에 반환할 것을 청구할 수 있다(상 462조).

둘째, 배당가능이익의 범위 내라 하더라도 절차상 하자가 있는 배당이다. 예컨대 주주총회 결의에 하자가 있는 경우, 그 배당 역시 위법배당에 해당한다. 이 경우에도 해당 배당은 원칙적으로 무효이며, 회사는 주주의 선의 · 악의를 묻지 않고 부당이득반환을 청구할 수 있다. 다만 절차상 하자에 관하여 상법은 회사채권자의 반환청구권까지 명시적으로 규정하고 있지는 않다.

아울러 이사가 위법배당에 관여한 경우, 이사는 회사 및 제3자에 대하여 손해배상책임을 부담한다(상 399조 · 401조). 이는 회사 재산을 외부로 유출하는 배당행위에 대하여 이사의 주의의무를 특히 엄격하게 요구하는 책임제도로서, 이익배당 제도의 핵심적 통제장치라 할 수 있다.

3. 중간배당 · 분기배당

(1) 의의

이익배당이 연 1회의 결산기에만 이루어진다면 어떨까? 주가의 변동성이 크고, 배당에 대한 투자자의 요구가 큰 현실에서, 주주의 투자회수 기회를 연 1회로 제한하는 것은 기업의 자본조달 측면에서도 비효율을 초래할 수 있다.

이러한 문제를 보완하기 위한 제도가 중간배당과 분기배당이다. 즉, 년 1회의 결산기를 정한 회사는 정관에 정한 경우, 영업연도 중간에 이사회의 결의로 특정 기준일의 주주에게 배당을 할 수 있다(상 462조의3). 또한 상장회사는 자본시장법에 따라 분기배당도 가능하며, 이사회의 결의로 3월 · 6월 · 9월 말일을 기준으로 금전배당을 실시할 수 있다(자본 165조의12).

중간배당 · 분기배당은 실질적으로 이익배당의 조기집행이라는 점에서 이익배당과 동일한 법적 성질을 가지나, 다음과 같은 특색을 가진다(상 462조의3, 자본 165조의12). ① 당해 결산기 이전에 배당이 이루어지고, ② 주주총회가 아닌 이사회가 단독으로 결의하며, ③ 주식배당이 허용되지 않고, ④ 배당가능이익의 존재 여부는 원칙적으로 직전 결산기의 재무상태를 기준으로 판단한다는 점이다.

(2) 요건

중간배당 · 분기배당을 위해서는 다음과 같은 요건이 충족되어야 한다.

먼저, 정관에 근거가 있어야 한다. 이는 이사회에 의한 임의적 조기배당으로부터 회사 재산을 보호하기 위한 기본적 장치이다. 다음으로, 기준일이 설정되어야 한다. 중간배당은 연 1회에 한하여 회사가 임의로 기준일을 정할 수 있고, 분기배당은 각 분기(3월 · 6월 · 9월)의 말일이 기준일이 된다(상 462조의3, 자본 165조의12).

가장 중요한 요건은 배당가능이익의 존재이다. 중간배당 · 분기배당의 재무상태 기준은 당해 연도의 결산이 아니라 직전 결산기의 대차대조표이다(상 462조의3, 자본 165조의12). 예컨대 2026년 7월에 중간배당을 검토하는 경우, 2025년 결산 재무제표를 기준으로 배당가능 여부를 판단하게 된다. 다만 당해 결산기의 배당가능이익이 아직 확정되지 않은 상태이므로, 당해 결산기에 배당가능이익이 부존재할 우려가 있는 경우에는 중간배당・분기배당을 할 수 없다(상 462조의3, 자본 165조의12). 요컨대, 직전 결산기의 대차대조표를 기준으로 배당가능 여부를 판단하되, 당해 결산기에 배당가능이익의 존재를 전제로 중간배당・분기배당을 하게 된다.

예컨대 2026년 7월에 중간배당을 실시하려는 경우, 배당가능이익의 존재 여부는 2025년 결산 대차대조표를 기준으로 판단한다. 2025년 결산 대차대조표상 배당가능이익이 존재하지 않는다면 중간배당・분기배당은 허용되지 않는다. 반대로 배당가능이익이 존재하는 경우에는 원칙적으로 중간배당・분기배당이 가능하다. 다만 2025년 결산 대차대조표상 배당가능이익이 존재하더라도, 2026년 중에 이미 중대한 손실이 발생하여 당해 결산기에는 배당가능이익이 존재하지 않게 될 것이 우려되는 경우에는 중간배당・분기배당을 할 수 없다. 이는 중간배당・분기배당의 조기지급 성격을 인정하되, 현실화된 손실 위험 하에서의 무리한 배당을 제한하여 자본금 충실과 채권자 보호를 도모하려는 취지이다.

(3) 절차

왜 정기배당과 달리 주주총회 결의가 필요하지 않을까? 중간배당・분기배당은 결산승인 이전에 이루어지는 임시배당이므로 주주총회와 결부되지 않으며, 이사회 결의만으로 확정된다. 이는 당해 결산기의 재무제표를 확정하기 이전의 배당이라는 특수성을 반영하였기 때문이다.

(4) 지급방법

중간배당은 금전배당과 현물배당이 모두 가능하나(상 462조의3), 분기배당은 금전배당만 허용된다(자본 165조의12). 다만 양 제도 모두 주주총회의 결의가 필요한 주식배당은 허용되지 않는다. 이는 결산이 확정되지 않은 상태에서 신주발행을 통한 자본구조의 변경이 이루어지는 것을 방지하기 위한 것이다.

(5) 이익배당 규정의 적용

중간배당・분기배당은 이익배당의 성질을 가지므로, 이에 대해서도 상법상

이익배당 규정이 그대로 적용된다(상 462조의3, 자본 165조의12).

(6) 위법한 중간배당·분기배당

위법한 중간배당·분기배당이란 법령 또는 정관을 위반하여 이루어진 배당을 말하며, 그 효력은 원칙적으로 위법배당과 동일하게 무효로 본다. 회사채권자의 반환청구권(상 462조) 역시 위법한 중간배당·분기배당에 준용된다(상 462조의3, 자본 165조의12).

다만 한 가지 중요한 차이가 있다. 중간배당·분기배당에 대해서는 이사의 책임을 강화하는 특칙이 존재한다. 즉, 배당가능요건을 위반한 경우 이사는 스스로 무과실임을 입증하지 못하면 회사가 입은 손해를 연대하여 배상해야 한다(상 462조의3, 자본 165조의12). 이는 결산확정 이전이라는 불확실성과 이사회 단독결정에 따른 위험을 고려하여, 이사의 주의의무를 특별히 강화한 규율이라고 이해할 수 있다.

4. 주식배당

(1) 의의

이익배당이라고 하면 흔히 현금을 지급받는 모습을 떠올리지만, 주식을 새로 발행하여 배당하는 방식도 가능하다. 이것이 주식배당이다. 즉, 회사는 주주총회 결의에 의해 이익을 새로 발행하는 주식으로 배당할 수 있다(상 462조의2). 자기주식으로 배당하는 경우는 현물배당에 해당하며, 주식배당은 반드시 신주발행을 전제로 한다.

주식배당의 가장 큰 특징은 무엇일까? 바로 회사 재산의 외부로의 유출 없이 이익을 자본으로 전환하여 자기자본을 확충한다는 점이다. 이러한 점에서 주식배당은 주금을 납입하지 않고 자본금을 증가시키는 절차로서 무상증자의 일종이다. 요컨대 주식배당이란 이익을 회사에 유보하면서 자본금을 증강하고, 그 결과를 신주발행을 통해 주주에게 배분하는 방식이라고 할 수 있다.

(2) 요건

주식배당도 이익배당의 한 형태이므로 배당가능이익이 존재해야 하며, 주주평등의 원칙이 그대로 적용된다(상 464조).

다만 일반회사에 대해서는 일정한 한도가 설정되어 있다. 주식배당은 이익배당총액의 2분의 1을 초과할 수 없다(상 462조의2). 이는 주식의 환금성이 제한된 비상장회사의 주주를 보호하기 위한 제도적 장치이다. 그렇다면 상장회사의 경우는 어떨까? 상장회사는 주식이 시장에서 자유롭게 거래되어 주주의 환금성이 이미 확보되어 있으므로, 주가가 액면금액 이상이면 이익배당 전부를 주식배당으로 할 수 있다(자본 165조의13).

예를 들어, 비상장회사의 이익배당총액이 10억 원이라면 주식배당은 최대 5억 원에 한하여 허용된다. 반면 상장회사는 주가가 액면금액을 상회하는 경우, 이익배당총액 10억 원 전부를 주식배당으로 할 수 있다. 즉, 주식의 유통시장 존재 여부에 따라 규율이 달라진다는 점이 핵심이다. 이처럼 주식배당은 투자자의 환금가능성 수준을 고려하여 마련된 제도임을 알 수 있다.

(3) 절차

주식배당은 주주총회가 직접 결의해야 한다(상 462조의2). 이는 이익배당이나 중간배당·분기배당이 일정한 경우 이사회 결의로 가능하다는 점과 대비된다. 주식배당은 신주발행과 자본금 변동을 수반하므로, 보다 엄격한 절차가 요구되는 것이다.

아울러 이사는 주식배당을 결의한 사실을 배당을 받을 주주와 질권자에게 통지해야 한다(상 462조의2). 이는 주식배당이 주주의 주식 수와 지분구조, 나아가 질권자의 담보관계에까지 직접적인 변동을 초래하므로, 이해관계인에게 그 내용을 명확히 고지하여 권리관계의 혼란을 방지하려는 보호장치이다.

(4) 신주발행

주식배당이 확정되면 실제로 신주가 발행되고, 그만큼 자본금이 증가한다. 즉, 주식배당은 회사의 자본구조에 직접적인 변동을 가져온다. 이때 신주의 발행가액은 액면금액이어야 한다(상 462조의2). 이는 액면주식인 경우 자본금 충실을 위해 액면금액 미달발행을 허용하지 않고, 주주이익의 보호를 위해 액면금액 초과발행을 허용하지 않겠다는 것이다. 다시 말해, 주식배당은 자본금의 안정성과 주주이익 보호를 조화시키는 방식으로 이루어진다.

(5) 위법한 주식배당

위법한 주식배당이란 법령 또는 정관에 위반하여 이루어진 주식배당을 말한다. 원칙적으로는 위법한 이익배당에 관한 법리가 적용된다.

다만 중요한 차이점이 있다. 주식배당은 신주발행을 수반하므로, 그 하자에 대해서는 신주발행무효에 관한 상법 규정(상 429조 등)이 유추적용된다. 반면 주식배당은 회사재산의 외부 유출을 수반하지 않으므로, 위법한 이익배당과 달리 회사채권자의 반환청구권(상 462조)은 유추적용되지 않는다. 이는 주식배당이 자본구조의 변경일 뿐, 회사재산 감소를 초래하지 않는 배당방식이라는 점에서 나타나는 책임법리상의 핵심적인 차이이다.

Ⅵ. 기타 회계와 관련된 제도

1. 회계장부의 열람 · 등사청구권

(1) 의의

주주는 회사의 이익을 함께 추구하는 구성원이다. 그렇다면 주주는 회사의 회계 상태를 어느 범위까지 확인할 수 있을까? 상법은 일정한 요건을 갖춘 주주에게 회사의 회계장부를 직접 열람하거나 등사할 수 있는 권한을 인정하고 있다. 즉, 소수주주는 이유를 붙인 서면으로 회계장부의 열람 또는 등사를 청구할 수 있으며, 회사는 그 청구가 부당하다는 점을 증명하지 못하는 한 이를 거부할 수 없다(상 466조).

재무제표의 열람 · 교부청구권(상 448조)과 비교하면, 재무제표가 회계정보를 요약 · 집약한 결과물이라면, 회계장부는 그 작성의 기초가 되는 상세한 자료이다. 예컨대 재무제표상 “매출 100억 원”이라는 수치만으로는 개별 거래의 내용이나 거래 상대방을 확인할 수 없고, 이러한 사항은 회계장부의 열람을 통해서만 파악할 수 있다. 이 점에서 회계장부 열람 · 등사청구권은 회사 회계의 투명성을 확보하고 소수주주를 보호하기 위한 핵심적 장치에 해당한다.

다만 회계장부에는 회사의 영업비밀이나 민감한 내부정보가 포함될 수 있으므로, 그 오남용을 방지하기 위하여 이 권리는 모든 주주가 아니라 일정한 요건을 갖춘 소수주주에게만 인정된다.

(2) 방법 및 대상

회계장부의 열람·등사청구는 반드시 구체적인 사유를 기재한 서면으로 하여야 한다는 것이 판례의 입장이다. 단순한 추측이나 막연한 의심, 예컨대 "경영진이 부정행위를 하고 있는 것 같다"는 정도만으로는 부족하고, "특정 계열사에 대한 부당지원이 의심되는 거래가 존재한다"와 같이 구체적인 사정이 제시되어야 한다.

열람·등사의 대상은 원장, 분개장 등 회계장부뿐만 아니라, 계약서·계산서 등 재무제표 작성의 근거가 되는 증빙서류까지 포함된다(상 466조).

(3) 청구의 거부

회사는 회계장부 열람·등사청구가 부당하다는 점을 입증하는 경우에 한하여 이를 거부할 수 있다(상 466조). 판례는 예컨대 해당 청구가 회사의 정상적인 경영에 현저한 지장을 초래하는 경우, 청구한 주주가 경업자로서 정보를 부당하게 이용할 우려가 있는 경우, 또는 회사에 현저히 불리한 시기나 방식으로 이루어진 경우에는 그 부당성이 인정될 수 있다고 본다.

2. 검사인 선임

(1) 업무와 재산상태의 조사

주주는 회사의 경영을 직접 집행할 수 없다. 그렇다면 경영진에 대한 실효적인 감시는 어떻게 가능할까? 회계장부의 열람만으로는 부정행위나 법령·정관 위반 사실을 밝혀내는 데 한계가 있다. 이에 상법은 회사의 업무집행에 관하여 부정행위 또는 법령·정관을 위반한 중대한 사실이 있음을 의심할 만한 사유가 있는 경우 소수주주에게 법원에 검사인의 선임을 청구할 수 있는 권한을 부여하고 있다(상 467조·542조의6).

다만 검사인의 조사는 회사의 업무영역에 직접 개입하는 예외적 수단이므로, 그 요건은 엄격하게 해석된다. 즉, 주주는 부정행위 또는 법령·정관 위반의 중대한 사실을 의심할 만한 구체적인 사유를 소명해야 하며, 단순한 의혹이나 주관적 불만만으로는 부족하다는 것이 판례의 입장이다. 예컨대 "특정 이사에게 합리적 근거 없이 고액의 보수가 지급된 정황이 있다"는 사유는 구체성이 인정될 수 있으나, 단순히 "결산 결과가 마음에 들지 않는다"는 사정만으로는 검사인 선임을 정당화하기 어렵다.

검사인은 회사의 업무와 재산상태에 대한 조사 결과를 법원에 보고하고, 법원은 필요하다고 인정하는 경우 대표이사에게 주주총회의 소집을 명할 수 있다(상 467조). 또한 이사와 감사는 검사인의 보고서 내용을 조사하여 그 결과를 주주총회에 보고해야 한다(상 467조).

(2) **이사의 서류와 감사의 보고서**

한편 주주총회는 이사가 제출한 서류나 감사의 보고서의 적정성 여부를 확인하기 위하여 검사인의 선임을 결의할 수 있다(상 367조). 이는 주주총회가 단순한 승인기관에 그치지 않고, 회사 경영에 대한 감시기능을 실질적으로 수행할 수 있도록 마련된 보완적 장치이다.

제 9 관 회사의 구조개편

제 1 항 서 설

상법은 기존 회사의 법인격 자체가 변동되는 조직재편으로서 합병과 분할을 규정하고 있다. 합병은 둘 이상의 회사가 하나의 회사로 결합하거나 새로운 회사를 설립하는 방식으로 법인격이 통합되는 제도이고, 분할은 하나의 회사가 둘 이상의 회사로 조직을 분리하는 방식으로 법인격이 분화되는 제도이다. 이와 함께 상법은 기존 회사의 법인격은 유지하되, 회사 간 지배관계를 전면적으로 재편하는 수단으로서 주식의 포괄적 교환·이전에 대해서도 규율하고 있다.

이처럼 합병과 분할은 회사의 법인격에 직접적인 변동을 가져오는 제도인 반면, 주식의 포괄적 교환·이전은 기존 회사의 법인격에는 변동을 가하지 않은 채, 회사 간 지배관계를 완전모자회사관계로 전환시키는 제도이다. 따라서 주식의 포괄적 교환·이전은 기존 회사 법인격의 소멸이나 분화를 수반하지 않지만, 지배구조를 전면적으로 재편한다는 점에서는 합병이나 분할에 준하는 구조적 변화를 초래한다. 이러한 점에서 합병, 분할, 주식의 포괄적 교환·이전은 모두 회사의 자본구조와 지배구조에 중대한 영향을 미치는 조직재편 행위로서, 통틀어 회사의 구조개편에 해당한다고 볼 수 있다.

제 2 항 회사의 합병

Ⅰ. 의의

회사의 합병이란 둘 이상의 회사가 하나의 회사로 결합하여, 소멸회사의 권리와 의무를 존속회사 또는 신설회사에 포괄적으로 승계시키는 제도를 말한다. 그렇다면 합병은 회사에 어떠한 이점을 제공하는가? 합병은 기업규모의 확대, 비용절감, 사업구조의 효율화, 새로운 시장에의 진출 등 기업전략의 핵심 수단으로 기능한다.

합병의 방식은 크게 두 가지로 나뉜다. 흡수합병은 하나의 회사가 다른 회사를 흡수하여 존속하는 방식이고, 신설합병은 합병에 참여한 모든 회사가 소멸하고 새로운 회사를 설립하는 방식이다. 실무에서는 절차가 비교적 간명하고 비용 부담이 적은 흡수합병이 일반적으로 활용된다.

합병은 회사라는 법인격이 하나로 통합되는 제도로서, 합병의 객체는 개별 권리·의무가 아니라 회사 그 자체이다. 즉 합병에서는 개별적 권리나 의무를 일일이 이전하는 것이 아니라, 회사가 법인격 단위로 결합함으로써 소멸회사의 권리·의무가 존속회사 또는 신설회사에 일괄적으로 승계된다. 소멸회사의 권리·의무가 포괄적으로 이전되는 것은 합병의 법률효과로 이해되며, 이러한 사고방식을 인격합일설이라고 한다.

Ⅱ. 합병의 자유와 제한

회사는 원칙적으로 자유롭게 합병할 수 있다(상 174조). 그렇다면 회사형태가 서로 다른 회사 간의 합병도 허용될까? 원칙적으로는 가능하다. 예를 들어 주식회사와 합명회사 간의 합병도 허용된다.

다만 합병 당사자의 회사형태가 서로 다른 경우에는, 각 회사형태의 본질적 특성을 고려한 일정한 제한이 가해진다(상 174조 · 600조). 특히 사원의 유한책임 보호를 위하여 중요한 제한이 설정되어 있다. 즉, 합병 당사자 중 일방 또는 쌍방이 주식회사, 유한회사, 유한책임회사에 해당하는 경우에는, 합병 후 존속회사 또는 신설회사는 반드시 이들 회사형태 중 하나이어야 한다(상 174조). 이는 유한책임을 전제로 회사에 참여한 사원이 합병을 이유로 예기치 않게 무한책임을 부담하게 되는 사태를 방지하기 위한 규정이다.

Ⅲ. 합병의 요건

1. 합병계약

(1) 의의

합병은 회사의 조직과 지배구조에 중대한 변화를 초래하는 행위이므로, 합병 당사자 회사 사이에 합병계약을 체결하고, 법정사항을 기재한 합병계약서를 작성하여야 한다(상 523조~524조). 합병계약서는 이후 주주총회 승인, 채권자보호절차 등 합병절차 전반의 출발점이 되는 핵심 문서이다.

(2) 합병의 대가

1) 의의

합병대가는 소멸회사의 주주에게 지급되는 보상으로서 합병계약의 핵심 요소이다. 합병대가는 합병 당사자 간의 기업가치 평가와 교섭을 통해 정해지며, 그 공정성은 소멸회사 주주의 이익 보호와 직결된다.

2) 합병대가(합병비율)의 공정성

특히 상장회사의 경우에는 소수주주 보호의 필요성이 크므로, 기업가치 산정에 관하여 자본시장법상 특칙이 적용된다(자본 165조의4, 자본령 176조의5). 즉, 최근 1개월 평균종가, 최근 1주일 평균종가, 최근일 종가의 산술평균을 기준으로 합병가액을 산정하되, 그 범위 내에서 ±30%의 할인 또는 할증이 허용된다. 판례는 이러한 법정 산정방식을 준수한 경우, 허위자료의 사용 등 특별한 사정이 없는 한 합병비율이 현저하게 불공정하여 무효에 이른다고 보기는 어렵다고 판시하고 있다.

3) 합병교부금

합병대가의 지급방법에는 제한이 없으므로, 주식뿐만 아니라 금전이나 그 밖의 재산(사채 등)으로도 지급할 수 있다(상 523조). 이처럼 주식이 아닌 재산으로 지급되는 합병대가를 합병교부금이라 하고, 이러한 방식으로 이루어지는 합병을 교부금합병이라 한다. 교부금합병에서는 합병대가로 존속회사의 신주가 발행되지 않으므로, 그 결과 존속회사의 기존 주주가 보유한 지배권이 희석되지 않는다는 특징이 있다.

4) 삼각합병 · 역삼각합병

모회사가 직접 합병의 당사자가 되지 않으면서 타 회사를 자회사로 편입하는 방식를 삼각합병이라 한다. 구체적으로는, 모회사가 출자한 자회사가 인수대상회사를 흡수합병하고, 그 합병대가를 모회사 주식으로 지급하는 방식이다.

이 경우 법률상 합병의 당사자는 자회사와 인수대상회사이지만, 경제적 실질에 있어서는 모회사와 인수대상회사의 결합이라는 성격을 가진다. 다만 모회사는 합병의 당사자가 아니므로, 주주총회 승인 등 합병에 관한 직접적인 절차적 요건의 적용을 받지 않는다.

상법은 이러한 삼각합병을 명문으로 허용하고 있다(상 523조의2). 이를 위하여 자회사가 모회사 주식을 취득할 수 있도록 예외를 인정하는데, 이는 자회사의 모회사 주식 취득을 금지하는 원칙(상 342조의2)에 대한 예외에 해당한다.

한편 인수대상회사의 법인격을 존속시킬 필요가 있는 경우에는 삼각합병을 그대로 활용할 수 없다. 삼각합병에서는 인수대상회사가 소멸회사로 되기 때문이다. 이러한 경우에는 주식의 포괄적 교환과 합병을 결합한 구조를 통해 실질적으로 동일한 경제적 효과를 달성할 수 있는데, 이를 이른바 역삼각합병이라 한다. 역삼각합병은 두 단계로 이루어신다.

먼저 자회사와 인수대상회사 사이에 주식의 포괄적 교환을 실시하여(상 360조의2), 인수대상회사를 자회사의 완전자회사로 만든다. 이 과정에서 인수대상회사의 주주에게는 자회사가 보유한 모회사의 주식이 교환대가로 지급된다. 그 결과, 모회사 - 자회사 - 인수대상회사의 순서로 모자회사 관계가 형성된다.

다음으로 자회사가 인수대상회사에 흡수합병된다. 이 단계에서는 자회사가 소멸하고 인수대상회사가 존속하게 된다. 그 결과 인수대상회사는 모회사의 직접 자회사로 존속하고, 인수대상회사의 종전 주주는 모회사의 주주가 된다.

그렇다면 역삼각합병의 핵심은 무엇일까? 이 제도는 형식적으로는 주식의 포괄적 교환과 흡수합병을 결합한 구조이지만, 실질적으로는 인수대상회사의 법인격은 그대로 두고, 그 회사에 대한 지배권만을 모회사로 이전하기 위한 수단으로 기능한다.

2. 합병결의

회사의 합병은 회사의 법적인 존속 여부가 변경되고, 지배구조 역시 근본적으로 재편되는 중대한 조직행위이다. 그렇다면 이러한 합병은 누가 최종적으로 승인해야 할까? 원칙적으로는 주주총회이다. 다만 모든 합병에 동일한 절차를 요구하는 것은 아니다. 합병으로 인한 주주 보호의 필요성과 절차 간소화의 요청 사이에서 적절한 균형이 요구되기 때문이다.

(1) 일반적 합병

합병계약은 존속회사와 소멸회사 각각의 주주총회 특별결의를 통해 승인받아야 한다(상 522조). 합병은 소멸회사의 법인격을 소멸시키고, 존속회사의 지배구조와 재산상태에 중대한 변동을 초래하므로, 주주의 본질적 권익을 보호하기 위해 주주총회의 승인은 필수적이다.

또한 합병으로 인해 특정 종류주주에게 불이익이 발생하는 경우에는, 해당 종류주주의 종류주주총회 결의도 필요하다(상 436조). 이는 주주평등의 원칙을 전제로 하면서도, 주주별 이해관계의 차이를 실질적으로 보호하기 위한 장치이다.

(2) 간이합병

간이합병은 소멸회사 주주 보호의 필요성이 상대적으로 낮은 경우, 소멸회사의 주주총회 승인을 이사회 승인으로 대체하여 합병절차를 간소화하는 제도이다. 즉, ① 소멸회사의 총주주의 동의가 있거나, ② 존속회사가 소멸회사의 발행주식총수의 90% 이상을 소유하는 경우에는 소멸회사의 주주총회 승인을 생략하고 이를 이사회의 승인으로 갈음할 수 있다(상 527조의2).

이는 주주가 사실상 전부 동의하고 있거나, 지배주주가 대부분의 지분을 보유하여 주주총회 결의의 결과가 실질적으로 예정되어 있는 상황에서까지 동일한 주주총회 절차를 요구하는 것이 과도하다는 점을 고려한 것이다.

다만 소멸회사는 주주총회 승인 절차의 생략 사실을 공고 또는 통지해야 하며, 총주주의 동의가 있는 경우에는 이미 전원의 동의가 전제되므로 공고 또는 통지를 요구하지 않는다(상 527조의2). 공고 또는 통지를 요구하는 것은, 간이합병으로 인해 약화되는 절차적 통제를 정보공개를 통해 보완하고, 주주가 주식매수청구권 등 자신의 권리를 실질적으로 행사할 수 있도록 하기 위한 장치이다.

(3) 소규모합병

이번에는 반대의 경우를 생각해 보자. 합병으로 인해 존속회사 주주의 지배권이나 재산상 지위에 실질적인 변화가 거의 없는 경우에는, 존속회사 주주총회를 생략하고 이사회 승인으로 대체할 수 있다. 이를 소규모합병이라 한다(상 527조의3).

소규모합병이 허용되기 위해서는, ① 존속회사가 합병대가로 지급하는 주식이 존속회사의 발행주식총수의 10% 이하이고, ② 합병교부금이 존속회사의 순자산액의 5% 이하일 것이 요구된다. 이는 합병이 존속회사에 미치는 영향이 경미한 경우로 한정하기 위한 요건이다.

또한 존속회사 발행주식총수의 20% 이상을 보유한 주주가 서면으로 반대하는 경우에는 소규모합병을 진행할 수 없다. 상당한 비율의 주주가 반대한다는 것은, 해당 합병이 존속회사 주주에게 미치는 영향이 결코 경미하다고 보기 어렵기 때문이다.

이에 따라 존속회사는 합병계약서에 소규모합병임을 명시해야 하고, 그 사실을 공고하거나 주주에게 통지해야 한다(상 527조의3). 이는 공고 또는 통지를 통해 회사가 소규모합병으로 절차를 진행하고자 한다는 사실을 주주에게 알리고,

주주로 하여금 그에 대해 반대 의사를 표시할 것인지 여부를 판단할 기회를 부여하기 위한 절차적 장치이다.

3. 주주 및 채권자 관련 절차

합병은 주주뿐만 아니라 회사채권자에게도 직접적인 영향을 미친다. 따라서 합병절차에서는 다음과 같은 주주·채권자 보호절차가 병행된다.

첫째, 사전공시이다. 주주총회일의 2주 전부터 합병계약서, 대차대조표 및 손익계산서 등을 본점에 비치해야 하며, 주주와 회사채권자는 이를 열람하거나 등본·초본의 교부를 청구할 수 있다(상 522조의2). 이는 이해관계자에게 충분한 정보를 제공하여 합리적인 의사결정을 가능하게 하기 위한 장치이다.

둘째, 주식매수청구권이다. 합병에 반대하는 주주는 회사에 대하여 자신의 주식을 매수할 것을 청구할 수 있다(상 522조의3). 간이합병의 경우에는 소멸회사와 존속회사 주주 모두에게 인정되나, 소규모합병에서는 존속회사 주주에게 주식매수청구권이 인정되지 않는다(상 527조의3). 이는 소규모합병이 존속회사 주주에게 미치는 영향이 경미하다는 전제를 반영한 것이다.

셋째, 채권자보호절차이다. 합병으로 채권 자체가 소멸하는 것은 아니지만, 채무의 귀속 주체가 변경될 수 있으므로, 존속회사와 소멸회사는 각각 채권자에게 이의 제출의 기회를 부여해야 한다. 이를 위해 공고 및 최고를 하고, 채권자가 이의를 제출한 경우에는 변제, 담보제공 또는 신탁 등의 조치를 취해야 한다(상 527조의5·232조).

4. 총회 및 합병등기

흡수합병의 경우 존속회사는 합병에 대한 보고총회를 소집하고, 신설합병의 경우 신설회사는 창립총회를 소집해야 한다(상 526조~527조). 이후 존속회사는 변경등기를, 소멸회사는 해산등기를, 신설회사는 설립등기를 해야 한다(상 528조). 이 등기는 합병의 효력발생요건으로서 창설적 효력을 가지며(상 530조·234조), 등기가 이루어져야 비로소 합병이 완성된다.

Ⅳ. 합병의 효과

합병의 효력은 합병등기를 통해 발생하며, 이는 회사의 존재와 법률관계 전반에 중대한 변화를 초래한다. 우선 회사의 존속 여부에 관한 효과가 나타난다. 흡수합병의 경우 존속회사를 제외한 소멸회사는 청산절차를 거치지 않고 법률상 당연히 소멸한다. 반면 신설합병에서는 합병에 참여한 모든 회사가 소멸하고, 새로운 회사가 성립한다. 왜 청산절차가 요구되지 않을까? 합병은 경제적 동일체의 연속을 전제로 하여 권리·의무가 포괄적으로 이전되는 제도이므로, 개별 재산을 정리하는 청산절차를 거칠 실익이 없기 때문이다.

이와 함께 소멸회사의 권리·의무는 존속회사 또는 신설회사에 포괄적으로 승계된다. 이는 별도의 양도행위나 개별 등기를 요하지 않으며, 합병등기라는 하나의 법률요건만으로 일괄적으로 이전된다. 근로관계 역시 원칙적으로 승계된다는 것이 판례의 입장인데, 이는 근로자의 지위 안정과 기업 운영의 연속성을 보장하려는 정책적 고려를 반영한 것이다.

합병으로 신주가 발행된 경우에도 그 주주권의 효력은 합병등기가 이루어진 때 비로소 발생한다. 합병등기가 창설적 효력을 가지기 때문이다. 따라서 신주가 교부되었더라도, 등기 전에는 주주권을 행사할 수 없다.

또한 합병은 회사기관 구성에도 영향을 미친다. 합병 전에 취임한 존속회사의 이사 및 감사는, 합병계약서에 달리 정함이 없는 한, 합병 후 최초 결산기의 정기주주총회 종료 시에 퇴임한다(상 527조의4). 이는 합병으로 형성된 새로운 주주구성 하에서, 주주가 다시 기관의 구성에 관한 의사를 표시할 기회를 보장하기 위한 장치이다.

나아가 사후공시의무도 인정된다. 이사는 합병이 이루어진 날부터 6개월간 합병에 관한 중요 서류를 본점에 비치해야 하며, 주주 및 회사채권자는 이를 열람하거나 등본·초본의 교부를 청구할 수 있다(상 527조의6). 이는 합병의 경과와 내용을 투명하게 공개하여, 이해관계자가 합병무효의 소 제기 등 법적 대응 여부를 판단할 수 있도록 하기 위한 규정이다.

V. 합병의 무효

1. 의의

합병에 중대한 하자가 있다면 어떻게 될까? 합병은 이미 광범위한 법률관계와 거래질서를 형성한 이후에 그 효력이 문제되므로, 일반적인 무효나 취소를 폭넓게 인정할 경우 심각한 법적 혼란이 발생할 수 있다. 이에 상법은 합병무효의 소라는 전속적 소송방법을 통해서만 합병의 효력을 다툴 수 있도록 제한하고 있다(상 529조). 이는 사후적 통제를 허용하되, 거래안정을 최우선적으로 보호하려는 입법적 선택이다.

2. 합병무효의 소

합병무효의 소의 제기권자는 회사 주주 · 이사 · 감사 · 청산인 · 파산관재인, 그리고 합병을 승인하지 않은 채권자로 한정되며, 제기기간은 합병등기일로부터 6개월의 단기 제척기간으로 제한된다(상 529조). 이는 합병무효의 소가 단체법적 법률관계로서 합병 자체의 효력을 다투는 소라는 점을 고려하여, 합병과 직접적인 이해관계를 가지는 자로 원고적격을 제한한 것이다. 또한 단기 제척기간은 합병을 둘러싼 법률관계를 조속히 확정하기 위한 것이다.

합병무효의 원인으로는 합병계약 자체의 하자, 주주총회 결의의 하자, 그리고 합병비율의 현저한 불공정 등이 있다. 특히 합병비율이 주주의 경제적 이익을 중대하게 침해하는 경우, 판례는 이를 무효원인으로 인정하고 있다.

회사채권자가 합병무효의 소를 제기한 경우, 회사는 채권자의 청구가 악의임을 소명하고 법원에 담보제공명령을 신청할 수 있다(상 530조 · 237조 · 176조). 또한 회사설립무효의 소에 관한 규정이 합병무효의 소에 준용되므로(상 530조 · 240조), 그 판결효과 역시 회사설립무효 판결과 동일하게 대세효와 비소급효를 가진다(상 190조). 이에 따라 합병무효 판결은 제3자에게도 효력이 미치지만, 판결 확정 전에 형성된 법률관계에는 영향을 미치지 않는다.

아울러 원고가 패소한 경우, 악의 또는 중과실이 있으면 회사에 대한 손해배상책임을 부담하게 된다(상 191조). 이는 합병을 저지하기 위한 남용적인 소의 제기를 억제하고, 합병을 둘러싼 법적 안정성을 유지하기 위한 책임 제도라고 평가할 수 있다.

제 3 항 회사의 분할

Ⅰ. 의의

1. 개념

회사의 분할이란 하나의 회사(분할회사)가 가지고 있는 영업을 둘 이상으로 나누어, 이를 신설회사(단순분할신설회사 또는 분할합병신설회사) 또는 기존의 다른 회사(분할승계회사, 이하 "승계회사")에 포괄적으로 승계시키는 제도를 말한다.

그렇다면 왜 굳이 회사를 나누어야 할까? 기업 현실에서는 서로 성격이 다른 사업부를 하나의 회사 안에 함께 두기보다, 사업부별로 기회와 위험을 독립적으로 관리하는 것이 더 효율적인 경우가 많다. 예컨대 안정적인 전통적 제조부문과 고위험·고수익의 신성장 IT부문을 분할하여 각각 별도의 회사로 운영하면, 투자자·채권자·경영전략 측면에서 보다 선명한 기업구조를 형성할 수 있다. 회사분할 제도는 이러한 경영 현실과 전략적 요구를 반영한 회사 구조개편 수단이라고 할 수 있다.

2. 종류

(1) 단순분할 · 분할합병 · 혼합분할합병

1) 단순분할

단순분할은 분할회사가 영업을 분할하여 그 일부 또는 전부를 신설회사(단순분할신설회사)에 포괄적으로 승계시키는 형태이다(상 530조의2). 이때 신설회사는 바로 그 분할된 영업을 승계하기 위해 설립된 회사이다.

단순분할은 다시 소멸분할과 존속분할로 나눌 수 있다. 예를 들어 분할회사의 전체 영업을 A와 B로 나누어, 이를 각각 승계하는 두 개의 신설회사를 설립하는 경우에는 종전의 분할회사가 더 이상 존속하지 않으므로 소멸분할이 된다. 반면 분할회사가 영업을 A와 B로 나누어, 신설회사가 A를 승계하고 분할회사는

B를 계속 보유하면서 존속하는 경우에는 존속분할에 해당한다.

단순분할이라는 용어는 강학상으로는 분할의 한 유형으로 사용되지만, 상법은 이를 단순히 "분할"이라고 부른다(상 530조의2). 이하에서는 강학상 분류에 따라, "분할"이라는 표현을 단순분할과 분할합병을 모두 포함하는 넓은 의미로 사용한다.

2) 분할합병

분할합병은 분할회사가 영업을 분할한 다음, 그 분할된 영업을 다른 회사(상대방회사)와의 합병을 통하여 신설회사(분할합병신설회사) 또는 승계회사(분할승계회사)에 승계시키는 형태이다(상 530조의2 · 530조의6). 즉, 단순분할이 분할만으로 이루어지는 방식이라면, 분할합병은 분할과 합병이 결합된 방식이라고 볼 수 있다.

구체적으로는 다음과 같은 유형이 가능하다.

- **소멸분할합병** – 분할회사가 영업을 A와 B로 분할한 다음, A와 B를 각각 다른 회사와 합병시키고 분할회사가 소멸하는 경우
- **존속분할합병** – 분할회사가 영업을 A와 B로 분할한 다음, A만을 다른 회사와 합병시키고 분할회사는 B를 보유한 채 존속하는 경우
- **흡수분할합병** – 분할회사가 영업을 A와 B로 나눈 후, 다른 회사가 그 중 A를 흡수합병하는 경우
- **신설분할합병** – 분할회사가 분할한 A를 다른 회사와 함께 신설합병하여 새로운 회사를 설립하는 경우

3) 혼합분할합병

혼합분할합병은 단순분할과 분할합병이 결합된 형태이다(상 530조의2). 예컨대 분할회사가 영업을 A와 B로 나누어, A는 신설회사가 승계하고, B는 다른 회사와 합병되도록 하는 경우가 이에 해당한다. 즉, 일부 사업은 독립회사로 분리하고, 다른 일부는 기존 회사와 결합시키는 복합적 구조개편 방식이다.

(2) 인적분할 · 물적분할

다음으로, 분할대가로 발행되는 신주, 즉 분할신주를 누구에게 교부하는지를 기준으로 인적분할과 물적분할로 나눌 수 있다. 인적분할은 분할신주를 분할회사의 주주에게 직접 교부하는 방식이고, 물적분할은 이를 분할회사 자체에 교부

하는 방식이다.

물적분할은 주로 단순분할의 경우에 나타난다. 이 경우 물적분할의 결과, 분할회사는 신설회사의 주식을 전부 보유하는 모회사가 되고, 신설회사는 그 자회사가 되어 양자 간 완전모자회사관계가 형성된다. 이 경우 분할회사 주주에게는 분할신주가 직접 교부되거나 별도의 금전 기타 재산이 지급되지는 않는다. 다만 분할회사가 자회사를 전면적으로 지배하게 되므로, 분할된 사업의 가치 증가는 분할회사의 기업가치 상승을 통해 간접적으로 주주에게 귀속된다.

상법은 인적분할을 기본형으로 규율하면서, 그 규정을 물적분할에 준용하는 구조를 취하고 있다(상 530조의12).

Ⅱ. 분할의 자유와 제한

주식회사는 원칙적으로 자유롭게 분할을 할 수 있나(상 530조의2). 즉, 기업전략에 따라 사업부를 분할하는 것 자체는 회사의 자율적 판단 영역으로 본다.

다만, 모든 회사형태에 동일하게 분할이 허용되는 것은 아니다. 합명회사 및 합자회사의 경우에는 분할로 인해 무한책임사원이 분할 전 회사의 채무와 분할 후 각 회사의 채무에 대해 어떠한 범위로 책임을 부담하는지가 불명확해져서, 책임관계가 중첩되거나 또는 예기치 않게 변동될 우려가 있다. 반면 유한회사 및 유한책임회사는 그 규모와 조직구조상 분할제도를 활용할 필요성이 상대적으로 크지 않다는 점이 고려된다. 이러한 사정을 반영하여, 상법상 분할제도는 주식회사를 중심으로 규정되어 있다.

Ⅲ. 분할의 요건

1. 분할계획 · 분할합병계약

(1) 의의

먼저, 단순분할의 경우 분할회사는 분할대상 영업, 승계관계, 분할대가 등에 관한 사항을 정리한 분할계획서를 작성해야 한다(상 530조의5). 단순분할은 분할회사가 일방적으로 자신의 영업을 분리하는 구조이므로, 상대방과의 계약은 필요하지 않고, 분할계획서를 통해 법률관계를 정리한다.

반면, 분할합병의 경우에는 분할회사와 상대방회사가 서로의 권리·의무관계를 조정해야 하므로, 양 회사 사이에 분할합병계약을 체결하고 이에 관한 분할합병계약서를 작성해야 한다(상 530조의6). 이 경우 분할합병에 해당하지 않는 부분에 대해서는 분할계획서에 관한 규정이 준용된다(상 530조의6). 예컨대 분할회사가 영업을 A와 B로 분할한 다음, A만을 다른 회사와 합병시키고 분할회사는 B를 보유한 채 존속하는 경우를 생각해 보자. 이 경우 A에 관해서는 분할합병에 해당하므로 분할합병계약서에 관한 규정이 적용되고, 분할합병에 해당하지 않는 B에 관해서는 분할계획서에 관한 규정이 준용된다.

(2) 분할의 대가

1) 단순분할

단순분할의 경우, 원칙적으로 신설회사는 분할회사의 주주에게 자신의 주식을 분할대가로 교부해야 한다(상 530조의5). 이는 인적분할에 해당한다. 예를 들어, 분할회사가 보유하던 IT사업부를 분리하여 신설회사 A를 설립하고, 분할회사의 주주에게 A의 주식을 교부하는 형태를 생각해 볼 수 있다.

다만, 분할대가는 반드시 신주의 형태로만 지급되어야 하는 것은 아니다. 상법은 단순분할에서도 신주의 교부 대신 금전 기타 재산으로 분할대가를 지급하는 것을 허용하고 있다(상 530조의5).

한편, 물적분할에서는 분할신주가 분할회사의 주주가 아니라 분할회사 자체에 교부된다. 그 결과 분할회사는 신설회사의 주식을 전부 보유하는 완전모회사가 되어, 분할된 사업에 대하여 직접적인 지배력을 행사하게 된다.

2) 분할합병

분할합병에서는 분할된 영업을 승계하는 신설회사 또는 승계회사가 분할대가를 지급한다. 분할합병대가는 분할합병계약의 핵심 요소로서, 기본적으로 각 회사의 기업가치를 평가한 후 당사자 간의 교섭을 통해 정해진다.

합병에서 합병비율의 공정성이 문제되는 것과 마찬가지로, 분할합병에서도 분할합병비율의 공정성은 핵심적인 쟁점이다. 특히 상장회사의 경우에는 기업가치 산정에 관하여 합병 시의 기업가치 산정에 관한 규정(자본 165조의4, 자본령 176조의5)을 준용하도록 하여(자본령 176조의6), 시가를 기준으로 한 합리적인 산정방식을 강제하고 있다.

분할합병대가의 지급방법에는 원칙적으로 제한이 없다. 신설회사 또는 승계회사는 주식, 금전 또는 그 밖의 재산(예: 사채) 등 다양한 방법으로 분할대가를 지급할 수 있다(상 530조의6). 이 중 금전 기타 재산으로 지급하는 방식을 교부금 분할합병이라고 한다. 이 경우 분할합병대가로 신주가 발행되지 않으므로, 분할합병으로 인해 신설회사 또는 승계회사 단계에서 주식의 추가 발행에 따른 지분 희석이 발생하지 않는다는 특징이 있다.

한편, 승계회사가 자신의 모회사 주식을 분할대가로 지급하는 방식은 삼각분할합병이다. 이 경우 법리적으로는 승계회사가 분할합병의 상대방회사이지만, 경제적 실질로 보면 승계회사의 모회사가 분할회사의 상대방회사에 해당한다. 법리상 승계회사의 모회사는 분할합병의 당사자가 아니므로 합병요건(주주총회 승인결의 등)의 적용을 받지 않는다. 이때 승계회사는 분할대가 지급을 위하여 자신의 모회사 주식을 취득할 수 있는데(상 530조의6), 이는 자회사가 모회사 주식을 취득할 수 없다는 원칙(상 342조의2)에 대한 예외로서 인정된다.

2. 분할결의

(1) 일반적 분할

분할계획서 또는 분할합병계약서는 분할회사에서 주주총회 특별결의로 승인받아야 한다(상 530조의3). 분할합병의 상대방회사 역시 주주총회의 특별결의를 통해 이를 승인해야 한다(상 522조). 분할은 회사의 조직구조와 주주의 경제적 지위에 중대한 변화를 초래하므로, 주주총회에 의한 통제가 필수적으로 요구되는 것이다. 이러한 승인 요건을 갖추지 못한 경우에는 분할의 무효원인이 된다.

회사가 종류주식을 발행한 경우, 특정 종류주주에게 불이익이 발생하는 분할이라면 해당 종류주주총회의 결의도 별도로 필요하다(상 530조의3 · 436조). 이는 종류주주의 개별적 이해관계를 보호하기 위한 장치이다.

나아가 회사의 분할로 인하여 분할에 관련되는 각 회사의 주주의 부담이 가중되는 경우, 예컨대 추가 출자가 요구되는 경우에는, 위와 같은 주주총회 및 종류주주총회 결의 외에 그 부담을 지게 되는 주주의 전원 동의가 별도로 필요하다(상 530조의3). 이는 개별 주주의 부담을 본인의 동의 없이 확대하는 것을 허용하지 않는다는 원칙을 반영한 것이다.

(2) 간이분할합병

간이분할합병은 분할회사의 주주 보호 필요성이 상대적으로 낮은 경우, 분할회사의 주주총회 승인을 생략하고 이를 이사회 승인으로 대체하는 제도이다. 즉, ① 분할회사의 총주주가 모두 동의하거나, ② 승계회사가 분할회사의 발행주식총수의 90% 이상을 소유하는 경우에는 분할회사의 주주총회 승인을 생략할 수 있다(상 530조의11 · 527조의2). 이는 주주가 사실상 전부 동의하거나, 지배주주가 대부분의 지분을 보유하여 주주총회 결의의 결과가 실질적으로 예정되어 있는 경우에까지 동일한 절차를 요구하는 것이 과도하다는 점을 고려한 것이다.

다만 분할회사는 주주총회 승인 절차의 생략 사실을 공고 또는 통지해야 하며, 총주주의 동의가 있는 경우에는 이미 전원의 동의가 전제되므로 공고 또는 통지를 요구하지 않는다(상 530조의11 · 527조의2). 공고 또는 통지를 요구하는 것은, 간이분할합병으로 인해 약화되는 절차적 통제를 정보공개를 통해 보완하고, 주주가 주식매수청구권 등 자신의 권리를 실질적으로 행사할 수 있도록 하기 위한 장치이다.

(3) 소규모분할합병

그렇다면 반대로, 분할합병으로 인해 승계회사 주주에게 미치는 부담이나 지배구조의 변화가 극히 제한적인 경우에는 어떻게 될까? 이 경우에는 승계회사 주주총회를 생략하고, 이사회 승인만으로도 분할합병을 할 수 있는데, 이를 소규모분할합병이라 한다.

소규모분할합병에는 소규모합병에 관한 규정이 준용된다(상 530조의11 · 527조의3). 이를 위해서는 ① 승계회사가 분할합병대가로 지급하는 주식이 승계회사의 발행주식총수의 10% 이하이고, ② 승계회사가 분할합병대가로 지급하는 분할합병교부금이 승계회사의 순자산액의 5% 이하이어야 한다.

또한 승계회사의 발행주식총수의 20% 이상을 보유한 주주가 서면으로 반대하는 경우에는 소규모분할합병을 진행할 수 없다. 상당한 비율의 주주가 반대한다는 것은 그들에게 미치는 분할합병의 영향이 결코 경미하다고 보기 어렵기 때문이다. 이에 따라 승계회사는 분할합병계약서에 소규모분할합병임을 기재해야 하고, 그 사실을 공고하거나 주주에게 통지해야 한다. 이는 주주가 분할합병의 성격과 자신의 이해관계에 미치는 영향을 인식하고, 반대 여부를 판단할 수 있도록 하기 위한 절차이다.

3. 주주 및 채권자 관련 절차

(1) 사전공시

분할회사의 이사는 분할계획서 또는 분할합병계약서 등을 본점에 비치해야 하고, 승계회사의 이사 역시 분할합병계약서 등을 본점에 비치해야 한다(상 530조의7). 주주 및 회사채권자는 영업시간 중 언제든지 이를 열람하거나 등본·초본의 교부를 청구할 수 있다(상 530조의7·522조의2).

이는 분할에 이해관계를 가지는 주주와 채권자가 분할의 방식과 내용을 충분히 인식한 상태에서 찬반의사를 형성하거나 권리행사 여부를 판단할 수 있도록 하기 위한 사전적 정보제공 장치이다.

(2) 주식매수청구권

단순분할에 반대하는 주주에게는 주식매수청구권이 인정되지 않는다. 이는 분할 전후를 비교해 보면, 원칙적으로는 동일한 주주가 동일한 사업가치를 서로 다른 회사 형태로 계속 보유하게 될 뿐, 주주의 전체적인 경제적 지위에 본질적인 변화가 없다고 보기 때문이다.

그러나 분할합병에서는 사정이 다르다. 분할과 합병이 결합됨으로써 주주의 지위나 이해관계에 실질적인 변화가 발생할 수 있으므로, 분할합병에 반대하는 주주에게는 주식매수청구권이 인정된다(상 530조의11 · 522조의3). 이에 따라 일반적인 분할합병과 간이분할합병의 경우에는 주식매수청구권이 인정된다.

다만 소규모분할합병의 경우에는, 그 영향이 경미하다는 전제 아래 제도가 마련되어 있으므로, 승계회사 주주에게는 주식매수청구권이 인정되지 않는다(상 530조의11 · 527조의3).

(3) 채권자보호절차

1) 단순분할

단순분할에서는 원칙적으로 채권자보호절차를 거치지 않는다. 왜냐하면 분할회사와 신설회사가 분할 전 분할회사의 채무에 대하여 연대책임을 부담하기 때문에(상 530조의9), 채권자의 관점에서는 책임을 물을 수 있는 주체가 오히려 확대되기 때문이다. 다만 예외적으로, 분할회사와 신설회사 간의 연대책임을 배제하는 방식을 택한 경우에는, 채권자 보호의 필요성이 커지므로 합병의 채권자보호절차가 준용된다(상 530조의9).

2) 분할합병

분할합병에서도 기본적으로는 분할회사, 승계회사 또는 신설회사가 분할 전의 채무에 대해 연대책임을 진다(상 530조의9). 그러나 분할합병은 분할과 합병이 결합된 구조로서, 합병으로 인하여 채무의 귀속 주체에 변화가 생기고 그에 따라 책임관계가 재편되는 요소를 포함한다. 이에 상법은 분할합병의 경우 연대책임이 인정되는 경우에도 합병의 채권자보호절차를 준용하도록 규정하고 있다(상 530조의11 · 527조의5). 이 경우에는 분할회사의 채권자뿐만 아니라 승계회사의 채권자에 대해서도 공고와 최고를 통해 이의제기 기회를 보장하는 것이 타당하다.

3) 준용내용

분할에서의 채권자보호절차는 합병의 채권자보호절차(상 527조의5)를 그대로 따르며(상 530조의11), 분할회사와 승계회사는 각각 채권자에게 이의 제출의 기회를 부여해야 한다. 채권자가 이의를 제기한 경우에는 변제, 담보제공 또는 신탁 등 적절한 보호조치를 취해야 한다.

4. 회사의 설립

분할로 인하여 새로운 회사를 설립하는 경우에는 원칙적으로 회사 설립에 관한 일반 규정이 준용된다(상 530조의4).

5. 총회 및 분할등기

합병 시의 총회, 즉 보고총회 및 창립총회에 관한 규정(상 526조~527조)이 분할에도 준용되며, 합병등기에 관한 규정(상 528조) 또한 분할등기에 준용된다(상 530조의11). 분할등기는 분할의 효력발생요건으로서 창설적 효력을 가지므로(상 530조의11 · 234조), 분할등기가 이루어지는 시점에 비로소 분할의 법적 효과가 발생한다.

Ⅳ. 분할의 효과

1. 회사의 소멸 · 신설

먼저 회사의 존속 여부에 관한 효과를 살펴본다. 단순분할의 경우에는 분할로 인해 항상 신설회사가 설립된다. 이때 분할회사가 소멸하는지 여부에 따라 소멸분할과 존속분할로 구분된다. 소멸분할에서는 분할회사가 전부 소멸하고, 존속분할에서는 분할회사가 일부 사업을 계속 유지한 채 존속한다. 상법상 회사는 원칙적으로 해산 후 청산절차를 거쳐 소멸하지만(상 531조), 분할로 인해 소멸하는 회사의 경우에는 그 권리 · 의무가 신설회사에 포괄적으로 승계된다. 따라서 해산 후 청산절차를 거치지 않고 법률상 당연히 소멸한다.

분할합병의 경우에는 효과가 더욱 다양하다. 신설분할합병에서는 새로운 회사가 설립되고, 소멸분할합병에서는 분할회사가 소멸하며, 나아가 상대방회사가 소멸하는 형태도 가능하다. 이 경우에도 분할합병으로 소멸하는 회사의 권리 · 의무는 승계회사 또는 신설회사에 포괄적으로 승계되므로, 별도의 청산절차 없이 소멸하게 된다.

2. 권리의무의 승계

합병과 달리, 분할에서는 분할회사의 권리 · 의무 전부가 아니라 분할계획서 또는 분할합병계약서에서 정하는 바에 따라 분할된 부분에 관련된 권리 · 의무만이 신설회사 또는 승계회사에 승계된다(상 530조의10). 예컨대 A회사의 IT사업부만을 분할하여 B회사로 이전하는 경우, IT사업부와 관련된 계약, 자산, 부채 등만이 B회사에 포괄적으로 승계된다.

이와 같은 승계는 포괄승계이므로, 개별 계약마다 양도 절차를 다시 거치거나 자산별로 등기 · 인도 등의 절차를 반복할 필요는 없다. 판례는 분할회사이 근로관계 역시 원칙적으로 승계된다고 본다. 이는 근로자의 지위 안정과 기업 운영의 연속성을 확보하려는 정책적 고려를 반영한 것이다. 다만, 성질상 이전이 허용되지 않는 권리 · 의무, 예컨대 일신전속적인 권리 · 의무는 승계대상에서 제외된다는 점에서(판례), 권리 · 의무 전부가 이전되는 합병과는 차이가 있다.

3. 분할신주의 효력

분할을 원인으로 발행되는 신주, 즉 분할신주의 효력은 분할등기가 이루어진 때에 비로소 발생한다. 이는 분할등기가 창설적 효력을 가진다는 점(상 530조의11 · 234조)을 반영한 것이다. 따라서 분할신주가 발행되었더라도, 등기 이전에는 그에 기초한 주주권을 행사할 수 없다.

4. 회사채권자에 대한 책임

(1) 연대책임

분할회사, 승계회사, 신설회사는 분할 전 분할회사가 부담하던 채무에 대해 연대책임을 진다(상 530조의9). 이는 분할로 인해 채권자가 책임을 물을 수 있는 재산적 기반이 축소되는 위험을 방지하기 위한 채권자 보호 규율이다.

다만 이러한 연대책임은 채권자 보호를 위해 법률이 특별히 부과한 책임일 뿐, 채무자들 사이에 주관적 공동관계가 존재하는 것은 아니다. 이에 판례는 분할에 따른 연대책임을 부진정연대채무로 해석하고 있다.

(2) 연대책임의 배제

연대책임은 채권자 보호 측면에서는 유리하지만, 분할의 본래 목적, 즉 사업별 위험과 기회를 독립적으로 관리하려는 취지를 약화시키는 측면도 있다. 분할 이후에도 모든 회사가 종전의 채무에 계속 함께 묶여 있다면, 분할을 통해 위험을 분리하려는 의의가 상당 부분 퇴색될 수 있기 때문이다. 이러한 점을 고려하여 상법은 일정한 요건과 절차 하에서 연대책임을 배제할 수 있는 예외를 인정하고 있다.

먼저 단순분할의 경우, 분할회사가 주주총회 특별결의로 정하면 분할계획서에 승계하기로 정한 채무에 대해서만 신설회사가 책임을 지도록 할 수 있다(상 530조의9). 이때 분할회사가 존속하는 경우에는, 신설회사가 부담하지 않는 나머지 채무에 대해서만 분할회사가 책임을 지게 된다(상 530조의9).

분할합병의 경우에도 기본 구조는 동일하다. 분할회사가 주주총회 특별결의로 정하면, 분할합병계약서에 승계하기로 정한 채무에 대해서만 승계회사 또는 신설회사가 책임을 지고, 분할회사가 존속하는 경우에는 그 밖의 채무만을 분할회사가 부담하도록 할 수 있다(상 530조의9).

다만 이러한 연대책임 배제는 채권자의 지위를 약화시킬 수 있으므로, 반드시 분할회사의 주주총회 특별결의를 거쳐야 하고, 채권자보호절차를 이행하여 채권자에게 이의제기의 기회를 부여해야 한다(상 530조의9). 그 결과, 신설회사 또는 승계회사는 분할계획서 또는 분할합병계약서에 따라 승계하기로 정한 채무만을 부담하고, 분할회사는 그 밖의 채무만을 부담하게 된다.

5. 사후공시

이사는 분할이 이루어진 날로부터 6개월간 분할에 관한 서류를 본점에 비치해야 하며, 주주 및 회사채권자는 영업시간 중 언제든지 이를 열람하고 등본·초본의 교부를 청구할 수 있다(상 530조의11 · 527조의6). 이는 분할 이후에도 이해관계자들이 분할의 경과와 내용을 충분히 파악하여, 분할무효의 소 제기 등 법적 대응 여부를 합리적으로 판단할 수 있도록 하기 위한 사후 공시제도이다.

Ⅴ. 분할의 무효

분할에 하자가 있는 경우 이를 일반적인 법률행위의 무효나 취소 규율에 맡긴다면, 이미 다수의 이해관계자가 형성한 회사관계와 거래질서 전반에 심각한 혼란이 초래될 수 있다. 그렇다면 이러한 하자는 어떻게 통제되어야 할까? 상법은 합병의 경우와 마찬가지로, 분할에 관한 하자는 분할무효의 소로만 다툴 수 있도록 한다. 이는 사후적 통제를 허용하되, 그 수단과 범위를 엄격히 한정함으로써 거래안정을 최우선적으로 보호하려는 입법정책의 반영이다.

또한 분할무효의 소에 관해서는 합병무효의 소에 관한 규정이 준용되므로(상 530조의11), 제기권자, 제기기간(제척기간), 소송절차 및 판결의 효력은 합병무효와 동일한 구조를 갖는다. 즉, 분할이라는 조직행위의 단체법적 성격과 거래안정의 요청을 중시하여, 분할에 관한 하자 역시 일정한 기간과 절차 내에서만 문제 삼을 수 있도록 엄격하게 제한하고 있는 것이다.

제 4 항 주식의 포괄적 교환과 이전

Ⅰ. 의의

1. 개념

회사는 주식의 포괄적 교환(이하 "주식교환")을 통해 다른 회사의 완전모회사가 될 수 있다(상 360조의2). 보다 구체적으로 말하면, A회사가 B회사의 주주들로부터 B의 주식 전부를 이전받고, 그 대가로 B의 주주들에게 자기 회사의 주식 등을 교부하는 구조이다. 이 경우 A는 완전모회사가 되고, B는 완전자회사가 되어 양자 간에 완전모자회사관계가 형성된다.

한편, 회사는 주식의 포괄적 이전(이하 "주식이전")을 통하여 새로운 완전모회사를 설립하고, 스스로 그 완전모회사의 완전자회사가 될 수도 있다(상 360조의15). 예를 들어, B회사의 주주들이 신설회사 A를 설립하고, A가 B의 주주들로부터 B의 주식 전부를 이전받는 대신 그들에게 A의 신주 등을 교부하는 방식이다. 이 경우에도 A는 완전모회사, B는 완전자회사가 되어 완전모자회사관계가 형성된다.

주식이전은 통상적으로 1개의 회사가 단독으로 수행하지만, 2개 이상의 회사가 공동으로 수행하는 것도 가능하며(상 360조의16), 이 경우에는 완전자회사가 둘 이상 존재하는 구조가 된다.

이처럼 주식교환은 기존 회사들 사이에 완전모자회사관계를 형성하는 방법이고, 주식이전은 기존 회사가 새로운 회사를 설립하면서 그 신설회사와 기존회사 사이에 완전모자회사관계를 형성하는 방법이다. 요컨대 양자는 완전모자회사관계를 형성한다는 점에서 기본 구조는 동일하고, 다만 완전모회사가 기존회사인지 신설회사인지에 차이가 있을 뿐이다. 따라서 이하에서는 주식교환과 주식이전을 통합하여 설명하되, 필요한 경우 양자의 특수성은 별도로 언급하기로 한다.

2. 기능

그렇다면 왜 굳이 합병이 아니라 주식교환·이전이라는 방식을 사용할까? 오늘날 우리 법제는 공정거래법과 금융지주회사법 등에서 지주회사 제도를 허용하고 있고, 이에 따라 많은 기업집단이 사업구조조정을 위해 지주회사 체제로 전환하고 있다. 이 과정에서 주식교환·이전은 합병을 거치지 않고도 완전모회사를 중심으로 한 지배구조를 설계할 수 있는 수단으로 활용된다.

예를 들어, 여러 사업회사가 수평적으로 병존하는 구조에서, 상단에 지주회사를 두고 각 사업회사를 그 완전자회사로 편제하려는 경우를 생각해 보자. 이때 각 회사를 순차적으로 합병과 분할을 반복하는 우회적 방식보다는, 주식교환 또는 주식이전을 활용하면 보다 신속하고 간명하게 지주회사 체제를 구축할 수 있다. 주식교환·이전에 의해 완전모회사가 되는 회사가 곧 지주회사로 기능하게 되는 것이다. 다시 말하면, 합병 후 분할을 통해서도 지주회사 체제를 형성할 수는 있으나, 이러한 방식은 구조가 복잡하고 비용과 시간이 더 소요되므로, 지주회사 체제를 직접적으로 구축하는 수단으로는 주식교환·이전이 더 적합하다.

3. 법적 성질

주식교환·이전이 이루어지면 관련 회사들 사이에는 완전모자회사관계가 성립한다. 완전모회사는 완전자회사의 발행주식을 100% 보유하므로, 경제적 관점에서 보면 두 회사는 사실상 하나의 기업처럼 운영된다.

다만 법적 측면에서 보면, 완전모회사와 완전자회사는 여전히 서로 독립된 법인격을 유지한다. 이 점에서 법인격이 하나로 합일되는 합병과는 구조적으로 구별된다. 그럼에도 불구하고 완전모자회사관계는 경제적 실질 면에서 합병과 유사한 효과를 가지므로, 상법은 주식교환·이전에 관하여 합병 규정과 유사한 체계의 규율을 두고 있다. 예컨대 주주총회 결의, 주주 보호 장치, 무효의 소 등이 합병과 유사한 취지에서 규율되는 것도 이러한 이유에서이다.

Ⅱ. 주식교환·이전의 요건

1. 교환계약·이전계획

(1) 의의

주식교환의 경우에는, 당사자 회사 사이의 기본적 법률관계를 정한 주식교환계약서를 먼저 작성해야 한다(상 360조의3). 이 계약서에는 어느 회사가 완전모회사가 되는지, 교환대가의 산정 방식, 교환일 등 주식교환의 핵심 사항이 기재된다.

이에 비해 주식이전은 상대방 회사와의 계약관계라기보다 조직변경 계획에 가까운 성격을 가지므로, 주식이전의 법률관계를 정한 주식이전계획서를 작성한다(상 360조의16). 주식이전에서는 완전모회사가 될 회사가 새로 설립되므로, 상대방 회사와의 이전계약은 존재하지 않고, 기존 회사가 신설회사와 어떻게 완전모자회사관계를 형성할 것인지에 관한 계획을 수립하는 데 초점이 있다.

(2) 자본금

다음으로, 완전모회사가 교환·이전대가로 발행하는 신주의 규모, 즉 자본금 증가에 대해서도 일정한 제한이 가해진다. 이는 주식교환·이전을 이용하여 실질적인 출자 없이 형식적인 신주발행이 이루어지고, 그 결과 자본금충실 원칙이나 채권자 보호가 잠탈되는 것을 방지하기 위한 것이다.

구체적으로 보면, 완전모회사의 자본금은 주식교환·이전의 날에 완전자회사에 현존하는 순자산액을 초과하여 증가시킬 수 없다(상 360조의7·360조의18). 만약 완전자회사의 현존 순자산액을 초과하여 자본금을 증가시키게 되면, 실제로 유입된 재산을 넘어서는 자본금 증가가 발생하여 자본금의 실질이 왜곡되기 때문이다.

이와 관련하여 예를 들면, 신주발행에 갈음하여 완전자회사의 주주에게 지급하는 금전이나 그 밖의 재산의 가액, 그리고 주식교환의 경우 완전자회사의 주주에게 지급되는 자기주식의 장부가액은, 완전자회사의 순자산액을 산정할 때 공제하여야 한다(상 360조의7·360조의18). 이는 이러한 가액이 주식교환·이전 과정에서 완전모회사가 완전자회사의 주주에게 대가로 지급한 부분에 해당하므로,

완전자회사로부터 완전모회사에 실제로 유입되는 순자산액에서 제외하는 것이 합리적이기 때문이다.

요컨대, 주식교환 · 이전에서의 자본금 규율은 완전모회사의 자본금이 완전자회사로부터 유입된 실질적인 출자액과 대응하도록 함으로써, 자본금의 형식적 팽창을 방지하고 주주와 채권자의 신뢰를 보호하려는 취지를 반영한 규율이라고 할 수 있다.

(3) 교환 · 이전의 대가

1) 의의

교환 · 이전의 대가란, 완전자회사의 주주가 보유하던 주식을 완전모회사에 이전하는 대가로 지급받는 재산을 말한다. 통상적으로는 완전모회사의 주식이 교환 · 이전대가가 되지만, 금전 기타 재산으로 지급하는 것도 허용된다.

주식교환의 경우 교환대가는 완전모회사가 될 회사와 완전자회사가 될 회사 간의 기업가치 평가와 협상을 통해 정해지며, 교환대가의 산정은 주주가 보유하게 될 주식의 종류와 수량을 좌우하므로 주주의 경제적 이익에 직접적인 영향을 미치는 핵심 요소이다.

주식이전의 경우, 1개의 회사가 단독으로 주식이전을 하는 때에는 상대방 회사가 없으므로, 이전대가의 산정이 협상의 초점이 되는 정도는 상대적으로 약하다. 그러나 2개 이상의 회사가 공동으로 주식이전을 하는 경우에는, 각 회사의 기업가치에 기초하여 어느 회사의 주주가 신설되는 완전모회사의 주식을 얼마나 배분받을 것인지가 중요 쟁점이 되므로, 이때의 이전대가는 주식이전의 핵심적 사항이 된다.

2) 교환 · 이전대가(교환 · 이전비율)의 공정성

주식교환 · 이전은 궁극적으로 각 회사 주주들이 서로 다른 회사의 주식으로 자신의 지분을 교환하는 구조를 가진다. 그렇다면 "어떤 비율로 교환할 것인가?"는 곧 주주의 재산권과 직결되는 문제이다. 이 점에서 합병에서 합병비율의 공정성이 핵심 쟁점이 되는 것과 마찬가지로, 주식교환 · 이전에서도 교환 · 이전대가의 공정성은 매우 중요하다.

원칙적으로 교환 · 이전대가는 관련 회사들 사이의 협상에 맡겨져 있다. 그러나 특히 상장회사의 경우 기업가치 산정 과정에 자의나 편의가 개입할 위험이 크므로, 이를 통제할 필요가 있다. 이에 따라 상장회사의 주식교환 · 이전에서는 교환 · 이전대가 산정에 관하여 합병 시 기업가치 산정에 관한 규정(자본 165조의4, 자본령 176조의5)을 준용하도록 하고 있다(자본령 176조의6). 이는 시가를 중심으로 한 합리적인 산정 방식을 강제하려는 취지이다.

다만, 1개의 회사가 단독으로 주식이전을 하는 경우에는 이러한 준용 규정이 적용되지 않는다(자본령 176조의6). 이는 단독 주식이전의 경우 상대방 회사가 존재하지 않아, 기업가치 산정의 상대적 공정성이 문제될 여지가 적다는 점을 반영한 것이다.

3) 교환 · 이전교부금

교환 · 이전대가의 지급방식에는 제한이 없다. 즉, 완전모회사의 주식뿐 아니라 금전 또는 그 밖의 재산(예: 사채)으로도 지급할 수 있다(상 360조의3 · 360조의16). 이처럼 주식이 아닌 재산으로 지급되는 교환 · 이전대가를 교환 · 이전교부금이라 하고, 이러한 방식으로 이루어지는 주식교환 · 이전을 교부금주식교환 · 이전이라고 한다. 교부금주식교환 · 이전에서는 완전모회사의 신주가 발행되지 않으므로, 완전모회사 단계에서 주식의 추가 발행으로 인한 지분 희석이 발생하지 않는다는 특징이 있다.

4) 삼각주식교환

주식교환에서 완전모회사가 되는 회사가 자신의 모회사 주식을 교환대가로 지급하는 방식을 삼각주식교환이라 한다. 법리상 주식교환의 당사자는 완전모회사가 되는 회사이지만, 경제적 실질로 보면 완전모회사의 모회사가 사실상의 교환 당사자의 역할을 수행하는 구조이다.

이 경우 완전모회사가 되는 회사는 교환대가 지급을 위하여 자신의 모회사 주식을 취득할 수 있는데(상 360조의3), 이는 자회사가 모회사 주식을 취득할 수 없다는 원칙(상 342조의2)에 대한 예외로 인정된다.

다만 주식이전에서는 완전모회사가 새로 설립되는 회사이므로, 설립 당시에 상위 모회사가 존재할 수 없고, 따라서 삼각주식이전은 허용되지 않는다고 이해된다.

2. 교환 · 이전결의

(1) 일반적 교환 · 이전

주식교환계약서 및 주식이전계획서는 주식교환 · 이전을 하려는 각 회사의 주주총회 특별결의에 의한 승인을 받아야 한다(상 360조의3 · 360조의16). 주식교환 · 이전은 회사의 지배구조와 주주의 지분구성에 중대한 변화를 초래하는 조직행위이므로, 이사회 결의만으로는 부족하고 주주 전체의 의사를 반영할 필요가 있기 때문이다.

다만 주식이전의 경우, 완전모회사는 주식이전의 효과로서 새로 설립되는 회사이므로, 그 회사에 대하여 다시 주주총회 특별결의를 요구하는 것은 논리적으로 불필요하다.

또한 주식교환 · 이전으로 인하여 관련 각 회사의 주주의 부담이 가중되는 경우, 예컨대 추가 출자가 요구되는 경우에는, 위와 같은 주주총회 결의에 더하여 그 부담을 지게 되는 주주 전원의 동의도 필요하다(상 360조의3 · 360조의16). 이는 개별 주주의 부담을 본인의 동의 없이 확대하는 것을 허용하지 않는다는 원칙을 반영한 것이다.

(2) 간이주식교환

간이주식교환은 완전자회사의 주주 보호 필요성이 상대적으로 낮은 경우, 완전자회사의 주주총회 승인을 이사회 승인으로 대체하여 주식교환절차를 간소화하는 제도이다. 즉, ① 완전자회사의 총주주의 동의가 있거나, ② 완전모회사가 완전자회사 발행주식총수의 90% 이상을 소유하는 경우에는 완전자회사의 주주총회 승인을 생략할 수 있다(상 360조의9). 이는 주주가 사실상 전부 동의하거나, 지배주주가 대부분의 지분을 보유하여 주주총회 결의의 결과가 실질적으로 예정되어 있는 경우에까지 동일한 절차를 요구하는 것이 과도하다는 점을 고려한 것이다.

다만 완전자회사는 주주총회 승인 절차의 생략 사실을 공고 또는 통지해야 하며, 총주주의 동의가 있는 경우에는 이미 전원의 동의가 전제되므로 공고 또는 통지를 요구하지 않는다(상 360조의9). 공고 또는 통지를 요구하는 것은, 간이주식교환으로 인해 약화되는 절차적 통제를 정보공개를 통해 보완하고, 주주가 주식매수청구권 등 자신의 권리를 실질적으로 행사할 수 있도록 하기 위한 장치이다.

(3) 소규모주식교환

그렇다면 반대로, 주식교환으로 인하여 완전모회사 주주에게 미치는 부담이나 지배구조상의 변화가 극히 제한적인 경우에는 어떠할까? 이 경우에는 완전모회사 주주총회를 생략하고, 이사회 승인만으로도 주식교환을 할 수 있는데, 이를 소규모주식교환이라 한다.

소규모주식교환이 되기 위해서는, ① 완전모회사가 교환대가로 지급하는 주식이 완전모회사 발행주식총수의 10% 이하이고, ② 완전모회사가 교환대가로 지급하는 주식교환교부금이 완전모회사의 순자산액의 5% 이하이어야 한다(상 360조의10).

또한 완전모회사의 발행주식총수의 20% 이상을 보유한 주주가 서면으로 반대하는 경우에는 소규모주식교환을 진행할 수 없다(상 360조의10). 따라서 완전모회사는 주식교환계약서에 소규모주식교환임을 기재해야 하고, 그 사실을 공고하거나 주주에게 통지해야 한다(상 360조의10). 이는 상당한 비율의 주주가 반대할 기회를 보장함으로써, 해당 주식교환이 주주에게 미치는 영향이 결코 경미하지 않은 경우에는 간소화 절차의 적용을 배제하려는 취지이다.

3. 주주 및 채권자 보호절차

(1) 사전공시

이사는 주주총회일 2주 전부터 주식교환계약서 또는 주식이전계획서 등을 본점에 비치하고, 주주가 영업시간 내에 언제든지 열람 또는 등사를 청구할 수 있도록 해야 한다(상 360조의4 · 360조의17). 이는 주주가 주식교환 · 이전의 타당성과 그로 인한 지분구조 변화가 자신의 경제적 지위에 미치는 영향을 충분한 정보에 기초하여 판단하고, 그에 따라 찬반 의사표시 및 주식매수청구권 행사 여부를 결정할 수 있도록 하기 위한 장치이다.

반면 회사채권자에게는 이러한 열람 · 등사청구권이 인정되지 않는다. 주식교환 · 이전이 이루어지더라도 회사의 법인격은 그대로 존속하고, 채무자인 회사가 소멸하거나 그 재산이 다른 회사로 포괄적으로 이전되지 않기 때문이다. 주식교환 · 이전은 본질적으로 지배구조와 주주 구성을 변경하는 제도에 해당하며, 원칙적으로 회사채권자의 권리관계에는 직접적인 영향을 미치지 않는다고 본다.

(2) 주식매수청구권

주식교환 · 이전에 반대하는 주주에게는 일정한 요건 아래 주식매수청구권이 인정된다(상 360조의5 · 360조의22). 이는 주식교환 · 이전으로 주주의 지위가 본인의 의사와 무관하게 중대하게 변동되는 경우, 회사에 대하여 자기 주식을 공정한 가격으로 매수해 줄 것을 청구할 수 있도록 함으로써 주주의 이탈권을 보장하는 제도이다.

간이주식교환의 경우에도 완전자회사의 주주에게는 주식매수청구권이 인정된다(상 360조의5). 주주총회 절차는 생략되지만, 주주의 지분관계와 지배구조상 지위에는 실질적인 변동이 발생하므로, 이를 보완하기 위한 보호장치로 이해할 수 있다.

반면 소규모주식교환에서는 완전모회사의 주주에게 주식매수청구권이 인정되지 않는다(상 360조의10). 이는 소규모주식교환의 경우 거래 규모가 완전모회사 전체에 비추어 경미하고, 개별 주주의 이해관계에 미치는 영향도 제한적이라는 정책적 판단에 기초한 것이다.

(3) 채권자보호절차

합병과 달리, 주식교환 · 이전에 관해서는 채권자보호절차를 요구하는 규정이 존재하지 않는다. 이는 주식교환 · 이전을 통해 완전모자회사관계가 형성되더라도 회사의 법인격은 그대로 유지되고, 회사 재산이 다른 회사로 포괄적으로 이전되는 구조가 아니기 때문이다.

4. 등기

주식이전의 경우 완전모회사는 새로 설립되는 회사이므로, 일반적인 회사설립과 마찬가지로 설립등기를 해야 한다(상 360조의20 · 317조). 이 설립등기는 주식이전의 효력발생요건으로서 창설적 효력을 가지며(상 360조의21), 설립등기가 이루어지는 날 비로소 완전모회사가 성립하고 주식이전의 효과가 발생한다.

반면 주식교환에서는 완전모회사와 완전자회사가 모두 기존 회사이고, 주식교환으로 법인격 자체에 변동이 발생하지 않으며 주주 구성만 변경될 뿐이다. 따라서 주식교환 그 자체에 관해서는 별도의 등기가 요구되지 않는다.

Ⅲ. 주식교환 · 이전의 효과

1. 완전모자회사의 성립

주식교환 · 이전의 요건이 모두 충족되면, 완전모회사와 완전자회사 사이에 완전모자회사관계가 성립한다. 이는 완전자회사 주식이 완전모회사로 이전되고, 그 대신 완전자회사 주주가 완전모회사의 주주로 전환된다는 것을 의미한다.

다만 교환 · 이전대가를 완전모회사의 주식이 아니라 금전 기타 재산으로 지급하는 경우에는, 완전자회사 주주는 더 이상 종전 회사의 주주가 되지 않을 뿐 아니라 완전모회사의 주주도 되지 않는다. 이 경우에도 완전모회사가 완전자회사 주식을 100% 보유하게 되어 완전모자회사관계는 형성되지만, 종전 주주들은 회사로부터 완전히 이탈하게 된다.

주식교환 · 이전의 효과로서 이루어지는 완전모회사로의 주식이전과 완전모회사의 신주발행은, 별도의 주식이전행위(주권 교부 등)나 신주발행행위(신주청약 · 신주배정 등)를 거치지 않더라도, 법률의 규정에 의해 당연히 효력이 발생한다.

2. 효력발생시기

주식교환의 효과는 주식교환계약서에서 정한 "교환을 할 날"에 발생한다(상 360조의3). 따라서 당사자들은 계약 단계에서 주식교환의 효력발생 시점을 미리 조정할 수 있다. 이에 비해 주식이전의 효과는 완전모회사의 설립등기를 한 날에 발생한다(상 360조의21). 즉, 설립등기가 곧 주식이전 전체의 효력이 발생하는 기준시점이 된다.

3. 이사 · 감사의 임기

완전모회사의 이사 및 감사로서 주식교환 전에 이미 취임한 자는, 주식교환계약서에 달리 정함이 없는 한, 주식교환 후 최초로 도래하는 결산기의 정기총회 종료 시에 일괄 퇴임한다(상 360조의13). 이는 주식교환으로 완전모회사의 주주 구성이 크게 달라지는 만큼, 새로운 주주 구성에 맞추어 이사 · 감사를 다시 선임하도록 하기 위한 취지를 반영한 것이다.

반면 주식이전의 경우에는 완전모회사가 새로 설립되는 회사이므로, 설립 당시 선임된 이사 · 감사가 처음부터 새로운 주주 구성을 반영하고 있다. 따라서 별도의 임기 조정 문제는 발생하지 않는다.

한편, 완전자회사는 주식교환 · 이전 후 주주가 완전모회사로 단일화되어 주주 의사가 일원화되므로, 이사 · 감사의 존속이 주주 의사를 왜곡하거나 주주 보호 문제를 야기할 우려가 적다. 따라서 이사 · 감사의 임기를 법률로 당연 종료시킬 필요성은 상대적으로 낮다.

4. 사후공시

이사는 주식교환 · 이전의 날로부터 6개월간 주식교환 · 이전에 관한 사항을 본점에 비치해야 하며, 주주는 영업시간 내에 언제든지 열람 또는 등사를 청구할 수 있다(상 360조의12 · 360조의22). 이는 주식교환 · 이전 후에도 일정 기간 관련 내용을 공시함으로써, 주주 등 이해관계자가 하자의 존재 여부를 검토하고, 주식교환 · 이전무효의 소 제기 여부를 합리적으로 판단할 수 있도록 하기 위한 제도이다.

Ⅳ. 주식교환 · 이전의 무효

주식교환 · 이전에 하자가 있는 경우 이를 일반적인 법률행위의 무효 · 취소 법리만으로 해결하게 되면, 이미 형성된 새로운 지배구조와 거래관계가 사후적으로 언제든지 뒤집힐 위험이 있다. 이는 회사관계 전반의 법적 안정성을 심각하게 훼손할 수 있다.

이러한 문제를 방지하기 위하여, 상법은 주식교환 · 이전의 하자를 회사관계의 단체적 성질과 거래안정을 고려하여, 주식교환 · 이전무효의 소에 의해서만 다툴 수 있도록 하고 있다. 이 점에서 주식교환 · 이전무효의 소는 합병무효의 소와 동일한 구조를 가진다.

구체적으로, 주식교환 · 이전무효는 각 회사의 주주 · 이사 · 감사 · 감사위원회의 위원 또는 청산인에 한하여, 주식교환 · 이전의 날부터 6개월 내에 소로써만 주장할 수 있다(상 360조의14 · 360조의23). 그 밖의 사항에 관해서는 합병무효의 소에 관한 규정이 준용된다(상 360조의14 · 360조의23). 이처럼 제소권자와 제소기간을 제한함으로써, 일정 기간이 경과한 이후에는 더 이상 주식교환 · 이전의 효력을 다툴 수 없도록 하여 회사관계의 조속한 안정을 도모하고 있다.

한편 주식교환 · 이전무효의 소에서 무효 판결이 확정된 경우에는, 완전모회사에게 주식이전의무가 부과된다. 즉, 완전모회사는 교환 · 이전대가로 지급된 주식의 주주에게, 그가 원래 소유하고 있던 완전자회사의 주식을 다시 이전해야 한다(상 360조의14 · 360조의23). 이는 주식교환 · 이전이 무효로 확정됨에 따라, 당사자 사이의 법률관계를 가능한 범위 내에서 원래 상태로 되돌리려는 원상회복의무에 해당한다.

제10관 회사의 해산과 청산

Ⅰ. 회사의 해산

1. 의의

회사가 해산한다는 것은 단순히 영업활동을 중단한다는 의미에 그치지 않는다. 해산은 청산절차의 개시를 의미하며, 그 청산이 종결됨으로써 회사의 법인격이 최종적으로 소멸하는 것을 뜻한다.

다만 모든 해산이 곧바로 청산으로 이어지는 것은 아니다. 합병이나 분할로 소멸하는 회사의 경우에는 그 권리 · 의무가 존속회사 · 승계회사 · 신설회사로 포괄승계되므로, 별도의 청산절차를 거칠 필요가 없다. 또한 파산의 경우에는 일반적인 청산절차가 아니라 파산절차라는 특별한 절차를 통하여 회사의 법인격이 소멸한다.

결국 청산은 "회사를 비우고 닫는 일반적인 정리절차"이고, 합병 · 분할 · 파산은 그 대신 다른 법적 방식이나 절차를 통해 회사의 정리를 도모하는 예외적 형태라고 이해할 수 있다.

2. 해산사유

그렇다면 회사는 언제 해산하는가? 상법은 해산사유를 열거하고 있는데, 구체적으로는 ① 존립기간의 만료 기타 정관에서 정한 해산사유의 발생, ② 합병, ③ 분할(단순분할 또는 분할합병), ④ 파산, ⑤ 법원의 명령 또는 판결, ⑥ 주주총회의 특별결의를 들고 있다(상 517조~518조).

이 가운데 합병 · 분할 · 파산은, 앞서 본 것처럼 해산 이후의 처리 방식이 일반적인 청산과 다르다는 점에서 특수성을 가진다. 한편, 주주 수가 1인으로 감소하였다는 사정만으로는 주식회사의 해산사유가 되지 않는다.

3. 해산의 공시

회사가 해산하면 이해관계인 보호를 위하여 그 사실을 외부에 공시할 필요가 있다. 파산을 제외하고, 이사는 해산사실을 지체 없이 주주에게 통지해야 하며(상 521조), 대외적으로는 해산등기를 하는 것이 원칙이다(상 521조의2 · 228조). 해산등기는 "이 회사가 이제 청산 단계에 들어갔다"는 점을 제3자에게 알리는 기능을 하며, 이후 회사와 관련된 법률관계를 판단하는 데에도 중요한 기준으로 작용한다.

4. 해산의 효과

해산의 효과는 무엇보다 회사의 목적과 권리능력의 범위를 변경시키는 데 있다. 회사가 해산하면 청산절차가 개시되고, 회사는 더 이상 영업활동을 계속할 수 없게 된다. 다만 회사의 법인격이 즉시 소멸하는 것은 아니며, 청산의 목적 범위 내에서는 여전히 권리능력이 인정된다(상 542조 · 245조).

예컨대 미수금의 회수, 미지급 채무의 변제, 회사재산의 환가처분 등은 여전히 회사 명의로 이루어질 수 있다. 요컨대 청산회사는 해산 전 회사와 동일성을 유지하되, 그 활동 목적이 "청산의 범위"로 한정된 회사라고 이해하면 된다.

5. 회사의 계속

그렇다면 일단 해산한 회사는 반드시 소멸의 길만을 걸어야 할까? 상법은 일정한 경우 해산한 회사를 다시 계속할 수 있는 길을 열어 두고 있다. 회사가 존립기간의 만료, 정관에서 정한 사유의 발생, 또는 주주총회 특별결의로 해산한 경우에는, 다시 주주총회 특별결의로 회사의 계속을 결의할 수 있다(상 519조). 또한 장기휴면회사의 경우에도 해산이 의제된 뒤 일정 기간 내에는 회사의 계속이 허용된다(이에 관해서는 아래 6.에서 본다).

이는 회사의 존속을 희망하는 주주의 의사를 존중하려는 정책적 선택으로 볼 수 있다. 다만 회사의 잔여재산이 이미 주주에게 분배된 경우에는 더 이상 회사의 계속이 인정되지 않는다. 이는 회사의 물적 기초가 소멸된 이상, 형식적 결의만으로 회사를 되살릴 수는 없다는 점을 반영한 것이다.

회사가 계속을 선택한 경우에는 그 사실에 관한 등기를 하여야 하며(상 521조의2 · 229조), 계속의 효과는 원칙적으로 해산 전 상태로의 복귀를 의미한다. 다만 해산 후 계속 전에 이루어진 청산행위의 효력 자체는 부정되지 않으므로, 회사의 계속은 비소급적 효력을 가진다.

6. 장기휴면회사의 특칙

실무상 오랫동안 영업활동을 하지 않으면서도 형식상 해산하지 않은 회사들이 존재한다. 이러한 회사를 방치할 경우, 새로운 회사의 상호 선택에 불필요한 제약을 주거나, 사기 등 불법행위의 도구로 활용되는 등 여러 부작용이 발생할 수 있다. 이를 해소하기 위하여 상법은 이른바 장기휴면회사의 해산의제 제도를 두고 있다.

구체적으로, 법원행정처장은 최후의 등기 후 5년이 경과한 회사에 대하여 "영업을 폐지하지 않았다는 신고"를 하도록 공고하고, 그 공고 후 2개월 내에 신고가 없는 경우에는 신고기간이 만료된 때에 회사가 해산한 것으로 본다(상 520조의2). 장기간 아무런 등기를 하지 않는 회사는 통상 영업을 하지 않는 것으로 볼 수 있으므로, 신고가 없을 경우 해산으로 간주하는 것이다.

이와 같이 해산이 의제된 회사는, 그 후 3년 이내에 주주총회 특별결의로 회사를 계속할 수 있으며, 이 경우에도 계속등기를 해야 한다(상 520조의2 · 521조의2 · 229조). 반대로 이 기간 동안 회사의 계속이 이루어지지 않으면, 그 3년이 경과한 때에 청산이 종결된 것으로 본다(상 520조의2). 다만 여전히 회사 명의의 권리나 의무가 존재하는 경우에는, 그 범위 내에서는 법인격이 인정되어 사실상의 청산 업무가 수행될 수 있다(판례).

7. 해산명령

해산명령은 회사의 존속을 공익상 더 이상 허용하기 어려운 경우에 법원이 회사의 해산을 명하는 제도이다. 회사는 사인 간의 결사체이지만, 일정 규모 이상의 경제주체로서 공익과 시장질서에 중대한 영향을 미치는 만큼, 필요할 경우 공권력에 의해 그 존속을 중단시킬 수 있도록 한 것이다.

법원은 이해관계인이나 검사의 청구, 또는 직권에 의해 해산을 명할 수 있으며, 해산명령의 사유로는 ① 회사 설립 목적의 불법, ② 회사가 정당한 사유 없이 설립 후 1년 내에 영업을 개시하지 않거나 1년 이상 영업을 휴지하는 경우, ③ 이사가 법령 또는 정관에 현저히 위반하여 회사의 존속을 허용할 수 없는 행위를 한 경우 등이 있다(상 176조).

해산을 명하기 전에 법원은 이해관계인이나 검사의 청구 또는 직권으로 관리인을 선임하거나, 회사재산 보전을 위한 필요적 조치를 취할 수 있다(상 176조). 또한 이해관계인이 해산명령을 청구한 경우, 그 청구가 악의임이 소명되면 법원은 담보 제공을 명할 수 있다(상 176조). 해산명령이 확정되면 회사는 해산한 것으로 되고(상 517조 · 227조), 이후에는 일반적인 청산절차에 따라 소멸하게 된다.

8. 해산판결

해산판결은 해산명령과 달리, 주로 주주이익 보호의 관점에서 회사의 존속을 중단시키는 제도이다. 회사 내부의 심각한 갈등이나 경영 실패로 인해, 오히려 회사를 계속 존속시키는 것이 주주에게 더 큰 불이익을 초래하는 경우를 상정한 장치라고 할 수 있다.

법원은 발행주식총수의 10% 이상을 보유한 주주가 청구한 경우에 한하여 해산을 명할 수 있다(상 520조). 이는 해산판결이 주주이익과 밀접하게 관련된 제도라는 점을 전제로 하면서도, 소송의 남용을 방지하기 위하여 일정한 지분요건을 부과한 결과이다.

해산판결이 내려지기 위해서는 ① 회사의 업무가 현저한 정체상태를 지속하여 회복할 수 없는 손해가 생겼거나 생길 염려가 있는 경우, 또는 ② 회사재산의 관리나 처분이 현저히 부당하여 회사의 존립을 위태롭게 한 경우로서, 부득이한 사유가 존재해야 한다(상 520조).

판례는 여기서 말하는 "부득이한 사유"를, 회사를 해산하는 것 외에는 더 이상 주주이익을 보호할 방법이 없는 경우를 의미한다고 본다. 예컨대 이사 간 또는 주주 간의 심각한 대립으로 회사 업무가 장기간 정체되어, 회복하기 어려운 손해가 발생하거나 그 염려가 있는 경우가 이에 해당한다.

해산판결이 확정되면 회사는 해산하게 되며(상 517조 · 227조), 이후의 절차는 일반적인 청산에 따라 진행된다. 한편 해산판결을 청구한 주주가 패소하였고, 그 청구에 악의 또는 중과실이 있는 경우에는 회사에 대하여 연대하여 손해배상책임을 부담한다(상 520조 · 191조).

Ⅱ. 회사의 청산

1. 의의

회사가 해산하면, 존속 중에 발생한 권리 · 의무를 정리하고 회사라는 법인격을 최종적으로 마무리하는 절차가 필요하다. 앞서 본 바와 같이, 합병 · 분할 · 파산에 의한 해산은 각기 다른 방식으로 처리되지만, 그 밖의 해산사유에 해당하는 경우에는 상법이 정한 청산절차에 따라 회사관계가 정리된다.

청산절차가 개시되면 회사는 더 이상 일반적인 영업활동을 할 수 없게 된다. 다만 회사의 법인격이 즉시 소멸하는 것은 아니므로, 청산 목적의 범위 내에서는 여전히 권리능력이 인정되고(상 542조 · 245조), 소송에서도 당사자능력을 가진다(판례). 예컨대 미수채권의 회수, 채무의 변제, 회사재산의 환가처분 등은 여전히 회사 명의로 이루어진다. 반면 청산회사가 그 목적범위를 벗어난 행위를 한 경우에는, 권리능력 없는 자의 행위로 보아 당연히 무효로 본다는 것이 판례의 입장이다.

청산에는 정관이나 총사원의 동의에 따라 비교적 자유롭게 재산을 처분하는 임의청산과, 법률이 정한 방식에 따라 엄격하게 진행되는 법정청산이 있다. 그러나 주식회사의 경우에는 채권자와 주주 보호의 필요성이 특히 크므로, 임의청산은 허용되지 않고 법정청산만이 인정된다. 이에 따라 주식회사의 청산에 관해서는 합명회사의 청산에 관한 규정(상 245조~267조) 중 일부가 준용된다(상 542조).

2. 청산인

(1) 의의

청산인은 청산회사의 청산업무를 집행하는 상설기관으로서, 해산 전의 이사를 대신하여 회사의 마지막 정리 과정을 담당한다. 회사가 해산하면 이사는 그 지위를 상실하지만, 주주총회와 감사는 계속 존재하고, 필요에 따라 검사인 선임도 가능하다.

청산인은 1인일 수도 있고 복수일 수도 있으며, 1인인 경우에는 당연히 대표청산인의 지위를 가진다(판례). 감사는 청산인을 겸할 수 없고(상 542조 · 411조), 청산인은 이사와 마찬가지로 회사와 위임관계에 있으나, 법은 청산인의 임기에 관하여 별도의 제한을 두고 있지 않다. 청산인에 대해서는 이사에 관한 규정 중 일부가 준용된다(상 542조).

(2) 청산인회 · 대표청산인

청산회사의 내부 구조를 보면, 청산인회가 해산 전 회사의 이사회를 대신하여 청산업무에 관한 의사결정을 담당하고, 대표청산인은 대표이사를 대신하여 그 결정에 따라 대외적으로 재판상 · 재판외 행위를 수행한다(상 542조 · 393조 · 389조 · 209조).

해산 전의 이사가 청산인으로 전환된 경우에는 종전의 대표이사가 대표청산인이 되며, 법원이 수인의 청산인을 선임한 경우에는 법원이 대표청산인을 정하고, 그 밖의 경우에는 청산인회 결의로 대표청산인을 정한다(상 542조 · 255조 · 389조).

이처럼 청산인회와 대표청산인은 해산 전 회사의 이사회와 대표이사의 조직과 기능을 청산단계에 맞게 전환한 것이라 볼 수 있다. 이에 따라 청산인회와 대표청산인에 관해서도 이사회와 대표이사에 관한 규정의 일부가 준용된다(상

542조).

(3) 선임

청산인의 선임에 관하여 상법은 “이사가 당연히 청산인이 된다”는 원칙을 채택하고 있다(상 531조). 다만 정관에 달리 정한 경우나 주주총회에서 따로 청산인을 선임한 경우에는 그에 따른다.

이러한 방식으로 선임된 청산인이 존재하지 않거나, 해산사유가 해산명령 또는 해산판결인 경우에는 법원이 이해관계인이나 검사의 청구, 또는 직권으로 청산인을 선임할 수 있다(상 531조 · 542조 · 252조). 이는 해산명령 · 해산판결이 회사의 자율적 판단이 아니라 사법적 개입에 의해 이루어진 해산이라는 점을 반영하여, 청산 단계에서도 공정성과 이해관계자 보호를 확보하려는 취지이다.

한편 주주총회에서 청산인을 선임하였거나 이사가 청산인이 된 경우, 그 선임결의에 하자가 있으면 주주총회결의취소의 소를 제기할 수 있으며(상 542조 · 376조), 주주총회결의 무효확인의 소(상 380조)도 청산인 선임결의에 유추적용된다고 해석한다. 이와 같은 소가 제기된 경우, 법원은 청산절차의 공정한 진행과 이해관계인의 보호를 위하여 청산인의 직무집행을 정지하거나 직무대행자를 선임할 수 있다(상 542조 · 407조 · 408조).

(4) 종임

청산인은 원칙적으로 회사와 위임관계에 있으므로(상 542조 · 382조), 민법상 위임 종료사유에 따라 그 지위가 종료된다. 따라서 임기만료, 사임, 사망, 파산, 성년후견개시 심판 등은 전형적인 종임사유에 해당한다(민 689조 이하). 다만 청산인이 부득이한 사유 없이 회사에 불리한 시기에 사임하는 경우에는 손해배상책임을 질 수 있다(민 689조).

법원이 선임한 청산인이 아닌 경우에는 주주총회 결의로 언제든지 청산인을 해임할 수 있고, 청산인의 업무집행이 현저히 부적임하거나 중대한 임무위반이 있는 경우에는 소수주주가 법원에 청산인의 해임을 청구할 수 있다(상 539조).

(5) 직무

청산인의 기본 직무는 현존사무를 종결하고, 회사의 채권을 추심하며, 채무를 변제하고, 재산을 환가하여 잔여재산을 주주에게 분배하는 데 있다(상 542조 ·

254조). 이를 위하여 상법은 단계별로 구체적인 절차를 규정하고 있다.

우선 청산인은 취임 후 지체 없이 회사의 재산상태를 조사하여 재산목록과 대차대조표를 작성하고, 이에 대한 주주총회의 승인을 얻은 뒤 법원에 제출해야 한다(상 533조).

또한 청산인은 정기주주총회와 관련하여 대차대조표 및 부속명세서, 사무보고서를 작성하여 감사에게 제출하고, 이에 대한 감사의 감사보고서를 제출받은 후, 대차대조표 및 사무보고서를 정기주주총회에 제출하여 그 승인을 요구하여야 한다(상 534조). 이와 함께 주주와 채권자가 해당 서류를 열람하거나 등본·초본 교부를 청구할 수 있도록 본점에 비치해야 한다(상 534조·448조).

채권자 보호를 위해서는, 청산인이 취임 후 일정 기간 내에 채권자에게 채권신고를 최고하고, 신고기간 중에는 채권자에게 변제하지 못하도록 한다(상 535조·536조). 이는 변제재산이 부족한 경우, 개별 채권자에 대한 선별적 변제로 인해 채권자 사이에 불공평이 발생하는 것을 방지하고, 채권자평등의 원칙에 따라 공평한 변제를 도모하기 위한 것이다. 다만 회사는 변제지연으로 인한 손해배상책임을 진다(상 536조). 또한 다른 채권자를 해칠 염려가 없는 소액채권이나 담보채권 등에 대해서는 법원의 허가를 얻어 예외적으로 변제를 할 수 있다(상 536조).

한편 변제기 전의 채무는 채권자가 불리해지지 않도록 법정이율에 미달하는 경우에는 법정이자를 가산하여 변제하고, 법정이율 이상의 이자부 채권은 약정이자를 포함하여 변제한다(상 259조). 또한, 조건부채권 등 가액이 불확정한 채권은 감정인의 평가를 거쳐 변제한다(상 259조).

신고기간 내에 신고하지 않아 청산절차에서 제외된 채권자는 분배되지 않은 잔여재산의 범위 내에서만 변제를 청구할 수 있으며, 이미 잔여재산분배가 완료된 경우에는 더 이상 권리행사가 허용되지 않는다(상 537조).

잔여재산분배를 보면, 청산인은 회사의 채무를 완제한 후가 아니면 회사재산을 주주에게 분배하지 못하고, 다만 다툼이 있는 채무는 그 변제에 필요한 재산을 보류하고 잔여재산을 분배할 수 있다(상 542조·260조). 잔여재산은 주주평등의 원칙에 따라 각 주주가 가진 주식의 수에 따라 분배해야 하고, 다만 잔여재산의 분배에 관해 내용이 다른 종류주식이 있는 경우에는 그 종류주식에 관한 정관의 규정에 따른다(상 538조).

3. 청산의 종결

청산의 종결에 관해서는 형식적인 등기와 실질적인 업무종결을 구분할 필요가 있다. 청산은 청산업무가 모두 완료된 때에 실질적으로 종결되며, 청산업무가 남아 있는 동안에는 청산종결등기가 이루어졌더라도 그 범위 내에서 청산회사의 권리능력과 당사자능력이 유지된다(판례).

청산인이 청산업무를 모두 마치면 결산보고서를 작성하여 주주총회의 승인을 받아야 한다(상 540조). 이 승인이 있으면 원칙적으로 회사는 청산인에 대한 책임을 해제한 것으로 보지만, 청산인의 부정행위까지 면책되는 것은 아니다(상 540조).

그 다음 단계로 청산인은 청산종결등기를 하여야 하며(상 542조 · 264조), 회사의 장부와 영업 및 청산에 관한 중요한 서류는 본점 소재지에서 청산종결등기 후 10년간, 전표 등과 유사한 서류는 5년간 보존해야 한다(상 541조). 이는 청산 완료 후에도 사후적 분쟁에 대응하기 위한 제도적 장치이다.

사항색인

ㅊ

ㅌ

저자약력

서울대학교 법과대학 졸업(법학사)
영국 케임브리지대학교 대학원 졸업(Ph.D. in Law)
서울대학교 법학전문대학원 교수(현재)
공정거래위원회 위원장(제21대)
서울대학교 법학전문대학원 원장
법학전문대학원협의회 이사장
보험연구원 원장(제4대)
법무부 상법개정위원회 위원
금융위원회 금융발전심의회 위원
금융감독원 금융분쟁조정위원회 위원
사법시험위원, 보험중개사·보험계리사·손해사정사 시험위원

저서

보험법(제4판, 2025, 박영사)
보험업법(제2판, 2026, 박영사)
보험법의 현대적 과제(편저, 2013, 소화)
새로운 금융법 체제의 모색(공저, 2006, 소화)

제3판
신상법입문

초판발행 2020년 2월 15일
제3판발행 2026년 2월 25일

지은이 한기정
펴낸이 안종만·안상준

편 집 김선민
기획/마케팅 조성호
표지디자인 권아린
제 작 고철민·김원표
펴낸곳 (주) 박영사
서울특별시 금천구 가산디지털2로 53, 210호(가산동, 한라시그마밸리)
등록 1959. 3. 11. 제300-1959-1호(倫)
전 화 02)733-6771
f a x 02)736-4818
e-mail pys@pybook.co.kr
homepage www.pybook.co.kr
ISBN 979-11-303-9982-9 93360

정 가 42,000원